中国农垦农场志丛

辽宁
大台山果树农场志

中国农垦农场志丛编纂委员会 组编
葫芦岛市大台山果树农场志编纂委员会 主编

中国农业出版社
北　京

图书在版编目（CIP）数据

辽宁大台山果树农场志/中国农垦农场志丛编纂委员会组编；葫芦岛市大台山果树农场志编纂委员会主编.—北京：中国农业出版社，2021.9
（中国农垦农场志丛）
ISBN 978-7-109-25766-5

Ⅰ．①辽… Ⅱ．①中…②葫… Ⅲ．①国营农场—概况—葫芦岛市 Ⅳ.①F324.1

中国版本图书馆CIP数据核字(2021)第139117号

出 版 人：陈邦勋
出版策划：刘爱芳
丛书统筹：王庆宁
审 稿 组：干锦春 薛 波
编 辑 组：闫保荣 王庆宁 黄 曦 李 梅 吕 睿 刘吴阳 赵世元
设 计 组：姜 欣 杜 然 关晓迪
工 艺 组：王 凯 王 宏 吴丽婷
发行宣传：毛志强 郑 静 曹建丽

辽宁大台山果树农场志
Liaoning Dataishan Guoshu Nongchangzhi

中国农业出版社出版
地址：北京市朝阳区麦子店街18号楼
邮编：100125
责任编辑：李 梅
责任校对：吴丽婷 责任印制：王 宏
印刷：北京通州皇家印刷厂
版次：2021年9月第1版
印次：2021年9月北京第1次印刷
发行：新华书店北京发行所
开本：889mm×1194mm 1/16
印张：38.5 插页：14
字数：1000千字
定价：258.00元

葫蘆島市大臺山果樹農場誌

辛丑春月 羲之後裔 王正良題

一、农场历任领导

吴庆海

穆栢林

太云山

杨清亮

朱志彬

史凤岐

王连山

刘文岐

郑国义

张德文

李绍平

王印池

刘玉林

杨印忠

李保安

于长河

李德森

肖殿海

杨明毅

封玉龙

毕德迎

赵旭伟

邓文岩

1994 年 8 月，国务委员陈俊生（右一）到大台山果树农场视察

1995 年 9 月，辽宁省委书记顾金池（右四）
到大台山果树农场视察

1988 年 7 月，农垦部副部长赵凡（左三）到
大台山果树农场视察

2019 年 7 月，辽宁省委常委宣传部长张福海（右二）、
葫芦岛市委书记王健（前排左一）来大台山果树农场视察

1994 年 7 月，辽宁省副省长肖作福到
大台山果树农场视察

2014年5月，中国农垦经济发展中心主任冯广军（左一）来大台山果树农场调研

2007年11月，辽宁省农垦局局长王庆联（左一）来大台山果树农场视察

2017年6月，葫芦岛市委书记孙轶（左一）来大台山果树农场视察

2019年4月，绥中县委书记刘占元（右二）来大台山果树农场视察

三、农场重要会议

中共葫芦岛市大台山果树农场第十三次代表大会

中共葫芦岛市大台山果树农场第十三次代表大会

中共葫芦岛市大台山果树农场第十三次代表大会

葫芦岛市大台山果树农场第一次工会会员代表大会

葫芦岛市大台山果树农场第一次工会会员代表大会

葫芦岛市大台山果树农场第一次工会会员代表大会

四、农场防疫工作

绥中县县委书记刘占元到农场考察自主研发的疫情防控小程序"健康码"

绥中县县长郭彩学来农场视察疫情防控工作

疫情防控人员在场区内张贴抗疫宣传海报

鸡架山分场疫情防控监测站

农场18万斤绿色苹果运送至疫情重灾区湖北咸宁市咸安区

疫情防控人员用小喇叭宣传疫情防控知识

二矾线毕屯路口疫情防控监测站

疫情防控人员入户排查

"三合一"小分队为居家隔离人员测量体温

大台山首届果农丰收节开幕式现场

喜获丰收的果农

夜幕下的丰收节灯展场景

绥中县著名画家们为孤儿爱心义卖活动现场

澳大利亚著名音乐剧导演、表演艺术教育大师、悉尼奥运会开幕式舞蹈编导彼得·法雷尔品尝到大台山百果园的红苹果后赞不绝口

丰收节秧歌表演现场

大台山首届农民丰收节开幕式表演现场

绥中县委书记刘占元（左一）等领导参观农民丰收节
土特产品展区

大台山首届农民丰收节开幕式燃放彩烟盛景

大台山首届农民丰收节美食游乐区

大台山首届农民丰收节上农场职工喜笑颜开

农场职工为庆祝农民丰收节用苹果精心摆放的丰收造型

六、多彩的活动

2019年8月，农场篮球代表队（穿红色队服）参加绥中县全县干部职工篮球赛

2019年10月，农场冬季拔河比赛

2020年10月，农场志愿服务队到辽西第一个党支部的诞生地参观学习

2020年4月，应用技能大赛颁奖

2020年8月，二河口团建活动

2020 年 7 月，农场举办八一军民联欢会

2019 年 1 月，迎新春联欢会书法艺术表演
节目现场

2020 年 3 月，农场团委开展
志愿服务活动

2019 年 1 月，迎新春联欢会诗朗诵节目现场

2019 年 1 月，迎新春联欢会歌曲独唱节目现场

七、农场风貌

葫芦岛市大台山果树农场场部

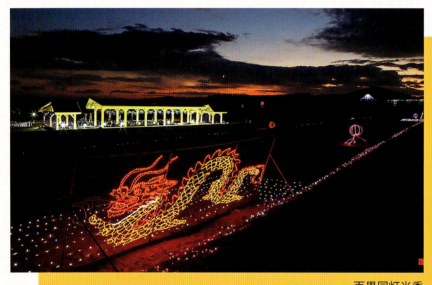

百果园灯光秀

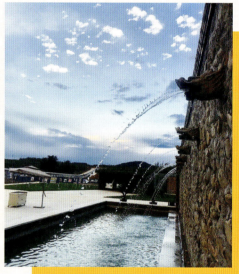

百果园"九龙戏水"景观

大台山春色

百果园一角

百果园"葵花向日"景观

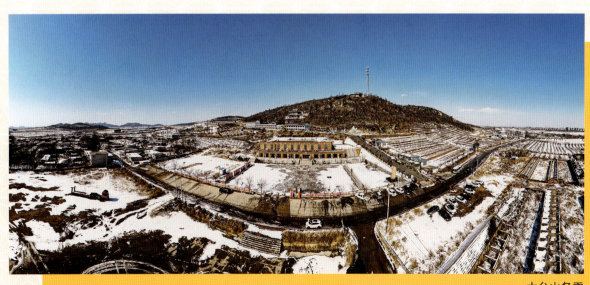

大台山冬雪

新石器时代男性人
物画像刻石残片

新石器时代石铲

新石器时代石镐

新石器时代石网坠

新石器时代石斧

新石器时代砍砸器

新石器时代石磨盘

新石器时代陶器底（残）

新石器时代有孔石钺

新石器时代石磨棒

新石器时代石纺轮

春秋时期曲刃青铜短剑

春秋时期曲刃青铜短剑

三台子明代烽火台

大台山顶明代烽火台

邰家沟明代辽东长城遗迹

破台山顶明代烽火台遗迹

明代骠骑将军刘公墓志铭

白梨

寒富苹果

王林苹果

红富士苹果

金冠苹果

乔纳金苹果

晴朗油桃

珊莎苹果

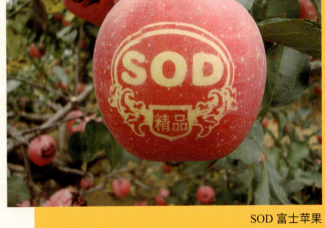

SOD 富士苹果

祝光苹果

满丰梨

荣誉证书

大台山农场：

贵单位选送的 <u>乔纳金苹果</u> 在第三届辽宁省优质
果品评选活动中被评选为

金 奖

辽宁省果树学会

二〇一六年十一月十一日

金奖证书

荣誉证书

大台山农场：

贵单位选送的 <u>富士苹果</u> 在第三届辽宁省优质果品
评选活动中被评选为

银 奖

辽宁省果树学会

二〇一六年十一月十一日

银奖证书

荣誉证书

大台山农场：

贵单位选送的 <u>王林苹果</u> 在第三届辽宁省优质果
品评选活动中被评选为

优 质 奖

辽宁省果树学会

二〇一六年十一月十一日

优质奖证书

绿色食品 A 级产品证书（王林苹果）

绿色食品 A 级产品证书（金冠苹果）

绿色食品 A 级产品证书（李子）

科学技术奖证书

畅销产品奖牌匾

绿色食品 A 级产品证书（秋白梨）

绿色食品 A 级产品（红富士苹果）

绿色食品 A 级产品证书（乔纳金苹果）

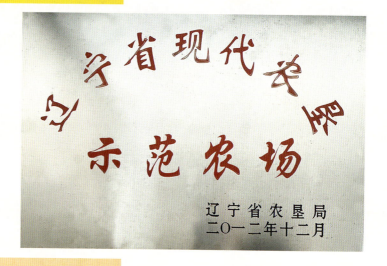

文明单位
中共辽宁省委员会
辽宁省人民政府

辽宁省现代农业示范农场
辽宁省农垦局
二０一二年十二月

辽宁省爱国主义教育示范基地
中共辽宁省委宣传部

辽宁农垦果业联盟创始单位
葫芦岛市
大台山果树农场
二０一八年六月

葫芦岛大台山果树农场荣获

辽宁省知名企业

辽宁省企业文化联合会
二〇〇五年一月二十五日

省农村经济工作表彰大会

省先进集体

辽宁省人民政府
一九九三年二月

2011-2012年度辽宁省农垦工作

先进单位

辽宁省农垦局
二〇一三年二月

辽宁省全民国防教育协会

会员单位

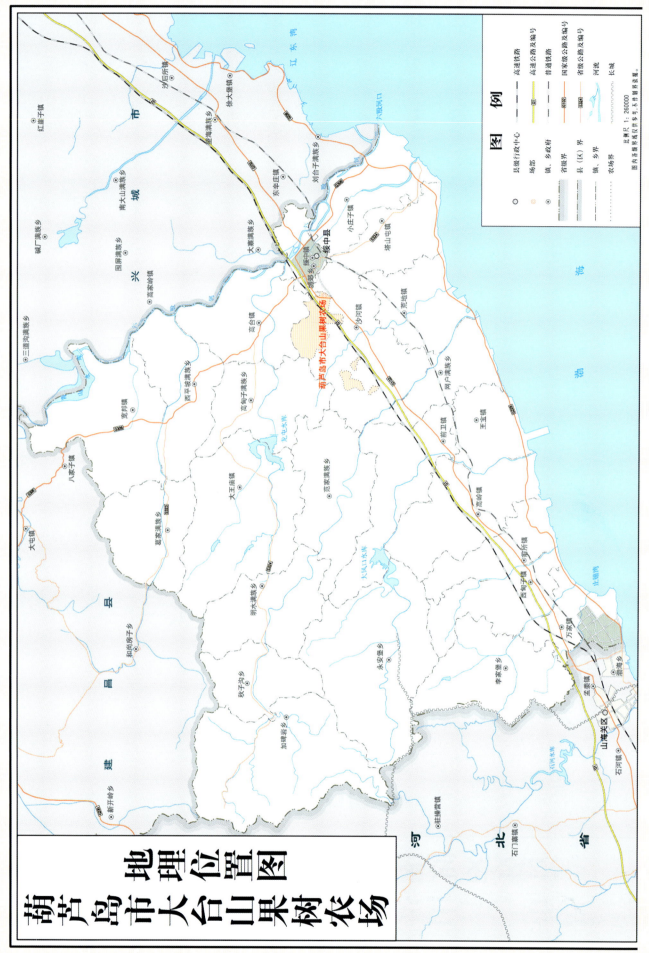

葫芦岛市大台山果树农场地理位置图

审图号：辽PS【2021】001号

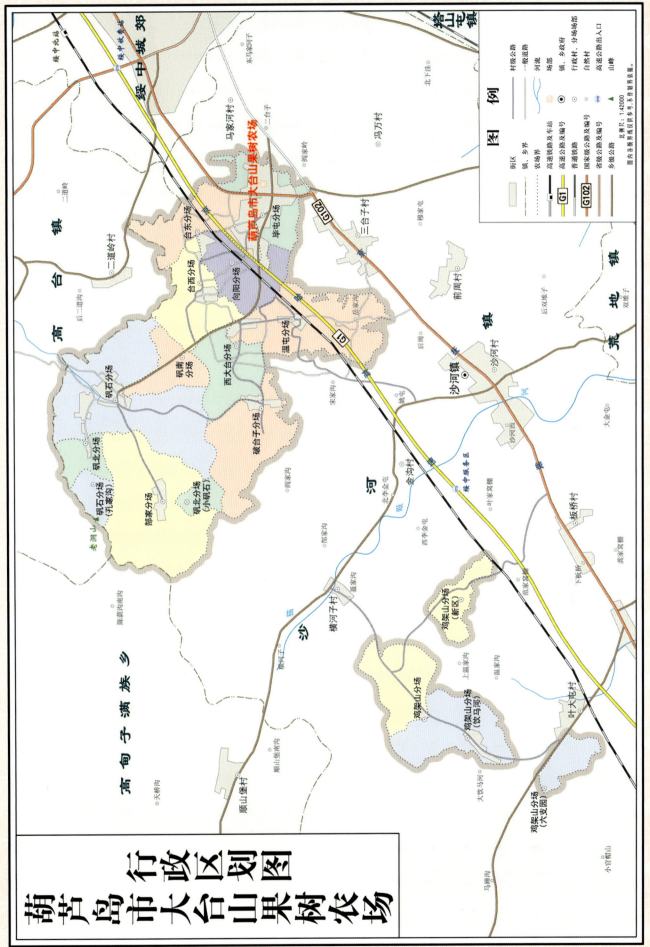

葫芦岛市大台山果树农场行政区划图

审图号：辽PS【2021】002号

图内各级界线只表示乡、木村界界取凝。

图 例

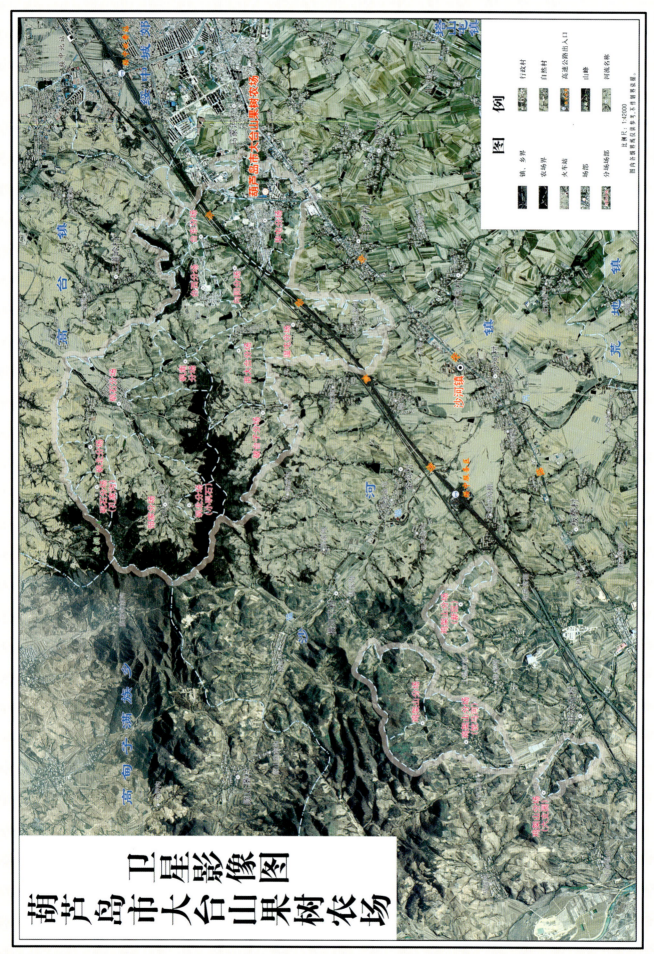

葫芦岛市大台山果树农场卫星影像图

审图号：辽PS【2021】003号

图例

行政村　自然村　高速公路出入口　山峰　河流名称

镇、乡界　农场界　火车站　场部　分场场部

比例尺 1:42000

图内各级界线仅供参考，不作划界依据。

沙河镇

高甸子满族乡

暖池塘镇

绥中县城区

荒地镇

宽邦镇

葫芦岛市大台山果树农场

— 28 —

中国农垦农场志丛编纂委员会

主　任

张桃林

副主任

左常升　邓庆海　李尚兰　陈邦勋　彭剑良　程景民　王润雷

成　员（按垦区排序）

马　辉　张庆东　张保强　薛志省　赵永华　李德海　麦　朝

王守聪　许如庆　胡兆辉　孙飞翔　王良贵　李岱一　赖金生

于永德　陈金剑　李胜强　唐道明　支光南　张安明　张志坚

陈孟坤　田李文　步　涛　余　繁　林　木　王　韬　魏国斌

巩爱岐　段志强　聂　新　高　宁　周云江　朱云生　常　芳

中国农垦农场志丛编纂委员会办公室

主　任

王润雷

副主任

陈忠毅　刘爱芳　武新宇　明　星

成　员

胡从九　李红梅　刘琢琬　闫保荣　王庆宁

中国农垦农场志

葫芦岛市大台山果树农场志编纂委员会

主　　任　邓文岩

副 主 任　朱红玉　王　新

委　　员　银长满　李春秋　张　涛　毕德江

　　　　　毕德秋　王旭东　马连臣　孔大强

　　　　　毕文国　于洪良　王文彬　郭　杉

葫芦岛市大台山果树农场志编写组

主　　编　邓文岩

执行主编　李文喜

副 主 编　朱红玉　王　新

编　　辑　郭　杉　陶国慷　赵　旭　高　静

　　　　　宋美乐　张　桁　姜梦薇

校　　对　朱红玉　王　新　银长满　孔大强

　　　　　王旭东　李　伟　徐　冰　毛笑竹

摄　　影　刘洪刚　李　伟　叶竟达

题　　词　王正良

总 序

中国农垦农场志丛自 2017 年开始酝酿，历经几度春秋寒暑，终于在建党 100 周年之际，陆续面世。在此，谨向所有为修此志作出贡献、付出心血的同志表示诚挚的敬意和由衷的感谢！

中国共产党领导开创的农垦事业，为中华人民共和国的诞生和发展立下汗马功劳。八十余年来，农垦事业的发展与共和国的命运紧密相连，在使命履行中，农场成长为国有农业经济的骨干和代表，成为国家在关键时刻抓得住、用得上的重要力量。

如果将农垦比作大厦，那么农场就是砖瓦，是基本单位。在全国 31 个省（自治区、直辖市，港澳台除外），分布着 1800 多个农垦农场。这些星罗棋布的农场如一颗颗玉珠，明暗随农垦的历史进程而起伏；当其融汇在一起，则又映射出农垦事业波澜壮阔的历史画卷，绽放着"艰苦奋斗、勇于开拓"的精神光芒。

（一）

"农垦"概念源于历史悠久的"屯田"。早在秦汉时期就有了移民垦荒，至汉武帝时创立军屯，用于保障军粮供应。之后，历代沿袭屯田这一做法，充实国库，供养军队。

中国共产党借鉴历代屯田经验，发动群众垦荒造田。1933年2月，中华苏维埃共和国临时中央政府颁布《开垦荒地荒田办法》，规定"县区土地部、乡政府要马上调查统计本地所有荒田荒地，切实计划、发动群众去开荒"。到抗日战争时期，中国共产党大规模地发动军人进行农垦实践，肩负起支援抗战的特殊使命，农垦事业正式登上了历史舞台。

20世纪30年代末至40年代初，抗日战争进入相持阶段，在日军扫荡和国民党军事包围、经济封锁等多重压力下，陕甘宁边区生活日益困难。"我们曾经弄到几乎没有衣穿，没有油吃，没有纸、没有菜，战士没有鞋袜，工作人员在冬天没有被盖。"毛泽东同志曾这样讲道。

面对艰难处境，中共中央决定开展"自己动手，丰衣足食"的生产自救。1939年2月2日，毛泽东同志在延安生产动员大会上发出"自己动手"的号召。1940年2月10日，中共中央、中央军委发出《关于开展生产运动的指示》，要求各部队"一面战斗、一面生产、一面学习"。于是，陕甘宁边区掀起了一场轰轰烈烈的大生产运动。

这个时期，抗日根据地的第一个农场——光华农场诞生了。1939年冬，根据中共中央的决定，光华农场在延安筹办，生产牛奶、蔬菜等食物。同时，进行农业科学实验、技术推广，示范带动周边群众。这不同于古代屯田，开创了农垦示范带动的历史先河。

在大生产运动中，还有一面"旗帜"高高飘扬，让人肃然起敬，它就是举世闻名的南泥湾大生产运动。

1940年6—7月，为了解陕甘宁边区自然状况、促进边区建设事业发展，在中共中央财政经济部的支持下，边区政府建设厅的农林科学家乐天宇等一行6人，历时47天，全面考察了边区的森林自然状况，并完成了《陕甘宁边区森林考察团报告书》，报告建议垦殖南泥洼（即南泥湾）。之后，朱德总司令亲自前往南泥洼考察，谋划南泥洼的开发建设。

1941年春天，受中共中央的委托，王震将军率领三五九旅进驻南泥湾。那时，南泥湾俗称"烂泥湾","方圆百里山连山",战士们"只见梢林不见天",身边做伴的是满山窜的狼豹黄羊。在这种艰苦处境中,战士们攻坚克难,一手拿枪,一手拿镐,练兵开荒两不误,把"烂泥湾"变成了陕北的"好江南"。从1941年到1944年,仅仅几年时间,三五九旅的粮食产量由0.12万石猛增到3.7万石,上缴公粮1万石,达到了耕一余一。与此同时,工业、商业、运输业、畜牧业和建筑业也得到了迅速发展。

南泥湾大生产运动,作为中国共产党第一次大规模的军垦,被视为农垦事业的开端,南泥湾也成为农垦事业和农垦精神的发祥地。

进入解放战争时期,建立巩固的东北根据地成为中共中央全方位战略的重要组成部分。毛泽东同志在1945年12月28日为中共中央起草的《建立巩固的东北根据地》中,明确指出"我党现时在东北的任务,是建立根据地,是在东满、北满、西满建立巩固的军事政治的根据地",要求"除集中行动负有重大作战任务的野战兵团外,一切部队和机关,必须在战斗和工作之暇从事生产"。

紧接着,1947年,公营农场兴起的大幕拉开了。

这一年春天,中共中央东北局财经委员会召开会议,主持财经工作的陈云、李富春同志在分析时势后指出:东北行政委员会和各省都要"试办公营农场,进行机械化农业实验,以迎接解放后的农村建设"。

这一年夏天,在松江省政府的指导下,松江省省营第一农场(今宁安农场)创建。省政府主任秘书李在人为场长,他带领着一支18人的队伍,在今尚志市一面坡太平沟开犁生产,一身泥、一身汗地拉开了"北大荒第一犁"。

这一年冬天,原辽北军区司令部作训科科长周亚光带领人马,冒着严寒风雪,到通北县赵光区实地踏查,以日伪开拓团训练学校旧址为基础,建成了我国第一个公营机械化农场——通北机械农场。

之后,花园、永安、平阳等一批公营农场纷纷在战火的硝烟中诞生。与此同时,一部分身残志坚的荣誉军人和被解放的国民党军人,向东北荒原宣战,艰苦拓荒、艰辛创业,创建了一批荣军农场和解放团农场。

再将视线转向华北。这一时期，在河北省衡水湖的前身"千顷洼"所在地，华北人民政府农业部利用一批来自联合国善后救济总署的农业机械，建成了华北解放区第一个机械化公营农场——冀衡农场。

除了机械化农场，在那个主要靠人力耕种的年代，一些拖拉机站和机务人员培训班诞生在东北、华北大地上，推广农业机械化技术，成为新中国农机事业人才培养的"摇篮"。新中国的第一位女拖拉机手梁军正是优秀代表之一。

（二）

中华人民共和国成立后农垦事业步入了发展的"快车道"。

1949年10月1日，新中国成立了，百废待兴。新的历史阶段提出了新课题、新任务：恢复和发展生产，医治战争创伤，安置转业官兵，巩固国防，稳定新生的人民政权。

这没有硝烟的"新战场"，更需要垦荒生产的支持。

1949年12月5日，中央人民政府人民革命军事委员会发布《关于1950年军队参加生产建设工作的指示》，号召全军"除继续作战和服勤务者而外，应当负担一部分生产任务，使我人民解放军不仅是一支国防军，而且是一支生产军"。

1952年2月1日，毛泽东主席发布《人民革命军事委员会命令》："你们现在可以把战斗的武器保存起来，拿起生产建设的武器。"批准中国人民解放军31个师转为建设师，其中有15个师参加农业生产建设。

垦荒战鼓已擂响，刚跨进和平年代的解放军官兵们，又背起行囊，扑向荒原，将"作战地图变成生产地图"，把"炮兵的瞄准仪变成建设者的水平仪"，让"战马变成耕马"，在戈壁荒漠、三江平原、南国边疆安营扎寨，攻坚克难，辛苦耕耘，创造了农垦事业的一个又一个奇迹。

1. 将戈壁荒漠变成绿洲

1950年1月，王震将军向驻疆部队发布开展大生产运动的命令，动员11万余名官兵就地屯垦，创建军垦农场。

垦荒之战有多难，这些有着南泥湾精神的农垦战士就有多拼。

没有房子住，就搭草棚子、住地窝子；粮食不够吃，就用盐水煮麦粒；没有拖拉机和畜力，就多人拉犁开荒种地……

然而，戈壁滩缺水，缺"农业的命根子"，这是痛中之痛！

没有水，战士们就自己修渠，自伐木料，自制筐担，自搓绳索，自开块石。修渠中涌现了很多动人故事，据原新疆兵团农二师师长王德昌回忆，1951年冬天，一名来自湖南的女战士，面对磨断的绳子，情急之下，割下心爱的辫子，接上绳子背起了石头。

在战士们全力以赴的努力下，十八团渠、红星渠、和平渠、八一胜利渠等一条条大地的"新动脉"，奔涌在戈壁滩上。

1954年10月，经中共中央批准，新疆生产建设兵团成立，陶峙岳被任命为司令员，新疆维吾尔自治区党委书记王恩茂兼任第一政委，张仲瀚任第二政委。努力开荒生产的驻疆屯垦官兵终于有了正式的新身份，工作中心由武装斗争转为经济建设，新疆地区的屯垦进入了新的阶段。

之后，新疆生产建设兵团重点开发了北疆的准噶尔盆地、南疆的塔里木河流域及伊犁、博乐、塔城等边远地区。战士们鼓足干劲、兴修水利、垦荒造田、种粮种棉、修路架桥，一座座城市拔地而起，荒漠变绿洲。

2. 将荒原沼泽变成粮仓

在新疆屯垦热火朝天之时，北大荒也进入了波澜壮阔的开发阶段，三江平原成为"主战场"。

1954年8月，中共中央农村工作部同意并批转了农业部党组《关于开发东北荒地的农建二师移垦东北问题的报告》，同时上报中央军委批准。9月，第一批集体转业的"移民大军"——农建二师由山东开赴北大荒。这支8000多人的齐鲁官兵队伍以荒原为家，创建了二九〇、二九一和十一农场。

同年，王震将军视察黑龙江汤原后，萌发了开发北大荒的设想。领命的是第五师副师长余友清，他打头阵，率一支先遣队到密山、虎林一带踏查荒原，于 1955 年元旦，在虎林县（今虎林市）西岗创建了铁道兵第一个农场，以部队番号命名为"八五〇部农场"。

1955 年，经中共中央同意，铁道兵 9 个师近两万人挺进北大荒，在密山、虎林、饶河一带开荒建场，拉开了向三江平原发起总攻的序幕，在八五〇部农场周围建起了一批八字头的农场。

1958 年 1 月，中央军委发出《关于动员十万干部转业复员参加生产建设的指示》，要求全军复员转业官兵去开发北大荒。命令一下，十万转业官兵及家属，浩浩荡荡进军三江平原，支边青年、知识青年也前赴后继地进攻这片古老的荒原。

垦荒大军不惧苦、不畏难，鏖战多年，荒原变良田。1964 年盛夏，国家副主席董必武来到北大荒视察，面对麦香千里即兴赋诗："斩棘披荆忆老兵，大荒已变大粮屯。"

3. 将荒郊野岭变成胶园

如果说农垦大军在戈壁滩、北大荒打赢了漂亮的要粮要棉战役，那么，在南国边疆，则打赢了一场在世界看来不可能胜利的翻身仗。

1950 年，朝鲜战争爆发后，帝国主义对我国实行经济封锁，重要战略物资天然橡胶被禁运，我国国防和经济建设面临严重威胁。

当时世界公认天然橡胶的种植地域不能超过北纬 17°，我国被国际上许多专家划为"植胶禁区"。

但命运应该掌握在自己手中，中共中央作出"一定要建立自己的橡胶基地"的战略决策。1951 年 8 月，政务院通过《关于扩大培植橡胶树的决定》，由副总理兼财政经济委员会主任陈云亲自主持这项工作。同年 11 月，华南垦殖局成立，中共中央华南分局第一书记叶剑英兼任局长，开始探索橡胶种植。

1952 年 3 月，两万名中国人民解放军临危受命，组建成林业工程第一师、第二师和一个独立团，开赴海南、湛江、合浦等地，住茅棚、战台风、斗猛兽，白手起家垦殖橡胶。

大规模垦殖橡胶，急需胶籽。"一粒胶籽，一两黄金"成为战斗口号，战士们不惜一切代价收集胶籽。有一位叫陈金照的小战士，运送胶籽时遇到山洪，被战友们找到时已没有了呼吸，而背上箩筐里的胶籽却一粒没丢……

正是有了千千万万个把橡胶看得重于生命的陈金照们，1957年春天，华南垦殖局种植的第一批橡胶树，流出了第一滴胶乳。

1960年以后，大批转业官兵加入海南岛植胶队伍，建成第一个橡胶生产基地，还大面积种植了剑麻、香茅、咖啡等多种热带作物。同时，又有数万名转业官兵和湖南移民汇聚云南边疆，用血汗浇灌出了我国第二个橡胶生产基地。

在新疆、东北和华南三大军垦战役打响之时，其他省份也开始试办农场。1952年，在政务院关于"各县在可能范围内尽量地办起和办好一两个国营农场"的要求下，全国各地农场如雨后春笋般发展起来。1956年，农垦部成立，王震将军被任命为部长，统一管理全国的军垦农场和地方农场。

随着农垦管理走向规范化，农垦事业也蓬勃发展起来。江西建成多个综合垦殖场，发展茶、果、桑、林等多种生产；北京市郊、天津市郊、上海崇明岛等地建起了主要为城市提供副食品的国营农场；陕西、安徽、河南、西藏等省区建立发展了农牧场群……

到1966年，全国建成国营农场1958个，拥有职工292.77万人，拥有耕地面积345457公顷，农垦成为我国农业战线一支引人瞩目的生力军。

（三）

前进的道路并不总是平坦的。"文化大革命"持续十年，使党、国家和各族人民遭到新中国成立以来时间最长、范围最广、损失最大的挫折，农垦系统也不能幸免。农场平均主义盛行，从1967年至1978年，农垦系统连续亏损12年。

"没有一个冬天不可逾越，没有一个春天不会来临。"1978年，党的十一届三中全会召开，如同一声春雷，唤醒了沉睡的中华大地。手握改革开放这一法宝，全党全社会朝着社会主义现代化建设方向大步前进。

在这种大形势下，农垦人深知，国营农场作为社会主义全民所有制企业，应当而且有条件走在农业现代化的前列，继续发挥带头和示范作用。

于是，农垦人自觉承担起推进实现农业现代化的重大使命，乘着改革开放的春风，开始进行一系列的上下求索。

1978年9月，国务院召开了人民公社、国营农场试办农工商联合企业座谈会，决定在我国试办农工商联合企业，农垦系统积极响应。作为现代化大农业的尝试，机械化水平较高且具有一定工商业经验的农垦企业，在农工商综合经营改革中如鱼得水，打破了单一种粮的局面，开启了农垦一二三产业全面发展的大门。

农工商综合经营只是农垦改革的一部分，农垦改革的关键在于打破平均主义，调动生产积极性。

为调动企业积极性，1979年2月，国务院批转了财政部、国家农垦总局《关于农垦企业实行财务包干的暂行规定》。自此，农垦开始实行财务大包干，突破了"千家花钱，一家（中央）平衡"的统收统支方式，解决了农垦企业吃国家"大锅饭"的问题。

为调动企业职工的积极性，从1979年根据财务包干的要求恢复"包、定、奖"生产责任制，到1980年后一些农场实行以"大包干"到户为主要形式的家庭联产承包责任制，再到1983年借鉴农村改革经验，全面兴办家庭农场，逐渐建立大农场套小农场的双层经营体制，形成"家家有场长，户户搞核算"的蓬勃发展气象。

为调动企业经营者的积极性，1984年下半年，农垦系统在全国选择100多个企业试点推行场（厂）长、经理负责制，1988年全国农垦有60%以上的企业实行了这项改革，继而又借鉴城市国有企业改革经验，全面推行多种形式承包经营责任制，进一步明确主管部门与企业的权责利关系。

以上这些改革主要是在企业层面，以单项改革为主，虽然触及了国家、企业和职工的最直接、最根本的利益关系，但还没有完全解决传统体制下影响农垦经济发展的深层次矛盾和困难。

"历史总是在不断解决问题中前进的。"1992年，继邓小平南方谈话之后，党的十四大明确提出，要建立社会主义市场经济体制。市场经济为农垦改革进一步指明了方向，但农垦如何改革才能步入这个轨道，真正成为现代化农业的引领者？

关于国营大中型企业如何走向市场，早在1991年9月中共中央就召开工作会议，强调要转换企业经营机制。1992年7月，国务院发布《全民所有制工业企业转换经营机制条例》，明确提出企业转换经营机制的目标是："使企业适应市场的要求，成为依法自主经营、自负盈亏、自我发展、自我约束的商品生产和经营单位，成为独立享有民事权利和承担民事义务的企业法人。"

为转换农垦企业的经营机制，针对在干部制度上的"铁交椅"、用工制度上的"铁饭碗"和分配制度上的"大锅饭"问题，农垦实施了干部聘任制、全员劳动合同制以及劳动报酬与工效挂钩的三项制度改革，为农垦企业建立在用人、用工和收入分配上的竞争机制起到了重要促进作用。

1993年，十四届三中全会再次擂响战鼓，指出要进一步转换国有企业经营机制，建立适应市场经济要求，产权清晰、权责明确、政企分开、管理科学的现代企业制度。

农业部积极响应，1994年决定实施"三百工程"，即在全国农垦选择百家国有农场进行现代企业制度试点、组建发展百家企业集团、建设和做强百家良种企业，标志着农垦企业的改革开始深入到企业制度本身。

同年，针对有些农场仍为职工家庭农场，承包户垫付生产、生活费用这一问题，根据当年1月召开的全国农业工作会议要求，全国农垦系统开始实行"四到户"和"两自理"，即土地、核算、盈亏、风险到户，生产费、生活费由职工自理。这一举措彻底打破了"大锅饭"，开启了国有农场农业双层经营体制改革的新发展阶段。

然而，在推进市场经济进程中，以行政管理手段为主的垦区传统管理体制，逐渐成为束缚企业改革的桎梏。

垦区管理体制改革迫在眉睫。1995年，农业部在湖北省武汉市召开全国农垦经济体制改革工作会议，在总结各垦区实践的基础上，确立了农垦管理体制的改革思路：逐步弱化行政职能，加快实体化进程，积极向集团化、公司化过渡。以此会议为标志，垦区管理体制改革全面启动。北京、天津、黑龙江等 17 个垦区按照集团化方向推进。此时，出于实际需要，大部分垦区在推进集团化改革中仍保留了农垦管理部门牌子和部分行政管理职能。

"前途是光明的，道路是曲折的。"由于农垦自身存在的政企不分、产权不清、社会负担过重等深层次矛盾逐渐暴露，加之农产品价格低迷、激烈的市场竞争等外部因素叠加，从 1997 年开始，农垦企业开始步入长达 5 年的亏损徘徊期。

然而，农垦人不放弃、不妥协，终于在 2002 年"守得云开见月明"。这一年，中共十六大召开，农垦也在不断调整和改革中，告别"五连亏"，盈利 13 亿。

2002 年后，集团化垦区按照"产业化、集团化、股份化"的要求，加快了对集团母公司、产业化专业公司的公司制改造和资源整合，逐步将国有优质资产集中到主导产业，进一步建立健全现代企业制度，形成了一批大公司、大集团，提升了农垦企业的核心竞争力。

与此同时，国有农场也在企业化、公司化改造方面进行了积极探索，综合考虑是否具备企业经营条件、能否剥离办社会职能等因素，因地制宜、分类指导。一是办社会职能可以移交的农场，按公司制等企业组织形式进行改革；办社会职能剥离需要过渡期的农场，逐步向公司制企业过渡。如广东、云南、上海、宁夏等集团化垦区，结合农场体制改革，打破传统农场界限，组建产业化专业公司，并以此为纽带，进一步将垦区内产业关联农场由子公司改为产业公司的生产基地（或基地分公司），建立了集团与加工企业、农场生产基地间新的运行体制。二是不具备企业经营条件的农场，改为乡、镇或行政区，向政权组织过渡。如 2003 年前后，一些垦区的部分农场连年严重亏损，有的甚至濒临破产。湖南、湖北、河北等垦区经省委、省政府批准，对农场管理体制进行革新，把农场管理权下放到市县，实行属地管理，一些农场建立农场管理区，赋予必要的政府职能，给予财税优惠政策。

这些改革离不开农垦职工的默默支持，农垦的改革也不会忽视职工的生活保障。1986 年，根据《中共中央、国务院批转农牧渔业部〈关于农垦经济体制改革问题的报告〉的通知》要求，农垦系统突破职工住房由国家分配的制度，实行住房商品化，调动职工自己动手、改善住房的积极性。1992年，农垦系统根据国务院关于企业职工养老保险制度改革的精神，开始改变职工养老保险金由企业独自承担的局面，此后逐步建立并完善国家、企业、职工三方共同承担的社会保障制度，减轻农场养老负担的同时，也减少了农场职工的后顾之忧，保障了农场改革的顺利推进。

从1986年至十八大前夕，从努力打破传统高度集中封闭管理的计划经济体制，到坚定社会主义市场经济体制方向；从在企业层面改革，以单项改革和放权让利为主，到深入管理体制，以制度建设为核心、多项改革综合配套协调推进为主：农垦企业一步一个脚印，走上符合自身实际的改革道路，管理体制更加适应市场经济，企业经营机制更加灵活高效。

这一阶段，农垦系统一手抓改革，一手抓开放，积极跳出"封闭"死胡同，走向开放的康庄大道。从利用外资在经营等领域涉足并深入合作，大力发展"三资"企业和"三来一补"项目；到注重"引进来"，引进资金、技术设备和管理理念等；再到积极实施"走出去"战略，与中东、东盟、日本等地区和国家进行经贸合作出口商品，甚至扎根境外建基地、办企业、搞加工、拓市场：农垦改革开放风生水起逐浪高，逐步形成"两个市场、两种资源"的对外开放格局。

（四）

党的十八大以来，以习近平同志为核心的党中央迎难而上，作出全面深化改革的决定，农垦改革也进入全面深化和进一步完善阶段。

2015年11月，中共中央、国务院印发《关于进一步推进农垦改革发展的意见》（简称《意见》），吹响了新一轮农垦改革发展的号角。《意见》明确要求，新时期农垦改革发展要以推进垦区集团化、农场企业化改革为主线，努力把农垦建设成为保障国家粮食安全和重要农产品有效供给的国家队、中国特色新型农业现代化的示范区、农业对外合作的排头兵、安边固疆的稳定器。

2016年5月25日，习近平总书记在黑龙江省考察时指出，要深化国有农垦体制改革，以垦区集团化、农场企业化为主线，推动资源资产整合、产业优化升级，建设现代农业大基地、大企业、大产业，努力形成农业领域的航母。

2018 年 9 月 25 日，习近平总书记再次来到黑龙江省进行考察，他强调，要深化农垦体制改革，全面增强农垦内生动力、发展活力、整体实力，更好发挥农垦在现代农业建设中的骨干作用。

农垦从来没有像今天这样更接近中华民族伟大复兴的梦想！农垦人更加振奋了，以壮士断腕的勇气、背水一战的决心继续农垦改革发展攻坚战。

1. 取得了累累硕果

——坚持集团化改革主导方向，形成和壮大了一批具有较强竞争力的现代农业企业集团。黑龙江北大荒去行政化改革、江苏农垦农业板块上市、北京首农食品资源整合……农垦深化体制机制改革多点开花、逐步深入。以资本为纽带的母子公司管理体制不断完善，现代公司治理体系进一步健全。市县管理农场的省份区域集团化改革稳步推进，已组建区域集团和产业公司超过 300 家，一大批农场注册成为公司制企业，成为真正的市场主体。

——创新和完善农垦农业双层经营体制，强化大农场的统一经营服务能力，提高适度规模经营水平。截至 2020 年，据不完全统计，全国农垦规模化经营土地面积 5500 多万亩，约占农垦耕地面积的 70.5%，现代农业之路越走越宽。

——改革国有农场办社会职能，让农垦企业政企分开、社企分开，彻底甩掉历史包袱。截至 2020 年，全国农垦有改革任务的 1500 多个农场完成办社会职能改革，松绑后的步伐更加矫健有力。

——推动农垦国有土地使用权确权登记发证，唤醒沉睡已久的农垦土地资源。截至 2020 年，土地确权登记发证率达到 96.3%，使土地也能变成金子注入农垦企业，为推进农垦土地资源资产化、资本化打下坚实基础。

——积极推进对外开放，农垦农业对外合作先行者和排头兵的地位更加突出。合作领域从粮食、天然橡胶行业扩展到油料、糖业、果菜等多种产业，从单个环节向全产业链延伸，对外合作范围不断拓展。截至2020年，全国共有15个垦区在45个国家和地区投资设立了84家农业企业，累计投资超过370亿元。

2. 在发展中改革，在改革中发展

农垦企业不仅有改革的硕果，更以改革创新为动力，在扶贫开发、产业发展、打造农业领域航母方面交出了漂亮的成绩单。

——聚力农垦扶贫开发，打赢农垦脱贫攻坚战。从20世纪90年代起，农垦系统开始扶贫开发。"十三五"时期，农垦系统针对304个重点贫困农场，绘制扶贫作战图，逐个建立扶贫档案，坚持"一场一卡一评价"。坚持产业扶贫，组织开展技术培训、现场观摩、产销对接，增强贫困农场自我"造血"能力。甘肃农垦永昌农场建成高原夏菜示范园区，江西宜丰黄冈山垦殖场大力发展旅游产业，广东农垦新华农场打造绿色生态茶园……贫困农场产业发展蒸蒸日上，全部如期脱贫摘帽，相对落后农场、边境农场和生态脆弱区农场等农垦"三场"踏上全面振兴之路。

——推动产业高质量发展，现代农业产业体系、生产体系、经营体系不断完善。初步建成一批稳定可靠的大型生产基地，保障粮食、天然橡胶、牛奶、肉类等重要农产品的供给；推广一批环境友好型种养新技术、种养循环新模式，提升产品质量的同时促进节本增效；制定发布一系列生鲜乳、稻米等农产品的团体标准，守护"舌尖上的安全"；相继成立种业、乳业、节水农业等产业技术联盟，形成共商共建共享的合力；逐渐形成"以中国农垦公共品牌为核心、农垦系统品牌联合舰队为依托"的品牌矩阵，品牌美誉度、影响力进一步扩大。

——打造形成农业领域航母，向培育具有国际竞争力的现代农业企业集团迈出坚实步伐。黑龙江北大荒、北京首农、上海光明三个集团资产和营收双超千亿元，在发展中乘风破浪：黑龙江北大荒农垦集团实现机械化全覆盖，连续多年粮食产量稳定在400亿斤以上，推动产业高端化、智能化、绿色化，全力打造"北大荒绿色智慧厨房"；北京首农集团坚持科技和品牌双轮驱动，不断提升完善"从田间到餐桌"的全产业链条；上海光明食品集团坚持品牌化经营、国际化发展道路，加快农业

"走出去"步伐，进行国际化供应链、产业链建设，海外营收占集团总营收20％左右，极大地增强了对全世界优质资源的获取能力和配置能力。

千淘万漉虽辛苦，吹尽狂沙始到金。迈入"十四五"，农垦改革目标基本完成，正式开启了高质量发展的新篇章，正在加快建设现代农业的大基地、大企业、大产业，全力打造农业领域航母。

（五）

八十多年来，从人畜拉犁到无人机械作业，从一产独大到三产融合，从单项经营到全产业链，从垦区"小社会"到农业"集团军"，农垦发生了翻天覆地的变化。然而，无论农垦怎样变，变中都有不变。

——不变的是一路始终听党话、跟党走的绝对忠诚。从抗战和解放战争时期垦荒供应军粮，到新中国成立初期发展生产、巩固国防，再到改革开放后逐步成为现代农业建设的"排头兵"，农垦始终坚持全面贯彻党的领导。而农垦从孕育诞生到发展壮大，更离不开党的坚强领导。毫不动摇地坚持贯彻党对农垦的领导，是农垦人奋力前行的坚强保障。

——不变的是服务国家核心利益的初心和使命。肩负历史赋予的保障供给、屯垦戍边、示范引领的使命，农垦系统始终站在讲政治的高度，把完成国家战略任务放在首位。在三年困难时期、"非典"肆虐、汶川大地震、新冠肺炎疫情突发等关键时刻，农垦系统都能"调得动、顶得上、应得急"，为国家大局稳定作出突出贡献。

——不变的是"艰苦奋斗、勇于开拓"的农垦精神。从抗日战争时一手拿枪、一手拿镐的南泥湾大生产，到新中国成立后新疆、东北和华南的三大军垦战役，再到改革开放后艰难但从未退缩的改革创新、坚定且铿锵有力的发展步伐，"艰苦奋斗、勇于开拓"始终是农垦人不变的本色，始终是农垦人攻坚克难的"传家宝"。

农垦精神和文化生于农垦沃土，在红色文化、军旅文化、知青文化等文化中孕育，也在一代代人的传承下，不断被注入新的时代内涵，成为农垦事业发展的不竭动力。

"大力弘扬'艰苦奋斗、勇于开拓'的农垦精神，推进农垦文化建设，汇聚起推动农垦改革发展的强大精神力量。"中央农垦改革发展文件这样要求。在新时代、新征程中，记录、传承农垦精神，弘扬农垦文化是农垦人的职责所在。

（六）

随着垦区集团化、农场企业化改革的深入，农垦的企业属性越来越突出，加之有些农场的历史资料、文献文物不同程度遗失和损坏，不少老一辈农垦人也已年至期颐，农垦历史、人文、社会、文化等方面的保护传承需求也越来越迫切。

传承农垦历史文化，志书是十分重要的载体。然而，目前只有少数农场编写出版过农场史志类书籍。因此，为弘扬农垦精神和文化，完整记录展示农场发展改革历程，保存农垦系重要历史资料，在农业农村部党组的坚强领导下，农垦局主动作为，牵头组织开展中国农垦农场志丛编纂工作。

工欲善其事，必先利其器。2019 年，借全国第二轮修志工作结束、第三轮修志工作启动的契机，农业农村部启动中国农垦农场志丛编纂工作，广泛收集地方志相关文献资料，实地走访调研、拜访专家、咨询座谈、征求意见等。在充足的前期准备工作基础上，制定了中国农垦农场志丛编纂工作方案，拟按照前期探索、总结经验、逐步推进的整体安排，统筹推进中国农垦农场志丛编纂工作，这一方案得到了农业农村部领导的高度认可和充分肯定。

编纂工作启动后，层层落实责任。农业农村部专门成立了中国农垦农场志丛编纂委员会，研究解决农场志编纂、出版工作中的重大事项；编纂委员会下设办公室，负责志书编纂的具体组织协调工作；各省级农垦管理部门成立农场志编纂工作机构，负责协调本区域农场志的组织编纂、质量审查等工作；参与编纂的农场成立了农场志编纂工作小组，明确专职人员，落实工作经费，建立配套机制，保证了编纂工作的顺利进行。

质量是志书的生命和价值所在。为保证志书质量，我们组织专家编写了《农场志编纂技术手册》，举办农场志编纂工作培训班，召开农场志编纂工作推进会和研讨会，到农场实地调研督导，尽全力把好志书编纂的史实关、政治关、体例关、文字关和出版关。我们本着"时间服从质量"的原则，将精品意识贯穿编纂工作始终。坚持分步实施、稳步推进，成熟一本出版一本，成熟一批出版一批。

中国农垦农场志丛是我国第一次较为系统地记录展示农场形成发展脉络、改革发展历程的志书。它是一扇窗口，让读者了解农场，理解农垦；它是一条纽带，让农垦人牢记历史，让农垦精神代代传承；它是一本教科书，为今后农垦继续深化改革开放、引领现代农业建设、服务乡村振兴战略指引道路。

修志为用。希望此志能够"尽其用"，对读者有所裨益。希望广大农垦人能够从此志汲取营养，不忘初心、牢记使命，一茬接着一茬干、一棒接着一棒跑，在新时代继续发挥农垦精神，续写农垦改革发展新辉煌，为实现中华民族伟大复兴的中国梦不懈努力！

中国农垦农场志丛编纂委员会

2021 年 7 月

辽宁大台山果树农场志

LIAONING DATAISHAN GUOSHU NONGCHANGZHI

"极目俯高邱，清笳隐戍楼。万山环地落，一海抱天流。白骨何年战，黄云终古愁。徘徊无限意，霜月满征裘。"这是清康熙年间大诗人戴梓途经大台山时所作五律《烽台晚眺》，登烽火台，远眺海山，追思往古，感触无限。

葫芦岛市大台山果树农场地处辽西燕山台褶带大孤山余脉，紧邻关外第一县绥中。这里历史悠久，文化灿烂，物华天宝，人杰地灵。早在元明时期，大台山就以生产腊梨而名闻天下，因之得名腊梨山。明末清初，腊梨山又因山顶遗存烽火台而得名"大石台山"，后简称"大台山"。

1923年，绥中县地方乡绅智庆云等人在大台山建立了绥中县第一个果园——大台山果林公司，又称"启华农园"。此后，又有众多果业先驱接踵而至，相继兴办的独资或合资果园如雨后春笋般在这片大地上应运而生，遍及山野，打破了北纬40°以北果树栽植的禁区，开创了绥中地区果树产业发展的先河。

1932年，国难当头时，勇敢的大台山人民放下锄头，组织起义勇军，执起枪矛，积极投身于抗日的洪流，这里成了绥中地区抗日斗争的前哨阵地。

1949 年 2 月后，人民政府接管了以大台山地区果园为主的多处私人果园，成立了"绥中县利民果园"。原来的雇农翻身做了果园的主人，从此，揭开了辽西地区农垦事业从开创到发展的新篇章。

20 世纪 70 年代初，为改变果业发展缺乏资金的状况，农场克服种种困难，自力更生，大力发展机械工业。自 1972 年创建机械厂开始，十余家工业企业相继诞生且发展迅猛，为农场创造了丰厚利润，给农场扩大果区、发展果业提供了强有力的资金保障。

当改革开放的春风吹遍中华大地，大台山人焕发了勃勃生机。1984 年，家庭联产承包经济责任制改革解放了大台山人的思想，也解放了大台山的生产力。从 20 世纪的 80 年代至 90 年代中期，大台山的果业得到极大发展，各类果树株数、水果产量均达到历史最高水平，农场也被评为国有大二型企业。

有高潮也有低谷。20 世纪 90 年代中期以后，大台山农场在市场经济改革的大潮中逐渐落伍。虽然期间偶现曙光，但总体经济下行趋势日益明显。

逆水行舟，不进则退。2017 年，在新一届领导班子的带领下，大台山农场集团化改革取得重大进展，以"垦区集团化、农场企业化"为主线，以"五区兴五业、一带连六场"为产业发展布局，持续推进企业化改革。在新一轮改革过程中，农场去除了一些不必要的企业办社会职能，在经济发展的大潮中得以轻装上阵。红色旅游业、商贸业、轻工业等各行各业得到空前发展，实现了以果业为基础，农业和二、三产业融合发展，齐头并进的良好格局。

历史上，大台人饱受了饥饿寒冷、疾病侵袭、战火硝烟和社会动荡的苦难。也在这块热土上，大台山人开垦荒地、努力耕耘、艰苦创业，营造了美好生活，谱写了新时代的文明乐章。一代代领军人物带领大台山人民发展果业、振兴工业，走向全国、连通世界。

盛世修志，志载盛世。编史修志是中华民族特有的优秀文化传统，史志是中华文化的历史瑰宝。大台山果树农场历来重视修志存史工作，建场以来曾三次修志。而今，历史已走进 2021 年。中共十九大以来，农场的经济形势、人民的生活面貌都发生了翻天覆地的变化。处在这样一个太平盛世，我们有责任为后人留下一部系统翔实的农场发展史料，从而为现在及将来各项建设提供借鉴，为爱国爱场教育提供乡土教材。为此，借第一批中国农垦农场志编纂的契机，按照《农业农村部办公厅关于组织开展第一批中国农垦场志编纂工作通知》文件精神，在农业农村部农垦局的指导下，以及中国农垦经济发展中心的支持下，农场组织人员，精心编纂《辽宁大台山果树农场志》。

接到任务，场志编写人员在史料考证难、质量要求高、时间紧、任务重的情况下，辛勤编写，精心琢磨，深入挖掘，去伪存真，力求取信于今而传之于后。新编《辽宁大台山果树农场志》实事求是地记述了大台山地区的自然、社会、组织、经济、文化、风土等方面的历史与现状，是农场的历史发展百科全书。我们力求做到本志书资料广征博引，内容反复修订，据事实录，彰盛事、志伟绩，展示经验教训，反映客观规律。它是大台山果树农场践行中国梦的又一重要成果。

长风破浪会有时，直挂云帆济沧海。值此《辽宁大台山果树农场志》即将付梓之际，谨向中国农垦农场志丛编纂委员会的各位领导，以及付出艰辛劳动的全体编写人员致以崇高的敬意，向为此志提供资料的各界人士表示衷心的感谢。

愿朴实的大台山人民能继承前人的遗志，以史为鉴，同心同德，与时俱进，开拓创新，用勤劳和智慧创造更加辉煌灿烂的明天！

辽宁省葫芦岛市大台山果树农场党委书记、场长

2021 年 5 月

凡例

一、本志以马克思列宁主义、毛泽东思想、邓小平理论、"三个代表"重要思想、科学发展观、习近平新时代中国特色社会主义思想为行动指南，以践行中国梦、推动大台山果树农场可持续发展为宗旨，以《中国农垦农场志编纂培训班技术手册》为依据，坚持实事求是的原则，全面系统地记载大台山果树农场自然、经济和社会的状况，记载大台山地区物质文明和精神文明建设所取得的成就。

二、本志时间上限 1923 年，下限 2020 年 12 月。在内容选择上，遵循略昔详今的原则，在具体记述时，个别章节在时间跨度上略向上延展。

三、本志按照以类系事，横排竖写的编纂方法，力求横不缺项，纵不断线。全志分为：序言、凡例、概述、大事记、建制和自然地理、经济、组织机构、文化、社会、人物、附录等。

四、本志分为编、章、节、目四个层次，体例采用志、记、传、图、表、录，以志为主体。

五、本志文字、标点、数量、计量单位等按国家规定的统一规范书写。表示数量的数目一般用阿拉伯数字。

六、本志纪年采用公元纪年。

七、本志对于专用名称，第一次出现时用全称，以后一般用简称。人名一般直书其名，不加称号。

八、本志附录列在志末。

九、本志立传的人物，以具大台山果树农场场籍者为主，兼及对农场某方面发展做出积极贡献的客籍人物，以生年先后为序。

十、在世的现代闻人不立传，以人物简介的方式分类记述其重要事迹。

十一、本志大事记采用编年体。个别重要事件，为求完整，采用纪事本末体。

十二、本志言必有据，其资料来源一般不注明出处，不做注释。

中国农垦农场志

目 录

第三编 组织机构

第四编　文　　化

中国农垦农场志

概　　述

　　大台山历史文化积淀深厚。元明时期，因此地满山栽植梨树而得名腊梨山。明末清初，在此山顶遗存烽火台，从此得名"大石台山"，后简称"大台山"。

　　这里是辽西地区较早有人类活动的地方，也是辽西地区最早引进并栽植果树的地方。正所谓"古为关内外之襟喉，今为辽西水果之乡"。

　　大台山果树农场地处绥中县城西1公里，南襟渤海，北枕燕山，地理环境优越，全场东西最大横距13.1公里，南北最大纵距3.35公里，总面积27.9平方公里。农场紧邻102国道。京沈高速公路、秦沈高速铁路、绥中外环公路穿境而过，场内富民路、迎宾路、大矾线等乡村级公路四通八达，交通十分便利。

　　至2020年末，全场下设12个办事处（分场），共辖17个自然屯，有汉族、满族、蒙古族、回族4个民族，以汉族人口居多，满族人口次之。2020年全场总人口10019人。

一　地理环境

　　农场辖区地处燕山台褶带大孤山余脉，为丘陵山地地形地貌。受山脉制约，地势成西北高东南低的态势，自东向西，由南而北海拔由25.73米至263米渐次升高。域内有鸡架山、歪脖山、尖山、石人山、老虎洞山、矾石山、破台山、大台山等山脉，其中大台山海拔159米，为马家河发源地，也是大台山地区名称的主要来源。

　　农场域内有河流8条，包括毕屯河、饮马河、猫眼河、矾石河以及其他无名小河4条。其中，毕屯河发源于大台山南麓，由北向南经毕屯村、沙河镇马家村汇入马家河，南流入海。饮马河发源于鸡架山南麓，经饮马河分场、沙河镇叶大村并入叶家坟河，南流注入渤海。猫眼河发源于鸡架山北峰，经鸡架山的聂沟水库东流至沙河镇的姜家沟屯，后与叶家坟河交汇，南流注入渤海。此3条河与其他4条无名河均为南流或东南流向，唯有矾石河较为特殊，为东北流向。矾石河发源于农场郜家沟村西山，东流至矾石山村，折向北流至高台镇域内，注入王宝河。场区内河流均为季节河。

　　农场所在地属于温带半湿润大陆性季风气候。其主要特征，四季分明，光照充足，水热同期，降水集中，季风明显。由于受季风气候影响，域内春季虽有冷空气侵入，但强度弱，回暖较快；夏季西南季风盛行，雨量充沛，高温潮湿，多雷多雹，伏天潮热；秋季偏北季风增强，雨量骤减，气温速降；冬季偏北季风势力很强，气候干冷，大地封冻。年平均气温为 10℃左右；年降水量为 650～720 毫米；年日照平均时间为 2621.1 小时；无霜期年均 166～175 天。

农场辖区内土壤大部分是由花岗岩风化的山沙土，土层厚度 0.05 米～3 米，土质为棕壤土类，面积达 21220.6 亩*。余为草甸土类，仅为 139.4 亩。海拔最高点在大生沟一带，为裸露酸性岩棕壤性土壤主要分布地带。海拔最低点在毕屯分场，主要为酸性岩山沙土。农场辖区土壤绝大部分肥力适中，易于发展种植业。至 2020 年，全场域内果树面积 989 公顷，林地面积 504 公顷，耕地面积 440 公顷。

场区内矿产资源较为丰富，主要分布在东北部场区。已发现的矿藏有硅石、长石、花岗岩、铅、锌、铜等 10 余种金属和非金属矿藏。其中硅石、长石等非金属矿藏储量较大。

二 历史沿革

大台山地区历史悠久，早在新石器时期就有人类在此生息繁衍。经过考古发现，在域内的台东分场北部山坡，大生沟果树分场破台山东南麓，矾石农业分场李家沟、孔家沟及后矾石北梁等地均发现大量新石器遗址，出土了大量的石器和陶器等文化遗存。证明在新石器时期，大台山地区的古人类过着农业兼渔捞的生活。

1923 年，智庆云和毕渭桥等人在大台山创办"大台山果林公司"，为绥中县有史以来创办的第一家果园。此后，又有王果忱、郎景瑞、郭惟一、李文贵等人先后在此创办私人果园，为大台山地区果业的发展奠定了最初的基础。

绥中解放后，1949 年 2 月，绥中县人民政府接管原大台山、鸡架山、瓮泉山、侯山、牛羊沟、马家河子等处私人果园，成立"绥中县利民果园"。此后 70 余年间，农场因隶属关系的变更而几易其名，曾先后名为"辽西省人民政府农业厅第四果园"（1951年 11 月），"辽宁省绥中大台山果树农场"（1954 年 8 月），"辽宁省绥中果树农场"（1955 年 2 月），"辽宁省大台山果树农场"（1958 年 3 月），"绥中县荒地幸福人民公社大台山作业区"（1958 年 10 月），"锦州市大台山果树农场"（1959 年 3 月），"绥中县大台山果树农场"（1960 年 6 月），"锦州市大台山果树农场"（1962 年 4 月），"辽宁省绥

---

* 亩为非法定计量单位，1 亩≈667 平方米。——编者注

中县大台山果树农场革命委员会"（1968 年 4 月），"锦州市大台山果树农场"（1979 年 7 月），"锦西市大台山果树农场"（1989 年 6 月），"葫芦岛市大台山果树农场"（1994 年 2 月），"绥中县大台山果业集团"（2017 年 9 月）。虽名称变动频繁，但"果树农场"的基本属性并未改变。在 70 余年成长过程中，农场已发展成为集农工商于一体的国家大二型国有农场。

三　果业发展

果业是农场的主要支柱产业。建场以来，农场不断加大果树科学管理力度，加强水果产、存、销一条龙建设。1984 年，农场根据中央文件精神，实行果树家庭联产承包责任制。2001 年，农场对原有的果树承包政策进行重大调整，采取长期承包 18 年不变，一次性缴清承包费的政策，并向广大职工大幅让利，给予果农管理和销售的自主权。2019 年是农场新一轮果树土地承包起始之年，农场在广泛调研的基础上，实行期限为 15 年的承包政策，建立了经营面积、收费标准、承包租赁期限等与职工身份相适应的衔接机制，农场鼓励和引导职工子女扎根农场务农兴业，共签订承包合同 1300 份，承包面积达 2.1 万亩，极大地调动了农场职工的生产积极性。

为了促进农场果业的大发展，农场提倡向勤劳要数量，向科技要质量。加大力度进行科技培训，利用专家讲座、外出学习、场报宣传等形式长期进行果园管理、剪枝、肥料使用、良种改换、优质果生产等技术培训。在场科技人员和各基层单位植保人员的指导、带领下，大力推广果业生产管理新技术。同时实行垂柳式剪枝法，高接换头等技术手段，调整了果树优良品种结构。继续推行果实套袋和 SOD 新技术（果品保鲜技术），推广角额壁蜂授粉技术取代人工授粉。铺设反光膜，增加果品着色面，从而提高了果品质量和价格。此外以农家肥为主，化肥为辅，维持土地效力，并大力推广沼气新技术。在此基础上，逐步完善绿色果品生产基地建设和苹果质量追溯系统建设，使农场水果生产质量达到出口商检标准。

在更新换代上，每年春季都要逐步淘汰劣质老旧果树品种，大量栽植优良品种幼树。如 2019 年春补栽幼树 16500 株，树种多数为苹果，以烟富、岳华、岳冠、鲁丽等品种为主。在郜家新建高效精品苹果科技示范园 100 亩，为广大职工和果农起到了示范引领作用。

至 2020 年末，农场果树栽植面积达 989 公顷，栽植苹果、梨、杏、桃、葡萄、山楂、核桃等各种果树 65 万株，其中结果树达到 61 万株，水果总产量突破 32500 吨大关，已发展成为以果业为主要特色产业的辽宁省现代农垦示范农场。

四 农业发展

大台山果树农场地处大孤山余脉，丘陵多平地少，形成六山一水三分田，且田地大部分较分散，不集中连片，机械化作业难度大。即便如此，农场除了果业得到持续发展外，农业发展也得到稳步提升，至 2019 年，全场农作物播种面积达到 440 公顷，粮食总产量在 2660 吨左右。尤其是在国家惠农政策的支持下，农业得到空前发展。

2002 年起，国家为减轻农民的负担，实施了农村税费改革。2004 年，随着国家粮食直补政策的出台，农场开始对种粮农民进行粮食直接补贴。按照定向倾斜、方便易行及公开透明的原则，农场粮食直补实行谁种地就补给谁，承包地转包他人的，按承包协议处理。确定玉米、水稻、高粱、小麦、小杂粮 5 类粮食作物为直接补贴品种。在大台山信用社开设"粮食直补资金"专户，粮食直补资金由省到县，由县到农场，实行专户管理，封闭运行。

2006 年，国家废除了《农业税条例》，自此，农场彻底取消了农业税和农业特产税以及村提留的征收。同年开始对农用柴油等生产资料进行补贴，与粮食直补统称为粮食综合直补资金，补贴依据由原来的 5 种粮食作物面积改为第二轮承包面积为准。

2008 年至 2014 年，国家相继公布《中共中央国务院关于切实加强农业基础建设进一步促进农业发展农民增收的若干意见》（第十个中央"一号文件"）《中共中央国务院关于 2009 年促进农业稳定发展农民持续增收的若干意见》（第十一个中央"一号文件"）《中共中央国务院关于加大统筹城乡发展力度 进一步夯实农业农村发展基础的若干意见》《关于加快推进农业科技创新持续增强农产品供给保障能力的若干意见》《2014 年国家深化农村改革、支持粮食生产、促进农民增收政策措施》。2013 年，农场 4 个农业分场共 4750 亩农作物被列入补贴范围，补贴资金经农村信用社发放到农户手中。补贴金额逐年递增，2014 年农场粮食综合直补资金达 39.7 万元，每亩平均 84.04 元。至 2020 年，耕地补贴面积 4596.50 亩，补贴户数 740 户，补贴金额共计 34.35 万元。

在这些惠农政策及各种保障措施的支持下，农场紧紧抓住机遇，在主抓果业生产的同时，大力发展农业生产。鼓励农民充分利用闲置土地，在不破坏生态环境的基础上，拓展种植面积，改良农作物品种品质。根据大台山地区地形地貌和气候条件，因地制宜采取措施，防止粮食生产滑坡，确保了场区农业稳定发展。至 2020 年末，农场辖区内耕地面积

440 公顷，粮食作物播种面积 392 公顷，总产量 2659.8 吨。

五　工商业发展

相对于果业，农场工业基础比较薄弱。20 世纪 70 年代，农场工业曾有过较大发展，自创建机械厂开始，相继办起了汽车大修厂、制砖厂、建筑材料厂、油毡纸厂、包装器材厂、地毯厂、食品厂、酒厂、饮料厂以及长石矿、采石场、建筑工程队、安装队等 10 余家工业企业，工业年产值丰厚，利润可观，为农场的经济发展做出了突出贡献。但是，1992 年以后，随着市场经济体制改革，农场本就基础薄弱的工业企业无法适应市场化经济发展的要求，大部分出现亏损，经营陷入困境。

1993 年，农场为改变场内工业企业的颓势，增强其活力和竞争力，适时转变管理体制，施行工业企业承包、租赁等经营方式，给予承包人自主决策、自主经营的权利。农场负责对国有资产加强管理、检查、登记、建卡、存档，半年检查一次，避免资产损坏、流失。对租赁、承包企业适时延长承包期，按时足额收取承包费、租赁费。强化职能服务，加大服务范围和力度，为企业统一办理各种执照，为他们沟通信息，取长补短，交流经验，抓好安全生产确保社会稳定。与此同时，工业企业承包人、租赁人及其他一些私营企业主适时调整产业结构，改变生产项目，拓宽产销渠道，严把质量关，从而使农场工业逐步走上正轨。除了一些企业因产销均出现停滞或因环境保护因素而解体外，大部分企业扭转了连续亏损的局面。

在农场工业企业稳步发展的同时，场区内个体餐饮、批发零售、农资专卖、商务服务、建筑安装等第三产业也如雨后春笋般蓬勃兴起。至 2020 年底，仅场部驻地毕屯分场大矾线两侧就有商家 80 余家。全场共有包括超市、饭店、水果店、冷饮店、粮油店、化妆品商店、诊所、理发店、浴池、农用物资商店、建筑装修材料商店、农副产品出售点、汽车装饰维修、建材市场等商铺 130 余家。2019 年第三产业产值达到 3975 万元，占当年社会总产值的三分之一强。第三产业的蓬勃发展，推动了农场多元经济的大发展大繁荣，同时解决了农场剩余劳动力的就业问题，对维护社会稳定起到了关键作用。

六　文化事业

文化事业是软实力，其发展程度是影响一个地区综合实力发展的重要因素。大台山地区一直都有优良的文化传统。广场文化活动、节庆文化活动、社区文化活动等各种文化活动形式丰富多彩，开展广泛。尤其是 2010 年以后，随着农场经济形势的好转，文化设施的改善，为开展各项文化活动创造了良好的条件。每逢重大节庆日，特别是"七一"党的生日和"十一"国庆日，农场都会搭建平台，发动场内职工利用业余时间组织排练文艺节目，以会演的形式歌颂党，歌颂祖国，歌颂农场新风貌、新成果。每次演出，除了农场职工、学生演出节目外，还多次邀请县、市及外地文艺团体来场演出。同时，农场工会及社区还积极发动群众，组织起多支老年秧歌队、民间舞蹈队，在会演之前进行助兴演出，增添了节日的喜庆气氛。

在文学艺术创作方面，大台山地区也是人杰地灵，各个历史时期均涌现出众多文学艺术爱好者。其中不乏省、市级作家协会、美术家协会、书法家协会、民间艺术联合会会员，这些文学艺术爱好者在不同领域均取得了不俗的成绩。此外，绥中县作家协会、书法家协会、美术家协会、老干部大学、老年合唱队等各文学艺术团体成员多次到农场旅游风景区采风，创作出大量歌颂大台山的诗词、书法及美术作品，丰富了农场的文化生活，提升了地区文化品位。

七　教育事业

中华人民共和国成立后至 2008 年，农场属于政企合一的国有企业，行使地方政府的大部分职能，实行企业办社会，农场办教育。在半个多世纪的企业办学过程中，农场党委十分重视对辖区内教育事业的严格管理与资金投入。教学质量稳步提升，为国家输送了大批优秀人才。但是，进入 21 世纪，随着经济体制改革的逐步深入，企业办社会办教育所带来的负担日益凸显，严重制约了农场经济的快速发展。减掉负荷，轻装上阵成为势在必行的举措。2008 年 2 月，根据《葫芦岛市国有农场分离教育实施方案》，农场与绥中县人民政府达成协议，在对场内几所中小学校资产进行评估后，将中小学校完全移交给地方，全场 27 名在职场办教职工和 17 名退休场办教职工划归绥中县教育局。至此，农场结束了长达 60 年的企业办学的历史。

2008 年学校划归地方政府以后，农场虽然对场区学校不再行使管理权，但仍对几所学校给予必要的帮助与支持，无偿对大台山初级中学和大台山中心小学进行资金扶持。每年的 9 月 10 日教师节，农场都要对中小学教师进行慰问。这些举措无疑对大台山教育事业的可持续发展提供了强大的后勤保障。2013 年，全场各学校经过优化组合，仅保留大台山初级中学和大台山中心小学两所学校。2016 年，在义务教育均衡发展建设过程中，两所学校基础设施建设得到升级改造，实现了跨越式发展，达到国家验收标准。

八　旅游开发

旅游开发是农场第三产业发展的重要标志。将自然景观与人文内涵相结合，启动"红色旅游"规划，开发台西湖旅游风景区，从而带动下游产业的振兴，推动农场经济多元化发展，是农场经济发展战略的重大举措。

2012年6月，大台山果树农场党委在对辖区旅游资源进行充分调研的基础上，通过集体研究，决定立项申请对大台山主山及其周边地区进行旅游开发。经过一年多的建设，至2013年5月，大台山旅游风景区一期工程建设如期完工。包括"抗日义勇军纪念馆"新馆址的迁建、景区内迎宾路的铺设、明代烽火台的维修、亭台楼榭的修建、人文景观的建设、停车广场的修建、太阳能路灯的安装、垂钓园、采摘园的设立等等。2017年初，大台山旅游风景区被评为国家AAA级景区。

2018年5月，农场启动台西湖旅游风景区建设，在原大台山旅游风景区西侧500米处兴建"百果园"，"百果园"与"大台山旅游风景区"合二为一，更名为"台西湖旅游风景区"，注册为"葫芦岛台西湖旅游发展有限公司"。2019年，完成台西湖旅游风景区扩建，总占地1200亩，主景区占地500亩。集中打造了九龙戏水、荷塘清风、长廊望月、双亭览胜、葵花向日、青春记忆、果花飘香、台山怀古等景观。景区建成后，吸引了县内及全国各地游客来此驻足观光，尤其是节假日，每天游客更是多达数千人。截至2020年，据不完全统计，来此参观、游玩的社会各界人士多达十余万人次，对发展大台山旅游产业，带动下游餐饮住宿业一条龙发展，夯实大台山经济基础等方面起到了极大的促进作用。

九　交通运输

2000年以前，农场道路均为土路，影响了货物的运进运出，也制约了交通运输业的发展。2001年，"二矾线"（沙河镇马家村二台子至矾石农业分场）乡级公路路基拓宽改造工程完工。2006年7月，农场硬化二矾线乡级柏油公路，全长8公里。2007年，场区"北环路"修建竣工，经由场部至科技示范园、大台山中学、台东、台西、迎春分场与"大矾线"交汇，全长4.5公里。同年，西大台至红光分场水泥路修通，全长2.5公里。

2008年，"绥中北环路"大台山路段修通，自102国道三台子村东侧，经由大台山域内向北而东直达绥中县城。此环城路修通以后，对大台山地区的经济建设具有极其深远的意义。2009 年，农场继续加大基础设施建设，投资 69 万元硬化村村通路面三段：毕屯—向阳—台西；温屯岳家沟—蔬菜小区；毕屯东—外环路。同时，改造矾石分场至部家分场路基 1.9 公里。2010 年，投资 120 万元对农场西部场区新区—鸡架山—饮马河路段长达 5000 米的道路进行路基改造；2011 年，投资 20 万元硬化了温屯分场—102 国道 650 米主路。同年，毕屯分场域内道路安装太阳能路灯 109 盏，同时，投资 53 万元，在大台山富民路柏屯段新建"大台山桥"一座。投资 17 万元，新修毕屯分场、饮马河分场便民桥 4 座，对毕屯分场 500 米低洼路段路基进行了改造。2013 年，投资 654 万元，分别对饮马河分场、鸡架山分场、部家农业分场、矾北果树分场、西大台分场、台东分场的道路实施硬化，总里程 19 公里。2014 年，由绥中外环路直达至大台山风景区的迎宾路竣工通车。

2017 年，农场借助美丽乡村建设，逐步加大街道美化工程建设。2018 年，硬化水泥路面 3.3 公里，打通了大矾线（原二矾线，2008 年更名）西大台路口—破台子分场道路；新装路灯 3 公里 40 盏。2019 年，农场累计修路 47.4 公里，总面积达 18.5 万平方米，新安装路灯 390 盏，修建道路边沟 21 公里。

至此，农场全境基本实现公路村村通到户户通的过度，彻底解决了交通不便的难题，全面改善了大台山果树农场职工出行状况。由此，带动了大台山地区交通运输业的极大发展。此外，得益于交通便利，大台山个体货运、个体客运业也蓬勃发展，以 2019 年为例，交通运输业产值达到 3000 万元，极大地拉动了地区经济的腾飞。

十　民心工程

农场坚持以人为本，践行民生优先，以老百姓最关注、最期盼、最迫切的问题作为重点，统筹推进以民生工程为主的各项社会事业，大大提升百姓幸福指数，努力让发展成果惠及更多百姓。

危房改造　2011 年 4 月，依据辽宁省国土资源局、省住房城乡建设厅《关于辽宁省保障性安居工程建设导则》文件精神，农场结合本地实际，启动危房改造工程项目建设。根据《大台山果树农场 2011 年职工危房改造建设实施方案》，各基层单位制定改造规划，确定危房改造对象，落实资金投入，监管工程质量，组织施工建设。根据上级文件精神，按照每户 50 平方米的标准进行补贴，其中，国家每户补贴 0.65 万元，省政府每户补贴 1 万元，市、县配套补助每户 1 万元。全年共争取上级补贴资金 1142.75 万元。建房资金仍有不足的，国家给予不超过 2.75 万元的建设贷款，由省政府承担补贴年贷款利息。此外，在建设用地审批、相关税费缴纳等方面全部享受国家保障性安居工程优惠政策。

至当年 11 月，全场危房改造共计 653 户，其中翻建 514 户，增加建筑面积 15663.91 平方米，无房新建 139 户，435.5 间，新增宅基地面积 18106.5 平方米。解决了绝大多数农场职工的住房问题。

2012 年 5 月，启动并实施第二轮危房改造工程，至当年 11 月，全场完成了 300 户危房改造任务，彻底改善了农场职工群众的居住条件。

2019 年 1 月，农场危房改造二期配套工程开工建设，于当年 10 月底完成。项目总投资 2145 万元，涉及 6 个自然屯，共 290 条村路，包含道路工程、亮化工程及排水工程等。

饮水工程　大台山辖区丘陵多，地势北高南低，雨水存量少，加之干旱年份多，农业灌溉用水量大，导致地下水位连年下降，造成场内人畜饮水出现困难。为解决此问题，农场下大力气，连续多年加强饮水工程建设。

2008 年，实施了台东分场、台西分场、毕屯分场、温屯分场共 1100 户自来水进户安装工程。2009 年，为鸡架山分场部分职工安装了自来水并投入使用。2010 年，又在破台子、饮马河、鸡架山等场区开展了安全饮水工程，解决了 108 户 338 名职工群众饮水安全问题。尤其是 2011 年，为了让居住在毕屯农业分场、西大台果树分场、台东分场、台西分场、矾石分场、鄱家分场和温屯农业分场的 1800 户 5300 人能及时饮用上放心水，农场又为上述场区每个家庭安装自来水设备，改善了人们的生活条件。

2019 年，农场为进一步保障居民用水，集中开展居民自来水安装维护工作。3 月初逐户为居民安装改造自来水、更换水表。完善 4 处水源地保护设施，加强水源保护区的管理工作。至 2019 年 4 月初，农场实现自来水户户通，保证了农场的所有居民都喝上"放心水""安全水"。

十一　民生保障

医疗保障　2005 年，农场为场区内 4 个农业分场的农业户口人员办理参加绥中县新型农村合作医疗，在场区内设立 5 个新型合作医疗定点门诊。至 2020 年，农场内大部分农业户口居民都加入了新型农村合作医疗。2009 年，农场为 1450 名社区居民（企业职工）办理了基本医疗保险。同时经葫芦岛市医保中心批准，落实了退休职工医疗保险的优惠政策。至 2020 年，全场大部分职工都参加了职工基本医疗保险，解决了农场职工及非职工居民的看病难、因病致贫的问题。

社会保险　农场职工按自愿的原则参加社会养老保险。退休之前，承包果树、自主经营，自负盈亏，按年上缴养老保险金。女 50 岁（国家干部女 55 岁），男 60 岁，退休以后，即可领取退休生活费。养老保险缴费金额及退休费标准根据国家政策以及个人工作年限而定，逐年上涨，从根本上解决了农场职工的后顾之忧。

精准扶贫 2019 年，农场正式纳入精准扶贫范围。经过核查筛选，确定建档立卡贫困户共 22 户 50 人。为了让建档立卡贫困户尽快脱贫，农场制定了干部对建档立卡贫困户一对一帮扶制度。通过项目扶贫、就业扶贫等方式，全面推进扶贫帮扶到户，做到应保尽保，应扶尽扶。至 2020 年 3 月，有 2 户 5 人已脱贫。4 月初，对 5 个 C 级房进行维修，2 个 D 级房进行翻建，1 个无房户进行新建，让贫困户住进了新房。4 月末，有 17 户 40 人已脱贫。5 月末又有 3 户 5 人脱贫。实现农场贫困户全部脱贫。

十二 乡村振兴

2008 年，农场社会主义新农村建设提上日程，矾石分场作为农场新农村建设试点村，加紧投入建设。围绕"三农建设"发展战略，逐步构建起富裕文明、和谐平安的矾石新农村。

2010 年 1 月，农场被辽宁省农垦局命名为"省农垦系统新农村示范场"。

2012 年，矾石山村从基础设施到村容村貌、村风民俗、文明建设、经济发展等各个方面均得到改观，农场社会主义新农村建设试点村也被葫芦岛市农委确立为"葫芦岛市社会主义新农村建设示范村"。

2016 年，农场启动美丽乡村建设项目。

2017 年，以台西分场为示范点，打造农场辖区内第一家美丽乡村。

2018 年，以矾石山村为示范点，打造第二家美丽乡村。

2020 年，以郜家分场为示范点，打造第三家美丽乡村。

在加大基础设施投入力度、整治乡村环境的同时，建立乡村治理长效机制，用特色文化装扮美丽乡村，赋予美丽乡村项目建设更高的文化内涵。

以郜家美丽乡村建设为例，农场以郜家沟为示范点，大力弘扬中华民族优秀传统文化，进一步营造孝老爱亲的社会氛围，激发群众内生动力，全力打造"辽西孝道文化第一村"。郜家孝道文化村创建工作由场工会负责牵头，农场相关部门配合。场工会结合"践行孝道·工会在行动"主题实践活动，大力开展孝道文化村创建，依托孝道典故宣讲、孝道职工家庭评选、模范事迹宣传、孝道讲堂学习等方式，不断扩大孝道文化的影响力，将郜家沟成熟经验在农场全面推广，全力助推乡村文明建设，最终达到长效治理。

十三　走进新时代

2013年，抗日义勇军纪念馆改扩建完成，同年9月，被葫芦岛市委宣传部命名为"葫芦岛市爱国主义教育示范基地"。2016年12月被辽宁省委宣传部命名为"辽宁省爱国主义教育示范基地"。

2019年11月，完成葫芦岛市基层党风廉政建设展馆暨绥中警示教育基地建设。基地坐落于大台山风景区，展馆占地1500平方米，可同时容纳180人参观学习。展馆设置了序厅、综合厅、警示厅、阳光厅、报告厅5个展厅，5个展厅围绕不同的主题，采用现代信息技术手段，运用声光电、多媒体、浮雕、展板、场景模拟等多种表现形式，展现了中共十八大以来，以习近平同志为核心的中共中央全面从严治党的新要求、新气象、新作为，葫芦岛市开展基层党风廉政建设的新思路、新举措、新成果。

同年，绥中县新时代文明实践中心在大台山风景区落成。中心占地面积2000余平方米，中心内设有光辉历程、学习强国、社会责任、文明讲堂等实践基地版块，除图文展示外，还配套触摸屏、室内电子屏、投影灯光等智能互动活动设施，是打造集志愿服务、文化活动、培训学习、成果展示等多功能于一体的综合平台。

中心成立以来，围绕"不忘初心、牢记使命"为主题开展教育活动，农场组建了理论宣讲队、道德模范宣讲队等数十人宣讲队伍，常态化开展理论宣讲、文化活动、培训教育、人文关怀等文明实践活动。

至2020年末，中心共吸引2万余人次前来参观学习，累计开展200多场文明实践活动，其中参观学习团体178个，组织培训活动18次。为助推绥中县脱贫攻坚，搭建了新时代新平台。

大 事 记

● **1923 年**　夏秋季节，头台子人智庆云与沙河人毕渭桥等人合股集资在大台山建立绥中县第一个果园——大台山果林公司。智庆云任经理，毕渭桥任副经理。果林占地 2000 余亩，栽有梨类 1 万株，苹果类 500 株，杏类 9000 株，桃类 9000 株，柞树万余株，松树万余株。

● **1924 年**　邰家沟人郎景瑞经由同学日本人近坂真一郎从日本购进 500 余株苹果树苗，栽植在邰家南沟，后增至 1200 株，创办"郎家果园"。

● **1925 年**　夏季，智庆云与时任绥中县农科职业学校校长王果忱，以集资入股的方式在鸡架山南麓建立果园，名"蔚昌农林公司"，又称"蔚昌果园"。果园占地 2800 亩，栽有苹果类 8000 株，桃类 3000 株，梨类 5000 株，杏类 4000 株，李类 500 株，葡萄 100 株，柞树 5000 株，松树 1 万株。王果忱为副经理，智庆云为大台山和蔚昌两个果园的总经理，将大台山果林公司经理职务交与其弟智庆生。

是年，狗河城人董子衡在今六支园占地 1000 余亩，创办"茂林农林公司"，又称"大东果园"。栽植苹果类 600 株，梨类 5000 株，桃类 4500 株，杏类 3000 株，葡萄 200 架，柞树 3000 株，松树 2000 株。次年，又在叶家坟占地 90 亩，创办"茂林果圃"，栽植各种果苗 10 万株。

● **1926 年**　秋季，卢瑞忱和侯信五等地方绅士在前所北牛羊沟占地 1000 余亩，创办"关东第一果林公司"，又称"兴绥果园"。栽植苹果类 6000 余株。

● **1927 年**　地方乡绅白福臣在范家瓮泉山创办"泉野果园"，栽植苹果类 1700 株，梨类 300 株，果园地势平坦，土质好，果树生长旺盛，产量较高，是绥中地区初建果园中收入最好的一个。

● **1930 年**　智庆云与高会岐在歪脖山创办果园，栽植苹果类 400 株，梨类 400 株。

1931 年　智庆生重建大台山果林公司，改名为"启华农园"，后又改名"天生果园"。集资 1200 股，每股 10 块大洋，计 12000 块，作为重建资本。又栽培 2000 余株苹果树及少量梨树。

是年，侯维五、侯继五在侯山创办果园，栽植苹果树 800 株，梨树 1200 株。

1932 年　1 月 10 日晚间，郑桂林率领抗日义勇军从矶石山村出发，夜袭绥中火车站和绥中县城，击毙日军将校 2 名，伤日军 17 名，由此打响了绥中地区民众抗日的第一枪。

1939 年　绥中"大生药房"经理郭惟一在郜家西沟栽植果树 1500 株，创办"郭家果园"。绥中绅士李文贵在矶石南沟栽植果树 1800 株，创办"矶石山果园"。

1945 年　王岐山、潘怀萱夫妇，在前所北牛羊沟创办"四平果园"，栽植苹果类 1500 株。后又创办果树苗圃。

1946 年　为了支援解放军前线作战，本地村民毕德有赶着马车参加了区小队，专门负责给前线运送弹药物资。

1948 年　1948 年 9 月，辽沈战役打响，绥中地区出动民工组成担架队走上前线，全力支援人民解放战争。农场范围内一些民工也自发组成担架队，奔赴战场。矶石山村民李成带领村民携带 4 副担架组成担架队奔赴锦西前线，直至 11 月锦西全域解放。

9 月 12 日，解放军冀热辽军区司令员程子华指挥冀热辽第二兵团独立第四、第六、第八师开赴绥中附近，独立第四师驻扎在头台子屯、二台子屯、毕家屯、大石台屯（今台西分场），后又按照兵团战役部署，将驻地移交给独六师，担任东北之包围任务，攻城部队将指挥所设在大台山东北长山上。

28 日，战斗打响，绥中县城解放。此后，各部队陆续撤出绥中县城休整，其中炮兵旅集结在五道岭、矶石山，至 30 日晚全部撤离大台山驻地。

10 月，绥中县人民政府派来以王久章为队长的接管工作队，对私人果园实行全部接收。

1949 年　2 月 1 日，绥中县政府将接收县域内的各处果园，成立以大台山农场为中心的利民果园，隶属绥中县企业科。其范围包括：大台山、鸡架山、瓮泉山、牛羊沟、大生沟、郜家沟等 12 处果园。

6月1日，农场成立工会，张九忠任工会主席，全场共有会员149人。

夏，成立大台山毕屯小学。

1950年 1月，绥中县利民果园建立团支部，名为中国新民主主义青年团辽西省绥中县第十区绥中利民果园支部委员会。

7月，阴雨连绵成灾，农场房屋倒塌20余户，低洼地农作物全部死亡。

11月，绥中县按照辽西省委部署，组成绥中县随军担架队，赴朝参战。农场矾石、毕屯、西大台、温屯等地组织担架队支援抗美援朝。大台山矾石山村村民孔祥云响应国家号召，带领担架队随军出征，直至朝鲜战争胜利结束，孔祥云等几个担架队队员才返回家乡。

1951年 4月，保家卫国、抗美援朝关键时刻，农场共有21名青年积极报名参军，开赴朝鲜。

10月10日，绥中利民果园被辽西省人民政府农业厅接管，改称辽西省人民政府农业厅第四果园。

是月，成立农场第一个党支部——中共绥中县直属机关辽西省第四果园支部委员会，李文升任党支部书记，共有党员10名。

1952年 3月，农场成立卫生所。由军队转业军医姚志新任负责人。

12月10日，农场赴朝担架队光荣回国。和其他兄弟单位一起，受到绥中县党政军民各界热烈欢迎。

1953年 6月，全国第一次人口普查，农场总户数8户（含集体户），总人口389人。

1954年 8月1日，辽东、辽西两省合并成立辽宁省，农场改称辽宁省绥中大台山果树农场。

1955年 2月1日，辽宁省农业厅将辽宁省绥中大台山果树农场、辽宁省绥中前所果树农场与兴城柳壕沟果树育苗场所属前所生产队合并为辽宁省绥中果树农场。场部设在农场大台东队。

12月，农场根据国务院《农村粮食统购统销办法》对粮食实行定产、定购、定销。农场设粮管员杨振宇负责全场粮食供应。

是年，国家制定了统购统销政策，苹果的销售由自产自销改为收购部门统一收购。农场生产的苹果从此全部送交绥中县果品公司。

1956 年　12 月，召开中共辽宁省绥中果树农场第一次党员代表大会。大会选举产生由 5 名委员组成的农场第一届总支部委员会，杨清亮当选总支书记。农场党总支党员发展至 41 名。总支部委员会下设大台山、鸡架山、前所 3 个党支部。

是年，辽宁省农业厅将绥中县果树农场下属的瓮泉山、水泉沟、歪脖山、破台子、郭家沟、部家沟等 11 处划回绥中县。农场仅剩大台山、鸡架山、前所牛羊沟、大生沟、六支园 5 个果园。

是年，农场的苹果采用木箱包装，大量出口苏联，当年出口苹果 120 吨。

1957 年　秋，农场在场部办公室和鸡架山队部办公室各安装一部手摇式电话机，由沙河乡电话总机代为转接。

年末，农场有线广播开通。

是年，农场安装第一台以单缸低速柴油机为动力的轴流式水泵用于灌溉。这是全场第一次使用机械。

1958 年　3 月 18 日，大台山果树农场与前所果树农场分开，改称辽宁省大台山果树农场。党组织改称中共辽宁省大台山果树农场总支部委员会。

10 月 1 日，大台山果树农场并入绥中县荒地幸福人民公社，称大台山作业区。

是年冬，部家沟自然村划归绥中县属（西关）示范农场。

是年，农场成立话务室，安设一台 30 门总机，全场电话机增加到 20 余部。

1959 年　3 月，农场由荒地幸福人民公社分出，撤销作业区，仍为国营农场。同时，锦州市农业局将叶家坟乡的温家沟、沙河乡的宋家沟、乱石山、李金屯、毕家屯、温家屯、头台子 7 个生产大队并入大台山果树农场，划归锦州市农业局管理，改称锦州市大台山果树农场。农场规模由原来 116 户、511 人、35 垧地扩大到 1198 户、5513 人、1580 垧土地。

4 月，在一队院内，大办食堂，全体职工及其家属一律到食堂就餐。

8 月，暴雨成灾，果树受到严重危害，产量明显下降。

10 月，召开锦州市大台山果树农场第二次党员代表大会，选举产生了由 6 名委员组成的中共锦州市大台山果树农场总支委员会，杨清亮当选总支书记。

是年秋，大台山果园创始人智庆生病故。

是年，农场成立妇联组织，负责妇幼卫生和妇幼保健工作。

1960 年 3 月 29 日，成立基建队，负责全场基础设施建设。首先在宋家沟大队域内建养猪场，占地 100 亩，建筑面积 4000 平方米（200 间）。同时在毕屯建猪舍 80 间。

6 月，大台山果树农场改由绥中县人民委员会管理，称绥中县大台山果树农场。

7 月 13 日，农场成立畜牧科。

夏，农场成立修配厂，有职工 20 余人，负责全场车辆及设备的维修。

是年，大台山地区小儿干瘦、浮肿、营养不良等疾病流行。大台山农场卫生所配合县卫生队开展普遍救治。

是年，农场筹备架设输电线路。

是年，毛泽东主席提出"大办民兵师，实行全民皆兵"的指示，农场积极响应号召，成立民兵连。

是年，农场场部由大台山脚下旧址迁至毕屯。

1961 年 8 月 21 日至 24 日，农场召开人民代表大会，全体职工代表及小队长以上干部参加，会议就深刻领会贯彻农业《六十条》展开大讨论，明确了今后农场发展的方向，使农场的企业管理步入了一个新的台阶。

是月，农场成立鸡架山小学。

12 月 5 日，召开中共大台山果树农场委员会第三次党员代表大会，参加大会的代表有 64 名，8 名预备党员列席。大会通过了第二届党总支的工作报告，选举产生由 8 名委员组成的中共绥中县大台山果树农场第三届委员会。

年末，温家沟、宋家沟、乱石山、李金屯、横河子、温屯、破台子、西大台等农业大队退出农场，仅保留毕家屯、头台子及温屯大队、东大台农业生产队。经过调整，农场经济有所好转，度过困难时期。

是年，农场成立专职纪检部门——纪律检查办公室，设主任 1 名。

● **1962 年** 2 月 2 日，毕屯、头台子变为全民所有制。六支园、大生沟由鸡架山分出建队，加上原有的大台山、鸡架山，全场共有 6 个全民果树队。

春，农场调整农业管理体制，实行"三级所有，队为基础"的管理机制，经营管理权归生产队。

7 月 6 日，全面清退、精简职工及其家属 987 户，1322 人。

是月，农场恢复各级工会组织。

8 月 20 日，首批知识青年 156 人来大台山农场安家落户。

12 月 20 日，正式送电至大台东队及场部，结束农场无电的历史。

年末，农场将温家沟、宋家沟、乱石山、李金屯、横河子、温家屯、破台子、西大台、小饮马河等生产大队划归绥中县。

● **1963 年** 1 月，农场成立人民武装部，在农场党委直接领导下负责全场武装和民兵工作。

4 月 17 日，大台山果树农场划归锦州市领导，改称锦州市大台山果树农场。党组织改称中共锦州市大台山果树农场委员会。

是日，锦州市将农场毕家屯、头台子两个生产队划归绥中县沙河公社管理。

5 月 16 日，第二批知识青年 65 人来农场安家落户。

10 月 12 日，第三批知识青年 40 人来农场安家落户。

是年，农场成立有线广播站。

● **1964 年** 6 月，农场成立兽医站。

6 月 30 日，第二次人口普查结束。全场总户数 121 户、总人口 843 人，其中非农业户口 149 人。

是年，郜家沟划归高台堡人民公社，成立郜家沟生产大队。

是年，全场开展农业学大寨运动。

是年，农场购进第一台汽车——南京产"跃进 130"汽车。

● **1965 年** 4 月，锦州市将大台山果树农场下放给绥中县人民委员会管理，改称为绥中县大台山果树农场。

8 月 7 日，农场召开中共大台山果树农场第四次党员代表大会。

8 月 10 日，农场扩入叶家公社叶大生产大队的小饮马河生产队，将其集体所有制改为全民所有制。

12月23日，农场党委设立政治处办公室。

1966年 2月，成立苗圃，职工7人。

1967年 3月27日，农场成立"抓革命、促生产"第一线指挥部，各基层单位均成立领导小组，替代党政机构。

1968年 4月18日，经中共陆军第一二○师委员会批准，农场成立辽宁省绥中县大台山果树农场革命委员会。王连山任革委会主任。

是月，建立合作医疗机构，培养赤脚医生。

1969年 "五七大军"下乡，毕屯、矾石大队都安排了"五七战士"。在鄐家沟南沟成立"五七干校"。

1970年 7月2日，毕屯大队、温屯大队的西大台生产队、宋家沟大队的破台子生产队由绥中县沙河人民公社划归农场。

秋，绥中县农林局管辖的侯山果树队及种马场划归农场。

9月，成立大台山初级中学。

12月末，原绥中县"五七干校"旧址划归农场，成立小矾石果树队。

是年，大台山卫生所更名为大台山医院。

1971年 6月24日，经整党后重新组建党委，王连山任党委书记。实行党的"一元化"领导，"革委会"继续存在。增设了工业办公室，恢复了工会组织。

7月21日至23日，召开中共大台山果树农场第五次代表大会。

1972年 年初，农场大力发展机械工业，组建机械厂。

5月，机械厂扩大生产项目，开始试制皮带车床。

是月，农场派职工支援大风口水库重建工程。

6月，购入8.75毫米电影放映机，成立电影队，下乡知识青年骆立军担任放映员。

是月，毕屯、西大台、破台子3个农业大队由沙河公社划归大台山农场。

7月，成立马蹄窑式小型砖厂。

1973年 5月31日，根据绥中县革委会指示，将原大台山果树农场所属的侯山生产队、种马场二处移交给县农林局经营。

8月，机械厂皮带车床试制成功。

10月，石油工业部东北输油管理局输油管道通过场区，全长828米。

是月，砖瓦厂扩大，改建马蹄窑为隧道窑。

12月17日，农场恢复建立工会委员会，称绥中县大台山果树农场工会委员会。

1974年 3月，砖瓦厂为扩大再生产，征用毕屯土地46亩，至此，砖瓦厂扩建工程完工，生产能力增加到年产红砖1000万块以上。

秋季，筹建油毡纸厂。

1975年 3月，电影队将8.75毫米放映机改换16毫米电影放映机。

4月26日，召开中共大台山果树农场第六次代表大会。

6月1日，油毡纸厂正式投产。

9月，成立台新小学。

1976年 4月，成立工业办公室。

6月，成立第一工程队。

10月，农场安装辖区内第一台电视机，接收天线塔高30米。

1977年 年初，农场增设计划生育助理员，负责全场的计划生育工作。

年初，成立炸药厂。

3月，成立向阳果树队。

4月21日，成立采石场。

5月13日，全场遭受大范围霜冻，水果坐果率下降近一半。

8月，成立党校，校址在今敬老院南侧。

9月，恢复高考制度，农场有8人考入大学和中等专业学校。

1978年 2月，成立迎春果树队。

是月，农场扩入沙河公社温屯大队、高台堡公社的矾石大队和郜家沟大队。

3月，成立红光果树队。

10月，成立矾南果树队。

是年，农场成立劳资处。

是年，农场与绥中信用合作社联办大台山信用社。

1979年 1月16日，召开中共绥中县大台山果树农场第七次党员代表大会，大会正式代表93人、列席代表21人，选举产生由11名委员组成的中共绥中县大台山果树农场第七届委员会。

2月21日，农场成立绥中县大台山果树农场场务管理委员会。

4月，撤销革命委员会，恢复党委领导下的场长负责制。

7月13日，农场划归锦州市国营农场局，改称锦州市大台山果树农场。

10月，锦州市委、市政府批准大台山农场为县团级果树农场。

是月，在绥中县科学技术委员会的资助下，将试验站扩建为农场科学研究所，由技师任福林任所长。

是年，农场职工姚胜利家购入农场范围内第一台私人黑白电视机。

● **1980年** 年初，全场开始落实"双包"生产责任制。

3月25日，经过中共锦州市国营农场局委员会批准，农场设立工作机构有：办公室、政治科、纪律检查委员会、劳动工资科、生产科、工业科、计财科、供销科、保卫科、工会、团委、果树科学研究所。

4月4日，根据锦州市农业委员会"锦农委党字（1980）5号"文，农委党组决定：王印池任锦州市大台山果树农场党委书记，李绍平任副书记、场长，郑国义任副书记，魏江、高光烈任党委常委、副场长，太云山任副场长。

6月，筹建食品加工厂，厂址在毕屯农业分场后院。

8月，成立大台山职业学校。

9月，成立长石矿。

● **1981年** 1月29日，矾石山分场改为农业分场。

5月，炸药厂转产，成为地毯厂。

7月，成立粮食供应站，俗称"粮站""粮库"。

是年，农场成立公费医疗管理委员会，使全场干部职工开始享受公费医疗待遇。

● **1982年** 1月14日，农场下发《关于落实生产责任制的几点意见》3号文件，对各工业单位实行利润包干和定额补贴，超利和减亏分成。

4月5日，成立第三次人口普查办公室。

4月27日，农场按照国家《关于严惩严重破坏经济的罪犯的决定》精神，成立了"打击经济领域严重犯罪活动办公室"，在一年多的时间内，全场范围内共查处了 7 起经济案件。

是月，砖厂制瓦车间分出，单独成立建筑材料厂。

5 月，第二工程队开赴辽河油田施工。

6 月 30 日，第三次人口普查结束，农场人数 7589 人、2023 户。

8 月 18 日，农场成立敬老院。

● **1983 年** 1 月 25 日，根据锦州市农场局"锦场字［83］一号文件批复"，农场撤销政治科，成立党委办公室。李德森为主任。

4 月，第二工程队开赴内蒙古满洲里施工。

9 月 13 日，农场科研所试验开发新的灌溉方法，即渗透灌溉法，通过省级技术鉴定。

● **1984 年** 2 月 20 日，开始改革果树管理体制，把果树承包给职工个人管理，实行家庭联产承包责任制。

是月，大台山农场职业学校更名为职业高级中学。

3 月，农场成立果树承包领导小组，在台西、鸡架山分别进行了承包试点的调查，以树定产，以产定值，制定出联产承包有关政策。

5 月 8 日，锦州市政府在农场召开调节使用剂现场会。

8 月 9 日至 10 日，农场遭遇暴风雨袭击，山洪暴发，河水猛涨，冲毁柏屯桥。

9 月，成立大台山机械厂安装队，由机械厂抽调 10 人，承担北京燕山石化公司安装工程。

11 月 21 日，农场召开中共大台山果树农场第八次代表大会，选举产生了由 13 名委员组成的中共锦州市大台山果树农场委员会。王印池当选党委书记。

是月，工程队去盘锦和锦西水泥厂施工。

12 月 13 日，农场对场办工业企业推行以领导班子集体承包企业、利润包干、超利分成为中心内容的经济责任制。

是月，在满洲里施工的工程队撤回，分别到内蒙古自治区科左中旗（保康）和沈阳木工机床厂施工。

● **1985 年** 2 月 1 日，成立饮料厂，从毕屯大队征地 6.27 亩，其中耕地 1.54 亩；非耕地 4.73 亩。

4 月，花岗岩模板厂、香槟酒厂两个企业建立。

5 月 6 日，锦州市人民政府签发锦政函（1985）9 号文件，同意设立绥中县大台山满族镇政府，以大台山农场的范围为行政区域，实行镇管村的体制。

5月17日，根据调查：由于阴雨、低温（比正常年低3.1℃），全场白梨坐果率不足6.5％，预计减产50万斤[*]。

6月17日，全场松毛虫成灾，害虫密度每株30条，最多的每株达100多条，危害面积2000余亩。

8月10日，破台子农业大队转为全民所有制，原大队65人带地上山，成为全民所有制长期临时工，余者划入温屯农业大队，仍属集体所有制。

12月13日，农场按照《中共中央关于经济体制改革的决定》，对场办工业企业普遍推行以领导班子集体承包企业、利润包干，超利分成为中心内容的经济责任制。

12月24日，召开农场四届五次职工代表大会，大会正式代表65人。

是年，大台山信用社移交给绥中县农村信用合作联社。

● **1986年** 1月6日，绥中县大台山满族镇政府正式挂牌成立，统管农场区域内的行政工作，建立居民委员会和村民委员会，下辖毕屯东、毕屯西、西大台、温屯、矾石、郜家、鸡架山7个居民委员会。开始实行政企分开。场部机关13名同志到镇政府工作。

5月4日，按照国务院办公厅要求，开始实行第一个夏时制，凌晨2点，时钟拨快1小时。

2月至7月，根据《中共中央关于整党的决定》，按照市委农工部和农牧局党委指示，利用半年时间进行了整党，共有271名党员参加。

● **1987年** 1月12日，农场地域内出现极端天气，最低气温达到零下25.2℃。

是月，成立建筑工程公司，下设第一工程队（俗称"一建"），第三工程队（俗称"二建"），北京安装队。

4月6日，成立山楂果树分场，场址在台西果树分场西侧。

4月16日，锦州电业局绥中变电所（一次变）征用毕屯大队耕地22.05亩。补偿费81585.62元。位置在饮料厂东侧。（一次变总征

_* 斤为非法定计量单位，1斤＝500克。——编者注

地面积 60.75 亩，其中马家村 38.7 亩）

是月，油毡纸厂停产后，通过技术转型，成立包装器材厂。

是月，成立道班管理站，即公路绿化管理站。

5 月，农场成立治安派出所。

10 月 28 日，锦州市农牧局同农场签订为期 3 年（1988—1990 年）的经济承包合同，任命李德森为农场场长，从此，农场实行场长负责制。

11 月 12 日，绥中县编制委员会文件绥编发（1987）62 号《关于组建大台山镇公安派出所的批复》公布，同意组建大台山镇公安派出所，编制 5 人。其中农场 4 人享受农场待遇。

12 月 11 日，农场召开中共大台山果树农场第九次代表大会，出席大会的正式代表 81 名，列席代表 18 名。选举产生了由 7 名委员组成的中共锦州市大台山果树农场委员会，李保安当选为党委书记。

是月，农场劳动鉴定委员会成立。

是年，通过试验，人工授粉试验取得了成功。

● **1988 年**　1 月，中央农垦总公司贷款 450 万元支持农场发展。

2 月 1 日，"场发〔1988〕5 号文"，18 个果树队一律改为"果树分场"。

3 月 8 日，锦州大台山建筑工程公司所属综合商店与公司脱钩，成立"锦州市大台山果树农场向阳综合商店"，属二级独立核算单位。

5 月，全场开始大面积推广果树人工授粉。

7 月 26 日，中国农垦部副部长赵凡来农场视察。

是月，以各分场为单位成立居委会，开始办理居民身份证。

9 月，地毯厂投资 120 万元，增加全套生产项目扩大生产。

11 月 4 日，"场发〔1988〕42 号文"，成立农业科，建立毕屯、西大台、温屯、矾石、部家 5 个农业分场。

● **1989 年**　3 月 24 日，大台职业高中解散。

3 月 30 日，毕屯农业分场将红星果树分场场部占地面积 6244 平方米所有权移交给农场，农场安排毕屯农业分场 10 名人员带地上山，成为全民所有制职工。

5 月 12 日，召开农场四届六次职工代表大会，正式代表 55 人。

是月，扩建后的地毯厂开始生产出口产品。

6月1日，锦州市大台山果树农场场内银行成立，隶属计财科。

6月12日，锦西市升格，农场划归锦西市农牧渔业局管理，改称锦西市大台山果树农场。

是月，成立人事科。

11月，组建锦西市大台山果树农场治安队，作为农场常设机构，其业务受公安机关、保卫科领导。治安队由6名同志组成，其中队长1名。

是年，开始引进包括富士、乔纳金、王林、津轻等优良苹果新品种。

● **1990年** 4月10日，农场话务室首次安装程控电话机3部。

4月19至21日，举办"大台山果树农场第三届全民运动会"，有80多名运动员参加了19个项目的比赛。

6月30日全国第四次人口普查结束，农场总户数1876户，总人口7863人。

● **1991年** 1月，农场成立审计科，负责全场场内审计工作。

2月7日，农场第四届二次职工代表大会召开。

3月5日，召开农场四届七次职工代表大会，大会正式代表45人。

6月29日，台东、红星分场遭雹灾，残果率达23%。

7月26日，农场召开中共大台山果树农场第十次代表大会，出席大会的正式代表82名，选举产生了由7名委员组成的中共锦西市大台山果树农场委员会，李保安当选为党委书记。

8月，农场办公大楼竣工，建筑面积2700平方米，工程造价70万元。

10月，农场投资30万元，与绥中液化气总公司合作，建立液化气站，以出厂价供应全场居民户使用。

11月3日，场部机关迁入新办公楼内办公。

是月，大台山医院迁入农场机关原位于毕屯的旧址。

12月20日，毕屯分场所属耕地504.6亩划归农场，带地上山195人，成为全民所有制职工。

12月25日，矾石分场500亩耕地划归农场，带地上山255人，成为全民所有制职工。

是年，水果价格攀升，产地价格：富士每公斤 7.6 元，国光 2.4 元，白梨 2 元，创历史最高价。

● **1992 年**　1 月 28 日，根据锦划组发〔1992〕1 号文件，农场被认定为国家大二型企业。

2 月 27 日，农场召开第五届职工代表大会，大会正式代表 117 人，列席代表 134 人。

2 月 28 日，成立台南果树分场。

3 月 18 日，召开五届二次职工代表大会，大会正式代表 96 人。

4 月，成立大台山车队，全场各基层单位车辆统一归车队管理。

5 月 30 日，锦西市大台山建筑工程公司更名为锦西市农垦建筑公司。建材厂、机站（车队）并入农垦建筑公司。

6 月 9 日，锦西市委组织部锦组通字〔1992〕12 号文件明确："锦西市大台山果树农场党委隶属市委直接领导。"

9 月 5 日，农场场部机关各科（所、室）改为处，科学研究所保留原名称。

9 月 24 日，炼钢厂成立。

是月，在国道 102 线北，沙河满族镇马家村第十村民组大北地南边缘建加油站一座。

是月，农场党委办公室撤销，成立组宣部。

10 月，取消供应粮，粮价全部放开。

是月，实行党政领导"一肩挑"，即党委书记、场长由一人担任。

12 月 7 日，农场与绥中保险公司联办，成立汽车大修厂。

是年，矾石分场康坟山春秋遗址出土青铜短剑 2 件，剑柄 2 件，加重器 1 件。

● **1993 年**　1 月 13 日，农场出版了第一期《大台山场报》。

2 月，农场被省政府命名为"农村经济工作先进集体"，辽宁电视台把大台山农场的发展拍成纪实专题片《步入巅峰》，在省电视台播出。

3 月 12 日，召开农场第六届职工代表大会暨六届一次会议，大会正式代表 100 人，列席代表 210 人。

4 月 9 日，购入叶家乡板桥村加油站一座，位置在 102 线国道北双堆子至新区路南端，建筑面积 100 平方米，占地面积 3380 平方米。

是月，农场成立商贸总公司。

9 月 7 日，成立企业管理处。

9 月 20 日，农场召开第六届二次职工代表大会，大会正式代表 89 人，列席代表 64 人。

10 月，农场成立驻海南省灵水县机械化工程公司（海南开发公司），开赴海南灵水县施工。

是年，由日本引进珊莎、北海道 9 号、黑系乔纳金等 7 个苹果新品种。

● 1994 年　2 月，锦西市更名为葫芦岛市，农场隶属葫芦岛市农委，更名为"葫芦岛市大台山果树农场"。

3 月 1 日，农场第六届三次职工代表大会胜利召开。

5 月 30 日，原西大台农业分场撤销，并入温屯农业分场。

8 月 4 日，国务委员陈俊生来农场视察工作。

9 月 25 日 22 时，全场普遍遭雹灾，7 个分场雹灾严重，达到 70% 左右，虽颗粒小但时间长达 45 分钟，造成多数果实轻微雹伤。受伤果树 21 万多株，损失各种水果在 250 万公斤以上，经济损失 300 万元。

是年，农场临时工全部转为合同制全民所有制职工。

● 1995 年　4 月 27 日，农场第六届五次职工代表大会召开。职工代表 123 人，到会 98 人。现金员以上干部 145 人列席大会。

是月，农场场长兼党委书记李德森调任绥中县委副书记。

6 月 2 日，龙屯水库干渠毕屯段，横跨毕屯至西大台公路渡槽一处，因年久失修，石残渠裂，经请示县水利局予以拆毁。

是月，农场商贸公司边贸办事处（驻东宁）成立。

7 月 25 日，大暴雨，毕屯、矾石及邵家分场受灾。

9 月 3 日，省委书记顾金池在市委书记吴登庸、市长赵祥陪同下，来农场视察工作。同行的还有：省委副秘书长杨志新、葫芦岛市委副书记张东生。

11 月 12 日，大台山果树农场与绥中县邮电局签订"取消磁石电话交换机，进入邮电程控电话交换机网"协议书。农场投资 30 万元，安装程控电话，场部机关及基层单位装机 90 部，职工个人装机 10 部。

11 月 17 日，沈山高速公路绥中段正式开工，经由农场路段长 5295 米，占地 795 亩，占用果树 8620 株，涉及 5 个分场。

12 月 16 日，农场召开中共大台山果树农场委员会第十一次代表大会。本次大会的正式代表 86 名；选举产生了由 9 名委员组成的中共葫芦岛市大台山果树农场委员会。

是日，在农场召开的第十一次党员代表大会上，首次选举产生了由邱振芳、孔庆光、李玉春 3 名委员组成的中共大台山果树农场纪律检查委员会。

● **1996 年**　1 月 31 日，农场第六届六次职工代表大会召开。职工代表 90 人，现金员以上干部 157 人列席大会。

4 月 18 日，温屯分场将东岭道上等地块移交农场，农场安排温屯分场 5 名人员带地上山。

5 月，成立边贸公司，负责水果出口业务。

6 月，农场开始为职工办理养老保险。缴纳当年养老保险金以及补缴 1986 年至 1995 年度养老保险金共 220 万元。

7 月 20 日，召开农场第六届七次职工代表大会，大会正式代表 101 人，列席代表 174 人。

8 月 3 日，据调查，4 个农业分场种植的 1680 亩玉米，因低温寡照、多雨高湿，发生玉米拟眼斑病，有 70 亩地绝收，减产 61 万公斤，造成经济损失 85.4 万元。

10 月，由农场出资，矾石小学在原址翻建二层教学楼，面积 770 平方米。

12 月 31 日，农场内银行撤销，相关业务并入农场计财处。

是年，农场水果生产取得历史最好成绩，总产量达到 2000 万斤。

是年，农场被省委、省政府命名为文明单位。

● **1997 年**　3 月 6 日，召开农场第六届八次职工代表大会，大会正式代表 101 人，列席代表 174 人。

8 月 20 日，农场遭到特大暴风雨袭击，降雨长达 20 小时，降水量 134 毫米，最大风力 8 至 9 级，据统计在这次灾害中全场直接和间接损失近 350 万元。

12 月 26 日，农场第一批内部退养人员 22 人离岗。

是年，国家实行公费医疗体制改革。农场执行国家政策，取消公费医疗。

● **1998 年**　2 月，市长张东生来农场贫困职工家中走访慰问。

3 月，对农场幼树管理实行 20 年承包、每 10 年交一次承包费，农场为承包者交纳 6 年应由企业交纳的养老保险费。

6 月 7 日，绥中县人民政府县长、原农场场长、党委书记李德森，因突发疾病于当日 17 点 15 分在绥中县城内家中不幸辞世。终年 46 岁。6 月 10 日，在绥中县殡仪馆举行向李德森遗体告别仪式，农场党政领导干部及职工代表 100 余人参加。13 日，隆重葬于大台山东侧长山子南麓。

7 月 24 日，农场遭受大暴风雨袭击，5 小时降雨 200 毫米以上，连续降雨 8 天，水果早熟品种损失近一半。低洼地果树、农作物涝死。

10 月 15 日，葫芦岛市委授予李德森"模范共产党员"称号；市委市政府同时授予李德森"人民的好县长"荣誉称号。

● **1999 年**　1 月，农场出台了"定死年度承包基数 20 年不变"的果树承包政策，对果树进行第二轮承包。对场办骨干企业实行以法人代表牵头，班子成员集体承包，管理人员全员风险抵押，利润包干的"活包"；对部分场办企业实行以法人代表牵头，年初定死上缴基数的"死包"，对场内事业性单位核定全年费用指标，超支不补，节约创收归己的管理办法。

3 月 23 日，召开农场第七届职工代表大会暨第七届一次职工代表大会，大会正式代表 91 人，列席代表 143 人。

8 月 2 日下午 5 时许，农场副场长、党委副书记、纪律检查委员会书记赵福山在前所果树农场调查旱情的过程中，不幸遭遇车祸因公殉职，终年 50 岁。

8 月 11 日，市委书记吴登庸率财政、农业、水利等部门负责人来农场视察工作。

10 月 1 日，京沈高速公路建成通车，通过农场场区。

11 月 27 日，市委书记骆林来农场视察工作。

12 月 29 日，各果树分场进行合并：台东与红星合并称红星果树分场；矾东与台西合并称台西果树分场；台南与向阳合并称向阳果树分场；大生沟、破台子与红光合并称红光果树分场；新区与鸡架山合并称鸡架山果树分场；六支园与饮马河合并称饮马河果树分场，科技示范园独立核算，称果树科技示范园。加上迎春、矾南，矾西、小矾石果树分场。至此全场共有果树分场 11 个。

是月，农场审计处与计财处合并，称计财处。

是年，农场遭受历史上最大旱灾，旱死果树 10 万余株。农田绝收 1500 余亩。

2000 年　1 月，农场成立清欠办，追缴应收款和欠款。

是月，农场开始实行城镇居民最低生活保障制度。619 户 1490 人享受城镇居民最低生活保障待遇，年低保资金 106.2 万元。

2 月 25 日，召开农场第七届二次职工代表大会，大会正式代表 82 人，列席代表 128 人。

6 月 16 日，撤销小矾石果树分场建制，与矾西果树分场合并。

6 月 23 日，召开第八届一次职工代表大会，大会正式代表 102 人，实到 91 人，缺席 11 人，列席代表 43 人。

7 月，入夏以来，持续高温少雨，河流断流，水库塘坝干涸，全场果树、农作物大面积受灾，死亡果树 7 万余株。

8 月 9 日、10 日连降 20 小时暴雨，大旱之后又遭水灾，低洼地果树、农作物涝死，苹果腐烂病严重，品质下降。

是年，农场已连续亏损 3 年，累计亏损总额达 1320 万元，国家实收资本及所有者权益 1269.8 万元已资不抵债，处于负债经营状态。

是年，农场区域内首次开通公交车，公交线路是"大台山——绥中南火车站"。

是年，农场开始广泛应用苹果套袋技术和 SOD 新技术。

2001 年　1 月 20 日，农场依据制定的"一年理顺、二年起步、三年发展、四年活跃"的治场方针，完成了对包树职工弃管的果树实行为期 18 年的承包，大幅度下调承包基数，一次性收缴 18 年的承包费。

是月，"二矾线"（沙河镇马家村二台子至矾石农业分场）乡级公路路基拓宽改造工程开始施工。

3月31日，农场召开第八届二次职工代表大会，大会正式代表102人，实到82人。

5月1日农场有线电视开播，全场310户居民开通了有线电视节目。

8月31日，农场第二批内退人员11人离岗。

是月，农场组宣部撤销，成立组织部和宣传部。

2002年 2月，农场被评定为无公害水果生产基地。

3月12日，召开农场第八届三次职工代表大会，大会正式代表102人，实到81人，列席代表89人，实到84人。

7月1日，农场职工医院公开对社会实行招标，由个人从事经营。

2003年 4月20日，大台山满族镇人民政府撤销，原农场区域内的行政工作合并到沙河镇人民政府。原镇政府房屋出售给农场，并在农场设立办事处。

4月30日，农场召开中共大台山果树农场第十二次代表大会。大会正式代表89名，实到88名，列席代表7名，选举产生由9名委员组成的中共葫芦岛市大台山果树农场委员会，选举产生由3名委员组成的中共大台山果树农场纪律检查委员会。

6月，鸡架山小学解体，学生分流到叶家乡中心小学就学。

7月，农场制定工业企业改革实施方案，决定对场办工业实行租赁经营，租期定为10年，从2004年1月起实施。

是月，农场在原机械厂院内利用原厂房，翻建一座高标准的恒温库，总占地面积7000平方米，建筑面积为2100平方米，可贮存水果500吨。

是年，全场完成低压电网改造工程，2600余户居民实现全国同网同价，电费价格由原0.77元/度统一下调为0.45元/度。

2004年 1月1日，取消基层二级核算单位，财务会计业务并入农场计财处，对基层单位实行会计业务报账制，农场实行一级核算的财务体制。

3月，第三批内退人员13名离岗。

是月，秦（皇岛）——沈（阳）高速铁路通车，通过农场场区。

是月，农场成立机关党总支委员会，包括酒厂、砖厂、饮料厂、车队和机械厂5个党支部；成立台西联合党支部，包括原台西和敬老院2个党支部；成立示范园联合党支部，包括原示范园和苗木花卉

2 个党支部；成立地毯厂联合党支部，包括原地毯厂和采石场 2 个党支部；成立路管站联合党支部，包括原路管站、液化气站、兽医站 3 个党支部。

5 月，农场纸袋厂进行试生产成功，6 个县、市、区果蚕局领导到农场召开果袋推广现场会。

9 月，农场完成给职工办理农转非户口，1639 户，5036 人。

12 月，农场落实国家税费改革政策，取消特产税，改收农业税，农业税赋比上一年降低了 3 个百分点。

是年，栽植幼树 62300 株，成活率达 95％以上，为历史上最好的一年。

● **2005 年**　1 月 29 日，召开劳动致富先进典型总结表彰大会，全场 8 名职工披红戴花受到表彰。

7 月 20 日，根据中共十六大和十六届四中全会精神，在上级党组织统一部署下，农场开始用半年的时间，在全场党员中开展了以实践"三个代表"重要思想为主要内容的保持共产党员先进性教育活动。

7 月 21 日，大台山社区挂牌成立，农场区域内设有 7 个村、17 个自然屯。

是月，农场下属 4 个农业分场的农业户口人员开始参加绥中县新型农村合作医疗。

10 月末，102 国道二台子道口至大台中学黑色路面铺设完工，总长 2.2 公里，宽 8 米。

11 月，经中国绿色食品发展中心审核，农场有白梨、国光、王林等 8 种水果被认定为绿色食品 A 级产品。

12 月 29 日，绥中县水利局批复："同意拆除龙屯水利工程南干渠毕屯段部分渡槽，南起：1、2、3、5、6 孔。"消除了因年久失修，祸及行人车辆的隐患。

● **2006 年**　7 月 13 日，家庭农场协会大台山果业合作社被授予市级示范农民专业合作经济组织。

7 月 21 日农场域内第一条柏油公路"二矾线"（今大矾线）竣工通车。

7 月 28 日，召开农场第八届四次职工代表大会，到会总人数 126

人，其中大会代表 67 人，列席代表 59 人。

2007 年　1 月初，农场进行全国第二次农业普查。

3 月 1 日，原葫芦岛市大台山包装器材厂实行租赁制，租赁期为 20 年，租赁费一次性交清。

4 月 1 日，原葫芦岛市大台山汽车大修厂实行租赁制，租赁期为 20 年，租赁费一次性交清。

是月，农场对在职干部进行人事制度改革，采取公开竞聘、招聘上岗的办法，聘用各级干部 62 人，其中场部机关 14 个部门 34 人，15 个基层单位 28 人。

5 月 28 日，召开农场第八届五次职工代表大会，大会代表 110 人，实到 99 人，列席代表 47 人，实到 44 人。

是月，农场引进授粉专用蜂种"角额壁蜂"。

6 月 15 日，大台山社区召开第一届一次居民代表大会。

7 月，庆祝建党 86 周年暨北环路建成通车农场举办大型文艺晚会，通过有线电视向全场播放。

是月，国家农垦局财务处处长叶长江、省农垦局财务处处长李玉晨等一行 5 人，在市农委副主任王成文、农垦科科长佟金永陪同下，来农场调研扶贫工作。

11 月，西大台至红光果树分场水泥路建成通车，全长 2 公里。总投资 60 万元，其中农场投资 22 万元。

2008 年　1 月 18 日，农场开展星级文明户创建活动，命名星级文明户 245 户，予以挂牌，表彰十星级文明户 10 户。

2 月 29 日，根据《葫芦岛市国有农场分离教育实施方案》，农场与绥中县人民政府达成协议，在对场内学校资产进行科学评估后，将学校完全移交给地方，全场 27 名在职场办教职工和 17 名退休场办教职工划归绥中县教育局，至此，农场结束了长达 60 年的企业办学的历史。

4 月 6 日，人畜饮水工程开始施工，管道全长 57598 米，受益村屯：毕屯、西大台、温屯、岳家沟，受益户数 895 户。

4 月 20 日，引进角额壁蜂 60 万只，给农场果树授粉。

6 月 16 日，在场区内通过的绥中北环路西段开始动工修建。

是月，农场 634 名离退休职工办理医疗保险，实施开展城镇居民基本医疗保险工作，覆盖面达到了 95%。

7 月 30 日，历时两天，农场在场部篮球场举办了"迎奥运、展风采"职工篮球比赛，参赛队伍有 7 支，即：东片联队、中片联队、北片联队、西片联队、工业联队、机关场直联队、大台山中学联队。

是月，历时 3 年，经过农场编志人员的努力，《大台山农场志》印刷出版。

9 月，成立毕屯分场和矾石分场两处文化活动中心。

10 月 27 日，出境水果果园包装厂注册登记成功，有效期限 3 年。

12 月 5 日，农场水电站移交绥中县政府管理，大台山地区大部分电力业务划归绥中县农电局大台山供电营业所。

12 月 30 日，全国第三次文物普查工作开始，绥中县文物局工作队进入场区内普查文物遗址，共确定新石器时期、辽金元时期及明代遗址 9 处。

● **2009 年**　2 月，农场被辽宁省农垦局评为"2007—2008 年度辽宁省农垦系统先进单位"。

3 月 20 日至 30 日，对红光分场（原大生沟分场）近百年生老梨树全部淘汰，共计 3419 株，更新栽植新品种果树 3800 株。

4 月 1 日，农业分场财务核算交由农业处负责，对现金管理、报账审批程序及村务公开进行了详细规定。

4 月 16 日，农场举办科学发展观活动理论学习培训班。

是日，农场开展"党员干部走进千家万户"实践活动，实行"一户一策"和"一人一策"基本原则，对农场困难职工群众进行切实有效的帮扶。

4 月中旬，对国光品种采取高接换头的方法，进行品种改良。共改接新品种宫滕富士 6055 株，改接新品种梨树（黄冠、黄金）200 株。

6 月 10 日，农场召开学习实践科学发展观活动动员大会。

6 月 30 日，葫芦岛市市长孙兆林来农场慰问困难干部骆云春。

7 月 13 日，农场开展狠刹奢侈浪费、公款吃喝、借机敛财风的专项治理活动。

8月9日，农场举办"第一届职工象棋赛"，参赛选手40余人，毕长征、刘泉山、张志刚分获冠、亚、季军。

9月，农场对迎春、红光、矾南、台西4个果树分场的田间作业路进行了维修，共维修作业路18000延长米。

10月21日，绥中县人大常委会主任周素春，常务副主任田宝良，副主任郭伟、安钢、王玉满及部分常委视察矾石分场新农村建设工作。

11月9日，绥中县1路公交车直通矾石分场营运，每天往返12次。

是月，矾石分场在所属荒山、林地范围内植树造林，栽植树种为刺槐，经勘测造林面积为1000亩，株树为14万株。

● **2010年**　1月15日，农场被辽宁省农垦局命名为"辽宁省农垦系统新农村示范农场"。

1月28日，农场敬老院移交给绥中县沙河镇人民政府管理，原农场敬老院6名老人全部移送沙河镇敬老院赡养。

2月，矾石农业分场被葫芦岛市政府评为"市级现代农业示范基地"。

3月29日下午1点，大生沟分场北山和李家沟、雷石沟、矾石南沟山林发生火灾，过火面积约700亩，林地内刺槐、松树受损。

4月，矾石分场在东山和后矾石北山建"千亩万株果园"。

5月1日，由矾石分场主办的抗日义勇军纪念馆、村史馆建成开馆。两馆是利用原四间"三老建房"改造而成，占地面积110平方米，展出面积300平方米。

7月1日，农场举办沿环场公路职工长跑运动会，参赛运动员140余名，这是农场历史上规模最大的一次长跑比赛。

8月9日，农场召开第八届六次职工代表大会，会议讨论审议通过了农场场长毕德迎作的《以人为本、团结务实、勤奋敬业、振兴农场——关于葫芦岛市大台山果树农场"十二五"规划》的工作报告。市农委副主任王成文、市农委农垦科科长赵强应邀出席大会，农场职工代表、在职干部、党员代表、2009年度农场劳动模范等164人参加大会。

是月，农场对全场干部队伍进行改革、调整，面向全场公开招聘部分岗位及管理人员。招聘录用了场长助理以上级别9人，机关正职8人，机关副职5人，基层正职4人，基层副职7人，机关科员8人。

9月，组织编写人员出版《义勇风云——义勇军在绥中抗日斗争实录》。

是月，增设政策研究室、信访办公室、土地管理处、旅游开发办公室及小城镇建设招商引资开发办公室共5个机构。

是月，台新小学合并到毕屯中心小学。

是月，开始第六次全国人口普查。至当年底普查完毕，农场总户数3143户，总人口9176人。

10月1日，改革干部工资制度，实行干部职务等级工资。

10月15日，葫芦岛市国有资产管理委员会党委书记、主任马峰一行，来农场检查指导工作。

10月21日，抗日义勇军将领郭景珊之子郭春光从沈阳来抗日义勇军纪念馆参观，赠送大量珍贵的抗日图片和资料。

10月28日，毕屯分场历时3天，在场区内主要干道安装了太阳能路灯70盏，解决了职工居民夜行难的问题。

11月24日，经市农委批准农场在原砖厂和建材厂开始修建职工住宅小区。

是年，为增加果品着色面，农场开始实施为果树铺设反光膜技术。

● **2011年**

1月，农场启动苹果产品质量追溯工作，开始创建苹果标准园。

2月底，农场在上级关于"调整企业退休人员基本养老金"的政策指导下，为全场1389名退休人员调整了养老保险金，月人均提高128元，全年增加了养老金总额2133600元。

3月7日下午5时，位于台西分场场区范围内的大台山主山发生了火灾，全场130多名干部职工及时赶到火灾现场进行扑救，火灾造成了大台山主山南面大部分草木受损。

3月20日，为了农场发展需要和便于分场管理，原红星、台西、向阳、矾南、矾西果树分场分别更名为第一、二、三、四、五果树分场，原迎春果树分场更名为西大台果树分场，原红光果树分场更名为大生沟果树分场。

是月，农场职工住宅小区"佳园小区"项目开始动工兴建。

4月7日，农场成立危房改造领导小组，正式开始危房改造工作，决定对场内653户职工危房、险房进行整体改造。

4月12日，市农委在农场召开全市国有农场危房改造建设协调会。市农委副主任王成文出席会议并讲话。市农委农垦科科长赵强主持会议，传达了省农垦局危房改造建设座谈会和省农垦局局长王庆联的讲话精神，全市6家国有农场负责人参加了会议。

5月10日，辽宁省农垦局副局长李万奎等人来农场考察。

5月26日，辽宁省保障性安居工程督察组一行来农场视察危房改造建设工作。

6月12日，大台山社区进行换届选举，选举产生第八届社区居民委员会。

6月22日，辽宁省农垦局副局长李玉晨等人在市农委主任王成文陪同下来农场视察工作。

7月18日，为了农场职工喝上放心安全饮用水，农场在第一果树分场原深井附近再打一眼储备井，井深达101米，直径达0.28米。

7月20日，农场配合绥中县委、县政府关于取缔城区内营运三轮车专项治理工作，场区内共核查登记三轮车140台，其中123台三轮车获得领取车辆残值费用和一次性扶持就业资金共60余万元。

是月，农场认真落实新农保政策，给农场内411位60周岁以上老人办理了新农保，每人每月享受55元的养老金，年总额达27万余元。

夏，在矾石分场河道两侧新栽植杨树和柳树4000余株，在破台山、歪脖山等处新栽植松树和枫树10万余株。

8月2日，辽宁省农垦局科技教育处处长邵国柱、副处长杨雪松等一行3人来农场检查农垦农产品（苹果）质量追溯系统建设项目。

8月7日，副市长敖凤玲来农场检查防汛工作。

8月8日下午，市委常委、秘书长、市委宣传部部长白雪峰一行3人来农场检查防御9号强台风"梅花"工作。

9月，修复位于矾石农业分场的郑桂林部抗日义勇军战时指挥部旧址。

10月10日，市政协常务副主席王旭光、副主席夏雨恩一行40余人来农场进行调研并在场部举办纪念"九一八"事变和抗日义勇军兴起80周年研讨会。

是日，东北抗日义勇军研究中心成立并挂牌于农场抗日义勇军纪念馆。

是日，举办农场有史以来编纂的第一部抗战历史专著《义勇风云——义勇军在绥中抗日斗争实录》一书首发式，该书被葫芦岛市政协、图书馆、档案馆等多家单位收藏。

10月22日，毕屯农业分场在场区内主要道路安装太阳能路灯109盏。

10月30日，温屯农业分场向南至102国道入口修建水泥路650米。

11月2日，辽宁省军区副参谋长滕建华、政治部副主任张忠民及沈阳警备区副司令阎瑞成等人参观抗日义勇军纪念馆。

11月10日，毕屯农业分场历时两个月，对外环路段河道进行整治，共修建重力防洪堤138米。

是年，农场实行苹果标准化生产，大力推广垂柳式剪枝法及高接换头新技术，高接换头宫滕富士30000株，富士、珊莎、乔纳金等3550株。

2012年　　5月3日，辽宁省农垦局副局长李玉晨一行到农场进行工作调研，对农场用文化兴场，开辟新的经济增长点予以肯定。

5月4日，葫芦岛市国资委主任刘忠义来农场视察工作。

6月1日，《大台山场报》总第100期印刷发行。从此，场报印刷颜色从过去的黑白色版改为彩色版，结束了黑白色场报的历史。

6月6日，农场决定对大台山主山进行旅游开发并成立旅游开发领导小组。

7月，对全场的贫困人口进行了调查和信息录入，建立国有农场贫困户档案914份，录入贫困人口信息2514人。

夏，在大台山、破台山、矾石山、石人山、老虎洞山等处栽植油松2000亩，由于当年雨水好，成活率达到90%以上。

8月3—4日，受台风"达维"影响，3日下午2点至4日上午8点，农场遭受60年以来最大暴雨，降水量累计达280毫米。暴雨冲毁黑色路面1200米，土路4800米，河道1200米。塘坝、方塘冲毁3座，损坏22座。房屋倒塌12户，受损268户。果树、农田受灾面积达2890亩。暴雨给农场造成直接经济损失1745万元。

8月8日，暴雨过后，在矾石分场矾石河道内发现侵华日军遗留手雷一枚。

8月9日下午，辽宁省总工会副主席刘野在市总工会副主席罗智岩等领导陪同下来农场检查灾情，亲自走访了住房重灾户，发放救助金和救灾物资。

9月4日，辽宁省农垦局副局长孙金荣、科技教育处处长邵国柱等领导在市农委副主任王成文等人陪同下来农场视察工作。

9月9日，30余名农场20世纪60、70年代老知青相聚农场，庆祝"知识青年下乡"50周年。

9月19日，国家农业综合开发办检查验收组在国家农业开发办综合处石践和任士忠两位处长带领下来农场检查验收2011年农业综合开发项目。

9月21—24日，在绥中县第十三届全民运动会象棋团体赛中，农场象棋代表队在"县直组"比赛中荣获团体第3名。

10月24日，辽宁省农垦局副局长李万奎、市农委副主任王成文等一行6人来农场视察工作。

10月28日，葫芦岛市副市长杨翠杰、市发改委主任孙铁鹏、市农委主任谷玉斌等人来农场调研指导工作。

是月，农场被辽宁省农垦局命名为"辽宁省现代农垦示范农场"。

● **2013年**　1月1日，原焊割汽厂、建筑公司及长石矿实行承包，承包期为20年。

2月，农场被辽宁省农垦局评为"2011—2012年度辽宁省农垦工作先进单位"。

3月13日，"葫芦岛市农垦工作会议"在农场召开。市属6家农场、市果蚕场、市农委有关部门参加会议，市农委副主任王成文在会上做了工作报告。

是月，矾石山村抗日义勇军纪念馆迁址大台山风景区。

4月7日，辽宁省农垦局副局长李玉晨、产业指导处处长李世平、市农委副主任王成文、农垦科科长施桂丽等一行7人来农场进行环境整治工作调研。

4月17日，农场正式成立党委直接领导下的场直单位"抗日义勇军纪念馆"，同时，"葫芦岛市历史学会绥中分会"挂牌落户于纪念馆。

5月，农场出资为大台山初级中学和中心小学各兴建了标准篮球场。

6月28日，全部完成2012年度节水滴灌工程，建设面积5000亩，完成水源工程4处，完成蓄水池3座，修建泵房4座，配套机泵4台，铺设地埋管路26.8公里。

7月10日，在农场进行"葫芦岛市农垦系统拉练检查工作"。

7月20日，驻绥某部官兵在抗日义勇军纪念馆举行"踏英烈足迹、谱强军新篇"主题党日活动。

是月，在大台山旅游风景区成立"反腐倡廉警示教育展览室"。

9月2日，葫芦岛市副市长张海平来农场视察工作。

9月9日，大台山旅游风景区正式对游人开放，于当晚在纪念馆广场举办大型文艺晚会。

9月17日，抗日义勇军纪念馆被葫芦岛市委宣传部命名为"爱国主义教育示范基地"。

10月30日，农场全面开展党的群众路线教育实践活动，成立领导小组和工作机构。

12月8日，"绥中县作家协会创作基地"在抗日义勇军纪念馆挂牌落户。

2014年

1月17日，在农场举办葫芦岛市农委农民技术骨干第八期培训班。

2月12日，开始实施绿色食品标准化生产示范基地。

3月11日，召开农场第二批党的群众路线教育实践活动动员大会，对全场教育实践活动进行安排部署。葫芦岛市委第二督导组副组长刘尚书到会指导并讲话。

4月12日，绥中地方文史学者王怀平主编的《绥中名人与望族》一书首发式暨学术研讨会在抗日义勇军纪念馆举行。

4月24日，辽宁省农垦局副局长孙金荣来农场进行工作调研。

是日，葫芦岛市司法局全体干警100余人来抗日义勇军纪念馆参观学习，并举行"郭明义爱心团队"授旗仪式。

5月16日，2013年度节水滴灌工程全部完工，建设面积5000亩，完成水源工程扩容1处，修建蓄水池4座，安装工程4处，配套机泵4台，铺设地埋管路1.98万米。

5月28日，农业部农垦经济发展中心主任冯广军等人来农场视察。

是月，抗日义勇军纪念馆与驻绥92872部队结成"共建单位"。

7月，农场辖区发生严重旱灾，受灾面积348公顷，其中绝收70公顷，粮食减产1450吨。

8月14日，辽宁省农垦局局长王永鹏来农场视察。

8月15日下午6点，东北部场区降雹，时间长达10分钟左右，雹大如卵。

9月初，矾石小学合并到毕屯中心小学。

9月20日下午3点40分，在部家、矾石地区再次降雹，时间长达20分钟，冰雹大如鸟蛋，将果区即将成熟的水果大部分砸伤，减产一半以上，经济损失惨重。

是月，从绥中外环路至大台山旅游风景区 2.6 公里的"迎宾路"建成通车。

10 月 1 日，第四十八路义勇军独立旅旅长"座山雕"刘明和之子刘万奎参观纪念馆。

10 月 13 日，成立大台山社区书屋。

11 月 18 日，葫芦岛市委常委、副市长张文淼来农场进行工作调研。

2015 年 2 月 14 日，大台山社区居民委员会进行第九届居民委员会换届选举，选举产生主任 1 名，委员 6 名。

3 月 20 日，中共葫芦岛市大台山社区党总支部召开换届选举大会，选举产生党组织委员 5 人，其中党总支书记 1 人，党支部书记 3 人。

9 月 18 日，辽宁三地同时开展纪念"九一八"活动：在沈阳市"九一八"历史博物馆举行勿忘"九一八"撞钟鸣警仪式，同时在锦州辽沈战役纪念馆和大台山果树农场抗日义勇军纪念馆开展"勿忘国耻"纪念"九一八"活动，辽宁电视台予以报道。

9 月 19 日，《人民日报》以《勿忘"九一八"我辈当奋发》为题，对农场纪念馆开展纪念"九一八"活动进行报道。

是月，《大台山农场志（2008—2014）》和《大台山志》出版发行。

12 月 20 日上午 11 点，在大台山南麓石碑沟，原养猪场南李维成家承包的果园发现明嘉靖三十一年（1552 年）"明故骠骑将军刘公墓志铭"石碑 1 合 2 块。

2016 年 6 月 1 日，经葫芦岛市委、葫芦岛市人民政府决定，大台山果树农场由市国资委管理调整为绥中县管理，农场的相关社会管理职能由绥中县政府承接。

11 月，农场确定"果业立场、产业强场、旅游富场、文化兴场"的发展思路，大力实施"五区兴五业、一带连六场"的产业布局总体规划。

是月，抗日义勇军纪念馆被葫芦岛市国防教育办公室授予"国防教育示范基地"。

12 月 31 日，农场启动第三次全国农业普查工作。

是月，抗日义勇军纪念馆被批为"辽宁省爱国主义教育示范基地"，同时更名为"辽西抗日义勇军事迹展示馆"。

是年，场区内公交增加夜班车，运营时间是每天18时至21时。

● 2017 年 1月，大台山旅游风景区被评为国家AAA级景区。

2月10日，农场调整机构设置，场部机关处室包括党委办公室、行政办公室、档案室、总工办、工会、团委、计财处、人力资源管理处、国有资产管理处、保卫处、果业管理处、农业畜牧处、文化产业处。农场办社会职能机构是大台山社区。场属分场包括第一分场（原科技示范园并入）、第二分场、第三分场、第四分场、第五分场、第六分场（原西大台分场）、第七分场（原大生沟分场）、第八分场（原饮马河、鸡架山分场合并）、毕屯农业分场、温屯农业分场、矾石农业分场、部家农业分场。场属公司包括公墓管理公司、商贸公司、旅游公司、畜牧公司。

2月12日，农场场长邓文岩携副场长银长满、场长助理王新、公墓公司经理李锁山等一行6人参观沈阳市陶然寝园。

3月10日，葫芦岛市历史学会理事长侯铁等一行4人来农场考察历史文化遗址遗迹。

3月23日，农场党委书记、场长邓文岩考察杭州绿城房地产集团有限公司。

是月，农场面向全体职工子女招收12名毕业大学生参加农场工作，其中有1名硕士研究生，9名大学本科生，2名大学专科生。

4月18日上午，农场党委书记、场长邓文岩带领农场领导班子成员一行7人，到国家果树育种中心参观学习。

5月，农场下属4个农业分场合并为2个农业分场，温屯农业分场与毕屯农业分场合并为毕屯农业分场，部家农业分场与矾石农业分场合并为矾石农业分场。

是月，增设基建办公室。原保卫处更名为安全生产管理处。

是月，文化产业处处长李文喜在破台山南麓费桂江承包果树园内发现新石器时代男性人物画像刻石残片一块，据考证为4000年以前新石器时代古人类祭司祖先所用。

6月8日上午，市委书记孙轶，县委书记、东戴河新区党工委书记李树存，县长、东戴河新区管委会主任马茂胜在场长邓文岩的陪同下到农场进行考察调研。

6月29日,葫芦岛市机关工委书记佟欣一行来农场进行工作调研。

是月,经过中共绥中县委组织部批准,农场党委下属中心小学和初级中学支部委员会党组织关系由中共葫芦岛市大台山果树农场委员会调整到中共绥中县教育局委员会。

7月14日下午4点,大台山一宗国有建设用地使用权挂牌出让,4025平方米(约为6.03亩)土地以980万元高价成功拍卖,刷新绥中县有史以来土地成交单价纪录,成为新"地王"。

7月20日,举办中共葫芦岛市大台山果树农场第十三次代表大会,大会选举产生9名农场第十三届委员会委员和3名农场纪律检查委员会委员。

是日,中共葫芦岛市大台山果树农场第十三届委员会和中共葫芦岛市大台山果树农场纪律检查委员会分别召开了第一次全体会议,选举邓文岩为党委书记,朱红玉为副书记;选举朱红玉为纪律检查委员会书记。

是日,中国物流与采购联合会常务副会长丁俊发教授和清华大学全球领导力项目秘书长顾常超教授,在葫芦岛众赢供应链管理有限公司执行董事王彤、经理孙微等人的陪同下,来到农场就"五区兴五业,一带连六场"发展规划进行交流与指导。

是月,农场增设5个办公机构,包括农业开发办公室、市场开发办公室、旅游开发办公室、纪检监察室、信息中心。

8月16日,大台山果树农场组织干部群众和预备役官兵冒雨开展山洪灾害防御大型应急演练。

8月21日,葫芦岛市科协党组书记、主席张海珊,市科协组宣部部长金谦,绥中县科协主席马维、副主席庞荣鲲等一行5人来农场,就科普示范基地建设和科普教育活动开展情况进行调研。

9月3日,大台山果树农场进行企业化改革,成立绥中县大台山果业集团,简称大台山果业集团。

9月11日,全国政协委员、天津浙江商会会长、滨海浙商集团董事长连良桂率领浙江企业家团队来农场考察。

9月19日,在第十五届绥中县全民运动会象棋比赛中,农场代表队荣获团体第一名。

9月21日,第十五届中国国际农产品交易会在北京开幕。大台山果树农场代表辽宁省农垦水果展销唯一一家企业参展。农场此次参展果品分别是弘前富士、金冠和珊莎，3 种苹果均为农垦农产品质量追溯可查询果品。

10 月 16 日，辽宁港湾旅游投资有限公司董事、总经理，营口港旅游开发有限公司董事长张秀丽率团来大台山就旅游资源开发利用情况进行考察。

10 月 21 日，农场举办高素质农民培训第一课，来自中国农业科学院果树研究所研究员、博士赵德英围绕农业政策、果树产业、栽培技术等方面开展现代农业培训。

12 月 19 日，中国农科院果树研究所汪景彦教授来农场进行新型职业农民果树修剪技术培训。

● **2018 年**　2 月 15 日，农场于 2011 年开始实施苹果质量追溯系统建设。截至 2018 年 2 月中旬，追溯面积已达 2 万多亩，年追溯产量已达 2 万余吨，农场生产的苹果，均可通过农产品质量追溯系统查询生产过程中的全部环节。

3 月 28 日，辽宁省全民国防教育协会成立暨首届一次会员大会在沈阳市辽宁大厦召开，农场受邀派代表参加，并成为该协会会员单位。

4 月，截至 13 日，农场为解决果树灌溉，陆续投资 400 万元，共修建 26 个天池和 25 个塘坝，对废旧的方塘进行清淤、维修，铺设输水管线 10 万米，解决了周边 3000 亩山地、近 15 万株果树的灌溉问题。

5 月 17 日，大台山果树农场台西湖旅游风景区建设全面启动。

是月，在原大台山旅游风景区西侧 500 米处兴建"百果园"。

是月，增设台西湖度假村管理委员会。

6 月 25 日，农场矾南分场新建长 170 米、宽 50 米、深 6 米，蓄水能力达 2.4 万立方米的方塘，解决了周边 2000 亩果树（农田）灌溉问题。矾石农业分场白碴沟，修建长为 130 米、宽 45 米、深 6 米，蓄水能力达 1.5 万立方米的方塘，解决周边 1500 亩（农田）灌溉问题。

6 月 28 日，中国农业科学院专家周宗山、张俊祥、张怀江、王娜 4 位老师来农场授课，在果园现场为果农讲解关于病虫害防治的相关问题，特别是炭疽叶枯病的防治。

8 月 7 日，农场在大台山"百果园"建成占地面积 150 平方米的"知青陈列馆"，共收集 200 余件知青实物和影像资料，统计老知青共 500 余人。

8月8日，农场党委书记、场长邓文岩等人到全国最大的农副产品批发市场——北京新发地国际农产品股份有限公司进行实地考察。

10月1日，百果园建成开园，"首届绥中县大台山苹果文化采摘节"开幕。各大媒体纷纷追踪报道，中央电视台新闻联播、中国国际电视台新闻频道等同时报道。

10月2日，葫芦岛市委副书记严喜鹤到农场调研建材综合市场项目，现场协商解决项目推进中的困难和问题。

10月10日，建材综合市场第一期工程动工。

10月15日下午，台湾商人、沈阳中台果蔬种本应用研究所有限公司董事长陈庆德，台湾著名农业博士、副总经理、技术总监曾文信来场参观指导。

10月16日下午，东港市五四农场考察团党委书记董日川、场长王仁增一行来农场考察参观。

11月17日上午，葫芦岛市副市长熊朝康带领市直相关单位负责同志到大台山果树农场督导检查"大棚房"工作。

12月19日，农场开展新型职业农民培训工作，组织100余名职工前往位于营口鲅鱼圈熊岳的辽宁省农业科学院果树科学研究所进行为期两天的实训学习。

12月20日，绥中县新建材综合市场工程全部竣工并投入使用，工期共计70天。项目总占地46亩，建设商铺147间，设置摊位8697平方米，同时治理河套320米；深埋排污管道4条，共1280米；土石方回填方塘5万立方米。

12月22日，第一户西关街建材经营商户"忠良钢材"搬迁进驻新建材市场。

● **2019年** 1月17日，按照"内部分开、管办分离、政府授权、购买服务"的总体要求，大台山果树农场承担的社会管理和公共职能全部纳入绥中县政府统一管理。成立大台山社会事务服务中心，承担农场全部办社会职能工作，下设10个处室、12个办事处，核定岗位编制72个。

2月22日，农场党委书记、场长邓文岩带领农场果树技术人员一行6人，赴山东省果树研究所和蒙阴县等地参观学习。

3月15、16日，为深入实施乡村振兴战略，大台山果树农场新型职业农民培训再次开班，90名果农先后到沈阳农业大学、辽宁草莓科学技术研究院、大连天盛农业集团等单位参观学习。

3月，农场为了改善村容村貌和整体环境，购置垃圾桶1000余个，发放到各家各户。成立垃圾清运队，配备环卫车辆4台、环卫工人10余人，负责清理垃圾工作。

4月28日，"长城脚下，花开陌上"春季赏花会大台山系列文化活动举行。葫芦岛市委常委、宣传部部长冬梅，绥中县委书记刘占元，县长郭彩学，县政协主席李昱生，县委副书记蔡波等及东戴河新区领导出席。

是日，"绥中县新时代文明实践中心"在大台山风景区正式挂牌成立，葫芦岛市委常委、宣传部部长冬梅，绥中县委县委书记刘占元共同为中心揭牌。

是日，举行郑桂林抗日救国学术研讨会和郑桂林烈士铜像揭幕仪式，铜像捐赠者郑桂林外孙安凯和绥中县委书记刘占元共同为铜像揭幕。

是日，原"绥中历史文化博物馆"异地新建于大台山旅游风景区，更名"绥中民俗文化馆"。

8月16日，农场"危房改造配套基础设施建设"开工典礼在临时搅拌站隆重举行。

是月，在绥中县全县干部职工篮球赛中，农场篮球代表队在"乡镇组"比赛中荣获季军。

是月，农场增设建材市场物业管理办公室。

10月1日，绥中县首届"农民丰收节"在大台山百果园盛大开幕。丰收节历时7天，通过文艺汇演及农产品展销活动为祖国70华诞献礼。

10月25日上午9点，"2019中国绥中名优果品展销洽谈会"和签约仪式在绥中县苹果的主产区大台山果树农场如期举行。市县各级领导及外地客商及果农共2000余人参加了此次活动。

10月底，危房改造二期配套工程完成。项目总投资2145万元，涉及6个自然屯，共290条村路，包含道路工程、亮化工程及排水工程等。

11月10日上午，农场召开第一次工会会员代表大会。大会选举产生农场第一届工会委员会和工会经费审查委员会。选举王新为工会主席。

11月26日，葫芦岛市基层党风廉政建设展馆（绥中警示教育基地）在辽西抗日义勇军事迹展示馆的原址基础上改扩建完成，正式启用。

11月，农场正式纳入精准扶贫范围，确定建档立卡贫困户共22户50人。

是年，在郜家农业分场建设了100亩高标准果园，推广宽行密植省力化栽培模式，采用高纺锤形果树生产技术。

是年，引进了早熟苹果鲁丽。

是年，农场在百果园内新建3座高标准温室大棚，占地8亩，建筑面积6.5亩，栽植面积6亩，栽植新品种九九草莓，共计投资150万元。

是年，农场启动郜家村美丽乡村建设项目。

2020年　2月21日下午3点，辽宁陆军预备役后勤保障旅绥中应急抢险分队9名官兵李铁刚、张銎、武金朋、张宇、田野、侯显义、宋振兴、赵清林、张海龙驾驶4辆大卡车，装载绥中县委县政府捐赠的18万斤大台山苹果和2吨84消毒液，日夜兼程，送往1600公里外的疫情重灾区湖北省咸宁市咸安区。

3月5日学雷锋纪念日，大台山果树农场团委组织青年团员和志愿者开展"学雷锋环境治理"志愿服务活动。

4月20日上午9点，大台山果树农场工会以"战疫情爱岗敬业·苦练功提高技能"为主题，举办职工电脑办公应用技能大赛。

5月19日，农场举办青年职工"绽放青春·张扬文采"公文写作大赛。

6月5日，农场印行的抗疫文献《绥中县抗疫中的坚强堡垒——大台山果树农场》一书被辽宁省图书馆收藏。

7月21日，葫芦岛市总工会2020年"送技能进企业"活动在大台山果树农场拉开序幕。来自中国农业科学院果树研究所的周宗山和康国栋两位研究员来到农场，为职工学员们讲授了《苹果病虫的绿色防控与农药减施》和《近几年发展较好的苹果品种》，共有150余人参加了此次培训。

8月11日下午，农场在新时代文明实践中心会议室举办"践行孝道，工会在行动"主题活动启动仪式。特邀葫芦岛市传统文化促进会会长王绍相为"孝道文化大讲堂"第一讲开讲。

8月20日，葫芦岛市投资集团党委书记、董事长耿凤森到大台山果树农场调研国有农场改革和发展情况。

8月28日，农场印行的抗疫文献《绥中县抗疫中的坚强堡垒——大台山果树农场》一书辽宁省档案馆收藏。

9月27日晚6时，国庆节前夕，在新时代文明实践中心举办"喜迎国庆中秋、弘扬孝道文化"文艺晚会。

9月28日，农场党委书记、场长邓文岩带队到沈阳市辽中区肖寨门镇辽寨牧村养殖园区和宏阳养殖园区实地考察肉牛养殖项目。

10月1日，农场在百果园新建1000吨保鲜库投入使用。

是月，经绥中脱贫办核查审议，大台山果树农场22户50人实现稳定脱贫。

是月，农场以"美丽乡村"项目建设为契机，以部家沟为示范点，打造"辽西孝道文化第一村"。

11月1—20日，在中华人民共和国国史学会农垦史研究分会第二次会员代表大会及第二届一次理事会议上，农场被选为第二届理事会理事单位，并选举产生第二届理事会理事1名。

是月，利用乡村振兴产业项目160万元建设100亩宽行密植立杆拉线水肥一体化现代苹果园，栽植品种为鲁丽。

12月，利用扶持壮大村集体经济项目150万元，新建长120米、宽12米的高标准温室大棚3座，并配套有水肥展示厅等设施。

中国农垦农场志

第一编

建制和自然地理

第一章　场域建制

第一节　位置与面积

葡芦岛市大台山果树农场位于辽宁省葡芦岛市绥中县域内东部。东距绥中县城 1 公里，南距渤海湾 15 公里，西距"天下第一关"山海关 50 公里。地理坐标为东经 120°28′，北纬 40°31′。全场东西最长点约 13.1 公里，南北最宽点约 3.35 公里，总面积为 27.9 平方公里。

大台山果树农场南临 102 国道。地理位置优越，交通便利。京哈高速公路、秦沈高速铁路、绥中县北外环路穿境而过，交通十分便利。农场域内多山，其中，东部场区大台山海拔 159 米，是大孤山脉终止处。西部场区的鸡架山属大孤山余脉。地形走势为西部高，东南低。全场按自然地理分为东、西两个区域。东区，东起绥中县沙河镇马家村，西至大生沟侯山南麓，南至 102 国道，北至绥中县高台镇。地势由东向西，从南往北由 25.73 米渐次升高至 263 米；西区，以大孤山余脉鸡架山为主，东部为原新区分场，与沙河镇金沟村隔梁相望；南与沙河镇杨家沟及叶大村接壤，西邻沙河镇大饮马河村。另有"飞地"一处，即原六支园分场，独处于沙河镇叶大村西山。全场属丘陵山地，耕地面积 4680 亩，全部集中在东部场区。全场果树面积 18130 亩。

第二节　建制前史略

大台山地区历史悠久，有着丰厚的文化底蕴。早在五六千年前就有人类在此生息繁衍。经过考古发现，域内的台东分场、破台山东南麓、李家沟、孔家沟及后矶石北梁等地均发现大量新石器时代遗址，出土的大量石器和陶器等文化遗存证明，在新石器时期，大台山地区的古人类过着农业兼渔捞的生活。

大台山果树农场建场前历史沿革如下：

虞舜和夏时为幽州地。

商代中叶属孤竹国，至西周末年为山戎占据。

公元前 664 年，齐桓公北伐山戎，地入燕国。

战国时期属燕国辽西郡。

秦属辽西郡。

西汉属幽州辽西郡海阳县。

东汉属幽州辽西郡阳乐县（治今绥中县，城北留有崔家河沿汉代古城遗址）。

魏属幽州昌黎郡（治今义县）昌黎县（治今义县）。

西晋泰始十年（274 年）二月，分幽州五郡置平州，属平州（治今辽阳市）昌黎郡。

东晋前燕为鲜卑族慕容氏所建，先属平州成周郡，后属平州昌黎郡集宁县（治今前所镇）。太元五年（380 年），前秦灭前燕，昌黎郡治迁至龙城（今朝阳市），仍属平州昌黎郡。后燕和北燕时期属平州乐浪郡。

北魏、东魏时期属营州（治今朝阳市）昌黎郡广兴县（今锦州市）。北齐时期广兴县更名为大兴县，属营州昌黎郡大兴县。

隋代开皇元年（581 年）属营州建德郡龙城县，后改郡为县，属龙山县，开皇十八年（598 年）改为柳城县（治今朝阳市）。大业三年（607 年）属柳城郡柳城县。

唐代初属河北道营州柳城县。贞观十年（636 年）以乌突汗达干部落置为威州（治今前卫镇），咸亨（670—674 年）中改为瑞州，属瑞州来远县（治今前卫镇）。万岁通天二年（697 年）契丹攻陷营州，瑞州等州县内迁至幽州（今河北省）。

辽圣宗太平元年（1021 年）以女直（即女真）五部饥荒来归附，在瑞州故地置来州以居，州治来宾县（治今前卫镇），属中京道大定府来州来宾县。

金代天德三年（1151 年）改来州为宗州，明昌六年（1195 年）改来宾县为宗安县，泰和六年（1205 年）宗州更为瑞州，宗安县改为瑞安县，属北京路瑞州瑞安县（治今前卫镇）。

元代至元二十三年（1286 年），在瑞州设打捕屯田总管府，大德四年（1300 年）撤销。初属辽阳行省北京路瑞州，后改属大宁路瑞州。

明代洪武初属永平府瑞州，洪武七年（1374 年）七月废瑞州。洪武二十五年（1392 年）置辽东都司广宁前屯卫（治今前卫镇），宣德三年（1428 年）置中前千户所（治今前所镇）和中后千户所（治今绥中镇），属辽东都司广宁前屯卫中后千户所。

清代康熙三年（1664 年）设宁远州，属锦州府宁远州。

光绪二十八年（1902 年）分宁远州六股河以西界设绥中县，下设三大区二十小区，分属奉天省锦州府绥中县第一大区头台子区、三台子区及叶家坟区。

1912 年，属奉天省辽沈道绥中县。

1923 年，绥中县行区村制，分属绥中县三台子区和叶家坟区。

同年，智庆云和毕渭桥等人在大台山创办"大台山果林公司"，为绥中县有史以来创办的第一家果园。

1925 年，智庆云和王果忱等人在鸡架山创办"蔚昌农林公司"。

同年，董子衡在叶大屯西山创办"大东果园"（今六支园）。

1928 年，废道制，属奉天省绥中县。

1929 年，奉天改称辽宁，属辽宁省绥中县。

1931 年，"大台山果林公司"更名为"启华农园"。

1932 年 1 月 5 日，日军占领绥中县，属伪奉天省绥中县。

1934 年，实行新省制，置伪锦州省。绥中县调整区村，属伪锦州省绥中县一区二道岭子村、三台子村和三区叶家坟村。

1939 年，实行保甲制，分属伪锦州省绥中县三台子村毕屯甲、矾石山甲和二岭子村洼子甸甲及叶家坟村。

1945 年 8 月 15 日，日军投降。8 月 31 日八路军收复绥中县，9 月 10 日成立中共绥中县政府，属冀热辽边区热东十八专署绥中县一区（绥中镇）。11 月 18 日国民党军队占领绥中县，成立国民党绥中县政府，属辽宁省绥中县绥中街（今绥中镇）、沙河站村（今沙河镇）及高台堡村（今高台镇）。

1948 年 9 月 28 日，绥中县全境解放，属热河省热东专署绥中县。

1949 年，分属辽西省绥中县二区（金屯）、十区（荒地）及十二区（城厢）。

第三节　建制沿革

1949 年 2 月 1 日，绥中县政府接收大台山、鸡架山、瓮泉山、牛羊沟等处私人果园，在大台山成立绥中利民果园。

1951 年 10 月 10 日，绥中利民果园被辽西省人民政府农业厅接管，改称辽西省人民政府农业厅第四果园。

1954 年 8 月，辽东、辽西两省合并成立辽宁省，辽西省人民政府农业厅第四果园改称辽宁省绥中大台山果树农场。

1955 年 2 月 1 日，辽宁省农业厅将辽宁省绥中大台山果树农场、辽宁省绥中前所果树农场与兴城柳壕沟果树育苗场所属前所生产队合并为辽宁省绥中果树农场。

1958 年 3 月 18 日，大台山果树农场与前所果树农场分开，改称辽宁省大台山果树农

图 1-1-1　农场 1953 年 10 月使用的 "辽西省人民政府农业厅第四果园" 印模

图 1-1-2　农场 1958 年 4 月使用的 "辽宁省大台山果树农场" 印模

场。10 月 1 日，大台山果树农场并入绥中县荒地幸福人民公社，称大台山作业区。

1959 年 3 月，大台山作业区从荒地幸福人民公社分出，划归锦州市农业局管理，改称锦州市大台山果树农场。

1960 年 6 月，大台山果树农场下放给绥中县人民委员会管理，改称绥中县大台山果树农场。

1963 年 4 月 17 日，大台山果树农场划归锦州市领导，改称锦州市大台山果树农场。

1965 年 4 月，锦州市将大台山果树农场下放给绥中县人民委员会管理，改称为绥中县大台山果树农场。

1967 年 3 月 27 日，大台山果树农场原党政组织被 "抓革命促生产第一线指挥部" 取代。

1968 年 4 月 18 日，大台山果树农场成立辽宁省绥中县大台山果树农场革命委员会。

1979 年 2 月 21 日，大台山果树农场成立绥中县大台山果树农场场务管理委员会。7 月 13 日，大台山果树农场划归锦州市国营农场局，改称锦州市大台山果树农场。

1986 年 1 月 6 日，成立绥中县大台山满族镇人民政府，统管农场区域内的行政工作，实行镇管村的体制，建立居民委员会和村民委员会。

1989 年 6 月 12 日，锦西市升格，大台山果树农场划归锦西市农牧渔业局管理，改称锦西市大台山果树农场。

1994 年 2 月，锦西市更名为葫芦岛市，大台山果树农场隶属葫芦岛市农委，更名为葫芦岛市大台山果树农场。

2003 年 4 月，大台山满族镇人民政府撤销，原农场区域内的行政工作合并到沙河镇人民政府。

2005 年 7 月 21 日，成立大台山社区。

2016 年 6 月 1 日，葫芦岛市委、市政府对农场管理体制进行调整，大台山果树农场由葫芦岛市国资委管理调整为绥中县政府管理。

2017 年 9 月 3 日，大台山果树农场进行企业化改革，成立绥中县大台山果业集团，简称大台山果业集团。

2019 年 1 月 17 日，大台山果树农场成立大台山社会事务服务中心，负责农场区域内的社会化管理工作。

第四节　行政区划沿革

1949 年 2 月，绥中县政府接收县域内所有私立果园，成立绥中利民果园。其范围包括：大台山、鸡架山、瓮泉山、牛羊沟、大生沟、歪脖山、侯山、马家河子、水泉沟、邰家沟、破台子等 12 处私人集股建立的果园。

1955 年 2 月 1 日，辽宁省农业厅将辽宁省绥中大台山果树农场、辽宁省绥中前所果树农场与兴城柳壕沟果树育苗场所属前所生产队合并为辽宁省绥中果树农场，场部设在辽宁省绥中大台山果树农场场部原址。

1955 年 12 月，辽宁省农业厅将绥中果树农场的瓮泉山、水泉沟、歪脖山、大生沟、破台子、牛羊沟、侯山、邰家沟、马家河子等 11 处果园移交给绥中县人民政府管理。

1959 年 3 月，锦州市农业局将绥中县温家沟、宋家沟、乱石山、李金屯、毕家屯、温家屯、头台子 7 个生产大队并入大台山果树农场。农场规模由原来 116 户、511 人、35 垧地扩大到 1198 户、5513 人、1580 垧土地。

1962 年 11 月，农场将温家沟、宋家沟、乱石山、李金屯、横河子、温家屯、破台子、西大台、小饮马河等生产大队划归绥中县政府管理。

1963 年 4 月 17 日，锦州市农业局将农场毕家屯、头台子两个生产队划给绥中县沙河人民公社管理。

1965 年 8 月 10 日，农场接收叶家公社叶大生产大队的小饮马河生产队。1966 年将其集体所有制改为全民所有制。

1970 年秋，绥中县农林局管辖的侯山果树队和种马场划归农场。12 月末，原绥中县委党校划归农场管理。

1972 年 7 月 2 日，毕屯大队、温屯大队的西大台生产队、宋家沟大队的破台子生产队由绥中县沙河人民公社划归农场管理。

1973 年 5 月 31 日，农场将所属的侯山生产队和种马场移交绥中县农林局经营。

1978 年 2 月，农场扩入沙河公社温屯大队、高台堡公社的矾石大队和郜家沟大队。

1986 年 1 月 6 日，成立绥中县大台山满族镇人民政府，统管农场区域内的行政工作，实行镇管村的体制，开始实行政企分开。下辖毕屯东、毕屯西、西大台、温屯、矾石、郜家、鸡架山 7 个居民委员会。

2003 年 4 月，大台山满族镇政府撤销，合并到绥中县沙河满族镇。

2005 年 7 月，成立大台山社区。农场区域内按照绥中县沙河镇行政区划设有 7 个村、17 个自然屯。同时，沙河镇驻大台山办事处撤销。

2019 年 1 月 17 日，农场实行管办分离、政企分开，成立大台山社会事务服务中心。社会事务服务中心负责农场区域内的社会化管理工作，下设毕屯、台东、台西、向阳、温屯、西大台、破台子、矾石、矾南、矾北、郜家、鸡架山 12 个办事处。

第五节　地名由来

据考古证明，农场区域内早在五六千年前就有人类活动，历经战乱、迁徙及融合，古人居住屯落经常废弃又新建，其居住延续至今的屯落最早的可追溯到唐初。至明末清初，关内百姓为躲避战乱迁居本地，以及清初因招民垦边的政策而迁至本地，迁来的人们慢慢形成了一个个屯落，人们由此便给居住的家园或以山脉为名，或以姓氏为名，或以单位为名，逐渐形成了本地的特色地名。

大台山：大台山果树农场是以山为名，因农场北依海拔 159 米的大台山，为马家河的发源地。大台山因山顶有一明代石砌墩台，故名"大台山"，又曾名"大石台山""东大石台山"。

元明时期，大台山曾名"腊梨山"，2015 年 12 月 20 日，在大台山南麓出土了明嘉靖三十一年（1552 年）"明故骠骑将军刘公墓志铭"石碑，通过释读墓志铭文，证实明代嘉靖时期大台山名为腊梨山。又据《明仁宗皇帝实录》载：洪熙元年（1425 年）"夏四月，辽东总兵官武进伯朱荣奏，广宁前屯卫腊梨山百户鲍麟私遣军士还家，致为达贼所虏。"由此得知，明代大台山地区不但因盛产腊月之梨而美名"腊梨山"，而且作为辽东戍边重地，还在腊梨山下设百户之职，率 100 余名戍边将士和家属驻防。

清代康熙二十三年（1684 年）《宁远州志·山脉》记载：……东大石台山：城（指

宁远州城，即今兴城市古城）西九十二里、马家河发源于此；礬（矾）石山：城西九十五里、石白似礬；西大石台山：城西九十七里……文中"东大石台山"即为今之"大台山"，"西大石台山"为今之"破台山"，两山之顶均有一明代石砌墩台，东西遥遥相望，故名为"东、西大石台山"，山下之屯为"东、西大石台屯"。"东大石台屯"即今之"台西分场"驻地，俗称"二队"；"西大石台屯"即今之"西大台屯"，为温屯分场范围。

清光绪三十四年（1908年）《绥中县乡土志·地理》记载："城西南马家河距城七里，源出大石台山，通海堪停泊，饥年粮船过境，人民卸粮甚称便利，"据此可知，大台山于清代初年称为"东大石台山"，至清代晚期便已称为"大石台山"。

1929年《绥中县志·果园》记载：大台山果林公司，距城八里，创办于民国十二年（1923年），"经智庆云、毕渭桥等报领经营，果林占地二千余亩，经理者二人，常住工人五名，现栽有梨类一万株，苹果类五百株，杏类九千株，桃类九千株，柞树万株，松树万株，每年支出约二千元，预计十年后除历年支出外，可得纯利三千元，逐年增加。"据上可知"大台山果林公司"是绥中县历史上创建最早的果园，又是现在大台山果树农场的前身，也是"大台山"的最早名称，一直沿用至今。

大台山因山顶的明代墩台而得名，更因山顶明代墩台而蔚为奇观，夕阳西下，远远相望，映衬在晚霞之中的墩台，宛如站立在山峰上的威武将军，注视着远方，守护着塞外之地。源于此，大台山墩台以其独特的风韵"烟台晚照"位列民国绥中八景之一。

饮马河：该屯因河而得名。屯中有一条发源于鸡架山，呈东北、西南走向的季节河。传说唐初大将薛仁贵东征高句丽时，曾在此河饮马而得名饮马河。与此屯相邻的沙河镇之马蹄沟村亦因东征高句丽的唐朝军队路过留下马蹄印而得名。

鸡架山：此地因山而得名。传说在清代同治年间，从关里迁来的陈姓人在此地养鸡，在山上建造鸡舍，搭设鸡架，该地因此得名鸡架山。

六支园：此地因单位而得名。1949年绥中县人民政府接收此地原"茂林公司果园"，成立包括此地的"利民果园"，下属4个分园，此地为第二分园（鸡架山）下属第六支园，故称之为"六支园"至今。

岳家沟：此屯以姓为名，清代山东蓬莱岳姓人家最早迁居此地故名。

温家屯：此屯以姓为名，清代中期，河北省抚宁县温庄温照邦三个儿子温学富、温学众、温学德闯关东至绥中县域内，其长子温学富落籍今大台山温家屯，屯落遂名为"温家屯"，此后长子温学富的后人又迁入今沙河镇横河子村居住。

破台子：该地以山为名，因北靠破台山故名。传说康熙帝狩猎曾到此地，遇见蛇盘兔，认为是好兆头，即令一位有战功的武将侯隆逝后葬于此地。

西大台：以山为名，因地处西大石台山（今破台山）脚下故名"西大石台屯"，后简称"西大台"。

矾石山：以山为名，因西邻矾石山故名。相传康熙帝狩猎猛虎曾到此地，惊见白石皑皑的矾石山，御赐山名为"明石山"，后改为"矾石山"。

郜家沟：以姓为名。清代同治年间，宽帮沙金沟人郜俊迁居于此。初期因用镐头开荒，故名"镐头沟"。后来由于郜姓族人逐渐增多，改为"郜家沟"。

台东：因地处大台山之东，故以地势为名。1958年农场并入荒地幸福人民公社，成立大台山作业区。同时分为两个果树队，以锥子山和长山子之间的沟为界，沟东为大台东队，俗称"一队"（今台东分场）。

台西：因地处大台山之西，故以地势为名。其前身为东大台屯，屯落历史至今约有200多年。1958年成立大台山作业区时，分为东、西两个队，该队称为大台西队，俗称"二队"（今台西分场）。

毕家屯：该屯以姓为名，清代顺治年间，山东登州府兴永功、兴永朝兄弟和蓬莱牛庄毕守华等人受"辽东招民开垦条例"影响来此地定居，因毕姓族人较多故名毕家屯。时隔不久与毕姓有亲属关系的柏山也迁来居住，落户于毕家屯南山脚下，称为"柏屯"。

第二章　自然环境

第一节　地质地貌

大台山果树农场所处大地构造单元属山海关抬拱，是一个以上升运动为主的地区，地层为太古界，岩性以混合花岗岩为主，其次为条痕状、眼球状混合岩等。

大台山果树农场地形地势受山脉制约，属大孤山山脉的东延部分，其山脉多西北入境向东南延伸，使地势形成西北高东南低的特征。因此，农场地势由东向西，由南向北海拔由 25.73 米至 263 米渐次升高，属丘陵山地地形地势。

图 1-1-3　东部场区卫星图像　1985 年摄

第二节　山脉河流

一、山脉

大台山果树农场山脉均属大孤山山脉。大孤山山脉由河北省青龙满族自治县和辽宁省建昌县交界处延伸东来，经桃山尖、冰沟大顶、板石岭、双窑顶、石坑梁山、燕落山、喊过岭、侯山至矾石山，止于大台山。大孤山山脉有 5 条支脉，其中，农场鸡架山即为其支脉之一。此外还有破台山、歪脖山等，据不完全统计，域内有名字的山共 41 座。

鸡架山：坐落于大台山果树农场西部飞地鸡架山分场域内，北临沙河镇横河子村，南临沙河镇温家沟屯，东与横河子村姜家沟屯接壤，西与饮马河毗邻。鸡架山属燕山余脉，主峰俗称连脉山。相传在清代同治年间，从关里迁来的陈姓人在此地养鸡，在山上建造鸡舍，搭设鸡架，该地因此得名鸡架山。

矾石山：海拔 162.4 米，又名"明石山"。原来山顶有漫山白石，石白如矾。清康熙帝东巡祭祖，途中曾猎虎于此，谓为惊叹，御赐明芳"明石山"。后为避反清复明之嫌，遂改名为"礬石山"（即矾石山）。1932—1945 年，矾石山矿产被日寇夺掠开采殆尽，如今，昔日"石白如矾"的矾石山已无往昔风貌，只留下伤痕累累的矿坑遗址。

石人山：位于农场部家沟村南。石人山山顶原有立石一座，立石上又有巨石一块，风吹而动，推而不倒，蔚为壮观，亦很神奇。可惜，后来被人们打石毁掉。

歪脖山：明清之时曾名歪头山。位于部家村村南，紧邻石人山。从南面远眺，山顶之巅仿佛歪向一侧，甚为奇特。据史料记载，明代弘治年间，前屯卫指挥佥事黄宁曾率领操守步骑追击侵犯贼寇至歪头山，斩杀贼首、俘获马匹什物无数。

尖山：位于部家沟村南，与歪脖山相连，因在当地群山中最高，故称尖山。晴日里登尖山顶峰向南眺望，渤海之舟清晰可见。此山北面山腰处有明代辽东长城遗址约 500 余米，断断续续，可见此处应为明代边防重地。

老虎洞山：海拔 246.5 米，俗称"老洞山"，因山顶有一天然老虎洞而得名。相传康熙帝猎虎时，曾御驾于此。山顶另有山洞多处，从外面看洞口各不相连，进洞则洞洞相通。洞内还有深水数丈，冬暖夏凉，堪称辽西水洞一绝。

破台山：位于大台山西面 2 公里处，因山顶有一座倒塌的明代烽火台，与大台山遥遥相对，故又名"西大台山"，亦称"宝台山"。破台山南麓山坡遗存有新石器文化遗址，曾出土大量珍贵的石器和陶器残片；破台山南面还存有一座古石场，东面为百亩槐树林。

大台山：海拔 159 米，为马家河发源地。大台山因山顶有一座明代石砌墩台，故名"大台山"，曾名"腊梨山""东大石台山""大石台山"。夕阳西下，远远望去，映衬在晚霞中的墩台，以其独特屹立的雄姿，宛如站立在山峰之上的威武将军，注视着远方，守护着塞外之地。源于此，大台山墩台以其特有的风韵位列民国绥中八景之一——"烟台晚照"。

图 1-1-4　大台山春景　2007 年摄

二、河流

农场域内河流均为季节河，共有 8 条，其中有名字的 4 条：

毕屯河：又名长滩河。发源于大台山南麓，由北向南流至毕屯，折往东至沙河满族镇马家村西，改称马家河。经沙岭杨村东，出沙河镇过京沈铁路入塔山屯镇域内。经张白谷村、大钟鼓村西、东岗子屯东，转向西南经徐家甸屯入荒地满族镇域内。经牛心村东，转向南注入长滩河。流长 20 公里。

饮马河：发源于鸡架山南麓，西南流向农场饮马河分场，继而南流至沙河满族镇叶大屯村、叶家坟村，至此称叶家坟河。经西腰屯、后桑园屯，过京沈铁路入荒地满族镇。经前火石屯南，东转至前三洼，在大郑福屯东南注入猫眼河。流长 18公里。

猫眼河：发源于鸡架山北峰，绕猫耳山流过，初称猫耳河，后谐音俗称为猫眼河。经农场鸡架山的聂沟水库流向沙河满族镇的姜家沟屯，东流至李金村、沙河站村，经项家村入荒地满族镇域内。再南流经腰荒地、东荒地、河沙屯、后山洼、三棵树，在大郑福屯东南与叶家坟河交汇，南流经王台子注入渤海。流长 23 公里。

矾石河：又名前朱岭河。发源于农场部家沟西山，东流至矾石分场西，与发源于破台山、老虎洞山、大台山北麓的 3 条无名河交汇，北流至高台镇洼甸村，注入王宝河。流长5 公里。

第三节　土壤植被

农场土壤大部分是由花岗岩风化的山沙土，土层厚度 0.05～3 米，土质为棕壤土类，面积达 21220.6 亩，占总面积的 90.3％。余为草甸土类，仅为 139.4 亩，占总面积的 3.5％。上述两类土壤又分 4 个亚类、6 个土属、9 个土种。各分场自海拔 50 米至 246.8 米均有分布。海拔最高点在大生沟一带，为裸露酸性岩棕壤性土壤主要分布地带。海拔最低点在毕屯分场，主要为酸性岩山沙土，土壤有机质含量在 0.5％左右。草甸土仅在鸡架山、饮马河及毕屯有所发现。

农场主要树种有油松、柞树、山榆等乔木，伴生有荆条、胡枝子、山葡萄等灌木和胡草、矮丛苔草、白泽草、黄背草等草本植物。

20 世纪 60 年代以前，农场的大台山、歪脖山、鸡架山、六支园等区域有成片的油松林，有发育正常的棕壤，有落叶层、粗腐殖质层、新土层和底土层。20 世纪 80 年代，由于虫灾泛滥、自然灾害、人为砍伐等因素，成片的松树林毁坏殆尽，偶见零星次生林及灌木丛，新栽植的林木还未发生作用，土壤侵蚀严重。

20 世纪 90 年代至 21 世纪 10 年代，农场加大植树造林力度，实行封山育林，同时将大部分荒山承包给个人管理，各种野生树木及人工栽植的树木逐渐增多。土壤流失得到有效控制。

第四节　气候物候

农场属于温带半湿润大陆性季风气候。其主要特征：四季分明，水热同期，降水集中，日照充足，季风明显。由于受季风气候影响，域内春季虽有冷空气侵入，但强度弱，回暖较快；夏季西南季风盛行，雨量充沛，高温潮湿，多雷多雹，伏天潮热。秋季偏北季风开始增强，雨量骤减，气温速降；冬季偏北季风势力很强，气候干冷，大地封冻。

气温：年平均气温为 10℃左右。极端最高气温为 38.1℃（2000 年 7 月 12 日），极端最低气温为－25.2℃（1987 年 1 月 12 日）。秋季昼夜温差 10℃以上。

地温：年平均地面温度为 11.9℃，极端最高 62.4℃（1993 年），极端最低－34.6℃（1990 年）。

降水：农场春季干旱少雨，夏季雨集中，降水 60％～70％集中在 7—8 月间。年降水量 650～720 毫米，最多一次降雨 280 毫米（2012 年 7 月 31 日～8 月 4 日）。

蒸发：年平均蒸发量为 1714.6 毫米。

日照：农场年日照平均时间为 2621.1 小时。日照百分率为 57%。受气候影响，不同年份日照时间有所不同，最多相差 64 小时，阳光充足，有利于果树生长。

气压：年平均气压为 101.51 千帕，极端最高为 104.68 千帕（1994 年），极端最低为 98.40 千帕。

霜降：初霜期在 10 月上旬，（一般在 10 月 2～5 日），终霜期在 4 月下旬，无霜期年均 166～175 天。

雪：一般在 11 月初结冻，平均冻土深度为 1 米。11 月中旬初雪。3 月中旬前后解冻，3 月下旬化通。

风：由于农场气候具有明显的季风性特点，有风的天数在 300 天左右。春夏多西南风，秋冬多西北风，年平均风速 2.8 米/秒，风力多为 3～6 级。

表 1-1-1 大台山地区四季天气变化表（2008—2020 年）

四季天气	春季	夏季	秋季	冬季
日均最高气温	9℃	26℃	24℃	3℃
日均最低气温	−3℃	17℃	13℃	−9℃
平均降水总量	13 毫米	103 毫米	84 毫米	6 毫米

第五节 自然资源

一、土地资源

农场总面积为 2790 公顷，其中，果园面积 1375 公顷，林地面积 461 公顷，耕地面积 348 公顷，水域面积 31 公顷。

表 1-1-2 土地利用面积和耕种面积统计（2014 年）

单位：公顷

土地总面积	耕地面积	林地面积	果园面积	居民点及工矿用地面积	其他面积
2790	412.6	1039.9	943	250.26	144.24

二、水资源

农场水资源极度匮乏，域内的 8 条河流均为季节河，干旱时无水可用。工农业及人畜用水大部分靠开采地下水，已造成地下水位严重下降，与 20 世纪 50 年代相比，水位平均下降5～7米。随着工农业生产及小城镇建设的发展，农场水资源匮乏问题有加重趋势。

三、矿藏资源

农场已发现的矿藏有：硅石、长石。郜家分场域内曾建有一座长石矿。另有花岗岩矿，但储量不大。据地质报告显示，农场域内有铅、锌、铜等矿产资源，但是否有开采价值，尚待进一步论证。

四、野生动植物

（一）野生动物

从动物地理分布上看，农场属辽西山地丘陵生物环境区。20世纪60年代以前，天然植被较多，为野生动物提供了栖息地。其中，已发现的动物有：

爬行动物：玉纹金蛇、红点锦蛇、黄颌蛇、壁虎、白条草蜥、旱龟等。

两栖动物：花背蟾、史氏蟾、花斑蛙。

哺乳动物：兔、狼、狐狸、刺猬、黄鼬、獾、黄羊及鼠类等。

鸟：食虫类有大杜鹃、啄木鸟、家燕、金腰燕、灰喜鹊、斑鸠、灰斑鸠、岩鸽、大山雀等；猎鸟类有鹌鹑、石鸡、小斑鸠、铁雀、环颈雉；食鼠类有猫头鹰、鸱鹰、伯劳等；观赏类有山鹛、金翅雀、红交嘴雀等。

昆虫：赤松毛虫、杨干象鼻虫、美国白蛾、尺蠖、肩星天牛等约100种。

（二）野生植物

纤维类：家榆、葛藤、紫穗槐、山杨、小叶杨、大黄柳、垂柳、芦苇、黄背草、狼尾草、三棱草、灯芯草、香蒲、臭蒿、蒙古蒿、水蒿等。

油脂类：狼把草、小花鬼针草、苍耳、车前、益母草、地肤、大叶槐苏、藿香、香茶菜、洋铁酸膜、皱叶酸膜、分叉蓼、菟丝子、芥菜、金丝桃、野西瓜苗、珍珠梅、桔梗、芍药、大叶铁线莲、独活、败酱、斩龙剑、蝙蝠葛、蒺藜、山花椒、南虾藤、卫茅、柳叶卫茅、小叶鼠李、锐齿鼠李、核桃楸、榛、接骨木、忍冬、刺槐、紫槐、苦参、山皂荚、葛藤、山扁豆、山野豌豆、胡枝子、小叶锦鸡、油松、红松、侧柏、水曲柳、欧李、毛樱桃、稠李、山丁子、龙牙草、蔷薇、杜梨、山葡萄、五味子、盐肤木、蒙古栎、辽东栎、大叶小檗、细叶小檗、臭椿、东北杏、漆树、大叶朴、山线麻、家榆、花木蓝、荆条、刺楸、蛇白蔹、七角白蔹、白蔹、榆叶白鹃梅、红叶胡枝子、绒毛胡枝子、短序胡枝子、掐不齐、花木蓝、山槐、文冠果、荆条、刺玫蔷薇、杜梨。

芳香油类：伞花蔷薇、百里香、臭蒿、白蒿、水蒿、艾蒿、万年蒿、蒙古蒿、青蒿、北仓术、野菊、凤毛菊、山花椒、紫穗槐、草木樨、映红杜鹃、照白杜鹃、荆条、月见草、紫丁草等。

药用类：桔梗、山野豌豆、防风、独活、柴胡、东北铁线莲、酸枣、远志、东北天南星、东北石竹、忍冬、车前、黄芩、益母草、马勃、菟丝子、牛蒡、苦卖菜、苍耳、黄蒿、艾蒿、万年蒿、老鹳草、地肤、马齿苋、臭椿、野菊等。

观赏类：刺玫蔷薇、土庄绣线菊、合欢、照摆杜鹃、映红杜鹃、紫丁香、中华秋海棠、黄莲花、狼尾花、野菊、小红菊、葛藤等。

（个别野生植物因用途多样，故在分类中重复出现。）

第六节　自然灾害

一、旱灾

1930 年，严重春旱。至农历六月十三日才下雨。

1968 年，伏旱，农作物大量死亡。

1969 年，春旱，造成秋季水果大减产。

1981 年，春旱，尤其西部场区严重，果树多半落叶，成片旱死。

1999 年，遭受有史以来最大旱灾，果树死亡 3.6 万余株，农田绝收 1500 余亩。

2000 年，入夏以后，持续高温少雨，河流断流，水库塘坝干涸，全场果树、农作物大面积受灾，死亡果树 7 万余株。

2014 年春夏，大台山地区发生严重旱灾。受灾面积 348 公顷，其中绝收 70 公顷。粮食减产 1450 吨。

二、雹灾

1913 年夏，毕屯附近降冰雹，时间长达半小时之久，庄稼全被毁坏。

1925 年秋，郜家沟降冰雹 1 小时，造成晚秋庄稼颗粒无收。

1934 年秋，矾石山附近降冰雹，受灾地段绝收。

1942 年秋，破台子降有鸡蛋大冰雹半小时，农作物全部被毁。

1944 年秋，毕屯普遍降冰雹，绝收。

1974 年 9 月 12 日，原六支园及新区果树队遭雹灾，秋果绝收。

1981 年 6 月，鸡东、鸡西两个果树队降冰雹，50％的果树受灾，造成严重减产；

1987 年 7 月 4 日，毕屯分场东部、红星分场东南部遭雹灾，降冰雹时间半小时，最大直径近 7 厘米，重近 50 克，损失惨重，造成经济损失 2 万元。

1989 年 6 月 6 日，降冰雹。

1991 年 9 月 7 日，农场六支园、饮马河、鸡架西 3 个果树分场遭到严重风雹灾，受灾果树 14255 株，损失水果 85.53 万斤，直接经济损失 25.66 万元。

1992 年 9 月 10 日，降冰雹。

1994 年 9 月 25 日 22 时，全场普遍遭雹灾，7 个分场雹灾严重，虽冰雹颗粒小但时间长达 45 分钟，造成多数果实轻微雹伤。受伤果树 21 万多株，各种水果损失在 250 万公斤以上，经济损失 300 万元。

1995 年 5 月 28 日，降冰雹。

2014 年 8 月 15 日下午 6 点，在东北部场区（矾石、部家沟、台东、台西等分场）降冰雹，时间长达 10 分钟左右，雹大如卵。此次降冰雹，造成果区水果受损，果农经济收入遭受不同程度损失。

2014 年 9 月 20 日下午 3 点 40 分，在部家沟、矾石山地区再次降冰雹，时间长达 20 分钟左右，雹大如鸟蛋，水果、庄稼基本绝收，经济损失惨重。

2019 年，矾石分场果区春季遭遇雹灾，致使水果质量下降，秋季果价下跌近半，经济损失严重。

三、雷电

农场地处山区丘陵地带，常有雷击现象发生。

1937 年 7 月末，矾石山村东沟一块重约 5 吨的巨石被雷击得粉碎，现其根部残余尚存。

1939 年夏，矾石山村齐老明家一榆树遭雷击，树皮无存。

1940 年秋，矾石山村常江家的一棵大榆树被雷一击两半。

1951 年秋，矾石山村泉眼沟一棵大柳树被雷从中击裂。

1953 年夏，矾石山村一村民在屋内被雷击晕。

1978 年 9 月，矾石山村西河一杨树遭雷击拦腰折断。

1983 年 5 月，矾石山村东一大柳树被雷击脱皮后枯死。

四、火灾

1965 年 3 月 8 日，鸡架山附近各果树队民兵集中进行军事训练，一民兵打靶时不慎将信号弹当作子弹射击，引发火灾。因补救及时，未造成大的损失。

1973 年 12 月 30 日，鸡架山东队放牧员李维仁放牛时在山上吸烟，引发山火，本人在扑火时被烧死。

1976 年 9 月中旬，油毡纸厂在生产过程中，由于操作工人技术不熟练，致使沥青油锅温度过高引起火灾，因抢救及时，未造成重大损失。

1977 年 3 月下旬，地毯厂（当时为炸药厂）在焊接房架时，电焊火花引燃下面的硝酸铵，造成火灾，约 5 吨炸药原料硝酸铵燃烧报废。

1978 年 11 月中旬，炸药厂电机橡胶线漏电引起大火，一台 7 千瓦电机及 3 间房屋的门窗被烧毁。

1978 年冬，破台子北山高压线断线落地引起火灾，烧毁山草 300 余亩。

1979 年 4 月下旬，西大台生产队在猪舍炒毒谷，由于毒谷炒的温度过高，火星溅落在饲草上，酿成大火，5 间房屋被烧毁，4000 余斤草料化为灰烬。

1979 年春，破台子生产队刘兴洲家 9 岁男孩玩火，将自家柴垛点燃，酿成火灾，数千斤柴草化为灰烬。

1981 年春，破台子北山高压线再次发生断线落地，引起火灾，烧毁山坡草数百亩。

1981 年 12 月 17 日，毕屯大队社员李荣宝全家去大队看电影，因其家火炕串烟迸发火星，造成火灾，3 间房屋被烧毁。

1981 年冬，矾石大队居民李成家一名 6 岁男孩与一名 5 岁女孩吵架，因年幼无知，女孩将房里堆放的柴草点燃，顿时燃起大火，烧毁四间新房。

1982 年 2 月 6 日，猪场粉碎车间加工过程中，因饲草中夹有铁丝，被高速旋转的机器齿盘撞击发热，落在草面里，草面起火造成重大火灾，虽有 200 多人及 3 台消防车参与救火，但火势太大，大火燃烧面积达 500 平方米，仓库和加工车间的 16 间厂房以及各种物资尽被烧毁，造成直接经济损失 6930 元。

1983 年 2 月 17 日，矾石大队居民李昶家因漏粉烧火过多引发火灾，烧毁房屋 2 间，柴草 2000 余斤。

2010 年 3 月 29 日下午 1 点，大生沟分场北山和李家沟、雷石沟、矾石南沟山林发生火灾，过火面积约 700 亩，林地内刺槐、松树受损。

2011年3月7日下午5时，位于第二果树分场场区范围内的大台山主山发生了火灾，全场130多名干部职工及时赶到火灾现场进行扑救，火灾造成了大台山主山南面大部分草木受损。

图 1-1-5　破台山火灾施救现场　2018年摄

五、洪涝灾

1930年7月，久旱后遇连续暴雨成灾。

1959年夏秋，暴雨成灾，农场果树农田受灾严重，产量明显下降。被洪水冲走庄稼24公顷，水冲沙压庄稼78公顷。农场4户居民的房屋倒塌23间。

1984年8月9日至10日，农场遭遇暴风雨袭击，山洪暴发，河水猛涨，冲毁柏屯桥。

1987年8月24日至26日，大暴雨，降水量254.3毫米，风速5～7级，场部门前桥（今亿维食品公司门前）被冲毁，果树梯田部分被冲毁，10多公里场区道路沟壑纵横难以通车，有的沟深80厘米以上。全场房屋倒塌18间，纸箱厂3间办公室房盖被风吹走。仓库水泥瓦也同时被风刮翻。砖厂水坯被泡坏137万多块，大窑被迫停火。饮马河长50米的方塘被泥沙淤平，电机、启动器全被洪水浸泡。雷击杨树15株；场区电话线

图 1-1-6　农场副场长李春秋用石块修补被洪水冲毁的路面　2017年摄

路、高压线被击断数处，停电4天。农作物倒伏1500亩，减产6万公斤。风吹折果树26株，吹倒果树761株，全场统计，共落果105万斤，其中以大型果为重。经济损失约66万元。

1991年7月，多日连降暴雨，28日又降大暴雨，降雨达220毫米。导致农场房屋倒塌60间，桥梁冲毁1座，交通道路冲毁30延长公里，果树梯田冲毁450亩，冲倒果树40株，水果落地50万斤，制砖厂水坯损失60万块、煤冲走30吨，合计经济损失约87万元。

1995年7月25日，大暴雨，毕屯、矾石山及部家沟分场受灾。

1997年8月20日，遭特大暴风雨袭击，降雨长达20小时，降水量134毫米，最大风力7～8级。全场各业损失如下：大风刮掉水果占总量的20%左右，减产150万公斤，7～8年生果树刮倒，直接经济损失300万元。砖厂水坯泡坏180万块。建筑材料厂厂房房盖被揭，车间坍塌；包装器材厂成品库房盖被揭，损失成品箱7000套；石粉厂长石粉被水冲跑11吨；场办工业直接损失40万元。职工医院房屋倒塌1间；4个农业分场大田作物全部遭灾，高棵农作物倒伏2871亩，粮食减产10万公斤。场内通信线路和高、低压输电线路多处折断，场区停电19小时，10多家企业停产12小时。据统计，在这次灾害中全场直接和间接损失近350万元。

图1-1-7 防洪演练灾民安置点 2018年摄

1998年7月24日，农场遭受大暴风雨袭击，5小时降雨200毫米，连续降雨8天，水果早熟品种损失近一半。低洼地果树、农作物涝死。

2000年8月9日至10日，连降24小时暴雨，且半月阴雨不断，久旱逢秋涝，低洼地果树、农作物涝死，苹果腐烂病严重，品质低下，果业、农业大范围减产。

2012年7月31日至8月4日，受台风"达维"影响，农场区遭遇60年以来最大降雨，降水量累计达280毫米以上，其中8月4日2时至8时，累计降水量达130毫米。此次降雨强度大，受灾面积广，给农场道路、桥涵、河道、塘坝、方塘、果树、房屋、农田、自来水工程等造成了巨大损失。其中，冲毁柏油路面 1200 延长米，土路 4800 延长米，经济损失 480 万元。桥涵损毁 39 座，经济损失 210 万元。冲毁河道 1200 米，经济损失 110 万元。塘坝、方塘冲毁 3 座，损坏 22 座，经济损失 245 万元。房屋倒塌 12 户，受损 268 户，经济损失 460 万元。果树、农田受灾面积 2890 亩，直接经济损失 240 万元。4 日 10 点前，共转移群众 580 人，牲畜 392 头，没有造成人员伤亡。

第二编

经　济

第一章　企业发展

企业管理是对企业生产经营活动进行计划、组织、指挥、协调和控制等一系列活动的总称，是社会化大生产的客观要求，是协作劳动本身所产生的一种职能，其作用就是从总体上进行指挥。企业管理是尽可能利用企业的人力、物力、财力、信息等资源，实现省、快、多、好的目标，取得最大的投入产出效率。农场的企业管理主要是对全场的生产活动和经营活动进行计划、组织、指挥、监督和调节，从而保证全场生产正常进行，以求取得最好的经济效益。

第一节　概　　况

1923 年，智庆云和毕渭桥等人在大台山创办"大台山果林公司"，为绥中县有史以来创办的第一家果园。此后，又有王果忱、郎景瑞、郭惟一、李文贵等人先后在大台山地区创办私人果园，为农场果业的发展奠定了坚实的基础。

1949 年 2 月，大台山辖区内各私人果园被绥中县人民政府接管，成为全民所有制的国营企业"绥中利民果园"。除经理外，增加雇工出身的职工任副经理，参与果园管理，经营管理制度发生了根本的改变。

1953 年，国家进入了大规模经济建设时期，开始执行第一个五年计划。农场的企业管理主要学习苏联经验，实行计划经济管理，制定生产作业计划，建立生产责任制度和经济核算制度，开展社会主义劳动竞赛，实行各尽所能，统筹分配。这期间，培养了大批干部和第一线工人队伍。

1949 年至 1957 年间，企业在大规模投资基础建设的前提下，保证了不亏损且略有盈余，共盈利 12.1 万元。第一个五年计划期间，完成水果产量 416.26 万公斤，年平均 83.25 万公斤。到 1957 年底，共有果树 151462 株（含前所果树农场），其中结果树 18399 株，单产 45.25 公斤。

1961 年 3 月 15 日，毛泽东主席主持制订了《农村人民公社工作条例（草案）》，简称《农业六十条》，条例总结了农村人民公社 3 年的经验，针对社、队规模偏大，搞平均主义，公社对下级管得太多太死，民主制度和经营管理制度不健全等问题，作出比较系统的规定。同年五六月间中共中央又对草案做修订，制定了供讨论和试行用的《农村人民公社工作条例（修正案）》，进一步规定了分配上的供给制，并实施了停办公共食堂等措施。1961 年 8 月 21 日至 24 日，农场召开人民代表大会，全体职工代表及队长以上干部参加，会议就深刻领会贯彻《农业六十条》展开大讨论，明确了今后农场发展的方向，使农场的企业管理步入了一个新的台阶。

1949 年至 1967 年的 19 年间，农场共产水果 8655.50 万斤。其中，1953 年至 1967 年 15 年间除 1957、1960、1966、1967 四年共亏损 323125 元外，其余 11 年都有盈余，11 年上缴利润 544511 元，1953 年至 1967 年累计上缴利润 216386 元。1960 年以前每年出口苹果 30 万斤左右，1960 年以后每年出口苹果 60 万斤左右。1953 年至 1967 年，国家共投资 1695560 元。至 1966 年，农场果树株数达到 44335 株，其中结果树 25191 株，平均单产 49.82 公斤。

1966 年"文革"开始后，尽管水果总产比之前有所提高，但单产降低，由盈利转为亏损。"文革"十年，农场共完成水果产量 1713.1 万公斤，年平均 171.32 万公斤，亏损 75.94 万元。果树 94875 株，其中结果树 39848 株，平均单产 43 公斤。

1976 年 10 月，"文革"结束。农场经过逐步整顿，在企业管理上恢复了过去一些行之有效的规章制度并加以提高。

中国共产党第十一届中央委员会第三次全体会议（中共十一届三中全会）以后，中共中央号召全国人民把工作重点转移到社会主义现代化建设上来。农场认真落实"调整、改革、整顿、提高"的八字方针，开创了企业管理新局面。农场于 1981 年落实了"权、责、利"的经济责任制。1982 年 1 月 14 日，农场下发《关于落实生产责任制的几点意见》（3 号文件），文件指出：坚持国营农场全民所有制的性质，统一计划、统一指标、统一劳力调配、统一技术措施、统一产品销售。农场对各工业单位实行利润包干和定额补贴，超利和减亏分成；对果树队按结果树和幼树的实际情况定人员、定产值、定费用、定盈亏，实行财务包干。

1984 年 2 月 20 日，农场出台《锦州市大台山果树农场职工家庭联产承包责任制方案》，至此，农场企业改革正式实行家庭联产承包责任制。

1988 年 10 月，农场取消党的"一元化"领导，党委由原来对行政的具体指挥转为原则指导。经济管理上的重大决策权、生产工作上的行政指挥权、副场长的聘任权和行政干部的任免权、场内机构设置权、人事安排权、用工制度、工资形式、奖金分配权、职工工资晋升权，全部交由场长管理。总场与各分场（厂）之间，全部实行场（厂）长分工责任制。同年，农场与锦州市农牧业局签订为期3年的领导班子集体经济承包合同，从此，农场实行场长负责制。

1993年11月，中共十三届四中全会以后，农场根据有关政策，在转换国有企业经营机制、建立现代企业制度方面做了一些大胆的尝试。特别是2001年以后，企业由以扩大经营管理自主权为主转向以制度创新为主，农场基本成为自主经营、自负盈亏的法人实体和市场主体。计划经济时代那种生产按国家计划组织、原材料靠国家计划调拨、产品靠国家统购统销、价格由国家计划决定的状况已成为历史。作为企业应该具备的生产经营权、产品定价权、产品销售权、物资采购权、人事管理权、劳动用工权和工资奖金分配权等已基本为企业所掌握。企业管理体制和经营机制发生了深刻变化，取得了积极进展。

21世纪前十年，农场基于资不抵债、资产存量少、经营状况较差的状况，在果业上的做法是彻底承包到户，赋予职工长期土地使用权（20年），并以减员增效改革干部管理体制，调研表明，农场经营体制改革取得了一定的成效。最为直接的表现就是成本费用大大降低，以企业管理费为例，由1998年的557万元，下降到2006年的258.2万元，下降了115.7%。

国有经济一统天下的格局被打破，自营经济的发展取得了明显的成效并已经成为农场新的增长点。此期间，农场共办有9家二级工业企业。

2001年至2004年，农场经济陷入低谷，管理人员的工资常年得不到增长且难以为继，企业发展缓慢。2007年底，农场决定关停并转了全部长期亏损且资不抵债的企业，分别通过抵押承包、租赁经营等形式，实行非国有经营。农场将发展自营经济作为发展非国有经济的战略任务来抓，以市场为导向，鼓励、引导、扶持职工自营经济由自发、分散经营向基地化和组织化方向发展，经营单位个数达279个，从事自营经济的职工人数（包括离退休人员）达到2191人，占职工总数的63.1%。职工自营经济作物种植面积达到3725亩，农产品产量1327吨，肉类总产量（猪牛羊）46.5吨。自营经济已经成为职工收入的主要来源。2007年，农场职工自营经济纯收入达到1051万元，职工劳均自营经济纯收入达到4796元，占劳均纯收入的56.6%。

2008年，农场社会职能的剥离工作取得进展。全场中小学实现剥离，交由地方政府管理；农场幼儿园全面推向社会；农场医院实现租赁经营，实质上从企业剥离；电管站划归到绥中县农电系统。农场按照城乡经济社会发展一体化新格局的要求，突出加强农业基础建设，积极落实农垦现代化示范基地建设，扎实推进社会主义新农村示范场建设，统筹兼顾政治、社会、文化、民生工程建设，农场经济有所好转。

2012年，为了促进大台山旅游业发展，农场党委通过集体研究，开发建设大台山旅游风景区，以抗日义勇军纪念馆为龙头，对大台山主山及其周边地区进行旅游开发。至

2013 年 5 月，大台山旅游风景区一期工程建设如期完工。景区建设带动了下游餐饮住宿业一条龙发展，促进了大台山经济的发展。2013 年农场被辽宁省农垦局评为辽宁省农垦工作先进单位。2017 年大台山旅游风景区被评为 AAA 级景区。

2015 年和 2016 年，农场经济再次陷入低谷，机关干部的工资都难以保障，企业发展陷于半停滞状态。

表 2-1-1 大台山果树农场历年（1949—2020 年）生产总值

单位：万元

| 年份 | 生产总值 | 第一产业 | 第二产业 | | 第三产业 | | | | |
		农业	工业	建筑业	交通运输及仓储业	批发零售业	住宿餐饮业	服务业	机械设备修理
1949	14	14	—	—	—	—	—	—	—
1950	15	15	—	—	—	—	—	—	—
1951	13	13	—	—	—	—	—	—	—
1952	16	16	—	—	—	—	—	—	—
1953	17	17	—	—	—	—	—	—	—
1954	25	25	—	—	—	—	—	—	—
1955	32	32	—	—	—	—	—	—	—
1956	39	39	—	—	—	—	—	—	—
1957	24	24	—	—	—	—	—	—	—
1958	20	20	—	—	—	—	—	—	—
1959	31	31	—	—	—	—	—	—	—
1960	69	69	—	—	—	—	—	—	—
1961	70	70	—	—	—	—	—	—	—
1962	49	49	—	—	—	—	—	—	—
1963	38	38	—	—	—	—	—	—	—
1964	42	42	—	—	—	—	—	—	—
1965	46	46	—	—	—	—	—	—	—
1966	46	46	—	—	—	—	—	—	—
1967	40	40	—	—	—	—	—	—	—
1968	32	32	—	—	—	—	—	—	—
1969	49	49	—	—	—	—	—	—	—
1970	68	68	—	—	—	—	—	—	—
1971	60	60	—	—	—	—	—	—	—
1972	70	70	—	—	—	—	—	—	—
1973	83	63	20	—	—	—	—	—	—
1974	100	54	46	—	—	—	—	—	—
1975	145	65	79	—	—	—	—	—	—
1976	317	93	224	—	—	—	—	—	—
1977	267	100	167						

（续）

年份	生产总值	第一产业	第二产业		第三产业				
		农业	工业	建筑业	交通运输及仓储业	批发零售业	住宿餐饮业	服务业	机械设备修理
1978	326	95	231	—	—	—	—	—	—
1979	350	115	235	—	—	—	—	—	—
1980	402	123	279	—	—	—	—	—	—
1981	470	267	203	—	—	—	—	—	—
1982	722	582	140	—	—	—	—	—	—
1983	500	253	247	—	—	—	—	—	—
1984	311	163	148	—	—	—	—	—	—
1985	375	242	133	—	—	—	—	—	—
1986	491	309	182	—	—	—	—	—	—
1987	594	226	368	—	—	—	—	—	—
1988	1248	750	274	—	—	—	—	—	—
1989	1407	746	516	—	—	—	—	—	—
1990	1714	1069	535	90	12	8	—	—	—
1991	1959	1108	590	233	10	18	—	—	—
1992	1977	840	677	380	10	70	—	—	—
1993	3047	1026	1909	20	10	82	—	—	—
1994	1314	716	409	98	4	36	9	42	—
1995	1360	981	283	9	1	34	10	42	—
1996	1326	1056	180	8	5	31	9	37	—
1997	855	619	145	9	6	29	10	37	—
1998	517	318	165	13	26	—5	—	—	—
1999	313	—232	125	25	153	66	134	42	—
2000	229	—28	86	72	36	40	15	8	—
2001	320	140	64	16	70	8	22	—	—
2002	286	120	48	16	80	7	15	—	—
2003	300	120	47	17	87	10	19	—	—
2004	1669	280	241	130	895	102	21	—	—
2005	1690	290	248	132	896	103	21	—	—
2006	1782	318	255	137	907	108	25	32	—
2007	1878	350	265	143	928	115	29	48	—
2008	1990	370	280	152	984	122	32	—	—
2009	8572	2356	605	180	4160	950	36	285	—
2010	9788	3170	1114	322	4152	735	55	240	—
2011	24000	5100	1468	732	14100	1560	720	320	—
2012	30000	7750	860	3100	6210	1055	1000	545	—
2013	7832	3108	255	965	1260	1434	460	350	—
2014	8052	3584	326	455	1125	1605	418	539	—

（续）

| 年份 | 生产总值 | 第一产业 | 第二产业 | | 第三产业 | | | | |
		农业	工业	建筑业	交通运输及仓储业	批发零售业	住宿餐饮业	服务业	机械设备修理
2015	8637	3675	663	885	1990	847	270	307	—
2016	8927	3965	660	884	1994	847	270	307	—
2017	8929	3968	660	884	1992	848	270	307	—
2018	9985	4210	763	872	2003	839	292	309	697
2019	9310	3680	780	875	2095	860	320	—	700
2020	8811	4220	666	755	1725	655	205	—	585

2017年，新一届农场领导班子抓住全国农垦改革的契机，盘点优势和家底，抓重点举亮点，制订"五区兴五业、一带连六场"的产业布局总体规划。在工作中，农场以"垦区集团化、农场企业化"为主线，持续推进企业化改革，并组建了绥中县大台山果业集团以及相应的（果业、商贸、畜牧、墓园等6家）子公司，增强农场的经营功能。集团对农场国有土地、果树及其他国有农垦资源、资产享有经营收益权，主要承担企业融资和投资职责，决定集团重大发展战略和投资方向。集团作为农场发展产业经济的主体，依托农场资源优势大力调整产业结构，增强农场的经营功能，实现了经济加快发展。集团还将农场承担的社会管理和公共职能全部纳入县政府统一管理，减少了企业负担，这些举措的实施，使农场当年就走出低谷、摆脱了困境，全年实现总产值8960万元，水果产量30500吨，粮食产量1555.2吨，固定资产投资230万元，实现了"保工资、保运转"的目标。

2018年，农场继续推进农垦改革力度，制定了《大台山果树农场农垦改革具体工作实施方案》，按照"管办分离、内部分开、政府授权、购买服务"的总思路，成立了社会事务服务中心，中心共设9个处室、12个办事处，将农场经营性账务、人员与承担政府职能的收支账务、人员全部分开，独立核算，确保农场不再承担办社会职能支出。当年，农场完成新一轮承包期限为15年的果树土地承包任务。果业效益大幅度提高，果农纯收入是2017年的1.5倍。农场国内生产总值实现1.2亿元，水果产量30000吨，粮食产量1646.3吨，固定资产投资完成500万元。

表 2-1-2 主要物资消费统计（2008—2020 年）

年份	钢材（吨）	木材（吨）	水泥（吨）	煤炭（吨）	汽油（吨）	柴油（吨）	化肥（吨）	电力（万千瓦小时）
2008	25	8	850	213	73	76	420	270
2009	28	10	640	185	75	78	405	220
2010	38	15	603	172	75	65	392	205
2011	45	20	715	192	95	85	918	225

（续）

年份	钢材 （吨）	木材 （吨）	水泥 （吨）	煤炭 （吨）	汽油 （吨）	柴油 （吨）	化肥 （吨）	电力 （万千瓦小时）
2012	320	80	6500	320	98	148	915	550
2013	370	—	6000	300	105	155	903	550
2014	70	—	200	300	125	123	991	570
2015	71	—	230	1000	125	123	987	570
2016	68	—	220	714	125	123	1150	570
2017	66	—	200	714	125	123	1152	570
2018	78	—	700	800	150	145	794	650
2019	80	—	800	750	155	150	850	700
2020	75	—	750	750	160	150	850	720

2019 年，经过 3 年农垦改革的实践，农场集团化和企业化改革开始实施，集团以果业为基础，农业和二、三产业融合发展，齐头并进：继续稳定长期果树承包政策，同时加强 2 万亩绿色果品基地建设，引进新品种新技术，完善水利等基础设施，举办新型职业农民技术培训等，果业生产取得明显成效。第三产业方面，推进建材市场基础设施建设；推进"三强工业园"动迁征地工作；加大旅游资源投入，举办了"礼赞盛世、欢庆丰收"农民丰收节、绥中县首届风车节及第二届苹果采摘节，推进了旅游业发展。农场大力发展文化产业，完成"一场三馆两中心"建设，以新时代文明实践中心为主阵地，传播绥中好声音、弘扬主旋律、培育文明新风尚。2019 年，全场社会总产值达到 2.3 亿元，水果产量突破 6000 万斤大关。

2020 年，虽受到新型冠状病毒感染的肺炎疫情影响，但农场以水果生产为主的整体经济仍向好发展，水果产量达到 6100 万斤，加之 2020 年度未遭受大的自然灾害，优质果率达到 95％以上，销售良好，果树职工增收明显。

第二节　建设规划

农场始建于 1949 年，至 2020 年有职工 2035 名，离退休职工 2165 人，场区总人口约 1 万人。农场辖区面积 27.9 平方公里，果树面积 2.8 万亩，各类果树 52 万株，年产水果 3 万余吨，是农业部绿色果品生产基地、省级现代农业示范基地。

一、总体要求

以推进农场企业化改革为主线，转变发展方式，建设现代农业的示范基地、龙头企业、优势产业，努力把农场建设成为新型农业现代化的示范区和新型城镇化的样板区。

图 2-1-1　农场产业规划图　2017 年摄

二、产业规划

2016 年 11 月，农场新一届领导班子任职以来，结合农场实际，确定了"果业立场、产业强场、旅游富场、文化兴场"的发展思路，通过大力实施"五区兴五业、一带连六场"的产业布局总体规划发展经济。

"五区"就是在场区内建立 5 个产业区（基地），即 2.8 万亩绿色果品生产基地，农副产品加工产业园区，畜牧养殖区，文化、休闲、养老、度假旅游区以及汽车产业园区。

"五业"就是农场主要发展的 5 个产业项目，即农产品加工及商贸物流产业，水果苗木及花卉繁育产业，房地产开发产业，人文公园建设及其服务产业，建材市场及汽车贸易修配产业。

"一带"就是农场要打造一条贯穿东部场区 10 公里的旅游观光带。这条旅游观光带连接了场内 6 个分场。

三、改革发展模式

①组建绥中县大台山果业集团。对农场国有土地、果树及其他资源、资产享有经营收益权，主要承担企业融资投资职责，决定集团重大发展战略和投资方向。

②建立集团组织架构。按照垦区集团化、农场企业化的要求，以市场为导向，以资本

为纽带，建立集团公司——专业化产业公司——子公司三级架构。

③加强党建工作和处理好历史遗留问题。保留农场牌子，按照"管办分离、内部分开、政府授权、购买服务"的总思路，承接国有农场办社会职能。将农场承担的社会管理和公共职能全部纳入绥中县政府统一管理，妥善解决其机构编制、人员安置、所需经费等问题。

第三节　企业改革

中共十一届三中全会以后，随着国家工作重点的转移，大台山果树农场根据中共中央（1980）75号文件精神，开始推动农场企业改革。1982年1月14日，农场下发《落实生产责任制的几点意见（讨论稿）》，于1982年3月1日，正式出台《落实生产责任制的几点意见》（场发〔1982〕第15号文件）。

《意见》规定：农场对各基层单位实行利润包干和幼树定额补贴、超利或减亏分成。工业实行5：2：3（农场、单位、个人）分成；果树队（包括畜牧业）实行3：3：4（农场、果树队、个人）分成。实行基本工资加奖励的单位，职工奖金最多不超过两个月的基本工资。对未能完成利润计划和减亏者，按比例扣发工资，但所扣发工资最多不超过职工工资的20%。《意见》还详细制定了各基层单位的生产财务包干指标。同时农场与各基层单位签订《综合承包合同书》，以此落实生产责任制。

1984年，农场根据中共中央1号文件精神，结合1982年初步改革以来的具体实际，进一步深化改革果业和农业管理体制。1984年2月20日，出台《锦州市大台山果树农场职工家庭联产承包责任制方案》，农场企业改革正式实行家庭联产承包责任制。当年9月24日又出台《各单位承包方案》（场发〔1984〕第42号文件），11月4日出台《关于完善家庭联产承包责任制 延长土地承包期的有关问题的意见》（场发〔1984〕第53号文件）。《方案》及后续补充《意见》规定：

农业，延长土地承包期，从1984年11月至2000年10月31日，一定15年不变。

果业，首先对10个大果树队进行了管理改革，将结果树承包给职工个人，兴办家庭农场868个。采取的主要承包形式是"以树定产、以产定值"。承包期一定10年，两年调整一次承包指标，实行上缴利润和定额补贴，超收归己、亏损不补，实现了经济效益和个人劳动成果紧密挂钩。对6个小型幼树队，除1个死包外，其余5个实行定额补贴减亏分成的管理模式，减亏部分三、七分成，场得70%，队得30%。在承包过程中，坚持"三个不变"，即：坚持企业全民所有制的性质不变；坚持职工的身份不变；坚持职工一切福利待遇不变；坚持"三个为主"，即承包对象以固定工人为主；承包内容以专业为主；承包形式以家庭为主。坚持"六统一"，即统一生产、财务计划；统一进行开发性生产；统一派购任务；统一执行生产技术措施；统一安排生产资料；统一使用水利设施，充分调动职工生产积极性。1984年末，全场共完成总产值361.2万元，比1983年增加35.8万元，增幅11％。在国家多收、企业多留的情况下，职工个人收入也相应增加。1984年，全场职工人均收入560元，比1983年增加84元，提高16.2％，家庭农场的职工年收入增加100元的占20％、增加300元的占15％、增加500元的占18％、增加1000元的占20％。

同年，对场办工业各单位实行三种承包形式：一是死包，超收归己，亏损不补；二是超利和减亏三、七分成，农场占七，基层单位占三；三是工程队采取提取总收入比例和死包的办法。承包指标如下表：

表2-1-3　1984年各单位承包利润指标

工业单位	承包数	说明	果树单位	承包数	说明
修造厂	10000元	超盈部分3：7	一队	平	死包
油毡纸厂	10000元	超盈部分3：7	二队	48000元	死包
砖厂	40000元	死包	矾石队	5000元	死包
瓦厂	平	见利分成3：7	大生沟	11000元	死包
食品厂	3000元	超盈部分3：7	破台子	−9000元	死包
地毯厂	−20000元	减亏部分3：7	鸡东	13000元	死包
石场	22000元	死包	鸡西	−20000元	死包
长石矿	10000元	死包	新区	49000元	死包
二工程队	—	按收入提9％	饮马河	−22000元	死包
一工程队	—	按收入提6％	六支园	平	死包
三工程队	5000元	死包	红星队	−17000元	减亏部分3：7
机站	−5000元	减亏部分3：7	向阳队	−12000元	减亏部分3：7
猪场	平	死包	迎春队	−16000元	减亏部分3：7
粮站	−8000元	死包	红光队	−17000元	减亏部分3：7
水电站	−5000元	死包	矾北	−17000元	减亏部分3：7
—	—	—	矾南	−19000元	死包

1984年12月13日，农场再次制定并出台《关于工业及场直属各单位1985年经济承包方案》。方案规定，承包办法可采取集体承包与个人承包相结合的办法。详细制定了各单位1985年承包的利润指标及奖惩办法。如下表：

表 2-1-4　1985 年各单位上缴利润明细及奖惩办法一览

	1985 年利润指标（元）	完成场定利润奖			超利奖提取（%）	完不成利润惩领导欠利（%）
		书记厂长	副书记副厂长	会计		
修造厂	15000	250 元	200 元	150 元	40	20
砖　厂	40000	300 元	250 元	200 元	30	10
油毡纸厂	13000	250 元	200 元	150 元	30	10
地毯厂	−10000	250 元	200 元	150 元	30	10
食品厂	2000	200 元	150 元	100 元	30	10
石　场	23000	300 元	250 元	150 元	30	10
长石矿	7000	300 元	250 元	150 元	30	10
瓦　厂	6000	200 元	150 元	100 元	30	10
一工程队	50000	500 元	400 元	250 元	30	10
三工程队	5000	250 元	200 元	100 元	30	10
机　站	平	300 元	250 元	150 元	30	10
猪　场	20000	300 元	200 元	150 元	30	10
水电站	平	250 元	200 元	150 元	全奖	10
粮库	−8000	250 元	200 元	150 元	全奖	10
合　计	163000	—	—	—	—	—

随着经济体制改革的不断深化，农场自 20 世纪 80 年代末至 90 年代中期，社会发展和经济效益一直处于稳步上升阶段，职工的生活水平也得到明显改善。

1995 年后，由于市场竞争日益激烈，社会的生产要素已跟不上时代的步伐，农场逐渐失去了往日的辉煌，经济效益急剧下滑。主要表现在：

①果树家庭联产承包制失去初期的活力，1984 年开始实行果树家庭联产承包制，尽管在一定程度上解放了生产力，水果产量提高很快，但也集聚了一些无法医治的症结，超产部分被承包者装进腰包，亏损挂账越来越多，到 1995 年底，亏损挂账累计 170 多万元。

②社会大气候制约场办工业企业的生产经营。例如，地毯厂在 1993 至 1995 年间每年为天津外贸加工出口地毯 10 万平方英尺，年利润 20 万～30 万元，随着国家外贸地毯出口量锐减，造成大批地毯厂纷纷倒闭，由盈利转向亏损。石粉厂一直为抚顺电瓷厂加工长石粉，1990 年至 1996 年每年实现利润都在 20 万元左右，1997 年由于抚顺电瓷厂陷入困境，使石粉厂销路受阻，造成停产，亏损 10 多万元。曾在农场历史上创立过辉煌业绩的机械厂，在市场经济大潮中败下阵来，连续几年亏损，不得不停业。炼钢厂、养鸡场、茸归酒厂因市场原因造成产品积压无销路或经营亏损而结束经营；至 90 年代末，农场 12 家工业企业纷纷告急，难以为继。

为此，1995 年，农场对果树承包办法进行改革，开始实行收取果树占树费的承包办法，起到一定效果。但是到 1998 年以后，因产权不明晰，承包者"短期行为"严重而难以为继。

1999 年，农场在果树承包上的方针、政策已不适应变化了的内外部环境。为了应对不利局面，1999 年 1 月，农场出台了"定死年度承包基数 20 年不变"的果树承包政策，按树定产值，预交 2 年承包费，年初一次性缴纳当年果树承包费，二年调整承包金额，职工不开工资，农场负责缴纳农场承担职工养老保险部分。当年收取果树承包费 211.9 万元，承包树份 1103 份。农场对场办骨干企业实行以法人代表牵头，班子成员集体承包，管理人员全员风险抵押，利润包干的"活包"政策；对部分场办企业实行以法人代表牵头，年初定死上缴基数的"死包"政策；对场内事业性单位实行核定全年费用指标，超支不补，节约创收归己的管理办法。

1999 年和 2000 年，农场连续两年遭受有史以来最大的旱灾，8 月份水库、塘坝水源干涸，损失果树近 17 万株，水果产量由 1000 余万公斤锐减至 150 万公斤。当年又逢水果价格低下，承包果树职工 90％亏损，职工收入大幅度下降，严重挫伤了职工生产积极性。这就导致了有 289 名职工弃管果树终止合同的现象，农场果业生产陷入低谷。1999 年农场亏损 336 万元；2000 年亏损 939 万元，亏损总额已超过国家资本金，形成资不抵债的局面。

2000 年 11 月，时任领导班子及时调整相关政策，在全场范围内开展了"果业经营献策大讨论"活动。通过召开职工大会、座谈、走访等多种形式，农场广泛收集和听取职工群众的意见，分别召开了果树分场、工业及场直单位、机关干部、离退休老干部的分组座谈会，充分探讨果业生产经营的有关问题。通过对广大干部、职工群众的意见进行收集、整理、综合、提炼，经场长办公会研究，形成了新的果树承包办法并以场发文件的形式下发。文件规定新的承包办法为：长期承包 18 年不变，实行一次性交清承包费的政策，大幅度为职工让利，职工在管理、销售上拥有完全自主权；职工个人负担养老保险，到退休年龄办理退休手续，承包的果树再进行转让。

为了使这次企业改革落到实处，农场组成由场级主要领导参加的 15 人包片工作组深入基层。到 2001 年 1 月 20 日前，顺利完成了全部果树承包任务，同时，对所有 16 家工业企业、部分社会性服务单位实行租赁承包。

此次改革调整，结束了农场长期亏损的局面。企业实现了由计划经济向市场经济的转变，焕发了生机。

经过几年的休养生息，到 2007 年，15 万余株新栽植的果树初见成效，水果产量由 21 世纪初的 100 余万公斤上升到 465 万公斤。

2008 年以后，农场继续完善经济承包责任制。除按期、足额收取承包费、租赁费外，还强化服务职能，为承包企业统一办理各种执照及商检申报手续，切实维护了广大职工的切身利益，充分调动职工的生产积极性，确保了社会稳定局面。

2008 年，农场对一年一交承包费的退休职工所承包的期限为 20 年的果树，进行一次性承包，共签订果树承包合同 17 份，其中承包期 11 年的 11 份，承包期 10 年的 6 份。按照合同条款的有关规定，当年办理合同转让 83 份，其中大树 22 份，租赁幼树 61 份。同年，对长石矿、建材厂、地毯厂、供销处四个工业单位进行新一轮承包，其他单位均按时收取承包费。

2009 年，农场果树完善续签承包合同 17 份，转让合同 10 份。

2010 年，农场果树办理合同转让 22 份。同年，闲置多年的地毯厂实现对外承包，减轻了管理与经营负担。

2013 年 1 月 1 日，原焊割汽厂、建筑公司及长石矿实行承包，承包期为 20 年。

2014 年，签订果树延长承包合同 360 份，收取果树承包费 576 万元。

2015、2016 年，农场经济再次陷入低谷，新一轮企业改革势在必行。2016 年农场由市管下放到绥中县委县政府管理。

2017 年，农场新一任领导班子深入贯彻落实中央关于进一步推进农垦改革发展的决策部署和省、市、县具体工作要求，积极主动推进农垦改革，特别是在推进企业化改造方面迈出新步伐，主要工作表现为：

图 2-1-2 场长邓文岩（右）与主管领导研究工作 2018 年摄

一，增强农场经营功能。坚持农场企业化的主线，以果业为基础，农业和二、三产业融合发展。在经营管理上实行公司化运营，市场化运作；在探索区域集团化、农场企业化、股权多元化改革的路径和方法上力求创新。

二，成立专业产业公司。 2017 年，农场登记注册了大台山果业有限公司、大台山畜牧有限公司、大台山商贸有限公司、大台山房地产开发有限公司、绥中县大生墓园管理有限公司、大台山旅游开发有限公司（筹建）等专业化产业公司，作为实施"五区兴五业、一带连六场"产业规划的主体。

三，组建大台山果业集团。 以大台山果业有限公司为母公司，其他公司为子公司，于 2017 年 9 月组建登记了绥中县大台山果业集团。农场场长任董事长、总经理，其他高管实行聘任制。集团采用事业部制的组织架构和管理机制。

四，积极推进办社会职能改革。 按照"管办分离、内部分开、政府授权、购买服务"的总思路，将农场承担的社会管理和公共职能全部纳入县政府统一管理，于 2018 年 6 月完成了国有农场办社会职能改革任务。每年上级拨付农场办社会职能经费 336.66 万元。农场成立了社会事务服务中心，承担农场办社会职能工作。

图 2-1-3　农场领导现场指导建设工程　2018 年摄

五，稳定农场果树土地承包政策。 制定相应的承包政策，建立经营面积、收费标准、承包租赁期限等与职工身份相适应的衔接机制，职工承包租赁期限不得超过其退休年限；职工退休时，将其承包租赁的土地交还农场，在同等条件下该承包租赁土地可由其在农场务农的子女优先租赁经营。积极培育新型农业经营主体，推进多种形式的适度规模经营和标准化生产，培育和发展"产业公司＋合作社＋家庭农场（农户）"的农业产业化联合体。

2019 年，18 年承包年限到期后，农场制定了 15 年承包年限，对承包职工在承包费上实行更大的让利。

第二章　果　业

第一节　概　况

果业是农场的传统产业，也是农场经济发展中的支柱产业。

早在元明时期，大台山地区就以盛产梨果而名闻天下，大台山当时因此得名腊梨山。日本著名汉医学家丹波元简（1755—1810年）著作《医賸·卷中》载："盖腊梨者，腊月之梨，所谓冻梨也。"农场域内至今还在生长结果的两棵树龄达三五百年以上的老梨树正是当年腊梨山下的腊梨树之一。

据《朝天录》载：万历三十八年（1610年）七月初六日，朝鲜使臣过中后所（今绥中镇），宿沙河店（今沙河镇）。地最近胡（北元蒙古部族），北望奇峰叠见耸空者，皆胡山也，始吃青梨。可见400年前的腊梨山地区已经遍野梨树，这些腊梨成为当地特产，过往客商使臣途经沙河驿站住宿会品尝腊梨山的特产。

1912年，沙河西人毕春林（字渭桥）买下东大石台山（即今大台山），并开始在山上栽植各种树木，主要有松树、杏树、栗子树等。

1923年，绥中县上帝庙小学校长智庆云（蔚卿）和时任绥中县泰和山房经理毕春林（渭桥），在大台山创建果园——"大台山果林公司"，智庆云、毕渭桥分别任正副经理。首先在大台山南坡（向阳）占地2000余亩，栽植松树、柞树及山杏树为界，实行封山，然后在界内栽梨树和少量苹果树，由此开创了绥中地区果树产业发展的先河。

1924年，郎家沟人郎景瑞经同学日本人近板真一郎从日本购进500余株苹果树苗，栽植在郎家南沟，后增至1200株，创办"郎家果园"。

图 2-2-1　《绥中县志》中记载农场果业初创时期情形

1925 年夏，智庆云又与王果忱以同样集股合资的方法创立鸡架山果园，取名"蔚昌农林公司"。果园占地 2800 余亩，仍首先栽植松树、柞树和山杏树占地为界，实行封山，再在界内栽培苹果树、桃树、梨树、李子树及少量葡萄树计 2 万株。

1925 年秋，智庆云将大台山果林公司经理职务移交给其二弟智庆生（号佐亭）。同年，叶家乡狗河城子村人董子衡在今沙河满族镇叶大村西山（今大台山六支园）占地 1000 亩，成立"茂林农林公司"（又称"大东果园"），聘请丹麦基督教会学校果树园艺科毕业生齐明三任技师，亦开始栽植苹果、梨、杏、桃、葡萄等各种果树 1.7 万余株。

1926 年，前所商会会长卢瑞忱和地主侯信五在前所北部牛羊沟栽植苹果树 6000 余株，成立"兴绥果园公司"（又称"关东果第一林公司"，前所果树农场前身），该园合资经营，规模宏大。后由王岐山接手经营，果园更名为"四平果园"。同年，董子衡在叶家坟成立一个占地 90 亩的"茂林果圃"，培养各种果苗 10 万株，以备逐年嫁接苹果之用。1928 年开始移植栽培。

果树的栽培初步取得了成功，曾被认为不可移植的"西洋苹果"终于在绥中地区安家落户。绥中县一些富裕户见果树事业一本万利，很有发展前途，于是筹备创办果园者接踵而至，在大台山东坡栽植果树。此间成立的大台山私人果园主要包括：大台山王静函果园，果树 600 株，占地 4 亩；大台山东兴果园，苹果树 1260 株，梨 980 株，25 人入股；大台山白凌阁果园，苹果、梨共计 1041 株，占地 79 亩，经理白泉海，技师任福林；大台山李子岐果园，苹果 510 株，梨 80 株，桃 70 株，占地 61 亩，受伪军盗卖缘故无产量；大台山李大拙果园，各类果树共计 194 株，占地 13 亩，苹果最高年产量 6000 斤；大台山刘秀山果园，各类果树共计 105 株，占地 8 亩，苹果最高年产量 3000 斤；大台山李相臣果园，各类果树共计 23 株，占地 2 亩，水果年产量约 1200 斤；闫家沟福林农园（后划归沙河镇），各类果树共计 1150 株，占地 50 亩，苹果年产量 5000 斤，梨产量 2000 斤；九区三台子马家河屯马序五果园（后划归沙河镇），占地 80 亩，实行果树、农作物间作；大台山侯维五果园，各类果树共计 1850 株，占地 120 亩，最高年产量 8000 斤；大台山智晋铭果园，苹果树 29 株，占地 2 亩，最高年产量 1500 斤；大台山赵玉珊果园，各类果树共计 760 株，占地 59 亩，苹果年最高产量 12000 斤，梨年产量 10000 斤，其他水果年产 4000 斤。

在各个私家果园兴起之初，各园主因不懂果树栽培技术，只得从辽南请来技术人员指导。但工价昂贵且路途遥远，不是长久之计。于是，经一些开明人士多方呼吁，于 1925 年在绥中农科职业学校增设园艺科。智庆云之子智晋勇、智庆生之子智晋贤、智晋尧及其他对栽培果树感兴趣的青少年相继入学，专攻果树技术，学习毕业后，专事果园的技术管理。后来，智晋勇、智晋尧还分别获得"大技师""二技师"的称号。

1926 年，叶家乡狗河城子村大地主董子衡（大台山六支园果园创始人）聘请丹麦基督教会学校果树园艺科毕业生齐明三任技师，在叶家坟成立一个占地90亩的苗圃，培养各种果苗10万株，以备逐年嫁接苹果之用。1928年开始移植栽培。

1930年秋末，军阀部队有4个骑兵连以绥中发大水前来救灾为名，进驻大台山。这些部队在大台山驻扎十几天，将果树砍倒烧火做饭或取暖，加上马的糟蹋，大台山果园遭受毁灭性破坏，几乎所有果树被砍伐，所剩无几的果树也是伤痕累累。

1931年，智庆云与智庆生兄弟二人重整旗鼓，竭力倡导重建果园。县参议员智庆恩（号福忱，系智庆云之三弟）、绥中县商会会长白翎阁、商人李子岐、地主张显廷、校长商会岐以及赵玉珊、刘经阁等人集资1200股，每股10块大洋，计12000元，作为重建大台山果园的资本，又栽培2000余株苹果树及少量梨树，取名为"启华农园"。

鸡架山"蔚昌果园"也有了巩固和发展。同时，除卢瑞忱、侯信五在前所牛羊沟所建的果园有所发展之外，大地主白璧臣在范家的瓮泉山，邓吉圃在大王庙的慈母庵等地也建立了一些小果园，规模均在2000株范围之内。1939年，绥中县小庄子人郭惟一在郜家西沟栽植果树1500株，创办"郭家果园"。同年，李文贵在矾石山南沟栽植果树1800株，创办"矾石山果园"。绥中地区的果树事业开始初具规模。

20世纪40年代初期，大台山、鸡架山两个果园的果树相继进入产果旺季，仅苹果树就已发展到6000多株，年产量可达10余万斤乃至20余万斤。

1949年2月，绥中县人民政府将大台山、鸡架山、六支园、侯山、牛羊沟、瓮泉山、大生沟、郜家沟、郭家沟、水泉沟、马家河子等几个分散的私人果园统一接收，成立了"绥中利民果园"，果树株数达2.5万株。此即为农场前身。

图2-2-2　农场女职工在苹果丰收时合影　1965年摄

1951年10月10日，绥中利民果园被辽西省人民政府农业厅接管，改称辽西省人民政府农业厅第四果园。此时果树已发展到34919株。

1954年8月，辽东、辽西两省合并成立辽宁省，辽西省人民政府农业厅第四果园改称辽宁省绥中大台山果树农场。农场果树株数达101498株。

图2-2-3　栽植新品种果树幼苗　1991年摄

1955 年 2 月 1 日，辽宁省农业厅将辽宁省绥中大台山果树农场、辽宁省绥中前所果树农场与兴城柳壕沟果树育苗场所属前所生产队合并为辽宁省绥中果树农场。全场共有果树 151982 株。

1958 年 3 月 18 日，大台山果树农场与前所果树农场分开，改称辽宁省大台山果树农场。全场共有果树 27734 株，其中结果树 13552 株。

1973 年开始，根据省市主管部门工作部署，为了给辽宁省果树新品种开发提供优良品种果树苗和接穗，农场栽植了红星幼树进行果树新品种更新工作。

1975 年，全场共有果树 94875 株，其中结果树 39848 株。

1975 年以后，农场场型扩大。继 1972 年将沙河公社的毕屯、西大台、破台子农业大队划归农场后，1978 年 2 月，又将沙河公社的温屯大队、高台公社的矾石大队、鄬家大队划归农场，这一规划为果树发展提供了土地资源和人力资源。到 1979 年，全场新建果树队 7 个，共有 16 个果树队，仅全民所有制部分共有果树 21.64 万株，其中结果树 4.79 万株，加上集体所有制部分的 2 万株，全场果树总株数为 23.64 万株，是 1949 年 1.2 万株（仅大台山启华果园所属部分）的 21.4 倍。水果产量由建场初期 1953 年的 92.34 万公斤，达到 1979 年的 261.258 万斤。同时农场通过外贸部门开始苹果出口创汇。

1982 年，农场进行企业改革，果业生产实行生产责任制。到 1984 年，完善了家庭联产承包责任制，场内果树全部承包给个人。

1983 年秋季，农场开始进行果树品种的更新换代及老幼树的更替工作。至 1985 年 4 月，共更新苹果新品种 15396 株，主要新栽植红富士、王林、乔纳金、津轻 4 个优良品种。其中红富士品种 3 年新栽植 12 个品系共计 11668 株；王林品种 3 年共栽植 796 株；乔纳金品种 3 年共栽植 1481 株；津轻 3 年栽植 268 株；其他品种的果树共栽植 1183 株。到 1985 年秋季，新栽植的果树苗实际成活 15042 株，成活率达到 97.7%。

图 2-2-4 农场果园梯田 1990 年摄

到 1985 年末，全场共有 16 个果树队，果树总株数达到 25 万余株，是 1949 年（仅限农场当年所属部分）1.2 万株的 21.4 倍。苹果品种达到 49 种之多。

此后十余年间，果业发展比较稳定，果树更新换代都是在农场指导下由承包者个人自行完成。果树总株数逐年上升。

1999年至2000年，农场连续两年遭遇前所未有的大旱，共旱死果树17万余株。其中1999年旱死10万余株，2000年旱死7万余株，果树总株数仅剩6.1万株、产量下降到建场初期1953年的水平。

2001年，在领导班子的带领下，农场大量栽植新幼树，果树栽植面积逐年增多，到2007年底，果树总株数已上升到25.7万株，水果产量由2001年的106万公斤增加到465万公斤。

2008年，农场大力实施2万亩绿色果品生产基地建设。

2011年，农场实行苹果质量追溯制度和苹果标准化生产。

2011年后，农场推广果业生产管理新技术，实行垂柳式剪枝法。高接换头宫滕富士30000株，富士、珊莎、乔纳金等3550株，优化了果树品种结构。继续推行果实套袋和SOD新技术；推广角蛾壁蜂授粉技术，取代人工授粉；铺设反光膜，增加果品着色面，提高果品质量和价格。以农家肥为主，化肥为辅，增加地下投入。逐步建立果业生产、禽畜鱼养殖、庭院经济、日常生活循环式农业生态模式。

2014年末，农场果树栽植面积达1325公顷，栽植各类果树50余万株，其中结果果树达到40余万株，水果总产量达28500吨。

图2-2-5 郜家分场精品园栽植新品种 2019年摄

2016年和2019年分别在温屯分场岳家沟屯和郜家农业分场建设了100亩（共计200亩）高标准果园，大力推广宽行密植省力化栽培模式，采用高纺锤形果树生产技术。

随着老果树品种的淘汰和新品种的不断引进，农场的果树品种构成发生了较大变化，原来在市场上畅销一时的老品种如：红玉、鸡冠、印度、赤阳、迎秋、祝光、甜黄魁、山梨、鸭梨等基本消失。到2020年农场栽植的主要品种是红富士、金冠、王林、津轻、黄冠、国光、乔纳金、黄金梨、南果梨、满丰梨等，新品种有珊莎、斗南、嘎啦、华红、寒富、宫滕富士、鲁丽、瑞阳、瑞雪等。其中金冠、国光、王林、乔纳金、红富士、秋白梨、油桃、李子等8个水果品种被列为国家绿色食品标识，而红富士、金冠、乔纳金和国光又被列为果品质量追溯品种。

至 2020 年末，农场果树栽植面积达 1565 公顷，栽植各类果树 55.7 万株，其中补栽幼树 19100 株，品种多数以烟富、岳华、岳冠、鲁丽等品种为主。结果果树达到 44 万株。在当年果业管理中，共投入农家肥 1550 车，化肥 1270 吨，水果套袋 1.5 亿个，水果总产量突破 30000 吨，优质果率达到 95％以上，强化了果业基础地位。

表 2-2-1　农场历年水果生产情况表（1949—2020 年）

年度	果树面积（亩）	果树株树（株）	水果产量（万斤）	其中苹果树面积（亩）	苹果株树（株）	苹果产量（万斤）
1949	2000	25000	—	—	—	—
1950	2000	25000	—	—	—	—
1951	2793	34919	—	—	—	—
1952	3144	39307	—	—	—	—
1953	4580	57256	185	4069	34482	121
1954	5120	64000	104	5097	34482	80
1955	12120	151982	215	10199	127497	145
1956	11983	149789	172	10934	136674	127
1957	12117	151462	157	11182	139773	110
1958	2235	27734	160	1724	21551	111
1959	2684	33432	207	2063	25793	130
1960	2684	33432	182	2063	25793	137
1961	2772	33432	265	2063	25793	160
1962	2800	37655	202	1833	22916	142
1963	2800	35100	286	1833	22916	170
1964	2800	35100	309	1833	22916	202
1965	3320	38871	337	2132	26648	208
1966	3310	44335	313	2482	31030	187
1967	3310	48240	277	2482	31030	155
1968	3310	48240	225	2482	31030	154
1969	3310	48240	329	2482	31030	228
1970	3310	57500	428	3156	39458	316
1971	5498	68725	392	3156	39458	292
1972	5870	73376	417	3229	40120	260
1973	5977	74716	353	3118	38996	240
1974	6391	79896	330	3532	44156	206
1975	7590	94815	346	4730	49155	283
1976	8330	104147	372	6501	81264	245
1977	10850	135657	352	8739	109237	292
1978	14870	185980	367	11680	146063	279
1979	11646	242004	300	8776	202172	215
1980	11646	231463	312	8776	194291	235
1981	11805	251896	305	9852	210246	240
1982	11805	257045	325	9852	217641	232

（续）

年度	果树面积（亩）	果树株树（株）	水果产量（万斤）	其中苹果树面积（亩）	苹果株树（株）	苹果产量（万斤）
1983	11805	253740	347	9852	211158	245
1984	11805	242838	273	9852	205905	188
1985	11805	242838	400	9852	205905	352
1986	11805	242838	423	9852	205905	309
1987	14242	314033	413	11380	247117	308
1988	21886	327449	1103	18104	256280	905
1989	21923	332120	1225	18859	256280	1063
1990	21923	332120	1504	18104	256280	1349
1991	21923	334663	1235	18104	258818	1074
1992	21975	334663	1544	18180	258818	1382
1993	21975	334663	1347	18180	248818	1200
1994	21975	297114	1407	18180	240540	1000
1995	21975	334663	1351	18105	258818	1255
1996	21975	305020	1733	18780	260540	1568
1997	21735	298585	1320	18495	253305	1207
1998	21735	255020	1300	18495	219613	1100
1999	21225	226000	500	17715	180000	420
2000	22710	193974	300	17715	157608	260
2001	17595	160200	450	16215	130000	421
2002	20625	180000	350	19095	130000	282
2003	20625	180000	720	19095	130000	602
2004	20625	180000	818	19095	130000	700
2005	20625	260000	840	19095	190000	730
2006	20625	270000	840	19095	200000	714
2007	20625	280000	930	19095	206000	796
2008	20625	280000	990	19200	220000	878
2009	20625	290000	1300	19380	230000	1236
2010	20625	290000	1210	19380	230000	1094
2011	20625	540000	4300	19560	480000	3963
2012	20625	556000	8500	19665	49600	8459
2013	20625	556000	8560	19665	500000	8522
2014	20625	557000	5700	19875	515000	5674
2015	20625	557000	5548	20010	530030	5500
2016	23475	648100	6130	22545	610530	6022
2017	23475	648100	6120	22545	610530	6013
2018	23475	648100	6000	22545	610530	5902

（续）

年度	果树面积（亩）	果树株树（株）	水果产量（万斤）	其中苹果树面积（亩）	苹果株树（株）	苹果产量（万斤）
2019	25000	500000	7500	—	—	—
2020	25000	540000	8100	—	—	—

第二节　种类品种

农场果树种类多，有苹果、梨、桃、李子、杏、山楂、葡萄、核桃等，一直以苹果栽植为主。

一、苹果

新中国成立前与建场初期，农场主栽的苹果大部分为由辽南引进的倭锦、红玉和小国光，杂有少量的红皎、红魁、黄魁、旭光、祝光、祥玉、柳玉、新红玉、大国光等，砧木多为山丁子，少量为海棠。

1953年起，陆续培植的品种以小国光、金冠为主，杂有部分鸡冠、印度、赤阳、青香蕉（白龙）、醇露（晚沙布）、红元帅、甘露、甜红玉及少量的凤凰卵、生娘、星星等。从品种数量配比上看，50年代国光、倭锦、红玉各品种栽植数量基本持平。

20世纪60年代后期，小国光已上升为大宗，金冠次之，余者为红玉、鸡冠。

20世纪70年代，栽植的苹果树多以品系混杂不清的红星、金冠、国光居首位，次之杂有部分红冠、红国光、赤阳、锦红、甜黄魁、迎秋，后期又由前所农场引进葵花和青富士。

20世纪八九十年代，农场果树以国光、金冠、红星为苹果主栽，栽植面积占80％，产量占85％。

20世纪80年代，随着国内外市场需求的变化，开始引进日本流行的苹果新品种富士、王林、乔纳金等。红星等元帅系统的品种比重已开始增加，但因其有一定的弱点，后期改用高接换头的办法改接富士，最终未获成功。

20世纪90年代初，以金冠为主，余者为国光、乔纳金、富士。1992年，农场从日本引进了北海道9号、黑系乔纳金、珊莎。20世纪90年代后期，作为苹果的换代品种，农场又引进了斗南、金克、首红、乙女等新品种。

2000年以后，金冠栽植面积和产量各占苹果总数的50％，寒富、珊莎、乔纳金、斗南等品种占50％。

自20世纪70年代后期，随着矮化密植技术的引进，全场有4万余矮化中间砧木，栽培在红光、迎春、向阳、大台二队。嫁接品种为红星、金冠及部分国光。同时，又引进了短枝型苹果树矮生200余株进行试验栽培，经5～7年的试验，证明上述矮化密植技术不适宜农场所在地区栽培，到2007年底，全场矮化密植树已剩不足千株。

2011年后，农场推广高接换头宫滕富士30000株，富士、珊莎、乔纳金等3550株，优化了果树品种结构。

2019年，引进了早熟苹果鲁丽10000株，栽植面积100亩。

从建场至2020年末，农场苹果栽植品种累计达到50余种，常见的栽培品种有十几种，其中有少量早熟品种和中熟品种，97％为中晚熟、晚熟品种。这些品种有：国光、大国光、红玉、金冠、元帅、红星、鸡冠、印度、赤阳、白龙、倭锦、醇露、生娘、甘露、单顶、香玉、祥玉、矮民、鹤枝卵、好爱玉、青富士、红露、甜红玉、中国、甜黄魁、祝光、旭光、迎秋、黄魁、红富士系（包括岩富10、烟富8、福岛短枝、宫崎短枝、弘前富士、长富2、秋富等）、寒富、乔纳金、黑系乔纳金、王林、斗南、珊莎、鲁丽、葵花、胜利、中秋王、摹里斯、夏光、津轻、北海道九号、乙女、华红等。

现将农场主要苹果品种简单入志：

宫滕富士：富士苹果的一个芽变品系，呈粉红色。树势强健，幼树生长健壮，萌芽力中等，成枝力较强，结果较晚（5～6年），初果期以中、长果枝结果为主，随着树龄的增加，逐渐过渡到以短果枝结果为主；较易形成腋花芽结果，果台连续结果能力强，花序坐果率高，可达71.6％。果实近圆形，大型果，果肉淡黄色，肉质细、脆、致密，风味微甜，有元帅的香味。果汁多，可溶性固形物14.5％～15％。果实全面着色，浓红鲜艳。极耐贮存，在一般条件下可贮存至翌年5月而果肉不绵，果皮不皱。较抗风，抗寒力中等。

黄冠：河北省石家庄果树研究所育成新品种，亲本为雪花×新世纪。果实特大，平均单果重246克，大果596克。果实椭圆形，萼洼浅，萼片脱落，果柄长，外观似金冠苹果。成熟果实金黄色，果点小而稀，果皮薄，果面光洁，无锈斑，外观极美。果肉白色，石细胞少，松脆多汁，可溶性固形物含量11.4％，风味酸甜适口，香气浓郁，果心小。果实8月上中旬成熟，耐贮藏运输，常温下可贮放1个月左右。

嘎啦：果实中等大，单果重180～200克，短圆锥形，果面鲜红色。果型端正美观。果顶有五棱，果梗细长，果皮薄，有光泽。果肉浅黄色，肉质微酸，十分适口。品质上乘，较耐贮藏。幼树结果早，坐果率高，丰产稳定。

津轻：津轻是日本青森县苹果试验场于 1930 年从金冠为母本（父本不详）的杂种实生苗中选育出来的。果实较大，果个一致，扁圆形至近圆形，单果重 200 克以上。果面平滑，底色黄绿，阳面被红霞及鲜红条纹。蜡质多，果点较多，大小不一致，小果点较淡，不明显，大果点凸出显著，果皮较薄。果肉黄白色，质细松脆，汁多，味甜，微有香气，品质上等。果实不耐贮藏，室温下放置月余肉质变绵。9 月成熟，果实发育期 115 天，在金冠之前成熟。农场引进该品种后，由于产量较金冠低，成熟前有落果现象，因此没有推广栽植，只有个别农户栽有这一品种。

珊莎：又名山沙、散沙，是日本农林水产省果树试验场盛冈支场用嘎拉×茜培育而成的新品种。该品种幼树生长旺盛，树姿直立，开始结果以后，树势生长较慢。枝条直立、易成花，丰产性好。果实中大，平均单果重 127.46 克，大果可达 220 克，果形整齐，短圆锥形；果面光滑，底色黄绿，色泽为鲜红晕色，果点稀而小，果梗中长；果肉淡黄色，肉质脆细，酸甜适中，风味较浓，品质上等，贮藏性超过津轻。农场于 1992 年从日本野村园艺所引进珊莎苗木，由于品质上乘，截止到 2016 年，推广栽植面积近 3000 余亩，产量喜人。

华红：以金冠杂交而成。果实长圆形，平均单果重 200 克，果面有鲜红条纹，艳丽，肉质细脆多汁，酸甜味浓，品种上等。在辽西地区 9 月中下旬成熟，贮藏期 210 天，丰产性强，抗病性较强，抗寒性甚强。

国光：本品种栽树后 6 年开始结果，盛果期较长，产量较高。发芽开花均较一般品种晚，果实采收期为 10 月中下旬。易贮存，可贮藏 8 个月之久。果实呈扁圆或圆形。果面底色黄绿，有暗红色细条纹，果皮光滑，厚而韧，果粉多，果肉黄白或白色，肉质细脆多汁，酸甜适中。经贮藏后风味更浓，清香可口。此品种为农场 1984 年以前的主栽品种，在 20 世纪 90 年代以前，多数出口到俄罗斯。

金冠：又称黄元帅。栽培定植后 3～4 年即开始结果。5 月上旬开花，9 月下旬采收。果实贮藏期可达 5～6 个月，果实呈圆锥形，少数呈卵圆形。果梗细长，果面底色黄绿，成熟后变为鲜亮的金黄色，阳面稍有淡红色晕。果肉黄白色，肉质细软而致密，果汁多，甜酸适度，香味浓，采摘 1 个月之后，比新采摘时更为香甜可口，芳香味更浓。常温条件下贮存，果实极易失水致果皮皱缩影响品质。金冠为农场老品种，到 2020 年止，仍是农场主栽品种，产量占 60％。

元帅系列：红元帅、红星、新红星、红冠这几个品种均属元帅系列。栽培定植后结果时间较晚，一般均需 5～8 年才开始结果。栽培技术要求高，否则产量不稳定。最大的缺点是易落花落果，坐果率低，结果枝较少，连续结果能力较差，采收之前易落果。该系列的几个品种均在5月初开花，9月下旬采收。果实呈圆锥形，果面有不太明显的红色条纹。萼凹周围有很明显的5个隆起，呈五星状。果梗粗，为红色大型果，一般重约240克。果肉淡黄色，肉质软而密致，果汁多，味甜，芳香。果实较耐贮藏，常温贮藏后期因失水而发绵，品质有所降低。红星是红元帅的芽变，着色比红元帅早，果表色浓，有暗红色霞，果点明显，晕圈大。外形美观、整齐。红冠似红星，但较元帅与红星酸甜味浓，较耐贮藏，贮至次年4月之后，果肉仍酥脆。元帅系统中的几种苹果色、味、个、形诸因素均好，颇受国内外市场欢迎。2000年以前，是农场的主栽品种之一，产量占果品产量的30％。因该系列品种管理要求严格且大小年现象严重，在苹果总量中所占比重正逐年减少。2000年以后，随着新品种的不断引进，此品种逐渐淘汰。

红玉：该品种5月初开花，果实于9月上中旬成熟。果实呈圆形，果面底色黄，成熟后全部浓红色，有光泽，果梗短而细，果肉黄白色，肉质致密，果汁中多。刚采收时酸性较大，有清香味，贮藏二到三个星期时食用最为适合。贮藏时注意预防果实患虎皮病和斑点病。该品种适应性强，但对栽培技术要求很高，尤其是在大量结果时期，如管理跟不上去，采收前容易发生严重的落果现象，造成产量很不稳定，因此，栽植数量已很少。

鸡冠：栽培定植后3～5年开始结果。5月上旬开花，10月初果实成熟，果实呈圆形或扁圆形。果面底色黄绿，浓红色条纹，果皮有较厚的蜡质。果肉淡黄白色，肉质致密，果汁中多，酸甜，品质中等。至2020年仅有少量栽培。

印度：别名甜香蕉、长青、印度青，该品种5月上旬开花，10月上旬开始成熟进入采收期。果实呈圆形或扁圆形，大多呈斜状，有不明显的棱。果面绿色微黄，阳面呈紫红褐色晕，果皮稍粗糙，厚而韧。果肉黄白或青白色，肉质硬而致密，果汁少，糖分高，初摘时入口甘甜，经贮藏后风味渐佳。果实贮藏力极强，可贮至8个月之久，但贮藏时果实易生苦痘病、糖蜜病。结果期较迟，嫁接后7～8年才开始结果，而且果树寿命短，结果有大小年现象，产量很不稳定。因此栽植极少。

赤阳：栽培定植后4～5年开始结果，开花较多，能够早期丰产。果实呈圆锥形，萼洼浅，有数个隆起，给人以皱缩之感。果个大，一般2～3个即可达0.5公斤。成熟后果面有暗红色霞，未充分着色时有断续条纹。果面粗糙，无光泽，果皮极厚而韧，有多量果粉。果肉青黄色，肉质中韧、松、粗，果汁中多，风味甜，品质上中等。果实贮藏力极强。因本品种外观欠佳，已被淘汰。

迎秋：迎秋是辽宁省果树研究所用红玉为母本，祝光为父本培育的中熟品种。栽培定植后五六年开始结果，能够早期丰产，产量高而稳定。该品种8月中旬即开始成熟，8月下旬达成熟盛期，可供苹果淡季之需。果实呈圆锥形，一般3个可达0.5公斤。果面底色黄绿，具有鲜红色霞及条纹，有光泽。果肉黄白色，肉质致密酥脆，果汁中多。初采时风味酸，稍有香味，经贮藏后，风味酸甜适度，有似红玉的芳香味，品质上等。果实可存放30天到50天，但后期易得红玉斑点病。因不耐贮存且市场价格低下，已逐渐被淘汰。

祝光：烟台俗称"伏香蕉"，威海俗称"伏祝"，东北叫"白糖"，昌黎称"美夏"。该品种栽培定植后五六年开始结果，树势旺，果实8月上旬开始采收，不耐贮藏和运输。果实呈圆形或长圆形。果面颜色黄绿，完全成熟后向阳面具有暗红色条纹，果皮薄，肉质细腻酥脆，多汁味甜，是中熟苹果品种中较好的一个品种，但因落花落果严重，连续结果能力差且产量低，已被淘汰。

甜黄魁：甜黄魁是辽宁省果树研究所用祝光为母本，黄魁为父本杂交培育的早熟苹果。本品种栽培定植后三四年开始结果，且能早期丰产，落果现象较轻。该品种苹果7月上旬成熟，7月中旬达成熟盛期，可贮藏20天左右。果实短圆锥形，梗洼周边有不规则隆起，果实大小整齐，平均5～6个达0.5公斤。果皮底色黄白，充分成熟时有红条纹，果皮稍光滑。果肉黄白色，肉质甜而稍香，果汁中多，品质中上等。进入21世纪以后因市场价格偏低被淘汰。

青香蕉：农场俗称白龙。果实呈圆锥形或矮圆锥形，果面浅绿色，常有片状灰白色锈，果肩宽，萼端有5个突起，10月上旬采收。果实有浓重的香蕉香气，品质上等，较耐贮藏。因本品产量低而遭淘汰。

斗南：从日本引进。果实圆锥形，果重350～500克，果实全部鲜红色，不需要套袋，果形正，果肉黄白色，甜酸适度，在晚熟品种中风味极佳，10月中旬采收，可贮藏到翌年4月。

首红：元帅系第四代短枝浓红芽变。果实长圆锥形，果顶有5个隆起，单果重200～250克，果皮底色黄绿，充分成熟时为暗紫红色，果面蜡质较厚，果肉淡黄，致密多汁，含可溶性固形物13.5%，有香蕉香气，品质上等，9月中下旬采收。

乙女：原产日本，是在富士和红玉品种的混植园中发现，系偶然实生苗。果实小，椭圆形，整齐一致，单果重45克左右，果面稍凹凸不平，底色淡黄，全面披浓红色，有蜡质，稍光泽，果肉浅黄色或黄白色，较松脆，味甜，稍有芳香，含可溶性固形物16%，10月上旬采收。该品种适宜密植和盆栽观赏，生食或餐用均宜。

富士：日本育成的苹果品种。亲本是国光×元帅。果实近圆形，单果重250克左右，果实底色黄绿（阳面有暗红色条纹），果实完全浓红。果肉黄白色，肉质细脆、多汁，味多甜稍酸，含糖量 16%～18%，品质上等，10 月中下旬成熟，果实耐储存。

富士系：日本育成的苹果品种。亲本是国光×元帅。果实近圆形，单果重 250 克左右，果实底色黄绿（阳面有暗红色条纹），果实完全浓红。果肉黄白色，肉质细脆、多汁，味多甜稍酸，含糖量 16%～18%，品质上等，10 月中下旬成熟，果实耐储存。农场于 1990 年前后引进青富士，之后又相继引进红富士、岩富、长富、着色一系、着色二系、宫崎短枝、福岛短枝、烟富 8 等系列品种。

葵花：亲本是金冠×红星，果实中等大，扁圆形，单果重 165～185 克，果面光滑，底色黄色，阳面有浅紫红色晕，果皮薄，果肉乳黄色，质细脆，果汁多，风味甜，有香气，含糖量 13.6%，品质上等，采收期 9 月下旬。

王林：原产日本，是从金冠与甜香蕉混植园内的金冠实生苗中选出。果实大，椭圆形或卵圆形，单果重 250 克左右，果皮较滑，全面黄绿色、致密、果汁多、味甜，可溶性固形物 13.5%，香气较浓，食之爽口，品质上等，10 月中、下旬采收，很耐贮藏。

黑系乔纳金：单果重 200～250 克，果面鲜红或浓红，下层及内膛枝果实着色好。果肉黄白色，肉质细密、汁多，糖度 14～15 度，酸味适度，味极浓，松脆适口，10 月上中旬采收。比普通乔纳金早熟 5～7 天。1992 年从日本野村园艺场引进。

北海道九号：日本北海道农业试验场以富士和津轻杂交育成的 3 倍体品种。果实长圆形，果个大，单果重 300～350 克，果皮底色黄绿，成熟时着有紫红色条纹，果面光洁，果肉黄白色，比富士肉质细，可溶性固形物含量 14%～15%，口感清爽，脆甜多汁，成熟期 10 月上旬。1993 年由日本引进。

寒富：果实短圆锥形，果形端正，全部着鲜艳红色，特别是摘掉果袋经摘叶转果后，果色更美观。单果均重 250 克以上，最大果重已达 900 克，是苹果当中单果重最大品种之一。果肉淡黄色，肉质酥脆，汁多味浓，有香气，品质耐贮性强。10 月中旬成熟。

二、梨

梨在农场虽然数量较少，但栽植历史很长。据考证，在元明时期，大台山地区就以生产腊梨而闻名，因此古称腊梨山。至今，农场域内仍存活两株树龄达 500 年以上的老梨树。

1949 年建场后，农场原大生沟果树分场全部栽植梨树，其他各果树队均有少量栽培。栽植的梨树以白梨、安梨、花梨为主，20 世纪 60 年代以后栽植的梨树品种仍以白梨为主，共有33种。这些品种是：白梨、安梨、花梨、鸭梨、山梨、茄梨、魁梨、金星、苹果梨、大香水、伏梨、京白、五里香、红八里香、白八里香、糖果梨、日面红、神不知、皮山丁、洋梨、密梨、自生、半斤酥、谢花甜、满园香、红梨、酱梨、马蹄黄、麻梨、巴梨、莱阳梨。进入2000年以后，引进了一些新品种，其中包括黄金梨、满丰梨、红香酥、南果梨等。

截至2020年，梨在农场栽植主要品种为秋白梨、皇冠梨，还有少量的花梨。

现将梨的主要品种简单入志：

白梨：又称秋白梨，原产于燕山山系。农场1912年即有栽培。果实多为长圆形或接近圆形，萼洼小，果梗细长，果色金黄，有蜡质光泽，平均单果重150克，最大果重可达250克，果皮薄，果肉厚，果核小，肉质细，酥脆多汁，甘甜爽口。果实含多种营养成分，除生食外还可制成果干、罐头，酿造果酒、果醋。据资料记载，白梨还具有生津、止渴、润肺、宽肠、强心、利尿等医疗作用。秋白梨的耐贮性也令人称道，贮藏后的秋白梨色愈正并伴生香气，通常可贮至来年立夏以后。

山梨：又称秋子梨。本种树体高大，生长旺盛，抗寒力强，能耐零下37℃的低温，能在土层较薄相当干旱的土地上生长，适于寒冷和干燥地区栽培，同时也可作抗寒砧木。野生种的幼龄植株具有很多刺，栽培种一般成枝力较强，2～3年生枝多为黄灰色或黄褐色，叶边缘有带刺芒的尖锐锯齿，多数品种花柱基部微粘合并有绒毛。果实多球形或扁圆形，品种间大小不一，萼片宿存，果柄较短。多数品种需经后熟才能食用，有香气。主要栽培品种有京白梨、南果梨、鸭广梨、延边大香水梨、安梨、花盖梨、尖把梨等。

鸭梨：原产地河北沧州，距今已有2000多年的栽培历史。农场20世纪50年代即有栽培。该品种树势健壮，树皮暗灰褐色，一年生枝黄褐色，多年生枝红褐色，成枝率低。叶片卵圆形，先端渐尖或突尖，基部圆形或广圆形，果实外形美观，梨梗部突起，状似鸭头。9月下旬至10月上旬收获，初呈黄绿色，风味独特，营养丰富。主要特点是果实中大（一般单果重175克，最大果400克），皮薄核小，汁多无渣，酸甜适中，清香绵长，脆而不腻，素有"天生甘露"之称。内含丰富的维生素C和钙、磷、铁等矿物质，在B族维生素中堪称佼佼者。含糖量高达12％以上，可贮藏保鲜5～6个月。具有清心润肺、止咳平喘、润肠通便、生津止渴、醒酒解毒之功效。明代李时珍《本草纲目》载："梨，生者清六腑之热，熟者滋五脏之阴"。近代医界用以治疗肺炎、呼吸道疾病、肺心病、高血压等症，疗效显著。还可以加工为罐头、梨脯、梨酒等高级食品和饮料。

满丰梨：是韩国园艺所用丰水×晚三吉育成，果实椭圆形，单果重 500～770 克，果皮黄色，果面平滑，有光泽，果肉细嫩，多汁，酸味少，可溶性固形物 14％。耐贮藏，具有类似苹果甘甜之香味，在大型梨果中是稀少的梨中珍品。

红南果梨：果实红色，红色面积达 66.3％，果实硕大，红南果梨平均单果重 130～140 克，最大果重 429 克，果实品质优良，抗寒性强。

黄金梨：落叶乔木，由韩国园艺试验场罗州支场于 20 世纪杂交育成的新品种，1984 年定名。果实扁圆形，平均单果重 350 克，9 月上旬成熟。成熟时果皮黄绿色，储藏后变为金黄色。果皮极洁净，套袋时果皮成金黄色，呈透明状。果肉细嫩而多汁，白色，石细胞少，果心很小。含糖量可达 14.7％度。味清甜，而具香气。风味独特，品质极佳。易成花，一般栽后次年成花可见果。异花授粉，极丰产。黄金梨因其鲜嫩多汁，酸甜适口，所以又有"天然矿泉水"之称。

三、桃

农场各队均有少量栽植。红星果树分场、向阳果树分场、台西果树分场均有成片栽植的桃林。20 世纪 50 年代以前，品种有绥中大叶白桃。50 年代在苹果株间临时增植的桃树品种多为泸州、早梅、久保及部分歪嘴子桃（品系不清）。80 年代开始成片栽植，品种有黄桃系统的黄桃、黄仙等。20 世纪末以前，桃的品种共有 10 种。它们是：粉白、泸州、12 号、上海水蜜、小叶白桃、血蜜歪嘴子、森州水蜜、害谷、黄仙。进入 21 世纪以后，引进一些新品种。如晴朗油桃、丽春油桃、北京晚蜜、万寿红、早凤凰、春雪、中油 8 号等。

四、葡萄

农场在 1964 年之前曾盛产葡萄，每年全场产量最高达十几万斤。栽培的葡萄品种有：巨峰、龙眼、玫瑰香、马乳、牛乳、红香水、白香水、黑罕、无籽露、鸡心、黑提、康拜尔等。截至 2020 年，成片的葡萄园已不存在，职工小部分栽植的品种有巨玫瑰、红提等。

五、李子

2000 年以前，李子仅有大李子、早黄金、小李子三种。职工个人有小部分栽植，主要品种为安哥诺、女神梅李、井上李子，杏李有风味玫瑰、味帝等。2017 年，又引进栽植大红袍李子。

六、杏

杏的品种比较单调，主要有大银白杏、小银白杏、白杏、土黄杏、麦黄杏、关老爷脸杏等，2000 年以来，陆续栽植的品种有金太阳、凯特等约 5000 株。

七、山楂

山楂除了老品种铁楂外，还有辽红山楂、西丰红山楂、红肉铁楂、磨盘山楂等品种。

八、坚果类

坚果类有核桃、板栗等。建场初期核桃仅 300 株，集中栽植在台东、台西和鸡架山（其中有 20 世纪 70 年代栽植一部分）。进入 21 世纪后，板栗已基本不存在，老核桃树在鸡架山及原台东、台西有部分存留。品种为大核桃一种。2001 年以后，新品种薄皮核桃在农场大规模发展，至 2020 年，已栽植 1.5 万株。主要品种为辽系 1 号、辽系 7 号等。

九、樱桃

樱桃主要品种有日本传入的那翁、大紫两种，有部分职工栽植少量大樱桃，品种有红灯、美早等。

十、草莓

2019 年，农场在百果园内新建三座高标准草莓大棚，占地面积 8 亩。经丹东考察学习，选取优良品种红颜（俗称九九），共计栽植 77.3 万株，存活约 77 万株，采用立体栽培和露地栽培模式。2019 年当年建设，当年验收，当年收益。2020 年初，受疫情影响仍收益 9 万余元。

第三节　生产管理

一、栽植

农场幼树栽植大部分是以春栽为主。农场在中华人民共和国成立以前栽植的果树，全部为矩形排列，株行距 6 米×7 米。1953 年以后栽植的果树绝大部分为平行等高栽植，大部分株行距为 8×8 米。进入 20 世纪 70 年代，栽植株行距 4 米×5 米，20 世纪 80、90 年代以株行距 3 米×4 米为主，其中 80 年代，在农场迎春队、红光队栽植幼树，株行距 2 米×2 米和 2 米×3 米。2016 年倡导宽行密植栽植模式，株距 1.5 米～2 米、行距 3.5 米～4 米。

20 世纪 50 年代开始，为了保持水土，兴修梯田，老树区全部形成局部水平的复式梯田。1975 年以后，场区扩张、场型扩大，先后成立 7 个幼树果树队，农场果树研究所科研人员借鉴国内外先进技术，考虑到日后田间作业机械化需要，栽树位置改在梯田外沿或两侧（双行时），成为农场在国内果树栽培史上的一大创举。同时，在栽植果树时，严格注意授粉树的配置，除因果花器官不完全而不能做授粉树或

图 2-2-6　栽植果树　1985 年摄

血缘相近的同一系统品种而互相不宜做授粉树之外，其余品种都可以互相授粉，重点是掌握其合理配置。苹果授粉树与授粉品种都有相同经济价值又都是主要品种时，每个品种各栽 3～6 行，等量相间栽植；若授粉品种经济价值低或不宜多栽时，每 4～6 行主栽品种与 1～2 行授粉品种相间栽植。20 世纪 80 年代中期，大力推广人工授粉，逐步取代了授粉树的配置。

在栽培果树时，结合实际情况，适当配植品种，做到早、中、晚熟品种合理搭配栽植，既有利于满足市场需求，又提高了经济效益。

二、嫁接

苹果是异花授粉品种，如用种子实行繁殖，变异性大，不能保持原有品种的经济性

状，所以苹果树都是嫁接繁殖，即实行无性繁殖。嫁接繁殖不仅可以保持原有品种的经济性状，而且较有性繁殖提早结果。因此，栽培果树要用嫁接繁殖，利用原来品种的芽和枝嫁接到适当的砧木上。农场采用嫁接的方法有芽接、枝接、皮下接、腹接 4 种。2016 年后，为了推广优良品种，提高果树的抗寒性，促使幼树早结果、早丰产，增强果树的抗病能力，采取了高位接种的新方法。高位接种的方法有皮下接、皮下腹接、切腹接、高芽接 4 种。

图 2-2-7　农场职工进行果树嫁接　1992 年摄

农场各果树分场职工，大部掌握嫁接技术，是农场现代化建设的强有力的技术大军。

三、授粉

从建场至 1988 年以前，农场果树一直采取自然授粉的方式，靠自然风、昆虫、蜜蜂等媒介来达到果树授粉，产量极其不稳定。

人工授粉：1987 年通过试验，人工授粉试验取得了成功，1988 年大面积推广采取此项技术，缩短了大小年差距，稳定产量，增大坐果率，产量平均提高 30％以上。

角额壁蜂授粉：2007 年 5 月，农场引进授

图 2-2-8　角额壁蜂授粉蜂巢　2008 年摄

粉专用蜂种"角额壁蜂"，在向阳果树分场及科技示范园两分场共 7 户 1400 株果树中，释放角额壁蜂 1.2 万只，开始试验蜜蜂授粉获得成功。试验结果显示：授粉效果显著，可提高坐果率 30％～40％。比照人工授粉，节省授粉费用 80％，具有成本低、效率高的优点。2007 年末，全场购入角额壁蜂 40.5 万只，2008 年全场普及推广，一直延续至今。

角额壁蜂耐低温，飞行距离在 50 米内，成蜂活动时间短（一般为 15 天左右），管理容易，访花能力强，其传粉能力是普通蜜蜂的 70～80 倍，每头角额壁蜂日访花 4000 朵左右，每亩果树放蜂 130～150 只，可提高坐果率 30％～40％。角额壁蜂繁殖能力强，年繁殖能力在 10 倍左右。角额壁蜂的管理方法分为：做巢管、做蜂箱、安放蜂箱、挖泥坑、放蜂与收蜂 5 个过程。角额壁蜂授粉是取代果树人工授粉的良好方式，大量节省了劳力，

大大提高坐果率和果品质量。

至 2020 年，全场一年共放蜂 650 万只，回收蜂管 650 万个，壁蜂授粉提高了果树坐果率，确保了水果产量。

表 2-2-2　各分场授粉蜂分配数额（2007 年）

单位名称	授粉蜂只数（万）	单位名称	授粉蜂只数（万）
台　西	2.0	矾　西	12
红　星	2.6	红　光	2.3
迎　春	6.5	向　阳	4.7
饮马河	1.7	矾　南	4.8
鸡架山	0.2	示范园	3.7

四、稀花疏果

1990 年以前，农场果树职工只进行疏果，不进行稀花。1990 年以后，随着实行人工授粉及角额壁蜂授粉后使坐果率提高，疏果工作得到了重视，加之市场对果品质量要求不断提升，稀花工作也逐步得到了普及。

图 2-2-9　人工稀花现场　1996 年摄

20 世纪 80 年代中期，随着果树增多，作业量增大，传统的手工稀花疏果已难于实现。因此，农场科研所曾创造性地采用化学稀花疏果方法，通过反复实验，力求得到安全可靠的剂量和配方，达到用药剂喷洒方法取代人力手工操作进行稀花疏果的目的。但由于剂量标准要求高，果农难以掌握，所以没有大面积推广。

稀花疏果的主要方法是结合树势，采用距离稀果法，按照 15～20 厘米留果，大型果留一个，小型果留对果或一三结合。2015 年后，按照市场需求，基本上都以留单果为主，以便增大果个儿。

五、套袋

苹果套袋技术是一项提高果品外观质量的配套技术，是无公害绿色果品生产最直接、最有效的技术。农场 2000 年以后开始广泛应用苹果套袋技术和 SOD 新技术，极大地提高了果品质量和经济效益。

图 2-2-10　果实套袋现场　2018 年摄

苹果套袋时间一般在 5 月下旬至 6 月上旬，也就是落花后 40～50 天开始，为期 10～15 天。套用袋子一般分为双层袋、单层袋和微膜袋。套袋时一般采取先上后下，先内后外的顺序进行。果实一经套袋，首先，可促使果皮细腻亮洁，果点稀小，显著改善外观质量；其次，可促使红色品种果实花青素的迅速增加，扩大着色面积 30％左右，且色调均匀、色泽艳丽、美观；第三，可有效地减少农药、尘土给果实带来的残留、污染；第四，能预防控制病、虫、鸟、鼠、蜂等对果实的危害，减少果锈；第五，能避免枝叶摩擦、预防日灼、减轻冰雹等机械损伤；第六，套袋苹果高档果品率达 90％以上，经济效益显著；第七、果实鲜度保持长久，耐储性明显提高。

2019 年，水果套袋 1.7 亿个；至 2020 年套袋约 2 亿个。水果套袋极大地提高了果品质量和经济效益。

六、土肥水管理

（一）改良土壤

要达到果树的高产、稳产、优质的目的，必须加强土、肥、水诸方面的管理。改良土壤有两种办法：深翻和客土。农场长期运用的"翻树窝子"就是一种深翻的方法，它能使土层逐年扩大且疏松，土壤条件得到改善。在翻树窝子的同时，结合客土和压青或埋压有机质，则改良土壤的效果就更加显著。翻树窝子的时间要根据果树根系生长物候期的变化，春季、夏季、秋季都是在根系生长高峰时进行，伤根容易愈合，而且生长快。春季是以土壤化冻到芽萌动前这一段时间，夏季在7月间，秋季在9月下旬开始。方法有一次翻通法，隔年隔趟法，半趟放窝法和轮伏法。农场广大职工对翻树窝子要领基本上掌握，能够达到进度快、质量高。在翻树窝子时做到不要伤根太多，筷子粗以上的树根尽量不切断。在刨土时，顺着根系生长的放射方向，减少根系的切断。翻树窝子以后，果树生长发育的反应有显著的变化：地下根系生长量增加，地上新枝生长量增大，叶片大、叶色绿，产量显著提高。

（二）果园耕作

农场的果园耕作制度，就是在不同的耕作条件下，使矛盾相对统一，从而达到丰产、稳产、提高收益的目的。果园耕作制度包括果粮间作、清耕制、生草覆盖制等几种方法，根据具体情况选择应用或配合使用。果粮间作是农场在20世纪80年代以前在果树行间实行的传统方法。在幼树期还进行间作花生、地瓜、豆类等矮科作物，进入初结果期就不进行间作。

图 2-2-11 向阳队实施果粮间作 1985年摄

果树树盘在2000年以前农场实行清耕制，每年需除杂草3～4次，2000年以后逐步推广生草覆盖制。

（三）施肥

施肥的种类包括基肥、化肥、有机肥。

施肥方法、时期：农家肥主要采取挖沟填埋，以春施为主；化肥和生物有机肥采用环状或放射状沟施，追施时间为萌芽期、花芽分花期、八月追施三个时期。叶面肥主要结合喷施农药施入，不作为主要施肥项。

施肥种类：20 世纪 50 年代初，基肥多用各种油粕、骨粉或大粪干。此后，农场一度发展养猪，利用猪粪沤制有机肥，或辅以埋压杂草青棵沤制成绿肥。

农场化学肥料的使用始于 1953 年，当时使用的是硫酸铵。随着国内化学工业的迅猛发展，农场相继使用了硝酸铵、碳酸氢铵、尿素等氮肥。自 1975 年起开始使用过磷酸钙代替骨粉。钾肥则以柴灰、煤灰为补给来源。1983 年开始购进硫酸钾，这是建场以来第一次使用钾素化肥。20 世纪 80 年代开始使用尿素、果树专用复合肥和进口美国二铵。在 2000 年以前，一直是以农家肥为辅以化肥为主，叶面肥主要用 0.3%～0.5%尿素和 0.5%磷酸二氢钾，全年化肥总量为 400 吨，农家肥 1 万吨左右。2010 年以后，农家肥、生物有机肥施入量逐年增加。至 2019 年果园有机肥替代化肥面积达 4000 亩。

（四）灌溉

农场在 20 世纪 50 年代全部靠人力担水上山，浇树抗旱。1957 年，农场安装第一台以单缸低速柴油机为动力的轴流式水泵用于灌溉。1963 年，农场办电之后，各队灌溉相继由柴油机做动力改为用电动机做动力提水上山，由上向下实行开沟放水漫灌。这种传统方法工效低，进度慢，耗水量大，不利于水土保持。农场科研所试验开发新的灌溉方法，即渗透灌溉法，于 1983 年 9 月 13 日通过省级技术鉴定。但由于受资金的影响，没有进行大面积推广应用。20 世纪 80 年代中期，开始使用柴油动力抽水机来灌溉。到 2020 年底，全场共有柴油动力水泵 200 余台。2012 年至 2016 年，省水利厅实行高效节水灌溉工程

图 2-2-12　喷水灌溉果树　1992 年摄

1.55 万亩。2019 年新修建方塘塘坝 4 座，蓄水量达 14 万立方米。加上早年新建和维修的方塘，农场可以利用灌溉的方塘达到 18 座，切实有效地保证了全场果树灌溉需求。

灌水时期根据果园墒情而定，土壤墒情在田间持水量 40％以需要下进行灌溉。

七、病虫害防治

为加强植物保护工作，农场 20 世纪 80 年代以前，始终有一支专业队伍负责病虫害防治工作，由生产科统一调度。生产科安排一名技师全面负责，各果树分场设一名专职植保员。这支由既有理论基础，又有实践经验的技术人员组成的植物保护队伍，活跃在生产第一线，深入于果树生产之中，及时了解掌握病、虫的发生发展规律和现状，利用果树检疫、生物防治、化学防治、预报预测等方法，抓住有利时机，采取简便的、经济的、安全有效的防治措施，控制病虫害，达到高产、稳产、质优、壮树的目的。进入 20 世纪 90 年代以后，专职植保人员撤销，由各分场领导兼职。

（一）病害防治

苹果病害：农场苹果树主要病害达十几种，包括腐烂病、干腐病、轮纹病、早期落叶病、锈果病、炭疽病、烂根病、苦痘病、缩果病、炭疽叶枯病、白粉病等。以苹果树腐烂病、轮纹病、早期落叶病为主要发生。

梨病害：梨黑星病、干腐病为主要发生。

对这些病害，除用波尔多液、二溴氯丙烷、硫酸铜、代森铵、氯化锌等多种化学药物进行防治外，还要用物理方法，刮治病疤、加强管理、调整水肥、清除病源等多种方法。

表 2-2-3　病害调查表（1985 年）

名　称	别　名	主要危害范围	主要防治方法
腐烂病	臭皮病	苹果、海棠	①加强栽培管理；②及时治疗病疤；③利用桥接进行辅助
干腐病	胴腐病	苹果、核桃	①保护伤口；②喷药
轮纹病	粗皮病	苹果、梨、桃、李子、杏	①喷药保护；②刮掉被害部位
早期落叶病		苹果、海棠、梨	①增强树势；②清除病源；③药剂防治
锈果病	花脸	苹果	①加强管理；②精选苗木；③砍伐
炭疽病	苦腐病	苹果、梨、葡萄、枣	①清除病源；②喷药保果
烂根病	根腐病	苹果	①树根浇灌药剂；②土壤消毒；③增施肥水

（二）虫害防治

苹果害虫种类约有 350 种之多，农场危害严重而普遍发生的大约有 20 几种。以卷叶虫类（顶梢卷叶蛾）、食心虫类（桃小食心虫、梨小食心虫）、毛虫类（天幕毛虫）、螨类（山楂红蜘蛛、苹果红蜘蛛、二斑叶螨）为主。

这些害虫，损伤蛀蚀果实，给苹果生产带来严重的危害，常因预防不利造成质量下降、产量下跌。农场对虫害的防治，每年平均不但要花费资金购进大量农药进行药剂防治，还要花费大量的人力物力进行刮树皮、剪虫梢、束草锈杀、摘拾病虫果、摘除卷叶、捕杀幼虫等各种方法进行防治，同时还利用害虫天敌进行生物防治。

（三）病虫害预测预报

防治果树病虫害就像和敌人打仗一样，要做到"知己知彼，百战不殆"，对病虫的预测预报就是对病虫的侦察和对各种侦察材料的分析判断的过程。为此，农场专门设立植保员，后设定为技术员。通过预测预报掌握病虫害的消长规律，做到"虫动人知，病发人晓"。确定防治适期和措施，才能有效地控制和消灭病虫害，达到果树优质高产。在病虫害尚未发生或未造成危害之前，通过观测，调查、分析、预先测知发生病虫种类、发生面积，数量多少、发生时期以及危害性。根据上述调查材料，确定药剂种类和数量并根据天气情况提出相应措施，适时予以防治。

八、着色

铺反光膜和稀叶：果园铺设反光膜技术是由日本引进的，是一项促进苹果全面着色、增加全红果率的行之有效的措施。反光膜促进果实着色的原理是通过反光膜对阳光的反射，改善整个果园尤其是树冠下部及内膛的光照条件，从而使这些部位的果实充分着色，增加全红果，进而提高果品外观品质。2008年至2020年末，农场职工为果树累计铺设反

图 2-2-13 苹果树铺设反光膜 2010 年摄

光膜 2000 余亩，增加果品着色面，显著提高了果品质量，增加了产值。但是由于反光膜是一次性的铝塑合成产品，用后随意丢弃对土壤造成的危害以及"视觉污染"越来越受到农场领导和科技人员的重视，农场正在寻求一种合理有效的办法和措施予以治理。

九、冷害冻害防治

农场除偶尔发生风灾、雹灾之外，最大的灾害就是冻害。这是由地理条件决定的，冻害是对果树危害较严重的自然灾害。冬季防寒是农场果树植物保护工作的一项重要工作。苹果树是比较耐低温的树种。一般苹果大树能在−25℃的自然条件下越冬。一些抗寒的品种甚至能在−45℃的低温越冬。不同品种、不同树龄、不同生长地点和不同土壤条件下，果树的越冬性和抗寒性也各有差异。

时常发生的冻害有花芽冻害、新梢冻害、枝干冻害、根茎冻害几种。由于果树各器官以及各部位生理状态的抗寒能力强弱不同，其发生冻害的可能性与冻害的表现也是多种多样的。

农场对于冻害的防治措施，主要视冻害发生的原因而定。①用 30 公斤水、5 公斤生石灰、1 公斤石硫合剂混合搅拌煮沸成稀糊状，然后用这种配制的涂剂将苹果树主干和大主枝基部涂白，不仅能防冻害，还可起到防治病虫的作用。②幼树缚草、在树干北部培月牙形土。③营造防风林。防风林能起防风保湿、减少温差的作用。④冬季下雪后及时清除主干根、茎部的积雪，以免结冻发生冻害。⑤对已发生冻害的果树及时采取保护措施。

十、整形修剪

农场自建场一直到 2000 年以前，果树修剪均以冬季修剪为主。

中华人民共和国成立前，农场的果树修剪始终延用辽南传授的日本 20 世纪 30 年代的技术，修剪偏重短截。1951 年成立辽西省第四果园之后，农场的果树行业高级园艺师太云山，总结生产实践中的经验教训，发明了适合辽西地区果树生产的果树修剪技术，即基部三主枝邻近半圆形整形法，轻剪缓放，提前结果，产量稳定。至今，此法仍为农场果树整形主流技术。20 世纪 70 年代，农场技师任福林主持修剪工作，在太云山园艺师的技术基础上，吸收外地的先进经验，探索出多主枝纺锤形技术，修剪量略重于前者，同时强调环剥、环割、拉角、扭梢、别、压、支撑等辅助措施。目的在于节省养分，缓和树势，提早结果，提高果品产量和质量。

图 2-2-14　苹果树垂柳式剪枝　2010 年摄

进入 90 年代以后，纺锤形、自由纺锤形剪枝方法与基部三主枝临近半圆形树形并行，特别是 2000 年以后，更加注重拉枝、刻芽、扭梢等夏季修剪，主枝单头延伸，不留侧枝。2008 年开始，农场大力推广果业生产管理新技术，实行垂柳式剪枝法。这种方法提高了优质果率。垂柳式修剪法是把主枝或侧枝上着生的一、二年生枝条拉垂 90°甩放促生花芽，让下垂柳条的养分形成一个循环逆转，养分流动缓慢，逐步由营养生长转化为生殖生长，一年后分化出饱满的花芽。2016 年宽行密植栽植模式的高纺锤形也得到了逐渐推广。

十一、育苗

1965 年 12 月，农场党委会议研究决定，在毕屯（建筑材料厂东侧）建立农场苗圃。建房 5 间，打深井 1 眼，购置抽水机数台。购置山丁子 15 斤、桃 400 斤、油秋 400 斤、核桃 200 斤。以此为树本，培育树苗山丁子 10 万株、桃树苗 16000 株、油秋苗 40 万株、桑苗 5 万株、核桃树苗 5000 株、栗子树苗 10000 株、梨树苗 10000 株。1966 年 2 月，农场党委扩大会议研究决定，成立苗圃领导小组，常义为负责人，蔺锦章任技术指导，另有工人共 7 人，苗圃的账目单独核算。8 月，开始苗木芽接，同时做好补接，9 月 1 日完成。到 1970 年，苗圃每年培育果树苗 15000～20000 株。

1983 年，农场在西部场区饮马河生产队及养猪场队新建两个苗圃，占地 36 亩，当年培育红富士成品苗 163000 株。1985 年春季，有 28000 株红富士半成品苗支援锦西市进行新品种开发引种。同年秋，又向省里提供红富士成品苗 135000 株。

图 2-2-15 农场苗圃 1996 年摄

1985 年春，农场又和中央农垦部、省农垦局合资建成果树苗圃 70 亩，栽植山丁子苗、山桃子苗、山杏子苗、野生山梨苗、葡萄苗等苗木，共计 116 万株。这些树苗除了支援外地，大部分为农场自用。此后数十年间，农场的苗圃一直从事新果树品种的育苗科研与实践工作，培育出的新幼树苗提供给果农栽植，保障了农场新老果树品种的更新换代。

第四节 收获销售

一、采摘

按照果树的自然生长规律，果实到了成熟期，就要抓住时机进行采收。特别是从 7 月下旬开始，农场占比重较大的中晚熟品种相继进入成熟期，采摘方式为人工采摘。采摘苹果有重要的技术要领和技巧，既要紧张快速，又要有条不紊。摘果时，要用手托住果实，食指按住果颈，稍向上用力托起扭动，果实即落，然后轻轻放入筐内，这样才能完好无损地保住果颈和果面。在采摘秩序上，要注意先下后上。即首先站在树下将凡是能摘到的全部摘下，然后上树采摘，这样可避免人在树下走动碰落果实或树上落果砸落下面的果实。采摘完毕，还要对树上进行搜寻，以防遗落，造成损失。果品产量较大的地块还要根据实际需要和具体情况，设立果场。果场要设立在部分果园的中心和便于运输的地点。苹果采摘之后，运到果场，然后挑选分等，装箱检斤，最后包装成件，等待外运。

图 2-2-16　游客在百果园采摘苹果　2019 年摄

二、包装

建场初期，采摘后的苹果主要用小木箱包装，每箱装 23～25 公斤。20 世纪 70 年代以后，果品包装用量最大的是果篓，农场的果篓和篓盖一部分是果品收购部门按计划调拨的，一部分是由外地购买的，还有相当一部分是农场职工编制的。原饮马河、鸡架山、台东、台西、小矾石等单位，历年将果篓和篓盖的编制工作作为全年生产的一个项目，既满足了水果包装的需要又增加了收入。2016 年在恒温储藏库兴起铁笼包装。至 2020 年，应用最多的包装器材主要有四种，即纸箱、塑料网袋、塑料箱、铁笼。果篓已弃用。

图 2-2-17　编织篓包装苹果　1986 年摄

三、销售

建场之前，农场苹果的销售以绥中城区为主。采摘后苹果运到绥中城内直接投放市场，再由一些小商贩用各种方法运往各地进行销售。20世纪50年代初期，农场的苹果主要销往北京和天津两个大城市及河北省部分中、小城市，当时的方法是产销见面，直接订货。

1955年，国家制定了统购统销政策，苹果的销售由自产自销改为部门统一收购。农场生产的苹果从此全部送交绥中县果品公司。1956年，农场的苹果采用木箱包装，开始大量出口，销往苏联，当年出口苏联苹果120吨。当时，农场的苹果在绥中县果品公司外贸出口中占第一位，这种状况持续到20世纪80年代。

图 2-2-18 到农场购买水果的俄罗斯客商 1999年摄

1980年，农场按照锦州市革委会下达的苹果派购任务，对苏联出口苹果100吨，分派给台西分场40吨、台东分场20吨、鸡西分场30吨、新区分场10吨，出口苹果主要是国光、鸡冠两种。

1981年以后，国家不再下达出口任务，由企业自己寻求出口渠道。

1984年，农场实行家庭联产承包责任制。1993年4月农场成立商贸总公司，又于1996年5月成立边贸公司，负责水果出口业务。至1998年，农场果品实行全产全收，果品由农场供销处统一销售，承包职工不能自行销售。

1998年开始，果品由承包职工自行销售。2000年以后，水果内销由职工个人、个体经营者、私营公司来农场批发，销售范围逐渐扩大，遍及辽宁省及北京、天津、吉林、

图 2-2-19　大台山果业合作社果品周转中心　2018 年摄

黑龙江、内蒙古、河北、云南、湖北、广东等全国各地。

农场苹果主要销往国内各城市外，边境贸易如满洲里、黑河、牡丹江、东宁等地客商每年都从农场购进大量苹果销往俄罗斯、蒙古、东南亚等国家和地区，外销量占农场苹果总产量的 40%。

中华人民共和国成立后，农场苹果的销售价格始终按照国营牌价，从不私自提价加价，任意销售。仅以一等国光苹果为例，1976 年之前，始终是 0.174 元/斤。1977 年上调为 0.188 元/斤，直到 1983 年才适当上调为 0.23 元/斤。

表 2-2-4　1983 年秋苹果价格表（派购）

单位：市斤、元

品名	价格	一 等		二 等		三 等		等 外		包 括
		调前	调后	调前	调后	调前	调后	调前	调后	
国光	收购	0.188	0.230	0.152	0.180	0.115	0.125	0.075	0.075	大国光
	调拨	0.249	0.305	0.213	0.250	0.175	0.189	0.127	0.127	红国光
红玉	收购	0.180	0.200	0.150	0.155	0.112	0.110	0.072	0.070	迎秋
	调拨	0.241	0.272	0.211	0.222	0.172	0.170	0.124	0.122	赤阳
鸡冠	收购	0.142	0.180	0.120	0.140	0.095	0.095	0.055	0.055	金 星
	调拨	0.200	0.250	0.180	0.205	0.153	0.153	0.106	0.106	晚沙布
倭锦	收购	0.134	0.170	0.117	0.130	0.090	0.090	0.052	0.050	红皎
	调拨	0.192	0.238	0.176	0.194	0.148	0.148	0.102	0.100	祥玉
红元帅	收购	0.210	0.250	0.190	0.190	0.146	0.140	0.091	0.090	印 度
	调拨	0.277	0.327	0.266	0.261	0.206	0.205	0.144	0.143	红星
红冠	收购	—	0.260	—	0.190	—	0.140	—	0.090	
	调拨	—	0.388	—	0.261	—	0.205	—	0.143	—
黄元帅	收购	0.200	0.240	0.180	0.180	0.145	0.140	0.091	0.090	白龙
	调拨	0.265	0.316	0.249	0.249	0.206	0.205	0.144	0.143	富士

20 世纪 80 年代末期，国家不再制定水果指导价格，价格走向市场，按需以质论价，

完全市场化。由于多年来农场信誉良好，全国各地客商乐于收购农场水果，而且收购价格比周边地区平均高近 10 个百分点，其中，1992 年水果价格创历史最高：1 公斤小国光 2.40 元；着色富士 1 公斤 7.60 元；白梨 1 公斤 2.00 元。

在 1998 以前，果品等级一直按照国家商业部规定的果品等级进行果品销售，1998 年以后随着市场经济发展，果品销售等级也发生了变化，大型果一级果要求为 80 毫米，且要求果面着色 80% 以上，无病虫害和外伤；二级果在 75 毫米以上，着色 50% 以上，无病虫害及外伤；三级果在 65 毫米以上，着色 40%，无病虫害及外伤。中型果，一级 75 毫米以上，着色。

四、贮藏

从建场至 2003 年以前，农场的苹果贮藏工作时断时续，贮藏量时多时少，但始终没有大规模的贮藏。20 世纪 50 年代，台西队和鸡架山队都有规模较小的土窖，仅贮藏少量的苹果。60 年代初，农场在绥中城内设立办事处，同时建造土窖，贮藏部分苹果。以后农场的苹果投放市场数量增加，但销售已经供不应求，因此不再进行贮藏，苹果随时采收，随时外运，采收完毕销售也结束。

1980 年，为增加经济收入，农场采取反季节销售方法，在台东队建水果大窖一座，大窖占地 4000 平方米，一次贮藏苹果可达 25 万公斤。但由于建造标准不符合水果恒温贮存要求，致使大窖停止使用。2003 年 7 月，农场在原机械厂院内利用原厂房，翻新建造一座高标准的恒温库，总占地面积 7000 平方米，建筑面积为 2100 平方米，可贮存水果 500 吨。此外，在原石粉厂由个人出资翻新建一座 300 吨保鲜库。

2018 年和 2020 年农场在百果园分别新建了 200 吨和 1000 吨保鲜库，截止到 2020 年底，场区果品保鲜储藏能力 1900 吨。

第五节　质量认证

2005 年为了提高果品质量，保证农产品质量安全，农场申报红富士、金冠、国光、乔纳金、王林、秋白梨、油桃、李子 8 个品种为 A 级绿色食品，核准产量 9510 吨，农场成为绿色果品生产基地。中国绿色食品发展中心每年都对农场果品检测，每隔 3 年对农场进行环境检测（一次续证）。

2008 年农场向辽宁省出入境管理检验检疫局申报了注册果园，申报注册果园的种类

图 2-2-20 农艺师宣传质量追溯体系 2018 年摄

为苹果。

2011 年，为了全面提高农场果品综合生产能力，实现农产品从田间生产管理到消费者购买的全程有效监控，确保果品质量安全，农场按照《农垦农产品质量追溯系统建设项目管理办法（试行）》要求，依据《中华人民共和国合同法》以及国家有关规定，与农业部农垦局（甲方）和辽宁省农垦总局（丙方）经过协商，就大台山农场苹果产品质量追溯系统建设项目的实施与管理达成一致条款，农场正式启动苹果质量安全可追溯体系，完成制定了《葫芦岛市大台山果树农场农产品质量追溯工作制度》《葫芦岛市大台山果树农场农产品质量追溯信息系统运行及设备使用维护制度》《葫芦岛市大台山果树农场农产品质量安全应急预案》等配套制度。同时，农场配置了电脑等信息网络设备和标签打印机，对本单位管理人员、技术人员、系统操作人员进行理论和系统应用培训。

表 2-2-5 A 级绿色食品（2014 年）

品种	商标名称	企业信息	产品编号	核准产量（吨）
红富士	大台山	GF211421081720	LB-18-1411067595A	1480
国光	大台山	GF211421081720	LB-18-1411067594A	1480
金冠	大台山	GF211421081720	LB-18-1411067596A	2970
乔纳金	大台山	GF211421081720	LB-18-1411067598A	1180
王林	大台山	GF211421081720	LB-18-1411067600A	590
秋白梨	大台山	GF211421081720	LB-18-1411067599A	1180
李子	大台山	GF211421081720	LB-18-1411067597A	340
油桃	大台山	GF211421081720	LB-18-1411067601A	290

在苹果生产加工流程中，农场统一进行生产安排，指导职工按照绿色食品标准化生产的技术要求进行种植，对果园种植的全过程进行跟踪管理，追溯面积 1 万亩、产量 0.8 万吨。经过 3 年期项目建设，农场 2014 年通过了农业部农垦局组织的专家组对项目的验收，成为农业部农垦局农产品质量追溯成员单位。

至 2020 年，农场以现有果树管理为基础，建设完成 2 万亩绿色果品基地，强化监督和管理，严禁农药使用，使农场变为名副其实的绿色食品基地。农场还成立了"辽宁省农垦果业联盟"，重新设计制作了"大台山果业"专用包装箱，树立了品牌形象，至此，农场果品实现了绿色产业发展，质量追溯实现全覆盖。

（一）苹果田间生产环节控制流程

农场的苹果田间生产管理控制流程见下图：

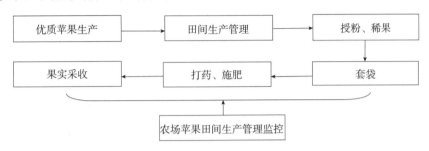

图 2-2-21　苹果田间生产管理控制流程

（二）苹果加工、保鲜贮藏工艺流程

农场的苹果加工、保鲜贮藏管理流程见下图：

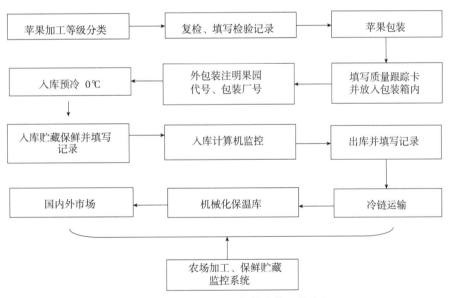

图 2-2-22　苹果加工、保鲜贮藏工艺流程

第六节　果树分场

农场建场初期，果园下设分园。1952 年 12 月，农场开始成立基层果树生产队。以后，随着果园的扩大，新成立的果树队不断增加，到 1987 年底，农场共有 18 个果树队。这些果树队，均设立党支部、队委会、团支部、工会、民兵排等组织，党支部书记、队长

为主要负责人，其次还有生产组长负责带班生产，会计员、现金员、保管员负责财务和物资等方面的工作，技师或技术员、植物保护员负责果树技术工作。

1988年2月，撤销果树队建制，相应成立18个果树分场，编制为场长兼党支部书记1人、副场长1人、会计1人、出纳员1人、植保员1人。

2004年3月，各果树分场撤销副场长及会计、出纳员编制，同时取消分场会计核算，分场仅保留场长兼书记1人、办事员1人的建制。到2007年底，全场共有果树分场10个，果树面积18130亩，各类果树25.7万株，水果产量470万公斤。

2011年3月，原红星、台西、向阳、矾南、矾西果树分场分别更名为第一、二、三、四、五果树分场；原迎春果树分场更名为西大台果树分场；原红光果树分场更名为大生沟果树分场。

2017年9月3日，农场进行企业化改革，成立绥中县大台山果业集团。2019年1月17日，农场对社会化管理实行社企分离，成立大台山社会事务服务中心。果树分场建制撤销，成立办事处。中心下设毕屯、台东、台西、向阳、温屯、西大台、破台子、矾石、矾南、矾北、郜家、鸡架山12个办事处。

现将历史上存在过的18个果树分场简介如下：

一、鸡架山分场

该分场坐落在鸡架山下。北越鸡架山口可达沙河满族镇横河子村、姜家沟屯；南望沙河满族镇的温家沟屯，西与饮马河分场毗邻。

相传在清代同治年间，从关里迁移此地的陈姓人家在此山养鸡为生，在山上建造鸡舍，搭盖鸡架，因而此山得名鸡架山。陈姓人家迁走之后，此山变成杂草丛生的荒山。

1925年，智庆云、王果忱在此山创建果园，取名为"蔚昌农林公司"，又称为"蔚昌果园"，即为鸡架山分场前身。因果树幼小，此期间果园并无收益。1940年，智庆云积劳成疾去世后，又公举商务会长高会歧为经理，维系蔚昌果园的经营。1945年，果园经营稍见起色后，高会歧因事务繁忙而辞职，又聘请沈永然继任经理，主管蔚昌果园的经营，果园逐渐发展壮大。

1949年，人民政府接收果园之后，该园成为农场的重要组成部分，属绥中"利民果园"第二园，下辖六个支园，依顺序是：第一支园，侯山；第二支园，歪脖山；第三支园，大生沟；第四支园，郭家沟；第五支园，郜家沟；第六支园为"茂林"果园，即叶家乡叶大屯西山。

图 2-2-23　鸡架山分场场区　1983 年摄

1954 年 8 月，辽东、辽西两省合并成立辽宁省，辽西省人民政府农业厅第四果园改称辽宁省绥中大台山果树农场。同时废止"第二园"称呼，改称鸡架山果树队。

1962 年，鸡架山果树队一分为四，分为鸡东、鸡西果树队；第六支园独立建队；大生沟独立建队。

1971 年鸡东、鸡西两个果树队又合并为鸡架山果树队；1979 年，又按原界划分为两个队；1980 年 4 月，再次合并成立鸡架山果树队。

1988 年 2 月，果树队建制撤销，相应成立鸡东、鸡西两个果树分场。1996 年 1 月，鸡东、鸡西合并后称鸡架山果树分场。

2019 年 1 月，鸡架山果树分场改制为鸡架山办事处。隶属于大台山社会事务服务中心。

二、饮马河分场

饮马河分场北靠连绵山，东北与鸡架山分场接壤，西北与沙河满族镇大饮马河村相连，东、南与沙河镇的叶大村、温家沟屯为邻，西与农场六支园相望。该分场原是叶家公社叶大大队的一个生产队，居民以杨姓为多，一条发源于鸡架山分场成东北、西南走向的季节河流经此地，据传说唐朝薛仁贵东征时，其兵马曾在此河饮马而得名饮马河，该屯因西北近邻有大饮马河屯，据此排列称小饮马河。

1958 年，小饮马河划归农场，1960 年又划回叶家公社，1965 年初重又划归农场，成立饮马河农业队，为国营性质，总人口 300 人、61 户，职工 30 人，耕地面积 310 亩。小饮马河划归农场后，逐年栽植果树，至 1973 年，果树已发展到 7000 株，实现了从农业向果业的转换。1988 年，饮马河果树队改建为分场；1999 年 12 月，农场六支园分场并入该分场，仍称饮马河分场；2017 年 5 月，饮马河分场并入鸡架山果树分场。

三、六支园分场

六支园分场位于农场最西端，北靠沙河镇的马蹄沟村，西与小官帽村毗邻，东、南与叶大村相连。该分场是农场栽培果树历史最早的单位之一。1925 年，狗河城子人士（今沙河镇狗河村）董子衡在此地占地 1000 余亩，创建果园，种植各种果树 1.87 万株，取名"茂林农林公司"。1949 年 2 月，绥中县人民政府接收该园，会同其他果园成立了以大台山为中心的"绥中利民果园"，其中，鸡架山为绥中利民果园第二果园，下设六个支园，其中第六支园正是"茂林果园"。1962 年，根据农场果树发展的需要，六支园与鸡架山分开，成立六支园果树队，职工 10 人，果树 1.5 万株，该分场历史最高产量 13.5 万公斤。1988 年，六支园果树队改制为分场；1999 年 12 月，根据农场体制改革的需要，该分场并入饮马河分场；2017 年 5 月，随饮马河分场并入鸡架山果树分场。

四、新区分场

该分场坐落在农场西区的东南边缘，西北与农场的鸡架山遥遥相望，南与沙河满族镇闫家沟村、杨家沟屯接壤，西与沙河满族镇叶大村的温家沟屯相邻。

1955 年以前，新区地属荒山，仅有部分野生洋槐及灌木丛。1956 年春，农场开始扩大果区，由鸡架山果树队派出一个作业组在此地盖了 4 间土房，常住职工 10 余人。当年

图 2-2-24　新区分场果树盛产区　1983 年摄

春季挖树坑，于秋季栽植苹果3220株。1960年又栽植果树1.9万株，主栽品种为国光、黄元帅以及少量印度、赤阳、白龙等新品种。苹果株数达22200株。同时，建立了养猪场。1962年12月18日，为了加强管理，便于今后的发展，农场在此正式成立果树队，因属新发展的果区，当时习惯称为鸡架山队的"新区"，故命名为新区果树队。该队是农场新中国成立以来第一个从无到有发展扩建的果树队。

1999年12月29日，根据农场体制改革的总体安排，该分场并入鸡架山分场。

五、台东分场

该分场是农场历史最久的基层单位之一，所属果区果树大部分是1923年至1930年以前栽植的。台东分场属老果区（1985年前后老树淘汰），它的前身即历史上的"启华果园"东半部分，坐落在大台山下，东与高台镇二道岭村的头岭子村相连，南与毕屯农业分场相接，西连农场的台西分场，北与高台乡的二道村接壤。1949年，绥中县人民政府企业科接收"启华果园"后，该果园与绥中县其他果园合并成立"绥中利民果园"。

该分场1955年2月建立党支部，是农场第一个建立党支部的基层单位。建队之初有果树6000余株，职工28人，水果产量20万公斤。历史最高产量55万公斤，职工共计256人。

1958年，人民公社化初期并入荒地幸福人民公社，属大台作业区。按照当时的管理要求，将大台山作业区划分为两个果树队，以锥子山和长山子之间的山沟为界，沟东为一队，亦称大台东队；沟西为二队，亦称大台西队。农场场部自建场初期至1983年大部分时间在本队所在地。"文革"时期，曾改名为"卫东"队。

1988年2月，大台东队改称为台东果树分场。1999年12月，该分场与红星果树分场合并，称红星果树分场。2019年1月改制为台东办事处。

六、台西分场

该分场的前身是历史上的东大台山自然屯，坐落在大台山脚下，北靠大台山，南望毕屯，东接大台东队，西南邻西大台屯，西与矾南果树分场相邻。东大台山屯是一个历史较长的丘陵村庄，形成屯落距今已有269年的历史了。

历史上的东大台山屯与西大台山屯、温屯、岳家沟均属三台子村管辖。1912年，沙河人士毕渭桥在大台山上占地2000余亩，栽植松树、槐树及以部分栗树。1923年，毕渭桥联合智庆云等人经营果园时，在此地栽植800株苹果树及成片的山杏树、梨树。至此，此地成为农场最早的果树栽植区之一。

1948 年 9 月底，绥中解放后，东大石台屯隶属第十区岳家沟村。1949 年 9 月，东大石台屯隶属绥中县第十区（荒地）三台子村。1955 年 11 月，东大石台屯 18 户人家，建立核心初级农业生产合作社，隶属冯万乡。1956 年 11 月，"核心"与毕家屯的"友好""永丰"两个初级农业生产合作社合并为永丰高级农业生产合作社，隶属绥中县大钟鼓区冯万乡，东大石台屯为永丰高级社第四生产队。1958 年 5 月，高级农业生产合作社合并为一个大社，也叫集体农庄，东大石台屯隶属于荒地大社（集体农庄）三台子作业区。

图 2-2-25 大台西队全体职工合影于大台山脚下 1964 年摄

1958 年，农场并入荒地幸福人民公社，称大台作业区，分为东西两个队，大台西队按序列称大台二队，习惯称为西队，庞荣为负责人。当时的东大石台自然屯仍属三台子作业区下设的一个农业生产队。

1959 年 3 月，东大石台屯划归农场，由集体所有制变为全民所有制。1960 年，单独成立东大台农业队，亦称第三队。1962 年，温家屯、破台子、李金屯、温家沟等农业大队划出农场，东大石台农业生产队留归农场，并入大台西队。成为农场队型最大的果树队。

"文革"时期，大台西队曾改名为"东方红"队。1988 年 2 月，改称台西果树分场。1999 年 12 月，原矾东果树分场并入该分场，仍称台西果树分场。

2019 年 1 月，改制为台西办事处。

七、红星分场

红星分场位于农场东南边缘，西与台西分场相邻，南与毕屯农业分场紧邻，东与沙河镇的马家村接壤,东北与高台镇头道岭村相接,北靠大台山。该分场原是集体所有制中毕屯大队的一个生产队,称二队。1974 年 8 月,农场制定了《关于发展三红苹果外销基地的规划》:"计划在原有土地资源的基础上,在 1980 年前,建成 20 万株高标准的大果园,到 1985 年,预计产量达到 1500 万斤。"在此大背景下,1976 年 4 月 17 日,以毕屯农业大队第二生产队为基础,由毕屯农业大队 4 个小生产队每队按 6:4 男女比例抽调 10 人,其他单位调入 67 人,组成职工队伍。这是农场自 1963 年组建新区果树队 13 年来,又一个新兴果树队。建队之初,栽植果树 21600 株。因主栽品种为红星,故取名红星队。该分场历史最高产量为 80 万公斤。1988 年 2 月,果树队建制撤销,建立分场,称红星果树分场。1999 年 12 月,台东果树分场并入该分场,仍名红星分场。

2019 年 1 月,改制为台东办事处。

八、向阳分场

该分场北靠台西分场,南与沙河镇三台子村接壤,东邻毕屯农业分场,西与迎春分场相连。

1977 年 3 月,以原毕屯农业大队果树队为基础,成立国营性质的果树队,名为向阳果树队。果树队有职工 52 人,栽植果树株数 6700 株。1988 年改制向阳果树分场。1992 年 2 月,该分场分出一部分人员及果树,成立台南分场,1999 年 12 月,台南分场又并入该分场。

2019 年 1 月改制为向阳办事处。

九、台南分场

1992 年 2 月,由向阳分场分出一部分人员及果树,成立了台南分场,1999 年 12 月,台南又并入向阳分场。

十、迎春分场

该分场是继向阳分场之后又一个新兴果树分场,属"三红"基地之一。1978 年 2 月 26 日,以原西大台农业大队社员为基础,并从破台子农业大队抽调 30 人,组成国营性质的果树队,共有职工 62 人。分场果树株数 9120 株。因该队成立日期临近春天,正值万物复苏、充满勃勃生机的季节,故取名"迎春"队。1988 年 2 月改称迎春果树分场。2011 年 3 月，迎春果树分场更名为西大台果树分场。2019 年 1 月，改制为西大台办事处。

十一、红光分场

该分场北靠破台山，南与沙河镇的宋家沟村接壤；东接迎春分场；西与破台子分场相接。

1978 年 3 月，农场规划建立 20 万株高标准果园，新植幼树初具规模。为便于管理，于 3 月 20 日成立该果树队，因主栽品种为红国光，取名"红光"队。果树 12000 株，职工 78 人。该分场最高产量 103 万公斤。

1988 年改制红光果树分场。1999 年 12 月，农场实行体制改革，破台子分场、大生沟分场并入该分场，仍称红光分场。2011 年 3 月，原红光果树分场更名为大生沟果树分场。2019 年 1 月，改制为破台子办事处。

十二、破台子分场

该分场北靠破台山，南接沙河镇的宋家沟村，东临红光分场，西与大生沟分场接壤。该分场前身为破台子农业大队，是一个丘陵自然屯，破台子屯因北靠破台山而得名。民国年间，该屯属叶家坟乡宋家沟村；伪满洲国时期属沙河乡宋家沟甲；解放初期，属绥中县第十区宋家沟村。1955 年并入农场；1962 年划归沙河公社；1972 年又并入农场，属农场管辖的一个集体所有制的农业大队；1983 年 3 月，撤销大队建制，成立果树队，以原有的果树为基础，栽植幼树 8500 株，果树总株数达 11000 株，职工 46 人。1986 年，改为全民所有制的果树队；1988 年 2 月果树队建制撤销，成立破台子果树分场；1999 年 12 月，农场实行体制改革，该分场并入红光分场。

十三、大生沟分场

该分场北靠歪脖山，西与沙河满族镇横河子村隔山相望，南与沙河镇宋家沟村为邻，东与破台子接壤。1949 年 2 月，绥中县人民政府接收县域内私营果园成立"绥中利民果园"，大生沟为"利民果园"第二园（鸡架山）之第三支园。1962 年，为便于管理，大生沟由第二园（鸡架山）分出，成立全民所有制的果树队，称大生沟队共有职工 11 人。该队以梨树为主，果树总株数 6000 株，最高年产 26 万公斤。1988 年 2 月，撤销果树队建制，建立大生沟果树分场。1999 年 12 月，农场实行体制改革，该分场建制并入红光分场。

十四、矾南分场

该分场坐落在破台山东麓，北与矾石农业分场接壤；东与台西分场相连；西南与迎春分场相邻。

该分场所处地域原属矾石农业大队，建队前为丘陵荒山。1978 年 10 月，以农田基本建设为主要项目，成立农建队，由于不断栽植果树，发展成为一个新果区，因地处矾石南部，改称矾南果树队。建队初期组建创业连。1984 年 2 月建立党支部。1988 年 2 月，撤销果树队建制，建立矾南果树分场，职工总数 86 人，果树株数 12800 株。

图 2-2-26 矾南分场幼树 1983 年摄

2019 年 1 月改制矾南办事处。

十五、矾东分场

1996 年 2 月，为便于对果树幼树的管理，在矾南果树分场东山幼树区域内，成立矾东果树分场。1999 年 12 月，根据农场总体安排，矾东分场与台西果树分场合并，仍称台西果树分场。

十六、矾北分场

该场位置处于农场北部边缘，北靠矾石山，南邻长石矿，西与鄩家农业分场接壤，东与矾石农业分场相邻。此地原为矾石大队地域，1976 年在原有零星果树的基础上发展起来。1980 年 6 月，成立果树队，属全民所有制性质，职工队伍由矾石大队抽调人员构成，人数 46 人，果树株数 17000 株。1988 年改制矾西分场。

2019 年 1 月改制为矾北办事处。

十七、小矾石分场

该分场地处鄩家农业分场域内，其前身为鄩家"郎家果园"和"郭家果园"，1949 年收归国有成为"绥中利民果园"一部分。"文革"后，为绥中县委党校所在地。1970 年末党校迁出，绥中县革委会将此地划归农场。同年 12 月成立小矾石果树队，果树株数 3500 株，职工人数 22 人，该分场历史最高年产量 22.5 万公斤。1988 年改制小矾石分场。2000 年 6 月，根据农场体制改革的安排，该分场并入矾西分场。

十八、山楂果树分场

1987 年 4 月，在台西分场西部，迎春分场东北部，现"二矾"公路两侧，成立果树队，因主栽品种为山楂，所以称"山楂"队，该队共栽植山楂树 2 万株。1988 年改制山楂果树分场。进入结果期后，因正值山楂市场疲软，价格低迷且产量低下，因此大规模淘汰改植苹果，1998 年 4 月，并入台西果树分场。

第三章 农 业

第一节 概 况

农场辖区内土质为沙壤土和棕壤土。地形大部分属于山坡地，仅一小部分为平地。虽然土质瘠薄，但气候温和，适宜种植旱田农作物。

1949 年农场成立之前，辖区内大部分穷苦农民没有土地，只能靠租种豪绅富户的土地，靠人力使用笨重的工具进行耕种，劳动强度大，生产效率低，不足以养家糊口。辖区内农民多以下列方式出卖劳动力来增加收入维持生计：

年工：俗称扛活，地主富农称其为"打头的"。年初，经保人讲妥一年要给雇主（地主、富户，当时称其为"农家"）干 10 个月以上的农活，中途不得停止。

月工：俗称"作月"，即在春种、夏锄、秋收等农忙季节从事一个月或几个月农田劳动，农闲时解雇。

短工：俗称"卖工夫"，属于临时雇佣，大多在农忙季节从事农田劳作。

此外，士绅富户还要根据穷苦农民年龄大小，身体强弱和技术的高低，将他们分为打头的、赶车的、跟做的、半拉子、放猪的、大师傅（厨师别称）、打更的、粉匠和豆腐匠等各种等级，分别安排劳作。

表 2-3-1 1948 年大台山地区农村基本情况调查

项目 单位	户数	人口	扛活人数	要饭人数	欠债户数	童养媳数	逃荒		无房无地数	
							户数	人口	户数	占地%
东大台山	18	85	5	—	5	—	—	—	5	13
毕　屯	78	395	23	—	24	4	—	—	10	11
温　屯	50	250	19	—	9	2	—	—	3	4
西大台山	28	136	11	—	4	—	—	—	—	—
饮马河	7	60	2	—	11	1	—	—	—	—
破台子	20	120	15	20	16	—	5	12	4	12
大矾石	150	700	35	5	45	3	1	5	25	16
郜　家	32	170	12	7	15	—	—	—	5	12
合　计	383	1916	122	32	129	10	6	17	52	—

1948 年 9 月 28 日，中国人民解放军解放了绥中。从此，农场所属农村的广大农民推翻了压在头上的三座大山，真正成了这片土地的主人。

1949 年中华人民共和国成立之初，农场无农业生产单位。场区内农业生产条件极为落后，粮食单产只有 50 公斤左右，最好的地块也只能收 100 公斤。农场各自然屯在党的领导下，按照政府的统一部署，于 1948 年冬开始，陆续投入了土地改革运动，对地主占有土地完全给予没收，对富农占有土地的多余部分，分给无地少地的农民。

土改之后 3 年左右时间，农场农业得到了恢复，共产党领导广大农民迈步走上了富裕道路。1952 年，中共中央提出了过渡时期的总路线。1953 年末，根据毛泽东主席关于农业互助合作的两次谈话精神，各屯开始试办社会主义性质的初级农业生产合作社（简称"初级社"），采取土地入股集体耕种，役畜和大型农具作价归公使用，分期偿还。社员参加集体劳动，评工记分，按劳取酬。在初级社得到巩固和发展的基础上，于 1955 年冬和 1956 年春相继办起了高级农业生产合作社（简称"高级社"）。高级社所采取的方法是：以高级社为基本核算单位，完全实行按劳取酬的分配原则，一切生产资料归集体所有，社员按马、驴、车、大农具、种子、草料作价投资，投资股份基金分期偿还。

1958 年上半年，国家提出了鼓足干劲，力争上游，"多、快、好、省"地建设社会主义的总路线。但农场在执行过程中，由于违背客观规律，以致各屯粮食连年减产，公共食堂越办越糟，社员体质大大减弱，浮肿和非正常死亡现象在农场 11 个自然屯均有发生。

1961 年春，中共中央决定对国民经济进行调整，农场对农业单位实行"三包一奖"政策，首先在毕家屯搞试点，到 1962 年情况大有好转，特别是中共中央《农村人民公社工作条例》（即六十条）发布之后，农场各农业单位建立了以生产队为基本核算单位的制度。在恢复和发展集体经济的同时，放宽限制，允许社员搞少量的小开荒，鼓励社员发展家庭副业，历时三年的经济困难终于有了转机。

1964 年，毛泽东主席向全国农村发出了"农业学大寨"的号召，坚持自力更生、艰苦奋斗的精神和爱国家、爱集体的共产主义风格，农场内工人、农民的劳动热情空前高涨。

1966 年"文化大革命"运动开始后，农场的农业生产受到一定的影响，劳动日值出现下降。温屯大队平均日值仅 8 分钱，成为闻名全县的"倒刨"队。在作物布局上，片面地强调"以粮为纲"，一些实用价值较高的经济作物和家庭副业被削弱甚至砍掉，统一实行单一经营。

1976 年，农场的农业逐步有了好转。改革开放后，1983 年末，农场各农业单位按照中共中央部署，建设具有中国特色的社会主义国家，落实了生产责任制。1984 年春，打

图 2-3-1 矾石分场花生种植 2012 年摄

破了集体大锅饭的形式，彻底实行了土地承包到户。

此后，农场农业工作由分管农业的场长助理领导，设农业管理处（简称农业处）对农业工作进行全面管理，基层下设 4 个农业分场，即：毕屯、温屯、矾石及部家农业分场。农业分场财务管理按照相关财务制度要求，及时完成流动资金管理和会计结算工作，做到账目清晰、合理。

表 2-3-2 主要农作物播种面积和产量（2008—2020 年）

年度	玉 米		高 粱		大 豆		花 生	
	播种面积（公顷）	产量（吨）	播种面积（公顷）	产量（吨）	播种面积（公顷）	产量（吨）	播种面积（公顷）	产量（吨）
2008	169	1268.0	6	36	25	65.00	116	278.0
2009	202	1060.0	5	18	17	30.00	98	183.0
2010	216	1132.0	6	21	19	33.00	101	188.0
2011	250	1426.0	1	6	5	15.00	91	64.0
2012	250	2775.0	1	6	5	15.00	91	191.0
2013	315	2858.0	0	0	5	18.00	27	54.0
2014	315	513.5	0	0	7	2.03	26	16.0
2015	294	2006.0	0	0	28	67.00	26	62.4
2016	294	1984.0	0	0	28	88.00	26	78.0
2017	264	1504.8	0	0	24	50.40	60	135.0
2018	264	1606.0	0	0	24	40.00	60	125.0
2019	380	2639.8	0	0	12	20.00	48	144.0
2020	368	2210.0	0	0	24	29.50	48	115.0

进入 21 世纪，农场农业发展按照社会主义新农村"生产发展、生活富裕、乡风文明、村容整洁、管理民主"的总体要求，基本保持稳定。农场经济虽然以果业为主，但是农业

种植和发展仍占有很大比例，农作物种植品种有玉米、花生、大豆、高粱及薯类等。

土地承包和流转是关系到农民生产生活和社会稳定的重要工作。农场依据国家相关土地承包和流转法律法规按时完成对到期机动地的承包工作，与村民签订机动地承包协议书，完善相关手续，切实保证农民利益。

在落实国家惠农政策时，农场每年向农民及时、足额发放粮食补贴资金。协助农民担保小额贷款，以解决其发展经济的资金困境。

图 2-3-2　矾石分场水稻种植　2012 年摄

为了使农场居民安居乐业，营造良好的生活环境，结合新农村建设，各农业分场着力改造居民居住环境和条件。

2018 年开始开展农村集体资产产权制度改革工作。先后完成了集体资产清产核资、成员身份界定、资产量化、股权设置、成立 4 个农业办事处股份经济合作社等一系列工作。至 2019 年，完成组织成员身份界定工作，共计确定组织成员 718 户 1699 人，其中毕屯组织成员 125 户 202 人、矾石 234 户 536 人、郜家 94 户 279 人、温屯 265 户 682 人，随后进行了股份经济合作社股东代表的选举，确定了理事会成员、监事会成员及其理事长、副理事长、监事长等人选并发放股权证书。

2020 年初，完成粮食生产功能区和重要农产品生产保护区划定工作，此次划定工作，涉及农场两区划定面积 1478 亩，其中水稻 8 亩，玉米 1470 亩。

第二节　生产管理

农场各农业单位的经营管理方法几经变更各有不同。互助组时期采取土地分散经营，生产工具集中使用，物资等价交换，劳动力强弱补差，收益各户自负盈亏。初级社则按照投资分红、劳力记工、按劳取酬的原则。生产资料归集体所有，以初级社为核算单位。由初级社制订生产计划和财务计划，统一管理，统一分配。高级社时，经营管理方法是，一切生产资料归集体所有，入社社员按劳力投资，以高级社为核算单位，制订各种计划和规章制度，完全采用按劳分配的方法。

人民公社化初期，全社统一指挥生产，统一调配劳动力，以社为核算单位。各生产队虽然也设财会人员，但所管的钱粮和实物，都属公社所有。

1962年春，开始调整管理体制，实行"三级所有，队为基础"管理机制，经营管理权归生产队。生产队统一安排农活和调派劳动力，实行评工记分，按劳分配，账目公开，工分上墙，群众管理，民主办社。在"农业学大寨"运动中，特别是"文化大革命"中，在经营管理上出现了偏差，使农场各农业单位产量降低，造成损失。

1976年之后，农场的农业经营管理逐步纳入国家经济计划轨道，在计划管理、劳动管理、财务管理、物资管理诸方面制定出比较完整的方案。

表 2-3-3　各种农作物一定三年征购返销任务统计（1982—1984年）

单位：万斤

队别	粮食及大豆			花生任务		返销粮	谷草
	征购总数	其中加价基数	其中大豆征购数	征购总数	其中加价基数		
毕 屯	24.90	0.4993	1.4210	0.3300	0.0330	—	0.105
矾石	5.49	—	0.7790	1.6700	0.1670	2.959	0.100
西大台	1.60	0.2070	0.1420	0.7200	0.0720	—	0.030
温 屯	16.51	20937	0.4920	0.940	0.0940	—	0.090
部 家	—	—	—	0.890	0.0890	0.590	0.050
破台子	1.50	—	0.1660	0.4500	0.0450	—	0.025
农 场	—	—	—	—	—	20.940	—
合 计	50.00	2.8000	3.0000	5.0000	0.5000	230.000	0.400

表 2-3-4　农业用化肥情况（2008—2020年）

单位：吨

年份	农药施用总量	农用化肥施用量					
		总施用量	氮肥	磷肥	钾肥	复合肥	有机肥
2008	10	657	69	10	5	88	485
2009	13	153	66	11	3	73	520
2010	14	164	74	12	3	75	95
2011	16	350	214	23	13	100	0
2012	17	350	214	23	13	100	0
2013	19	344	209	23	12	100	0

（续）

年份	农药施用总量	农用化肥施用量					
		总施用量	氮肥	磷肥	钾肥	复合肥	有机肥
2014	36	379	230	25	14	110	0
2015	36	376	229	24	13	110	0
2016	37	384	213	25	13	133	0
2017	36	386	214	25	14	133	0
2018	35	405	—	—	—	—	—
2019	38	398	—	—	—	—	—
2020	34	710	—	—	—	—	600

1982 年之后，各基层农业单位实行承包责任制，各生产队乃至大队精简机构，取消生产队，土地包产到户，调动广大社员的生产劳动积极性，社员按承包田缴纳公粮，上交管理费。该年度，为了适应国民经济发展和农业生产责任制变化的需要，开始实行"一定3 年不变"的购销大包干方案。

此后 10 余年间，农业生产基本平稳。在进行果业生产的同时，除了大片农田外，果农还尝试果粮间作。利用果树行间进行间、套、复种，基本上连年获得粮果双丰收，取得了很好的经济效益。

进入 21 世纪，农场在稳定粮食生产的同时，创新思路，发展多种经营，调整农业种植业结构。在农业生产中，春耕备耕工作立足早字，各农业分场加大工作力度，保证所有农民都能够抢墒播种，从而稳定粮食生产。

图 2-3-3　矾石分场油菜种植　2012 年摄

2008 年，发展示范马铃薯种植 70 亩，辣椒种植 60 亩，苗木繁育基地 20 亩。

2009 年，调整产业结构 120 亩，包括土豆、油菜、辣椒、生姜等，变一季为二季。

发展蔬菜大棚种植 50 亩，建成黄瓜、芸豆等温室大棚 20 座。

2010 年，本着"小规模、大群体"的原则，因地制宜，实行种植业套种，包括油菜、土豆等。

2014 年，从绥中县农发局争取远杂 9102 新品种花生种子 750 斤，发给 50 户示范户。同年与沙河镇政府协调，为农业分场部分村民购置了钢骨架矩形简易储粮仓，农户享受国家粮食局科学储粮专项补贴资金。科学储粮减少了因储存条件简陋造成的损失。

2016 年后，为了拓宽思路，农场经常组织基层领导去参加农业展览会和考察各地新型农业设施建设。

在农作物病虫害防治方面集中统一进行玉米螟生物防治，控制了农田病虫害的大面积发生。每年先后两期发放赤眼蜂 6000 余只，投放到 3000 亩大田作物玉米地中，减少了玉米螟的发生和危害。

为了保证秋季村民运粮运果，每年秋收之前通过筹资筹劳，对各农业分场的田间作业路进行维修维护。至 2020 年底，基本硬化了各分场的主要道路，实现了硬化道路上山，保障了村民的生产物资运输。

表 2-3-5 农业商品产值及主要商品量（2008—2020 年）

年份	商品产值（万元）	主要农产品商品量			
		粮豆（吨）	其中大豆（吨）	油料（吨）	肉类（吨）
2008	1635	1145.0	62.0	250.0	104.0
2009	2265	915.0	29.0	181.0	162.0
2010	2320	965.0	26.0	150.0	274.0
2011	5098	1445.0	14.0	62.0	298.0
2012	7650	2700.0	14.0	170.0	299.0
2013	6908	2880.0	18.0	54.0	289.0
2014	5306	515.0	2.0	16.0	208.9
2015	6993	2073.0	67.0	62.4	190.0
2016	6697	2072.0	88.0	78.0	290.0
2017	6795	1504.8	50.4	135.0	320.0
2018	6520	—	—	—	—
2019	6710	—	—	—	—
2020	7281	2239.0	29.0	115.0	1020.0

第三节 技术革新

一、推广良种

良种是粮食收成好坏的内因条件，推广良种是促进粮食增产的重要措施。20 世纪 50

年代，农场种植的农作物基本上是沿用新中国成立前遗留下来的老品种，大面积种植高粱、玉米、谷子、大豆等。虽种类较多，但基本是低产品种。如高粱就有黑壳、红壳、黄壳、大蛇眼、小蛇眼、大叶青、歪脖张、黏高粱等。20 世纪 60 年代开始大量推广新品种，高粱新品种有分枝大红穗、912、沈杂 1、晋杂 5 等。1976 年以后，推广新品种达到高潮，高粱新品种达 11 种之多，其中较为优良品种有晋杂 1、晋杂 4、铁杂 6。玉米、谷子等也有优良品种。

二、科学种田

农场多年来始终执行农业"八字宪法"，摒弃传统的种田方法，实行科学种田。为利于水土保持，实行翻地、整地、修梯田、台田、条田，大搞农家肥，增施化学肥料，实行手工间苗，铲耥适时等措施，这一系列的科学种田措施，给农业的丰产丰收提供了有利的条件。

图 2-3-4　玉米辣椒套种　2009 年摄

实行果粮间作。充分利用果树行间进行间、套、复种。果粮间作的矛盾在于果粮之间互相争肥、争水、争生长空间（光照）。因此，果粮间作的地段要施足够的肥料，及时灌水保墒，适当解决肥、水的矛盾。生长空间的矛盾焦点在于光照。间种矮棵作物，种到树冠为止，便可解决光照的矛盾。所以农场各果树队间作的作物大部为谷子、大豆、花生、地瓜等矮棵作物。果粮间作由于肥水供应要充足、及时，所以对果树的生长也很有利，能促进果树新梢生长，提高坐果率。因此，正确处理果粮间作的矛盾，不仅能获得果粮双丰收，而且也能使多年生的果树得到良好的生长发育环境。

三、改革农耕制度

为了给植物营造通风透光的环境，使其发育良好，农场采取了不同的间种方法，如玉米与大豆实行2：2、2：4、2：6等比例的高低棵搭配间种方法。同时还适当采取改施肥方法、改间种方式等改革措施，学习先进经验和技术，结合农场实际情况加以推广，以提高农作物品质和产量。

四、防治病虫害

农场域内农作物病虫害种类繁多，病虫害现象时有发生，给农业生产带来了严重危害。其中，危害性最大的虫害有高粱蚜虫、玉米螟、大豆食心虫、夜盗虫等。长期以来，农场农业部门十分重视病虫害的防治工作。从1959年开始使用"1059"农药防治害虫，以后陆续使用"乐果乳剂""乐果粉""1605""4049"等农药进行防治各种病虫害。21世纪以后，提倡生产绿色食品，农业生产所用农药已由低毒代替高毒。采取生物防治病虫害，保证农业产品无任何农药残留，已成为发展方向。

五、机械化发展

在农业机械革新发展方面，农场大力推广使用农业新技术、新机械，农业机械化发展迅猛，基本替代了传统手工农业。

表 2-3-6　主要农业机械历年年末（2008—2020 年）拥有量统计

年份	合计（千瓦）	柴油发动机动力（千瓦）	汽油发动机动力（千瓦）	电动机动力	排灌动力机械（台/千瓦）	农用水泵（台）	滴喷灌溉机械	机动喷粉机（台/千瓦）	联合收获机（台/千瓦）	农用运输车（辆/千瓦）
2008	3128	1787	912	429	62/1940	64	15	147/1295	1/48	164/1857
2009	3213	1844	941	447	74/2315	74	15	158/1392	1/48	169/1913
2010	3232	1844	941	447	74/2315	74	15	158/1392	1/48	169/1913
2011	3405	1986	987	432	80/2418	80	17	198/1742	1/48	189/2136
2012	3585	2106	997	482	90/1560	90	19	19/1742	1/48	195/2340
2013	3714	2106	997	611	94/1689	90	23	19/1742	1/48	195/2340
2014	3834	2106	997	731	94/1689	90	23	19/1742	1/48	195/2340
2015	3852	2124	997	731	96/1707	130	23	21/1925	1/48	195/2340

（续）

年份	合计（千瓦）	柴油发动机 动力（千瓦）	汽油发动机 动力（千瓦）	电动机动力	排灌动力机械（台/千瓦）	农用水泵（台）	滴喷灌溉机械	机动喷粉机（台/千瓦）	联合收获机（台/千瓦）	农用运输车（辆/千瓦）
2016	3852	2124	997	731	96/1707	132	23	21/1925	1/48	195/2340
2017	3852	2124	997	731	96/1707	132	23	21/1925	1/48	195/2340
2018	3922	2274	947	701	106/1854	142	—	—	—	200/2450
2019	3948	2300	947	701	120/2110	153	—	—	—	200/2450
2020	3948	2300	947	701	135/	153	—	—	—	200/2450

2008年农场筹资8万多元购进第一台玉米收割机，建立500亩农业机械化保护性耕作示范区。

大力推广沼气新技术，2008年新建沼气池50座，2009年修建沼气池100座。

至2020年末，农场范围内农业机械总动力达到3948千瓦，排灌动力机械135台，农用水泵153台，农用运输车200台。

六、草莓大棚

2019年，农场为壮大集体经济，充分利用自身优势，发展特色产业，申报壮大村集体经济项目，在农场百果园内新建三座具有生产、旅游观光功能的水肥一体化高标准温室大棚。大棚占地面积8亩，建筑面积6.5亩，栽植面积6亩，共计投资150万元。大棚采用立体栽培和露地生产模式，栽植新品种九九草莓。2019年当年建设，当年验收，当年收益。2020年初，草莓进入成熟采摘时期，受疫情影响仍收益9万余元。

图 2-3-5　百果园草莓大棚　2019年摄

第四节　惠农政策

2002年，国家实施农村税费改革，取消乡统筹和农村教育集资等专门向农民征收的行政事业性收费和政府性基金、集资，调整了农业税和农业特产税政策，改革了村提留征收使用办法。这是继土地改革和家庭联产承包后的第三次农村重大改革，显著减轻了农民的负担。

2002年，辽宁省成为国家粮食补贴方式改革试点省区。2004年，随着国家粮食直补政策的出台，农场开始对种粮农民进行粮食直接补贴。按照定向倾斜、方便易行及公开透明的原则，农场粮食直补实行"谁种地就补给谁"，承包地转包他人的，按承包协议处理。撂荒地和非农业征（占）用的耕地不予补贴。确定玉米、水稻、高粱、小麦、小杂粮5类粮食作物为直接补贴品种。在大台山信用社开设"粮食直补资金"专户，粮食直补资金由省到县，由县到农场，实行专户管理，封闭运行。

2006年1月1日，十届全国人大常委会第十九次会议通过了废除《农业税条例》的提案，农场彻底取消了农业税、农业特产税以及村提留的征收。同年开始对农用柴油等生产资料进行补贴，与粮食直补统称为粮食综合直补资金，补贴依据由原来的5种粮食作物面积改为第二轮承包面积。

2008年，农场重新核定耕地面积，落实上级惠农政策，发放粮补资金29万元。

2009年，发放粮食补贴资金29万元，落实补贴面积4890亩。

2010年，共为718户村民发放粮食、农资、良种三项补贴33.7万元。

2011年，认真核实了农户基本情况，对死亡和新增农户进行了调整，农场受补贴农户共计725户，补贴面积4745.1亩，村民在春耕前得到补贴资金共计38万余元。

同年，退耕还林面积157亩，补助金发放52户，补助金打入每户存折，每亩90元，职工、村民共得补助金1.4万余元。

2012年，完成了726户直补农户信息修改上报工作，4月末累计发放直补资金33.5万元，良种补贴资金4.7万元，总计38.2万元。

2013年早春，为731户农户发放粮食综合直补资金39.7万元，良种补贴资金4.7万元，合计44.4万元。

同年，完成了水库移民后期扶持直补人口66人的年审工作，核减上报县水利局农转非、死亡等不合格人口6人。其余60人当年享受国家每人每年600元直补资金。

2014年，农场粮食综合直补资金达39.7万元，每亩平均84.04元，良种补贴资金4.7万元，合计44.4万元。

2015年，粮食直接补贴4.59万元，农资综合补贴27.87万元，良种补贴4.75万元，受惠人数共计736户2060人。

2016年，农业投保面积2680亩，其中申报玉米补贴户数508户，补贴面积2525亩；大豆补贴户数76户，补贴面积151.5亩，总补贴金额47778.6元。

2017年，完成耕地地力保护补贴工作，涉及补贴农业种植户742户，耕地总面积4724亩；完成农业大田保险种植户投保工作，共计投保面积4285.1亩。其中玉米投保面积 2260.3 亩，花生投保面积 2020.7 亩，大豆投保面积 4.1 亩，投保户数共计 818 户；完成 2017 年玉米、大豆生产者补贴工作，补贴户数共计 570 户，玉米申报补贴面积 2808.1 亩，大豆申报补贴面积 173.7 亩。

2018 年，补贴农户 747 户，耕地补贴面积 4724 亩，补贴总金额 350898.59 元。同时完成 2018 年种植业保险投保工作，农场共计投保面积 4327.4 亩。其中玉米投保面积 2587.2 亩，花生投保面积 1259.7 亩，大豆投保面积 480.5 亩，投保户共计 858 户。

2019 年，耕地补贴面积 4724 亩，补贴户数 750 户，补贴资金于当年 6 月份全部发放到户，补贴金额共计 351465.60 元。当年 5 月开始种植业保险投保工作，至 6 月中旬结束，共计投保面积 2118.8 亩，参保农户 467 户。投保赔偿工作于 11 月份结束，赔偿标准为：玉米每亩 15 元，花生每亩 13 元，大豆每亩 10 元，共计赔偿种植户金额 28223.6 元。2019 年 7 月底开展玉米、大豆生产者补贴工作，共计申报生产者补贴面积 1757.4 亩，其中玉米补贴面积 1567.2 亩，大豆补贴面积 190.2 亩，补贴标准为：玉米每亩 78.03 元，大豆每亩 278.03 元，共计补贴金额 175169.92 元，补贴金于当年 11 月全部发放到户。

2020 年，农场耕地保护补贴工作落实到位。完成耕地补贴面积 4596.50 亩，补贴户数 740 户，补贴金额共计 343542.41 元。在春播任务中，完成了农业农村局制定的发展优质花生 480 亩的指标任务。在玉米、大豆和水稻生产者补贴工作中，共计申报生产者补贴面积 1726.7 亩，补贴金额 198889.95 元。农业处进一步完善种植业保险政策，2020 年农场种植户投保面积共计 2052.20 亩，参保农户 410 户，收取种植户自交保费 15266.60 元。并发放 5 万元救灾资金给农户用于购买农用化肥共计 29600 斤。

第五节　农业分场

建场之初至 1958 年，农场无农业生产单位。1959 年 3 月，叶家公社的温家沟、小饮马，沙河公社的宋家沟、乱石山、李金屯、横河子、毕家屯、温屯、破台子、西大台、头台子（今马家村）及东大台生产队并入农场，共 10 个农业大队及 2 个农业生产队。1960 年末，温家沟、宋家沟、乱石山、李金屯、横河子、温屯、破台子、西大台、小饮马等农业大队退出农场，仅保留毕家屯、头台子及温屯大队东大台生产队。1963 年 4 月 17 日，毕家屯、头台子农业大队退出农场。1972 年 7 月 2 日，毕屯、西大台、破台子三个农业大队由沙河公社划归农场。

1978 年 2 月，高台乡的矾石、郜家、沙河乡的温屯 3 个大队划归农场（总户数 437

户、总人口 2007 人，耕地 5081 亩）。1986 年 2 月，撤销破台子农业大队建制，一部分农业户并入温屯农业大队，成立全民所有制的果树队。

1985 年 1 月 28 日，各农业大队撤销生产队建制。

1988 年 11 月 4 日，"场发〔1988〕42 号"文件决定，建立毕屯、西大台、温屯、矾石、部家 5 个农业分场，撤销农业大队建制。1994 年 5 月 30 日，原西大台农业分场撤销，并入温屯农业分场。

至 2020 年，农场有 8 个自然屯，组成 4 个农业分场。包括毕屯分场（由毕屯、柏屯 2 个自然屯组成）、温屯分场（含温屯、西大台、岳家沟、破台子 4 个自然屯）、矾石分场（由前矾石、后矾石 2 个自然屯组成）、部家分场。总户数 667 户，人口 1894 人，耕地面积 4680 亩，果树面积 1690 亩，共有各种果树 49640 株，粮食产量 209.1 万公斤，水果产量 170 万公斤。

现将 5 个农业分场简介如下：

一、毕屯农业分场

毕屯农业分场位于农场东部，是农场场部所在地，也是农场政治、经济、文化中心。该分场西北与台西分场接壤，北与台东分场紧邻，东与沙河满族镇马家村相邻，南邻沙河满族镇三台子村，西南与温屯农业分场相接，西与向阳果树分场近邻。该分场是一个历史较长的自然屯。整个屯落以曲折流经屯中的河流为界，化为三个自然屯分别称上屯，下屯、柏屯，习惯统称毕屯。

清定都北京后，八旗士兵转战关内，关外许多满族人陆续内迁，加重了东北地区的人员减少，导致农业荒废。为了维持留居东北满族人的生计，清顺治八年（1651 年），顺治帝颁布《辽东招民开垦条例》，鼓励关内汉族人前来东北垦荒种地，在这种形势下，山东蓬莱牛庄有毕守华携子 5 人迁来此地安家落户，垦荒种田。时隔 2 年，原牛庄与毕姓有亲属关系的柏山一家落户在毕屯南山脚下兴建"柏屯"，同时，兴姓兄弟兴永功和兴永朝受其影响前来此地，在上屯定居。

乾隆五年（1740 年），清廷颁发了"流民归还令"，对已定居的汉人，迫令加入满族，不愿加入者，勒令限期返回原籍。无奈之下，已定居毕屯的各姓人家不得不加入满族。按满族八旗序列编为镶红旗，地位在正红旗下。清朝以后，民国时期、满洲国时期、国民党统治时期，毕屯始终归属沙河乡三台子村（甲）。

中华人民共和国成立后，毕屯属沙河乡的一个生产大队。1959 年春划归农场。1963

年春重属沙河公社。1972 年 6 月又归农场，成为农场下属的一个农业生产大队，下设 5 个生产小队。1977 年 6 月，第二生产小队划为全民所有制，成立红星果树队。1980 年 3 月，毕屯生产大队分为毕屯东和毕屯西 2 个生产大队，即第一生产小队为毕屯东生产大队，第二、三、四、五生产小队为毕屯西生产大队，至 1982 年 1 月重新恢复为毕屯一个生产大队。1982 年初，撤销生产队建制。

1986 年 1 月，实行政企分开，成立了绥中县大台山满族镇政府，毕屯设两个居委会，即：毕屯东居委会和毕屯西居委会，受镇政府及农场双重领导。1988 年 11 月，农场成立农业科，毕屯撤销大队建制，改制为农业分场。2019 年 1 月 17 日，改制为毕屯办事处。

二、温屯农业分场

温屯农业分场由温屯、岳家沟两个自然屯组成，北与原西大台分场接壤，南与沙河满族镇周村相连，西与沙河满族镇宋家沟相接，东与毕屯农业分场紧邻。温屯分场两个自然屯最早在清代即有人居住，首先由河北省温姓人家落户，遂称"温家屯"，张姓和陈姓随后落户于此，后来又有由高台堡乡胡家坟迁居于此的杨姓人家。岳家沟是由山东蓬莱岳姓人家首先迁居于此。大约在 170 年前，单姓人家由绥中县叶家乡大官帽山村迁居于此。

中华人民共和国成立之前，上述两个自然屯与西大台山屯同归沙河乡三台子村管辖，中华人民共和国成立后仍隶属沙河乡，与西大台组成一个生产大队。1959 年划归农场。1962 年重归沙河乡。1978 年 2 月划归农场，成为农场的一个农业生产大队。1988 年 11 月，撤销农业大队建制，成立温屯农业分场。2019 年 1 月 17 日，改制为温屯办事处。

三、矾石农业分场

该分场是农业分场中场型最大的单位，坐落在农场北部边缘，北与高台镇水口村隔山相望，东与高台镇洼甸子村接壤，西邻部家农业分场，西北与矾西果树分场相邻，南邻矾南果树分场。

该分场原是一个自然屯。相传清康熙帝狩猎经过此地，因此地的北山有大块明亮的白色透明的矾石，即赐名"明石山村"，后改名"礬石山"，现名为"矾石山"。据"文革"前本村大庙中保留的一口于康熙三十年（1691年）铸成的大钟上铭文记载，矾石山屯落大约有360年以上历史。清乾隆年间，此地就有丁、王、李、孔四姓人居住，其中，乾隆年间矾石孔氏与高台堡朱岭孔氏均从山东曲阜迁来，始祖不详。由于一条季节河流经屯中，将本屯一分为二，河北称后矾石山，河南称前矾石山。该屯在行政上，民国时期，前、后矾石山分别归二区的（头台子区）三台子村和洼子甸村管辖；伪满康德六年（1939年）归高台堡村水口甲，国民党统治时期，归高台堡村水口保。

中华人民共和国成立以后，为高台堡乡一个生产大队。1977年12月29日，划归农场管理（1978年2月，绥中县委正式批准），为农场的一个农业生产大队，下设8个生产小队。1982年初，撤销生产队编制，1988年11月，撤销大队编制，成立矾石农业分场。2019年1月17日，改制为矾石办事处。

四、郜家农业分场

该分场位于农场西北边缘，北与高甸子乡小陈阴沟屯隔山相望，西部越山梁可至侯山（即原绥中县种畜场所在地），南与原小矾石果树分场毗邻，东与矾石农业分场接壤。

清同治年间，有宽帮沙金沟人郜俊迁居于此。因用"镐头"开荒，故名"镐头沟"。后又有明水陈姓人家迁居于此，由于郜姓人家居多，故取地名郜家沟，又称矾石山西沟。中华人民共和国成立前，隶属矾石山村。中华人民共和国成立后仍属矾石山村，归高台堡乡管辖。1958年，与矾石山大队分开，另立大队级农业单位，下设两个生产队。1978年2月，划归农场。1988年2月，撤销农业大队建制，成立郜家农业分场。该分场地域狭小，三面环山。至2020年，郜家农业分场产业已基本转型为以果业为主。2019年1月17日，改制为郜家办事处。

五、西大台农业分场

该分场北与矾南果树分场接壤，东与向阳果树分场相连，西与迎春果树分场相邻，南与温屯农业分场紧邻。中华人民共和国成立前，西大台与东大台屯、温家屯、岳家沟均归属沙河乡三台子村。中华人民共和国成立后与温家屯、岳家沟为一个农业大队，归沙河公社管辖。1972年6月，并入农场为一个农业生产大队。1988年11月，撤销农业大队建制，成立农业分场。1994年4月，撤销分场建制并入温屯农业分场。

第四章 林 业

第一节 概 况

农场内林业资源主要是水果经济林、荒山刺槐林、少量松树林及河道两边的杨柳树林等。一般树种有杨树、柳树、榆树、刺槐、油松、柞树、桑树、椿树、核桃树、栗子树、山杏树、荆条等。

20世纪初，果园创始人毕渭桥、智庆云、王果忱等人，在大台山、鸡架山、六支园一带，栽植几千亩林木，以松树和柞树为主。但由于当时的经济条件所限，加之缺乏科学管理而任其自然生长，虽然面积较大，但成材较少。特别是东北沦陷时期和解放战争时期，由于战争的摧残，致使林业遭到很大的破坏。

中华人民共和国成立之后，农场逐年有计划地开展植树造林活动，林业发展很快。大台山、歪脖山、鸡架山、六支园等处山地出现成片的油松林，异常茂密。1958年，"大跃进"时期，因为全民大炼钢铁，出现了乱砍滥伐林木的现象，使林业遭到一定的破坏。1962年以后，虽然年年植树，但由于缺乏经营管理和林业所有权不明确，群众造林积极性不高，使林业生产发展缓慢，即使有少部分造林也是造林不见林。

改革开放以后，中共中央提出了"要注意解决好国民经济重大比例严重失调"的要求，制定了关于加快农业及多种经营发展的一系列方针政策，为林业生产的迅速发展提供了可靠的保证。农场认真落实了党的林业政策，明确提出了所有权的划分界线，并结合"两个文明"建设，提出了"美化环境、绿化农场"的号召，极大地调动和鼓舞了全场职工和社员群众植树造林的积极性。此后，农场林业工作主要由绥中县林业局属地管理，农场内设场长助理协助绥中县林业局开展林业工作，主要负责场区内的植树造林、护林防火及防害灭病等。各分场辖区林地大部分设有护林员进行看护。

20世纪80年代中期，场区内的山地油松林发生严重虫灾，加之天旱，致使大片油松死亡，只得将其砍伐，原来茂密的油松林不复存在，偶见零星次生林及灌木丛。

此后30余年间，农场响应国家号召，每年春季组织工人、农民、学生大力开展植树造林活动。林木树种大部分为刺槐，一部分为椿树、榆树及枫树等树种。同时在沟边、地头、河旁、堤坝及房前屋后，大量发展速生、丰产、优质和抗病虫力强的杨、柳、榆、槐和干果类等适应当地条件的树种。在此期间，山间林地得到很好的恢复。

至2020年，农场林业面积为4434亩，其中国有林2986亩，集体林1448亩。

第二节　植树造林

农场在20世纪50年代初期即开展植树造林，虽然多年成效不大，但也逐渐打下了基础。

中共十一届三中全会以后，农场的植树造林活动形成了高潮，对荒山荒地、田间地头、河沿沟旁、房前屋后有计划、有组织、有步骤地进行植树造林。每年春季，全场机关、工厂、各果树分场、农业分场的职工及学校的学生，全部出动，划片包干，落实到人，进行大规模的植树造林活动。

20世纪80、90年代，虫灾造成大面积油松林消失殆尽。为了恢复林业发展，20世纪90年代中期以后，农场对所有荒山、荒沟采取一定30年不变的方式，承包给职工个人植树。其间共栽植用材林、经济林百万余株。

图2-4-1　矾石分场植树造林　2012年摄

进入21世纪，为了配合新农村示范农场建设，营造良好的场区环境，农场大力植树造林，不但在荒山和荒沟等处栽植油松、枫树等树种，还在新开发的大台山旅游区及河道滩涂栽植杨树、柳树、紫穗槐等观赏树种。

2011年夏，在矾石分场河道两侧新栽植杨树和柳树4000余株，在破台山、歪脖山等处新栽植松树和枫树10万余株。

2012年夏，在大台山、破台山、矾石山、石人山、老虎洞山等处栽植油松2000亩，由于当年雨水好，成活率达到90%以上。

2013年春，郜家农业分场和矾石农业分场在北部山区补栽刺槐6万株。

2014年夏季，矾石分场对村民乱占集体荒山行为进行整治，收回荒山，补栽油松，造林3亩。

2015年后，各分场没有再进行大面积植树造林，主要是进行封山育林，做好现有林木的保护。

第三节　林木保护

在社会主义现代化建设过程中，保护林木、发展林业是一项紧迫的战略任务。在长期的林业生产中，特别是中共十一届三中全会以来，农场对林业实行了以封山育林，护林防火为重点的林木保护工作。

自 1983 年开始，农场成立相应的护林防火队伍，场部成立护林防火指挥部，基层单位成立护林防火领导小组，两级组织均由主要行政领导挂帅，制定护林防火公约，布置加强护林防火工作。每年 10 月末至次年 5 月 1 日，为封山育林防火戒严期。农场规定在这期间所有山林不准闲人进入，不准从事狩猎活动，台东和台西队为重点保护区。为了加强林木的保护和管理，各重点单位普遍设立常年护林员岗位，订立岗位责任制。农场利用各种宣传工具，在交通要道、进出山口处设立"封山育林，护林防火"大标语或标牌。为了使林木正常生长，各级领导和植物保护人员需及时做好病虫害预测报工作，农场投入数万元资金用于植树造林，还按虫害发生的情况适当拨款对其进行防治。

1983 年，农场发生严重的松毛虫害。通过调查发现，大台山山坡上的松树松毛虫虫体 3 厘米长，每株树生长密度为 30 多只，多的达到上百只。同时，鸡架山、台西队的松树也都不同程度地发生了松毛虫害。彼时农场资金短缺，难以筹集资金防治松毛虫，市局拨付的有限资金也不足以支撑对森林病虫害的防治。因此到 1985 年，全场大片黑松林已不复存在，早期树种仅剩零星油松及灌木丛。至 2000 年，场区内大部分林地树木毁灭严重，只有少量荒山留存不成片的零散树林。

2000 年以后，农场逐步加大植树造林和林木保护工作力度。

2010 年后，农场在场区内荒山林地大面积植树造林，严格控制林地放牧和野外用火等危害林地的行为。每年春、秋两季草枯干燥之时，农场均会召开防火工作会议，成立防火工作领导小组。会议要求各分场在防火期间提高警惕，严禁人们携带火种上山入林。尤其是在人们传统的上坟时节，农场分管领导及各分场领导均在各处荒山严防死守，禁止上山烧纸用火，从而杜绝火灾发生的因素。一旦发现火情，农场领导和职工群众立即奔赴火场，在保障自身安全的前提下，迅速控制火情蔓延，减少了林地毁坏的程度。

农场还重视退耕还林工作。农场域内高速公路与高速铁路之间区域纳入退耕还林的土地面积为 157 亩，涉及 52 户居民。按照国家有关政策规定，对相应人员进行 5 年期补助。2011 年补助金打入各户存折，标注为每亩 90 元，职工、村民共得补助金 1.4 万余元。

图 2-4-2　悬挂防火宣传条幅　2018 年摄

2013 年，农场完成封山育林围栏工程 1500 米，立水泥杆 429 根，新栽植油松的两处林地被包围保护。同时在封山育林区设立封山禁牧标语牌 5 个，警示标语对附近居民和外来人员起到了宣传和警示作用。

2014 年，农业处在各分场的配合下，用半个月时间完成了林业局千万亩经济林外业调查工作，采用 GPS 技术对区域进行逐户逐地块测量，最终对 75 户村民的山坡耕地实行退耕还林政策。

图 2-4-3　农场进行防火演习　2017 年摄

2016年至2020年，农场加大力度进行封山育林，努力做好现有林木保护。大台山地区春季多风干燥，火灾易发。农场成立防火领导小组，多次召开防火会议，与农场14个防火责任单位签订责任状，压实责任，层层落实，实行网格化管理。防火工作开展期间，农场有关部门在辖区内出动宣传车进行宣传、巡查，悬挂防火宣传条幅100余幅、发放宣传单3000多份，利用农场职工微信群转发各种禁火令，进一步提升群众的防火意识。场区内各单位在防火领导小组的带领下，每天开展常规防火巡视，严厉打击野外用火行为，强化24小时值班值宿制度，始终保持防火高度临战状态。尤其是清明节前后，农场处级以上干部带领防火队员全天候在重要地段进行无死角检查巡视。同时，农场成立50人的扑火队伍，联防联控，尽最大努力将火灾隐患消灭在萌芽中，确保农场职工生命财产安全。

第五章 畜 牧 业

第一节 概 况

农场所辖区域属丘陵地形地貌，除了适合栽植果树之外，也适合养殖畜禽。早在清代同治年间，就有关内陈姓人迁居今西部场区养鸡，在山上建造鸡舍并得名鸡架山。由此可见，农场辖区畜牧养殖业历史较为悠久。

1949 年建场后，在长期的果树生产中，农场对畜牧业生产极为重视。建国初期，由于机械化程度很低，牲畜为生产主要动力来源，所以辖区养殖马、骡、驴、牛的数量较多，且绝大部分牲畜从事劳役，散畜为数不多。其他猪、羊、鸡、鸭之类家畜家禽，除职工家庭有少量饲养外，各基层果树队均有小型猪场，饲养少量猪、羊等。在当时化肥极少、果树需要大量施肥的情况下，发展畜牧业促进了果业的发展。1958 年春，农场引进 80 只东北细毛羊。1959 年，又引进斯达夫荷兰种公牛，分发给鸡架山等队饲养。

1960 年 3 月 9 日，农场开始在宋家沟村北和毕屯西建立了两个单独核算的大型猪场。同时由锦州市购买苏高血、阿尔登、卡巴金品种种马 3 匹，由宋家沟猪场饲养。1960 年 9 月 20 日，又购进 13 头奶牛，全部归宋家沟猪场放养。同时，在台东队沟西建造 1000 平方米的养鸡场，购进 5000 只锦州白鸡和来航蛋鸡进行饲养。为了促进畜牧业发展，农场专设生产组织，管理相关工作。大台东队当时养猪数量已超过百头，鸡架山队的猪、羊也都有了一定规模。1962 年 12 月，宋家沟猪场拆毁，此后，种马、种牛、奶牛等项目及养鸡场也相继解体。但猪、羊饲养从未间断，在"文化大革命"时期，仍然坚持畜牧业生产。

1975 年，在"实现一人一猪"的口号下，农场的养猪生产又掀起了一个新的高潮。猪场的生猪存栏数达千头以上，各果树队的养猪事业也都有很大的发展。当时全场除台西队之外，各果树队均有养猪场，台东队和鸡架山队的养猪场生猪存栏数达 400 多头，最少的果树队生猪存栏数也达百头以上。同时，农场所属的农业队各小队都建立了不同规模的养猪场。从 1975 年到 1978 年，农场连续 4 年实现一人一猪，在全县名列前茅，县里多次在农场召开养猪工作现场会。同时，大生沟果树队还建立了养鸡场，饲养部分

图 2-5-1　百果园黑猪养殖　2019 年摄

东北细毛羊。饮马河果树队除了饲养一部分东北细毛羊和斯达洛夫美利权羊之外，还成立了一个鸡、鸭、鹅混养的饲养场和小型养兔场，为培植幼树提供了丰富的肥料和部分资金。

进入 20 世纪 90 年代以后，随着生产责任制的落实，农场畜牧业生产也出现了新的态势。公有制单位饲养已取消，但养猪、养鸡、养羊的生产活动始终保持在较好的水平，出现了肉多、蛋多的喜人景象，广大职工在大力发展家庭畜牧业生产活动中更是功不可没。

2007 年，国家实施畜牧标准化规模养殖扶持政策。随着国家惠农政策的实施，农场畜牧业发展取得了长足进步，呈

图 2-5-2　小矾石队养鸡场　1983 年摄

现出加快发展势头。畜牧业的生产规模不断扩大，畜产品总量大幅增加，畜产品质量不断提高。畜牧业的生产方式也在发生着积极转变，规模化、标准化、产业化步伐加快，逐渐成为一些畜牧业个体经营者的支柱产业，畜牧业收入成为增加农民收入的主要来源。

在国家政策的扶持下，2008 年以后，场区内除了一些养殖业散户采用小规模家庭养殖方式之外，各个村屯纷纷建起数个较大型的养猪场、养鸡场、养鹿场，出现众多的养羊专业户、养牛专业户。如矾石李峰的生态养猪场，岳家沟柴明的大型养鸡场，毕屯智振生的养羊专业户等。

至 2019 年，全场共养殖羊类近 3000 只；2020 年，场区内各猪场生猪存栏量近 5000 头，出栏量达到 6000 头以上；肉食鸡出栏量超过 30 万只。

对于养殖户，国家有政策扶持，给予项目补贴。以 2020 年养猪户为例，按照《2020

年生猪良种补贴项目实施方案的通知》的文件要求，农场制定《生猪良种补贴项目实施方案》，对 12 个办事处养殖户进行调查摸底，最终申报补贴养殖户共计 55 户，补贴生猪数量为 743 头。

第二节　组织机构

1960 年 3 月，场部设立畜牧科，以加强对畜牧工作的组织和领导。1965 年 9 月 1 日，农场成立了兽医站，设有 3 名兽医，在农场生产部门的统一领导下，负责全场的畜禽防疫治病工作。兽医们不仅在站里为病畜禽治病，而且还经常到各基层单位去巡回医疗，并进行大量的防疫工作。

1974 年，随着畜牧业的发展，农场充实和加强了兽医站的力量。同时，建立了兽医工作网，各基层有饲养畜禽任务的单位，均设立赤脚兽医或防疫员，做好本单位的防疫和治病工作。

中共十一届三中全会以来，农场落实了承包责任制，实行承包到人、奖惩分明、按劳取酬政策。兽医站多次被评为市、县先进单位。

20 世纪 80 年代初中期，兽医站编制撤销。

1989 年 3 月 9 日，为了保证畜牧业健康发展，促进畜禽防疫、检疫顺利进行，农场在原职业高中校址重建兽医站。

2017 年，成立大台山畜牧有限公司，确定大生沟为畜牧养殖区。

2018 年 8 月，兽医站撤销，相关业务并入沙河镇政府。

第三节　畜禽养殖

饲养管理工作是发展畜禽养殖的中心环节。按照各种不同种类的畜禽及其生长发育不同阶段的特点，要进行不同的饲养管理。饲养管理与繁育改良、防疫治病等工作都必须适应大力发展畜牧业的发展。

20 世纪 50 年代初期，农场的饲养管理工作比较落后，仅用一些传统方法进行饲养。1956 年以后，随着科学技术的发展和畜牧专业人才的增加，农场在创建猪场中，基本上采取科学方法，根据规模和布局，适当选择场地，合理建造猪舍。1959 年，首次试验猪鸡混圈饲养。在实行科学的饲养管理的同时，农场坚持自繁自育的原则，积极开展繁殖改良和选用优良品种的工作，并且兼做全场畜禽的防疫治病等各方面的工作。1966 年"文化大革命"开始，畜牧工作虽然也受到了一定的干扰和冲击，但全场职工的支持和畜牧工作人员的努力，使农场的畜牧工作始终保持在较好的水平，有力地支持了当时的果树生产。

1974年，绥中县设定一人一猪的生产目标。为了适应这种形势，场部设立专职畜牧干部，狠抓畜牧业的饲养管理工作。同时，大力倡导科学养猪，增加饲料品种，仅猪饲料就达22种之多。其中，有由国外引进，农场首次试种的聚合草（也称爱国草），共种植2.5亩，秧苗销售至北京、天津、朝阳、锦州等地40多个市县。还有当时比较先进的牛胃液发酵饲料等优良饲料品种，都曾取得较好的效果。

1976年以后，农场建立了各级饲养组织，制定了行之有效的饲养管理制度。各基层单位责成一名副职行政干部专抓畜牧工作，配备一名专职赤脚兽医或防疫员配合工作，按照条件安排饲养员和放牧员、使役员。农场定期组织牧畜专职人员学习、汇报、交流经验，组织到场内外先进单位参观学习，在全场开展流动红旗竞赛，每年评比先进集体和先进个人。当时农场的猪场曾向机械化养猪场方向发展，但因种种原因，该项工作未能得到推进。

1980年，农场全面落实中共十一届三中全会精神，落实了生产责任制，畜牧业也得到了空前的发展。在巩固和发展国有、集体畜牧业的同时，职工和社员家庭的个体畜业也蓬勃发展。1990年以后，国有、集体畜牧业相继取消，出现了一部分个体重点户和专业户，家庭畜禽饲养量之多，超过历史最高水平，到2007年底，生猪存栏量达2800头，当年出栏量828头，提供商品肉82.8吨；蛋鸡存栏量1.8万只，其中产蛋鸡0.9万只，产商品蛋15.5吨。

图 2-5-3　矾石生态养猪场　2020 年摄

2008年以后，农场畜牧业生产均由私人自主经营。除一些养殖业散户采用小规模家庭养殖方式之外，比较大型的养殖场有矾石生态养猪场。矾石生态养猪场是集中生产二元母猪及三元仔猪、育肥猪为一体的现代化养猪示范场，由业主李峰私人经营。2009年建场，前期投入达300余万元。至2020年，该养猪场占地面积12亩，猪舍面积3000平方米。养殖场设有技术员1名、兽医师1名、员工7名。年存栏量达到1500头，年出栏量3000头左右，其中基础母猪200头，种公猪8头，年产仔猪600～700百头。鄈家沟村、台东分场也有个人养猪场，存栏量均达数百头。全场大型养猪场以及散户年平均养猪达2500头以上，2013年达到峰值4245头，2019年虽有所下降，但也达到1500头以上。

除了饲养生猪外，农场区还有众多养殖户饲养山羊、绵羊、奶羊、牛、鹿等。其中羊的数量比较多，2020年，全场共养殖羊类近3000只。辖区内大型羊养殖户1家，是毕屯农业分场智振生养羊专业户，年养殖山羊、绵羊2000只。

图 2-5-4 绵羊养殖 1990 年摄

肉食鸡的养殖也比较成规模，在农场场区各个村屯均有私人搭建养鸡场，但是发展不够稳定，2008年，各私人养鸡场全年共饲养肉食鸡达2.7万只，此后几年保持在2万只左右，但2014年，突降至0.7万只。至2019年，大型肉鸡养殖场仅剩一家，是位于岳家沟屯柴明的养鸡场，占地面积2200平方米，养殖面积1500平方米，年出栏量30万只。

至2020年，随着农业机械化发展，马驴骡饲养已不多见。

除了私人养殖户外，2018年底，农场为了创收，由集团出资，在大台山百果园内饲养溜达猪70头，至2019年底，全部出栏。这些隔年溜达猪每头体重达500余斤，肉质鲜美，深受顾客喜欢，供不应求，当年为农场创收20余万元。2020年，百果园再次饲养溜达猪63头，养鸡1600多只，至年底全部出栏。

表 2-5-1　畜牧业饲养情况历年（2008—2019 年）统计

年份	牛（头）	马（匹）	驴（头）	骡（头）	猪（头）	羊（只）	家禽（万只）
2008	180	13	68	26	608	360	2.70
2009	72	28	96	29	3012	496	1.93
2010	73	32	112	30	1820	526	2.00
2011	63	5	10	20	1780	506	2.00
2012	45	2	45	5	3009	569	1.91
2013	125	—	39	14	4245	489	1.20
2014	122	—	38	26	3810	629	0.70
2015	—	—	—	—	3683	—	—
2016	—	—	—	—	4206	—	—
2017	—	—	—	—	4285	—	—
2018	70	—	—	—	4587	—	30.00
2019	90	—	6	—	3468	800	30.00

表 2-5-2　2020 年生猪饲养规模情况汇总

地区	场（户）数	期末存栏（头）	年出栏数（头）
毕屯西	2	52	102
红星	3	107	72
矾石	10	849	1315
毕屯东	6	35	96
西片	8	84	164
郜家	14	1750	1664
温屯	20	2044	2759
合计	63	4921	6172

表 2-5-3　2020 年肉牛、羊饲养规模情况汇总

地区	肉牛			羊		
	场（户）数	年存栏（头）	年出栏（头）	场（户）数	年存栏（头）	年出栏（头）
矾石	11	50	14	8	197	80
郜家	5	51	16	15	259	99
西片	3	12	5	10	418	373
红星	1	48	5	1	2	18
毕屯西	3	18	9	3	63	21
毕屯东	3	39	10	6	1195	800
温屯	13	45	99	17	349	187
合计	39	263	158	60	2483	1578

表 2-5-4 2020 年肉蛋鸡饲养情况

肉鸡场数（个）	年出栏数（只）	蛋鸡场数（个）	年末存栏数（只）	鸡蛋产量（吨）
1	110000	2	7230	108.45

第四节 疫病防治

畜牧业的发展离不开疫病防治。兽医科学的任务不仅是保证畜禽的健康，促进畜牧业的发展，为人类提供充分的乳、肉、蛋以及各种动物性食品。同时，在保证人类健康上还负有两种主要任务：一是保护人类不受畜禽患病的侵害，保证动物性食品的卫生和安全；二是促进生物医学科学的发展。因此，农场在长期大力发展畜牧业的过程中，对畜牧疫病防治工作极为重视。20 世纪 50 年代

图 2-5-5 正在工作的兽医师陆云作 1984 年摄

初期，农场的兽医工作由卫生所兼管，由于人员少、药品缺，只能勉强维持工作。1956 年以来，农场先后分配 8 名大中专毕业生从事畜牧兽医工作，其中有 5 人为兽医专科毕业，3 人为畜牧专业。这些人才来场后，为农场的畜牧业发展做出了贡献。

改革开放后，农场贯彻"防重于治、预防为主、养防结合、配合治疗"的畜禽防治方针，在农场范围内基本上消灭了炭疽、牛肺疫、鼻疽、马传贫等传染病。控制了猪瘟、丹毒、副伤寒、狂犬病、口蹄疫、鸡瘟等多发病。

2008 年以来，大台山地区的动物养殖在绥中县动物卫生监督管理局的直接监督管理下，以猪鸡防疫、检疫为重点，实行计划免疫和强制免疫相结合的模式，落实了《动物防疫法》《辽宁省兽医管理条例》，认真开展动物产地检疫工作，严格执行产地检疫程序，取得了较好的效果。

2013 年后，国家给予基层养殖户动物防疫补贴政策。对因重大动物疫病扑杀畜禽给养殖者造成的损失予以补助。同时，实行养殖环节病死猪无害化处理补助政策。在这些补贴政策的支持下，农场养殖业得到健康有序的发展，为活跃大台山地区经济、推动地区主导产业的大腾飞大发展起到了促进作用。

2018 年 8 月，出现非洲猪瘟疫情，农场下大力气进行非洲猪瘟防控工作，对场区各

养殖场（户）进行全面排查和消毒防控，严格落实日排查日报告制度。2018 年共有生猪养殖户 68 户，生猪存栏量 4587 头；2019 年养殖户数量为 75 户，生猪存栏量 3468 头，均未发现疑似非洲猪瘟病例。

至 2020 年，农场辖区内养殖业从未发生大的疫情。

第五节　以牧促果

长期的生产实践表明，土壤的长期高负荷，有机肥投入不足，以化肥为主的投入模式，会造成生产成本加大、苹果品质下降、树体寿命缩短、病虫害频发、恶化苹果生产环境的不利影响。而大搞畜禽饲养可为果树生产提供大量的优质肥料，不断满足果树对肥料的需要，促进果树的大幅度增产。因此，大力发展养殖业和有机肥加工业，减少化肥及农药的使用，成为果业发展的最佳路径和必然选择。农场的畜牧业以养猪及饲养

图 2-5-6　矾石分场立体生态养殖　2012 年摄

大牲畜为重点，这些家畜所产生的肥料，是最好的有机肥料。仅以猪粪尿为例：猪粪尿具有量多、质好、长效的特点，是最好的农家肥料。一头猪一年排粪尿大约 2000 公斤到 2500 公斤，可积制厩肥 2 万公斤。据化验，一头猪每年排除的粪尿中，含氮 13 公斤、磷 8 公斤、钾 9.5 公斤，同时还含有大量的有机物质。有机肥料包含的各种营养元素，给果树的生长发育提供所需要的养分，并能改良土壤，提高土壤保水、保肥、保温的能力，肥效持久，不易流失。"一头猪就是一个小型有机化肥加工厂"。在果树生产中，一头猪一年的产肥量相当于 30 株到 40 株成年果树所需要的粪肥量。

农场在长期的果树生产实践中，始终正确认识和处理畜牧业与果树生产之间的辩证关系，立足苹果产业的健康长远发展，大力发展畜牧养殖业，走"果畜结合、科学发展"的路子。在丰富产业结构的同时，促进了水果产业优质高效可持续发展。

经过多年努力，至 2020 年，全场生猪、羊、牛、鸡等饲养存栏量也达到相当规模，为农场区的果业发展提供了源源不断的优质农家肥。做到了以果为主、果牧结合、以果养牧、以牧促果，收到了良好的效果。

第六章　水　利

第一节　概　况

农场处山区丘陵地带，六山一水三分田，水资源极度匮乏，为解决人民群众生产生活用水，农场多年来高度重视水利建设。主要是采取"小、土、群"的方法，建筑一些拦截地表水的塘坝和方塘。1982年，辽宁省农垦局和锦州市农场局，对农场果树发展给予极大关注，大力支持农场发展水利事业，经省市有关部门批准，同意在绥中县高台堡乡洼甸子村王宝河右岸建设一座二级提水站，以解决大台山地区人畜饮水问题。此外，农场还在各生产队修建多个塘坝、水库，用于生产。但是，上述水利工程仍有其局限性，天旱无雨时水库往往干涸见底，遇大旱之年很难发挥作用。不仅不能满足大面积果树灌溉的需求，而且人畜饮水也十分困难。

进入21世纪，农场辖区工农业及人畜用水大部分依靠开采地下水，这种方式造成了地下水位严重下降，与20世纪50年代相比，水位平均下降5～7米。为此，农场加大水利建设力度，同时鼓励职工个人兴修水利，用以保证人民生产生活需要。至2014年末，农场共新建方塘9座、维修方塘多座、修建蓄水拦河坝1000余延长米，打造居民自来水储备深水井多座，多措并举，基本解决了农场内群众生产生活用水。

2016年后，随着工农业生产及美丽乡村建设的发展，农场水资源匮乏问题再次变得严重。为解决日益突出的水资源匮乏问题，农场多方筹措资金，大兴水利，清理河道，修建蓄水灌溉工程、人畜饮水工程等。

至2020年，农场累计修建大型塘坝、方塘40余处，去除因多年失修而废弃的，农场可以利用灌溉的方塘仍达到18座。加上私人修建的小型水库，基本覆盖全场各个村屯，保证了工农业生产的需要。

第二节　蓄水工程

农场成立以来，为解决果树生产灌溉用水问题，历届领导班子都十分重视水利建设，省、市有关部门几乎每年都下拨小型水利工程建设资金，在多方合作与努力下，2000年以前，辖区陆续建设多处塘坝。其中蓄水量1万立方米以上的有：建于1959年的鸡东水库（聂沟水库）；建于1962年的鸡西水库；建于1963年的台西水库；建于1972年的砖厂水库。这些蓄水工程为全场工农业发展发挥了重要作用。

至2007年末，全场共建塘坝26处，深井2眼，蓄水量达到26.36万立方米，灌溉面积8118亩，可灌溉果树13万株。

2008年，农场投资160万元，新建方塘3座、维修扩建塘坝1处。

2009年，矾石农业分场建方塘1座，投资30万元。

2010年，投资30万元，在毕屯分场新建方塘1座。

图2-6-1　台西湖施工现场　2018年摄

2011年上半年，根据农场统一安排，农场开发办会同有关部门，实施了一系列水利工程建设。投资25万元，分别在部家分场、科技示范园新建方塘2座，蓄水量达到3.5万立方米；投资43.5万元，对大生沟分场2座水库、西大台分场1处塘坝、饮马河分场1座方塘、农场门前1座方塘进行了维修加固、清淤。当年，全场各水库塘坝总蓄水量达到9.57万立方米。

2012年，投资27万元，对台西分场塘坝进行了维修扩建；投资13万元在台东分场新建塘坝1处；投资67.6万元，分别在五分场、温屯分场、鸡架山分场各修建塘坝1处。

2013年和2014年，在台东分场、台西分场、向阳分场分别修建（改造）方塘（塘坝）5座，修建蓄水池7座。

2017年，修建矾南方塘，蓄水量达到5万立方米；修建台东塘坝，加深清淤后，蓄水量达到5万立方米，满足周边果树灌溉需求。

2018年春季，农场实施了台东分场方塘清淤工程，解决了台东500余亩果树地引水上山工程水源问题；针对小矾石、西沟、迎春、矾北4座方塘进行了清淤扩容工程，蓄水量提高一倍以上；新修建了4处塘坝，其中白砬沟塘坝蓄水量6万立方米（150米×50米×8米）、矾南方塘蓄水量11.52万立方米（180米×80米×8米）、台西湖塘坝蓄水量22.4万立方米（400米×80米×7米）、精品园方塘蓄水量6万立方米（150米×50米×8米）。这些方塘和塘坝的建成，使农场东部场区2万亩果树灌溉水源问题基本得到解决。

2019年，农场继续完善水利基础设施建设，新修建方塘、塘坝4座，蓄水量达14万立方米。加上以前修建的方塘、塘坝，至2020年，农场可以利用灌溉的方塘、塘坝达到18座，切实有效地保证了全场果树灌溉所需。

第三节　饮水工程

农场成立后，辖区内人口逐渐增多，为解决人畜饮水问题，多年来，农场在各个村屯周边有水源处深挖石砌水井供人们饮水使用。长期以来，绝大多数人们都是用这种最原始的水桶提水的方法来满足用水需要，只有东部场区部分村屯的人家在院内自打水井（俗称洋井）。

图2-6-2　自来水水源井　2011年摄

20世纪80年代，西部场区鸡架山等地严重缺水，人畜饮水发生困难，为此，农场在鸡架西钻探约80米深井一眼，安装水泵及自来水设备，铺设自来水管道至各家各户。同一时期，由蔺锦章设计，在台东分场利用农场的废弃锅炉，为居民安装自来水，改善了居民的饮水条件。为节约用水，农场采取定时供水的办法，来满足人们生活用水需要。20世纪90年代，因年久失修，加之水位下降，此处自来水工程废弃。

进入21世纪，农场为解决当地居民的生活用水难问题，开始逐年实施自来水进户安装工程。

2008 年，投资 119 万元，实施了台东分场、台西分场、毕屯农业分场、温屯农业分场 1100 户自来水进户安装工程。

2009 年，投资 4.1 万元，为鸡架山分场部分职工家庭安装了自来水，并投入使用。

2010 年，在市县水利部门的支持下，农场当年又投资 38 万元，在破台子、饮马河、鸡架山等场区开展了安全饮水工程，解决了 108 户 338 名职工饮水安全问题。

2011 年 7 月 18 日，为了让居住在毕屯农业分场、西大台果树分场、台东分场和温屯农业分场的 1200 户 3300 人能及时地饮用上放心水，经农场党委研究，决定由农场自来水维修公司为东部场区每个家庭安装自来水供水设备，在台东分场原深井附近重新开凿 100 米深井一眼，用来做储备井。该工程于当年 7 月 18 日钻机启动，历时一天半顺利完工，投资近 13 万元，井深达 101 米，直径达 0.28 米。工程极大地方便了人民群众的生活，改善了人们的饮水条件，为打造农垦系统新农村示范农场打下了坚实的基础。

同年，又投资 140 万元在台西分场、矾石分场和部家农业分场安装自来水 600 户，1800 人受益。

2012 年 9 月，受台风"达维"影响，农场场区遭遇水灾，强降雨使农场自来水工程大面积损毁，个别管路受破坏严重，给广大职工群众生活造成较大影响。农场领导实地检查了管道受损情况，详细了解了水毁造成的影响。自来水公司在场领导的部署下克服困难，多方筹措资金，及时修复了损毁管路，职工生活未受到更加严重的影响。

2019 年，农场为进一步保障居民用水，集中开展居民自来水安装维护工作。3 月初开始，农场水电事务处在基层各办事处的积极配合下，每天挨家挨户地为居民安装改造自来水、更换水表。农场还印制 1000 余份《大台山果树农场自来水管理规定》下发到每家每户；张贴 10 余处保护水资源宣传标语；完善 4 处水源地保护设施；加强了水源保护区的管理工作，保证水源地的环境质量，同样也使老百姓认识到保护水资源的重要性。

至 2019 年 4 月初，农场实现自来水户户通，农场的居民都喝上"放心水""安全水"。

第四节　治河工程

域内的 8 条主要河流均为季节河，汛期河水暴涨，遇干旱时河水断流，遇洪涝则庄田受损。

中华人民共和国成立前，辖区内河道无人治理，任其自流。中华人民共和国成立后相当长的一段时期内，由于人民生活水平不高，不可降解的白色垃圾较少，河流污染较轻，对河道的治理并没有提上日程。

图 2-6-3　矾石河道　2012 年摄

进入 21 世纪，生活生产垃圾逐年增多，尤其是各村屯生活聚集区的河道污染日益严重。为此，农场开始加大投入，下大力气治理河道。

2008 年，投资 110 万元分两个阶段对毕屯河进行治理。

2009 年，实施矾石河道整治工程。对河道内的杂树进行统一砍伐，疏通河道，建护岸长 1870 米，修建拦河坝 17 座、交通桥 4 座。

2010 年，继续实行河道截潜治理工作。

2011 年上半年，投资 6.4 万元，完成了毕屯农业分场居民区 460 延长米排水沟建设工程。

2012 年 5 月 22 日，投资 9 万元，对农场毕屯河道再次进行全面治理。

2017 年，毕屯河河道治理工程完成 700 多延长米。

2018 年，农场牢固树立"绿水青山就是金山银山"的理念，按照上级要求大力开展环境整治。农场设立垃圾填埋场，成立垃圾清运队。毕屯河推行"河长制"，河道治理工程继续推进，治理沙道 730 延长米，完成场部段河道 400 米管道铺设。

2019 年，再次对多处河道进行了清理，累计清理河道长度 1000 余米，新建排水边沟 21630 米；清淤河道 6240 立方米。

2020 年，农场安全生产处联合环卫处，出动机械 20 余台，出动车次 260 余次，清理河道垃圾共计 595 立方米。

在治理河道的过程中，农场将河道治理与环境美化相结合，不仅疏通了河道，加固了护岸，修建了截流坝，适当搭建便民桥，还实施河道美化绿化工程，将农场场区内几条重要河流打造成为环境良好的生态河。

第五节　灌溉工程

由于农场场区水资源匮乏，水利基础设施落后，水资源不能得到有效的利用，果树不能及时有效灌溉，导致果树减产，果品质量下降，严重制约了农场果业的发展，职工收入也不能得到大幅度的提高。为此，1983 年 1 月 24 日，辽宁省农垦局和辽宁省财政厅联合下发 [1983] 9 号文件，在省 1983 年度小型农田水利事业费中拨款 80 万元，用于王宝河提水站工程建设。同年 4 月 21

图 2-6-4　φ300 地埋铸铁上水管道　1986 年摄

日工程开工建设。王宝河水利站工程分为提水工程和配水工程两大部分：提水工程主管道长 4250 米；配水工程分总干线和东、西干线，总干线长 4450 米，支线 8 条 820 米。工程总造价 118.2 万元。工程于当年年末完工，历时仅 210 天。

王宝河水利灌溉工程是农场一项大型水利工程，全部竣工后，可灌溉果树 15 万余株，占全场果树总株数的 65%。但是，1985 年以后，由于二期工程及配套资金始终未能到位，王宝河提水灌溉工程未能全部竣工。至 2005 年，除保留提水站房屋设施及地下管道外，其余废置。

2011 年 6 月，农场开始启动节水灌溉工程，2012 年末工程建设开工，至 2014 年 6 月，节水灌溉前两期工程如期完工。工程共修建（改造）方塘

图 2-6-5　二级提水站　1986 年摄

（塘坝）5处；铺设PVC地埋管路4.5万米；修建蓄水池7座、泵房8座；安装抽水泵8套，并配备相应的电力设施，共投资850万元。节水灌溉工程辐射灌溉面积达到1万亩。

2016、2017年，再次投资250万元用于抗旱应急水源工程建设，投资160万元用于节水灌溉工程建设，基本缓解了农场地区农业用水难的问题。

2018年，农场陆续投资400万元，共修建了26个天池和25处塘坝，对废旧方塘进行清淤、维修，铺设输水管线10万米，直接将山下的水送到果园里，满足了周边3000亩山地、近15万多株果树的灌溉问题，为果业提质增效打下了坚实基础。

第六节　防洪抗旱

农场成立以前，当地农民都是靠天吃饭，干旱洪涝，全凭天意。

中华人民共和国成立后，农场果树职工及农民在农场的组织领导下，有针对性地进行防洪抗旱，确保平稳度过灾年。

1959年7月，由于连续两天的大暴雨，致使绥中西北部4座水库决口，绥中地区普遍遭遇洪水。农场辖区也遭遇大水袭击，道路、房屋、山地果树梯田损毁严重。在农场组织领导下，全场职工奋力抗洪抢险，使损失降到最低。

1999年、2000年，农场范围内连续两年发生重大旱情，导致果树死亡17万株，果业发展遭受重创。为此，其后数年，农场每年都下大力气建设水利工程，在确保人畜用水的同时，力保果业、农业、工业生产用水。

2011年8月，台风"梅花"过境。为做好防汛工作，防止"梅花"给农场范围内造成重大人员财产损失，农场即时召开防汛会议，成立了"防台工作领导小组"，加强对重点场区的防御，建立了完善的抢险方案，做好了防大汛、抗大洪、防大险的思想准备和物资准备，最大限度地避免了灾害的发生，确保了场区职工群众的生命财产安全。

2012年7月31日至8月4日，台风"达维"过境，农场辖区遭遇60年以来最大降雨，降水量累计达280毫米以上。给农场道路、桥涵、河道、塘坝、方塘、果树、房屋、农田、自来水工程等造成了巨大损失，职工群众的生活受到严重影响。其中，强降水冲毁板油路面1200米、土路4800米，造成经济损失480万元；桥涵损毁39座，经济损失210万元；冲毁河道1200米，经济损失110万元；塘坝、方塘冲毁3座，损坏22座，经济损失245万元；房屋倒塌12户，受损268户，经济损失460万元；果树、农田受灾面积2890亩，直接经济损失240万元。面对灾情，农场全力做好抢险救灾工作，对重点水库、塘坝做好防御工作，做好人员转移，及时处理险情。8月4日10时前，农场共转移群众

580 人、牲畜 392 头，没有造成人员伤亡。

图 2-6-6　抽吸方塘蓄水灌溉果树　2014 年摄

2014 年春夏，农场范围内发生严重旱灾，受灾面积达 348 公顷，其中绝收 70 公顷，粮食减产 1450 吨。为抵御旱情，农场加紧实行节水灌溉工程和人畜饮水及蓄水工程，最大限度地减少了旱灾对农场区广大职工生产生活造成的不利影响。

2017 年 8 月 2 日，绥中地区受台风"海棠"残余环流影响，普降大到暴雨，部分地区降水达 200 毫米以上。农场在降雨来临之前，迅速启动防汛工作预案，并组织干部群众和预备役官兵冒雨开展山洪灾害防御大型应急演练，同时加强险情排查。共转移并安置生活在低洼地带、危房险房居民 45 人；排除道路险情 1 处。正因农场防御及时，台风过境并没有造成大的灾害。

2018 年 6 月入夏，农场遭遇了罕见的高温无雨天气，30 多座蓄水池及方塘相继干枯。面对日益严重的旱情，农场竭力筹措资金在矾南分场和矾石农业分场修建大型方塘，以解决果农的燃眉之急。

同年 8 月 14 日凌晨，天降大暴雨。面对入汛以来强度最强、持续时间最长的强降水过程，农场迅速启动防汛救灾抢险工作预案，对场区 20 户危房户、低洼户进行了全面摸底排查，实地指导居住危房的困难群众转移安置工作，确保了全区在汛期无安全事故发生。

2020 年汛期前，农场即成立防汛领导小组，设立 5 个抢险应急组，确保辖区内每条河流、水库、塘坝、漫水桥都有专人负责。8 月，八号台风"巴威"过境，农场防汛抢险应急组立即转移危险地段群众 36 人，处理 2 处险段，无一人伤亡。

第七章 工 业

第一节 概 况

中华人民共和国成立之前，农场工业非常落后，仅有几家铁匠铺，锻造一些小型农具和从事一般的农具修理。20世纪50年代初，农场设立了由3名工人组成的铁匠铺，负责全场的各种简单工具制造修理和牲畜钉掌。1960年夏，农场成立了修配厂，共有职工20余人，负责全场车辆及设备的维修。1963年，国家实行精简政策，修配厂仅剩2人。

1972年初，为改变果树发展缺乏资金的状况，农场大力发展机械工业，克服种种困难，组建机械厂。自1972年创建机械厂开始，农场工业发展迅猛：1973年，成立机械化制砖厂；1974年，成立油毡纸厂；1977年，成立采石场、炸药厂；1980年，成立食品加工厂。此外还相继办起了汽车大修厂、建筑材料厂、包装器材厂、地毯厂、酒厂、饮料厂以及长石矿、建筑工程队、安装队等10余家工业企业。这些企业为农场创造了丰厚利润，积累了大量资金。1973至1977年间，上缴总场利润40余万元。其中，1976年农场工业企业达到鼎盛，当年共完成利润47.3万元，给农场扩大果区，发展果业提供了资金保障。

表 2-7-1 工业企业产值、利润统计（1976—1985年）

单位：万元

年度	企业个数	职工总数	总产值	利润总额
1976	3	350	2238.0	47.30
1977	3	400	148.0	36.80
1978	4	500	184.0	30.20
1979	5	650	179.5	25.00
1980	7	790	237.0	37.00
1981	10	898	186.0	15.40
1982	9	1004	199.5	3.80
1983	10	1065	2547.0	2.32

（续）

年度	企业个数	职工总数	总产值	利润总额
1984	10	1123	3026.0	3.60
1985	10	1015	399.2	1.00

1990 年以后，由于国家产业政策的调整，以及企业内部各种机制的不健全，无法适应市场经济的运行规则，特别是 1992 年以后，随着社会主义市场经济体制改革，农场工业企业无法适应市场化经济发展的要求，大部分出现了亏损，经营陷入困难。针对这种状况，农场转变经营机制，工业企业全部实行承包、租赁的经营形式，改变了连续亏损的局面。到 1996 年，农场各工业企业职工达到 1040 人，工业各单位年平均产值达到 200 余万元，利润 30 万元，为农场的经济发展做出了突出贡献。

表 2-7-2　工业企业总产值统计（2008—2020 年）

单位：万元

年份	总计		食品制造业		饮料制造业		造纸及纸质品业		非金属矿物制品业		交通运输设备制造业		其他制造业	
	企业个数	总产值	企业个数	总产值	企业个数	总产值	企业个数	总产值	企业个数	总产值	企业个数	总产值	企业个数	总产值
2008	9	500	1	53	1	36	1	25	3	285	2	95	1	6
2009	9	605	1	122		38	1	15	3	325	2	103	1	2
2010	8	685	1	168	1	60	—	—	2	339	2	118	0	0
2011	8	2200	1	504		195	—		2	55	2	1361	1	85
2012	10	13440	2	750		120	—		—		2	550	3	11630
2013	19	1498	2	160	1	30	—		1	31	5	304	—	
2014	19	1250	2	550	—	—	—		1	30	5	670	—	
2015	8	1273	2	560	—		—		—		5	680	1	33
2016	8	1303	2	580							5	690	1	33
2017	8	1306	2	582							5	691	1	33
2018	8	1501	2	595							5	871	1	35
2019	2	610	2	610										
2020	2	560	2	560										

到 2007 年底，各工业企业实行承包的有 6 家，租赁的有 7 家。

2008 年，农场组织工业单位经营者到江苏考察学习。场区内民营企业"绥中汇丰一汽服务站"和"葫芦岛亿维食品有限公司"正式运营投产，固定资产投资 350 万元，带动了周边商贸、服务业的发展。

2009 年，农场对国有资产开展加强管理、检查、登记、建卡、存档工作，每半年对资产检查一次。对租赁、承包企业延长承包期，按时足额收取承包、租赁费。加大服务范围和力度，为企业统一办理各种执照，为他们沟通信息、取长补短、交流经验。

与此同时，工业企业承包人、租赁人及其他一些私营企业主适时调整产业结构，改变

生产项目，拓宽产销渠道，严把质量关，从而使农场工业逐步走上正轨

2011年以后，民营经济迅速发展，经济效益良好，至2020年底，民营企业为农场300余名职工提供了不同的就业岗位。

第二节　机械制造及修理业

一、机械厂

1959年，农场有了较大的发展，开始有了机械化农机具，包括拖拉机、柴油机、水泵、农用喷雾器等，因此，各种机械设备维修问题亟待解决。为此，农场于6月派出21名青年职工去锦州农机二厂学习技术。1960年夏，农机二厂派出几名技术工人来农场支援。农场成立了修配厂，厂址设在毕屯西区（今恒温库院内）。由农机二厂派出人员张义林任负责人。主要设备仅有1台8英尺*皮带车床和1台Y形钻床来从事一些简单的机械设备维修工作。

1964年5月，国家实行精简政策，修配厂也在精简之列，除保留张义林、刘兴会二人外，余者被精简或分流到其他单位。

1965年5月，农场铁匠、木匠和瓦匠下放到修配厂。修配厂设基建组、修配组、拖拉机组。

1972年4月，为弥补发展果树资金不足的短板，农场党委决定发展机械工业，生产短线产品，尽快获利。将没资金、少设备、缺技术、无经验，只能修修补补的小修配厂发展为以制造为主、修配为辅的机械厂。没资金就动员全厂干部、群众集资，共筹措资金3.8万元。其中比较大的设备有3米行程龙门刨床以及Y—38滚齿机。到1973年，机械厂已初具规模，设立了铸造、机械加工、组装、机修4个车间。车、钳、铆、磨、锻、铣、焊等工种一应俱全，生产出CJ—6150皮带车床。1975年，扩建了新厂房1000平方米，购置了一些先进设备，包括当时绥中地区绝无仅有的4米行程龙门刨床和最大的万能磨床、卧轴短距平面磨床、此外还有牛

图2-7-1　机械厂的大型设备龙门铇
1984年摄

头刨床、万能铣床、立铣、镗床、滚齿机、车床、锯床、冲压机、卷板机、吊车、冲天炉等

---

* 英尺为非法定计量单位，1英尺约30.5厘米。——编者注

大小设备共计 40 余台，总功率达 230 千瓦。

机械厂扩建以来，生产了玉米脱粒机、粉碎机、扬场机、打井机，批量生产皮带车床。1975 年开始生产 CJ-6150 车床，1978 年生产 CA-6150 车床，年创利税最高 50 余万元，职工达 130 余人。同时，还承担了农场 7 个单位的设备制造、维修任务。为制砖厂生产 350 型、400 型制砖机、搅拌机、鼓风机、切坯机及其他配套设施，使砖瓦厂结束了手工制坯的历史，红砖产量提高 30 多倍；为油毡纸厂制造出年产 10 万卷油毡纸生产能力的全套机械设备；将原来的粮食加工机械，全部改为自动化设备，减轻了工人的笨重体力劳动，提高了工效，改变了生产条件。总之，在农场大办工业的时刻，该厂充分发挥了骨干厂的作用，相继带动了养猪场、炸药厂，为扩建酒厂提供技术支持。

1979 年以后，国家调整国民经济，该厂出现了"吃不饱"的现象，该厂广开生产门路，狠抓经营管理。于 1980 年生产出每小时 80 公斤的大型卧式冰糕机及高频焊管机、纵剪机，还大量生产了冷加工车刀。1983 年开始生产两种型号的马车轮，同时还为绥中县土杂公司生产打包机、猪毛机等设备。

由于国家产业政策的调整，以及原材料供应不及时，主导产品被国家明令禁止。特别是实行市场经济后，机械厂从 1995 年开始出现亏损，于 1998 年 5 月被迫关闭，结束了长达 40 年的艰苦曲折的创业史。

二、汽车大修厂

1992 年 12 月 24 日，农场与绥中保险公司联办，以原机站小型修理部为基础成立汽

图 2-7-2 汽车大修厂 1992 年摄

车大修厂，于1993年1月开工。建厂初期，每年上缴农场利润平均为20余万元，1997年与绥中保险公司联办合同到期未续签后，该厂经营状况开始走入低谷。1999年1月，大修厂改变经营模式，由企业法人牵头集体承包。

2007年4月，该厂由农场职工租赁经营，租期20年，租金80万元一次性付清，租期至2027年3月31日。

第三节　建筑材料业

建筑材料工业在农场工业中占的比重较大，油毡纸、砖、料石原料充足，发展较快。特别是1976年7月28日唐山地震发生之后，砖和油毡纸供不应求，全部被利用建造防震棚，为当时的抗震救灾做出了巨大的贡献。

一、制砖厂

1972年秋，农场在毕屯南山坡公路边，建成了2座传统的马蹄窑。由外地请来3名有烧砖技术的师傅任技师，有工人30余名。此地有较厚的土层，是烧制红砖的好场所。烧砖所采取的方法是土法上马，砖坯完全是手工扣制，年产红砖万余块。当时砖厂生产的产品质量低下，经济效益不高且劳动强度大。为了改变这种落后局面，1973年秋，开始改建比较先进的隧道窑。这种窑有32个进出窑口可连续装窑、出砖。为此，由机械厂制造一台350型制坯机安装投产，并陆续修建了共计2000平方米制砖车间厂房、机修车间厂房、办公室和职工宿舍等。到1976年，

图 2-7-3　制砖厂　1984年摄

砖厂已发展成为占地2万平方米，生产基本上实现机械化的场内大型工业企业。20世纪80年代开始，该厂年产值在70万元上下，利润达15万元左右。1978年，该厂为适应建材工业的发展，又增设了年产50万块水泥瓦的车间，砖场因此改名为砖瓦厂。1983年春，制瓦车间改变附属厂性质，单独管理，独立核算，后改为建筑材料厂。

1993年以后，砖厂生产水平趋于下降。2000年1月，农场改变经营模式，通过公开招标，由场内职工采用租赁方式经营，年租金5万元，租赁期限至2013年年底。到2007

年底，砖厂共有职工236名，其中男职工118名，女职工118名，房屋面积2200平方米，其中，生产车间为1600米，有500型大型制坯机1台，各种大小电动机11台，以及机修用的车床、电焊机等各种机械设备及生产工具。

2011年，为加快小城镇建设，农场启动开发"佳园小区"职工住宅楼建设项目，地址选在大台山砖厂、建筑材料厂厂区内，至此，制砖厂结束了近30年的创办史。

二、建筑材料厂

该厂原为砖瓦厂的一个生产车间，1983年4月从砖瓦厂分出，开始独立核算。厂址在砖瓦厂的东侧。该厂自单独核算以后，先后制作石棉瓦、平瓦、阴阳瓦、盖板、水泥板、檐板、水泥管、地砖等多种民用建筑及公共设施用产品。在生产中，该厂加强管理，注重产品质量，及时调整适销对路的产品，开拓市场。在市场不断变幻，竞争十分激烈的情况下，安排职工就业并保持总体不亏损。1998年4

图2-7-4　建筑材料厂　1983年摄

月，根据农场转换经营机制的整体安排，建筑材料厂实行"法人代表牵头，年初定死上缴基数"的承包政策，由厂长承包。承包费标准为1998年至2003年，每年1.5万元；2004年以后每年5000元。

至2011年，该厂有职工60余名，总占地面积2000平方米，厂房建筑600平方米，并设有制瓦、机、电锯每机械设备和各种生产工具。

2011年，建筑材料厂因"佳园小区"职工住宅楼开发用地而解散。

三、油毡纸厂

该厂1974年秋开始筹建，1975年5月1日竣工，当年6月1日正式投入生产，厂址在砖瓦厂南侧，全套生产设备均由农场机械厂制造。该厂是一个以农场职工家属为主体的场办工厂，主要生产油毡纸。建厂初期仅有37名职工，他们发扬吃苦耐劳的精神，在保证质量的前提下，逐渐提高产量。特别是唐山地震之后，全体职工起早贪黑，日夜奋战，由过去的每班生产 150 卷增加到 300 卷。为了提高工效，1977 年，工厂将手摇传送改为机械传送，减轻了工人的劳动强度，提高了工作效率。油毡纸厂自建厂以后，连续多年超额完成生产任务和利润指标，年完成产值最高 125 万元，上缴利润达 30.4 万元。为了广开生产门路，该厂于 1980 年又增加了塑料印花的生产项目。利用先进工艺在彩色塑料上影印各种花草动物，分别制成圆桌台布、方桌台布、写字台台布、缝

图 2-7-5 油毡厂女工在整理产品 1984 年摄

纫机台布、茶几台布等，年产各类台布 5000 余套，产品曾畅销城乡，很受广大消费者欢迎。

1981 年，购买两台热合机，开始制作各种塑料雨衣，曾畅销一时。

1986 年 4 月，根据环保部门有关政策、法规规定，停止生产油毡纸。1987 年 4 月，油毡纸厂通过技术转型，成立包装器材厂。

第四节　轻工食品业

一、包装器材厂

油毡纸厂停产后，1987 年 4 月通过技术转型，成立包装器材厂，主打产品为各类包装用纸箱。包装器材厂占地面积 8 万平方米，建筑面积 1950 平方米，拥有瓦楞纸箱配套生产设备 28 台、机械维修设备 6 台，设有半成品、印刷、检套、成品 4 个车间，年生产能力 140 万平方米。注册商标"锦台"牌，1989 年，被锦州市商检局确定为生产出口产品包装箱厂，颁发了《出口产品质量合格证书》。器材厂生产的包装箱除满足农场果业出口、内销包装需求外，同时向社会提供。该厂自转产年度起至 2001 年，平均年产各类纸箱 5 万套，产值 50 万元，上缴利税近

图 2-7-6 包装器材厂 1988 年摄

10 万元。

1998 年 1 月，该厂采取法人牵头班子成员集体承包的方式经营，年上交承包费 8.5 万元。1999 年至 2003 年，由当时的企业法人牵头承包经营，年承包费为 8 万元；2004 年至 2006 年，由场内职工承包，年承包费 4 万元。2006 年底，包装器材厂有职工 48 名，其中男职工 11 名，女职工 37 名。

2007 年 4 月，场办包装器材厂解体，在农场的统一部署下，向社会公开招标，采取租赁经营方式，由场内职工租赁经营。租赁期限自 2007 年 3 月 1 日至 2027 年 2 月 28 日。年租金 4 万元，一次性交清。

二、地毯厂

地毯厂前身为炸药厂。1977 年初，农场在台东果树队王家窝棚树段东南处筹建炸药厂，同年 5 月 1 日正式投入生产。炸药厂建厂初期，仅有 37 个人，最多时 42 人。生产炸药的主要原料是梯恩梯（TNT）和硝酸铵，采用简易方法生产民用炸药。炸药厂取得了良好的经济效益，仅 1977 年和 1978 年两年时间就获利润 40 多万元。炸药制品虽然成本低，利润高，但缺点是易燃易爆。因此，1981 年初，按照国家法令，炸药厂停止生产炸药，决定生产转型。

经与锦州地毯厂等单位多方协商，1981 年 5 月 1 日，炸药厂转产手工地毯，改名为地毯厂，负责锦州地毯厂部分出口地毯的半成品加工。同时，将农场筹备已久的针织厂划归该厂，作为该厂的生产车间。由于地毯生产和针织生产要求工艺高，加之没有经验，1981 年下半年到 1982 年，农场曾先后在天津、沈阳等地请来技术人员指导，但因产品

图 2-7-7　地毯厂工人修整地毯　1988 年摄

的滞销给该厂带来严重危机，仅 1982 年就亏损 5.2 万元。对此，该厂扩大生产项目，增加花色品种，将职工一分为二，一部分织锦州地毯厂生产代料加工出口外销地毯，另一部分自购牛杂毛织内销地毯。同时，增加针织车间袜子生产量，又购进横机生产衣服、围脖、套帽等。为此，尽管亏损状况没有根本扭转，但也适当地减少了亏损额。

1988 年 9 月，为保证产品质量提高产品档次，农场向地毯厂投资 120 万元，增加全

套后续生产设备，扩大再生产，先后派5名同志到沈阳外贸公司、鲁迅美术学院学习绘画、制图工艺。1989年5月，扩建改造工程竣工，开始生产出口地毯。工厂鼎盛时期职工达700余人，前序车间4个，后序车间3个，出口地毯年生产量万余平方英尺，其中羊毛手工打结地毯出口到美国、日本、加拿大等10余个国家，年产值达到250余万元，年利润达40余万元。1997年，国家外贸出口地毯量锐减，因开

图 2-7-8　地毯厂生产地毯成品　1988 年摄

工不足，开始亏损。2000年1月，由于连续亏损，地毯厂停止大规模生产。以平衡指标承包给原企业法人经营，2005年改由时任厂长经营，承包指标仍然是平衡，期限为一年一包。

至2007年，地毯厂有在册职工149名，其中男职工5名，女职工144名。全厂占地5000平方米，其中厂房及办公室占地2000平方米。建筑面积3577平方米，各类设备14台；铁、木制机梁27架及各类织毯工具。

2012年，地毯厂厂房租赁给私人后，改造成食品加工企业，即葫芦岛市众和食品有限公司。

三、食品加工厂

锦州市大台山食品加工厂为独立核算单位，始建于1980年6月，厂址在毕屯农业大队后院，主营加工糕点、冰棍、麦花啤等食品和饮料。建厂初期，加工厂由大连购进大型冷冻机一台及配套设备，1980年8月开始生产冰棍。由于冷饮行业季节性很强，秋冬季节无法连续生产，于是增设了糕点生产项目，产品大部分自销零售。为此，该厂又增设了综合商店。此时期，综合商店、理发、薄铁、服装门市部（非独立核算单位）均隶属食品加工厂。营业额每年都在8万元以上。食品厂自创建以来，每年向农场上缴利润6000多元。1984年后，食品加工厂停产，只是从事商业活动。1987年11月，食品加工厂因只经商不生产而被注销营业执照，其下属非独立核算综合商店划归锦州大台山建筑工程公司所属，以达到建筑公司所需原材料可经综合商店购入的目的。

四、酒厂

农场的制酒历史较长，自1958年成立养猪场以来就有白酒生产，副产品酒糟也是养

猪的好饲料，所以制酒行业始终与养猪场形成统一体。

由于农场几十年来坚持大力养猪，烧酒行业基本没有间断。1958年，在大台东队开始生产白酒。1960年，在极其严重的困难时期仍然坚持白酒和果酒的生产。1966年停业，1969年恢复生产。原养猪场的制酒车间，厂房面积320平方米，职工12名，年产白酒4万公斤，产品质地极佳，畅销绥中城内及邻近各乡。1985年5月，采用"锦台酒"商标装瓶投入市场，颇受消费者的欢

图2-7-9　大台山酒厂生产的瑞州白酒

迎。1999年春，与养猪场分离后的酒厂，迁入毕屯农业分场域内原医院旧址，成立"茸归"酒业公司。总场投资160万元，用于房屋基建及设备购置，公司设董事长一名。2001年3月，酒厂因产品销路不畅，经营亏损而改变经营方式，由当时的企业法人牵头，集体承包，承包费为每年1万元。

2004年9月10日，以租赁方式由农场职工经营。

五、饮料厂

1985年6月20日，创办饮料厂，占地3837平方米，建筑面积为681平方米。同年8月末投入试生产，饮料产品以香槟酒为主。当年9月末，小香槟酒开始投入市场，11月中旬通过技术鉴定，1986年开始批量生产，年产小香槟酒、汽水及其他饮料15万瓶。

1996年5月，饮料厂因长期亏损停产。

1999年4月20日，饮料厂以17万元价格整体出售给个人，这是农场第一个整体出售的工业企业，也是唯一出售的工业企业。由个人经营后改名"壮鹿春"酒厂，转产"壮鹿春"系列白酒，年产量100吨，产值40万元。

图2-7-10　饮料厂生产车间　1988年摄

六、葫芦岛市亿维食品集团有限公司

2007年，原酒厂租赁者投资150万元，建成1600平方米的高标准生产车间及库房，生产饼干系列产品，更名为"葫芦岛市亿维食品有限公司"。

图 2-7-11　亿维食品集团有限公司　2020年摄

公司占地面积10亩，公司员工200人，其中技术研发人员10名，管理人员5名。配有研发中心、独立化验室，执行严格的质量管理机制。公司拥有饼干、馍片生产线各一套，主营大、中、小型酥性、韧性、片装饼干及馍片休闲食品，品种达到百余种，具有独特的口感风味。

第五节　建筑安装业

一、第一工程队

80年代以前，农场辖区内公用房屋及家属住宅较多，房屋的修建和维修任务较大，农场为此成立相应的基本建设队伍。

1960年3月9日，农场投资10.4万元在宋家沟建设面积为4900平方米，200间的大型养猪场，为此成立60名职工的基建队。同年在毕屯农业大队建设养猪场80间。此后主要负责全场公有房屋的建筑和维修。人员随基建任务多少而增减，这种状况一直持续到1975年。

图 2-7-12　基建队修建的养猪场　1977 年摄

　　1976 年 6 月，随着农场经济的发展壮大，尤其工业发展很快，厂房扩建、翻修任务增加，基建队伍不断发展壮大，服务对象由场内到场外。1977 年基建队开始在场外承担大型工程建筑。1979 年初，农场基建队在辽河油田参加施工。同年 9 月 25 日，基建队进入葫芦岛锌厂承担该厂的大部分基建项目和部分楼房建筑，同时基建队更名为"锦州市大台山建筑工程队"。1981 年 11 月，工程队去盘锦和锦西水泥厂施工。

　　1980 年 10 月 21 日，锦州市大台山建筑工程队更名为"锦州市大台山建筑工程公司"，农场内部称为"第一工程队"。1984 年 12 月，农场第二工程队并入第一工程队。1987 年 4 月，成立锦州大台山建筑工程公司，公司下设第一工程队（俗称一建）、第三工程队（俗称二建）及安装队。1994 年 2 月，农场第三工程队并入第一工程队。1997 年 4 月，工程队改变经营方式，由原单位法人承包经营。

　　2007 年，工程队共有在册职工 191 人，其中男职工 190 名，女职工 1 名。在这些职工中有 72 名已成为技术工人，占职工总数的 78%。第一工程队成立后，年最高产值达 60.4 万元，利润 14.4 万元。

二、第二工程队

　　1980 年 8 月，农场派 100 名职工组成第百人工程队，进入锦西工地施工。1982 年 5 月，农场重新组建第二工程队被分派到盘锦辽河油田施工。1983 年 4 月，辽宁省农垦建筑工程公司在内蒙古自治区满洲里市扎赉诺尔承担煤矿建筑施工，农场即组建辽宁省农垦建筑公司第九工程队参加施工。第九工程队业务与生产方面归省农垦建筑公司管理，行政和经济由农场统一安排。同时，因盘锦辽河油田任务减少，派在盘锦的第二工程队被撤回，与辽宁省农垦建筑公司第九工程队合并为一个工程队，对外称为辽宁省农垦建筑公司第九工程队，农场内称为第二工程队。

1984年12月，在满洲里煤矿建筑施工的辽宁省农垦建筑公司第九工程队撤回后又到内蒙古通辽市保康、沈阳木工机床厂等地施工。辽宁省农垦建筑公司第九工程队（农场第二工程队）并入第一工程队，下设保康、沈阳及库房3个工区。

图 2-7-13　第二工程队在内蒙古满洲里市技工学校施工现场 1984年摄

三、第三工程队

1980年初，红星队为了解决人多活少的问题，成立了工程队。11月，工程队单独核算，另立班子，成为农场第二工程队，队部设在猪场东侧，占地800平方米，房屋2800平方米。1982年5月，农场第二工程队改建为第三工程队。1984年5月，农场第三工程队被分派到阜新煤矿家属楼施工。同时，被编为辽宁省农垦建筑公司第二工程队。1987年4月，编入新成立的锦州大台山建筑工程公司，俗称"二建"。

1994年2月，第三工程队并入第一工程队。

四、安装队

1984年9月，成立大台山机械厂安装队，由机械厂抽调10人，承担北京燕山石化公司安装工程。当年实现利润4000元。1985年增加到14人，完成产值15万元，实现利润1.5万元。1986年，人员增加到18人，完成产值60万元，实现利润26.5万元。1987年4月，安装队与机械厂脱钩，独立核算，成立建筑工程公司安装队，隶属锦州大台山建筑工程公司，周明岐任建筑工程公司副经理兼安装队队长，全队增至26人，继续在北京燕山石化公司承接安装工程。安装队当年完成总产值90万元，实现利润27.6万元；1988年，完成产值70万元，实现利润23万元；1989年，完成产值20万元，实现利润8.9万元。1996年5月，安装队解体。

图 2-7-14　北京燕山石化公司安装工程施工现场　1987 年摄

五、建筑工程公司

1980 年 10 月，原"锦州市大台山建筑工程队"更名为"锦州市大台山建筑工程公司"。1987 年 3 月，农场重新组建锦州大台山建筑工程公司，与辽宁省农垦建筑工程公司合作实行建筑生产领域经济联合模式。锦州大台山建筑工程公司设经理 1 名，副经理 4 人。下设第一工程队（俗称"一建"）、第三工程队（俗称"二建"）及安装队，各设队长 1 名。1989 年，锦州大台山建筑工程公司更名为"锦西大台山建筑工程公司"。

1993 年 10 月，以原第一工程队为基础，农场成立驻海南省灵水县机械化工程公司（海南开发公司），开赴海南灵水县施工，于 1997 年 3 月撤回。进驻海南期间，企业经营走入低谷，几年连续亏损。

六、基建办公室

2017 年 5 月，农场机构增设基建办公室。

基建办公室成立以来，承担了农场所有大型基建项目的施工建设工作，保证了基建项目的顺利实施。

2018 年，农场基建项目包括投资兴建"百果园"；兴建 150 平方米的"知青陈列馆"；兴建百果园农产品展示厅；兴建绥中县新建材综合市场；修建蓄水能力达 2.4 万立方米的矾南分场方塘；修建蓄水能力达 1.5 万立方米的矾石山白碴沟塘坝；兴建水果恒温库 3 座；此外还有废旧方塘清淤、维修等工程。

2019 年，农场基建项目包括在大台山风景区兴建绥中县新时代文明实践中心；兴建葫芦岛市基层党风廉政建设展馆（绥中警示教育基地）；在百果园内新建三座高标准温室大棚等。

图 2-7-15　百果园施工现场研究方案　2019 年摄

2020 年，农场基建项目包括郜家沟美丽乡村建设项目工程；修建库容 20000 立方米的台西塘坝工程；矾南 19009 平方米土地平整及台东 81 亩土地平整项目工程；百果园新建扶贫大棚项目工程；台东分场办事处建设工程等。

表 2-7-3　建筑业基本情况（2008—2020 年）

年份	年末建筑业单位个数（个）	年末从业人员（人）	全年从业人员报酬（万元）	年末固定资产原值（万元）	年末拥有机械设备总台数（台）	全年施工房屋建筑面积（万平方米）	房屋建筑竣工面积（万平方米）
2008	2	205	152	30	16	7.00	7.00
2009	2	224	149	32	17	8.00	8.00
2010	2	196	130	32	17	7.00	7.00
2011	2	286	190	35	19	8.00	8.00
2012	4	378	794	40	21	8.00	8.00
2013	4	315	597	40	21	0.40	0.10
2014	4	275	520	40	21	0.10	0.10
2015	4	273	650	50	22	0.10	0.10
2016	4	276	662	50	22	0.10	0.10
2017	4	276	662	50	22	0.10	0.10
2018	4	270	690	50	22	0.20	0.20
2019	3	190	480	50	18	0.18	0.18
2020	2	140	500	35	10	0.25	0.25

七、个体建筑安装队

农场各工程队解体后，场区内的建筑工程均由个体建筑安装队承接。尤其是 2011 年至 2012 年职工危房改造工程建设中，全场近千户危房险房全部翻盖新房，由此带动了本地区建筑业的快速发展。2008 年至 2020 年末，全场从事个体建筑业人员约 300 人，年平均施工房屋建筑面积达到 5.5 万平方米。

第六节　采矿与冶炼业

一、长石矿

该矿坐落在矾石山屯北坡，全矿占地面积 5000 平方米，开采面积 2000 平方米。该矿是一个历史较长的老矿。1940 年，经日本人勘测，本矿长石纯度高、质地好，有开采价值。初期有 50 多人采矿，1946 年停止开采。

1956 年成立高级社时，高台堡乡政府曾组织 100 余人重新开采。此后采矿人数时多时少，从未间断。

1977 年 12 月 29 日，矾石山大队划归农场，该长石矿也同时并入，1980 年重新调整人员，整顿组织，安排职工 38 人生产，年采长石 2000 吨。年均向农场上缴利润 1 万元。

1990 年末，由于矿产资源日渐枯竭，长石矿转产长石粉加工，年加工能力 2000 余吨。

1991 年 9 月，长石矿由原法人牵头集体承包。

二、采石场

该场坐落在大台山东侧的锥子山下，总占地面积为 2.2 万平方米，开采面积 9000 平方米，房屋面积 800 平方米。

1975 年，农场中心小学开展勤工俭学活动，曾在此处组织学生打石料销售，以增加办学经费。1976 年初，该处石场被农场接收，3 月 24 日正式成立采石场。采石场建立初期，由于职工来自农场各个单位，不会采石，没有经验，又缺少生产工具，22 人每天只能采出 10 立方料石，工作整体劳动强度大，经济效益低。后来加强管理，进一步落实了生产责任制，购进凿岩机等一些生产设备，调动了全体职工的生产积极性，达到每天每人最高可采 1.5 立方米石料，每年可采料石 1 万余块，年产值最高达 11 万元，上缴农场利润达 3 万元。该场所产料石为花岗岩，呈深青蓝色，硬度大，耐酸碱，是建筑楼房、桥梁的最好原料，经深加工可作为高级装饰材料。1985 年 4 月，成立花岗岩模板厂，试制高级建筑装饰材料，但由于技术原因及资金短缺，未投入商品化生产。1981 年秋，该场为了广开生产门路，调整了生产结构，成立一个

图 2-7-16　采石场的采石作业　1983 年摄

草帘编织车间。自筹资金购置 15 台草帘纺织机和打绳机，安排了一部分待业青年，增加了经济收入。1998 年，该厂由于矿产资源枯竭，市场价格偏低及需求量大规模减少，经营状况走入低谷，由盈利转为亏损，因此逐渐停产。2004 年 3 月采石场关闭。

三、炼钢厂

1992 年 9 月，成立炼钢厂，厂址在机械厂院内，历时一年半，于 1994 年 2 月因亏损而解体。

第七节　其他工业

一、焊割气厂

1998 年 11 月，在包装器材厂南侧，筹备建立了金属焊割气厂。由外地购买配方生产金属焊割气，此产品是电石气的替代品，广泛用于金属切割，焊接工艺。

1999 年开始，农场由法人牵头承包经营，年承包金 2000 元。

二、编织业

20 世纪 80 年代以前，农场采摘的果品需要大量的手工编织的果篓包装。为了增加经

济收益，农场从 20 世纪 50 年代开始就搞少量编织。20 世纪六七十年代，产量较高的有大台东队、西队、鸡架山东队、饮马河队。随着水果包装器材的更新换代，果篓逐渐被更先进的纸箱取代，手工编织果篓业也随之消亡。

三 、支援油田建设

辽河油田为我国新开采的大型油田，基建任务大。特别是很多油井处在盐碱滩的低洼地带，因受海潮影响，常年处于泥泞状态，每年冬天都要修筑便于运输的道路和工作的井台。为了支援油田建设，增加经济收入，提高职工的生活水平，从 1980 年初开始，农场先后派职工队伍四次去辽河油田施工，累计参加 3700 余人次。施工的全体职工，顶风冒雨，在严寒下坚持作业，特别是有的职工驻地距工地远达 15 公里，在艰难困苦中胜利完成施工任务，为油田建设做出了突出贡献。四次施工共计用时 300 多天，完成土方量 41 万立方米，创造产值 138 万余元，获得利润 12.6 万元，广大职工也适当增加了收入。

表 2-7-4 支援油田建设施工情况调查（1980—1983 年）

单位：万立方米、万元

年份	施工天数	施工人数	土方量	产值	利润
1980	44	832	6.7	21.5	7.6
1981	63	1230	6.6	21.8	4.6
1982	103	850	19.0	63.5	12.0
1983	98	800	8.7	31.5	2.0
合计	308	3712	41.0	138.3	12.6

农场除上述系统的工业生产之外，2004 年 5 月，水果纸袋试生产成功。此外，诸如鸡架东队的小型机修、饮马河队的土鳖饲养、向阳队的纸绳和蜡烛的制造，均为发展果树生产起到一定的促进作用。

第八章　商　业

第一节　概　况

20世纪50年代，农场没有商业机构，职工需要的生产和生活用品只能到绥中、沙河、叶家等供销社购买。偶尔也有走街串巷的"货郎"，群众俗称为"货郎子"，只能供应一些小商品，方便职工生活所需。

随着农场生产的不断发展，广大职工对生产资料和生活日用品的需要日益增强。1960年，农场党委为满足广大职工的物质生活需要，由工会暂借5000元钱做资金，在大台东队居民区成立了场办商店。商店设经理1名，营业员3名，业务上归沙河供销社领导。

1962年，农场遵照上级关于"一乡一社"的指示精神，成立了大台山供销合作社。在毕屯成立了商店，由李瑞堂任经理。1966年商店由毕屯迁至大台东队居民区，1973年又迁返毕屯。当时毕屯商店共有6名营业员，由杨树田担任经理。同时在饮马河成立了分销店，负责农场西部场区的物资供应和收购。

1975年大台山供销社有所扩大，由杨宝德担任主任。1976年，供销社接管了原归高台堡供销社管辖的矾石大队小卖店，成立了矾石山分销店。1977年，大台山供销社为了进一步发展经济、保障供给，重建营业室500平方米。1978年初，杨文学任供销社主任，李瑞堂担任商店经理。1978年下半年，刘祥林担任供销社党支部书记，张国良担任主任，李瑞堂继任商店经理。

1981年4月，大台山供销社撤销，原有业务统归沙河供销社领导。该社在毕屯村设沙河供销社大台山商店，西部场区饮马河屯的分销店划归叶家供销社。

1980年3月，农场成立供销科。1983年供销科与贸易货栈合并办公，共有8名工作人员。1984年，全场实行家庭联产承包责任制以后，供销科负责全场果树生产和农业生产需用物资的采购、验收、储存、发放，同时负责组织水果销售，开展市场调查，销售预测。1998年以后，农场管理体制改革，供销处（原供销科）实行承包经营。

1985年8月3日，在102国道北侧成立了综合商店，综合商店共有房屋18间，另有4间地下储藏室，营业范围有商店，兼营经销木材、饲料、水果，共有20名职工。1989

年综合商店解体。

1988 年 2 月 8 日，锦州大台山建筑工程公司所属综合商店与公司脱钩，成立"锦州市大台山果树农场向阳综合商店"，属二级独立核算单位，设主任 1 名。2004 年 8 月，该店承包给 3 名职工经营，每年上交承包费 6400 元，自主经营，自负盈亏。闲置厂房租赁给个人使用，开办一个小型修理厂，上缴租金 1000 元。2007 年底，向阳综合商店占地 1200 平方米，建筑面

图 2-8-1　大台山加油站　1992 年摄

积 500 平方米。共有在册职工 17 名，其中男职工 5 名，女职工 12 名。

1992 年 9 月 6 日，在 102 国道沙河满族镇马家村西山成立的"葫芦岛市大台山加油站"，为农场车队下属单位，刘才兼任站长，杨国彬任副站长，主持油站工作。油站总占地面积 1870 平方米，建筑面积 780 平方米。购置有槽车 2 台、加油机 3 台、储油罐 5 座及其他设备。加油站总投资 20 余万元。1993 年 4 月 9 日，购入叶家乡板桥村加油站一座，位置在 102 线国道北双堆子至新区路南端，建筑面积 100 平方米，占地面积 3380 平方米，价格 30 万元，为加油站下属分站。

1994 年 2 月，加油站与车队脱钩，独立核算，杨国彬任站长。本站投入运营后，月营业额达 20 余万元，年底即收回投资。1999 年 3 月，改变经营方式，向社会公开招标，采取租赁方式经营。

进入 21 世纪，随着党的各项政策的贯彻落实，个体商业网点不断增加，农场的商业发展迅猛。除了原有的毕屯农业分场商业一条街和各分场居民区的私有商店外，在通过场区内的绥中外环路西段两侧和农场职工居住小区"佳园小区"富民路街边门市也逐渐增多，各行业商家店铺林立。每到节日假期，街道两旁人头攒动，热闹非凡。自 1983 年兴福财开办大台山第一家私人小卖店开始，至 2006 年，据不完全统计，在全场各居民区共有商业、服务业网点 158 家，极大地方便了职工群众生活，增加了就业机会。

2013 年后，农场大力发展旅游产业，这也带来了新的商业发展机遇。在大台山旅游风景区附近，逐渐形成集餐饮、娱乐及体验于一体的多种商业模式。2013 年农场第三产业产值达到 1.1 亿元，占当年社会总产值的 1/3 左右。2014 年农场第三产业销售收入

8500 万元，上缴国家利税 750 万元。

2015、2016 年，农场经济陷入低谷，但以民营经济为主的商业活动仍稳步发展。2016 年，在市场诸多不利因素的影响下，食品加工业实现产值 550 万元；加工维修业实现产值 220 万元；批发零售业实现销售收入 1162 万元；各项经济指标基本完成。

2017 年，新一届领导班子注重商贸活动，为农场的商业发展注入造血功能。在"五区兴五业、一带连六场"总体产业规划下，组建绥中县大台山商贸有限公司、绥中县大台山房地产开发有限公司等子公司，以增强农场的经营功能。当年，场区内批发零售贸易业实现收入 3234 万元。

2018 年，农场引进绥中建材市场落户大台山场区，市场占地 46 亩，建设商铺 147 间，设置摊位 8697 平方米，于当年 12 月 20 日完工并投入使用。12 月 22 日，第一户西关街建材经营商户"忠良钢材"搬迁进驻新建材市场。建材市场的开发运营，极大地促进了场区内商贸活动的发展。

2019 年 10 月，农场为促进果业与商业的协同发展，举办"2019 中国绥中名优果品展销洽谈会"，将资本引入田间地头。市县各级领导及外地客商及果农共 2000 余人参加了此次活动。

商业活动的蓬勃发展，极大地推动了农场多元经济的大发展大繁荣，同时解决了农场剩余劳动力的就业问题，对维护社会稳定起到了关键作用。

表 2-8-1 服务业基本情况（2008—2020 年）

年份	年末单位个数（个）	年末固定资产原值（万元）	年末营业用房面积（平方米）	年末从业人员（人）	全年工资总额（万元）	销售额或营业收入（万元）
2008	62	40	160	125	47	123
2009	62	93	280	128	98	285
2010	35	111	154	73	56	160
2011	62	120	210	130	135	360
2012	98	120	260	321	305	555
2013	30	58	450	70	180	1750
2014	30	58	450	40	188	809
2015	30	58	450	38	114	920
2016	30	58	450	36	112	940
2017	30	58	450	36	112	937
2018	30	58	600	59	115	1100
2019	25	60	1200	60	120	1200
2020	25	60	1200	65	150	1250

第二节　零售业

批发零售业是社会化大生产过程中的重要环节，一定程度上决定着经济运行速度、质量和效益，是竞争较为激烈的行业之一。

建场后，至改革开放前，农场商业活动匮乏，零售业发展缓慢。除了国营的几处商店外，私人的小卖店极少，只有个别的流动小商贩走村串巷，贩卖小食品、季节性蔬菜、小百货等。改革开放后，场区内商业活动逐步发展起来，私人小卖店等各种零售业逐年递增。进入21世纪，临街的店铺几乎爆满。

至2020年底，全场共有包括综合商店、小卖店、超市、饭店、水果店、冷饮店、粮油店、化妆品商店、诊所、药店、理发店、浴池、网吧、农用物资商店、建筑装修材料商店、汽车装饰店、洗车店、农副产品出售点等商家100余家，仅场部驻地毕屯农业分场的商业一条街就有商家80余家，再加上常年沿街摆摊做小买卖的商贩，形成了农场商业发展的中心地带。

表 2-8-2　批发零售贸易业基本情况（2008—2020 年）

年份	年末单位个数（个）	年末固定资产原值（万元）	年末营业用房面积（平方米）	年末从业人员（人）	全年工资总额（万元）	销售额或营业收入（万元）
2008	75	112	230	200	47	146
2009	168	145	342	332	330	950
2010	130	140	340	257	255	735
2011	142	155	450	325	335	1040
2012	320	165	470	328	338	1055
2013	83	165	310	180	362	7170
2014	83	165	310	180	370	4170
2015	83	165	310	178	367	3212
2016	83	165	310	180	369	3233
2017	83	165	310	180	369	3234
2018	96	165	420	180	372	3500
2019	96	170	1500	152	400	3800
2020	76	155	1350	150	410	3950

第三节　餐饮业

改革开放以前，场区内不存在餐饮业，甚至连国营饭店都没有。但各基层单位大多设有食堂，农场工作人员到基层单位视察指导，就在基层食堂吃工作餐，或者到职工家轮流"派饭"，也有自带盒饭的情况。

改革开放以后，20 世纪 80 年代初，场区内尤其是中心毕屯地带逐渐兴起私人小饭店、小吃铺，但数量仅有四五家，且规模很小，无外乎包子铺、饺子铺、豆腐店等。20世纪 90 年代，随着经济的逐年好转，农场的餐饮业从无到有，从最初的小吃铺到特色饭店，逐步得到发展。到 2003 年，场区内各类饭店（小吃铺）数量达到 16 家，而且各类饭店无论是菜系的种类还是服务质量都有明显的提升。

进入 2010 年代，场区内的餐饮业发展势头持续强劲。至 2012 年，餐饮业达到高峰，开设饭店有 30 家，一些较大的饭店也应运而生。如江三饭店，从 20 世纪 90 年代的小饭店，逐步成长为集餐饮、婚庆功能于一体的大饭店，江三的"熘肝尖"也蜚声 30 年，成为饭店的招牌。2013 年后，农场餐饮业过渡到平稳发展阶段，至 2020 年，数量降至 10余家。

表 2-8-3 餐饮业基本情况（2008—2020 年）

年份	年末单位个数（个）	年末固定资产原值（万元）	年末营业用房面积（平方米）	年末从业人员（人）	全年工资总额（万元）	销售额或营业收入（万元）
2008	9	18	270	18	6	12
2009	9	27	310	19	8	36
2010	9	29	310	20	9	37
2011	22	150	380	70	75	1200
2012	30	160	650	210	225	1000
2013	13	160	750	59	130	2300
2014	13	160	750	60	130	1430
2015	13	160	750	61	132	1425
2016	13	160	750	64	137	1430
2017	13	160	750	64	137	1425
2018	13	160	680	62	141	1450
2019	10	165	650	65	150	225
2020	10	165	650	55	170	200

第四节 建材市场

2018 年，为改善绥中城区环境空气质量，规范建材市场经营活动，完善绥中城市功能，打造城郊新商圈，县委县政府决定将绥中西关建材市场搬迁至大台山果树农场。

10月初，农场启动绥中建材综合市场项目建设，地点选在大台山果树农场场部前面。为了确保项目顺利实施，市委副书记严喜鹤、副市长孙亭、县委书记刘占元、县长郭彩学、县委副书记蔡波、常务副县长项继飞等市县领导相继到大台山调研建材市场项目，就建材市场建设工作进行指导，现场协商解决项目推进中的困难和问题。

建材市场一期工程于2018年10月10日正式动工。为了确保市场如期投入使用，大台山果树农场党委班子亲自挂帅，24小时加班加点，保证施工进度、质量。12月20日，一期工程全部竣工并投入使用，工期共计70天。项目总占地46亩，建设商铺120个，设置摊位8697平方米，配套商业门市房建材市场32间，占地6000平方米。建材市场能够满足绥中县西关街建材商户的基本需求。另外，该项目治理河套320米；深埋排污管道4条，共1280米；土石方回填方塘5万立方米，项目共计投资1000万元，直接和间接带动就业1000余人。

图 2-8-2　建材市场安装电力线路　2018年摄

2018年12月22日，第一户西关街建材经营商户"忠良钢材"搬迁进驻新市场。

2019年1月5日，建材市场正式对外招商出租，投入运营。

至2020年，建材市场运营步入稳定发展阶段。当年，顺利完成建材市场租金收缴工作，收缴租赁商户29户，租金金额1700575.80元。为加强市场管理，农场每天安排两名物业人员专门打扫卫生，每月清理垃圾15余吨，保护了环境卫生。

大台山建材市场的投入使用，为绥中县建材商贸流通业的发展带来了强劲的市场空间，标志着专业市场建设取得了阶段性新成果，特别是对改善城区环境卫生、缓解西关街交通阻塞、规范城市管理等方面起到了重要推动作用，进一步推动了绥中县经济社会的快速发展。

第五节　招商引资

调整经济结构，大力发展招商引资是农场经济发展的又一个增长点。

2011 年，葫芦岛川达集团在场区内绥中外环路东侧投资 600 多万元，占地 60 余亩兴建 4S 店，带动了农场第三产业的发展，为农场剩余劳动力创造了就业机会。

图 2-8-3　川达汽车 4S 店　2011 年摄

2012 年农场发展旅游事业，开发主山大台山，成立大台山旅游风景区后，增加了更大的招商引资机遇。在旅游风景区周边逐渐发展起来各种农家院、生态园、采摘园、民俗项目等。

2014 年绥中振峰房地产开发公司在原砖厂和建筑材料厂建成农场职工住宅小区"佳园小区"，总建筑面积达 63000 平方米。改善了农场职工的居住条件，结束了农场职工无住宅楼的历史。

同年，通过招商引资，对原毕屯农业分场场部进行开发。

2017 年，大台山果树农场确定了"五区兴五业、一带连六场"的产业布局之后，地价飙升，商业发展价值得到前所未有的提升。

2017 年 7 月，农场一宗国有建设用地使用权挂牌出让，该宗土地位于绥中县外环路西段和 102 国道交汇处（太空加油站斜对过），面积 4025 平方米（约为 6.03 亩）。14 日在绥中县公共资源交易中心进行拍卖，起拍价格 380.39 万元。经过数十轮竞拍，土地以 980 万元的高价成功拍卖，刷新绥中县有史以来土地成交单价纪录，成为新"地王"。

2018年，启动大台山汽车产业园（三强工业园）项目。6月27日，经场长办公会研究决定，成立三强工业园区落户大台山农场推进项目小组。申请、立项、规划、文物勘测、地质勘测等工作当年顺利完成，并完成土地组卷。拟建汽车产业园区。

图 2-8-4　汇丰贸易有限公司　2008年摄

2019年1月5日，新建成的建材市场正式对外招商出租，截至2020年1月4日，共有租户30户，出租摊位面积11901.26平方米，共收缴租金2109929元。

第九章　旅　游　业

第一节　概　况

　　历史文化遗产作为旅游资源的重要组成部分，是一个地区弥足珍贵的财富。大台山南望渤海，北枕大孤山余脉，域内自然风光秀美，历史文化遗存资源丰富而悠久。早在大约六千年前的新石器时代，就有人类在农场地理范围内繁衍生息，过着狩猎兼打鱼的原始生活。其后，历史文化延续为春秋战国晚期的青铜文化、大唐东征时期的高丽文化、辽金元时期的多民族文化、明代烽火长城的防御建筑文化、辽西较早栽培果树的果园文化以及绥中地区抗战重地的民族精神文化等。

　　在众多自然资源中，有民国绥中八景之一"烟台晚照"胜地大台山；有金鸽登台、奇石林立的破台山；有长城遗址横卧的石人山和尖山；有老虎洞居顶、水洞相连的老虎洞山等。这些自然资源遍布农场四周，虽未完全开发，但其蕴含的地区历史文化底蕴却是实现农场旅游业发展的基础。

　　文化是旅游的灵魂，旅游是文化的重要载体。文化与旅游相结合，实施文化旅游发展战略，是农场加快经济建设的重要内容。用文化软实力打造经济发展硬实力、开发历史文化资源、发展文化旅游产业，是农场经济发展战略的重大举措，也是新时期国家赋予农场的历史责任。

　　2012年6月6日，为了促进农场旅游业发展，在对农场旅游资源进行充分调研的基础上，农场党委通过集体研究，决定对大台山主山及其周边地区进行旅游开发。为此成立了旅游开发领导小组，强调要举全场之力推进旅游资源大整合、大开发，全面提升

图 2-9-1　大台山旅游度假区导览图

旅游业发展档次和品位，以抗日义勇军纪念馆为龙头，做足"红色旅游"文章，推动大台山旅游业发展与繁荣。

经过一年多的建设，至 2013 年 5 月，大台山旅游风景区一期工程建设如期完工。包括"抗日义勇军纪念馆"的扩建、景区内道路铺设、停车广场的修建、亭台楼榭的修建、人文景观的建设、迎宾路的修建等等。景区建成后，对发展大台山旅游产业，带动下游餐饮住宿业一条龙发展起到了一定的促进作用。

2017 年 7 月，农场增设旅游开发办公室。

2018 年 5 月，增设台西湖度假村管理委员会。同年 5 月 17 日，大台山果树农场台西湖旅游风景区建设全面启动。五六月间，在台西分场建设"百果园"，形成新的特色景观旅游产业。

2018 年 8 月 7 日，在大台山"百果园"建成占地面积 150 平方米的"知青陈列馆"，共收集 200 余件知青实物和影像资料，统计老知青共 500 余人。

2019 年 4 月 28 日，大台山风景区挂牌成立绥中县新时代文明实践中心。10 月 1 日，绥中县首届农民丰收节在大台山百果园盛大开幕。

第二节　台西湖旅游风景区

2017 年，农场全面整合旅游资源，用文化"镶边"打造特色文化旅游农场。2017 年初，大台山风景区被评为国家 AAA 级风景区。2018 年，在大台山旅游风景区的基础上，更名注册为"葫芦岛台西湖旅游发展有限公司"。2018 年 5 月，完成台西湖旅游风景区扩建规划，总占地 1200 亩，主景区占地 500 亩。景区大门、游客服务中心、停车场选址确定后即行开工建设。

台西湖旅游风景区以湖泊湿地、乡村田园为脉络，整合文化与自然景观，主要有百年百亩百果园、风情娱乐休闲区、湖泊观光休闲区、农居康养度假区、辽西抗日义勇军广场等。以大众休闲娱乐为主题，将风情休闲旅游、商业开发、民居建筑相结合，完善服务配套项目，满足绥中县及周边地区百姓山村风情旅游的需求，其中尤以"百果园"为重点建设项目。

一、大台山旅游风景区

大台山旅游风景区是以红色旅游、历史遗迹、宗教文化为特色的综合旅游开发区。

图 2-9-2 大台山旅游风景区 2013 年摄

大台山位于绥中县城郊，海拔 159 米。虽然山不高、范围小，但山不在高，有仙则名。此山因其山顶有一座明代时期烽火台而得名"大台山"，又名"东大石台山""大石台山"。夕阳西下，远远相望，映衬在晚霞中的石砌墩台，宛如站立在山峰之上的威武将军，注视着远方，守护着这片宁静的家园。每到春暖花开的季节，各处景点掩映在花海当中，更具有一种独特的美。

大台山红色旅游资源丰富，尤其是绥中地区民众抗日首发的集结地、出发地更提升了大台山人不甘屈服、抵御外辱的中华民族精神。2010 年 5 月，大台山果树农场创办的抗日义勇军纪念馆成立于大台山矾石山村，是全国第一家以抗日义勇军为题材的纪念馆。2013 年 5 月，农场将该馆迁址到大台山旅游风景区内，坐落于大台山脚下。纪念馆占地近 600 平方米，场馆建筑设计简洁合理，馆藏丰富，以实物展示和图片、文字说明的方式全面再现了当年东北抗日义勇军将士浴血奋战、誓救危亡的历史史实。场馆外立有义勇军将领的石塑雕像，还有一架抗战时期遗留下来的军用飞机，把人们的思绪带回到烽火连天的战争年代。

毛泽东是深受中国人民爱戴的开国领袖，朴实的大台山人在大台山南麓兴建了毛泽东纪念祠，以供世人世代瞻仰。

大台山的历史文化遗存非常丰富。以破台山遗址为中心的多处大台山新石器遗址出土了大量的新石器和陶器，其文化类型属于红山文化。2001 年，大台山新石器遗址被葫芦岛市人民政府列为"市级重点文物保护单位"，丰富的历史遗存构成了大台山悠久灿烂的历史文化，也使得农场地区成为人们回归自然、品味历史的生态文化旅游和休闲度假胜地。

大台山山腰巨石上保留的二郎神担山时的脚印和山洞里的泉眼，似乎印证着大台山是上古时期二郎真君为镇压海眼而挑来的神山，这个美丽的传说赋予了大台山旅游风景区神秘的色彩。

此外，采摘园的设置，也形成了大台山旅游风景区的特色。绥中地区最早的果园"大台山果林公司"创立于此，并形成了大台山悠久的果园历史文化；人们在采摘园中自行采摘水果，在参加劳动的同时，体验劳动的快乐，感受农场独有的果园文化。

2017年初，大台山旅游风景区被评为国家AAA级景区。

大台山风景区建成以来，吸引了众多游客前来参观游玩，尤其是节假日，每天游客更是多达数百人。到2020年止，据不完全统计，来此参观、游玩的社会各界人士达30余万人次。

二、百果园

2018年5月，农场启动台西湖旅游风景区建设，在原大台山旅游风景区西侧500米处兴建"百果园"，"百果园"与"大台山旅游风景区"合二为一，注册为"葫芦岛台西湖旅游发展有限公司"。

"百果园"占地230亩，修建围墙1600延长米。六七月间，"百果园"一期工程快速推进，集中打造了九龙戏水、荷塘清风、长廊望月、双亭览胜、葵花向日、青春记忆、果花飘香、台山怀古等景观，同时在百果园内新建150平方米的老式民房，又称"青年点"。"荷塘清风"（台西湖莲花池景观）占地3000平方米，湖边修建九龙戏水；"双亭览胜"为知风亭和知远亭。此外，百果园建有景观配套售票房4间，占地144平方米；建有一座二层农产品展示厅，占地800平方米；建有草莓温室大棚3座，占地4500平方米；配套阳光房3个，面积350平方米；大棚配套库房400平方米。

2018年10月1日，百果园建成开园，并举办了"首届绥中县大台山苹果文化采摘节"，吸引各地游客2万余名前来参观游览，相配套的主题特色活动丰富多彩：大台山果农丰收节文艺演出、最美大台山摄影比赛、水幕电影、璀璨灯海艺术节、绥中县优秀秧歌会演、知青返场大聚会、土特农产品展销、绥中县历史文化展、房展车展等活动陪伴广大市民和游客度过了美好的国庆假期。

10月3日，中央电视台新闻频道《新闻直播间》现场报道苹果采摘节盛况，同日的《新闻联播》《东方时空》节目播放采摘节画面；4日央视新闻移动网做了一小时的现场直播；5日、6日央视国际英语频道分别进行新闻报道和专题直播，向全世界展示了农场"中国北方最好吃苹果产地"。此外，辽宁电视台《黑土地》栏目、葫芦岛电视台、绥中电视台也连续多次给予宣传报道，充分展示了大台山果业和旅游业融合发展的风采。

图 2-9-3　百果园文化墙　2018 年摄

图 2-9-4　百果园风车节　2018 年摄

第三节　旅游资源

一、矾石山村旅游资源

农场在加大投入开发台西湖旅游风景区的同时，也适时加快了农场下属分场矾石山村旅游开发的步伐。结合美丽农村建设，农场及矾石分场多方筹措资金，科学布局村容村貌，着重打造三个旅游景点（旅游项目）。其一是兴建了村西莲花池，从高台乡莲花池引进花种和淤泥，修建了赏月亭和文化长廊。每到盛夏时节，一池的荷花散发着阵阵芳香，美丽的荷塘月色吸引了县域内众多游客以及无数摄影爱好者前来采撷美景。其二是扶持私人开发的大型娱乐项目——CS野战场，可容纳四五十人共同参与体验的CS野战营吸引了众多年轻人前来娱乐游玩。其三是复原了绥中地区抗日义勇军临时指挥部旧址。这些旅游项目的开发，不仅吸引了其他乡镇游人前来，更主要的是带动了矾石山村相关产业如餐饮业、零售业的发展，拉动了地区经济的腾飞。

此外，在矾石和部家地区，还有石人山、尖山、老虎洞山、矾石山等景点。

其中石人山、尖山两山相连，北面山腰处横卧着明代辽东长城遗址约五百余米，断断续续，仿佛一条卧龙沉睡。

老虎洞山俗称"老洞山"，因山顶有一天然老虎洞而得名，相传清康熙帝猎虎曾御驾于此。山顶另有山洞多处，外看洞口各一，进洞则洞洞相连，洞内还有深水数丈，冬暖夏凉。站在山顶极目远眺，即可近览绥中县全城，又可远看渤海海岸无限风光。

图2-9-5　仙人台　2010年摄

矾石山又名"明石山"，原山顶有漫山白石，石白如矾。与矾石山相对的是南面的红砬子山，两山一红一白，交相辉映，蔚为壮观。可惜伪满洲国时期，矾石山矿产被日寇大量掠夺开采，昔日石白如矾的矾石山荡然无存，只留下了伤痕累累的矿坑遗址，在向后人诉说日寇的滔天罪行。

这几座山均处于原始野生状态，尚待开发。

二、破台山旅游资源

破台山位于大台山之西一公里处，因山顶有一座明代烽火台，与大台山遥遥相对，故又名"西大台山"。破台山顶的石砌墩台原为完整墩台，传说为民间打墓飞出金鸽蹬倒而成为破台山。破台山南麓山坡为大台山新石器文化遗址之一，曾出土大量珍贵的石器和陶器残片；破台山南面还存有一座古石场，相传明清之际修筑中后所城（今绥

图2-9-6　雷击石　2010年摄

中县城）所用之石多采于此。破台山东面为百亩槐树林，春暖花开之际，槐花飘香数里，引得无数游人观赏，形成独特的山村风景。破台山西北面松林茂密，其间怪石林立，引人入胜。

第十章　交通运输

第一节　概　　况

中华人民共和国成立前，农场没有机械车辆，运输靠人力或马车。1945 年，毕屯居民赵桂芳购置一台日本产的旧自行车，他是居民中最早拥有自行车的人。

1957 年，农场从外地购进一台柴油机用于抽水灌溉，这是全场第一次使用机械。1959 年，农场先后购进进口轮式拖拉机 4 台，其中，苏制"DT28" 1 台 、"DT14"（俗称"小十四"）两台、白俄罗斯产"MTZ37" 1 台。

20 世纪 60 年代，随着拖拉机、汽车的购置投入使用，农场运输状况有了较大改善。1964 年，购进一台南京产"跃进"130 汽车（俗称"南京嘎斯"），是农场拥有的第一台汽车。

20 世纪 70 年代，农场的生产用机械车辆不断增加，除了传统的马车外，原来购置的手扶式拖拉机（俗称虾爬子）多已淘汰，农场为各基层生产队购置了新型号的拖拉机用于生产。特别是大、中、小型拖拉机，农忙时投入果树作业，农闲时又可投入对外运输作业，增加收入。农场的工业原料及产品运输，果业生产的肥料、农药及水果的运输，除保留一部分畜力车外，主要靠汽车、拖拉机承担。这一时期，居民个人出行多靠步行或骑自行车。

20 世纪 80 年代以后，农场的运输能力发生了显著的变化，以畜力车为主的时代已完全成为历史，取而代之的是各种机动三轮车、拖拉机、载重汽车。其载重量从 0.5 吨到十几吨、几十吨，承担了全场工农商各业原料及产品的运输，以及居民生活用品的运输。随着农场各业的发展，农场机械车辆的数量大幅度增加，购置

图 2-10-1　汽车队　1990 年摄

了自卸装载车、吊车等大型设备，建成了汽车大修厂。

此一时期，私人摩托车逐渐出现在街道上。进入20世纪90年代中后期，农场职工家庭基本普及摩托车。此外，场区内还有140余台私人三轮车从事拉脚业务，方便了人们的出行。

1992年4月，农场成立汽车队。1998年12月，汽车队解体。

2000年，在上级部门的大力支持下，绥中城内通往农场的客运线得以开辟。极大地方便了场内外群众的出行。公路改造升级工程的投入使用及环城线路的开通，促进了农场各业的发展，方便了场区职工群众的生活。东部场区新建、扩建工业厂点5家、商业网点10家、饭店3家。营业额成倍增长，连旧房价也成倍增长，因交通便利，该年度水果采收完毕即销售一空。

到2007年底，农场交通、运输业从业人员达176人。载货汽车数量74台，吨位1480吨；载客汽车数量17台，吨位305吨；货运24万吨，客运9万人次。全年营业总收入3824万元，其中货运及装卸收入3713万元。交通、运输业得到发展。

2008年，"绥中北环路"大台山路段修通，自102国道马家村东侧，经由大台山场境向北而东直达绥中县城。此环城路修通以后，对农场经济建设意义深远。

2014年，由绥中外环路直达至大台山风景区的迎宾路竣工通车。至2014年末，农场全境实现公路村村通，彻底解决了交通不便的难题。由此，带动了农场交通运输业的极大发展。得益于交通便利，农场公交客运、个体货运、个体客运业也蓬勃发展。2014年，全场有各种货运机动车150余台，从业人员达310人。

度过2015、2016经济低谷期后，2017年，农场借助美丽乡村建设，逐步加大街道美化工程建设。

2019年，农场累计修路47.4公里，总面积达18.5万平方米，实现了村村通到户户通的过度，全面改善了大台山果树农场职工出行状况。

随着道路设施的完善，私家车也开始走近人们的生活，2012到2020这8年间，私家车数量逐年增多。至2020年末，场区内家庭轿车数量近400辆，普及率（按户数比）达到15%以上。

第二节　管理机构

20世纪50年代以来，全场公路养护管理由行政办公室负责，场级公路按自然区域由所在地各单位具体负责养护。1980年，设专职养路工人2名，对东部场区102国道至台东、台西路段进行日常维护。1987 年 4 月，针对场型扩大，经济发展，道路养护却滞后的现状，经场党委研究决定，成立公路绿化管理站（俗称道班），负责全场场级道路维护及绿化设施的管理。公路绿化管理站设副站长兼党支部副书记 1 名、会计 1 名、专职养护工 7 名。2010 年 9 月，农场进行机构改革，撤销公路绿化管理站。2016 年后，场区内道路养护及绿化划归县交通局管辖。

第三节　道路建设

中华人民共和国成立前，场区内没有公路，由场部（驻原大台一队）至沈山公路只有村级小路仅够马车单侧通行，宽度不足 4 米。1951 年，经与毕屯大队协商，动员人力整修道路。由场部西侧至毕屯北沟修通一条宽 5 米的马车路，长度为 1.5 公里，同时，将毕屯至沙河乡马家村二台子路段加宽。此为农场第一条乡级公路，全长 4 公里。1959 年，农场西部场区六支园、鸡架山、新区果业有了很大的发展，迫切需要修筑一条通往外界通道，经与叶家乡板桥村、温家沟村口头协商，皆同意修路。在板桥村域内，由沈山路北起至农场新区果园南端，全长 2248 米，宽 7 米，占地面积为 15736 平方米；经温家沟域内由新区西段至鸡架山长 1840 米，宽 7 米，占地面积 12880 平方米；鸡架山经饮马河至六支园路全长 3500 米也同时修通，道路总长 7.6 公里。

1973 年秋，解放军参加"八·三"石油管道工程建设，进驻农场。为增进军民关系，解放军利用工余时间，为农场修筑了由毕屯通往沈山路的公路，西起砖厂东至二台子，全长 1 公里，宽 7 米。过去的弯曲羊肠小路，变成了笔直、平坦的乡级公路，场区人民不忘解放军的恩情，给这条路取名"拥军路"。

2001 年，"二矾线"乡级公路路基拓宽改造工程开始施工。这条公路东起 102 国道北的沙河镇马家村二台子道口，经场部、毕屯分场、西大台分场、矾南果树分场至矾石农业分场，全长 8 公里，路宽 8 米。2006 年 7 月，在路基上铺设沥青路面，实现硬化，路宽 7 米。

2007 年 4 月，场部经由科技示范园至大台中学、台东分场、台西分场至矾南分场"二矾线"交汇水泥路面铺设完工，全长 4.5 公里。

2007 年 7 月，场部至石粉厂沥青路铺设完工。长度 0.5 公里。西大台至红光分场水泥路铺设完工，长度 2.5 公里。至此，农场已有乡级公路 22.6 公里，村级公路 70 公里。

2009 年，完成村村通硬化路面铺建三段：毕屯农业分场——向阳分场——台西分场、温屯岳家沟至蔬菜小区、毕屯东至外环路，总投资 69 万元。路基改造 1.9 公里，矾石分场至部家农业分场，投资 6.9 万元。修建毕屯农业分场便民桥 1 座，投资 1.5 万元。

2010 年，投资 120 万元对西部场区新区分场——鸡架山分场——饮马河分场路段 5000 米道路路基进行改造。投资 34 万元，在毕屯农业分场场区内主干道安装太阳能路灯 70 盏。同年，矾石农业分场实施的千亩万株果园项目被市政府列为现代果业示范基地，投资 15 万元兴建农场第一条果园作业路长度为 2 公里。

2011 年，农场投资 20 万元硬化了温屯农业分场至 102 国道的 650 米主路。毕屯分场域内道路安装太阳能路灯 109 盏。同时，投资 53 万元，在大台山富民路柏屯段新建了大台山桥 1 座。投资 17 万元，新修毕屯农业分场、饮马河分场便民桥 4 座，对毕屯农业分场 500 米低洼路段路基进行了改造。

2013 年，投资 654 万元，分别对饮马河分场、鸡架山分场到绥中县沙河镇叶大屯、部家农业分场到矾石农业分场、第五果树分场（原矾西分场）到矾石农业分场、大台山风景区经台西分场塘坝到二矾线以及西大台分场村内道路实施硬化，总里程 19 公里。

2014 年，自大台山旅游风景区开始，经原台东分场门前、原地毯厂，过高速公路跨桥、高铁跨桥、原红星分场场部与 102 国道接壤的迎宾路，拓宽原有土路和取直，修建总长 2.1 公里水泥路，其中有 1200 米路宽 10 米、有 900 米路宽 12 米，在路北侧安装了太阳能路灯，投资 760 万余元。

2018 年，申请实施财政"一事一议"道路建设项目，硬化水泥路面 3.3 公里，打通了二矾线西大台路口至破台子分场道路、后矾石与绥中县高台镇洼甸屯、毕屯村内道路，新装路灯 3 公里 40 盏。

图 2-10-2　迎宾路施工现场　2014 年摄

图 2-10-3　铺设果园田间作业路　2019 年摄

2019 年，农场顺利完成农村公路新改建工作，共计 12 条线路，实际施工 12.9 公里，项目总投资 451 万元。配合绥中县道桥公司对大矾线 5.5 公里黑色路面进行了大修，工程投资 230 万元。新硬化道路 290 条，8900 平方米，总长度 27 公里，新安装路灯 390 盏，修建道路边沟 21 公里。

2020 年完成"一事一议"农村公路项目路基改造 3.4 公里，项目于 9 月 25 日开始混凝土路面施工，10 月 11 日结束施工，改善了村屯通行条件。农村公路新改建项目 2.4 公里，完成了 4 条线路的路基改造工作，工程于 2020 年 10 月 11 日开始混凝土路面施工，同月底完成。大矾线毕屯河道新建管涵一座，解决了雨季行洪及车辆通行问题。危改配套基础设施建设二期项目于 2020 年 11 月 9 日开工，完成路基改造 1.5 万平方米，完成投资 150 万元。

第四节　公共交通

2000 年，农场场区内首次开通公交车，主要线路是绥中南环 1 路和北环 2 路车绕行农场至绥中南火车站。随着农场公路建设的不断完善，以及旅游经济的逐渐发展，为了适应不断增加的客运压力，2016 年后，农场内的客运线路增加至 3 路客运路线，即大台山风景区—毕屯农业分场—绥中南火车站路线；毕屯农业分场—大台山风景区—矾石路线；毕屯农业分场—温屯农业分场—沙河镇宋家沟路线。除第 1 路公交路线每 10 分钟 1 个班次外，其他两条路线均为每小时 1 个班次。

图 2-10-4　矾石分场客运站　2010 年摄

2016 年，又增加了夜班车，时间是每天晚 6 时至 9 时。

农场内的客运系统的完善发展不但给场区内居民出行带来了极大方便，也为外地游客来农场旅游度假提供了便利，从而为农场的旅游业发展奠定了一定基础。至 2020 年末，绥中至农场客运公交 8 辆，年客运量达到 1 万余人次。

第五节　货物运输

农场货物运输发展迅猛，除了职工对农用物资需求的运输，每年水果采摘季节，大量成熟的果品装车运往全国各地。农场内部分职工还购买大货车，参与全国的货物运输，成为农场货物运输业的主体。农场运输业在 2017 年达到峰值，全年从事运输业的人员达到 323 人，货运车辆 125 台，创造产值 3660 万元。此后几年，运输业发展略有回落。至 2020 年末，农场从事运输业人员 100

图 2-10-5　运输用货车　1983 年摄

人，有载货汽车 70 辆，全年货物运输量为 28 万吨，产值 2800 万元。

表 2-10-1　交通运输业基本情况（2008—2020 年）

年份	年末单位个数（个）	年末从业人员（个）	全年从业人员报酬（万元）	年末固定资产原值（万元）	年末拥有载货汽车（辆）	全年货运量（万吨）	年末拥有载客汽车（辆）	全年客运量（万人）	全年营业总收入（万元）
2008	88	200	218	1886	80	26	13	6.0	4050
2009	92	208	636	1928	86	28	8	3.0	4160
2010	93	210	642	1928	86	29	8	3.0	7868
2011	62	140	620	1285	55	18	10	3.0	4440
2012	185	462	1386	4559	200	65	20	6.0	6210
2013	179	432	1728	4259	180	53	8	1.0	6300
2014	131	316	1264	3117	125	36	8	1.0	4375
2015	131	320	1280	3117	125	36	8	1.0	3640
2016	131	323	1295	3147	125	36	8	1.0	3660
2017	131	323	1295	3147	125	36	8	1.0	3660
2018	129	318	1260	3100	124	40	8	1.0	3700
2019	78	125	1160	3120	96	30	8	1.1	3000
2020	70	100	1050	2770	70	28	—	8.0	2800

第十一章 电 力

第一节 概 况

1957 年，农场曾试验安装风力发电机（俗称"风磨电"），地点在原大台东队水库边（今家属房东侧），彼时在东队及场部均安装了用电设施并试验成功，首开农场用电的历史先河，但由于受设备功能的限制以及风力不足等客观原因的影响，风力发电未能投入生产、生活的使用。

1960 年，农场筹备架设输电线路工作，1962 年 12 月 20 日，正式送电至大台东队及场部，结束了农场无电的历史。1963 年夏，大台西队开始送电。1967 年，大生沟、机械厂开始送电。1972 年，农场西片鸡架山果树队、饮马河果树队、六支园果树队、新区果树队及叶家公社的温家沟村，由叶家公社所属矿山（温家沟村南山）架设输电线路通电。同年秋，由农场大生沟队开始，经沙河公社横河子大队至鸡架山果树队架设输电线路，至此，西片场区由农场直接供电。

20 世纪 60 年代至 70 年代末，农场电业各项业务统归总场办公室或生产科（办）管理。1978 年绥中县高台镇的矾石生产大队、鄩家生产大队划归农场，但电业工作仍由绥中县电力管理部门高台供电站管理。

20 世纪 80 年代初，农场电业工作归水电站管理。1980 年 4 月，在原绥中县地震办公室院内，成立水利电力管理站（俗称"水电站"），对全场电力、水利相关业务统一管理。至 1985 年，农场共建设高压线路 41.5 公里，低压线路 40 公里，其中一类线路 15 公里，其余为二类线路，水泥电柱 445 根，全场每月平均供电 9 万千瓦时。

从 1962 年至 20 世纪 90 年代初，虽然全场范围内全部通电，但由于受电量缺口大的影响，故拉闸限电频繁。普通居民家庭仍要自备煤油灯（洋油灯）或蜡烛。这一现象随着时间的推移及国家电力发展状况逐步改善而得到解决。20 世纪 90 年代中期，断电现象已很少见。至 1998 年，国家停止限制用电的规定，农场辖区内因电力短缺而停电的局面彻底结束。

2001 年 1 月，农场改变经营体制，水电站由陶春阳任站长承包。主要负责全场的电力供应和电业设施的维护。矾石农业分场和郜家农业分场电业工作由绥中县农电局高台供电营业所管理，管理员为杨洪成。

2003年，水电站迁入位于毕屯农业分场域内的原兽医站院内，共有办公室及库房7间，在册职工28人，在岗职工12人。除负责全场电力供应及维护外，还负责沙河镇政府所属的马家村、横河子村、叶大村的温家沟屯、绥中县种畜场等外部单位的供电业务。

2008年整个用电区域全年用电量200万千瓦时左右。

2008年12月5日，农场电业工作移交给绥中县政府，划归绥中县农电局大台山供电营业所管理。矾石农业分场和郜家农业分场的电业工作仍由绥中县农电局高台供电营业所管理。

2014年以后，农场北部场区矾石农业分场和郜家农业分场电业工作由国家电网绥中分公司高台供电所管理。农场内其他场区电业工作由国家电网绥中分公司大台山供电营业厅（所）管理。

2018年大台山供电所合并到城郊供电所，从此场区的电业工作由国家电网绥中分公司城郊供电所管理。

第二节　电网改造

随着农场事业的发展，工农商等各业及民用用电量急剧增长，同时由于供电线路年久失修、老化，复杂气候条件下经常断电，给群众生产和生活带来极大不便。2003年2月，中共中央国务院发布了农村电网改造的有关政策，农场有关部门积极与上级相关部门沟通，全力筹备农场的电网改造工程。2003年3月，在绥中县农电局的具体指导下，农场开始电网改造，总投资600万元，历时9个月，经过全站职工的努力，圆满完成农电网改造工程。其中，高压线路改造60公里；低压线路改造80公里；变压器更新换代45台，容量2000千伏安。此项工程投入使用后，电网运行平稳、安全。电价有了明显降低，其中，民用电由改造前的每度0.77元降至0.55元，仅此一项每年就为广大用户减少支出43.2万元，户

图2-11-1　电路维修　2003年摄

均 120 元，极大地减轻了人民群众的经济负担。按照省、市电力部门的规定，农电网改造结束后，原有价值 19.5 万元电力设施，无偿划拨给绥中县农电局。

2011 年，鄱家农业分场和矾石农业分场范围内的所有高压线路进行改造工程，工程由绥中县农电局施工完成，重新更换了高压线和电线杆，解决了高压线路老化问题，确保了分场居民用电安全。

第十二章　邮政快递

第一节　邮　　政

中华人民共和国成立前，农场居民书信往来及邮递物品，需到绥中城内办理。20世纪初，人们进城，被称为"上街（该音）"。新中国成立后，农场东、西两片即大台山、鸡架山两地共开辟3条邮路：1路为东片各果树队（分场）、农业大队（分场）及工业单位、事业单位，由绥中县邮局派邮递员负责投递业务；2路为西片鸡架山等共有5个投递点，由绥中县邮局荒地支局派出邮递员负责投递业务；3路由农场温屯、岳家沟、破台子、大生沟、红光等分场构成，亦由绥中县邮局荒地支局派出邮递员负责投递业务。在40多公里的邮路上，他们风雨无阻，及时、准确地把信件、报刊、邮包收发至各个投递点。此外，农场话务室可为公私用户代为办理收发电报业务。通过以上措施，最大限度方便了农场各单位及广大人民群众通讯联系的需要。

1995年10月4日，原邮电部邮政总局正式注册为法人资格，即"中国邮电邮政总局"，简称"中国邮政"。1998年，国家对邮电管理体制进行重大改革，实行邮电分营。1998年10月1日，绥中县邮政局正式成立，承揽通信网络、邮政金融、报刊发行、集邮等业务。

大台山果树农场紧邻绥中县城，各邮政业务均由绥中邮政局承揽。农场辖区是绥中邮政局城市投递段道15条专线之一，邮路最长单程约5公里。2008年以后，随着农场小城镇建设步伐的加快，居民居住条件不断改善，职工家属楼及私人住宅楼逐日增多，绥中邮政部门不断加大投递深度和投递力量，除平房仍按址投递和设有信报箱群的楼房插箱投递外，还建立收发室和代办投递点等办法解决居民投递通信问题。

第二节　快　　递

进入2010年代，随着经济进程的加快，人们生产、经营和社会活动趋于高效率和快节奏，时间价值越来越重要，邮政部门传统的邮递业务已不能完全满足人们的需求，快递

（速递）应运而生。所谓快递，是兼有邮递功能的门对门物流活动，即指快递公司通过铁路、公路和空运等交通工具，对客户货物进行快速投递。在很多方面，快递要优于邮政的邮递服务。除了较快送达目的地及必须签收外，现时很多快递业者均提供邮件追踪功能、送递时间的承诺及其他按客户需要提供的服务。因此，快递的收费比一般邮递高出许多。

由于农场场区紧邻县城，经济活动比较活跃，有大量的样品、单证、商务函件、资料的快速传递需求，因此绥中邮政局在农场开办邮政特快专递业务。至 2020 年，绥中韵达快递公司、圆通快递公司、顺丰快递公司等均在农场设有代办处，极大地满足了农场区内单位和个人的快递需求。

第十三章　电信网络

第一节　电　话

新中国成立前，农场辖区内没有公共及私人电话。建场初期，公共通讯联系完全靠人力传递。当时瓮泉山、牛羊沟等处果园统归大台山农场管辖，距离较远交通不便，为了便于联系，专设王德富为专职通信员，骑马传递信息。

1957年秋，农场在场部办公室和鸡架山队部办公室各安装一部手摇式电话机，由沙河乡电话总机代为转接。

1959年，农场成立话务室，安设了一台30门总机，全场电话机增加到20余部。这些电话公民两用，既解决了场内通讯联络，又可以办理场外各地长途电话业务。

至1985年，农场话务室设置100门电话总机一台，共有电话机56部，电话线路总长59公里，电线杆983根。为了防止意外情况，保证通讯联络畅通无阻，话务室还为电话总机设置一台配音架。全场16个果树队、5个农业大队、工业各分厂及场直各机关科室都配置了电话机。同时话务室还开展长途电话业务，通过总机可与全国各地通话联系。

1983年，农场职工王福良安装了辖区内第一台私人电话。

1995年11月12日，大台山果树农场与绥中县邮电局签订"取消磁石电话交换机，进入邮电程控电话交换机网"协议书。农场投资30万元安装程控电话，场部机关及基层单位装机90部，职工个人装机10部，共计安装100部。

20世纪90年代末，私人固定程控电话基本普及。

20世纪90年代中后期，在固定电话逐步普及的过程中，移动电话渐渐走向历史舞台。当时，农场内有个别较富裕的个人购买手机，俗称"大哥大"（模拟网，9018

图 2-13-1　电话交换机组　1996年摄

号码开头）。因"大哥大"价格昂贵，此后数年间，又流行一段"BP机"（寻呼机），开始是数字机，其后出现汉显机，1994年寻呼机的拥有量逐渐多了起来，2005年后退出历史舞台。

2001年后，手机逐渐小型化、功能多样化，价格也易于被普通大众所接受。是时，场区内稍有余钱的居民都会购买手机，此时的手机型号多为摩托罗拉、三星、诺基亚、飞利浦等，样式有翻盖或直板。

2004年，绥中电信局在农场设立绥中县电信局大台山分局，大台山程控机房设工作人员2名。

至2007年，全场职工家庭安装程控电话1800余部，购置手机2000余部。

2010年后，手机基本普及到个人，且逐渐智能化。

到2020年，手机已成为个人生活必备品，能拍照、上网的智能手机已成为人们生活、学习、交际的重要工具。此时的手机型号有国产华为、小米、OPPO、vivo，以及韩国三星、美国苹果系列等。随着微信、QQ、钉钉等手机版社交及办公软件的开发使用，人们的通讯联系更加方便快捷，而固定电话除了单位外，大多已被家庭淘汰。

第二节　电信网络

农场场区内电信业务运营商主要是中国联合网络通信集团有限公司（简称"中国联通"）绥中县分公司和中国移动通信集团有限公司（简称"中国移动"）绥中分公司。两家公司除在场区内设有业务代办点外，中国联通在农场还设有管理站，负责人为李雪。

2001年，大台山中心小学安装首台电脑，内存32M，2003年中小学安装微机室。2004年场部计财处购置第一台电脑用于电子化办公，以后逐步延伸至各单位办公和居民家庭生活中。2012年后，电脑基本得到普及，电脑内存由最初的32M升级到4~8G运行500G。

2008年10月15日，原中国联通公司与中国网通公司合并为新的中国联通公司后，业务发展迅速。中国联通公司在场区内主要业务有固定电话、宽带网络、移动通信及人工信息等。

中国移动公司在场区内的业务主要是移动通信、校讯通、农信通、人工信息、移动网络等。

网络技术不断更新发展，其在人们的生活当中发挥了越来越重要的作用。人们不仅限于简单的通话业务，宽带网络和移动网络的发展使人们从中获得了商业、金融、医疗卫生、信息服务、科研教育、休闲娱乐等社会资源。计算机网络的数据通信和资源共享等功能使人们进入了网络生活时代，让农场职工的生活发生了翻天覆地的变化。农场职工可以通过网络查询有关果树生产的天气、技术、化肥、农药等相关信息，极大地方便了职工生产生活，提高了农场经济的发展速度。

第十四章 金 融

　　东北地区解放初期，农场地区流行东北人民银行发行的东北流通券。1951年全国币制统一后，农场地区开始使用人民币。

　　农场成立以来，产品销售和经济活动，都通过现金收付、转账结算及存款贷款来实现，在经济工作和职工生产生活中与金融部门的业务关系十分密切。20世纪的50年代和60年代，农场的金融活动由计财科管理，直接与绥中农行发生业务关系。1974年农场增设刘祥为信贷员。1978年农场建立大台山信用社和银行营业所，实行所社合一，两套业务，一套人马。设在毕屯商店后边，房屋面积120平方米。共有8名职工开展全社业务，设主任1人、会计2人、出纳1人、信贷员3人，原筹集股本981股，每股2元，集金1962元。1985年大台山信用社移交给绥中县农村信用合作联社后，农场的金融活动主要由计财处进行管理至今。

图 2-14-1　大台山信用社营业厅　1983年摄

　　大台山信用社主要办理存款、贷款及结算业务。与农场的主要业务关系有代理发放粮食直接补贴资金、代理发放农场干部职工工资、代理发放职工最低生活保障资金、代理收取养老及医疗保险金等。另外，信用社面向农场职工发放农业贷款，有效地支持了农场职工的生产生活和经济活动。

第三编

组织机构

中国农垦农场志

第一章 中共葫芦岛市大台山果树农场委员会

第一节 党员代表大会

一、党员和党代表的产生

（一）党员发展情况

1949 年 2 月，绥中县人民政府接收大台山地区多家私人果园，成立了全民所有制的利民果园。中共绥中县委员会任命 2 名共产党员为正副指导员，派驻果园进行工作。

1951 年 10 月，成立中共绥中县直属机关辽西省第四果园支部委员会，有党员 10 名。1956 年 12 月，成立中共辽宁省绥中果树农场总支部委员会，农场党总支党员发展至 41 名。

1960 年，发展党员 20 名，各支部分配人数为：头台子队 2 名，毕家屯队 2 名，宋家沟队 2 名，乱石山队 2 名，李金屯队 2 名，温家沟队 2 名，大台山果树队 2 名，大鸡架山果树队 4 名，场部 2 名。

1961 年 12 月，成立中共绥中县大台山果树农场委员会，农场党委共有党员 100 名，其中农村生产队 85 名，机关企业单位 14 名，文教卫生系统 1 名。

1972 年，党委下设 13 个党支部，其中生产大队党支部 12 个。党员 74 名，其中工人 35 名，农民 11 名，干部 26 名，服务业人员 2 人；其中男 73 人，女 1 人，35 岁以下 13 人，36～55 岁 57 人，56 岁以上 4 人。

2016 年，农场共有党员 417 名，少数民族党员 212 名，约占党员总数 50％，女党员 106 名，约占党员总数 25％。至 2020 年底，农场党委下设党总支 1 个，党支部 18 个，共有党员 364 名。

1949 年 2 月，农场建立初期按照党章规定，新党员入党履行严格的组织手续。党员预备期为：贫雇农和工人 3 个月，中农 6 个月，知识分子 1 年。1954 年，党员预备期改为：贫雇农和工人 6 个月，中农以上成分和知识分子 1 年。"文化大革命"期间，大搞突击入党，取消了党员发展的预备期。1977 年 8 月，中共十一大党章恢复了预备期制度，规定预备党员的预备期为 1 年。

表 3-1-1　农场党组织和党员发展情况

年度	党总支（个）	党支部（个）	党员（名）							
			总数	男	女	干部	工人	教师	农民	其他
1949	—	1	4	4	—	—	—			—
1951	—	1	10	10	—	—	—			—
1956	1	3	41	40	1	—	—			—
1961	—	9	100	99	1	14	75	1		—
1965	—	9	44	42	1	—	—	1		—
1974	—	15	131	121	10	24	75	2	28	2
1978	—	34	275	263	12	42	162	8	57	6
1982	—	41	300	275	25	60	172	17	50	1
1986	—	41	295	269	26	43	216	—	—	36
1991	—	44	396	341	55	84	285	—	—	27
1995	—	42	436	364	72	55	119	27	32	203
2000	—	29	463	378	85	148	151	46	19	99
2004	—	26	441	359	82	104	129	—	20	188
2005	1	25	435	354	81	111	118	—	20	186
2010	1	25	425	336	89	112	117	—	26	170
2015	1	20	425	322	103	155	174	41	28	27
2020	1	18	364	275	89	131	200	—	23	10

（二）党员代表的产生和结构

大台山果树农场党组织于 1956 年 12 月召开第一次党员代表大会，2017 年 7 月召开第十三次党员代表大会。历次党代会中，农场党组织都是根据《中国共产党党章》规定对参会党员代表进行严格审查，所有参会党员代表条件完全符合党章规定方能参加党员代表大会，下面仅根据档案资料列举其中四次党代会党员代表情况如下：

1979 年 1 月 16 日，召开中共大台山果树农场第七次代表大会。大会代表共计 93 名，包括老年代表 2 名、中年代表 71 名、青年代表 20 名。其中女性代表 6 名。

1991 年 7 月 26 日，召开中共大台山果树农场第十次代表大会。按照《中国共产党党章》第十一条规定，经过 44 个基层党支部民主选举，共选出正式代表 85 名，列席代表 14名。在 85 名正式代表中，女性党员代表 13 名，占 15.3%，中青年党员、专业技术人员党员、知识分子党员和少数民族党员占有一定比例，符合党章要求。经过代表资格审查小组审查，符合条件的 84 名代表资格有效，1 名无效。

1995 年 12 月 16 日，召开中共大台山果树农场第十一次代表大会。经过农场各党支部讨论和协商，选举产生出席大会的正式代表 86 名，分别来自 42 个基层党支部。其中，女性代表 12 名，占 14％；干部代表 74 名，占 86％；知识分子代表 12 名，占 14％；45 岁以下代表 51 名，占 59.3％；少数民族代表 37 名，占 43％。经过代表资格审查小组审查，以上 86 名代表全部符合规定的条件，代表资格全部有效。

图 3-1-1　农场第十一次党代会　1995 年摄

2017 年 7 月 20 日，召开中共大台山果树农场第十三次代表大会。根据《中国共产党党章》规定，按照中央和省市县委的有关要求，中共大台山果树农场第十三次代表大会代表名额为 101 名。出席中共大台山果树农场第十三次代表大会的代表由领导干部、专业技术人员及生产一线、先进模范人物等各方面人员构成，各级领导干部（含下属单位）代表 75 名，占代表总数的 74.3％；各类专业技术人员、生产一线、离退休代表 26 名，占代表总数的 25.7％；其中，妇女代表 15 名，占代表总数 14.8％左右，少数民族党员代表 46 名，占代表总数 45.5％左右，年龄在 45 岁以下的代表占代表总数的 45％。

二、党员代表大会的召开

（一）中共大台山果树农场第一次代表大会

1956 年 12 月召开。大会选举产生由 5 名委员组成的中共辽宁省绥中果树农场第一届总支部委员会，选举党总支书记 1 名。

（二）中共大台山果树农场第二次代表大会

1959 年 10 月召开。大会通过了第一届党总支的工作报告，选举产生由 7 名委员组成的中共锦州市大台山果树农场第二届总支部委员会，选举党总支书记 1 名。

（三）中共大台山果树农场第三次代表大会

1961 年 12 月 5 日召开。参加大会的代表有 64 名，8 名预备党员列席。大会通过了第二届党总支的工作报告，选举产生由 8 名委员组成的中共绥中县大台山果树农场第三届委员会，选举党委书记和党委副书记各 1 名。

会议选举杨清亮、刘廷祯、毕长金、刘志升等 4 名同志为出席中共绥中县第三届一次代表大会代表。

（四）中共大台山果树农场第四次代表大会

1965 年 8 月 7 日至 8 日召开。参加大会的有正式代表 35 名，列席代表 1 名。大会审议通过了王连山代表中共大台山果树农场第三届委员会所作的工作报告。大会选举产生由 9 名委员组成的中共绥中大台山果树农场第四届委员会，选举党委书记和党委副书记各 1 名。

会议选举王连山、朱志彬、任福林等 3 名同志为出席中共绥中县第四届一次代表大会代表。

（五）中共大台山果树农场第五次代表大会

1971 年 7 月 21 日至 23 日召开。大会审议通过了农场整党建党领导小组组长王连山代表整党建党领导小组所作的工作报告，会议选举产生由 7 名委员组成的中共绥中县大台山果树农场第五届委员会。在 7 月 24 日召开的第一次全委会上选举产生党委书记和党委副书记各 1 名。

（六）中共大台山果树农场第六次代表大会

1975 年 4 月 26 日召开。参加大会的代表应到人数 123 名，实到 121 名。大会审议通过了由刘文岐代表中共大台山果树农场第五届委员会所作的工作报告。大会选举产生由 15 名委员组成的中共绥中县大台山果树农场第六届委员会，选举产生 7 名常委组成的第六届常委会，选举党委书记 1 名和党委副书记 2 名。

（七）中共大台山果树农场第七次代表大会

1979 年 1 月 16 日召开。到会正式代表 93 名，列席代表 21 名。大会通过了郑国义代表中共大台山果树农场第六届委员会所作的工作报告。大会选举产生由 11 名委员组成的中共锦州市大台山果树农场第七届委员会，选举党委书记 1 名和党委副书记 2 名。

会议选举郑国义、牛国兰（女）、周道中、罗士恩、赵兴政、毕纯林、张义林等 7 名同志为出席中共绥中县第六届一次代表大会代表。

（八）中共大台山果树农场第八次代表大会

1984年11月21日召开。到会正式代表86名，列席代表18名。会议期间，锦州市农牧业局党委副书记温子安到会做了重要讲话。大会通过了王印池代表中共大台山果树农场第七届委员会所作的关于致力改革，全面开创农场现代化建设新局面的工作报告。大会选举产生由13名委员组成的中共锦州市大台山果树农场第八届委员会（暂空1名）。第一次全委会选举产生由5名常委组成党委常委会（暂空1名），选举党委书记和党委副书记各1名。

（九）中共大台山果树农场第九次代表大会

1987年12月11日召开。大会正式代表85名，实际到会81名，列席代表18名。与会代表听取、讨论和审议了李保安代表中共大台山果树农场第八届委员会所作《坚持四项基本原则，深化企业改革，为我场现代化建设而努力奋斗》的工作报告。大会选举产生了由7名委员组成的中共锦州市大台山果树农场第九届委员会。第一次全委会选举产生常委3名。

（十）中共大台山果树农场第十次代表大会

1991年7月26日召开。出席大会的正式代表82名，列席代表14名。大会通过了李保安代表中共大台山果树农场第九届委员会所作《坚持党的基本路线，支持场长负责制的领导体制，沿着建设现代化农场的道路奋勇前进》的工作报告。大会选举产生了由9名委员组成的中共锦西市大台山果树农场第十届委员会，选举党委书记1名。

（十一）中共大台山果树农场第十一次代表大会

1995年12月16日召开。大会的正式代表86名，实到会81名。大会通过了肖殿海代表第十届党委所作《围绕经济抓好党建，为建设繁荣富庶的新农场，迎接新世纪而努力奋斗》的工作报告。大会选举产生了由9名委员组成的中共葫芦岛市大台山果树农场第十一届委员会，首次选举产生了由3名委员组成的中共葫芦岛市大台山果树农场纪律检查委员会。大会闭幕后，中共葫芦岛市大台山果树农场第十一届委员会和中共葫芦岛市大台山果树农场纪律检查委员会分别召开了第一次全体会议，采取无记名投票的方式和等额选举的办法，选举产生中共葫芦岛市大台山果树农场第十一届委员会书记和副书记各1名；选举产生中共葫芦岛市大台山果树农场纪律检查委员会书记和副书记各1名。

（十二）中共大台山果树农场第十二次代表大会

2003年4月30日召开。大会正式代表89名，实到88名，列席代表7名，大会审议通过了毕德迎代表中共大台山果树农场第十一届委员会所作《以经济效益为中心，全面加强党的建设，为实现农场辉煌的明天而努力奋斗》的工作报告。大会选举产生了由9名委

图 3-1-2　农场第十二次党代会　2003 年摄

员组成的中共葫芦岛市大台山果树农场第十二届委员会，同时选举产生了由 3 名委员组成的中共葫芦岛市大台山果树农场纪律检查委员会。同日，分别召开中共葫芦岛市大台山果树农场第十二届委员会第一次会议和纪律检查委员会第一次会议，选举产生党委书记和党委副书记各 1 名、纪检委书记 1 名。

（十三）中共大台山果树农场第十三次代表大会

2017 年 7 月 20 日召开。大会正式代表 101 名。大会审议通过了邓文岩代表中共大台山果树农场第十二届委员会所作《加强党的建设、促进改革发展，为全面建成小康社会、建设新型国有农场而努力奋斗》的工作报告。大会选举产生了由 9 名委员组成的中共葫芦岛市大台山果树农场第十三届委员会，同时选举产生了由 3 名委员组成的中共葫芦岛市大台山果树农场纪律检查委员会。同日，分别召开中共葫芦岛市大台山果树农场第十二届委员会第一次会议和纪律检查委员会第一次会议，选举产生党委书记和党委副书记各 1 名、纪检委书记 1 名。

第二节　领导机构

1949 年 2 月，绥中县人民政府成立了全民所有制的利民果园。6 月，绥中县委对果园党的机构负责人直接任命，任命穆栢林为正指导员，任命常义为副指导员。在利民果园初步建立了党的组织，隶属中共绥中县直属机关支部委员会，实行了党领导下的经理负责制。

1951年10月，利民果园被辽西省人民政府农业厅接收，改称为辽西省人民政府农林厅第四果园。成立中共绥中县直属机关辽西省第四果园支部委员会，选举支部委员3名，选举李文升为党支部书记。

1954年8月，辽东、辽西两省合并成立辽宁省，辽西省人民政府农业厅第四果园改属于辽宁省人民政府农业厅，党组织称为中共绥中大台山果树农场支部委员会，选举赵振山为党支部书记。

1955年2月1日，辽宁省农业厅将辽宁省绥中大台山果树农场、辽宁省绥中前所果树农场与兴城柳壕沟果树育苗场所属前所生产队合并为辽宁省绥中果树农场，党组织称为中共绥中果树农场支部委员会，选举翟中正为党支部书记，支部委员有任福林等人。

1956年12月，在大台山果树农场第一次党员代表大会上选举产生了中共辽宁省绥中县果树农场第一届总支部委员会，党组织称为中共绥中果树农场总支部委员会。选举翟中正、王洪魁、刘廷祯、张振先、张绍卿等5名同志为总支部委员会委员，选举翟中正为党总支书记。

1958年3月18日，大台山果树农场与前所果树农场分开，党组织改称中共辽宁省大台山果树农场总支部委员会。总支部委员会由杨清亮、王洪魁、刘廷祯、张振先、张绍卿等5名委员组成，杨清亮为党总支书记。

1959年3月，大台山果树农场划归锦州市农业局管理，党组织改称中共锦州市大台山果树农场总支部委员会。

1959年10月，在大台山果树农场第二次党员代表大会上选举产生中共锦州

市大台山果树农场第二届总支部委员会，选举杨清亮、朱志彬、郑国义、王恩、王洪魁、尚世振、高光烈等7名同志为总支部委员会委员，选举杨清亮为党总支书记，选举朱志彬为党总支副书记。

1960年6月，大台山果树农场下放给绥中县人民委员会管理，党组织改称中共绥中县大台山果树农场总支部委员会。

1961年12月5日，在大台山果树农场召开第三次党员代表大会上，选举产生中共绥中县大台山果树农场第三届委员会，选举杨清亮、朱志彬、贾长余、王恩、王洪魁、尚世振、高光烈、刘信、任福林等9名同志为委员会委员，选举杨清亮为党委书记，选举朱志彬为党委副书记。

1963年4月17日，大台山果树农场划归锦州市领导，党组织改称中共锦州市大台山果树农场委员会。

1965年4月，锦州市将大台山果树农场下放给绥中县人民委员会管理，党组织改称

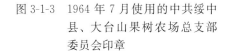

图 3-1-3　1964 年 7 月使用的中共绥中县、大台山果树农场总支部委员会印章　　　　图 3-1-4　1965 年 5 月使用的中共绥中大台山果树农场委员会印章

为中共绥中县大台山果树农场委员会。

1965 年 8 月 8 日，在大台山果树农场召开第四次党员代表大会上，选举产生中共绥中县大台山果树农场第四届委员会，选举王连山、郑国义、齐凤林、王恩、朱志彬、高光烈、刘信、尚士振、任福林等 9 名同志为委员会委员。选举王连山为党委书记，选举郑国义为党委副书记。

1967 年 3 月，农场由造反派掌权。

1971 年 7 月 23 日，经过整党建党后，在中共绥中县大台山果树农场第五次党员大会上选举产生中共大台山果树农场第五届委员会，选举王连山、郑国义、史凤岐、刘信、阎尚田、张振德、杨占长 7 名同志为委员会委员。在 7 月 24 日召开的第一次全委会上选举王连山为党委书记，选举郑国义为党委副书记。

1975 年 4 月 26 日，在中共绥中县大台山果树农场第六次党代会上选举产生了大台山果树农场第六届委员会，选举刘文岐、郑国义、杨占长、刘秀芝（女）、张世文、张文典、刘信、苑福德、王恩、郑天成、杨维德、胥继芳、肖殿海、杨守山、毕长生 15 名同志为委员会委员，选举刘文岐、郑国义、杨占长、张世文、张文典、刘秀芝（女）、刘信 7 名同志为常委会常委。会议选举刘文岐为党委书记，选举郑国义、刘秀芝（女）为党委副书记。

1976 年农场党委委员 13 人，常委 4 人，书记 1 人，副书记 2 人。其中男性 12 人，女性 1 人。

1978 年农场党委委员 11 人，书记 1 人，副书记 2 人，委员 8 人。

1979 年 1 月 16 日，在中共大台山果树农场第七次党代会上选举产生了中共大台山果树农场第七届委员会，选举郑国义、张德文、魏江、高光烈、王恩、苑福德、郑天成、杨占长、尚世振、刘景成、杨维德11名同志为第六届委员会委员。选举郑国义为党委书记，选举张德文、魏江为党委副书记。

图 3-1-5　1979 年 7 月使用的中共锦州市大台山果树农场委员会印章

1979 年 7 月 13 日，大台山果树农场划归锦州市国营农场局，党组织改称中共锦州市大台山果树农场委员会。

1980 年 4 月，魏江和高光烈任农场党委常委。

1981 年 4 月 21 日，刘长文和于长河任农场党委常委。

1982 年 12 月 7 日，杨印忠提为农场党委常委。

1984 年 11 月 21 日，在中共大台山果树农场第八次党代会上选举产生了中共锦州市大台山果树农场第八届委员会。选举于长河、王印池、王自彬、刘长文、李德森、杨印忠、毕长河、邱振芳、明忠生、张子彬、胡景源、董有江等 13 名同志为第八届委员会（暂空 1 名）委员。第一次全委会选举王印池、李德森、杨印忠、毕长河等 5 名同志为党委常委会（暂空 1 名）常委。选举王印池为党委书记，李德森为党委副书记。

图 3-1-6　入党宣誓 1987 年摄

1987 年 12 月 11 日，在中共大台山果树农场第九次党代会上选举产生了中共锦州市大台山果树农场第九届委员会。大会选举于长河、李保安、李德森、肖殿海、邱振芳、赵福山、董有江 7 名同志为第九届委员会委员。第一次全委会选举李保安、李德森、于长河 3 名同志为常委会常委，选举李保安为党委书记。

1989 年 6 月 12 日，锦西市升格，大台山果树农场划归锦西市农牧业局管理，党组织称中共锦西市大台山果树农场委员会。

1991年7月26日，在中共大台山果树农场第十次党代会上选举产生了中共锦西市大台山果树农场第十届委员会。大会选举李保安、李德森、邱振芳、肖殿海、明忠生、张子彬、罗金铎、赵福山、董有江9名同志为第十届委员会委员。8月2日，在第十届委员会第一次全体会议上，选举李保安为党委书记。

1992年6月9日，中共大台山果树农场委员会隶属于中共锦西市委员会直接领导。

1994年2月，锦西市更名为葫芦岛市，大台山果树农场隶属葫芦岛市农委，党组织称中共葫芦岛市大台山果树农场委员会。

1995年12月16日，在中共大台山果树农场第十一次党代会上选举产生了中共葫芦岛市大台山果树农场第十一届委员会。大会选举肖殿海、邱振芳、杨树久、赵福山、毕德迎、明忠生、罗金铎、毕长有、孔庆光9名同志为第十一届委员会委员。在第十一届委员会第一次全体会议上，选举肖殿海为党委书记，选举邱振芳为党委副书记。

2003年4月30日，在中共大台山果树农场第十二次党代会上选举产生了中共葫芦岛市大台山果树农场第十二届委员会。大会选举封玉龙、毕德迎、王自斌、毕德皖、杨国彬、张树栋、苑学忠、明忠生、罗金铎9名同志为第十二届委员会委员。同日，在中共葫芦岛市大台山果树农场第十二届委员会第一次会议上，选举毕德迎为党委书记，选举封玉龙为党委副书记。

2017年7月20日，在中共大台山果树农场第十三次党代会上选举产生了中共葫芦岛市大台山果树农场第十三届委员会。大会选举马连臣、邓文岩、毕长东、毕德江、朱红玉（女）、李春秋、张涛、侯志、银长满9名同志为第十三届委员会委员。同日，在中共葫芦岛市大台山果树农场第十三届委员会第一次会议上，选举邓文岩为党委书记，选举朱红玉（女）为党委副书记。

表3-1-2　大台山果树农场党组织正职领导更迭情况

组织名称	职务	姓名	任职时间
中共绥中县直属机关支部委员会绥中县利民果园	指导员	穆栢林	1949.06—1951.06
	指导员	李文升	1951.06—1951.10
中共绥中县直属机关辽西省第四果园支部委员会	书记	李文升	1951.10—1953.06
	书记	赵振山	1953.06—1954.08
中共绥中大台山果树农场支部委员会	书记	赵振山	1954.08—1955.02
中共绥中果树农场支部委员会	书记	翟中正	1955.02—1956.12
中共绥中果树农场总支部委员会	书记	翟中正	1956.12—1958.03
中共辽宁省大台山果树农场总支部委员会	书记	杨清亮	1958.03—1959.03
中共锦州市大台山果树农场总支部委员会	书记	杨清亮	1959.03—1960.06
中共绥中县大台山果树农场总支部委员会	书记	杨清亮	1960.06—1961.12

（续）

组织名称	职务	姓名	任职时间
中共绥中县大台山果树农场委员会	书 记	杨清亮	1961.12—1963.04
中共锦州市大台山果树农场委员会	书 记	杨清亮	1963.04—1963.12
	书 记	王连山	1963.12—1965.04
中共绥中县大台山果树农场委员会	书 记	王连山	1965.04—1967.03
	书 记	王连山	1971.07—1973.02
	书 记	刘文歧	1973.02—1978.01
	书 记	郑国义	1978.01—1979.07
中共锦州市大台山果树农场委员会	书 记	郑国义	1979.07—1979.10
	书 记	王印池	1979.10—1986.01
	书 记	李保安	1986.01—1989.06
中共锦西市大台山果树农场委员会	书 记	李保安	1989.06—1992.08
	书 记	李德森	1992.08—1994.02
中共葫芦岛市大台山果树农场委员会	书 记	李德森	1994.02—1995.04
	书 记	肖殿海	1995.04—1998.07
	书 记	杨明毅	1998.08—2000.11
	书 记	毕德迎	2000.11—2010.06
	书 记	赵旭伟	2015.11—2016.08
	书 记	邓文岩	2016.10—2020.12

表 3-1-3 大台山果树农场党组织副职领导更迭情况

组织名称	职务	姓名	任职时间
中共绥中县直属机关支部委员会绥中利民果园	副指导员	常 义	1949.06—1951.10
中共锦州市大台山果树农场总支部委员会	副书记	朱志彬	1959.10—1960.06
	副书记	郑国义	1960.04—1960.06
中共绥中县大台山果树农场总支部委员会	副书记	朱志彬	1960.06—1961.12
	副书记	郑国义	1960.06—1960.12
	副书记	贾长余	1961.03—1961.12
中共绥中县大台山果树农场委员会	副书记	朱志彬	1961.12—1962.11
中共锦州市大台山果树农场委员会	副书记	郑国义	1965.08—1965.04
中共绥中县大台山果树农场委员会	副书记	郑国义	1965.04—1967.03
	副书记	郑国义	1971.06—1978.01
	副书记	刘秀芝（女）	1975.04—1979.01
	副书记	张德文	1978.01—1979.07
	副书记	马绍武	1978.05—1979.07
	副书记	魏 江	1979.01—1979.07

（续）

组织名称	职务	姓名	任职时间
	副书记	张德文	1979.07—1980.04
	副书记	马绍武	1979.07—1980.04
	副书记	魏 江	1979.07—1980.04
中共锦州市大台山果树农场委员会	副书记	郑国义	1979.10—1982.06
	副书记	李绍平	1980.04—1981.12
	副书记	刘玉林	1981.09—1983.06
	副书记	李德森	1984.07—1987.06
中共锦西市大台山果树农场委员会	副书记	邱振芳	1992.08—1994.02
	副书记	邱振芳	1994.02—1999.05
	副书记	赵福山	1999.05—1999.08
中共葫芦岛市大台山果树农场委员会	副书记	封玉龙	1999.09—2010.06
	副书记	毕德迎	2010.06—2015.11
	副书记	杨国彬	2013.12—2017.01
	副书记	朱红玉（女）	2017.01—2020.11

第三节　纪律检查委员会

农场自1951年10月建立第一个党支部开始，纪检工作均由纪律检查委员会专职委员负责。

1995年12月16日，在农场召开的第十一次党员代表大会上，首次选举产生了由邱振芳、孔庆光、李玉春3名委员组成的纪律检查委员会，邱振芳任纪检委书记，孔庆光任纪检委副书记。

1999年9月，封玉龙任中共大台山果树农场纪律检查委员会书记。

2003年4月30日，在农场第十二次党员代表大会上，选举产生了由毕德迎、杨国彬、苑学忠3名委员组成的纪律检查委员会，毕德迎当选纪检委书记，杨国彬为纪检委副书记。

2007年7月，杨国彬任中共大台山果树农场纪律检查委员会书记。

2017年7月20日，在农场第十三次党员代表大会上，选举产生了由朱红玉（女）、李伟（女）、侯冠群（女）3名委员组成的中共葫芦岛市大台山果树农场纪律检查委员会。同日，召开纪律检查委员会第一次会议，选举朱红玉（女）为纪检委书记。

表3-1-4　中共大台山果树农场纪律检查委员会领导更迭情况

职　务	姓　名	任职时间	备　注
书　记	邱振芳	1995.12—1999.09	—

职 务	姓 名	任职时间	备 注
书 记	封玉龙	1999.09—2000.11	—
书 记	毕德迎	2003.04—2007.07	—
书 记	杨国彬	2007.07—2017.01	—
书 记	朱红玉（女）	2017.01—2020.11	—

第四节　工作机构

一、党委办公室

1965 年 12 月 23 日，大台山果树农场党委设立政治处办公室，设主任 1 名，负责组织、宣传、武装、共青团、民兵、妇女及治安保卫等工作。1969 年改为政工组，1977 年复称政治处，1978 年 6 月，称政治科。

1983 年 1 月 25 日，撤销政治科，成立党委办公室。负责农场党的组织、宣传和干部人事管理工作。设组织干事、宣传干事、干部干事各 1 名。1989 年 4 月，对党委称"党委办公室"，对场长办公会称"人事科"。

表 3-1-5　党委办公室领导更迭情况

机构名称	职 务	姓 名	任职时间	备注
政治处	主 任	刘 信	1965.12—1969	—
政工组	组 长	刘 信	1969—1977.01	—
	副主任	刘 信	1977.01—1977.06	—
	主 任	苑福德	1977.06—1978.06	—
政治处	科 长	刘井成	1978.06—1980.01	—
	科 长	于长河	1980.01—1981.04	—
	科 长	于长河（兼）	1981.04—1983.01	—
	主 任	李德森	1983.01—1984.09	—
	主 任	毕长河	1984.09—1985.11	—
党委办公室	副主任	赵福山	1985.11—1989.06	—
	副主任	罗金铎	1989.06—1990.06	—
	主 任	罗金铎	1990.06—1992.09	—
	部 长	罗金铎	1992.09—1995.06	—
组宣部	副部长	孔庆光	1996.05—1997.03	—
	部 长	孔庆光	1997.03—1999.12	—
	部 长	封玉龙（兼）	1999.12—2001.08	—
组织部	部 长	毕德皖	2001.08—2010.09	—
	部 长	王旭东	2010.09—2017.02	—

（续）

机构名称	职 务	姓 名	任职时间	备注
宣传部	部 长	苑学忠	2001.08—2010.09	—
	部 长	张 涛	2010.09—2017.02	—
党委办公室	主 任	张 涛	2017.02—2019.12	—
	主 任	李文喜	2019.12—2020.12	—

1992年9月，党委办公室撤销，成立组宣部。2001年8月，组宣部撤销，成立组织部和宣传部。组织部主要负责农场的组织、人事等党务工作；宣传部主要负责理论学习、社会新闻宣传和精神文明建设等工作。

2017年2月10日，组织部和宣传部同时撤销，成立党委办公室，设主任1名。2018年5月，增设组织委员1名。

二、政策研究室

2010年9月，大台山果树农场党委设立政策研究室，设主任（副场级）1名。主要协助农场党委抓党务工作，具体负责组织部、宣传部及团委工作。对党和国家各项方针政策进行理论研究，组织农场领导干部进行政策理论学习。同时协助农场纪检委员会进行纪检监察，组织各种大型文艺活动。2012年1月，撤销政策研究室。

表 3-1-6 政策研究室领导更迭情况

职 务	姓 名	任职时间	备 注
主 任	苑学忠	2010.09—2012.01	—

三、纪检监察室

纪检监察室是农场党委下设的专职纪律检查部门，主要职责是监督检查党员和党的基层组织遵守纪律情况，经常向党员进行党的纪律教育；检查处理党员违犯党规、党法、破坏党风的案件；受理党员申述和受理对党员及党组织的控告。

纪检监察室的前身为1961年农场成立的专职纪检部门——纪律检查办公室，设主任1名。

图 3-1-7 预防职务犯罪专题讲座 2017年摄

1989 年 6 月，纪律检查办公室更名为监察科。1992 年 9 月，更名为监察处，1995 年 5 月撤销。

2017 年 7 月，农场纪律检查委员会下设纪检监察室为专职办事部门，设主任 1 名。

表 3-1-7 纪检监察室领导更迭情况

机构名称	职 务	姓 名	任职时间	备注
办公室	副主任	刘井成	1977—1978	负责监察工作
纪律检查办公室	主 任	董有江	1978—1989.06	—
监察科	科 长	董有江	1989.06—1992.09	—
监察处	处 长	董有江	1992.09—1993.03	—
	处 长	刘德彬	1994.02—1995.06	—
纪检监察室	主 任	李伟（女）	2017.07—2020.12	—

四、武装部

农场建场之初，设武装干事负责武装工作。1963 年 1 月，农场成立人民武装部，在农场党委直接领导下负责全场武装和民兵工作。2003 年 4 月，农场内武装工作划归沙河镇人民政府负责，农场武装部门协助沙河镇人民武装委员会解决农场区域内的民兵工作，贯彻有关兵源动员和转业复员、退伍战士安置工作。

表 3-1-8 武装部领导更迭情况

职 务	姓 名	任职时间	备 注
部 长	史凤岐	1963.01—1973	—
部 长	郑天成	1973—1984.09	—
部 长	邱振芳	1984.09—1986.03	—
副部长	沈永顺	1986.03—1986.06	主持工作
助 理	陈玉田	1986.06—1987.05	主持工作
部 长	李保安（兼）	1990.07—1993.12	—
副部长	毕长仁	1993.12—1995.06	主持工作
部 长	刘德彬	1995.06—1999.04	—
部 长	毕长明（兼）	1999.04—2010.09	—
部 长	杨国彬（兼）	2010.09—2017.01	—

第五节 党务工作

一、组织工作

农场成立之初即对干部进行严格管理和培养教育。1949 年 6 月，绥中县政府农业科派员到利民果园审查整顿人事工作，对人员进行编制，建立组织机构。

1950 年 2 月，中财委发出《关于国营、公营工厂建立工厂管理委员会的指示》，根据中央精神，5 月，农场管理体制有所变动，除原来留用的经理外，增加工人出身的李永贵为副经理，组长级管理人员也由工人积极分子担当。工作时间也由原来"日出而作、日落而息"改为定点工时制。

1951 年 5 月，中共中央提出了共产党员标准八项条件，通过了《关于整顿党的基层组织的决议》，农场从此逐步展开整党工作。10 月，利民果园被辽西省接收改编为辽西省农业厅第四果园，随即改变经营管理方式，加强对干部教育和职工学习，以提高干部职工思想觉悟，树立革命事业心。同时，通过整党建立了中共绥中县直属机关辽西省第四果园支部委员会，是农场有史以来第一个中国共产党支部委员会。

1953 年，第一个五年计划开始，中共中央提出党在过渡时期的总路线。农场组织党员干部学习贯彻，进一步提高思想认识，从组织上保证过渡时期总路线在农场的贯彻执行，不断巩固和扩大党的组织，提高党员的思想政治水平，提高党的战斗力，在实际工作中发挥先锋模范作用。10 月，选派优秀青年到辽西省行政干部学校进行为期五个月的培训学习，学习期满后均安排到果园基层领导岗位上。1957 年 12 月，组织基层党员干部到中共绥中县委党员训练班培训学习。

1986 年 2 月至 7 月，根据《中共中央关于整党的决定》。按照市委农工部和农牧局党委指示，利用半年时间进行了整党，共有 271 名党员参加。此次整党，坚持思想教育为主、正面教育为主、自我教育为主的方针。全部学完了市整党办公室规定必学的整党文件篇目，澄清了"左"的影响，端正了态度，把思想统一到十一届三中全会以来的路线、方针、政策上来。在民主评议干部工作中，根据市委组织部和市农牧业局的指示，对农场领导班子及中层以上干部进行民主评议，对他们的德、能、勤、绩做出全面、公正的评价，促进了工作作风的改进。在支部建设上，建立健全了"三会一课"制度和党员联系户制度，使党的光荣传统和优良作风得到发扬。

1989 年，农场党委对全场 268 名党员进行评格，合格党员 97 名，占比 36.2%；基本合格党员 168 名，占比 62.3%；基本不合格党员 1 人，占比 0.31%；不合格党员 2 名，占比 1.19%。

1992 年 10 月，实行党政领导"一肩挑"，即党委书记、场长由一人担任。党政工作坚持党的基本路线，同企业的改革和生产经营密切配合，使党建工作和生产经营相辅相成、互相促进，从根本上解决了顾此失彼的问题。

1995 年，农场党委在全场党员中开展"党员扶贫帮困联系户"活动，在扶贫帮困过程中以"治本为主、治标为辅"的原则，帮技术、帮财力物力，全场共建立扶贫帮困联系户 37 户，使 90％的贫困户脱贫。

1997 年开始，农场把加强干部队伍建设确定为党组织建设的中心，对人事制度进行多层次的改革，打破了国家干部、固定工、合同工、临时工的界限，选拔干部不论资排辈、不看资历看能力。至 2004 年，先后提拔 10 名德才兼备的干部进入场级领导班子或被提拔为中层干部；有 56 名懂技术、会经营、年富力强的管理人才被提拔到基层领导岗位。

1997 年 12 月，农场为了避免下岗老同志生活无着落，对 22 名在 1997 年末年满 55 周岁的在岗中层以下人员实行假退。1998 年，场部机关在退休和内退 6 人的基础上又向基层单位分流 5 人。对全场年满 55 周岁的中层以下干部共 55 人实行内退，基层下岗待业干部达 27 人。同年，农场党委组织党员开展党员联系户活动，用党员的模范行为去影响带动有困难及思想落后的职工群众。果树分场党员同 91 个果树承包亏损户开展联系户活动，在党员的帮助下，有 85％的亏损户扭亏为盈。

2001 年，为深入贯彻落实中央办公厅《深化干部人事制度改革纲要》和省市关于国有企业深化改革及国有企业脱困的方针、政策，针对农场干部队伍现状，进一步加强经营管理队伍建设，农场提出干部制度改革意见。指出：农场的干部人事制度改革要以邓小平理论为指导，服从服务于党的基本路线，服从改革、发展、稳定的大局。坚持解放思想实事求是的思想路线。把"三个有利于"和"三个代表"重要思想作为改革的根本标准，勇于改革一些不适应新形势、新任务、新要求的制度和方式方法。通过改革，优化了各级领导班子结构，把政治素质好具有较高专业知识水平和组织领导能力，懂经营会管理的优秀年轻干部选到领导岗位上来。

2002 年 5 月，农场对在职干部实行末位淘汰制。对农场机关中层以下、果树分场、农业分场、敬老院出纳员以上干部按照不同层次分四组进行排名，对每组排名末位的干部予以淘汰。

2004 年 4 月，为了减员增效，农场进行干部人事制度改革。对场部机关中层以下、果树分场、农业分场、敬老院等单位的在职干部，离法定退休年龄提前 5 年的 17 名干部实行内部退养。

2005 年，农场开展社会主义新农村建设的实践活动，在广大党员干部和职工中普遍开展了树立社会主义荣辱观和精神文明道德教育活动。根据农场基层单位改制后的经营形式，整合了两个租赁单位和个别解体单位的党组织，移交社区统一管理。

2007 年 4 月，农场对在职干部进行人事制度改革，采取公开竞聘、招聘上岗的办法，经过公开自荐、竞聘演讲、民意测验、层层招聘，最后经场长办公会议研究决定聘用各级干部 62 人，其中场部机关 14 个部门 34 人；15 个基层单位 28 人。

2008 年，农场党委加强基层党组织和党员队伍建设，注重党员质量，定期组织党员干部坚持必要的政治理论学习，按时认真召开组织生活会和民主评议党员工作。2008 年至 2014 年共发展新党员 10 名。

2010 年，根据场直单位解体后的具体情况，对基层党组织进行调整和重组。针对农场干部队伍老龄化、管理人才匮乏的现状，对农场干部队伍进行改革调整，通过竞聘演讲和民主测评公开招聘中层以上干部 22 名，其中场长助理以上级别 9 名，基层正职 6 名，基层副职 4 名，机关科员 8 名。

2012 年，农场党委对基层党组织进行调整，配齐各基层党支部书记。对年轻干部进行全面考核，提交场长办公会讨论。

2013 年，农场党委把学习宣传十八大精神，开展"实现伟大中国梦"主题教育活动，党的群众路线教育实践活动与"四好班子"建设结合在一起，建设学习型、服务型、创新型领导班子，全年开展学习 30 余次。

2014 年，农场党委按照上级组织部署，开展以"为民务实清廉"为主要内容的党的群众路线教育实践活动。在教育实践活动中开展"党员干部进社区""党员干部联系帮扶特殊群体"及"在职党员向社区捐款"等活动。

2015 年，农场党委开展"三严三实"专题教育活动，以贯彻中央八项规定精神为切入点，制定教育活动实施方案，成立教育活动领导组织机构，召开全场党员干部动员大会，按照"严以修身、严于律己、严以用权、谋事要实、创业要实、做人要实"的总体要求，把握活动的方法步骤，扎实推动"三严三实"专题教育活动在农场健康有序开展并取得了实效。

2016 年，农场党委深入开展"两学一做"专题教育活动，推进马克思主义学习型、服务型党组织建设，以农场领导班子和处级以上党员干部为重点，定期组织全场党员干部系统学习。

2017 年，农场党委全面开展党员信息采集工作，对全场 385 名党员个人信息逐一核实完善，做到了对党员信息的动态管理。

2018 年，农场党委开展"加强党的建设重要性"学习讨论活动，开展党员意识、党建责任意识和廉政警示主题教育。举办"庆

图 3-1-8　党委领导走访慰问离退休老干部　2018 年摄

祝建党 97 周年暨喜迎改革开放 40 周年"党的知识竞赛活动。

2019 年，农场党委从 9 月开始深入开展"不忘初心、牢记使命"主题教育活动。农场领导班子成员坚持以党课为主题教育思想基础，农场党委书记带头为党员干部上专题党课。按照"读原著、学原文、悟原理"的要求，农场党委分成 5 个专题开展学习研讨，结合工作谈体会，认真查找和解决差距问题。12 月 7 日，农场党委召开领导班子专题民主生活会，征集到 35 条意见建议，党委书记带头查摆突出问题，班子其他成员逐一检视剖析，对号入座。

2017 年至 2020 年，农场面向社会各界招聘各类专业人才 40 余人，其中本科以上占比达到 80%，硕士研究生 2 名。其中有 10 名 35 周岁以下的青年干部担任中层正职职务，9 人担任中层副职职务。

二、宣传工作

农场党委广泛宣传，贯彻党的路线、方针、政策，围绕经济建设这个中心，做好宣传、思想发动工作。场内主要利用《大台山场报》及各部门工作简报宣传农场的方针、政策和全场各条战线涌现出的先进典型。《大台山场报》于总第 100 期更改黑白版面为彩色版面，累计印行 108 期。

1956 年 3 月，全国开始出现"向科学进军"的新气象。农场积极响应上级号召，行动起来，展开各种形式宣传、鼓动，在第一生产队墙壁上书写"向科学文化大进军"的巨幅标语。4 月 5 日，《人民日报》发表根据中共中央政治局扩大会议的讨论写成的编辑部文章《关于无产阶级专政的历史经验》，农场党总支带领 32 名党员学习有关文件，明确坚持无产阶级专政、坚持社会主义的重要性和必要性。

从 1981 年 5 月开始，农场在抓物质文明建设的同时，狠抓精神文明的建设，对广大职工进行"讲文明、讲礼貌、讲卫生、讲秩序、讲道德"和"心灵美、语言美、行为美、环境美"（简称五讲四美）及"热爱祖国、热爱人民、热爱中国共产党"（简称三热爱）的教育，提高职工主人翁思想觉悟，成为有理想、有道德、有文化、有纪律的社会主义建设者。至 1985 年底，全场共召开精神文明建设动员会 130 多次，受教育面达 90% 以上，创建文明单位 15 个，五好家庭 21 个，文明个人数十名。同时狠抓了治理脏、乱、差和环境美化工作，全场共清除垃圾 400 多车，粉刷墙壁 1400 多平方米，修整路面 2 万多米，修花坛 54 个，种植盆花 2000 多盆，植树万余株。

1982 年 3 月 8 日，第五届全国人民代表大会常务委员会第二十二次会议通过了《关于严惩严重破坏经济的罪犯的决定》，农场按照上级的部署，于4月27日成立了"打击经济领域严重犯罪活动办公室"，把中央精神和上级指示向全场群众进行广泛的宣传。在一年多的时间内，全场范围内共查处了7起经济案件，打击了经济犯罪分子，也教育和挽救了一些有问题的人。

1983年7月，组织全场干部学习《国营企业职工思想政治工作纲要（试行）》，举办培训班，通过培训学习，明确了工人阶级的历史地位和历史责任，认识到了加强企业职工思想政治工作是发展社会主义经济的重要保证。

1984年1月16日至21日，全场245名党员参加集训，主要采取作专题辅导和分组讨论的方法，学习《中共中央关于整党的决定》，选学《党章》的部分章节，以及《党员必读》《共产党员》和《增刊》第十一、十二期的有关文章。12月，组织党员干部学习《中共中央关于经济体制改革的决定》，深刻领会明确了贯彻执行对内搞活经济、对外实行开放的方针，加快整个经济体制改革的步伐，是当前我国形势发展的迫切需要。改革的基本任务是建立起具有中国特色的、充满生机和活力的社会主义经济体制，促进社会生产力的发展。这是农场首次组织关于"具有中国特色的社会主义"理论体系的专题学习。

1985年4月，组织党员干部学习邓小平建设有中国特色社会主义理论，进一步深刻领会中国特色的社会主义的丰富内涵，走中国特色社会主义道路，就是在中国共产党领导下，立足基本国情，以经济建设为中心，坚持四项基本原则，坚持改革开放，解放和发展社会生产力，巩固和完善社会主义制度，建设社会主义市场经济、建设富强民主文明的社会主义现代化国家。

1995年，农场党委以学习孔繁森事迹为主要内容，分四片区域进行组织全场党员进行学习教育。年底时以电化教育形式组织全场党员以张鸣岐为题材进行教育活动。

2011年，组织在职党员干部集中学习8次，场长助理专题辅导讲党课3次，参加听课党员干部大620余人次。举办34名新党员和入党积极分子培训班1次，播放各类专题学习片3次。

2012年，农场开展中国特色社会主义理论体系宣传普及活动。每月组织一次全场党员干部系统学习，推进马克思主义学习型政党建设。结合农场爱国主义教育基地建设，对农场领导干部进行爱国主义教育和反腐倡廉教育。

2014年，农场开展中国特色社会主义理论体系宣传普及活动。组织学习贯彻中共十八大报告、新党章等重要文件精神。利用葫芦岛市发改委主办的《经济与信息》《葫芦岛日报》等刊物，宣传农场在学习、民主、环境、建设等方面取得的新成果。

2015年，农场组织全场广大干部进行政治理论学习及《四个全面》《三严三实》等专题辅导讲座。利用《葫芦岛经济》《魅力葫芦岛》等刊物大力宣传农场时事要闻，弘扬企业文化。

2017年3月29日，农场党委主办内部宣传简报《农场风采》第1期创刊，简报采用彩色铜版纸印刷，主要发行至上级各主管部门和农场机关各处室及基层各单位，累计共印发3期。7月，农场印制《大台山苹果小镇》宣传册1000份对外发行，全面介绍农场百年发展历史文化和经济体制改革新气象。

2018年10月1日，农场百果园建成开园，举办了"首届绥中县大台山苹果文化采摘节"。10月3日，中央电视台新闻频道《新闻直播间》现场报道苹果采摘节盛况，同日《新闻联播》《东方时空》节目播放采摘节画面；4日，央视新闻移动网做了一小时的现场直播；5日、6日，央视国际英语频道分别进行新闻报道和专题直播，向全世界展示了农场"中国北方最好吃苹果产地"；9月30日，辽宁电视台《黑土地》栏目推介了本次采摘节。同年，创办了"大台山果业"微信公众平台；在"今日头条"开设"大台山果业"账号，全年发布农场工作新闻116条；在"绥中门户网"设立"聚焦大台山"专栏，全年刊发新闻报道49篇。农场被绥中县委宣传部评为"2018年新闻工作先进集体"荣誉称号。

2019年，继续完善农场公众号信息管理平台建设，在《人民日报》《辽宁日报》"今日头条"等相关媒体报道农场经济社会发展文章近60余篇。

2020年，农场为了总结新冠肺炎疫情防控工作经验，编印了《绥中县抗疫中的坚强堡垒——大台山果树农场党委》一书，发放到上级领导和职工手中并被辽宁省图书馆、辽宁省档案馆等多家机构收藏。农场全年在各级媒体刊发农场新闻200余篇，被《农民日报》《工人日报》《辽沈晚报》中国农垦网和学习强国等重量级媒体转载。农场工会编印内部《工作简报》共75期，宣传报道农场职工典型事迹和工会各项工作。农场被葫芦岛市总工会评选为2020年度宣传报道先进集体，2名农场职工被葫芦岛市总工会评为先进个人。

三、纪检工作

农场纪检监察部门负责监督检查党员和党的基层组织的遵守纪律情况，经常向党员进行党的纪律教育；检查处理党员违犯党规党纪、破坏党风的案件；同时受理党员申述，受理对党员和党组织的控告。对于违犯党的纪律的党员，党的各级组织除了批评教育挽救外，还要视其情节给予处分。

1982年，农场深入开展"刹'三风'、树新风"活动。各基层党支部领导干部深入实际，召开准备结婚青年和家长座谈会，要求从简办婚事，自觉抵制歪风。春节期间有 26 对准备结婚青年表决心，争当"树新风、破旧俗"的标兵。

至 1985 年，农场共有 9 名党员受到党纪处分，其中警告 3 人，严重警告 1 人，撤销职务 2 人，留党察看 2 人，开除党籍 1 人。

1989 年，农场党委把廉政建设作为党的建设的重点来抓，举办各种培训班，教育各级干部保持发扬艰苦奋斗、清正廉洁、全心全意为人民服务的工作作风，自觉抵制腐败。制定各级干部的行为准则，下发了《关于认真贯彻中办 17 号文件精神，进一步加强党风和廉政建设的决定》《关于落实中纪委二次全会精神，开展反腐败的决定》《深入开展反腐败斗争的整改规定》，下发《全场干部"七不准"》。狠抓查处，纪检、监察处、审计处认真履行工作职责，查出违纪党员、干部 3 人，收回不合理支出 21948 元。

1997 年 8 月，农场召开"刹风整纪"大会，对 3 名在工作时间参与赌博的党员干部给予处分通报。

2003 年，场党委下发了《关于加强党员干部纪律建设的有关规定》《关于春节期间加强党员干部廉洁自律工作的通知》《大台山果树农场督察工作制度》《关于党员干部违纪违规处分的有关规定》等一系列文件，进一步加强了干部队伍建设。

2008 年，认真贯彻执行中共十七大"标本兼职、综合治理、惩防并举、注重预防"的十六字方针，推进防腐败体系建设不断完善。深入学习《国有企业领导人员廉洁从业若干规定》，加大贯彻执行力度。在各级党员领导干部中开展权利观教育，深入开展廉政教育和预防职务犯罪教育。深化效能检察工作，结合企业管理中的重要环节、生产经营中的突出问题和职工群众反映的热点问题开展效能检查，堵塞工作漏洞，维护企业经济利益和群众利益。

2009 年，在全场开展狠刹奢侈浪费、公款吃喝、借机敛财风的专项治理行动。对党员干部进行艰苦奋斗，廉洁自律和党纪条规教育，同时进行专项自查自纠。场纪检委组成专项治理工作督察组，不定期地到有关单位、重点餐饮娱乐场所进行检查。制定整改措施的同时，建立厉行节俭、反对奢侈浪费和整治借机敛财的长效机制。

2012 年，为深化农场干部体制改革，端正思想，转变工作作风，进一步加强农场干部队伍建设，强化干部管理，严肃组织纪律，作出《加强干部管理和严肃工作纪律的有关规定》。规定要求各级领导班子和各级干部必须认真学习领会中共十七大和十七届五中、六中全会精神，以科学发展观为统领，坚决贯彻执行党的路线、方针、政策及农场的各项规章制度。在党员干部中开展权力观、利益观、道德观教育，党风党纪、法制教育和警示教育。

2013 年，深入贯彻学习中共十八大精神和中央《关于改进工作作风、密切联系群众的八项规定》《中共辽宁省纪委、辽宁省监察厅改进工作作风、密切联系群众十二项规定》《葫芦岛市关于改进工作作风、密切联系群众十项规定》。开展"廉洁文化"活动，在文化活动中心创立反腐倡廉教育室，多次组织全场党员干部现场观看《国企反腐警示录》《沉重的代价》等警示片。

2014年，农场党委作出关于《党员干部违纪违法处理》的规定，确认了责任单位、责任人及权利行使依据，对办事程序作出了告诫、待岗、辞退及违法行为由检察、公安、法院依法处理的规章制度。同时确定了廉政风险点和风险等级，并对风险点防控措施提出了具体办法。结合群众路线教育实践活动，按照中央《八项规定》要求，组织党员、干部集中学习。集中观看了警示教育片《四风之害》《人民好干部——焦裕禄》《习近平总书记视察兰考》。出台《禁止人情随礼》的规定办法，组织社区在职和退休党员干部参观抗日义勇军纪念馆和反腐倡廉展览室。

2017年，组织党员干部学习中共十九大报告精神，学习《党章》《党内监督条例》《中国共产党纪律处分条例》等党纪条规，纪委委员抄写党纪条规100条，解答党纪条规知识测试题100道。聘请葫芦岛市人民检察院职务犯罪预防处处长来农场给在职干部讲课。制定下发《关于转发县纪委、县监察局〈关于坚决禁止党员干部违规操办"升学宴""谢师宴"的通知〉的通知》，与相关党员干部签订《考生家长不操办子女"升学宴""谢师宴"借机敛财承诺书》4份。全场受党纪处分党员干部5人，其中留党察看2人、党内严重警告1人、党内警告2人。

图3-1-9 学习贯彻党的十九大精神干部大会 2017年摄

2018年，农场对办公用房、公务用车情况进行自查自纠，与绥中县纪委签订了《不违规使用办公用房、公务用车承诺书》。农场党委书记与党委委员签订了《党风廉政建设责任书》，党委委员签订了《党风廉政建设承诺书》。召开全场党员干部警示教育会，学习绥中县纪委下发的典型案件通报，观看警示教育片。制定了《葫芦岛市大台山果树农场纪委落实党风廉政建设监督责任清单（试行）》《党风廉政建设责任追究制度（试行）》《中共葫芦岛市大台山果树农场纪委扫黑除恶专项斗争监督执纪问责工作实施方案》，与农场党委扫黑除恶工作相结合，加强对党员干部的教育监督。农场纪委初核案件线索 3 件，立案 2 件，结案 2 件。全场受党纪处分党员干部 5 人，其中场纪委处分党员干部 2 人、党内严重警告 2 人、党内警告 3 人。

2019 年，农场全面推进从严治党主题教育，推进党风廉政和反腐败工作。结合农场实际，落实组织议事规则和决策程序，坚持以制度管人、管事、管权。利用"学习强国""绥中门户网""今日头条"等新媒体广泛开展、正面引导舆论阵地，对《廉政准则》、国际形势等进行专题学习，开展 4 次廉政教育和警示教育活动。中考、高考结束后，农场纪委对农场在职党员干部中的考生家长进行提醒谈话，防止违规操办"升学宴""谢师宴"等不正之风反弹回潮。谈话后农场相关干部提交了保证书。按照县纪委《关于开展违规使用公务加油卡"私车公养"问题专项整治的通知》要求，农场相关部门进行了自纠自查；按照县纪委《关于在"不忘初心、牢记使命"主题教育中持续整治领导干部利用名贵特产特殊资源谋取私利问题的通知》要求，农场班子成员进行了自纠自查。农场纪委初核案件线索 2 件，立案 2 件。全场受党纪处分党员干部 3 人。党内严重警告 3 人。

2020 年，在新冠肺炎疫情防控工作中，通过下片检查、下发相关文件、工作群通知等形式对农场疫情防控工作进行督查，把督查结果反馈给农场新冠肺炎疫情防控指挥部。对农场受处理处分党员干部开展跟踪帮扶工作。完成农场监察对象基本信息大数据采集、报送工作。农场纪委初核案件线索 3 件，结案 2 件。全场受党纪处分党员干部 8 人，其中撤销党内职务 1 人，党内严重警告 5 人，党内警告 2 人。

第六节　基层组织机构

一、概述

1951 年 5 月，中共中央提出了共产党员标准八项条件，通过了《关于整顿党的基层组织的决议》。10 月，农场通过整党成立中共绥中县直属机关辽西省第四果园支部委员会。

1956 年 12 月，在农场党员代表大会上选举产生中共绥中县果树农场第一届总支部委员会，总支部委员会下设大台山、鸡架山、前所3个党支部。

1961年12月5日，在大台山果树农场召开第三次党员代表大会选举产生中共锦州市大台山果树农场第三届委员会，委员会下设大台山、大台一队、大台二队、头台子、毕家屯、横河子、温家沟、宋家沟、李金屯9个党支部。

1965年，农场党委下设一队、大台西、大生沟、鸡东、鸡西、新区、六支园、场部、联合厂等10个党支部。

1971年6月24日，在整党建党运动中重建农场党委和基层党支部。

1976年，增加西大台和破台子两个大队党支部。

1981年2月28日，经过中共锦州市国营农场局委员会批准，农场设立鸡架山和矾石山两个党总支。其中鸡架山分场党总支下辖6个党支部，有党员36名；矾石山农业分场党支部下辖矾石、郜家、破台子、西大台、温屯、毕屯等6个党支部，有党员53名。同年12月19日，撤销鸡架山和矾石山两个党总支。

1994年4月，取消建筑公司党支部，与包装器材厂党支部合并为一个党支部。取消车队党支部，并入大修厂党支部。

1999年7月成立苗木花卉党支部。2004年3月撤销，并入示范园联合党支部。

2004年3月，农场成立机关党总支委员会，包括酒厂、砖厂、饮料厂、车队和机械厂5个党支部；成立台西联合党支部，包括原台西和敬老院2个党支部；成立示范园联合党支部，包括原示范园和苗木花卉2个党支部；成立地毯厂联合党支部，包括原地毯厂和石场2个党支部；成立路管站联合党支部，包括原路管站、液化气站、兽医站3个党支部。

2017年5月23日，原第一分场党支部更名为台东分场党支部，原第二、三分场党支部合并更名为台西分场党支部，原第四、五分场党支部合并更名为矾南分场党支部，原西大台、大生沟分场党支部合并更名为大生沟分场，原饮马河和鸡架山分场联合党支部更名为鸡架山分场党支部，原矾石、郜家农业分场党支部合并更名为矾石农业分场党支部，原温屯农业分场温屯、毕屯分场党支部合并更名为毕屯农业分场党支部。

2017年6月，经过中共绥中县委组织部批准，农场党委下属中心小学和初级中学支部委员会党组织关系由中共葫芦岛市大台山果树农场委员会调整到中共绥中县教育局委员会。

2019年3月14日，农场党组织设置进行了调整，撤销原社区党总支委员会和社区第一、第二、第三党支部委员会，以及台东、台西、矾石、矾南、大生沟、毕屯、鸡架山分场党支部委员会。新设立大台山社会事务服务中心党总支委员会，下设第一、第二、第三、第四党支部委员会，社区党支部委员会，台东、台西、矾北、矾石、矾南、郜家、西大台、破台子、温屯、毕屯、向阳、鸡架山办事处等 17 个党支部委员会。

二、机关党组织

表 3-1-9　机关党组织领导更迭情况

组织名称	职　务	姓　名	任职时间	备注
场部党支部	书　记	王耀宗	1956.12—1958	—
	书　记	马文山	1971.07—1976	—
	书　记	王　恩	1976—1981.12	—
机关党支部	书　记	马文山	1981.12—1985.09	—
	书　记	毕长有	1985.09—2000.02	—
	书　记	毕德皖	2000.02—2004.03	—
机关党总支	书　记	毕德皖	2004.03—2010.09	—
	书　记	王旭东	2012.07—2016.08	—
机关党支部	书　记	张　涛	2016.08—2019.03	—
	书　记	李文喜	2019.03—2020.12	—

三、社区党组织

表 3-1-10　社区党组织领导更迭情况

组织名称	职　务	姓　名	任职时间	备　注
社区党总支	书　记	张树栋（兼）	2005.07—2009.03	—
	书　记	柳宝平	2009.03—2012.07	—
	书　记	杨德宝	2012.07—2017.07	—
	书　记	张秀艳（女）	2017.07—2019.03	—
社区第一党支部	书　记	杨德宝（兼）	2015.03—2017.07	—
	书　记	张秀艳（女、兼）	2017.07—2019.03	—
社区第二党支部	书　记	王凤芬（女）	2007.04—2014.05	—
	书　记	刘慧敏（女）	2017.03—2019.03	—
社区第三党支部	书　记	柳　颖（女）	2015.03—2019.03	—

四、社会事务服务中心党组织

表 3-1-11　社会事务服务中心党总支领导更迭情况

职　务	姓　名	任职时间	备注
书　记	李春秋	2019.01—2020.12	—

（续）

职 务	姓 名	任职时间	备注
副书记	王旭东	2019.01—2020.12	—

表 3-1-12 社会事务服务中心基层党支部领导更迭情况

组织名称	职 务	姓 名	任职时间	备注
第一党支部	书 记	马连臣	2019.03—2020.12	—
第二党支部	书 记	孔大强	2019.03—2020.12	—
第三党支部	书 记	毕晓丽（女）	2019.03—2020.05	—
	书 记	于洪良	2020.05—2020.12	—
第四党支部	书 记	毕文国	2019.03—2020.09	—
	书 记	张海军	2020.09—2020.12	—
社区党支部	书 记	张秀艳（女）	2019.03—2019.12	—
	书 记	卢冠男	2019.12—2020.12	—
毕屯办事处党支部	书 记	杨 峰	2019.03—2020.12	—
台东办事处党支部	书 记	毕 蕾（女）	2019.03—2020.12	—
台西办事处党支部	书 记	张 东	2019.03—2020.12	—
向阳办事处党支部	书 记	毕德静	2019.03—2020.12	—
西大台办事处党支部	书 记	刘春生	2019.03—2020.12	—
温屯办事处党支部	书 记	周立刚	2019.03—2020.12	—
破台子办事处党支部	书 记	毕德怀	2019.03—2020.12	—
矾石办事处党支部	书 记	陈保峰	2019.03—2020.12	—
矾南办事处党支部	书 记	孔凡辉	2019.03—2020.12	—
矾北办事处党支部	书 记	常小辉	2019.03—2019.08	—
	书 记	陈晓峰	2019.08—2020.12	—
部家办事处党支部	书 记	陈晓峰	2019.03—2019.08	—
	书 记	常小辉	2019.08—2020.12	—
鸡架山办事处党支部	书 记	秦国政	2019.03—2020.12	—

五、果树分场党组织

表 3-1-13 台东分场党支部领导更迭情况

职 务	姓 名	任职时间	备 注
书 记	庞 荣	1955.02—1957.03	—
书 记	张绍卿	1957.03—1958	—
书 记	阎尚田	1958—1962.01	—
书 记	赵兴政	1962.01—1962.10	—
书 记	庞 荣	1962.10—1964.05	—

（续）

职　务	姓　名	任职时间	备　注
书　记	智绍军	1964.05—1966.12	—
书　记	杨广具	1966.12—1967.03	—
书　记	杨树田	1971.03—1972.01	—
书　记	高光烈	1972.01—1972.08	—
书　记	李永贵	1972.08—1974.10	—
书　记	李守本	1974.10—1988.03	—
书　记	杨　恩	1988.03—1992.08	—
书　记	毕巨林	1992.08—1994.04	—
书　记	周道忠	1994.04—1999.12	—
书　记	毕文国（兼）	2017.05—2017.07	—
书　记	毕　蕾（女）	2017.07—2019.03	—

表 3-1-14　红星果树分场党支部领导更迭情况

职　务	姓　名	任职时间	备　注
副书记	周道忠	1976.04—1986.06	主持工作
书　记	周道忠	1986.06—1994.04	—
书　记	毕德宽	1994.04—1998.04	—
书　记	赵忠海	1998.04—1999.12	—
书　记	杨宝银	1999.12—2000.03	—
书　记	柳宝平	2000.03—2001.08	—
书　记	郭　杉	2001.08—2004.03	—
书　记	骆云春	2004.03—2017.05	—

表 3-1-15　台西分场党支部领导更迭情况

职　务	姓　名	任职时间	备　注
副书记	赵兴政	1962.10—1963.05	主持工作
书　记	赵兴政	1963.05—1965.03	—
书　记	庞　荣	1965.03—1966.12	—
书　记	杨树田	1966.12—1967.03	—
书　记	赵兴政	1971.10—1986.06	—
副书记	高文富	1986.06—1988.03	主持工作
书　记	邬忠致	1988.03—1994.04	—
书　记	毕巨林	1994.04—1999.12	—
书　记	张俊华	1999.12—2004.03	—
书　记	王旭东	2004.03—2004.08	联合党支部
书　记	毕长东（兼）	2005.07—2005.09	—
书　记	张福元	2005.09—2010.09	—
书　记	刘玉权	2010.09—2014.10	—

（续）

职　务	姓　名	任职时间	备　注
书　记	周立刚	2014.10—2017.05	—
书　记	毕德静	2017.05—2019.03	—

表 3-1-16　西大台分场党支部领导更迭情况

职　务	姓　名	任职时间	备注
书　记	罗世恩	1972.07—1976.07	—
副书记	费成福	1976.07—1978.01	主持工作
副书记	罗世恩	1978.01—1983.01	主持工作
副书记	费成福	1983.01—1988.03	主持工作
副书记	郭树权	1988.03—1989.01	主持工作
书　记	郭树权	1989.01—1993.06	—
书　记	王喜印	1993.06—1995.06	—
书　记	毕德怀	2011.03—2017.05	—

表 3-1-17　台南分场党支部领导更迭情况

职　务	姓　名	任职时间	备注
书　记	李德彦	1992.03—1994.04	—
书　记	狄士秋	1994.04—1999.12	—

表 3-1-18　向阳分场党支部领导更迭情况

职　务	姓　名	任职时间	备注
副书记	李德森	1977.04—1983.01	主持工作
书　记	王　学	1983.01—1986.06	—
副书记	杨作山（兼）	1986.06—1988.03	主持工作
书　记	杨作山	1988.03—1992.08	—
书　记	刘兴秋	1992.08—1994.04	—
书　记	邬忠致	1994.04—1999.12	—
书　记	狄士秋	1999.12—2001.08	—
书　记	毕桂友	2001.08—2004.03	—
书　记	李春秋	2004.03—2004.08	—
书　记	毕桂友（兼）	2005.07—2010.09	—
书　记	毕桂良	2010.09—2014.10	—
书　记	史海波	2014.10—2017.05	—

表 3-1-19　破台子分场党支部领导更迭情况

职　务	姓　名	任职时间	备注
书　记	刘清林	1975.05—1976.03	

（续）

职 务	姓 名	任职时间	备注
副书记	王瑞武	1980.03—1984.05	主持工作
副书记	苑福堂	1984.05—1988.03	主持工作
书 记	苑福堂	1988.03—1996.05	—
书 记	谭作秋	1996.05—1997.03	—
书 记	苑福森	1997.03—1999.12	—

表 3-1-20　迎春果树分场党支部领导更迭情况

职 务	姓 名	到任日期	备注
副书记	王天儒	1978.02—1980.08	主持工作
副书记	高文富	1980.08—1984.09	主持工作
书 记	高文富	1984.09—1985.03	—
副书记	毕德宽	1985.03—1988.02	主持工作
书 记	毕德宽	1988.02—1994.04	—
书 记	刘广安	1994.04—1996.05	—
书 记	张俊华	1996.05—1999.12	—
书 记	周道忠	1999.12—2001.08	—
书 记	柳宝平	2001.08—2004.03	—
书 记	张福元	2004.03—2005.09	—
书 记	苑小平（女）	2005.09—2007.04	—
书 记	毕德怀	2007.04—2011.03	—

表 3-1-21　红光果树分场党支部领导更迭情况

职 务	姓 名	任职时间	备注
副书记	金殿中	1978.03—1980.06	主持工作
副书记	杨井才	1980.06—1984.09	—
书 记	杨井才	1984.09—1987.04	—
副书记	吴玉林	1987.04—1988.03	主持工作
书 记	吴玉林	1988.03—1994.04	—
书 记	毕长东	1994.04—1996.05	—
书 记	刘广安	1996.05—1999.12	—
书 记	银长满	1999.12—2003.05	—
书 记	王景良	2003.05—2003.08	—
书 记	赵忠海	2003.08—2010.09	—
书 记	陈晓峰	2010.09—2011.03	—

表 3-1-22　大生沟分场党支部领导更迭情况

职 务	姓 名	任职时间	备注
书 记	张绍卿	1962.03—1965.03	—

（续）

职 务	姓 名	任职时间	备注
书 记	马文山	1965.03—1967.03	—
书 记	金殿忠	1971.07—1975.01	—
副书记	王天儒	1975.01—1976.04	主持工作
副书记	董 义	1976.04—1978.06	主持工作
副书记	张子彬	1978.06—1984.09	主持工作
副书记	陈海山	1984.09—1988.03	主持工作
书 记	陈海山	1988.03—1991.02	—
书 记	高文富	1991.02—1996.05	—
书 记	王景良	1996.05—1999.12	—
书 记	陈晓峰	2011.03—2017.05	—
书 记	刘春生	2017.05—2019.03	—

表 3-1-23 山楂果树分场党支部领导更迭情况

职 务	姓 名	任职时间	备注
书 记	杨井才	1987.04—1989.12	—
书 记	陈海山	1991.02—1991.06	—
副书记	苑福顺	1991.06—1994.04	主持工作
书 记	张俊华	1994.04—1996.05	—
书 记	苑福堂	1996.05—1998.04	—

表 3-1-24 矾东果树分场党支部领导更迭情况

职 务	姓 名	任职时间	备注
书 记	毕德秋	1996.02—1998.04	—
书 记	张福元	1998.04—1999.02	—
书 记	杨宝银	1999.03—1999.12	—

表 3-1-25 矾南分场党支部领导更迭情况

职 务	姓 名	任职时间	备注
指导员	陈海山	1978.09—1978.10	—
指导员	费成福	1978.10—1980.03	—
副书记	费成福	1980.03—1981.07	主持工作
书 记	刘清林	1981.07—1984.05	—
副书记	赵殿文	1984.05—1986.06	主持工作
副书记	罗金铎	1986.06—1988.03	主持工作
书 记	罗金铎	1988.03—1989.06	—
书 记	张俊华	1989.06—1994.04	—
书 记	李德彦	1994.04—1996.05	—
书 记	苑学忠	1996.05—1997.03	—

（续）

职　务	姓　名	任职时间	备注
书　记	刘兴秋	1997.03—1999.12	—
书　记	王景良	1999.12—2001.08	—
书　记	张　涛	2001.08—2010.09	—
书　记	毕长东	2012.08—2013.04	—
书　记	孔凡辉	2013.08—2017.05	—
书　记	杨　峰	2017.05—2019.03	—

表 3-1-26　小矾石果树分场党支部领导更迭情况

职　务	姓　名	任职时间	备　注
书　记	张焕清	1971.07—1983.04	—
副书记	杨春山	1983.04—1984.09	主持工作
书　记	张焕清	1984.09—1985.06	—
副书记	赵殿文	1985.06—1988.03	主持工作
书　记	赵殿文	1988.03—1989.01	—
书　记	王怀国	1989.01—2000.05	—
书　记	苑福森	2000.05—2000.06	—

表 3-1-27　矾北分场党支部领导更迭情况

职　务	姓　名	任职时间	备　注
副书记	马志国	1980.06—1982.01	主持工作
副书记	张庆奎	1982.01—1984.05	主持工作
副书记	孔庆光	1984.05—1984.09	主持工作
书　记	孔庆光	1984.09—1988.03	—
书　记	孔庆光	1988.03—1991.02	—
书　记	牛国林	1991.02—1992.08	—
副书记	柴绍海	1992.08—1994.04	主持工作
书　记	费成福	1994.04—1996.05	—
书　记	高文富	1996.05—1999.12	—
书　记	张福元	1999.12—2000.06	—
书　记	苑福森	2000.06—2001.08	—
书　记	王景良	2001.08—2003.05	—
书　记	张福元	2003.05—2004.03	—
书　记	张景贵	2004.03—2005.09	—
书　记	王　新	2005.09—2007.04	—
书　记	陈保峰	2007.04—2013.04	—
书　记	刘春生	2013.04—2017.05	—

表 3-1-28　鸡架山分场党支部领导更迭情况

职　务	姓　名	任职时间	备注
书　记	朱志彬	1957.07—1958.03	—
书　记	任福林	1958.03—1962.02	—
书　记	徐春友	1976.04—1978.06	—
书　记	阎尚田（兼）	1978.06—1979.10	—
书　记	刘继成	1996.01—1999.03	—
书　记	杨　贵	1999.03—1999.12	—
书　记	秦国政	1999.12—2019.03	—

表 3-1-29　鸡架西果树分场党支部领导更迭情况

职　务	姓　名	任职时间	备注
书　记	任福林	1962.02—1965.03	—
书　记	张绍卿	1965.03—1966.02	—
书　记	张国祥	1966.02—1966.12	—
书　记	庞　荣	1966.12.—1967.03	—
副书记	秦希臣	1980.11—1981.06	主持工作
副书记	张树林	1981.06—1983.04	主持工作
副书记	陆振邦	1983.04—1986.06	主持工作
副书记	刘继成（兼）	1986.06—1988.03	主持工作
书　记	刘继成	1988.03—1991.02	—
书　记	赵紫春	1991.02—1992.08	—
书　记	杨　贵	1992.08—1994.04	—
书　记	王国平	1994.04—1995.06	—
书　记	刘继成	1995.06—1996.01	—

表 3-1-30　鸡架东果树分场党支部领导更迭情况

职　务	姓　名	任职时间	备注
书　记	马文山	1962.06—1964.05	—
书　记	庞　荣	1964.05—1965.03	—
书　记	张绍卿	1965.03—1967.03	—
副书记	王　学	1979.10—1982.01	主持工作
书　记	王　学	1982.01—1983.05	—
副书记	杨振祥	1983.05—1988.03	主持工作
书　记	杨振祥	1988.03—1991.02	—
书　记	徐春友	1991.02—1996.01	—

表 3-1-31 饮马河果树分场党支部领导更迭情况

职　务	姓　名	任职时间	备　注
书　记	杨广具	1965.10—1966.12	—
书　记	张国祥	1966.12—1967.03	—
书　记	徐春友	1975.01—1976.04	—
副书记	杨　恩	1976.04—1980.03	主持工作
副书记	李子玉	1980.03—1984.09	主持工作
副书记	杨　贵	1984.09—1988.03	主持工作
书　记	杨　贵	1988.03—1991.02	—
书　记	刘继成	1991.02—1995.06	—
书　记	王国平	1995.06—1999.12	—
书　记	周道荣	1999.12—2001.08	—
书　记	王国平	2001.08—2015.03	—

表 3-1-32 六支园果树分场党支部领导更迭情况

职　务	姓　名	任职时间	备　注
书　记	常　义	1962.02—1965.09	—
副书记	张国祥	1965.09—1966.02	主持工作
书　记	张焕清	1966.12—1967.03	—
书　记	阎尚田	1971.07—1976.02	—
书　记	曹文仲	1976.02—1978.08	—
第一副书记	徐春友	1978.08—1981.06	主持工作
书　记	阎尚田	1981.06—1984.09	—
副书记	秦希忱	1984.09—1988.02	主持工作
书　记	秦希忱	1988.02—1988.03	—
书　记	周道荣	1995.06—1999.12	—

表 3-1-33 新区果树分场党支部领导更迭情况

职　务	姓　名	任职时间	备　注
书　记	阎尚田	1962.12—1967.04	—
书　记	杨井才	1975.01—1981.06	—
副书记	徐春友	1981.06—1988.03	主持工作
书　记	徐春友	1988.03—1991.02	—
书　记	杨振祥	1991.02—1994.04	—
书　记	杨　贵	1994.04—1997.03	—
书　记	赵紫春	1997.03—1999.04	—
书　记	秦国政	1999.04—1999.12	—

表 3-1-34　矾石山分场党支部领导更迭情况

职　务	姓　名	任职时间	备　注
书　记	苑福德	1980.11—1981.12	—

表 3-1-35　科技示范园党支部领导更迭情况

职　务	姓　名	任职时间	备　注
书　记	赵忠海	1999.12—2003.08	—
书　记	王景良	2003.08—2004.03	—

六、农业分场党组织

表 3-1-36　毕屯农业分场党支部领导更迭情况

职　务	姓　名	任职时间	备　注
书　记	王焕章	1956—1958	毕家屯分支部
书　记	罗世恩	1958—1961	—
副书记	毕长金	1961—1964	主持工作
副书记	毕桂德	1964—1967	主持工作
书　记	柏桂林	1972.06—1973.03	—
书　记	杨守山	1973.03—1975.01	—
书　记	毕德山	1975.01—1975.12	—
第一副书记	毕长金	1975.12—1976.06	主持工作
副书记	肖殿海	1976.06—1979.10	主持工作
书　记	柳宝平	1979.10—1980.03	—
书　记	柳宝平	1980.03—1982.01	毕屯西大队
副书记	毕纯林	1980.03—1982.01	毕屯东大队
副书记	毕桂全	1982.01—1988.03	主持工作
书　记	毕桂全	1988.03—1998.04	—
书　记	毕桂友	1998.04—1999.12	—
书　记	毕巨林	1999.12—2001.08	—
书　记	狄士秋	2001.08—2017.05	—
书　记	陈晓峰	2017.05—2019.03	—

表 3-1-37　温屯农业分场党支部领导更迭情况

职　务	姓　名	任职时间	备　注
书　记	罗世恩	1965—1967.03	—
书　记	杨文才	1971.01—1978.10	—
书　记	杨文德	1978.10—1983.04	—

（续）

职　务	姓　名	任职时间	备注
副书记	王仲志	1983.05—1989.01	主持工作
书　记	王仲志	1989.01—1995.06	—
书　记	王喜印	1995.06—1998.04	—
书　记	苏绍廷	1998.04—2000.06	—
书　记	王怀国	2000.06—2001.08	—
书　记	毕德怀	2001.08—2007.04	—
书　记	马俊山	2007.04—2010.09	—
书　记	毕巨林	2012.08—2015.03	—
书　记	马连臣	2015.03—2017.05	—

表 3-1-38　矾石农业分场党支部领导更迭情况

职　务	姓　名	任职时间	备注
小组长	常　春	1950.03—1953.07	—
书　记	常　海	1953.03—1956.03	—
书　记	张庆奎	1956.10—1957.03	—
书　记	常　海	1957.03—1958.05	—
书　记	常福山	1958.05—1959.09	—
书　记	于长顺	1959.09—1961.03	—
书　记	张庆奎	1961.03—1962.04	—
书　记	于长顺	1962.05—1963.02	—
书　记	常福德	1963.03—1963.06	—
书　记	刘玉俊	1963.07—1968.04	—
书　记	刘玉俊	1970.12—1975.01	—
书　记	刘忠海	1975.01—1978.02	—
书　记	张庆奎	1978.02—1980.09	—
书　记	李洪生	1980.09—1985.01	—
副书记	陈德生	1985.01—1996.05	主持工作
书　记	柴绍海	1996.05—1999.02	—
书　记	骆云春	1999.02—2004.03	—
书　记	柳宝平	2004.03—2005.09	—
书　记	李国文	2005.09—2007.04	—
书　记	孔大强	2007.04—2010.09	—
书　记	陈保峰	2013.04—2017.05	—
书　记	常小辉	2017.05—2019.03	—

表 3-1-39　郜家农业分场党支部领导更迭情况

职　务	姓　名	任职时间	备注
书　记	于长顺	1964—1968.04	—

（续）

职　务	姓　名	任职时间	备注
书　记	于长顺	1970.11—1975.01	—
书　记	刘小可	1975.01—1978.03	—
书　记	杨春山	1978.03—1982.12	—
副书记	邰文志	1982.12—1989.01	主持工作
书　记	赵殿文	1989.01—1993.06	—
书　记	邰文志	1993.06—2006.08	—
书　记	毕长东	2006.08—2007.04	—
书　记	邰文志	2007.04—2012.03	—
书　记	史海波	2012.08—2014.10	—
书　记	于洪良	2014.10—2017.02	—

七、场直单位党组织

表 3-1-40　苗木花卉场（苗圃）党支部领导更迭情况

职　务	姓　名	任职时间	备注
书　记	赵兴政	1986.06—1991.02	苗圃党支部
副书记	王景良	1991.02—1996.05	主持工作
副书记	吴玉林	1996.05—1998.04	主持工作
书　记	杨德洪	1998.04—1999.03	—
书　记	柳宝平	1999.07—2000.03	—
书　记	杨宝银	2000.03—2004.03	—
书　记	王景良	2004.03—2005.07	—

表 3-1-41　机站党支部领导更迭情况

职　务	姓　名	任职时间	备注
政治指导员	张振德	1973.04—1974.03	农业机电管理站
书　记	尚世振	1974.03—1978.08	—
副书记	曹文仲	1978.08—1979.10	主持工作
副书记	侯景富	1979.10—1980.04	主持工作
书　记	杨占长	1980.04—1981.10	—
副书记	王自斌	1981.10—1986.06	主持工作
副书记	刘　才	1986.06—1993.06	主持工作

表 3-1-42　供销处党支部领导更迭情况

职　务	姓　名	任职时间	备注
书　记	仲宝忠	1981.12—1988.03	—

（续）

职 务	姓 名	任职时间	备注
书 记	刘德彬	1988.03—1992.08	—
书 记	张树栋	1992.08—1998.04	—
书 记	毕长东	1998.04—1999.02	—
书 记	张福元	1999.02—1999.12	—
书 记	苑福森	1999.12—2000.05	—
书 记	苏绍廷	2000.05—2009.11	—

表 3-1-43　水电站党支部领导更迭情况

职 务	姓 名	任职时间	备注
书 记	曹文仲	1980.04—1983.05	—
书 记	苑福德	1983.05—1988.03	—
书 记	尚德臣	1988.03—2008.12	—

表 3-1-44　兽医站党支部领导更迭情况

职 务	姓 名	任职时间	备注
书 记	曹文仲	1979.02—1984.09	—
书 记	陆云作	1984.09—1993.06	—
书 记	陆云作	1993.06—1996.03	科研所、兽医站 联合党支部

表 3-1-45　职业技术高中党支部领导更迭情况

职 务	姓 名	任职时间	备注
书 记	王 学	1983.12—1989.03	—

表 3-1-46　大台山初级中学党支部领导更迭情况

职 务	姓 名	任职时间	备注
副书记	田绍臣	1977.07—1981.09	主持工作
书 记	邢广学	1981.09—1984.09	—
副书记	杜秉宽	1984.09—1995.09	主持工作
书 记	董 骐	1995.09—1998.09	—
书 记	毕淑贤（女）	1998.09—2003.07	—
书 记	刘东华	2003.07—2018.11	—
书 记	宋 亮	2018.11—2020.12	—

表 3-1-47　大台山中心小学党支部领导更迭情况

职 务	姓 名	任职时间	备注
书 记	叶连秋	1960.10—1966.10	—
书 记	李毓常	1966.10—1967.05	—

（续）

职　务	姓　名	任职时间	备注
书　记	杨宝金	1971.05—1976.09	—
书　记	张树栋	1976.09—1978.07	—
书　记	田绍臣	1978.07—1981.05	—
书　记	池印蒲	1981.05—1983.01	—
副书记	胡振荣	1983.01—1998.09	主持工作
书　记	池景秋	1998.09—2002.09	—
书　记	穆春和	2002.09—2008.03	—
书　记	黄鹏（女）	2008.03—2011.10	—
书　记	魏静（女）	2011.10—2018.08	—
代理书记	陶国慷	2018.08—2019.06	—
书　记	陶国慷	2019.06—2020.12	—

表 3-1-48　粮食供应站党支部领导更迭情况

职　务	姓　名	任职时间	备注
书　记	张绍卿	1981.07—1984.09	—
书　记	孟昭有	1984.09—1997.03	—

表 3-1-49　医院党支部领导更迭情况

职　务	姓　名	任职时间	备注
书　记	张树华	1982.02—1983.11	—
书　记	常永春	1983.11—1986.01	—
副书记	高仁德	1986.01—1987.04	主持工作
书　记	邬忠致	1987.04—1988.03	—
副书记	费成福	1988.03—1994.04	主持工作
书　记	沈永顺	1994.04—2002.07	—

表 3-1-50　建筑材料厂党支部领导更迭情况

职　务	姓　名	任职时间	备注
书　记	张绍卿	1980.11—1981.07	—
副书记	陈海山	1981.07—1982.01	主持工作
副书记	高仁德	1983.04—1986.06	主持工作
副书记	费成斌	1986.11—1988.02	主持工作
书　记	费成斌	1988.02—1996.05	—
书　记	费成斌	1996.05—1997.03	砖瓦厂
书　记	费成斌	1997.03—1997.04	—
书　记	柴士学	1997.04—1998.04	—
书　记	费成斌	1998.04—2007.09	—

表 3-1-51　科学研究所党支部领导更迭情况

职　务	姓　名	任职时间	备注
书　记	任福林	1984.09—1988.03	—
书　记	胡景源	1988.03—1993.06	—

表 3-1-52　炸药厂党支部领导更迭情况

职　务	姓　名	任职时间	备注
书　记	仲宝忠	1977.01—1980.12	主持工作

表 3-1-53　地毯厂党支部领导更迭情况

职　务	姓　名	任职时间	备注
书　记	仲宝忠	1980.12—1981.12	—
书　记	刘祥林	1981.12—1983.04	—
副书记	肖殿海	1983.04—1984.09	主持工作
书　记	肖殿海	1984.09—1991.02	—
书　记	周明岐	1991.02—1993.06	—
书　记	尤志忠	1993.06—1996.05	—
书　记	田祥林	1996.05—1999.03	—
书　记	尤志忠	1999.03—2001.08	—
书　记	史海波	2004.03—2012.08	—

表 3-1-54　建筑工程公司党支部领导更迭情况

职　务	姓　名	任职时间	备注
副书记	杨占长	1987.04—1988.03	主持工作
书　记	候井富	1988.03—1994.04	—
书　记	董有江	1996.05—1998.04	—
书　记	费连岐	1998.04—2006.09	—
书　记	费连岐	2006.09—2014.05	工程队

表 3-1-55　驻海南省灵水县机械化工程有限公司党支部领导更迭情况

职　务	姓　名	任职时间	备注
副书记	王景儒	1996.05—1997.03	主持工作

表 3-1-56　第一工程队党支部领导更迭情况

职　务	姓　名	任职时间	备　注
书　记	刘中昌	1976.01—1978.12	—
书　记	王瑞武	1978.12—1980.11	基建队
副书记	杨新春	1980.11—1982.04	主持工作
书　记	刘中昌	1982.04—1984.05	—
副书记	罗金铎	1984.05—1984.12	主持工作

（续）

职　务	姓　名	任职时间	备　注
副书记	苑学忠	1984.12—1987.04	主持工作

表 3-1-57　第二工程队党支部领导更迭情况

职　务	姓　名	任职时间	备　注
副书记	王天儒	1980.08—1982.05	主持工作，百人工程队
书记	苑福德	1982.05—1983.05	辽河油田施工队
书记	于宏	1983.05—1984.05	—
副书记	苑学忠	1984.05—1984.12	主持工作

表 3-1-58　第三工程队党支部领导更迭情况

职　务	姓　名	任职时间	备　注
副书记	罗金铎	1980.11—1982.04	主持工作
副书记	杨新春	1982.04—1984.05	主持工作
副书记	李德彦	1984.05—1986.01	主持工作
副书记	杨恩	1986.01—1988.03	主持工作

表 3-1-59　长石矿党支部领导更迭情况

职　务	姓　名	任职时间	备　注
副书记	张庆魁	1980.04—1982.02	主持工作
副书记	李洪生	1982.02—1984.05	主持工作
书记	张子华	1984.05—2007.11	—

表 3-1-60　机械厂党支部领导更迭情况

职　务	姓　名	任职时间	备　注
书记	刘信	1960—1964.05	联合厂支部
副书记	张义林	1964.05—1970.12	主持工作
书记	张义林	1970.12—1975.09	—
书记	杨恩	1975.09—1976.01	—
书记	张义林	1976.01—1981.05	—
副书记	周玉儒	1981.05—1982.01	主持工作
副书记	陈海山	1982.01—1982.04	主持工作
副书记	柳宝平	1982.04—1984.09	主持工作
副书记	周明岐	1984.09—1987.04	主持工作
书记	刘中昌	1987.04—1988.02	—
书记	陶春阳	1988.03—1989.07	—
书记	柳宝平	1989.07—1999.03	—

表 3-1-61　大修厂党支部领导更迭情况

职　务	姓　名	任职时间	备注
书　记	孔庆光	1993.06—1996.05	—
书　记	毕长东	1996.05—1998.04	—
书　记	杨国彬	1998.04—1998.12	—
书　记	李玉健	1998.12—1999.03	—

表 3-1-62　炼钢厂党支部领导更迭情况

职　务	姓　名	任职时间	备注
副书记	毕长东	1993.06—1994.02	主持工作

表 3-1-63　制砖厂党支部领导更迭情况

职　务	姓　名	任职时间	备注
书　记	刘清林	1973—1975.01	—
书　记	杨守山	1975.01—1975.12	—
书　记	毕长有	1975.12—1977.06	—
书　记	高玉合	1977.06—1979.02	—
书　记	杨　恩	1979.02—1984.05	—
副书记	刘中昌	1984.05—1985	主持工作
副书记	毕纯林	1985—1986.01	主持工作
书　记	刘中昌	1986.01—1989.01	—
书　记	杨岐山	1989.01—1994.04	—
书　记	谭作秋	1994.04—1996.05	—
书　记	费成斌	1996.05—1997.03	砖瓦厂
书　记	谭作秋	1997.03—1999.12	—

表 3-1-64　油毡纸厂党支部领导更迭情况

职　务	姓　名	任职时间	备注
书　记	谢凤英（女）	1975.12—1983.04	—
书　记	刘祥林	1983.04—1984.09	—
副书记	张廷瑞	1984.09—1986.11	主持工作
副书记	张树栋	1986.11—1988.03	主持工作
书　记	张树栋	1988.03—1991.06	—

表 3-1-65　采石场党支部领导更迭情况

职　务	姓　名	任职时间	备注
副书记	肖殿海	1979.06—1980.11	主持工作
书　记	杨岐山	1980.11—1989.01	—
副书记	兴福奎	1989.08—1990.06	主持工作
副书记	陈维岐	1990.06—1994.04	主持工作

（续）

职　务	姓　名	任职时间	备注
书　记	陈维岐	1994.04—1995.02	—
副书记	史海波	1995.06—1997.03	主持工作
书　记	史海波	1997.03—2004.03	—

表 3-1-66　包装器材厂党支部领导更迭情况

职　务	姓　名	任职时间	备注
书　记	张树栋	1988.03—1991.03	—
书　记	孔庆光	1991.03—1993.06	—
副书记	张殿军	1993.06—1994.04	主持工作
书　记	张殿军	1994.04—1997.03	—
书　记	王自斌	1997.03—1998.12	—
书　记	张殿军	1998.12—2001.02	—
书　记	王自斌（兼）	2005.07—2007.02	—

表 3-1-67　养猪场党支部领导更迭情况

职　务	姓　名	任职时间	备注
书　记	孟昭福	1974.06—1979.07	—
书　记	曹文仲	1979.07—1980.03	—
副书记	孟昭福	1980.03—1988.03	主持工作
书　记	孟昭福	1988.03—1992.08	—
书　记	杨　恩	1992.08—1998.04	—
书　记	董永江	1998.04—1999.09	敬老院、养猪场联合党支部

表 3-1-68　食品加工厂党支部领导更迭情况

职　务	姓　名	任职时间	备注
副书记	肖殿海	1980.08—1983.04	主持工作
副书记	王桂珍（女）	1983.05—1984.09	主持工作
书　记	宋有山	1984.09—1988.02	—

表 3-1-69　大台山酒厂党支部领导更迭情况

职　务	姓　名	任职时间	备注
书　记	毕长东	1999.03—2001.03	—

表 3-1-70　饮料厂党支部领导更迭情况

职　务	姓　名	任职时间	备注
书　记	邬忠志	1986.06—1987.04	—
书　记	尚世忠	1988.03—1992.08	—
书　记	张　涛	1992.08—1996.05	—

表 3-1-71　向阳综合商店党支部领导更迭情况

职　务	姓　名	任职时间	备注
书　记	高玉勤	1990.06—1992.08	—
副书记	张忠武	1992.08—1993.06	主持工作
书　记	董有江	1993.06—1996.05	—

表 3-1-72　加油站党支部领导更迭情况

职　务	姓　名	任职时间	备注
书　记	杨国彬	1996.05—1998.04	—
书　记	陈绍余	1998.04—1999.03	—

表 3-1-73　汽车队党支部领导更迭情况

职　务	姓　名	任职时间	备注
书　记	刘　才	1992.11—1993.06	—
书　记	李玉建	1997.03—1998.04	—
书　记	王景儒	1998.04—1998.12	—

表 3-1-74　公路绿化管理站党支部领导更迭情况

职　务	姓　名	任职时间	备注
副书记	高仁德	1987.04—1995.05	主持工作
书　记	杨宝银	2004.03—2007.04	—

表 3-1-75　养鸡场党支部领导更迭情况

职　务	姓　名	任职时间	备注
书　记	张绍卿	1979.01—1980.11	—
书　记	柳宝平	1999.03—1999.07	—

第二章 葫芦岛市大台山果树农场

第一节 领导机构

1948年9月28日绥中县解放后，绥中县政府立即派由王久章、吴庆海、康健等人组成的工作组接收大台山果园和鸡架山果园为国有果园。果园经理是吴庆海，管理员是赵桂芳，技师有智晋尧、陈子范、韩寅东和张佐卿。

1949年2月1日，绥中县政府接收县域内所有私立果园，成立绥中利民果园。任命吴庆海为经理，赵桂芳、李永贵为副经理。

1951年10月10日，绥中利民果园被辽西省农业厅接管，改名为辽西省人民政府农业厅第四果园，任命李文升为园长，太云山、赵振山为副园长。

1954年8月，辽西省与辽东省合并，成立辽宁省，农场改称辽宁省第四果园，隶属辽宁省人民政府农业厅国营农场管理局。

1955年2月1日，辽宁省前所果树农场与本园合并，改名为辽宁省绥中果树农场，场部设在农场大台东队。太云山任场长、程玉田任副场长。

1958年3月，农场与前所农场分开，并入荒地幸福人民公社，成立大台作业区。朱志斌任主任，太云山任副主任。

1959年3月，农场由荒地幸福人民公社分出，撤销作业区，划归锦州市农业局管理，改称锦州市大台山果树农场。朱志斌任场长，太云山任副场长。

1965年11月，锦州市农业局将农场移交给绥中县管理，称绥中县大台山果树农场。

1967年3月27日，农场原党政组织被"抓革命促生产第一线指挥部"取代。"抓革命促生产第一线指挥部"由6名成员组成，史凤岐任总指挥，赵庆吉、王岐鸣、张九忠任副总指挥。

1968年4月18日，经中共陆军第一二〇师委员会批准，大台山果树农场成立革命委员会。革命委员会由王连山、朱志彬、郑国义、史凤岐、董义、李文斌、张义林、马文山、吕素琴（女）、王天儒、赵庆祥、杨德生、杨树田、乔永安等15名（暂缺1名）委员组成。王连山任主任，朱志彬、郑国义任副主任，史凤岐、董义任常委。

1969 年 6 月，农场召开第六次职工代表大会（前五次职工代表大会因档案缺失暂时空缺），选举产生大台山果树农场第六届革命委员会。7 月 15 日，经锦州市革命委员会和绥中县革命委员会批准，大台山果树农场革命委员会领导班子成员由 15 人调整为 19 人组成（暂缺 1 人），保留 9 人，纳新 9 人，常委 7 人（空 1 人）。纳新的杨占长为副主任，阎尚田、张振德为常委，罗绍清、孟昭有、杨素敏（女）、李永林、宋有山、刘继成等 6 名同志为委员。免去董义常委职务，保留委员职务；免去朱志彬副主任职务；免去杨德生、吕素琴（女）、王天儒、李文斌等 4 名同志委员职务。

1979 年 2 月 22 日，农场召开第七次职工代表大会，参加会议的代表有 81 名，代表全场 2370 名职工。会议听取了张德文代表农场第六届革命委员会向大会做的工作报告，选举产生农场第七届场务管理委员会。经绥中县革委会批准农场第七届场务管理委员会由马文山、王恩、王岐鸣、太云山、史凤岐、田治臣、任福林、庞荣、阎尚田、杨占长、杨作山、张德文、高光烈、智绍军、谢凤英（女）15 名委员组成，张德文任场长，太云山、高光烈任副场长。

1979 年 10 月，锦州市委、市政府批准农场为县团级果树农场。

1984 年 9 月 29 日，筹备建立绥中县大台山满族镇政府，农场有 13 人调入镇政府工作。

1987 年 10 月，锦州市农牧局同农场签订为期三年（1988—1990 年）的经济承包合同，任命李德森为农场场长，从此实行场长负责制。

1992 年 1 月 28 日，根据锦划组发〔1992〕1 号文件，大台山果树农场被锦西市认定为大二型企业。

2000 年 11 月，农场党政主要领导实行交叉任职，封玉龙任场长兼党委副书记，毕德迎任党委书记兼副场长，明忠生、罗金铎、王自斌任副场长。

2016 年 6 月 1 日，葫芦岛市委、市政府对农场管理体制进行调整，大台山果树农场由葫芦岛市国资委管理调整为绥中县管

图 3-2-1　绥中县大台山果业有限公司营业执照

理。8月4日，绥中县委、县政府选派辽宁东戴河新区党工委委员、管委会副主任刘宝军临时主持农场工作。

2017年9月3日，大台山果树农场进行企业化改革，成立绥中县大台山果业集团，简称大台山果业集团。邓文岩任集团董事长兼总经理，银长满、李春秋、张涛、毕德江、毕德秋任集团副总经理。

表3-2-1 大台山果树农场行政正职领导更迭情况

机构名称	职务	姓名	性别	任职时间
绥中利民果园	经理	吴庆海	男	1949.02—1951.10
辽西省农业厅第四果园	园长	李文升	男	1951.10—1952.12
	园长	太云山	男	1952.12—1954.08
辽宁省绥中大台山果树农场	场长	太云山	男	1954.08—1955.02
辽宁省绥中果树农场	场长	太云山	男	1955.02—1958.03
辽宁省大台山果树农场	场长	太云山	男	1958.03—1958.10
幸福人民公社大台山作业区	主任	朱志彬	男	1958.10—1959.03
锦州市大台山果树农场	场长	朱志彬	男	1959.03—1962.11
绥中县大台山果树农场	场长	朱志彬	男	1962.11—1963.04
锦州市大台山果树农场	场长	朱志彬	男	1963.04—1965.04
绥中县大台山果树农场	场长	朱志彬	男	1965.04—1967.03
大台山抓革命促生产指挥部	总指挥	史凤岐	男	1967.03—1968.04
绥中县大台山果树农场革命委员会	主任	王连山	男	1968.04—1972.04
	主任	刘文岐	男	1972.04—1978.01
	主任	郑国义	男	1978.01—1979.02
绥中县大台山果树农场场务管理委员会	场长	张德文	男	1979.02—1980.01
锦州市大台山果树农场	场长	李绍平	男	1980.01—1981.09
	场长	刘玉林	男	1981.09—1983.07
	场长	杨印忠	男	1984.07—1987.04
	场长	于长河	男	1987.06—1987.10
	场长	李德森	男	1987.10—1989.06
锦西市大台山果树农场	场长	李德森	男	1989.06—1994.02
葫芦岛市大台山果树农场	场长	李德森	男	1994.02—1995.04
	场长	肖殿海	男	1995.04—1998.08
	场长	杨明毅	男	1998.08—2000.11
	场长	封玉龙	男	2000.11—2010.06
	场长	毕德迎	男	2010.06—2015.11
	场长	赵旭伟	男	2015.11—2016.08
	临时负责人	刘宝军	男	2016.08—2016.10
	场长	邓文岩	男	2016.11—2020.12
绥中县大台山果业集团	董事长、总经理	邓文岩（兼）	男	2017.09—2020.12

表 3-2-2　大台山果树农场行政副职领导更迭情况

机构名称	职务	姓名	性别	任职时间
绥中利民果园	副经理	赵桂芳	男	1949.02—1951.10
	副经理	李永贵	男	1950.05—1951.10
辽西省农业厅第四果园	副园长	赵振山	男	1951.10—1954.08
	副园长	太云山	男	1951.12—1952.12
	副园长	赵桂芳	男	1951.10—1954.08
辽宁省绥中大台山果树农场	副场长	程玉田	男	1954.08—1955.03
辽宁省绥中果树农场	副场长	程玉田	男	1955.03—1958.03
辽宁省大台山果树农场	副场长	太云山	男	1958.03—1958.10
	副场长	程玉田	男	1958.03—1958.10
绥中县荒地幸福人民公社大台山作业区	副主任	太云山	男	1958.10—1959.03
锦州市大台山果树农场	副场长	太云山	男	1959.03—1960.06
	副场长	郑国义	男	1959.08—1960.06
绥中县大台山果树农场	副场长	郑国义	男	1960.06—1963.04
	副场长	太云山	男	1960.06—1963.04
锦州市大台山果树农场	副场长	郑国义	男	1963.04—1965.04
	副场长	太云山	男	1963.04—1965.04
绥中县大台山果—树农场	副场长	郑国义	男	1965.04—1967.03
	副场长	太云山	男	1965.04—1966.10
大台山抓革命促生产指挥部	副指挥	赵庆吉	男	1967.03—1968.04
	副指挥	王岐鸣	男	1967.03—1968.04
	副指挥	张九忠	男	1967.03—1968.04
绥中县大台山果树农场革命委员会	副主任	郑国义	男	1968.04—1978.01
	副主任	朱志彬	男	1968.04—1969.07
	副主任	杨占长	男	1969.07—1979.01
	副主任	史凤岐	男	1968.04—1978.07
	副主任	张世文	男	1972.04—1979.01
	副主任	张文典	男	1972.04—1978.01
	副主任	太云山	男	1978.01—1979.02
	副主任	高光烈	男	1979.01—1979.02
绥中县大台山果树农场场务管理委员会	副场长	太云山	男	1979.02—1979.07
	副场长	高光烈	男	1979.02—1979.07
锦州市大台山果树农场	副场长	太云山	男	1979.07—1982.12
	副场长	高光烈	男	1979.07—1984.07
	副场长	魏江	男	1979.07—1981.04
	副场长	刘长文	男	1981.04—1987.05
	副场长	于长河	男	1981.04—1987.04
	副场长	杨印忠	男	1982.04—1984.07
	副场长	张子彬	男	1984.07—1989.06
	常务副场长	李德森	男	1987.06—1987.10
	副场长	明忠生	男	1984.07—1989.06

（续）

机构名称	职　务	姓　名	性　别	任职时间
锦西市大台山果树农场	常务副场长	张子彬	男	1989.06—1994.02
	副场长	明忠生	男	1989.06—1994.02
	副场长	赵福山	男	1991.11—1994.02
	副场长	肖殿海	男	1991.11—1994.02
	副场长	毕长有	男	1993.04—1994.02
葫芦岛市大台山果树农场	常务副场长	张子彬	男	1994.02—1997.10
	副场长	明忠生	男	1994.02—2011.06
	副场长	赵福山	男	1994.02—1999.05
	副场长	肖殿海	男	1994.02—1995.04
	副场长	毕长有	男	1994.02—1999.12
	副场长	毕德迎	男	1994.10—2010.06
	副场长	罗金铎	男	1995.05—2015.08
	副场长	王自斌	男	1997.09—2014.09
	常务副场长	孔大强	男	2010.08—2014.09
	副场长	银长满	男	2017.01—2020.12
	副场长	李春秋	男	2017.01—2020.12
	副场长	孔大强	男	2017.01—2017.07
绥中县大台山果业集团	副总经理（兼）	银长满	男	2020.03—2020.12
	副总经理（兼）	李春秋	男	2020.03—2020.12
	副总经理	张　涛	男	2020.03—2020.12
	副总经理	毕德江	男	2020.03—2020.12
	副总经理	毕德秋	男	2020.03—2020.12
葫芦岛市大台山果树农场	场长助理	毕长有	男	1992.03—1993.04
	场长助理	毕德迎	男	1994.01—1995.03
	场长助理	罗金铎	男	1994.04—1995.05
	场长助理	赵福山	男	1989.06—1990.12
	场长助理	毕长东	男	2001.08—2005.09
	场长助理	刘德彬	男	1999.04—2000.05
	场长助理	张景贵	男	2004.03—2010.09
	场长助理	毕长仁	男	2010.09—2014.10
	场长助理	银长满	男	2010.09—2017.07
	场长助理	朱红玉	男	2010.09—2017.01
	场长助理	王　新	男	2010.09—2017.07
	场长助理	李春秋	男	2010.09—2017.07
	场长助理	毕长东	男	2014.06—2017.01
	场长助理	孔大强	男	2014.09—2017.01
	场长助理	毕长东	男	2019.11—2020.12
	场长助理	王文彬	男	2020.03—2020.12

第二节　工作机构

1949年2月1日，绥中县政府接收县域内所有私立果园，成立绥中利民果园。园部设有业务组、财务组、技术组，各有1名负责人。

1951年10月，绥中利民果园被辽西省农林厅接管，改名为辽西省人民政府农林厅第四果园。园部设有总务股、业务股、财务股、技术股，各有1名负责人。

1955年2月1日，辽宁省绥中前所果树农场与辽宁省绥中大台山果树农场合并，改名为辽宁省绥中果树农场，场部设在农场大台东队。场部设有总务股、生产股、财务股，各设股长1名。

1958年10月，前所果树农场与大台山果树农场分开。场部设有生产科、计财科和办公室，各设负责人1名。

1968年4月18日，成立了"绥中县大台山果树农场革命委员会"。同时将场部各科室调整，设立政工组、生产组、办事组、人保组、武装部。各组设组长1名，武装部设部长1名。

1971年6月，重建党委后，实行党的"一元化"领导，"革委会"继续存在。增设了工业办公室，恢复了工会组织。

1980年3月25日，经过中共锦州市国营农场局委员会批准，农场设立工作机构有：办公室、政治科、纪律检查委员会、劳动工资科、生产科、工业科、计财科、供销科、保卫科、工会、团委、果树科学研究所。

1992年5月30日，锦西市大台山建筑工程公司更名为锦西市农垦建筑公司。建材厂、机站（车队）并入农垦建筑公司。

1992年9月5日，农场场部机关各科（所、室）改为处，科学研究所保留原名称。更改后的机关各处室有人事处、监察处、计财处、保卫处、工业处、农业处、劳资处、供销处、生产处、审计处、办公室、科研所、组宣部及共青团。

1999年12月29日，农场审计处与计财处合并，称计财处。

2004年3月8日，农场成立观光农业办公室，助理毕长东兼任办公室主任，曾去大梨树和本溪水洞考察农业和旅游业，2005年9月撤销；成立小城镇建设办公室，杨国彬兼任主任；成立场志办公室，苑学忠兼任主任；成立家庭农场协会，王新兼任会长。

2007年3月，农场机关增设农业处和科学研究所2个部门，合并共青团，撤销保安大队。

2008年1月，农场工作机构共设办公室、计财处、果业管理处、农业处、企业管理处、劳资处、保卫处、项目办公室及大台山社区9个处室办事机构。

2010年9月，增设信访办公室、土地管理处、旅游开发办公室及小城镇建设招商引资开发办公室共4个处室。

2017年5月，增设基建办公室。原保卫处更名为安全生产管理处。

2017年7月，增设农业开发办公室、市场开发办公室、旅游开发办公室、纪检监察室和信息中心5个办事机构。

2018年5月，增设台西湖度假村管理委员会。

2019年8月，增设建材市场物业管理办公室。

一、场部

场部是农场党委会议和场长办公会议的活动场所，是全场各职能部门集中办公的机关所在地，是全场政治经济的中心。建场以来，场部曾多次搬迁。

1949年2月，农场的前身绥中利民果园建立时，园部（场部）设在第一果园大台山（今台东分场），占用普通平房25间。

1959年3月，场部迁至毕屯生产大队，租用民房28间。

1962年，场部迁至大台西生产大队（今台西分场）羊圈东的鸡舍，占用平房30间。

图3-2-2　场部办公大院　1983年摄

1968年，场部迁至卫东果树队（今台东分场），即原一队队部旧址，占用平房25间，改建瓦房12间。

1983年9月，农场购买毕屯农业生产大队第一生产队队部所有房屋，就地翻新，建成北京平房，占地3600平方米。场部于11月1日迁入新址。

1991年8月，农场在制砖厂北面毕屯河对过新建四层办公大楼竣工。办公大楼建筑面积2700平方米，工程造价70万元。场部于当年11月3日迁入新办公楼办公。

图 3-2-3　场部办公大楼　1991 年摄

二、行政办公室

行政办公室前身为1949年2月成立的总务组，1951年10月更名为总务股，1958年10月更名为办公室，是农场综合性办事机构。负责场部机关行政事务和场部机关食堂的日常管理，以及上级文件的收发、传阅和文书档案管理等。办公室设有主任、副主任、文书及科员。2017年1月，办公室下设档案室，设主任1名。2019年1月，档案室划归大台山社会事务服务中心管理。

表 3-2-3　办公室领导更迭情况

职　务	姓　名	任职时间	备　注
组　长	单日亮	1949.02—1951.10	—
股　长	单日亮	1951.10—1954.06	—
股　长	石　磊	1954.06—1958.10	—
主　任	石　磊	1958.10—1960.03	—

（续）

职 务	姓 名	任职时间	备 注
主 任	高光烈	1960.03—1968.12	—
主 任	王 恩	1968.12—1980.03	—
副主任	马文山	1980.03—1983.01	主持工作
主 任	赵长海	1983.01—1984.09	—
副主任	于 宏	1984.09—1985.11	主持工作
副主任	毕长有	1985.11—1988.03	主持工作
主 任	毕长有	1988.03—1992.03	—
主 任	刘德彬	1992.03—1994.02	—
主 任	王自斌	1994.02—1997.03	—
主 任	毕长仁	1997.03—1999.03	—
主 任	刘德彬	1999.03—2000.05	—
副主任	侯 志	2000.05—2001.08	主持工作
主 任	侯 志	2001.08—2019.03	—
主 任	刘洪刚	2019.04—2020.12	—

表 3-2-4 档案室领导更迭情况

职 务	姓 名	任职时间	备 注
主 任	刘亚文（女）	2017.01—2019.01	—

三、计财处

全称为计划财务处，其前身为 1949 年 2 月成立的财务组，1951 年 10 月更名为财务股，1958 年 10 月，更名为计财科，在场长直接领导下进行工作，负责农场财务管理工作，农场财务实行一级核算。1989 年 6 月 1 日，成立场内银行。1999 年 2 月撤销后并入计财处。

表 3-2-5 计财处领导更迭情况

职 务	姓 名	任职时间	备 注
组 长	张 枫	1949.02—1951.10	—
股 长	张 枫	1951.10—1955.02	—
股 长	范九洲	1955.02—1957.04	—
股 长	王岐鸣	1957.04—1958.10	—
科 长	王岐鸣	1958.10—1981.06	—
副科长	田旭春	1981.06—1984.09	主持工作

（续）

职　务	姓　名	任职时间	备　注
科　长	田旭春	1984.09—1990.05	—
科　长	杨树久	1990.05—1992.09	—
处　长	杨树久	1992.09—1995.05	—
副处长	张景贵	1995.05—1997.03	主持工作
处　长	张景贵	1997.03—2004.03	—
处　长	陈晓东	2004.03—2013.01	—
处　长	李文秀（女）	2013.01—2016.08	—
处　长	王新（兼）	2016.08—2017.02	—
处　长	王文彬	2017.02—2020.03	—
处　长	张爽（女）	2020.03—2020.12	—

四、人力资源管理处

前身为 1978 年成立的劳动工资科。2017 年 2 月 10 日，更名为人力资源管理处。在主管副场长领导下，负责管理农场的劳动工资和社会养老保险等工作。2019 年 1 月，撤销人力资源管理处。8 月，复建人力资源管理处。

表 3-2-6　人力资源管理处领导更迭情况

职　务	姓　名	任职时间	备　注
副科长	马文山	1978.06—1980.08	主持工作
负责人	柴森林	1980.08—1981.12	—
副科长	柴森林	1981.12—1983.01	主持工作
负责人	明中生	1983.01—1984.09	—
副科长	赵福山	1984.09—1986.06	主持工作
副科长	王自斌	1986.06—1988.03	主持工作
科　长	王自斌	1988.03—1992.09	—
处　长	王自斌	1992.09—1994.02	—
副处长	毕长仁	1995.05—1997.03	主持工作
副处长	苑学忠	1997.03—1999.03	主持工作
处　长	毕长仁	1999.03—2010.09	—
处　长	毕晓丽（女）	2010.09—2019.01	—

（续）

职 务	姓 名	任职时间	备 注
处 长	褚孝坤（女）	2019.08—2020.04	—
处 长	杨 明	2020.04—2020.12	—

五、人事处

1989 年 6 月，成立人事科。1992 年 9 月，人事科改为人事处。2010 年 9 月，撤销人事处。

表 3-2-7 人事处领导更迭情况

职 务	姓 名	任职时间	备 注
副科长	罗金铎	1989.06—1990.05	主持工作
科 长	罗金铎	1990.05—1992.09	—
处 长	罗金铎	1992.09—1995.05	—
副处长	田祥林	1995.05—1996.05	主持工作
副处长	孔庆光	1996.05—1997.03	主持工作
处 长	孔庆光	1997.03—1999.12	—
处 长	毕德皖（兼）	1999.12—2010.09	—

六、总工办

为适应经营机制的转变，1992 年农场成立项目开发处。1999 年 3 月，项目开发处撤销，成立综合信息处，其主要职能为农场决策提供企业发展综合信息。2000 年 11 月，综合信息处撤销。2003 年 8 月，成立项目办公室，在场长直接领导下负责农场重点项目的立项、建档及管理工作。2017 年 2 月，项目办公室更名为总工办。

表 3-2-8 总工办领导更迭情况

职 务	姓 名	任职时间	备 注
处 长	刘中昌	1992.10—1993.03	—
处 长	苑学忠	1999.03—2000.11	—
副主任	银长满	2003.08—2007.04	主持工作
主 任	银长满	2007.04—2010.09	—
主 任	郭 杉	2010.09—2020.12	—

七、果业管理处

果业管理处前身为1949年2月成立的业务组，1951年10月更名为业务股，1955年2月更名为生产股，1958年10月更名为生产科，1992年9月更名为生产处，2008年1月更名为果业管理处。负责果树分场的果树生产管理、检查督促果树承包合同的履行等工作。

表 3-2-9 果业管理处领导更迭情况

职 务	姓 名	任职时间	备 注
组 长	伍广泰	1949.02—1951.10	—
股 长	伍广泰	1951.10—1955.02	—
股 长	佟庆学	1955.02—1958.03	—
负责人	魏化民	1958.03—1960.11	—
副科长	智绍军	1960.11—1963.01	主持工作
科 长	魏化民	1963.01—1964.02	—
科 长	刘 信	1964.02—1965.12	—
科 长	魏化民	1965.12—1967.04	—
科 长	智绍军	1970.02—1971.06	—
科 长	高光烈	1971.06—1971.12	—
副科长	庞 荣	1972.04—1976.04	主持工作
科 长	阎尚田	1976.04—1977.01	—
主 任	阎尚田	1977.01—1978.01	—
科 长	阎尚田	1978.01—1979.02	—
副科长	庞 荣	1979.02—1982.09	主持工作
副科长	任福林	1982.09—1984.09	主持工作
科 长	庞 荣	1984.09—1991.03	—
副科长	王庆海	1991.03—1992.09	主持工作
副处长	王庆海	1992.09—1994.02	主持工作
副处长	刘兴秋	1994.02—1997.03	主持工作
副处长	杨 贵	1997.03—1998.04	主持工作
副处长	朱红玉（女）	1998.04—1999.03	主持工作
处 长	朱红玉（女）	1999.03—2010.09	—
处 长	毕德秋	2010.09—2019.11	—
处 长	马 阳	2019.11—2020.12	—

八、国有资产管理处

国有资产管理处前身为工业处。随着场办工业的迅速发展，1976年4月，成立了工业办公室。1978年改为工业科，1992年9月，改为工业处。1993年3月，改为企业管理处。2005年1月10日撤销，2007年4月恢复。企业管理处在主管副场长领导下进行工作，负责对农场的工业企业、水利建设及国有资产等进行管理。2017年2月，企业管理处更名为国有资产管理处。

表3-2-10　国有资产管理处领导更迭情况

职 务	姓 名	任职时间	备 注
主 任	高光烈	1976.02—1978.01	工业办公室
科 长	高光烈	1978.01—1980.04	工业科
科 长	刘长文	1980.04—1981.04	—
副科长	杨树仁	1981.04—1983.01	主持工作
副科长	柴森林	1983.01—1984.09	主持工作
科 长	赵长海	1984.09—1985.05	—
副科长	苑福德	1985.05—1988.03	主持工作
科 长	苑福德	1988.03—1992.09	—
处 长	苑福德	1992.09—1994.02	—
副处长	周明岐	1994.02—1997.03	主持工作
处 长	周明岐	1997.03—2000.11	—
处 长	苑学忠	2000.11—2001.08	—
处 长	杨国彬	2001.08—2005.01	—
处 长	柏清财	2007.04—2015.05	—
处 长	安致华	2015.06—2019.01	—
处 长	安致华	2019.08—2020.12	—

九、农业处

1988年11月，成立农业科，负责管理农业分场的日常业务。1992年9月，改为农业处。1997年4月撤销。2007年4月，恢复农业处。在主管副场长领导下进行工作，负责全场农业工作。2009年4月1日，开始负责农业分场的财务核算工作并制定了现金管理细则、报账审批程序及村务公开等有关财务管理规定。2017年2月，更名为农业畜牧处。

表 3-2-11　农业处领导更迭情况

职　务	姓　名	任职时间	备　注
科　长	郜崇禧	1989.01—1992.09	—
处　长	郜崇禧	1992.09—1997.04	—
处　长	王　新	2007.04—2010.09	—
处　长	毕长明	2010.09—2015.11	—
处　长	杨　明	2017.02—2019.01	—
处　长	杨　明	2019.08—2020.04	—
处　长	褚孝坤（女）	2020.04—2020.12	—

十、安全生产管理处

1975 年 1 月，农场成立保卫科。1986 年 6 月 12 日，经市公安局批准，组建大台山镇公安派出所，由农场保卫科与镇派出所联合办公，编制 5 人。1992 年 12 月，农场成立保卫处。

1989 年 11 月，农场组建治安队，隶属保卫科。从各单位抽调优秀职工共 6 人组成精干队伍，全方位负责场区的社会治安。1999 年 4 月，根据农场体制改革的需要，治安队撤销，2004 年 8 月重组，2007 年 4 月重又撤销。

2003 年 4 月，大台镇政府撤销，大台山派出所亦同时撤销。并入沙河镇，农场人员撤回，仍称保卫处。

2017 年 5 月 23 日，保卫处更名为安全生产管理处，负责农场的社会治安、消防安全及护林防火等工作。

表 3-2-12　安全生产管理处领导更迭情况

职　务	姓　名	任职时间	备　注
副科长	杨维德	1975.01—1978.08	主持工作
科　长	尚世振	1978.08—1986.06	—
副科长	沈永顺	1986.06—1990.05	主持工作
科　长	毕德迎	1990.05—1992.09	—
处　长	毕德迎	1992.09—1993.03	—
副处长	毕长仁	1993.03—1995.05	主持工作
处　长	刘德彬	1995.05—1999.03	—
副处长	毕长明	1999.03—1999.04	主持工作
处　长	毕长明	1999.04—2010.09	—
副处长	苏　晟	2010.09—2012.03	主持工作

（续）

职　务	姓　名	任职时间	备　注
处　长	苏　晟	2012.03—2019.01	—

表 3-2-13　治安队领导更迭情况

职　务	姓　名	任职时间	备　注
副队长	胡学静	1989.11—1992.03	主持工作
队　长	胡学静	1992.03—1994.02	—
队　长	骆云春	1994.02—1997.08	—
队　长	毕长平	1997.08—1999.04	—
队　长	王旭东（兼）	2004.08—2007.04	—
指导员	李春秋（兼）	2004.08—2007.04	—

十一、畜牧科

1960 年 3 月，场部设立畜牧科，加强对畜牧工作的组织和领导。1965 年 9 月 1 日，农场成立了兽医站，有 3 名兽医，当时在农场生产部门的统一领导下，负责全场的畜禽防疫治病工作。不仅在站里为病畜禽治病，而且还经常到各基层单位去巡回医疗，进行大量的防疫工作。

1974 年，随着畜牧业的发展，充实和加强了兽医站的力量。同时，建立了兽医工作网，各基层有饲养畜禽任务的单位，均设立赤脚兽医或防疫员，做好农场辖区内的防疫和治病工作。

表 3-2-14　畜牧科领导更迭情况

职　务	姓　名	任职时间	备　注
负责人	高传良	1960.03—1960.07	—
副科长	高传良	1960.07—1974.03	主持工作
负责人	常永春	1974.03—1977.01	—
副主任	郜崇禧	1977.01—1978.01	主持工作
主　任	郜崇禧	1978.01—1979.02	—
主　任	常永春	1979.02—1980.03	—

十二、生产办公室

表 3-2-15　生产办公室领导更迭情况

职　务	姓　名	任职时间	备　注
主　任	智绍军	1970.02—1977.03	—

十三、审计督察处

表 3-2-16　审计督察处领导更迭情况

职　务	姓　名	任职时间	备　注
副科长	陈国器	1991.03—1992.09	主持工作
副处长	陈国器	1992.09—1993.03	主持工作
副处长	李玉春	1993.03—1997.03	主持工作
处　长	李玉春	1997.03—2001.08	—
处　长	王　新	2001.08—2005.09	—

十四、基建办

表 3-2-17　基建办领导更迭情况

职　务	姓　名	任职时间	备　注
主　任	于洪良	2017.05—2020.04	—
主　任	于洪力	2020.04—2020.12	—

十五、文化产业处

表 3-2-18　文化产业处领导更迭情况

职　务	姓　名	任职时间	备　注
处　长	李文喜	2017.02—2019.12	—
处　长	杨沫（女）	2019.12—2020.12	—

十六、多种经营办公室

表 3-2-19　多种经营办公室领导更迭情况

职　务	姓　名	到任日期	备　注
主　任	柴森林	1984.09—1985.06	—
副主任	毕长有	1985.06—1986.06	主持工作

十七、信息中心

表 3-2-20　信息中心领导更迭情况

职　务	姓　名	任职时间	备　注
主　任	王新（兼）	2017.07—2019.12	—
主　任	毕天明	2019.12—2020.12	—

十八、建材市场物业管理办公室

表 3-2-21　建材市场物业管理办公室领导更迭情况

职　务	姓　名	任职时间	备　注
主　任	李扬	2019.08—2020.12	—

十九、四化办公室

表 3-2-22　四化办公室领导更迭情况

职　务	姓　名	任职时间	备　注
主　任	智绍军	1977.03—1978.03	—

二十、信访办公室

信访办公室为 2010 年 9 月增设，在主管场长助理领导下，负责信访接待工作。信访办公室设有主任和副主任各 1 人。

表 3-2-23　信访办公室领导更迭情况

职　务	姓　名	任职时间	备　注
主　任	张桂敏（女）	2010.9—2014.10	—

二十一、土地管理处

2010 年 9 月，成立土地管理处，负责管理农场的土地保护、利用及建设开发等工作。

土地管理处设有处长 1 名，2016 年 1 月撤销。

表 3-2-24　土地管理处领导更迭情况

职　务	姓　名	任职时间	备　注
处　长	张福元	2010.09—2016.01	—

二十二、旅游开发办公室

表 3-2-25　旅游开发办公室领导更迭情况

职　务	姓　名	任职时间	备　注
主　任	李锁山	2010.09—2017.02	—
主　任	刘洪刚	2017.07—2019.04	—

二十三、农业开发办公室

表 3-2-26　农业开发办公室领导更迭情况

职　务	姓　名	任职时间	备　注
主　任	孔大强	2017.07—2019.01	—

二十四、市场开发办公室

表 3-2-27　市场开发办公室领导更迭情况

职　务	姓　名	任职时间	备　注
主　任	王　新	2017.07—2019.12	—

二十五、清欠办公室

表 3-2-28　清欠办公室领导更迭情况

职　务	姓　名	任职时间	备　注
主　任	杨国彬	2000.02—2002.12	—

二十六、小城镇建设招商引资开发办公室

2004 年 3 月 8 日，农场成立小城镇建设办公室。2010 年 9 月成立小城镇建设招商引资开发办公室，负责农场的小城镇建设及招商引资工作。小城镇建设招商引资开发办公室设有主任和副主任各 1 名。

表 3-2-29 小城镇建设招商引资开发办公室领导更迭情况

职 务	姓 名	任职时间	备 注
主 任	杨国彬	2004.03—2010.09	—
主 任	周明歧	2010.09—2013.08	—

二十七、大台山社区

葫芦岛市大台山果树农场按照葫委发〔2000〕22 号、〔2004〕3 号、葫政办发〔2004〕98 号文件精神，在市民政局的指导下，2005 年 4 月开始自筹资金 15 万元，于 7 月 21 日，正式挂牌成立葫芦岛市大台山社区。社区是在大台山果树农场直接领导下的一个场办机构，社区是自我管理、自我教育、自我监督的基层自治组织。

社区设主任 1 人，主管全面工作；副主任 1 人，分管劳动保障；以下设生活保障服务站、劳动保障服务站、计划生育办公室、社区治安综合管理站、行政办公室等职能部门。

图 3-2-4 大台山社区成立揭牌仪式 2005 年摄

表 3-2-30　大台山社区领导更迭情况

职　务	姓　名	任职时间	备　注
主　任	柳宝平	2005.04—2012.07	—
主　任	毕文国	2012.07—2017.02	—
主　任	王旭东	2017.02—2019.01	—

第三节　基层管理机构

一、概述

1949 年 2 月 1 日，绥中县政府在大台山成立绥中利民果园，下设 4 个分果园，即第一果园大台山（启华农园等）、第二果园鸡架山（蔚昌果园等）、第三果园瓮泉山（白家果园、水泉沟等）、第四果园前所牛羊沟（四平果园），各设分经理（简称"分理"）1 名。第二果园下设 6 个支园：第一支园侯山、第二支园歪脖山、第三支园大深沟（今大生沟）、第四支园高咔子沟、第五支园部家沟（包括郎家果园和郭家果园）、第六支园茂林果园。

1951 年 10 月，绥中利民果园被辽西省人民政府农业厅接管，改称辽西省人民政府农业厅第四果园。果园直属分园大台山，又下设鸡架山、破台子、瓮泉山、牛羊沟 4 个分园，各设分园长（又称分园主任）1 名。直属分园大台山，包括马家河子；第一分园鸡架山；第二分园破台子，包括歪脖山、侯山、郎家沟（今部家南沟）、郭家沟；第三分园瓮泉山，包括水泉沟；第四分园前所牛羊沟。

1952 年 12 月，辽西省人民政府农业厅第四果园下设 5 个生产队，即第一生产队（大台山）、第二生产队（鸡架山）、第三生产队（破台子）、第四生产队（瓮泉山）、第五生产队（牛羊沟），各设生产队长 1 名。

1954 年 8 月，辽东、辽西两省合并成立辽宁省，辽西省人民政府农业厅第四果园改称辽宁省绥中大台山果树农场。农场下设 5 个生产队，即第一生产队（大台山）、第二生产队（鸡架山）、第三生产队（破台子）、第四生产队（瓮泉山）、第五生产队（牛羊沟），各设生产队长 1 名。

1955 年 2 月 1 日，辽宁省农业厅将辽宁省绥中大台山果树农场、辽宁省绥中前所果树农场与兴城柳壕沟果树育苗场所属前所生产队合并为辽宁省绥中果树农场。下设 9 个生产队，即第一生产队（大台山）、第二生产队（鸡架山）、第三生产队（破台子）、第四生产队（瓮泉山）、第五生产队（牛羊沟）、第六生产队（王凤台）、第七生产队（凤旗）、第八生产队（凤山）、第九生产队（蛇山），各设生产队长 1 名。

1956 年 3 月，辽宁省绥中果树农场下设 6 个生产队，即第一生产队（大台山）、第二生产队（鸡架山）、第三生产队（歪桃）、第四生产队（王凤台）、第五生产队（凤旗）、第六生产队（凤山）、第七生产队（蛇山），各设生产队长 1 名。

1958 年 3 月 18 日，大台山果树农场与前所果树农场分开，改称辽宁省大台山果树农场。10 月 1 日，大台山果树农场并入荒地幸福人民公社，称大台山作业区。作业区下设第一队、第二队和鸡架山 3 个果树队。即以大台山主峰与常山子之间的沟为界，分为两个生产队，沟东为第一队（亦称大台东队）、沟西为第二队（亦称大台西队）。

1959 年 3 月，大台山作业区从荒地幸福人民公社分出，划归锦州市农业局管理，改称锦州市大台山果树农场。农场下设大台东（原第一队）、大台西（原第二队）、鸡架山、温家沟、宋家沟、乱石山、李金屯、毕家屯、温家屯、头台子 10 个生产大队。同年，农场成立基建队。

1960 年 6 月，农场下设头台子、毕家屯、宋家沟、李金屯、温家沟 5 个农业生产大队，乱石山子农果混合队，以及大台山、鸡架山 2 个专业果树队，共 8 个生产队。夏，成立大台山修配厂。

1961 年，成立编织厂。同时，将李金屯农业生产大队划分成李金和横姜（即横河子、姜家沟）2 个生产大队。

1962 年 2 月，鸡架山果树队分为六支园、大生沟、鸡东、鸡西 4 个果树队。9 月 14 日，毕家屯、头台子变为全民所有制。12 月 18 日，成立新区果树队。

1963 年 4 月，农场下设 8 个生产大队，即大台东队、大台西队、矾山队、侯山队、鸡架山队、四新队（饮马河队）、六支队、新区队、大生沟队。

1965 年 3 月 16 日，东大台农业队（三队）并入大台西果树队（二队）。9 月 1 日，成立兽医站。12 月 9 日，建立苗圃。

1966 年，大台山果树农场第一队更名为"卫东队"，第二队更名为"东方红队"，鸡架山东队更名为"东升队"，六支园队更名为"东风队"。

1968 年 4 月 18 日，农场成立辽宁省绥中县大台山果树农场革命委员会。农场下设各果树队、农业队和场直单位也先后成立革命委员会。至 8 月，农场革委会下设 10 个革命委员会，其中有果树队 7 个，农业队 1 个，修配厂 1 个，养猪场 1 个。场内另设有：广播站、话务室、卫生所、兽医站及小卖店。

1970 年秋，原属绥中县农林局管辖的侯山果树队及种马场划归大台山果树农场。12 月末，原绥中县委党校划归农场，成立矾石山（小矾石）生产大队。至此，全场共有 9 个生产大队和 1 个种马场。

1971年，鸡东和鸡西两个果树队合并为鸡架山果树队。

1972年4月，修配厂发展为机械厂。6月，毕家屯、西大台、破台子三个农业大队由沙河公社划归大台山果树农场。至此，全场共有全民果树队9个，集体所有制农业大队3个。秋，成立制砖厂。

1973年5月31日，原大台山果树农场所属的侯山生产队和种马场移交绥中县农林局经营。

1975年，成立油毡纸厂。

1976年3月24日，成立采石场。4月17日，成立红星果树队。同年"卫东队"和"东方红队"恢复为第一队和第二队，"东升队"恢复为鸡架山队，"东风队"恢复为六支园队，"四新队"恢复为饮马河队。6月，基建队扩大后更名为"大台山建筑工程队"。

1977年1月，成立炸药厂。3月，成立向阳果树队。

1978年2月，成立迎春果树队。3月，成立红光果树队。10月，成立矾南果树队。同年，制砖厂更名为砖瓦厂。

1979年，鸡架山果树队又分为鸡架东和鸡架西两个生产队。

1980年3月，成立供销科。毕屯生产大队分为毕屯东和毕屯西2个生产大队，即第一生产小队为毕屯东生产大队，第二、三、四、五生产小队为毕屯西生产大队，至1982年1月重新恢复为毕屯一个生产大队。

1980年6月，成立矾西果树队和食品厂。10月21日，原"锦州市大台山建筑工程队"更名为"锦州市大台山建筑工程公司"，农场内称为"第一工程队"。11月17日，成立鸡架山和矾石山分场。鸡架山分场下辖鸡架东、鸡架西、饮马河、六支园、新区等6个果树队；矾石山分场下辖矾石、郜家、破台子、西大台、温屯、毕屯等6个集体农业大队。11月27日，农场成立"锦州市国营农工商联合企业第四贸易货栈"，1989年更名为锦西市大台山果树农场贸易货栈。11月，农场在红星队成立工程队，后称为"第三工程队"。

1981年1月29日，矾石山分场改为农业分场。5月1日，炸药厂转产手工地毯，更名为地毯厂。7月30日，原农场各果树队和农业生产大队革命委员会全部更名为"生产队"和"生产大队"。生产队计有大台东、大台西、红星、向阳、迎春、红光、大生沟、矾石山、矾西、矾南、鸡架东、鸡架西、饮马河、新区、六支园15个。生产大队计有毕屯、温家屯、矾石山、郜家沟、西大台、破台子6个。同月，成立粮食供应站，俗称"粮站""粮库"。12月19日，撤销鸡架山和矾石山两个分场。

1982年4月，成立建筑材料厂，同时原砖瓦厂更名为制砖厂。

1983年4月，农场组建辽宁省建筑工程公司第九建筑工程队，派往内蒙古自治区满洲里市扎赉诺尔承担煤矿建筑施工。是年，供销科与贸易货栈合并办公。

1984年9月，成立大台山机械厂安装队。

1985年初，农场第二工程队并入第一工程队。同年，成立饮料厂。

1986年8月10日，破台子生产队由集体所有制改为全民所有制，所有生产资料、固定资产划归农场，破台子生产队只有管理权。

1987年4月，成立大台山建筑工程公司，设经理1名，副经理4人。下设第一工程队（俗称"一建"）、第三工程队（俗称"二建"）及安装队，各设队长1名。同时，成立山楂果树分场，油毡纸厂改建为包装器材厂，俗称"纸箱厂"。

1988年2月1日，取消果树队建制，建立分场。原果树第一队（大台东队）更名为一分场，原果树第二队（大台西队）更名为二分场，其他果树队直接改称"队"为"分场"。11月4日，原毕屯、西大台、温屯、矾石、邵家等5个农业生产大队（村民委员会）均改建为农业分场。

1992年2月，成立台南果树分场。3月，成立液化气站。9月，在机械厂院内建小型炼钢厂一座，称为锦西大台山炼钢厂。12月24日，成立汽车大修厂。

1993年7月，农场第三工程队并入第一工程队。

1994年5月，西大台农业分场并入温屯农业分场。

1996年1月，鸡东和鸡西两个果树分场合并为鸡架山果树分场。2月，成立矾东果树分场（初名幼树分场）。9月，建筑工程公司安装队解体。

1997年3月，撤销粮食供应站。

1998年4月，山楂果树分场并入台西果树分场。11月，在包装器材厂南侧成立金属焊接厂。

1999年4月，农场利用原机械厂的全部和台南分场的部分厂房，创建股份合作制企业"葫芦岛大台山宏达养鸡场"。12月29日，六支园分场并入饮马河分场，新区分场并入鸡架山分场，台东果树分场并入红星果树分场，矾东果树分场并入台西果树分场，台南果树分场并入向阳果树分场，破台子果树分场和大生沟果树分场并入红光果树分场。示范园独立核算，称为果树科技示范园。

2000年6月，小矾石果树分场并入矾西果树分场。

2004年2月，液化气站解体。

2010年1月，敬老院撤销，6名养员合并到沙河镇敬老院管理。

2011年3月，原红星、台西、向阳、矾南、矾西果树分场分别更名为第一、二、三、

四、五果树分场；原迎春果树分场更名为西大台果树分场，又称第六分场；原红光果树分场更名为大生沟果树分场，又称第七分场；鸡架山分场更名为第八分场。

2017 年 5 月 23 日，原第一分场更名为台东分场，原第二、三分场合并更名为台西分场，原第四、五分场合并更名为矾南分场，原第六、七分场合并更名为大生沟分场，原第八分场更名为鸡架山分场，原矾石、郜家农业分场合并更名为矾石农业分场，原温屯农业分场并入毕屯农业分场。9 月 3 日，农场进行企业化改革，成立绥中县大台山果业集团，简称大台山果业集团。母公司为绥中县大台山果业有限公司，下设公墓管理公司、商贸公司、旅游公司、畜牧公司 4 个子公司。

2019 年 1 月 17 日，农场对社会化管理实行社企分离，成立大台山社会事务服务中心。中心下设毕屯、台东、台西、向阳、温屯、西大台、破台子、矾石、矾南、矾北、郜家、鸡架山 12 个办事处。

二、果树分场

表 3-2-31　台东分场领导更迭情况

职 务	姓 名	任职时间	备 注
分 理	李永贵	1949.02—1950.10	—
分 理	张绍卿	1950.10—1951.05	—
分园长	崔世源	1951.05—1953.08	—
队 长	崔世源	1953.08—1954.06	—
队 长	魏化民	1954.06—1954.09	—
队 长	智绍军	1954.09—1954.10	—
队 长	魏化民	1954.10—1956.05	—
队 长	智绍军	1956.05—1957.05	—
队 长	李永贵	1957.05—1969.06	—
主 任	杨树田	1969.06—1971.03	—
主 任	李永贵	1971.03—1974.10	—
副主任	李文斌	1976.01—1979.02	主持工作
副队长	李文斌	1979.02—1984.09	主持工作
队 长	李守本	1984.09—1988.03	—
场 长	杨 恩	1988.03—1992.03	—
场 长	毕巨林	1992.03—1994.02	—
场 长	周道忠	1994.02—1999.12	—
场 长	毕文国	2017.02—2019.01	—

表 3-2-32　台西分场领导更迭情况

职　务	姓　名	任职时间	备　注
主　任	苑长祥	1955.11—1956.11	核心农业生产合作社
队　长	苑长文	1956.11—1959.03	永丰社第四生产队
副队长	庞　荣	1959.03—1962.12	主持工作
副队长	郜崇禧	1962.12—1964.05	主持工作
队　长	智晋尧	1964.05—1964.12	—
队　长	赵兴政	1964.12—1967.05	—
副主任	杨岐山	1973.03—1976.04	主持工作
副主任	刘清林	1976.11—1978.02	主持工作
副主任	杨岐山	1978.02—1980.11	主持工作
副队长	孙焕义	1980.11—1984.06	主持工作
副队长	陈海山	1984.06—1984.09	主持工作
队　长	赵兴政	1984.09—1986.06	—
队　长	高文富	1986.06—1988.03	—
场　长	郜中志	1988.03—1994.02	—
场　长	毕巨林	1994.02—1999.12	—
场　长	刘兴秋	1999.12—2001.08	—
场　长	毕长东（兼）	2001.08—2005.09	—
场　长	张福元	2005.09—2010.09	—
场　长	杨宝银	2010.09—2012.03	—
副场长	刘玉权	2012.03—2014.10	主持工作
场　长	周立刚	2014.10—2014.12	—
场　长	张　东	2017.02—2019.01	—

表 3-2-33　台南分场领导更迭情况

职　务	姓　名	任职时间	备　注
场　长	李德彦	1992.03—1994.02	—
场　长	狄士秋	1994.02—1999.12	—

表 3-2-34　红星分场领导更迭情况

职　务	姓　名	任职时间	备　注
副主任	苑福森	1976.04—1980.11	主持工作
副队长	周洪文	1980.11—1983.04	主持工作
副队长	陈维山	1983.04—1984.09	主持工作
队　长	周道忠	1984.09—1986.06	—
队　长	杨福生	1986.06—1988.03	—
场　长	杨福生	1988.03—1991.03	—

（续）

职 务	姓 名	任职时间	备 注
场 长	周道忠	1991.03—1994.02	—
场 长	毕德宽	1994.02—1998.04	—
场 长	赵忠海	1998.04—1999.12	—
场 长	毕桂友	1999.12—2001.08	—
场 长	郭 杉	2001.08—2004.03	—
场 长	骆云春	2004.03—2009.04	—
副场长	杨宝银	2009.04—2010.09	主持工作

表 3-2-35 向阳分场领导更迭情况

职 务	姓 名	任职时间	备 注
副队长	刘兴秋	1977.08—1984.09	主持工作
队 长	王 学	1984.09—1986.06	—
队 长	杨作山	1986.06—1988.03	—
场 长	刘兴秋	1988.03—1994.02	—
场 长	邬忠致	1994.02—1999.12	—
场 长	狄士秋	1999.12—2001.08	—
场 长	毕桂友	2001.08—2013.04	—
场 长	赵忠海	2013.04—2013.08	—
场 长	毕桂良	2013.08—2014.10	—
场 长	史海波	2014.10—2017.02	—
场 长	毕德静	2017.02—2017.05	—

表 3-2-36 西大台分场领导更迭情况

职 务	姓 名	任职时间	备 注
队 长	费树林	1956.03—1957.12	生产队
队 长	于文礼	1957.12—1972.06	生产队
队 长	于少年	1972.06—1973.03	—
主 任	杨福生	1973.03—1976.07	—
副主任	罗金铎	1976.07—1978.01	主持工作
副主任	金殿忠	1978.01—1978.11	主持工作
主 任	费德生	1978.11—1986.11	—
副大队长	王喜印	1986.11—1988.11	主持工作
场 长	王喜印	1988.11—1994.05	—
场 长	毕德怀	2011.03—2014.12	—
场 长	于洪良	2017.02—2017.05	—

表 3-2-37 迎春分场领导更迭情况

职务	姓名	任职时间	备注
主任	王天儒	1978.02—1980.08	—
队长	高文富	1980.08—1985.03	—
场长	毕德宽	1985.03—1994.02	—
场长	刘广安	1994.02—1996.05	—
场长	张俊华	1996.05—1999.12	—
场长	周道忠	1999.12—2001.08	—
场长	柳宝平	2001.08—2004.03	—
场长	张福元	2004.03—2005.09	—
场长	苑小平（女）	2005.09—2007.04	—
场长	毕德怀	2007.04—2011.03	—

表 3-2-38 破台子分场领导更迭情况

职务	姓名	任职时间	备注
分园长	张绍卿	1951.10—1953.09	—
队长	常义	1953.09—1954.08	—
队长	滕满	1954.08—1956.03	—
队长	柏桂林	1959.03—1962.11	—
主任	刘中学	1973.01—1975.05	—
队长	刘清林	1975.05—1978.01	—
队长	王天儒	1978.01—1978.10	—
队长	陈海山	1978.10—1980.10	—
队长	刘中学	1980.10—1983.04	—
副队长	刘清贵	1983.04—1984.09	主持工作
队长	苑福堂	1984.09—1988.03	—
场长	苑福堂	1988.03—1996.05	—
场长	谭作秋	1996.05—1997.03	—
场长	苑福森	1997.03—1999.12	—

表 3-2-39 红光分场领导更迭情况

职务	姓名	任职时间	备注
副主任	李永林	1978.03—1979.09	主持工作
副队长	孟宪章	1979.09—1984.09	主持工作
队长	杨井才	1984.09—1986.06	—
副队长	吴玉林	1986.06—1988.03	主持工作
场长	吴玉林	1988.03—1994.02	—
场长	毕长东	1994.02—1996.05	—
场长	刘广安	1996.05—1999.12	—
场长	银长满	1999.12—2003.08	—
场长	赵忠海	2003.08—2011.03	—

表 3-2-40　大生沟分场领导更迭情况

职　务	姓　名	任职时间	备　注
队　长	张绍卿	1962.02—1967.03	—
副主任	刘清林	1967.03—1972	主持工作
副主任	王　学	1972—1975.01	主持工作
主　任	金殿忠	1975.01—1977.02	—
副主任	张绍卿	1977.02—1978.08	主持工作
副主任	李子玉	1978.08—1980.06	主持工作
副主任	张子彬	1980.06—1984.09	主持工作
队　长	陈海山	1984.09—1988.03	—
场　长	陈海山	1988.03—1991.03	—
场　长	高文富	1991.03—1996.05	—
场　长	王景良	1996.05—1999.12	—
场　长	赵忠海	2011.03—2013.04	—
场　长	陈晓峰	2013.04—2017.02	—
场　长	毕德怀	2017.02—2019.01	—

表 3-2-41　小矾石分场领导更迭情况

职　务	姓　名	任职时间	备　注
副主任	李文斌	1970.12—1975.05	主持工作
副主任	王怀国	1975.05—1980.06	主持工作
副队长	李绍义	1980.06—1984.05	主持工作
队　长	张焕清	1984.05—1985.06	—
副队长	杨春山	1985.06—1986.06	主持工作
副队长	王怀国	1986.06—1988.03	主持工作
场　长	赵殿文	1988.03—1989.01	—
场　长	王怀国	1989.01—2000.06	—

表 3-2-42　矾南分场领导更迭情况

职　务	姓　名	任职时间	备　注
副连长	陈维岐	1978.09—1980.03	主持工作
副队长	陈维岐	1980.03—1983.04	主持工作
队　长	杨福生	1983.04—1986.06	—
副队长	刘清林	1986.06—1988.03	主持工作
场　长	罗金铎	1988.03—1989.06	—
场　长	张俊华	1989.06—1994.02	—
场　长	李德彦	1994.02—1996.05	—
场　长	苑学忠	1996.05—1997.03	—

（续）

职 务	姓 名	任职时间	备 注
场 长	刘兴秋	1997.03—1999.12	—
场 长	王景良	1999.12—2001.08	—
场 长	张 涛	2001.08—2010.09	—
副场长	孔凡辉	2010.09—2012.03	主持工作
场 长	孔凡辉	2012.03—2019.01	—

表 3-2-43 矾北分场领导更迭情况

职 务	姓 名	任职时间	备 注
副队长	王怀国	1980.06—1984.09	主持工作
队 长	孔庆光	1984.09—1988.03	—
场 长	孔庆光	1988.03—1991.03	—
场 长	牛国林	1991.03—1993.03	—
副场长	柴绍海	1993.03—1994.02	主持工作
场 长	费成福	1994.02—1996.05	—
场 长	高文富	1996.05—1999.12	—
场 长	张福元	1999.12—2004.03	—
场 长	张景贵（兼）	2004.03—2005.09	—
场 长	王 新	2005.09—2007.04	—
场 长	陈保峰	2007.04—2013.04	—
场 长	刘春生	2013.04—2017.05	—

表 3-2-44 矾东分场领导更迭情况

职 务	姓 名	任职时间	备 注
场 长	毕德秋	1996.05—1998.04	—
场 长	张福元	1998.04—1999.02	—
场 长	杨宝银	1999.03—1999.12	—

表 3-2-45 科技示范园领导更迭情况

职 务	姓 名	任职时间	备 注
场 长	赵忠海	1999.12—2003.08	—
场 长	罗金铎（兼）	2003.08—2004.03	—

表 3-2-46 六支园分场领导更迭情况

职 务	姓 名	任职时间	备 注
队 长	常 义	1962.02—1964.05	—
队 长	马文山	1964.05—1965.07	—
队 长	张焕清	1965.07—1966.12	—
队 长	金殿忠	1966.12—1969.10	—

（续）

职　务	姓　名	任职时间	备　注
主　任	张国祥	1969.10—1975.01	—
副主任	秦希臣	1975.01—1978.06	主持工作
副主任	徐春友	1978.06—1980.11	主持工作
副队长	刘继成	1980.11—1983.04	主持工作
副队长	王国清	1983.03—1984.05	主持工作
队　长	阎尚田（兼）	1984.05—1986.06	—
副队长	周道荣	1986.06—1988.03	主持工作
场　长	秦希臣	1988.03—1994.09	—
副场长	周道荣	1994.09—1995.05	主持工作
场　长	周道荣	1995.05—1999.12	—

表 3-2-47　山楂果树分场领导更迭情况

职　务	姓　名	任职时间	备　注
副队长	苑福顺	1987.04—1988.03	主持工作
场　长	杨井才	1988.03—1989.12	—
副场长	苑福顺	1989.12—1991.03	主持工作
副场长	陈海山	1991.03—1994.02	主持工作
场　长	张俊华	1994.02—1996.05	—
场　长	苑福堂	1996.05—1998.04	—

表 3-2-48　鸡架山分场领导更迭情况

职　务	姓　名	任职时间	备　注
分　理	智晋尧	1949.02—1951.05	—
分　理	张绍卿	1951.05—1951.10	—
分园长	吴庆海	1951.10—1952.09	—
队　长	唐国臣	1952.09—1953.08	—
队　长	吴庆海	1953.08—1955.05	—
队　长	智晋尧	1955.05—1956	—
队　长	李守本	1956—1960	—
队　长	王　学	1961—1962.02	—
负责人	韩玉林	1976.06—1978.06	—
副主任	王　学	1978.06—1980.04	主持工作
副场长	周玉儒	1980.04—1988.02	主持工作
场　长	刘继成	1996.01—1998.04	—
场　长	杨　贵	1998.04—2001.08	—
场　长	秦国政	2001.08—2019.01	—

表 3-2-49　饮马河分场领导更迭情况

职　务	姓　名	任职时间	备　注
队　长	杨　恩	1965.01—1969.10	—
主　任	乔永安	1969.10—1975.01	—
主　任	徐春友	1975.01—1976.04	—
主　任	杨　恩	1976.04—1980.11	—
队　长	李子玉	1980.11—1984.09	—
队　长	赵紫春	1984.09—1988.03	—
场　长	杨　贵	1988.03—1991.03	—
场　长	刘继成	1991.03—1995.05	—
场　长	王国平	1995.05—2014.10	—
场　长	杨　明	2014.10—2014.12	—

表 3-2-50　鸡架西分场领导更迭情况

职　务	姓　名	任职时间	备　注
队　长	智晋尧	1962.06—1963.02	—
队　长	智绍军	1963.02—1964.04	—
队　长	智晋尧	1964.04—1964.05	—
队　长	陆振邦	1964.05—1967.04	—
队　长	周洪文	1967.04—1969.06	—
主　任	任福林	1969.06—1971	—
主　任	张树林	1980.02—1980.11	—
副队长	王国平	1980.11—1982.01	主持工作
副队长	杨　振	1982.01—1983.04	主持工作
副队长	刘继成	1983.04—1988.03	主持工作
场　长	刘继成	1988.03—1991.03	—
场　长	杨　贵	1991.03—1994.02	—
场　长	王国平	1994.02—1995.05	—
场　长	刘继成	1995.05—1996.01	—

表 3-2-51　鸡架东分场领导更迭情况

职　务	姓　名	任职时间	备　注
队　长	王　学	1962—1964.05	—
副队长	杨井才	1964.05—1966.12	主持工作
队　长	杨井才	1966.12—1967.03	—
队　长	王　学	1967.03—1968.05	—
副主任	王天儒	1968.05—1969.10	主持工作
队　长	金殿忠	1969.10—1975.01	—
主　任	阎尚田	1975.01—1980.11	—
队　长	王国清	1980.11—1981.06	—
队　长	秦希臣	1981.06—1983.04	—
队　长	邬忠致	1983.04—1986.06	—

（续）

职　务	姓　名	任职时间	备　注
副队长	孙武华	1986.06—1988.03	主持工作
场　长	杨振祥	1988.03—1991.03	—
场　长	徐春友	1991.03—1996.01	—

表 3-2-52　瓮泉山生产队领导更迭情况

职　务	姓　名	任职时间	备　注
园　长	吴庆海	1947.05—1949.02	—
分　理	吴庆海（兼）	1949.02—1950.10	—
分　理	李永贵（兼）	1950.10—1951.01	—
分　理	李洪生	1951.01—1951.10	—
分园长	李永贵	1951.10—1953.12	—
队　长	李永贵	1953.12—1954.08	—
队　长	周洪林	1954.08—1956.03	—

表 3-2-53　新区分场领导更迭情况

职　务	姓　名	任职时间	备　注
队　长	阎尚田	1962.12—1966.04	—
队　长	常　义	1966.04—1966.10	—
队　长	金殿忠	1966.10—1966.12	—
队　长	张绍卿	1966.12—1969.06	—
主　任	赵庆祥	1969.06—1975.01	—
主　任	杨井才	1975.01—1979.01	—
队　长	杨井才	1979.01—1980.03	—
队　长	杨振祥	1980.03—1980.06	—
队　长	常　贵	1980.11—1984.09	—
队　长	徐春友	1984.09—1988.03	—
场　长	赵紫春	1988.03—1991.03	—
场　长	杨振祥	1991.03—1994.02	—
场　长	杨　贵	1994.02—1997.03	—
场　长	赵紫春	1997.03—1999.04	—
场　长	秦国政	1999.04—1999.12	—

表 3-2-54　牛羊沟生产队领导更迭情况

职　务	姓　名	任职时间	备　注
分　理	常　义	1949.02—1951.10	—
分园长	李洪生	1951.10—1953.09	—
队　长	滕　满	1953.09—1953.11	—
队　长	朱志彬	1953.12—1956.03	—
队　长	李占元	1956.03—1956.07	—
队　长	滕　满	1956.07—1958.03	—

二、农业分场

表 3-2-55 毕屯农业分场领导更迭情况

职 务	姓 名	任职时间	备 注
村 长	毕德文	1948.10—1950	—
村 长	罗世恩	1950—1951.10	—
副村长	毕德文	1951.10—1954	三台子村（毕屯）
副村长	柏桂林	1954—1956.03	三台子村（毕屯）
主 任	张文波	1956.11—1958.01	永丰高级社
队 长	高成德	1958.01—1959.03	生产大队
队 长	毕长金	1959.03—1959.11	—
队 长	柏桂林	1959.11—1960.05	—
队 长	毕俊林	1960.05—1960.12	—
队 长	柏桂林	1960.12—1961.07	—
队 长	毕长金	1961.07—1962.11	—
队 长	柏桂林	1962.11—1964	—
队 长	毕长金	1964—1966.03	—
队 长	柏桂林	1966.03—1967.04	—
主 任	柏桂林	1967.04—1972.06	—
主 任	毕长金	1972.06—1973.03	—
主 任	杨守山	1973.03—1975.01	—
主 任	毕德山	1975.01—1976.01	—
主 任	肖殿海	1976.01—1979.10	—
副主任	毕纯林	1979.10—1980.03	主持工作
副主任	毕纯林	1980.03—1982.01	毕屯东大队
副主任	毕桂德	1980.03—1982.01	毕屯西大队
大队长	高玉田	1982.01—1985.01	—
大队长	毕桂全	1985.01—1988.03	—
场 长	毕桂全	1988.03—1998.04	—
场 长	毕桂友	1998.04—1999.12	—
场 长	毕巨林	1999.12—2001.08	—
场 长	狄士秋	2001.08—2017.02	—
场 长	马连臣	2017.02—2019.01	—

表 3-2-56　温屯农业分场领导更迭情况

职　务	姓　名	任职时间	备　注
村　长	郭长义	1948.09—1950	岳家沟村温屯
主　任	罗世恩	1962—1969.06	—
主　任	杨文财	1969.06—1971	—
队　长	单贵德	1971—1978.02	—
队　长	杨文德	1978.02—1979	—
场　长	杨文财	1979—1989.01	—
场　长	王仲志	1989.01—1995.05	—
场　长	王喜印	1995.05—1998.04	—
场　长	苏绍庭	1998.04—2000.05	—
场　长	马俊山	2000.05—2000.06	—
场　长	王怀国	2000.06—2001.08	—
场　长	毕德怀	2001.08—2007.04	—
场　长	马俊山	2007.04—2010.09	—
副场长	马连臣	2010.09—2012.03	主持工作
场　长	马连臣	2012.03—2017.02	—
场　长	陈晓峰	2017.02—2017.05	—

表 3-2-57　东大台农业队领导更迭情况

职　务	姓　名	任职时间	备　注
队　长	周洪文	1960.03—1965.03	—

表 3-2-58　矾石山农业分场领导更迭情况

职　务	姓　名	任职时间	备　注
场　长	岳福德	1980.03—1982.07	—

表 3-2-59　矾石农业分场领导更迭情况

职　务	姓　名	任职时间	备　注
村　长	张　有	1948.10—1950.03	—
村　长	王庆安	1950.03—1951.10	—
村　长	孔庆吉	1951.10—1955.10	—
主　任	常　海	1955.10—1958.01	—
主　任	李洪生	1958.01—1958.05	—
大队长	李洪生	1958.05—1963.03	—
大队长	常洪达	1963.03—1966.12	—
大队长	李洪生	1966.12—1968.05	—
主　任	刘玉俊	1968.05—1975.01	—
主　任	刘忠海	1975.01—1978.02	—
大队长	李洪生	1978.02—1980.02	—

（续）

职　务	姓　名	任职时间	备　注
大队长	陈德生	1980.02—1983.02	—
大队长	李德林	1983.02—1987.12	—
场　长	陈德生	1987.12—1996.05	—
场　长	柴绍海	1996.05—1999.02	—
场　长	骆云春	1999.02—2004.03	—
场　长	柳宝平	2004.03—2005.09	—
场　长	李国文	2005.09—2007.04	—
场　长	孔大强	2007.04—2010.09	—
副场长	李文喜	2010.09—2012.03	主持工作
场　长	李文喜	2012.03—2013.04	—
场　长	陈保峰	2013.04—2019.01	—

表 3-2-60　郜家农业分场领导更迭情况

职　务	姓　名	任职时间	备　注
大队长	杨春山	1964—1968.05	—
主　任	杨春山	1968.05—1970.11	—
主　任	于长顺	1970.11—1974.07	—
主　任	刘小可	1974.07—1975.07	—
主　任	杨春山	1975.07—1979.10	—
大队长	郜文清	1979.10—1989.01	—
场　长	郜文志	1989.01—2012.03	—
副场长	于洪良	2012.03—2014.09	主持工作
场　长	于洪良	2014.09—2017.02	—
场　长	常小辉	2017.02—2017.05	—

四、场直单位

表 3-2-61　苗木花卉场（苗圃）领导更迭情况

职　务	姓　名	任职时间	备　注
负责人	常　义	1966.02—1966.04	—
主　任	赵兴政	1986.06—1992.03	—
副场长	王景良	1992.03—1996.05	主持工作
副场长	吴玉林	1996.05—1998.04	主持工作
场　长	杨德洪	1998.04—1998.11	—
场　长	许　鹏	1998.11—2004.03	—

表 3-2-62　贸易货栈领导更迭情况

职　务	姓　名	任职时间	备　注
经　理	仲宝忠	1980.11—1988.03	—
经　理	王景儒	1988.03—1992.03	—
经　理	毕桂良	1992.03—1995.05	—

表 3-2-63　机电管理站领导更迭情况

职　务	姓　名	任职时间	备　注
队　长	刘　才	1959.03—1972.09	机耕队（拖拉机队）
副站长	侯景富	1972.09—1978.12	农业机电管理站
副站长	张振德	1980.01—1981.10	主持工作
站　长	王自彬（兼）	1981.10—1986.06	—
副站长	刘　才（兼）	1986.06—1986.11	主持工作
副站长	田志林	1986.11—1989.06	主持工作

表 3-2-64　供销社领导更迭情况

职　务	姓　名	任职时间	备　注
科　长	王　恩	1980.03—1981.12	—
副科长	仲宝忠	1981.12—1983.01	主持工作
副科长	柴森林	1983.01—1984.09	主持工作
科　长	仲宝忠	1984.09—1988.03	—
副科长	刘德彬	1988.03—1992.03	主持工作
副科长	张树栋	1992.03—1992.09	主持工作
副处长	张树栋	1992.09—1993.03	主持工作
处　长	张树栋	1993.03—1998.04	—
处　长	毕长东	1998.04—1999.02	—
处　长	张福元	1999.02—1999.12	—
处　长	毕德秋	1999.12—2007.04	—
负责人	苏绍廷	2007.04—2012.08	—
副处长	杨守山	2012.08—2013.01	主持工作

表 3-2-65　水电站领导更迭情况

职　务	姓　名	任职时间	备　注
站　长	曹文仲	1980.04—1984.12	—
副站长	尚德臣	1984.12—1988.03	主持工作
站　长	尚德臣	1988.03—2001.01	—
站　长	陶春阳	2001.01—2009.03	—

表 3-2-66　兽医站领导更迭

职　务	姓　名	任职时间	备　注
负责人	高传良	1965.09—1974.03	—
站　长	常永春	1974.03—1978.01	—
副站长	陆云作	1978.01—1984.09	主持工作
站　长	陆云作	1984.09—1996.05	—
副站长	张树民	1996.05—2004.03	主持工作
站　长	史海涛	2004.03—2018.08	—

表 3-2-67　粮食供应站领导更迭

职　务	姓　名	任职时间	备　注
副主任	苑福生	1981.02—1984.09	主持工作
主　任	孟昭有	1984.09—1986.11	—
副主任	张忠武	1986.11—1992.03	主持工作
主　任	孟昭有	1992.03—1997.03	—

表 3-2-68　职业技术高中领导更迭

职　务	姓　名	任职时间	备　注
负责人	金殿忠	1980.08—1983.12	—
副校长	马志国	1983.12—1986.06	主持工作
校　长	王　学	1986.06—1989.03	—

表 3-2-69　大台山初级中学领导更迭情况

职　务	姓　名	任职时间	备　注
副校长	陶之良	1977.09—1978.03	主持工作
代理校长	赵长润	1978.03—1979.10	—
副校长	赵长润	1979.10—1981.09	主持工作
校　长	邢广学	1981.09—1984.09	—
副校长	杜秉宽	1984.09—1987.09	主持工作
校　长	刘连吉	1987.09—1995.09	—
校　长	董　骐	1995.09—1998.09	—
校　长	毕淑贤（女）	1998.09—2003.07	—
校　长	刘东华	2003.07—2018.11	—
负责人	宋　亮	2018.11—2020.12	—

表 3-2-70　大台山中心小学领导更迭情况

职　务	姓　名	任职时间	备　注
负责人	张震东	1949.02—1952.12	—
校　长	叶连秋	1960.10—1961.09	—

（续）

职 务	姓 名	任职时间	备 注
校 长	李毓常	1961.09—1962.02	—
副校长	王子臣	1962.02—?	主持工作
校 长	叶连秋	?—1966.06	—
校 长	杨宝金	1966.06—1976.09	—
校 长	张树栋	1976.09—1978.07	—
校 长	田绍臣	1978.07—1979.09	—
校 长	池荫蒲	1979.09—1982.08	—
校 长	胡振荣	1982.08—1983.09	—
校 长	王书琴（女）	1983.09—1994.07	—
校 长	董 骐	1994.07—1995.08	—
校 长	张景富	1995.08—2002.09	—
校 长	穆春和	2002.09—2010.03	—
校 长	柴景辉	2010.03—2020.12	—

表 3-2-71 卫生所领导更迭情况

职 务	姓 名	离任时间	备 注
所 长	姚志新	1952.03—1958.05	—
负责人	付乃金	1958.05—1961.09	—
所 长	姚志新	1961.09—1966.07	—

表 3-2-72 大台山医院领导更迭情况

职 务	姓 名	任职时间	备 注
院 长	姚志新	1970.01—1975.01	—
院 长	赵玉山	1975.01—1978.06	—
副院长	张树华	1978.06—1980.09	主持工作
副院长	赵玉山	1980.09—1985.09	主持工作
副院长	刘洪汉	1985.09—1986.01	主持工作
院 长	高仁德	1986.01—1987.04	—
院 长	邬忠致	1987.04—1988.03	—
院 长	费成福	1988.03—1994.02	—
院 长	沈永顺	1994.02—2002.07	—

表 3-2-73　地毯厂领导更迭情况

职 务	姓 名	任职时间	备 注
厂 长	尚世忠	1980.11—1983.04	—
厂 长	肖殿海	1983.04—1991.03	—
副厂长	周明岐	1991.03—1993.03	主持工作
厂 长	尤志忠	1993.03—1997.03	—
厂 长	田祥林	1997.03—1999.03	—
厂 长	尤志忠	1999.03—2001.08	—
厂 长	史海波	2001.08—2012.08	—

表 3-2-74　科学研究所领导更迭情况

职 务	姓 名	任职时间	备 注
副所长	任福林	1976.03—1977.01	主持工作
主 任	任福林	1977.01—1978.01	—
副所长	太云山（兼）	1978.01—1979.10	主持工作
副所长	阎尚田	1979.10—1981.03	主持工作
副所长	庞 荣	1981.03—1982.04	主持工作
副所长	智绍军	1982.04—1984.09	主持工作
所 长	智绍军	1984.09—1985.08	—
所 长	任福林	1985.08—1988.03	—
副所长	胡景源	1988.03—1993.03	主持工作
副所长	朱红玉（女）	1993.03—1994.02	主持工作
副所长	王庆海	1994.02—1994.03	主持工作
副所长	朱红玉（女）	1994.03—1997.12	主持工作
所 长	郭 杉	2007.04—2010.09	—

表 3-2-75　建筑材料厂领导更迭情况

职 务	姓 名	任职时间	备 注
副厂长	张树栋	1980.11—1986.07	主持工作
副厂长	高仁德	1986.07—1986.11	主持工作
副厂长	费成斌	1986.11—1988.03	主持工作
厂 长	费成斌	1988.03—1996.05	—
厂 长	费成斌	1996.05—1997.03	砖瓦厂
厂 长	费成斌	1997.03—1997.04	—
厂 长	柴士学	1997.04—1998.04	—
厂 长	费成斌	1998.04—2007.08	—

表 3-2-76　炸药厂领导更迭情况

职　务	姓　名	任职时间	备　注
负责人	仲宝忠	1977.01—1980.11	—

表 3-2-77　建筑公司领导更迭情况

职　务	姓　名	任职时间	备　注
经　理	刘中昌	1987.04—1988.03	—
经　理	刘铁成	1988.03—1994.02	—
经　理	杨守义	1994.02—1998.04	—
经　理	费连岐	1998.04—2006.09	—
队　长	费连岐	2006.09—2014.05	工程队

表 3-2-78　第一工程队领导更迭情况

职　务	姓　名	任职时间	备　注
队　长	孟昭富	1960.03—1977.07	—
副主任	陈维岐	1977.07—1978.07	主持工作
副队长	冯焕林	1978.07—1980.02	主持工作
副队长	陈维岐	1980.02—1980.11	主持工作
副队长	杨福生	1980.11—1981.10	主持工作
队　长	刘中昌	1981.10—1984.05	—
副队长	杨守义	1984.05—1984.12	主持工作
队　长	刘铁成	1984.12—1994.02	—
队　长	杨守义（兼）	1994.02—1998.04	—

表 3-2-79　第二工程队行政主要领导成员更迭情况

职　务	姓　名	任职时间	备　注
副队长	王天儒	1980.08—1982.04	主持工作，百人工程队
副队长	费连甫	1982.04—1983.04	主持工作
队　长	刘铁成	1983.04—1984.12	—

表 3-2-80　第三工程队行政主要领导成员更迭情况

职　务	姓　名	任职时间	备　注
队　长	苑福森	1980.11—1982.04	—
队　长	杨福生	1982.04—1983.01	—
队　长	苑福森	1983.01—1994.02	—

表 3-2-81　大台山安装队领导更迭情况

职　务	姓　名	任职时间	备　注
队　长	周明岐	1987.04—1990.05	—
副队长	武殿忠	1990.05—1992.03	主持工作
队　长	武殿忠	1992.03—1996.05	—

表 3-2-82 驻海南省灵水县机械化工程有限公司领导更迭情况

职 务	姓 名	任职时间	备 注
经 理	刘铁成	1994.02—1998.04	—

表 3-2-83 长石矿领导更迭情况

职 务	姓 名	任职时间	备 注
负责人	王仲志	1977.04—1980.04	—
副矿长	张子华	1980.04—1984.09	主持工作
矿 长	张子华	1984.09—2007.11	—

表 3-2-84 锦西市大台山炼钢厂领导更迭

职 务	姓 名	任职时间	备 注
负责人	毕长东	1992.09—1993.03	—
副厂长	毕长东	1993.03—1994.02	主持工作

表 3-2-85 机械厂领导更迭情况

职 务	姓 名	任职时间	备 注
负责人	张义林	1960.06—1965.05	—
队 长	宋有山	1965.05—1968.04	—
副主任	张振德	1968.04—1975.12	主持工作
副主任	姚凤山	1975.12—1984.09	主持工作
厂 长	单中山	1984.09—1988.03	—
厂 长	马长福	1988.03—1990.05	—
厂 长	柳宝平	1990.05—1998.11	—

表 3-2-86 汽车大修厂领导更迭情况

职 务	姓 名	任职时间	备 注
厂 长	孔庆光	1993.03—1996.05	—
厂 长	毕长东	1996.05—1998.04	—
厂 长	杨国彬	1998.04—1998.12	—
厂 长	李玉健	1998.12—2007.04	—

表 3-2-87 采石场领导更迭情况

职 务	姓 名	任职时间	备 注
负责人	王兴朝	1977.04—1978.07	—
负责人	杨福生	1978.07—1980.11	—
副场长	李永林	1980.11—1983.01	主持工作
副场长	杨岐山	1983.01—1984.09	主持工作
场 长	杨岐山	1984.09—1994.02	—
场 长	陈维岐	1994.02—1995.05	—
副场长	史海波	1995.05—1997.03	主持工作
场 长	史海波	1997.03—2004.03	—

表 3-2-88　制砖厂领导更迭情况

职　务	姓　名	任职时间	备　注
厂　长	柏桂林	1973.04—1975.01	—
厂　长	杨守山	1975.01—1975.12	—
副主任	高仁德	1975.12—1979.03	主持工作
副主任	张树栋	1979.03—1980.11	主持工作
副厂长	孟昭富	1980.11—1983.01	主持工作
副厂长	李永林	1983.01—1983.08	主持工作
厂　长	孟昭富	1983.08—1984.09	—
厂　长	刘中昌	1984.09—1989.01	—
厂　长	杨岐山	1989.01—1994.02	—
厂　长	谭作秋	1994.02—1996.05	—
厂　长	费成斌	1996.05—1997.03	砖瓦厂
厂　长	谭作秋	1997.03—2000.12	—

表 3-2-89　油毡纸厂领导员更迭情况

职　务	姓　名	任职时间	备　注
主　任	谢凤英（女）	1975.12—1980.11	—
厂　长	孟昭富	1980.11—1981.12	—
副厂长	王瑞臣	1981.12—1984.09	主持工作
厂　长	张廷瑞（兼）	1984.09—1986.11	—
副厂长	张树栋	1986.11—1987.04	主持工作

表 3-2-90　食品厂领导更迭表情况

职　务	姓　名	任职时间	备　注
厂　长	肖殿海	1980.08—1983.05	—
副厂长	王桂珍（女）	1983.05—1984.09	主持工作
厂　长	宋有山（兼）	1984.09—1988.03	—
厂　长	高玉勤	1988.03—1992.02	—

表 3-2-91　包装器材厂领导更迭情况

职　务	姓　名	任职时间	备　注
厂　长	张树栋	1987.04—1991.03	—
厂　长	孔庆光	1991.03—1993.03	—
副厂长	张殿军	1993.03—1994.02	主持工作
厂　长	张殿军	1994.02—1996.05	—
厂　长	李德彦	1996.05—1997.03	—
厂　长	王自斌	1997.03—1998.12	—
厂　长	张殿军	1998.12—2001.02	—

表 3-2-92　养猪场领导更迭情况

职　务	姓　名	任职时间	备　注
队　长	周洪文	1965.05—1967.04	—
副主任	王旭田	1976.04—1978.08	主持工作
副主任	曹文仲	1978.08—1979.07	主持工作
场　长	孟昭福	1979.07—1984.05	—
副场长	杨　恩	1984.05—1986.01	主持工作
场　长	孟昭福	1986.01—1992.03	—
场　长	杨　恩	1992.03—1998.04	—
场　长	金志忱	1998.04—1999.09	—

表 3-2-93　向阳综合商店领导更迭情况

职　务	姓　名	任职时间	备　注
主　任	高玉勤	1988.03—1992.03	—
副主任	张忠武	1992.03—1993.03	主持工作
经　理	董有江	1993.03—1996.05	—
经　理	杨守山	1996.05—2004.08	—
经　理	柏清财（兼）	2004.08—2007.04	—

表 3-2-94　大台山酒厂领导更迭情况

职　务	姓　名	任职时间	备　注
厂　长	金志忱	1998.04—1999.02	—
董事长兼总经理	毕长东	1999.02—2001.03	—
厂　长	杨孝贤	2001.03—2002.09	—

表 3-2-95　饮料厂领导更迭情况

职　务	姓　名	任职时间	备　注
厂　长	尚世忠	1986.06—1992.07	—
厂　长	张　涛	1992.07—1996.05	—

表 3-2-96　敬老院领导更迭情况

职　务	姓　名	任职时间	备　注
院　长	王瑞武	1982.08—1984.05	—
副院长	杨作山	1984.05—1986.06	主持工作
副院长	费德生	1986.06—1992.01	主持工作
院　长	费德生	1992.01—1997.03	—
院　长	王仲志	1997.03—1998.04	—
院　长	董友江	1998.04—1999.09	—
院　长	高玉田	1999.09—2004.03	—
副院长	苑小平（女）	2004.03—2005.09	主持工作
副院长	毕桂发	2005.09—2010.01	主持工作

表 3-2-97　边贸办事处领导更迭情况

职　务	姓　名	任职时间	备　注
经　理	费成福	1996.05—1998.04	—

表 3-2-98　商贸公司领导更迭情况

职　务	姓　名	任职时间	备　注
经　理	马长福	1993.04—1995.05	—
副经理	杨守山	1995.05—1996.05	主持工作
经　理	毕德江	2017.02—2019.11	—
经　理	张　东	2019.11—2020.12	—

表 3-2-99　汽车队领导更迭情况

职　务	姓　名	任职时间	备　注
副队长	杨国彬	1992.04—1992.11	主持工作
队　长	刘　才	1992.11—1993.03	—
队　长	毕文海	1994.02—1996.05	—
队　长	王景儒	1997.03—1998.04	—
队　长	李玉健	1998.04—1998.12	—

表 3-2-100　液化气站领导更迭情况

职　务	姓　名	任职时间	备　注
副站长	王景儒	1992.03—1996.05	主持工作
站　长	武殿忠	1996.05—1998.04	—
站　长	苑福堂	1998.04—1999.09	—
站　长	张国岐	1999.09—2004.02	—

表 3-2-101　公路绿化管理站领导更迭情况

职　务	姓　名	任职时间	备　注
副站长	高仁德	1987.04—1995.05	主持工作
副站长	毕桂良	1995.05—2007.04	主持工作
站　长	毕桂良	2007.04—2010.09	—

表 3-2-102　宏达养鸡场领导更迭情况

职　务	姓　名	任职时间	备　注
董事长	明忠生（兼）	1999.04—2000.08	—
场　长	韩汝明	1999.04—2000.08	兼副董事长
场　长	费印桐	2000.08—2001.12	—

表 3-2-103　加油站领导更迭情况

职　务	姓　名	任职时间	备　注
站　长	刘　才	1992.11—1993.03	—
副站长	杨国彬	1993.03—1994.02	主持工作
站　长	杨国彬	1994.02—1998.04	—
站　长	陈绍余	1998.04—1999.03	—

表 3-2-104　金属焊割气厂领导更迭情况

职　务	姓　名	任职时间	备　注
厂　长	周明岐（兼）	1998.11—2000.01	—

表 3-2-105　抗日义勇军纪念馆领导更迭情况

职　务	姓　名	任职时间	备　注
馆　长	李文喜	2013.04—2017.03	—

表 3-2-106　公墓管理公司领导更迭情况

职　务	姓　名	任职时间	备　注
经　理	李锁山	2017.02—2020.04	—

表 3-2-107　信用社领导更迭情况

职　务	姓　名	任职时间	备　注
主　任	于　洪	1978—1982.10	—
主　任	赵桐林	1982.10—1985	—

表 3-2-108　旅游公司领导更迭情况

职　务	姓　名	任职时间	备　注
经　理	周立刚	2017.02—2019.01	—

表 3-2-109　台西湖度假村管理委员会领导更迭情况

职　务	姓　名	任职时间	备　注
副主任	马　阳	2018.05—2019.11	主持工作

第三章　绥中县大台山满族镇政府

第一节　领导机构

1985年9月29日，实行政企分开，筹备成立绥中县大台山满族镇政府，隶属于绥中县人民政府。场部机关刘长文、毕长河等13名同志到镇政府工作。

1月6日，绥中县大台山满族镇政府挂牌成立，设秘书、文书、民政助理、计划生育助理、文教及业余教育助理、卫生助理、公安特派员、司法助理、财经助理9人，设行政办公室、农业办公室。下设毕屯东、毕屯西、温屯、西大台、台西、矾石、郜家、鸡架山、饮马河等9个居委会。

1999年1月，镇长、副镇长编制撤销。

2003年4月20日，大台山镇撤销，合并到沙河镇。原政府房屋出售给农场，在农场设立办事处。

表 3-3-1　中共绥中县大台山满族镇政府委员会领导更迭

职　务	姓　名	任职时间	备　注
书　记	杨清辰	1987.06—1987.12	—
书　记	夏为民	1987.12—1995.05	—
书　记	刘中昌	1995.05—1998.02	—
书　记	吕中海	1998.02—2000.06	—
书　记	刘宏扬	2000.06—2003.04	—
副书记	杨清辰	1986.01—1987.06	—
副书记	毕长河	1986.01—1993.05	—
副书记	刘长文	1990.03—1995.03	—
副书记	刘中昌	1994.04—1995.05	—
副书记	边廷文	1995.09—1998.12	—
副书记	何宝琛	1998.12—2003.03	—
副书记	郜丽（女）	1999.01—2003.03	—

表 3-3-2　绥中县大台山满族镇政府领导更迭

职　务	姓　名	任职时间	备　注
副镇长	刘长义	1986.01—1990.03	—
镇　长	刘长文	1987.05—1990.10	—
副镇长	常永春	1987.09—1999.01	—
镇　长	毕长河	1990.10—1993.05	—
镇　长	刘中昌	1993.05—1998.02	—
副镇长	郜丽（女）	1995.12—1999.01	—
督导员	刘中昌	1998.02—2000.12	—
镇　长	何宝琛	1998.12—1999.01	—
督导员	杨占长	1998.12—2000.12	—

第二节　工作机构

　　大台山满族镇政府设秘书、文书、民政助理、计划生育助理、文教及业余教育助理、卫生助理、公安特派员、司法助理、财经助理等 9 名，设行政办公室、农业办公室。下设毕屯东、毕屯西、温屯、西大台、台西、矾石、郜家、鸡架山、饮马河等 9 个居委会。

第四章 大台山社会事务服务中心

第一节 领导机构

2019年1月17日，按照"内部分开、管办分离、政府授权、购买服务"的总体要求，大台山果树农场承担的社会管理和公共职能全部纳入绥中县政府统一管理。成立大台山社会事务服务中心，承担农场全部办社会职能工作，下设10个处室、12个办事处，核定岗位编制72个，绥中县政府以购买服务方式每年拨付经费336.66万元给农场。大台山社会事务服务中心设主任（正场级）1名，副主任（副场级）5名。

图 3-4-1　大台山社会事务服务中心工作人员工作中　2019年摄

表 3-4-1　大台山社会事务服务中心领导更迭情况

职　务	姓　名	任职时间	备　注
主　任	李春秋	2019.01—2020.12	—

（续）

职　务	姓　名	任职时间	备　注
副主任	王旭东	2019.01—2020.12	—
	马连臣	2019.01—2020.12	—
	孔大强	2019.01—2020.12	—
	毕晓丽（女）	2019.01—2020.03	—
	毕文国	2019.01—2020.12	—
	于洪良	2020.04—2020.12	—

第二节　工作机构

2019年1月17日，大台山果树农场成立大台山社会事务服务中心。中心设综合办公室、财务处、劳动保障处、民政事务处、农业处、安全生产处、土地和交通管理处、水电事务处、环卫处和档案室等10个处室。2019年8月，撤销劳动保障处、土地和交通管理处及农业处。2020年5月，增设劳动保障服务处。

表3-4-2　大台山社会事务服务中心各处室领导更迭情况

部　门	职　务	姓　名	任职时间	备　注
综合办公室	主　任	苏　晟	2019.01—2020.12	—
财务处	处　长	张　爽（女）	2019.01—2020.03	—
		孔祥博	2020.03—2020.12	—
劳动保障服务处	处　长	褚孝坤（女）	2019.01—2019.08	—
		郭祎琦	2020.05—2020.12	—
民政事务处	处　长	张秀艳（女）	2019.01—2020.12	—
农业处	处　长	杨　明	2019.01—2019.08	—
安全生产处	处　长	周立刚	2019.01—2020.12	—
土地和交通管理处	处　长	安致华	2019.01—2019.08	—
水电事务处	处　长	费云龙	2019.01—2020.12	—
环卫处	处　长	张海军	2019.01—2020.12	—
档案室	主　任	毕　蕾（女）	2019.01—2020.12	—

第三节　基层管理机构

大台山社会事务服务中心下设毕屯、台东、台西、向阳、温屯、西大台、破台子、矾石、矾南、矾北、郜家、鸡架山12个办事处。

表 3-4-3　大台山社会事务服务中心基层办事处领导更迭

办事处	职　务	姓　名	任职时间	备　注
毕屯办事处	主　任	杨　峰	2019.01—2020.12	—
台东办事处	主　任	骆海山	2019.01—2020.12	—
台西办事处	主　任	张　东	2019.01—2019.11	—
	副主任	张　卓	2019.11—2020.10	主持工作
	主　任	张　卓	2020.10—2020.12	—
向阳办事处	主　任	毕德静	2019.01—2020.12	—
温屯办事处	主　任	马鲜峰	2019.01—2020.12	—
西大台办事处	主　任	刘春生	2019.01—2020.12	—
破台子办事处	主　任	毕德怀	2019.01—2020.12	—
矾石办事处	主　任	陈保峰	2019.01—2020.12	—
矾南办事处	主　任	孔凡辉	2019.01—2020.12	—
矾北办事处	主　任	常小辉	2019.01—2019.08	—
		陈晓锋	2019.08—2020.12	—
郜家办事处	主　任	陈晓锋	2019.01—2019.08	—
		常小辉	2019.08—2020.12	—
鸡架山办事处	主　任	秦国政	2019.01—2020.12	—

第五章 群众团体

第一节 工 会

一、职工代表大会

1985 年以前，农场共召开四届职工代表大会，因历史资料散失无从查考，仅以四届五次以后会议入志。

1985 年 12 月 24 日，召开锦州市大台山果树农场四届五次职工代表大会。大会正式代表 65 人。邱振芳做工作报告。

1989 年 5 月 12 日，召开锦西市大台山果树农场四届六次职工代表大会。正式代表 55 人。邱振芳做工作报告。

1991 年 3 月 5 日，召开锦西市大台山果树农场四届七次职工代表大会。大会正式代表 45 人，场长李德森做工作报告。

1992 年 2 月 27 日，召开锦西市大台山果树农场第五届职工代表大会，于同日召开五届一次会议。大会正式代表 117 人，列席代表 134 人，场长李德森做题为《振奋精神、努力拼搏、为实现一九九二年各项工作指标而奋斗》的工作报告；计财处处长杨树久作《一九九一年财务决算一九九二年财务预算》的财务工作报告。

1992 年 3 月 18 日，召开五届二次职工代表大会，大会正式代表 96 人，副场长明忠生作报告。

1993 年 3 月 12 日，召开锦西市大台山果树农场六届职工代表大会暨六届一次会议。大会正式代表 100 人，列席代表 210 人。场长李德森做题为《解放思想、转换脑筋、总结经验真抓实干、为实现一九九三年的各项指标而奋斗》的工作报告；计财处处长杨树久作《一九九二年财务决算一九九三年财务预算》的报告。同日举行六届职工代表大会一次会议，会议通过了上述两个报告。

1993 年 9 月 20 日，召开第六届二次职工代表大会。大会正式代表 89 人，列席代表 64 人，场长李德森做工作报告。

1994年3月1日，召开葫芦岛市大台山果树农场第六届三次职工代表大会，大会正式代表98人，列席代表144人。场长李德森做题为《认真总结、找出差距、深化改革、转换机制、促进农场持续快速发展》的工作报告；计财处处长杨树久作《一九九三年财务决算和一九九四年财务预算》的报告。同日举行六届职工代表大会一次会议，会议通过了上述两个报告。

1995年4月27日，葫芦岛市大台山果树农场第六届五次职工代表大会召开，职工代表123人，到会98人，现金员以上干部145人列席大会。会议听取了场长肖殿海所作的题为《强化管理，挖掘潜力，使农场经济持续、稳步、快速发展》的工作报告和总会计师杨树久所作的《一九九四年财务决算和一九九五年财务预算》的报告。大会审议、讨论、通过了上述两个报告。

1996年1月31日，葫芦岛市大台山果树农场第六届六次职工代表大会召开。职工代表90人，现金员以上干部157人列席大会。会议听取了场长肖殿海所作的题为《振奋精神、真抓实干、强化管理、挖掘潜力、为全面完成一九九六年的各项任务而努力奋斗》的工作报告和总会计师杨树久所作的《一九九五年财务决算和一九九六年财务预算》的报告。大会审议、讨论、通过了上述两个报告。

1996年7月20日，召开葫芦岛市大台山果树农场第六届七次职工代表大会。大会正式代表101人，列席代表174人，场长肖殿海做工作报告。

图3-5-1　农场第六届八次职工代表大会暨九六年工作总结表彰大会　1993年摄

1997年3月6日，召开葫芦岛市大台山果树农场第六届八次职工代表大会。大会正式代表 101 人，列席代表 174 人。场长肖殿海作《振奋精神、迎难而上、为全面完成一九九七年工作任务而努力奋斗》的工作报告；计财处处长张景贵作《一九九六年财务决算和一九九七年财务预算》的报告。大会审议、讨论、通过了上述两个报告。

1999 年 3 月 23 日，召开葫芦岛市大台山果树农场第七届一次职工代表大会，大会正式代表 91 人，列席代表 143 人。场长杨明毅作《同心协力、扎实苦干，为全面完成九九年的工作任务而努力奋斗》的工作报告；计财处处长张景贵作《一九九七年、一九九八年财务决算和一九九九年财务预算》的报告。大会审议、讨论、通过了上述两个报告。

2000 年 2 月 25 日，召开葫芦岛市大台山果树农场第七届二次职工代表大会。大会正式代表 82 名，列席代表 128 名。场长杨明毅作《振奋精神、抓住机遇、扎实苦干，为全面完成二〇〇〇年的工作任务而努力奋斗》的工作报告；计财处处长张景贵作《一九九九年财务决算和二〇〇〇年财务预算》的报告。大会审议、讨论、通过了上述两个报告。

2000 年 6 月 23 日，召开葫芦岛市大台山果树农场第八届一次职工代表大会，大会正式代表 102 人，实到 91 人，缺席 11 人。列席代表 43 人。张树栋作题为《高举邓小平理论伟大旗帜，团结全场广大职工，为我场经济建设再立新功》的工作报告；场长杨明毅做题为《充分发挥工会作用　把工会工作提高一个新水平》的讲话。大会选举产生由 7 名委员组成的第八届工会委员会，选举工会主席 1 名。

2001 年 3 月 31 日，召开葫芦岛市大台山果树农场第八届二次职工代表大会，大会正式代表 102 人，实到 82 人。场长封玉龙作《关于 2000 年工作总结及 2001 年工作任务》的报告，计财处处长张景贵做《关于 2000 年财务决算和 2001 年财务预算》的报告，大会通过了上述两个报告。

2002 年 3 月 12 日，召开葫芦岛市大台山果树农场第八届三次职工代表大会。大会正式代表 102 人，实到 81 人，列席代表 89 人，实到 84 人。场长封玉龙作《关于 2001 年工作总结及 2002 年工作任务》的报告，计财处长张景贵作《关于 2000 年财务决算和 2001 年财务预算》的报告，大会通过了上述两个报告。

2006 年 7 月 28 日，召开葫芦岛市大台山果树农场八届四次职工代表大会。到会总人数 126 人，其中：大会代表 67 人，列席代表 59 人。大会听取了场长封玉龙作《以改革和发展为动力，全面开创我场经济建设新局面》的工作报告，听取了计财处长陈晓东作《关于大台山果树农场 2001—2005 年财务决算情况和 2006 年财务预算》的报告，大会通过了上述两个报告。

2007 年 5 月 28 日，召开葫芦岛市大台山果树农场第八届五次职工代表大会，大会正式代表 110 人，实到 99 人；列席代表 47 人，实到 44 人。场长封玉龙作题为《坚持科学发展观，继续深化国企改革，为全面振兴农场经济而努力奋斗》的工作报告，计财处长陈晓东作《关于大台山果树农场 2006 年度财务决算情况和 2007 年财务预算（草案）的报告》，大会通过了上述两个报告。

2009 年 3 月 20 日，场工会制定公布了《大台山果树农场职工代表选举实施方案》。《方案》中明确规定了职工代表的条件、选举办法和名额分配原则。

2010 年 8 月 9 日，召开葫芦岛市大台山果树农场第八届六次职工代表大会。大会到会人数 161 名。场长毕德迎作《以人为本、团结务实、勤奋敬业、振兴农场——关于葫芦岛市大台山果树农场"十二五"规划》的工作报告，大会讨论审议通过了毕德迎所做的报告，表决通过了 7 个主要议题。

图 3-5-2　农场表彰先进工作者　2017 年摄

2013 年 3 月 22 日，农场工会组织召开职工代表大会，69 名职工代表参加会议。经过无记名投票，66 票赞成评选毕德迎为葫芦岛市第五届劳动模范候选人。

2019 年 11 月 10 日，召开葫芦岛市大台山果树农场第一次工会会员代表大会。大会正式代表 27 名。大会选举产生了由 9 名委员组成的葫芦岛市大台山果树农场第一届工会委员会，选举工会主席 1 名；选举产生了由 3 名委员组成的工会经费审查委员会，选举经费审查委员会主任 1 名；选举产生了由 3 名委员组成的女职工委员会，选举女职工委员会主任 1 名。

二、组织机构

农场工会组织是农场党委领导下工作，主要负责组织召开工会委员会、全体委员和基层工会主席会议，负责筹备职工和会员代表大会并贯彻大会决议。领导基层工会工作，经常对职工进行形势任务的宣传教育，组织职工参加企业民主管理，代表职工参加企业管理委员会。

1949年6月1日，绥中利民果园成立工会组织，称绥中县职工会绥中利民果园委员会。设工会主任1名，工会干事1名，负责工会全面工作，全场共有会员149人。

1951年10月10日，绥中利民果园被辽西省人民政府农业厅接管，工会组织改称中国农林水利工会辽西省第四果园委员会。

1958年3月18日，大台山果树农场改称辽宁省大台山果树农场。工会组织隶属中国农业水利工会，称为中国农业水利工会辽宁省大台山果树农场委员会。

1962年7月，农场恢复各级工会组织，农场工会委员有朱志彬、穆志学及鸡架山、一队、二队工会主席。各生产大队和果树队、车间均成立工会，并选举产生工会主席和委员。

1965年5月，农场根据自身特点成立职工委员会。工会经费由行政提取的经费全部缴给农场工会，不再向县缴纳。

1973年12月17日，农场建立工会委员会，称绥中县大台山果树农场工会委员会。

2000年6月23日，在葫芦岛市大台山果树农场第八届第一次职工代表大会上，大会选举张树栋、张桂芬（女）、毕长仁、侯志、张福元、张殿军、张景贵等7名同志为第八届工会委员会委员，张树栋被选举为工会主席。

图3-5-3　1963年锦州市大台山果树农场工会印章

2007年，农场共有基层工会组织21个，会员2650人。

2019年，在葫芦岛市大台山果树农场第一次工会会员代表大会上，选举王新、王旭东、刘洪刚、李伟（女）、李文喜、张铎（女）、周立刚、侯冠群（女）、郭杉等9名同志为第一届工会委员会委员，选举王新同志为工会主席；选举安致华、李伟（女）、褚孝坤（女）等3名同志为工会经费审查委员会委员，选举李伟（女）为工会经费审查委员会主任。

2020年4月27日，召开葫芦岛市大台山果树农场工会第一届第二次会员代表大会，大会应出席代表101名，实到代表100名。大会选举于曼（女）、李锁山2名同志为工会委员会委员，选举李锁山为工会副主席。

表3-5-1　工会领导更迭情况

职　务	姓　名	任职时间	备　注
主　任	张九忠	1949.06—1951.03	—
主　席	温庆瑞	1951.03—1952.07	—

（续）

职 务	姓 名	任职时间	备 注
主 席	安 怀	1952.07—1955.03	—
主 席	方宝臣	1955.03—1956.12	—
主 席	张世民	1956.12—1957.12	—
主 席	刘连阁	1957.12—1959.06	—
主 席	杨广具	1959.06—1963.10	—
主 席	郑国义	1963.10—1967.04	—
主 席	马文山	1973.12—1975.06	—
副主席	史凤岐	1975.06—1981.12	主持工作
副主席	马文山	1981.12—1985.09	主持工作
主 席	邱振芳	1985.09—2000.06	—
主 席	张树栋	2000.06—2010.08	—
主 席	毕德皖	2010.08—2017.01	—
主 席	毕长东	2017.01—2019.11	—
主 席	王 新	2019.11—2020.12	—

三、女工委员会

1959 年，农场成立妇联组织，负责妇幼卫生和妇幼保健工作，提倡和实行计划生育。每年"三八"妇女节，组织召开妇女会议，总结妇女工作，表彰先进人物和先进集体。

1966 年"文化大革命"以后，妇女工作改为女工工作，由工会内的女工委员从事具体管理工作。农场凡全民所有制基层单位，由各基层单位工会内设女工委员，专门做女工工作。

1979 年 3 月 5 日，召开大台山果树农场第七次妇女代表大会，妇女代表 53 名参加会议。由女工委员孙静代表第六届妇女联合委员会作题为《在新的历史时期，争取妇女工作的更大成绩》的工作报告，大会选举产生了由应海芹、王素荣、王艳秋、兴玉珍、牛国兰、单素梅、谢凤英、常桂英、孙静 9 名女同志组成的大台山果树农场第七届妇女联合委员会。

1980 年代以后，设女工委员会，设主任 1 名，在工会主席领导下进行工作。

2019 年 11 月 10 日，在葫芦岛市大台山果树农场第一次工会会员代表大会上，选举产生了由侯冠群、毕蕾、张铎等 3 名女同志组成的葫芦岛市大台山果树农场女职工委员会，选举侯冠群为女职工委员会主任。

表 3-5-2　女工委员会领导更迭情况

职 务	姓 名	任职时间	备 注
主 任	李玉荣	1959—1963	—
主 任	黄会云	1963—1965.12	—

（续）

职　务	姓　名	任职时间	备　注
干　事	李凤英	1965.12—1977.04	妇代会
女工委员	张美丽	1977.04—1979.02	—
女工委员	孙　敬	1979.02—1985.11	—
主　任	仲　新	1985.11—2001.08	—
主　任	张桂芬	2001.08—2012.08	—
主　任	张秀艳	2012.08—2018.04	—
主　任	侯冠群	2018.04—2020.12	—

四、组织活动

（一）评先选优活动

农场为了激励干部职工工作热情和积极性，经常对先进干部职工进行表彰。1950年1月，绥中利民果园召开年终评模大会，是农场首次对模范干部职工进行表彰。此后农场经常在年初岁尾开展评选先进集体、先进劳动者、先进工作者、劳动模范等活动。

1964年12月2日至4日，农场举行"1964年先进生产者、先进工作者代表会议"。党委书记王连山在大会做了关于掀起今冬明春生产新高潮，为迎接1965年生产任务而奋斗的报告。会议评选出先进生产者和先进工作者共88名，其中一等29名、二等35名、三等24名，分别奖励人民币15元、10元、5元。

1978年1月20日至22日，农场召开"一九七七年场先进集体、先进个人代表会议"，参加会议代表180名。农场党委书记、革委会主任郑国义在大会上做了《再接再厉，乘风破浪》的工作报告。大会评选出先进集体8个，场级劳模15名，先进工作者15名，先进个人150名。评选出出席绥中县劳模会代表13名，出席锦州市劳模会代表3名。

1979年1月14日至15日，农场召开"先进集体、劳动模范代表大会"，参加会议代表225名。党委副书记张德文在大会上做了《1978年工作总结》和《1979年工作任务》的报告。大会表彰先进集体7个；先进工作者43名；模范教师6名；劳动模范176名，其中特等劳动模范15名。

1980年2月9日至10日，农场召开"先进集体、先进个人代表大会"，参加大会代表222名。党委书记王印池在大会上做了《搞好经营管理，加速生产建设，为实现一九八〇年的任务而奋斗》的报告。大会表彰先进单位9个，特等劳动模范15名，二等劳动模范33名，三等劳动模范174名。

1981年4月28日，农场召开1980年度先进生产（工作）者表彰大会，参加会议代表

167名。党委书记王印池在大会上做了《同心同德，团结一致，搞好经济调整，为坚决完成一九八一年生产财务计划而奋斗》的报告。大会表彰先进单位17个，先进生产（工作）者167名。

1983年1月29日，农场召开1982年度先进集体、先进个人表彰大会，参加会议有先进集体代表7名、先进个人代表104名、列席代表56名。农场副场长杨印忠在大会上做了《认真总结经验教训，为完成我场一九八三年光荣任务而奋斗》的报告。大会表彰先进集体7个，先进个人102名。

1993年3月12日，在葫芦岛市大台山果树农场六届职工代表大会暨六届一次会议上，表彰先进单位5个、重奖单位6个，重奖法人代表4名；先进个人、劳动模范22名；建议奖1名；浮动一级工资15名，浮动半级工资12名；口头表扬单位6个。对先进单位颁发奖状1个，奖金1000元；重奖单位奖金2000元，重奖法人代表分别为1000元至5000元不等奖金；对先进个人、劳动模范颁发荣誉证书1个，奖金500元。

1994年3月1日，在葫芦岛市大台山果树农场第六届三次职工代表大会上，表彰先进单位11个，劳动模范9名，先进个人18名，浮动一级工资17名，浮动半级工资15名。对先进单位各颁发奖状1个，奖金1000元；劳动模范奖金分别为3000元至7000元不等；对先进个人各颁发荣誉证书1个，奖金500元。

1995年4月27日，在葫芦岛市大台山果树农场第六届五次职工代表大会上，表彰奖励浮动一级工资者15名，浮动半级工资者14名。

1996年1月31日，在葫芦岛市大台山果树农场第六届六次职工代表大会上，表彰先进单位13个，劳动模范4名，先进个人20名。对先进单位各颁发奖状1个，奖金500元；对劳动模范各颁发荣誉证书1个，奖金5000元；对先进个人各颁发荣誉证书1个，奖金1000元。

1997年3月6日，在葫芦岛市大台山果树农场第六届八次职工代表大会上，表彰先进单位12个、先进工作者22名、劳动模范2名。对先进单位各颁发奖状1个，奖金1000元；对先进工作者各颁发荣誉证书1个，奖金500元；对劳动模范各颁发荣誉证书1个，奖金3000元。表彰奖励浮动一级工资14名，浮动半级工资17名。

2000年2月24日，在葫芦岛市大台山果树农场1999年度总结表彰大会上，表彰先进单位10个，先进个人10名。

2009年4月10日，在葫芦岛市大台山果树农场2008年度总结表彰大会上，表彰劳动模范12名，其中果业劳动模范7名、工业劳动模范1名、个体企业劳动模范1名、农业劳动模范1名、养殖业劳动模范1名、运输业劳动模范1名。

2018年1月，在葫芦岛市大台山果树农场2017年度总结表彰大会上，表彰先进处室5个、先进工作者18名。对先进处室各颁发奖状1个，对先进工作者各颁发荣誉证书1个及一次性物质奖励。

图3-5-4　农场表彰大会　2019年摄

2020年12月29日，农场工会委员会评选"工会先进工作者"2名、"工会工作积极分子"11名。

（二）"送温暖" 工程

2010年，争取慰问金4.1万元，春节前走访老干部、救助困难职工80户。积极争取金秋助学资金2.4万元，救助18名困难大学生走进大学校门。对全场职工因洪水遭灾的危房险房进行了摸底调查，上报市工会131户，争取资金5万元，救助重灾户25户。争取救助金2万元，救助重大疾病28人。

2011年元旦春节期间开展了送温暖活动，走访慰问离休干部、场级退休干部和原场级干部遗孀16人，救助重大疾病19人、救助困难职工120户，慰问、救助金累计44800元。

2011年，场工会协同场党委组织部把干部家庭丧事慰问活动从离休干部家庭延伸到基层正职、机关副处长以上在职干部家庭。场工会、组织部慰问离休干部本人、在职干部父母丧事6起，给逝者家属送去了场领导的关怀和党、政、工组织的温暖。用工会经费支付吊唁费4200元。

2012年，开展以"心系职工情，温暖进万家"为主题的送温暖活动。走访慰问离休干部 7 人、场级退休干部 4 人、原场级干部遗孀 2 人、市级困难劳动模范 1 人；救助重大疾病患者 27 人、救助生活困难职工家庭 130 户；资助本科以上学生 14 名；共发放慰问、救助金 64100 元。

2013 年，在元旦春节期间开展了"送温暖"活动。协调农场党政班子成员共走访慰问离休老干部、农场党政班子退休人员、原场级干部遗孀和省市级劳动模范 17 人；救助患重大疾病职工 22 人、生活困难职工家庭 190 户。发给慰问、救助金累计 78000 元。

2016 年，春节前夕开展了"送温暖"活动。走访慰问离休老干部、农场党政班子退休人员、原场级干部遗孀和省市级劳动模范 16 人，救助职工重大疾病 12 人、生活困难职工家庭 185 户，发给慰问、救助金合计 70580 元。

2019 年 12 月，开展"情暖冬日"慰问环卫工人活动，为工作在一线的农场环卫处干部和工人送去了保温水杯等慰问品。

2020 年春，深入各基层慰问奋战在新冠肺炎疫情防控一线的干部职工和医务工作者，发放《致疫情防控一线干部职工的慰问信》《致农场果业职工的一封信》和《致全场女职工的慰问信》，并送去了方便面、牛奶、元宵、棉大衣、保温饭盒、保温水杯、电水壶等慰问品。3 月 11 日，授予将农场 18 万斤绿色苹果义务运送到湖北省咸宁市咸安区的辽宁陆军预备役后勤保障旅绥中应急抢险分队 9 名官兵"名誉会员"，发放 3 万元慰问金和慰问品。9 月，郭家沟分工会开展"慰问老人践行孝道"活动，对辖区内老年人进行慰问，送去了大米等节日慰问品。开展 2020 年"会员过生日，工会送祝福"主题活动，全年为工会会员赠送生日蛋糕 121 人次。

（三）光明康复行动

2010 年，组织 73 名白内障患者分两次去沈阳医院免费检查治疗，手术治疗 24 人，其中双眼手术治疗 4 人。

2011 年 6 月，市工会组织眼科专家到绥中何氏眼科医院免费为 6 名职工群众实施白内障手术治疗。

（四）女职工工作

1997 年，农场女工委开展"巾帼建功立业"活动，在三八国际劳动妇女节表彰"三八红旗手"6 名和"五好家庭"6 个。

2010 年，"三八"妇女节召开表彰大会，授予先进女职工工作者 2 名和先进女职工 7 名。

2011 年，"三八"妇女节组织先进女职工工作者、基层单位工会女工主任和全场在职女干部召开座谈会。同时为全场 22 名女职工办理了特殊疾病保险，用工会经费 990 元为基层工会女工主任和全场在职女干部共33人办理了特殊疾病保险。

2012年"三八"妇女节，根据辽宁省总工会女工部《关于组织先进女职工代表进京参观学习的通知》精神，组织基层工会女工干部和场部机关在职女干部，到北京参观学习。用工会经费为基层工会妇女主任和全场在职女干部办理了"团体女性安康保险"。组织单亲困难女职工到市医院进行了免费体检5人。通过市工会女工部向省总工会上报妇科两癌患者3人，申请妇科两癌医疗救助，每个患者得到救助金5000元。向市总女工委上报单亲困难女工和困难女职工16人，争取救助金8000元。

第二节　共　青　团

一、团员代表大会

1966年4月21日，召开共青团大台山果树农场第一次代表大会，会议选举产生由7名委员组成的中国共产主义青年团大台山果树农场第一届委员会，选举团委书记1名。

共青团大台山果树农场委员会第二至第四次代表大会因档案资料无存，均无记载。

1972年5月18日至5月19日，召开共青团大台山果树农场第五次代表大会，参加大会的代表有37名，代表农场103名共青团员，同时邀请老贫农、老干部、老党员和红卫兵代表7名。会议选举产生由6名委员组成的中国共产主义青年团绥中县大台山果树农场第五届委员会，选举团委书记1名。

图 3-5-5　共青团锦西市大台山果树农场第六次代表大会　1992 年摄

1992 年 3 月 10 日，召开共青团大台山果树农场第六次代表大会，参加大会的代表 60 名，列席代表 9 名，代表农场团委 400 名共青团员。大会通过了田祥林代表共青团大台山果树农场第五届委员会所作《勤奋学习，扎实工作，为农场的繁荣发展贡献青春》的报告。会议选举产生由 7 名委员组成的中国共产主义青年团绥中县大台山果树农场第六届委员会，选举团委副书记 1 名，主持团委工作。

1992 年 10 月 14 日，召开共青团锦西市大台山中学第一次代表大会，参加大会的正式代表 35 名，列席代表 2 名。大会一致通过了马越代表所作《振奋精神，勤奋学习，为社会主义现代化建设贡献青春》的报告。会议选举产生了由 5 名委员组成的中国共产主义青年团锦西市大台山中学第一届委员会，选举团委书记 1 名。

二、组织机构

共青团大台山果树农场委员会在农场党委领导下主要负责共青团组织建设和思想政治工作。

1950 年 1 月，绥中县利民果园建立团支部，名为中国新民主主义青年团辽西省绥中县第十区绥中利民果园支部委员会。隶属于中国新民主主义青年团辽西省绥中县第十区（荒地）总支委员会。

1951 年 10 月，绥中利民果园被辽西省人民政府农业厅接管，改称辽西省人民政府农业厅第四果园。农场团组织名称改为为中国新民主主义青年团绥中县直属机关辽西省第四果园支部委员会，隶属于中国新民主主义青年团辽西省绥中县直属机关总支委员会。

1955 年 2 月，辽宁省绥中大台山果树农场、辽宁省绥中前所果树农场与兴城柳壕沟果树育苗场所属前所生产队合并为辽宁省绥中果树农场。农场建立中国新民主主义青年团辽宁省绥中县果树农场总支委员会。

图 3-5-6 共青团绥中县直属机关辽西省第四果园支部委员会公章

1957 年 5 月，中国新民主主义青年团第三次全国代表大会决定将中国新民主主义青年团改为中国共产主义青年团（简称共青团），农场团组织名称改为中国共产主义青年团绥中县果树农场总支部委员会。

1966年4月21日，在共青团大台山果树农场第一次代表大会上，选举苑福德、齐凤林、赵力生、王天儒、吕素芹（女）、姚凤山、高传良等7名委员组成的中国共产主义青年团大台山果树农场第一届委员会，选举苑福德为团委书记。农场团委下设团支部9个，共青团员68名。

1970年5月，农场在整建党的同时，分期分批对农场9个团支部全部进行了整建团工作，发展新团员33名，欢送出超龄团员37名，共有团员86名。

1972年5月18日至5月19日，在共青团大台山果树农场第五次代表大会上，选举刘秀芝（女）、周明岐、李子玉、常永霞（女）、赵力生、潘福仁等6名同志为共青团大台山果树农场第五届委员会委员，选举刘秀芝（女）为团委书记。

图3-5-7　大台山果树农场参加绥中县第八次团代会全体代表留念　1972年摄

1986年1月，农场团委调查全场42个基层单位共有青年183名，共青团员181名。至11月，农场团委经过走访落实，重建了21个单位团支部，配齐了团干部49名，使全场青年增至2526名，共青团员增至246名。其中在校青年714名，共青团员52名。

1987年9月，调查统计农场共有青年1860名，共青团员195名。农场团委下设团支部21个，兼职团干部50名，其中团支部书记22名，团支部委员28名。

1990年3月，农场团委对全场20个团总支和团支部进行了换届改选，新组建了2个团支部，选拔了一些新的团干部。至年底统计，农场共有14至28周岁的适龄青年2424名，共青团员383名。农场团委直属团支部21个，团总支1个。其中中学团总支1个（下设团支部7个），小学团支部1个，场办工业企业团支部3个，果树分场团支部13个，农业分场团支部2个，场直服务单位团支部2个。

1991年6月底，农场共有青年2400名。其中共青团员371名，从事果树生产的团员96名，从事农业生产的团员24名，工业和场直服务行业团员120名，中学生团员108名，待业团员 23 名。另有少先队员 743 名。

1991 年 7 月 30 日，根据《中国共产主义青年团章程》，农场团委批准原大台山果树农场中学团总支召开共青团大台山果树农场中学第一次代表大会，建立由 5 名委员组成的共青团大台山果树农场中学委员会，同意马越为农场中学团委专职书记。共青团大台山果树农场中学委员会下设团支部 5 个，少先队中队 2 个。

1992 年 3 月 10 日，在共青团大台山果树农场第六次代表大会上，选举田祥林、马越、池景秋、孟庆杰（女）、张秀艳（女）、郜秀香（女）、银长满等 7 名同志为共青团大台山果树农场第六届委员会委员，选举田祥林为团委副书记，主持团委工作。

1992 年 10 月 14 日，在中国共产主义青年团锦西市大台山中学第一次代表大会上，选举马越、柏彦生、池丹（女）、张卓、高婵（女）等 5 名同志为中国共产主义青年团锦西市大台山中学第一届委员会委员，选举马越为团委书记。

2000 年，农场团委由王新、毕晓丽（女）、马越、毕长伟、张秀艳（女）、孔迎春（女）、许鹏、张峰等 8 名委员组成，王新为团委副书记，主持工作。农场团委下属二级团委 1 个、团总支 3 个、团支部 24 个，全场有青年 2204 人、共青团员 531 人。

2003 年，农场团委下属二级团委 1 个、团支部 17 个，全场有青年 631 人，共青团员 183 人，团青比例 29%。

2005 年 1 月 22 日，农场成立大台山青年中心。举行了大台山青年中心会员暨正式成立大会，选举产生由 5 名理事组成的大台山青年中心第一届理事会，选举王新担任理事长，研究制定了《大台山青年中心章程》。

2007 年，农场团委下设二级团委 1 个、团支部 15 个、少先大队 1 个，专职团支部书记 6 名，兼职团支部书记 9 名。全场 28 岁以下青年 506 名，35 岁以下青年 887 名，共青团员 182 名。

2018 年 6 月，农场团委隶属关系由共青团葫芦岛市委员会划转至共青团绥中县委员会。

2020 年 7 月，建立农场团建系统，录入团员 98 名，其中 25% 的团员集中在农场在职干部。8 月，成立大台山果树农场青年志愿服务队，完善志愿服务队内部分工、工作机制、考核制度等。至 2020 年底，农场团委下属团委 1 个，团支部 2 个。

表 3-5-3　共青团大台山果树农场委员会领导更迭情况

职　务	姓　名	任职时间	备　注
书　记	穆栢林（兼）	1950.01—1951	—
书　记	温庆瑞（兼）	1951—1952	—

（续）

职 务	姓 名	任职时间	备 注
书 记	崔世源	1952—1954	—
书 记	王 恩	1954—1956.10	—
书 记	庞 荣	1956.10—1960.03	—
书 记	毕德有	1960.03—1963	—
副书记	苑福德	1965.12—1972.04	主持工作
书 记	刘秀芝（女）	1972.04—1975.04	—
负责人	刘 玲（女）	1975.04—1978.07	—
负责人	郭春青	1978.07—1979.04	—
负责人	苑学忠	1979.04—1984.03	—
负责人	郜 丽（女）	1984.03—1985.09	—
负责人	田祥林	1986.03—1992.08	—
副书记	田祥林	1992.08—1995.04	主持工作
负责人	赵旭东	1995.04—1998.11	—
书 记	刘海丹	1998.11—1999.09	—
书 记	毕德皖（兼）	1999.09—1999.12	—
副书记	王 新	1999.12—2001.08	主持工作
书 记	王 新（兼）	2001.08—2007.05	—
副书记	苑小平（女）	2007.05—2010.09	主持工作
副书记	李 伟（女）	2010.09—2013.04	主持工作
书 记	李 伟（女）	2013.04—2017.07	—
书 记	于小溪（女）	2017.07—2018.05	—
书 记	张 铎（女）	2018.05—2020.12	—

二、组织活动

农场团委在狠抓组织建设的同时，注重团干部的培训工作。农场建团以来多次举办学习班，对团干部进行政治思想教育和业务培训，进行考核。

20世纪80年代初期，农场团组织加强以团带队工作，认真贯彻共青团十届三中全会《关于加强少先队工作的决议》，积极主动地协助各学校做好少先队工作。开展"五讲四美""三热爱""文明礼貌月""新长征突击手""学雷锋 树新风""为祖国添光彩 交友送温暖"等活动。适时开展适合青少年特点的传统性文体活动，1982年做好事达到2016人次，集体植树3.4万株，个人植树1.026万株，义务植树0.987万株。通过这些培训教育和活动的开展，农场团员中涌现出一批先进团员、三好学生和文明礼貌先进个人，个别优秀团员还受到上级团委的命名褒奖。

1986年3月，农场团委组织全场共青团员植树造林，共义务植树640多株。4月，各团支部利用广播宣传辽宁省实用技术刊授学校招生信息，全场共有105名团员报名参加学习，共订阅报刊91份。7月，农场团委号召全场团员响应共青团锦州市委员会发出的"采种支甘"活动，全场共有82名团员参加了活动，共采集树种26.4斤，为支援甘肃人民的绿化建设贡献了农场团员青年的一分力量。10月，举办了"振兴农场有奖知识竞赛"活动，全场团员青年570名参加活动，其中100名团员青年获奖。

1987年1月，农场团委召开"共青团大台山果树农场委员会1986年度总结表彰大会"，大会表彰先进团支部7个、优秀团干部9名、优秀共青团员14名。

1988年3月11日，农场团委对全场42名团干部进行培训，举办了第一期团干部短期培训班，农场党委办公室主任赵福山向学员讲授《社会主义初级阶段的基本理论》等课程。

1989年8月，农场团委完成团员证颁发工作，对全场团员开始进行科学管理。同年，农场各团支部开展了"比产品质量和劳动效率"为内容的"夺红旗"活动，深入开展了"敬老""扶贫帮困""清明节扫墓"以及"学雷锋做好事"等系列活动。

图3-5-8 庆祝建国40周年有奖知识竞赛 1989年摄

1991年4月，农场待业青年团员高敏得知新建科研楼资金短缺，第一个来到场部捐献了10元钱。在她的带动下，农场团委和农场工会联合发出了《关于开展向高敏同志学习活动的通知》。截至5月25日，仅45天之内，就有农场干部职工和团员青年2169人向农场建楼工程捐款达15608.54元。

1992年，农场团委开展以"挖潜改造，深化双增双节"为重点的各种生产竞赛。开展以提高青工技术和业务素质为内容的"青工技术比武"和"岗位练兵"活动。开展"创青年全优岗，争最佳能手"活动。开展以优质服务为主要内容的"微笑在大台山，争当文明青年"活动。农场团委主办《大台山场报》创刊，主要宣传党的路线、方针、政策和农场各条战线涌现出的先进典型。

1997年3月，农场表彰第一届"十大杰出青年"，组织开展事迹报告会。

2000年，开展农场青年思想政治主题调研活动，评选表彰了农场"十佳青年"，在全场广大团员青年中开展"学先进、赶先进"活动。在学校把"跨世纪青少年读书活动"与德育教育结合起来，创办班级小报、文学社及刊物。在苗木花卉场和科技示范园建立了青年科技示范基地，普及推广科技致富项目。

2001年3月，根据团中央、团市委的要求，农场团委在全场5所中小学利用板报、广播、电教、主题班会等形式，开展"崇尚科学、倡导文明、拒绝邪教"活动，作为在校学生新学期德育教育的第一堂课。

2003年，面对多年自然灾害导致果农收入锐减、职工承包果树的热情和信心降低的情况，农场团委召开青年思想座谈会，开展了以"农场的出路在哪里"为主题的献计献策大讨论活动，稳定了青年职工队伍，青年职工参加果树土地承包上岗率达到90%。同时成立科技服务队，通过为职工印制发放《技术信息》、出板报、深入到果园地头考察指导等形式为职工提供科技服务和技术指导。

2005年11月至12月，农场团委开展以学习实践"三个代表"重要思想为主要内容的增强共青团员意识主题教育活动。活动以"永远跟党走"为主题，坚持党建带团建，坚持理论学习贯穿始终，坚持以主题实践活动为载体，坚持充分发挥团员的主题作用，坚持充分尊重基层的创造性，进行了一次增强团员意识教育活动学习测试。

2007年5月，农场团委紧紧围绕"乡风文明"的要求，以加强青年思想道德教育为重点，开展以社会主义荣辱观为主要内容的社会主义荣辱观教育活动。农场团委组织基层团干部进行培训学习，各团支部利用团的活动阵地开展各种不同形式的宣传活动。

2011年，为纪念建党90周年在全场团员中开展"党在我心中，永远跟着党走"主题征文活动，配合其他部门举办"颂歌献给党"职工文艺晚会。

2012年，在新浪网申请微博账号，以《大台山场报》《新浪微博》等载体向全场团员青年宣传政治理论和科技知识。

2013年，组织农场团干部参加理论讲座，贯彻落实中共十八大精神。积极参加团市委开展的"中国梦·青春之旅"大型公益性交友系列活动。上报农场未婚青年基本信息汇入《全市未婚青年基本信息数据库》。农场团委充分利用《大台山场报》、农场网站等载体向团员青年宣传党的方针政策，宣传团员青年应具备的各种知识和技能，培养团员爱党、爱家乡的情怀。组织团员干部开展座谈会，参观反腐倡廉警示教育展览室和抗日义勇军纪念馆，进行爱国主义和反腐倡廉教育。

2014年，与农场党的群众路线教育实践活动相结合，组织部分团干部参加农场群教办组织的各项学习活动。建立团委QQ群和"大台山团委"微博，为农场团员搭建日常交流学习平台。

2015年，农场团委引领团员青年在阿里巴巴网站注册的农场网店和腾讯微信平台进行水果销售，拓宽农场水果销售渠道。

2020年3月，农场团委组织团员青年开展"学雷锋纪念日、见行动捡垃圾"公益志愿服务活动。5月，召开"庆五一"和"庆五四"劳模与青年职工座谈会，学习劳模精神，让青年职工进一步提升思想站位。同时召开农场青年职工公文写作大赛。6月，举办"关爱自然、刻不容缓———大台山果树农场世界环境日"活动，带动和呼吁身边的人一起保护环境，美化我们的家园。9月，举行环保主题活动，清理毕屯街道垃圾，美化场区环境。

第六章　国防教育工作

第一节　民　　兵

1960年，毛泽东主席提出"大办民兵师，实行全民皆兵"的指示，农场积极响应号召，着手成立民兵连，由武装干事袁永贵兼任民兵连长。1962年初，袁永贵调离农场，由范显余任武装干事兼民兵连长。1983年，通过整组，农场成立民兵营，由武装部长郑天成兼任民兵营营长，武装部助理员任副营长。1984年，民兵工作由大台山镇人民政府接管。

农场广大民兵继承革命优良传统，发扬老八路战斗作风，为社会主义革命和建设做出了很大贡献。20世纪60年代初，民兵从战备观念出发，负责巡逻守夜，维护社会治安，带头参加生产劳动。

图 3-6-1　农场民兵连合影　1964年摄

1963年7月，根据毛泽东主席的"备战、备荒、为人民"战备指示，依据绥中县的具体战备要求，农场下达民兵战备任务，要求民兵、全民都要备战，电话要保持昼夜畅通，实现军民联防。为此，农场成立备战组织，包括指挥组、宣传组、通讯组、抢救组。备战重点地区设在大台山、鸡架山、大生沟。在不影响生产的同时，开展战备训练，实现劳武结合，训练时间为 7 天 56 小时，训练内容为射击、投弹。11 月，根据县武装部备战联防工作精神，成立农场联防委员会，组织 5 个联防组：鸡架山东队、鸡架山西队、大生沟、大台山一队（今台东分场）、大台山二队（今台西分场），分段负责，任务是发现并打击敌人，保证全场安全。其中鸡架山、大生沟是联防重点。

1965 年，开展学习毛主席著作，学王杰的活动，树立"一不怕苦，二不怕死"的思想，开展大比武，改进和提高军事素质及业务水平。

1970 年后，农场民兵工作重新纳入正轨，农场武装部置于农场党委领导下开展工作。武装部年年开展民兵整组，狠抓民兵组织、政治、军事"三落实"工作。抓紧军事训练，从实战要求出发，每年训练一次。训练对象为民兵干部和基层民兵。训练内容包括：射击、战术、整列队形、手榴弹投掷和三打三防。1978 年，通过民兵整组后，增加了武器装备，各民兵连都有武装基干民兵班。通过训练，基干民兵对自己掌握的武器基本都能熟练运用。

表 3-6-1　1985 年民兵营组织明细

连别	排数	班数	民兵总数	其中		备注
				男	女	
一队（台东）	3	10	97	66	31	—
二队（台西）	4	13	120	111	9	—
鸡架山	4	11	100	91	9	—
毕屯	2	9	81	72	9	—
温屯	2	5	48	48	—	—
郜家	2	7	67	67	—	—
矾石	3	10	91	82	9	—
砖厂	3	12	108	108	—	—
机械厂	2	6	56	56	—	—
基建	5	19	182	182	—	—
合计	30	102	950	883	67	—

在农场党委领导下，在武装部的部署和指导下，民兵工作紧紧围绕党的中心工作和任务，针对不同时期存在的具体问题，对广大民兵进行七个教育，即：共产主义思想教育；四热爱教育；四提倡四反对教育；社会主义法制和党的现行经济政策教育；形势战备教育；人民战争和民兵光荣传统教育；当民兵和依法服兵役教育。通过这些行之有效的思想政治工作，使广大民兵的思想觉悟不断提高，敢于同坏人坏事作斗争，在各条生产战线上起到了模范带头作用，为社会主义现代化建设做出了积极贡献。同时，百倍提高警惕，树立战备观念，随时准备接受祖国的征召，参军参战，保卫祖国的社会主义江山。

第二节 兵 役

1950 年 6 月，按照辽西省政府、辽西军区关于扩兵工作要求，绥中县成立扩兵委员会，并组成扩兵办公室，负责兵役工作。农场一些适龄青年响应号召自愿参军服役。1955 年 7 月，中央人民政府颁布了《中华人民共和国兵役法》，农场随即开始实行义务兵役制，始设武装干事负责兵员征集工作。从此，广大青年明确了每个公民都有服兵役的义务，积极响应祖国的召唤，每年冬季都有众多适龄基干民兵报名应征，接受祖国的挑选。报名后，需经组织进行严格的政治审查和身体检查，方能批准应征入伍。入伍时，场部党政领导、武装部领导及各单位干部群众、亲朋好友会为即将光荣入伍的新兵举行热烈的欢送会，给他们佩戴大红花，或发给有意义的纪念品，同时嘱咐他们努力学习，提高战斗本领，为人民杀敌立功。

1963 年 1 月，农场成立人民武装部，开始在农场党委直接领导下负责兵源动员和转业复员、退伍战士安置等工作。

1984 年 5 月 31 日，国家重新修订《中华人民共和国兵役法》。规定："中华人民共和国实行义务兵役制为主体的义务兵与志愿兵相结合、民兵与预备役相结合的兵役制度。"数十年来，农场已有数百人参军入伍，成为光荣的人民子弟兵。有的经过 3 到 5 年服役后转业复员，有的根据军队需要和个人自愿，继续服役而成为志愿兵。义务兵复员退伍后，他们分赴在农场各条战线，成了工农业生产中的骨干力量，继承和发扬了党和军队的光荣革命传统，在农场社会主义革命和现代化建设事业中再立新功。

第三节 国防教育

新中国成立初期，国家十分重视全民国防教育。农场也紧跟国家形势，在抓好农业生产的同时，不忘对农场职工进行国防教育。20 世纪六七十年代，由于周边国际环境恶化，"备战、备荒、为人民"成为当时中国的基本国策之一。农场也根据国家政策，适时开展备战备荒工作，并在备战工作实践中不断加强全民国防教育，其中以民兵组织及在校学生为主要宣传教育对象。

20 世纪 80 年代后，国家周边国际环境好转，和平发展成为主流。此一时期，农场全民国防教育主要以民兵预备役为主要对象，教育内容和形式比较单一。

2010 年 5 月，在大台山矾石农业分场成立抗日义勇军纪念馆，2013 年 3 月抗日义勇军纪念馆迁址大台山风景区，成为农场党委领导下的基层单位，协助各级政府机关、企事业单位、学校和部队进行爱国主义教育及国防教育活动。2010 年至 2014 年间，先后有大台山中心小学、绥中县第一高级中学等学校将抗日义勇军纪念馆作为本校的校外爱国主义教育基地（挂牌），驻绥某部队等单位将其作为本单位（或部队）的爱国主义教育和国防教育基地。

在加强义勇军纪念馆场馆主体建设的同时，农场还在大台山矾石山村域内，重建了郑桂林部义勇军多次攻打侵绥日军的战时指挥部旧址。

2016 年 11 月，抗日义勇军纪念馆被葫芦岛市国防教育办公室授予国防教育示范基地。

2018 年 10 月，海军航空大学将展示馆列为红色教育基地。

2019 年 3 月，辽西抗日义勇军事迹展示馆被吸收为辽宁省全民国防教育协会。

图 3-6-1　农场作为会员单位参加辽宁省全民国防教育协会成立首届一次大会　2019 年摄

第四编

文　化

中国农垦农场志

第一章　文化艺术

第一节　群众文化

群众文化，是指人们职业外、自我参与、自我娱乐、自我开发的以人民群众活动为主体，以文化娱乐活动为主要内容的社会性文化现象。农场所辖地区，民间一直有优良的文化传统。

中华人民共和国成立以前，农场流传下来的地方戏有莲花落、驴皮影和大秧歌等，最为流行的是盲人说大鼓书，这些文艺活动在农闲时最受群众欢迎。中华人民共和国成立以后，农场作为我国第一代社会主义全民所有制的国营农场，在文艺方面有很大创新。20世纪50年代初期，场内一些青年职工自发组织小型业余剧团，自编自演了一些丰富多彩的文艺节目。在宣传新婚姻法，宣传抗美援朝伟大意义，为推动生产以及配合党的中心工作中起到了积极的作用，活跃了职工的文化生活。

1962年以后，锦州市的一批知识青年上山下乡到农场，活跃了农场的文艺活动。全场以东西两片为单位成立小型业余剧团，配合党的中心工作自编自演一些短小精悍、群众喜闻乐见的文艺节目。其中排练演出过评剧《南海长城》，同时还多次参加县市文艺汇演，丰富了职工的文化生活。

1966年后，农场成立"毛泽东思想文艺宣传队"，演唱一些毛泽东语录歌曲和诗词歌曲。1972年，群众开始学唱"革命样板戏"。1974年，学习小靳庄，大搞赛诗活动。

1977年春按照上级指示，农场成立了文化站，重点抓文艺活动，当时配合党的中心工作，自编自演了一些文艺节目。1980年初，文化站撤销。1981年，农场又成立了业余剧团，曾演出古装评剧《卷席筒》等，不久该剧团解体。

表 4-1-1　大台山业余剧团演出主要节目表（1958—1963 年）

剧　名	剧　种	编　剧	导　演	主要演员
分　家	小话剧	曹克英 董永吉	曹克英	赵光运　潘崇瑞　佟鹏林　李兆环 董永吉　骆　顺　高素文
内容提要	赞颂弟弟的务农、批判哥哥的自私自利，投机取巧			

（续）

剧　名	剧　种	编　剧	导　演	主要演员
养鸡姑娘	小评剧	王　昕	曹克英	王桂芹　曹克英
内容提要	歌颂养鸡女工爱场如家、因公忘私的共产主义精神			
苦尽甜来	小歌剧	曹克英	曹克英	赵光运　白元香　李凤俊　李兆环
内容提要	根据饮马河的一位老社员的亲身经历而编写，反映新中国成立前农民遇到灾荒年景所遭受的苦难生活，体现社会主义的优越性			
大台山颂	大合唱	杨茹明词	李兆环	20 余人
内容提要	歌颂大台山农场在党委的正确领导下，全体职工欢欣鼓舞的劳动热情和为祖国做出贡献的雄心壮志，同时有声有色地描绘了优美如画的果园风景			
老少换妻	评　剧	古装传统剧	曹克英	董永吉　高素文　赵淑琴　张　凤
内容提要	揭露古代买卖婚姻的腐朽，以各遂心愿，各得其所而告终			
工农挂钩	二人转	曹克英	曹克英	岳　峰　王桂琴
内容提要	描写大台山果实累累，欢迎锦州市农机厂的同志来果园参观			
备注	此外为庆祝丰收，还曾演出《刘云打母》《小借年》《五女夸夫》古装剧《卷席筒》（主要演员有智桂芳等人）及相声、双簧、快板等			

附：

大 台 山 之 歌

C 调 2/4

杨茹明　词　李兆环　曲

（01　23 ｜ 5.1 ｜ 6165　3 2 ｜ 1—1）

5　1 ｜ 165 3 ｜ 5　1 ｜ 6165　35 ｜ 63　6— ｜ 6— ｜

大 台 山 哪一 片 好呀么 好风　　光啊 啊

大 台 山 哪一 片 好呀么 好风　　光啊 啊

大 台 山 哪一 片 好呀么 好风　　光啊 啊

5　1 ｜ 6165　3 ｜ 2 3　53 ｜ 2321　61 ｜ 23　2— ｜ 2— ｜

山 青 水 秀果 树 千　万　行哎

一 望 无 边果 园 百　里　长哎

英 雄 好 汉四 季 生　产　忙哎

661　21 ｜ 2321 2｜ 661　21 ｜ 2321　2 ｜ 03　23 ｜ 5— ｜

层层梯田 盘山岭 片片苗圃 绕村庄，松柏　　树

天天出现 新气象 天天改变 旧模样，山坡　　上

起早头顶 满天星 贪黑身披 明月光，春三　　月

```
              00      03  21|
                      松   柏
                      山   坡
                      春   山

⌈ 0 1̇ 6 5 | 6 — | 01  65 | 6  565 | 6 — | 06  12 |
⌊ 粗又     壮      常 年   翻绿    浪     果 树
  风磨     电      风 吹   呼呼    响     山 脚下
  游花     海      劳动    精神    爽     八月秋

3 —                 | 02  32 | 3 —
树                     翻  绿  浪
上                     吁  吁  响

⌈ 53  21 | 65  3532 | 1 — | 1 — | 1 — | 1̇  61 |
⌊ 遍山岗   风吹千里   香                啊 啊   啊 —
  大水库   一片白茫   茫                啊 啊   啊 —
  堆果山   丰收喜洋   洋                啊 啊   啊 —

  0   0 | 0   0 | 06  56 | 35  321 | 0  0 | 0  0 |
                  风 吹 千 里香
                  一 片 白 茫茫
                  丰 收 喜 洋洋
```

（摘自 1959 年 9 月 26 日《绥中县报》）

　　20 世纪 80 年代以后，一些文艺积极分子陆续调离农场，但全场的文艺活动并未停止，每逢节假日，尤其是"七一"党的生日，各单位利用业余时间组织排练文艺节目，以会演的形式歌颂党，歌颂农场各条战线的先进人物、先进事迹。

大台山春曲（刘春生/文）

当大地唤醒沉睡的冬夜，

当万物迎来东方的曙光，

悦耳的钟声告诉我们，

啊——春天来了！

当你远眺大台这春的季节，

你仿佛看到了这花的世界。

当你近睹大台这春的时刻，

你仿佛来到了这花的海洋。

五月的鲜花，会使你心旷神怡、流连忘返；

啊，大台——您是春的骄傲！春的象征！

当你步入大台这花的世界，

怡人的芳香会带给你醉人的梦幻。

斑斓的色彩，会使你产生一种油然而生的敬意。

那时代的蜜蜂在奠基着春秋的硕果，

他们把醉人的芳香化成粉末。

然而——却又毫不吝惜将粉末归还给那洁白盛开的鲜花，

时代的蜜蜂在为秋的硕果而奋飞。

若问，这是什么动力，

使时代的蜜蜂这样勤奋？

是改革的壮举，

是承包体制的完善，

是大台腾飞的前奏曲。

大台——您将永远是春的佼佼者，

那时代的蜜蜂——将永远是春的骄子。

（注：1988 年 11 月农场举办第二届曲艺大奖赛，红光分场党支部以本诗参赛）

进入 21 世纪，除农场职工演出节目外，还几次邀请县、市及外地文艺团体来农场演出。

2008 年以前，农场原来没有专门的文化广场，开展大型文体活动需要借助大台山初中的操场，到各基层单位巡演时借助分场场部大院，设施简陋。2008 年至 2013 年期间，随着新农村建设的顺利发展，农场加大投资力度，在毕屯分场、矾石分场、大台山旅游风景区等多个基层单位建设了多个大型的开放式文化广场，广场文体设施齐全，文化氛围浓厚。文化设施的改善，为开展各项文化活动创造了良好的条件。农场党委、宣传部经常组织专业和业余文艺骨干，围绕重大节庆开展主题文化活动及各项民间艺术会演，活跃了农场的文化生活，满足了人民群众的精神文化需求。

2018年，在矾石山村翻新建设文化活动广场2000平方米。

2019年，在邰家沟孝道文化村修建700平方米休闲广场两处。

此期间，农场工会及社区在群众自发组织的老年秧歌队基础上，组织各基层单位新成立了10余支秧歌队及民间舞蹈队（广场舞）。每一年的休闲时节或节假日，秧歌队及民间舞蹈队都受邀助兴演出或参加比赛，增添了节日喜庆气氛。

节庆文化活动

进入21世纪，每逢节假日，特别是"七一"党的生日，农场各个基层单位都会利用业余时间组织排练文艺节目，以会演的形式歌颂党，歌颂农场的先进人物、先进事迹，歌颂农场各条战线取得的丰硕成果。每次演出，除了农场职工演出节目外，还多次邀请县、市及外地文艺团体来场演出。同时，农场工会及社区还积极发动群众，组织起多支老年秧歌队、民间舞蹈队，在会演之前进行助兴演出，增添了节日的喜庆气氛。

2006年9月22日，农场社区在毕屯中心举办庆"十一"富民路建成秧歌会演。全场领导干部、部分群众近1000人参加，有5支秧歌队参加了会演。

图 4-1-1　迎新年大秧歌　2006年摄

2006年12月30日，农场"表彰精神文明建设"大会在大台中学举行。表彰先进居民小组和先进个人10名。会议期间举行了10只秧歌队会演比赛。

2007年7月1日，庆祝建党86周年暨北环路建成通车，农场举办大型文艺晚会，通过有线电视向全场播放。

2008年5月31日，为了进一步落实中共十七大关于社会主义文化大发展大繁荣的要求，促进精神文明建设，构建和谐大台山，农场在场部一楼大会议室举办了卡拉OK红歌演唱会。

2008年6月30日晚，农场为庆祝建党87周年，由宣传部组织，在大台山中学举办庆"七一·迎奥运"文艺晚会。

2009年6月26日，为庆祝建国和建场60周年及建党88周年，农场在大台山中学广场举办了大型文艺晚会。

2011年6月30日，为庆祝中国共产党成立90周年，农场党委、宣传部组织举办了"颂歌献给党"红歌演唱会。演唱会上，来自机关、基层的干部职工引吭高歌，《党啊，亲爱的妈妈》《我的祖国》《南泥湾》《走向复兴》等一曲曲红歌，奏响了伟大祖国好、社会主义好、改革开放好的时代主旋律，赞颂了中国共产党为实现中华民族伟大复兴而艰苦奋斗的光辉历程及丰功伟绩。此次红歌演唱会吸引了千余名群众到场观看演出。

2013年6月30日晚，农场在场部大院举办了庆祝中国共产党成立92周年文艺晚会。晚会在欢快的大秧歌中拉开序幕，节目用百姓喜闻乐见的文艺表演，通过广场舞、歌曲、二人转等艺术形式，歌颂了伟大的祖国伟大的党，歌颂了人民的美好生活。

2013年9月9日，在大台山旅游风景区文化广场，农场组织了抗战胜利68周年暨抗日义勇军纪念馆落成典礼大型文艺汇演。除了农场社区职工演员、中小学教师、学生演员之外，还聘请了市县专业演员来此助阵。演出在各村中老年秧歌队的大秧歌、广场舞的旋律中拉开序幕，通过演唱红色歌曲、舞蹈、小品、武术、诗朗诵、京剧等多种艺术形式，歌颂了新时代的新气象。同时，缅怀了革命先烈，回顾了东北人民14年的抗战历史，对全场人民群众起到了很好的爱国爱家乡教育。

2013年12月30日，在场部大院举办迎新年大秧歌、广场舞会演。

2017年4月28日，为了迎接"五一国际劳动节"的到来，丰富广大职工的业余文化生活，弘扬企业文化，展现职工风采，加深广大员工之间的交流与合作，在农场党委的精心组织下，农场与国家电网在大台山旅游风景区举行了职工文体联谊活动。活动内容包括参观抗日义勇军纪念馆、拔河比赛、登山寻宝等多种文体活动。

2018年10月1日至7日，"大台山百果园"开园并举办了"首届绥中县大台山苹果文化采摘节"，吸引各地游客2万余名前来参观游览，相配套的主题特色活动丰富多彩：大台山果农丰收节文艺演出、最美大台山摄影比赛、水幕电影、璀璨灯海艺术节、绥中县优秀秧歌会演、知青返场大聚会、土特农产品展销、绥中县历史文化展、房展车展等活动陪伴广大市民和游客度过了美好的国庆假期。

2019年2月28日，农场举办庆祝建场70周年新年联欢会。

图 4-1-2　踩高跷大秧歌　2013 年摄

2019 年 4 月 28 日，举行"长城脚下·花开陌上"春季赏花会大台山系列文化活动。葫芦岛市委常委、宣传部部长冬梅，绥中县委书记刘占元，县长郭彩学、县政协主席李昱生、县委副书记蔡波等及东戴河新区领导出席。

2019 年 10 月上旬，为隆重庆祝新中国成立 70 周年，大力弘扬爱国主义精神，展示绥中县农村改革发展取得的巨大成就，国庆假期在农场百果园举办了"礼赞盛世·欢庆丰收"农民丰收节，被中央电视台新闻联播、新闻直播间连续报道 4 次。

2019 年 10 月 7 日，农民丰收节期间，"扭动大秧歌 舞动新时代"大秧歌会演在大台山风景区举办，来自高台、大王庙、宽邦等 12 个乡镇的秧歌代表队载歌载舞，共庆丰收节，为新中国成立 70 周年献礼。

2020 年 7 月 31 日，为庆祝中国人民解放军建军 93 周年，农场在新时代文明实践中心举办"军民携起手，共建大台山"庆八一联谊会。联谊会在欢快的舞蹈《舞狮表演》中拉开了序幕，《爵士舞串烧》为在场观众带来一场精美绝伦的视觉享受，小提琴、书法表演《我爱这蓝色的海洋》，小合唱《咱当兵的人》等节目将演出一次次推向高潮，赢得观众阵阵热烈掌声。

2020 年 9 月 27 日晚 6 时，国庆节前夕，农场在新时代文明实践中心举办"喜迎国庆中秋、弘扬孝道文化"文艺晚会。

社区文化活动中心

2008 年 9 月，矾石分场成立社区文化活动中心，李国文任中心主任。中心设有图书馆一座，藏书 1000 余册；配备投影仪、DVD 播放机、音响等电子设备；配置各类棋具、羽毛球、乒乓球、篮球等运动设备设施。当地村民空闲时间，三五成群来到活动中心，或下下棋，打打球；或看看书，看看电视，开阔视野。文化活动中心的开放，大大丰富了当地百姓的精神文化生活，为构建新农村营造了良好的氛围。

图 4-1-3　社区广场文艺活动　2012 年摄

同年，毕屯分场也在毕屯中央地段成立了老年文化活动中心，为丰富当地老年人的业余文化精神生活提供了活动场所。

第二节　文学艺术

农场人杰地灵，各个历史时期均涌现出众多文学艺术爱好者。尤其是 2008 年以来，更有一些文学艺术爱好者在不同领域取得了不俗的成绩。他们既有农场干部，人民教师，也有农场普通职工。现将部分文艺作品及其作者简述如下。

一、乡土文学（作者及作品）

高光烈　辽宁省诗词学会会员，葫芦岛市作家协会会员，绥中凌云诗社会员。1959 年调任农场办公室主任。1978 年 1 月至 1984 年 7 月，任大台山果树农场副场长。1985 年离休后，开始在闲暇时间从事诗词创作。他所创作的古体诗多取材于现实生活。每每对自己几十年的工作生涯进行回顾和感怀，也对自己晚年的幸福生活进行抒怀和憧憬，诗词中洋溢着乐观积极的心情，不仅对个人，对国家和社会也是充满着希望。著有诗集稿《初学诗稿》。代表作：《秋收》《山乡春色》等。

秋　　收

时值中秋桂花香，金风送爽玉露凉。

果压枝头低欲坠，粮丰粒满待入仓。

牛羊成群肥又壮，秋收欢歌遍山乡。

农家欣喜逢盛世，齐心协力奔小康。

山乡春色

溪水桥下绕村流，山乡宜居景色幽。

来往衔泥梁上燕，追波逐浪水中鸥。

老翁对弈柳荫下，儿戏摆渡划旱舟。

邻里和谐谱新曲，生活富庶乐无忧。

李保安　辽宁省绥中县李家堡乡新堡子村人。锦州市大台山果树农场原书记，葫芦岛市作家协会会员，中共绥中县第四次党代会代表，锦西市第一届人大代表。曾获绥中县劳动模范、锦州市先进工作者、锦西市优秀党务工作者、葫芦岛市宣传先进工作者称号。著有诗集《诗意人生》。代表作有《如今大台不一般》等。

如今大台不一般

时节已到小雪天，大台山上春满园，
青年歌手来相会，歌颂大台喜空前。

光辉一九四九年，辽西第四果园建，
历尽沧桑四十载，现有果树三十万。

改革春风化实践，突飞猛进八八年，
水果产量翻一番，总产实现一千万。

强化管理夺丰年，八大硬仗是关键，
集中统一好处多，人欢马叫笑开颜。

统一剪枝不平凡，统一施肥肥效添。
千家万户齐授粉，稀花稀果不等闲。

防虫防病常年干，压青扩埯歼灭战，

护果分队显神威，采收按期定时间。

水果胜仗刚打完，农田建设大会战，
全体职工总动员，挥锹舞镐扦树埯。

工业生产跃进年，产值利润全翻番，
真正消灭亏损户，各个工厂全挣钱。

农业分场不平凡，农林牧副全发展，
干劲可鼓不可懈，争取来年夺高产。

修路战斗已宣战，千军万马战犹酣，
整修公路八十里，遇河修桥路扩宽。

如今大台不一般，山清水秀花果山，
果树梯田平展展，行行果树绕山川。

北京平房到处见，小楼已出地平线，
山村吃上自来水，彩电已进农家院。

再也不过盘锦年，再也不吃地瓜面，
再也不看驴皮影，再也不穿海深蓝。

再也不愁没有钱，再也不愁对象难，
再也不愁日难过，再也不愁缺吃穿。

奋战苦战三五年，贫困一去不复返，
天增岁月人增寿，共产主义早实现。

展望一九八九年，春风又绿大台山，
深入改革见实效，全面发展胜今年。

喜迎歌手待来年，莺歌燕舞谱新篇，
双手开出幸福路，张口唱出胜利年。

再见再见再再见，明天明天好明天，
祝愿祝愿再祝愿，祝愿相会歌更甜！

　　注：本诗作于 1988 年 11 月 22 日大台山果树农场第二届青年歌手大奖赛，作者时任农场党委书记。

孔庆学　矾南果树分场退休职工。其家庭曾被农场评为"五好家庭"，个人曾获得"好丈夫"荣誉称号。劳动之余酷爱文学创作，尤爱写诗。其诗词作品曾发表于绥中《凌云诗刊》《燕山文学》等文学杂志。代表作有《秋日》《春晓》等。

秋　日

淡蓝的天幕下

飘过几丝凉意

夕阳微笑着

看北雁南飞

携一片秋叶

持一颗怀故的心

走在长长的林荫路上

去寻找年轻时候的足迹

人生的路

尽管已离那片风景很远

但一个时代的声音

在心里　还没远去

树有落叶归根

人有壮心不已

听雁叫时

还羡慕那鸿鹄之志

回首漫度沧桑

笑看岁月磨砺

这大概是 人生的

另一种收获吧

春　晓

布谷鸟

唤醒了山村的梦

小草儿　带着睡意

已悄悄先行

长带飘逸　携一缕清风

春姑娘一路歌声

把一份祝福

送进农人的心

耕耘　经营　播下的种子

再撒上一个虔诚

乡里人　让善意

在黄土地上长成

人总是在为明天奔忙

在憧憬的路上急性

什么时候　能停下来

赏一赏　这路边的风景

杨伟　又名杨新，台东果树分场职工，民间文学爱好者。劳动之余常进行现代诗词创作，所作诗词清新淡雅，富有浪漫气息。其代表作如《月》《追忆》。

月

异乡的月

冷冷的光辉

照进我的心

一片空白

哼着思乡的小曲

我的心却愈发孤独

远处

传来火车的汽笛声

我知道　那是家的方向

望着生生的异乡月

问候着　月亮你好

你是否认得我回家的路

请你代问家乡好

我是一个离家的游子

请你告诉我的爸爸妈妈

祝他们身心安好

追　忆

我沉醉在往昔的追忆中

一次次回想

一个个波澜

像大海一样漫无边际

我无理由地狂欢着

手舞足蹈

欢迎着往昔日子重新来到

瞬息间

闪过了

像大海的波浪

圆了又碎

像海面上的沙鸥

去了又来

孔大强　辽宁省作家协会会员，曾任绥中县作家协会副主席。《凌云诗刊》《燕山文学》名誉主席，《葡萄园报》《燕山诗报》名誉社长。擅长书法和诗词创作。他善于从日常生活点滴中挖掘灵感，所作诗词多取材于现实生活，诗句浅显易懂而又富有深意。2012年，出版诗集《青春时候》，共收录诗词200余篇（首）。并在《诗潮》《鸭绿江》《扬子江》等国家、省、市级各大诗刊发表诗词作品近百首。代表作如《再向腊梨山》。

再向腊梨山

大台山以"卧台藏龙"而人文厚重、风水俱佳，古有"四台镇域，二龙聚首"之典，历是兵家必争之地，故为宝地灵山之说。依农场地理方位，四台分为东西南北台。东台在大台山，亦称东大石台山，西台在破台山，亦称西大石台山，南台在毕家屯南山，亦称三台子，北台在矾石山村北梁，亦称北台子。至于"二龙聚首"，是大台山后二道岭人"悠悠望南山"时，称大台山为"龙脉"，也称"二龙山"。不过八里之遥的矶石山村和毕家屯两个自然村，沿着两条自然平行线古驿道和清代柳条边，竟然有四座可视范围内的烽火台，可见它的地理位置是何其的重要，但我不知道这个地方很久以前发生过什么。

随着绥中地方文化研究会的成立，一幕幕绥中迷惑的历史逐步揭开面纱。那是2015年冬季，学弟李文喜会长兴奋地告诉我，他找到了一块明朝嘉靖三十一年（1552）的墓碑，碑文所刻为"明故骠骑将军刘公墓志铭"，刘公就是在绥中三道沟抗击蒙古兀良哈部的团练指挥刘启基。这个消息足以震动绥中地区文化界和考古界，大台山可考证历史又向前追溯到五百年前，引出了一段可歌可泣的故事，当年刘公和几百名明朝将士，抵御着两万余名蒙古铁骑而战死沙场。仅在这有限的史料里，文喜和他的老师王怀平先生，抽丝剥茧，捋顺出腊梨山的前世今生。当然更大的收获是，通过此碑找到了历史上大台山的古老名字，大号腊梨山。

像是冥冥之中早已注定，抑或是先人对纬度的找寻，腊梨山的腊梨就是绥中白梨、安梨之祖地，几百年后这座山的四面八方，成为亚洲第二大果园，中国白梨之乡，水果成为这个地方标榜于世的地理品牌。大石台这座苍老的人工建筑，任凭风吹雨打，带给后人新的历史遐想。山脚下这个姗姗来迟的腊梨山之碑，几乎湮灭在被遗忘的空间角落，差一点就被哪个莽撞的农夫敲碎，或是在昏睡百年，纵然能走过三生三世，却看不到当年的十里梨花。这块不足半平方米的古碑，了却了大台山前尘往事、姓字名谁后，光荣地躺在绥中历史文化博物馆内，完成了自己的历史使命。

腊梨山之碑，穿过光阴的故事，游戏的童年，它默默地守在青山之旁，仿佛耐心地等待某年某月的某一天，由它向世人宣布大台山的来源，而这一时刻，也正是大台山开发如火如荼发展文化旅游业的节点，可谓是人生何处不相逢，千载难逢却相逢，而这一等就让大台山人民等了五百多年。残缺的古碑，底色文字的朦胧，它不再是一个单调的石刻和文物，而是一段铁血丹心的故事，一种亮剑精神的体现，甚至又是继矶石山抗日义勇军民族精神之后的又一种大台山精神。

登台望眼，环顾四周，东望城区十里繁华，南观渤海长天一色，西眺果园万亩争绿，北览群山峰岭巍峨。不知是现实的触摸还是历史的穿越，我仿佛依稀看到，策马扬鞭传递文书和情报的军人，和守疆战士大战腊梨山金戈铁马的血染风采。今天的102国道，延条北京至沈阳的古驿道修建，距离大石台顶仅仅3000米之遥的缓丘陵地带，不难想象这里发生过多少惊魂动魄的历史画面。大明王朝的国界，清代的柳条边，雄阔的东北，满洲的摇篮，山海关、前屯卫、沙河站、中后所，这些重要的军事重地，像一把大锁一样，紧紧地锁住塞外与中原的咽喉，抵挡着金、辽、蒙、满外族的侵扰。当烽火台的四面角声、狼烟燃起，当长亭外、古道边的马蹄阵阵，当腊梨山梨花又开放，当杏林堡花褪残红青杏小，历史的天空将是何等模样？抚今思古，真是别有一番滋味在心头。

告别，无休的征战，告别，无休的厮杀。那段刀戈相击、同类相杀的年代一去不复返了，当五十六个族群经过华夏文明的融合洗礼，天下归心、同心同德的时候，长城烽火、古驿边墙早已转变职能，成为一个历史的休止符号。是战乱、灾害导致流离、迁徙，是繁华、盛世让我们传承、延续，腊梨山之梨树和腊梨山之将士虽然在天灾和人祸中失去，但几百勇士的忠魂却换来了千亩万株果园的百花绽放、桃李芬芳。自从智庆云先生百年前手植第一株绥中果树后，迅速点燃了锦绥大地果业的星星之火。无论是腊梨山保家卫国之战、义勇军抗日攻绥第一枪，还是解放军战士不拿智家的苹果，当年的先辈们都演绎着不同的爱国史、爱家怀、爱民歌，这条山脉必然成了绥中军事圣地和生产水果的摇篮。

从方圆和高度上看，大台山不算是绥中众山之最，但从军事战略和地理位置上看，大台山的确就是当年绥中第一山，它是绥中城的首冲屏障，它是绥中地区从东向西、由南往北绵延而去的起点山脉，它像扇面的把柄轴心一样，扇出了更广阔更无垠的绥中燕山东脉，如把绥中山地比将巨龙，大台山则为龙头毫无争议。不远的将来，一个以水果为主的大果园，经过华丽的转身，成为一个商贾云集的果业集团，成为一个休闲度假的农业庄园，成为一个观光游览的特色小镇，古朴与现代结合得那么精致巧妙，那么符合事宜，恰是一版东北的"清明河上图"，一幅"人与天公共此谋"的大自然杰作。大台山以它的地理、历史、人文、精神的超凡底蕴，名震辽西，芳耀山海。

再向腊梨山，青山依旧在；重观烟台晚照，看几度夕阳红；仰望先贤，星汉灿烂；凭吊英雄，壮怀激烈。大台山"高兴了"，因为它找回了自己，大台山人民高兴了，因为他们从腊梨山又找到了新的精神。"忽如一夜春风来，千树万树梨花开"，八千子弟满怀期待，期待农场的新一代领导带领新一代农场人，走向一个崭新的时代。在这片希望的田野上，在这片多情的土地中，传承先烈和志士的光辉，编织那文明、和谐、幸福的中国梦。

二、艺术（作者与作品）

杨光伟　毕屯分场人。工艺葫芦雕刻师。

2002 年，大台山果树农场成立葫芦研究所，兴办葫芦雕刻工艺品产业，急需一批葫芦雕刻师。杨光伟从小酷爱绘画，2005 年开始学习雕刻工艺葫芦，掌握了浮雕（刀雕）、线刻、烫画（火绘）、针雕等技法，雕刻的葫芦艺术品光亮圆润，题材多样，同时具有浓郁的东方传统绘画之美。其代表作有《百子图》《八仙过海》《金陵十二钗》《钟馗》《飞天》等。有很多作品被当作珍贵的民间艺术品，由市、县政府赠送给来访的客人。他制作的"杨利伟肖像"被杨利伟个人收藏。还有十余件葫芦作品在北京展出，辽宁省电视台为此还专门对他进行采访并录制了专题片。2014年杨光伟因病去世。

牛曼 矾石山村人。2002年，大台山果树农场成立葫芦研究所，牛曼成为该所的第一批葫芦雕刻师，并很快掌握了葫芦雕刻的各种技法。同年加入葫芦岛市葫芦协会，开始专门从事葫芦绘图、火绘、彩绘、针雕等工艺创作。其部分葫芦作品在北京展出。2004年6月，其葫芦作品获"老基地新风采"葫芦岛首届文化艺术节民间工艺展览三等奖；2006年6月，牛曼被授予辽宁省优秀民间艺人称号；2007年6月，其彩绘作品获得葫芦岛市第三届"新世纪文艺奖"；8月，其彩绘作品"五福捧寿"获葫芦岛市第二届国际葫芦文化节葫芦工艺品优秀作品奖；2011年，其葫芦作品荣获"绥中县庆祝建党九十周年艺术作品联展"民间艺术作品一等奖。

杨政武 毕屯分场柏屯人，辽宁省书法家协会会员，中国楷书艺术研究院研究员。书法作品曾入选全国第七届新人新作书法展、第四届"四堂杯"全国书法展、第二届农垦杯全国书法展、森茂杯2016全国优秀书法作品展、首届赵州桥杯全国楷书作品展等。

图 4-1-4　杨光伟葫芦雕刻作品"飞天"

图 4-1-5　牛曼葫芦雕刻作品"满园春色"

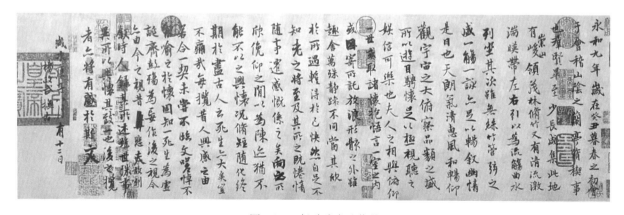

图 4-1-6　杨政武书法作品

陶国慷　鸡架山分场人。辽宁省作家协会会员，葫芦岛市美术家协会会员，葫芦岛市历史学会副秘书长。2014年拜著名国画家于飞为师，专攻国画殿堂山水，其国画作品多次参加市、县美协举办的美术展。其创作风格近承于飞，远承陈克永，构图粗犷，笔墨精微，线条繁复细腻，强调山石文理的自然走向，力求天人合一的和谐理念，而作品表现的精神则呈现当代艺术的风格，是典型的现代北派山水画风，其国画作品多被个人及机构收藏。

柏栋　毕屯分场柏屯人，辽宁省书法家协会会员，中国硬笔书法协会会员，水墨丹青书画院会员，绥中县瑞州文学会副主席。书法作品多次参加县、市书画展和艺术博览会。在全国首届硬笔书法大赛中，获优秀奖。楹联作品参加中韩第三届书法艺术展。2017年，作品《般若波罗蜜多心经》行楷长卷入围盛政经典·翰墨华珍·首届《华珍阁》杯经文书法大赛。

图4-1-7　陶国慷国画山水作品

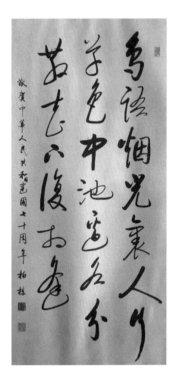

图4-1-8　柏栋书法作品

第三节　广播通讯

新中国成立初期，农场不但没有广播，连收音机都没有。

1957年春，为了能及时准确地向群众宣传党的各项方针政策，丰富群众的文化生活，农场开始架设广播线路，安装有线广播。1957年末，农场有线广播开通，由沙河乡广播站转播，全场共有 200 只低音喇叭，几乎普及到每个职工家庭。

1963 年，农场成立有线广播站，设一台 50 瓦的扩大机，有 20 公里的主干线及其他附属设备。这一时期，农场通讯报道工作开展得比较活跃。高光烈、穆志学、魏化民等人经常向县以上新闻单位投寄稿件。

1976 年 4 月，由苑学忠任专职报道员，将场内的一些新闻动态及时向县以上新闻单位投稿宣传并负责场办广播节目的编写等。基层单位有兼职业余报道员，生产科统计员穆志学也经常利用业余时间撰写稿件。

20 世纪 80 年代，广播站相继由张乃茹、许丽雅、苑春华担任播音员。另有线路员 1 名，设备有 GY2752 扩音机 1 台，录音机 1 台，电唱机 1 台，广播线路达到 27 公里，全场共有低音喇叭 800 只。场部、毕屯、矾石及西大台等单位都安装了高音喇叭，全场共有高音喇叭 13 只。除场直单位广播与电话线路分开使用之外，其他各基层单位广播与电话线均为同路，在广播时间里电话停用。广播时间为早午晚各一次，具体的广播时间随季节的变化而异。主要是转播绥中县广播站的节目，有时农场也自办一些小型多样的节目。

20 世纪 80 年代中后期，随着通信技术的高速发展，场内广播站的职能逐渐降低。尤其是 20 世纪 90 年代以后，随着电视电话及移动通信走进千家万户，有线广播最终退出历史舞台。

第四节　电影电视

电　影

新中国成立前，农场群众对电影仅有耳闻，没有目睹。新中国成立之后，农场群众才看到了电影。20 世纪五六十年代，绥中县电影放映队经常来农场巡回放映，每月少则一次，多则两次。

1972 年 8 月，农场成立电影放映队。绥中县电影管理公司举办技术培训班，为农场培训了两名电影放映员，协助农场配置了 1 台 8.75 毫米电影放映机。电影放映队由农场工会直接领导和管理，影片由绥中县电影管理公司统一发行。全场共设 12 个放映点。

放映电影根据具体情况定收费标准，全民所有制的果树队放映电影其费用由农场工会从职工福利费中支付，不向职工收费。农业大队一般每放映一场收费 12 元，其中毕屯大队因职工居住集中，收费标准酌情减少，一般是放映三四场才收一场的费用，其余均由农场统一核销。

1975年6月，电影放映队将8.75毫米放映机淘汰，购进一台16毫米放映机。每年放映电影70部，200左右场次，观众达6万多人次。

20世纪80年代中后期，随着电视走进千家万户，农场电影放映队解体。进入21世纪后，露天电影已成为历史，只存在于人们的记忆中。现今，人们若想看电影，需要到正规的电影院去欣赏。

电 视

1976年10月，农场场部大院安装辖区内第一台电视机，接收天线塔高30米。1979年，农场职工姚胜利家购入第一台私人黑白电视机。至20世纪80年代初期，农场各基层单位（队部）开始购置电视（通常为12英寸或14英寸黑白电视）并向群众开放。在没有电影的日子里，群众会三五成群，到队部像看电影一样看电视。20世纪80年代中后期，黑白电视逐渐淘汰，大尺寸多功能的彩色电视开始逐渐走进寻常百姓家。至20世纪90年代，彩色电视基本普及。

图4-1-9 农场有线电视站 2001年摄

进入21世纪，辖区内人民群众的生活质量大大改善，精神生活的需求也越来越高。原来可收视的电视节目仅限于中央电视台1套、2套，辽宁电视台，绥中电视台，远远满足不了人们的文化需求。为此，农场经与绥中县广播电视局协商，于2001年5月1日，成立大台山有线电视站，设站长 1 名，工作人员 3 名。在电视安装公司的大力支持下，首批为全场 310 户职工安装了有线电视，2007 年末，农场区有线电视发展到 1200 余户。

2008 年以后，有线电视已覆盖全场所有家庭，能收看到中央及各省、市六十余个频道的电视节目，同时，场内一些重要会议、重大政治经济活动以及重要节日的文体活动，可以通过有线电视向全场广大干部、职工、居民及时播放，并利用有线电视播放科教专题片，宣传果树管理、良种改换、优质果生产等生产技术，为农场经济建设营造了良好的舆论氛围。

2010 年，根据国家广播电视总局 2010 年城市开展数字电视的总体要求，按照葫芦岛市有线电视节目整合意见，本着存量不变、增量分成的原则，接受葫芦岛市有线电视数字化信号。2011 年年末，通过对有线网络进行升级改造，完成了有线电视数字化整体转换工作。经过本次技术升级，能收看到中央及各省、市 124 个频道的标清、高清电视节目，极大地丰富了人们的业余文化生活。

在此期间，有极个别家庭私自安装小型卫星接收器（俗称大锅盖），也能接受 100 余个电视频道的节目。虽然不收费，但因不合法，并没有大面积普及，2015 年后已淘汰。

2015 年至 2020 年，随着互联网技术的发展，网络电视逐渐成为家庭电视接收的一种方式。网络电视也是数字电视的一种，它依托的承载网络是公众宽带网，而不像数字电视、有线电视通过有线电视网络承载。虽然网络电视的图像质量不如数字电视高清，但因为不收费（或附加在网费中，费用低廉），且不受时间限制，可以任意点播，互动功能超强，收看者个人更具主动性，因此逐渐得到普及。

第五节　报刊发行

自建场到 20 世纪 90 年代初，农场受技术和人才所限，未发行过报刊。但广大职工和群众普遍关心国内外大事，要求了解祖国各地建设成就，提高自身科学文化知识水平。因此，订阅报纸杂志成为学习新知的主要途径。至 20 世纪 90 年代初，全场各机关单位平均订阅三份报纸，主要有《人民日报》《辽宁日报》《锦州日报》（后改订《葫芦岛日报》）《光明日报》等，还有其他各种专业报纸和刊物 32 种之多，除了集体订阅之外，还有部分干部职工个人也订阅了一些报刊。

1993 年 1 月，农场组宣部创办《大台山场报》，每月一期。

2005 年，大台山社区成立以后，主办《社区时讯》，以农场社区发展为主线，歌颂党，歌颂改革开放后的大台山。

2007 年起，由农场宣传部主办，工会、团委等处室协助复刊《大台山场报》，每月一期。场报宣传党的方针政策，弘扬农场的历史文化，赞颂农场建设新面貌，褒扬农场的好人好事，推广新的科技成果等。至 2014 年 4 月，场报共出刊 107 期。其中，2011 年以前为黑白印刷，2012 年以后为彩色印刷。《大台山场报》于 2014 年 4 月以后停刊。2017 年初复刊，更名为《农场风采》，彩印折页本。

2008 年，由农场出资，审核出版《大台山场志》（2007 年版），2010 年出版《民族之魂》（义勇军宣传画册），2011 年 9 月组织编写并出版《义勇风云》，是第一部由农场出资出版的历史研究类书籍。2014 年主办《大台山旅游风景区》宣传画册，2015 年组织撰写《大台山农场志（2008—2014 年）》等等。此外，截至 2014 年底，在省市及国家级报纸杂志刊载文章数十篇，对农场的各项工作起到了极大的宣传推动作用。2015 年后，随着网络媒体的崛起，农场纸质报刊发行越来越少，直至停刊。

第六节　网络媒体

进入 21 世纪，网络媒体开始逐渐登上历史文化舞台。2010 年以后，随着电脑网络技术的发展，农场区网络媒体也迅速崛起。并逐渐打破报纸、广播、电视三分天下的局面，成为继报刊、广播、电视之后的"第四媒体"。到 2015 年，随着纸本《大台山场报》的逐渐停刊，网络媒体逐渐占领了农场的新闻阵地。

2016 年底，随着新一任领导的履职，农场加快现代化改革步伐，企业的发展建设更具现代意识，同时更加注重网络平台的宣传媒介作用。为此，农场招贤纳士，聘请绥中自由媒体人、绥中门户网站站长刘洪刚到农场任职，使企业建设与新闻媒体联姻，对农场的发展壮大产生了长久的广告效应。

2018 年，为了展示农场形象，农场进一步加强网络宣传，创办了"大台山果业"微信公众平台；在《今日头条》开设"大台山果业"账号，全年发布农场工作新闻 116 条；在"绥中门户网"设立"聚焦大台山"专栏，全年刊发新闻报道 49 篇；《葫芦岛日报》《葫芦岛晚报》、葫芦岛电视台、绥中县电视台等新闻媒体多次报道农场工作，提升了农场的知名度，树立了农场良好的工作形象。农场被绥中县委宣传部评为 2018 年新闻工作先进集体。

2019 年，进一步完善了大台山果树农场信息平台建设。农场全年在《人民日报有品质新闻》《凤凰新闻》《今日头条》《辽宁日报》《葫芦岛日报》《葫芦岛晚报》等媒体报道大台山果树农场经济社会发展文章近 60 余篇。

2020 年，农场全年在《人民日报-有品质的新闻》《凤凰新闻》《今日头条》《辽宁日报》《葫芦岛日报》《葫芦岛晚报》等多家媒体报道大台山果树农场经济社会发展文章近 100 余篇，提升了大台山果树农场的知名度与美誉度。

第二章 教 育

第一节 概 况

中华人民共和国成立以前，农场所在地区教育事业极为落后，只有私塾和季节性的学校，时断时续，从未兴建过正规校舍，只是在需要的时候租赁农民的破烂房屋开设临时学堂。条件稍好一点的家庭利用冬闲让子女念几天书，俗称念"冬三月"，余者只能在家帮助大人从事农活，终生做个"睁眼瞎"，农场地区的广大劳动人民文化水平极其落后。

新中国成立后，党和政府对发展教育事业极为重视，教育战线发生了深刻的变化。1948年春成立了矾石小学（2014年9月合并到毕屯中心小学）；1949年夏成立了毕屯小学；1961年8月成立了鸡架山小学（2003年3月分流到叶家乡中心小学，教师合并到大台山毕屯中心小学）；1964年8月成立郜家沟小学（1978年并入矾石小学）；1975年9月成立台新小学（2010年9月合并到毕屯中心小学）；1970年9月成立大台山初级中学。1964年成立大台山农业中学（1967年停办）；1980年成立大台山职业学校（1984年更名为大台山职业高中，1989年停办）。这些学校在2008年以前均属于农场子弟学校，师资队伍一部分属于公办教师（工资待遇由绥中县财政局划拨，人事由农场直接管理），一部分为场办教师（工资待遇及人事均由农场管理），还有个别民办教师。

新中国成立初期的学校教育，当时人民政府明确提出"学校向工农开门"的方针，学校组织教师深入工农群众之中动员学生入学，加之广大劳动人民在政治和经济上都得到了解放，农场职工和农民纷纷送孩子入学读书，入学率达80％以上。学校基本采取复式教学方法。废除了体罚制，完全使用新教材，体现了人民当家作主的社会主义教育制度的优越性。

20世纪50年代末期，教师按照党的"教育必须为无产阶级政治服务，必须同生产劳动相结合"教育方针，根据毛主席的"十大教授法"，克服满堂灌、注入式，提倡少而精、启发式。结合学生实际进行教学，因材施教。在加强智育、体育的同时，对学生进行"爱祖国、爱人民、爱劳动、爱科学、爱护公共财物"的五爱教育，学生争取加入少先队和共青团蔚然成风。1961年中共中央制定了中学教育工作条例五十条和小学生教育工作条例四十条，农场所有学校认真贯彻条例，学校教育进一步走向正规化，教育质量显著提高。

"文化大革命"时期，工人、贫下中农进驻学校参与管理，学校教育受到一定影响。

中共十一届三中全会以后，教育战线开始拨乱反正，农场的教育工作重新步入正轨。1977年下半年，中小学十年制全国统编教材开始发行，为进行系统的教学工作提供了有利条件。1978年初，农场贯彻了教育部重新颁布的《中学生守则》和《小学生守则》，使学校工作真正做到了有章可循，有规可守。同时，学校还恢复和建立了一整套有利于教学的规章制度。

图 4-2-1　大台山中学　2000年摄

改革开放后，农场教育体制逐渐完善，教学设施基本齐全。建立了中学和中心小学党支部，实行党支部领导下的校长负责制，恢复了教育工会。同时，还大力开展职业教育，成立职业学校，聘请专业技术老师教授专业技术。为农场培养了大批技术力量和专门人才，提高了职工队伍的素质。

1982年，由于鸡架山、饮马河、六支园等果树分场地处西部场区，是农场的一块飞地，距离主场区路途遥远，鸡架山小学的学生升入初中后，迫切需要就近到叶家乡初级中学就读。为此，农场与叶家乡政府达成协议，鸡架山的小学毕业生升入初中后，到叶家乡初中读书，农场每年划拨给叶家乡初中师资补助费800元，1987年后每年划拨叶家初中师资补助费增至3000元，此协议一直延续到1996年为止。

进入21世纪以后，农场党委十分重视教师队伍的素质教育，不断对在职教师进行培训。针对干部、教师队伍中的不良倾向及时予以纠正，调整干部队伍结构，把思想好、作风硬，业务水平高的人调换到重要岗位。加之更多正规院校的大中专毕业生加入教师队伍，教师的思想政治素养、学历水平显著提升。2007年底，全场共有教师91人，其中国家公立教师66人，场办教师25

图 4-2-2　大台山中心小学升旗仪式　1995年摄

人。公立教师占全场教师总额的大多数。教师91人中，小学教师52人，中学教师39人，小学有教工2人，中学有教工1人。另外，全场共有退休教职员工46人，其中，公立退休教师 37 人，场办 9 人。

2006 年 8 月，为了贯彻落实国办〔2004〕9 号文件精神，农场向葫芦岛市教育局递交了《关于大台山果树农场分离中小学校的报告》，开始启动学校划归地方的移交工作。

经过一年多的运作，2008 年 2 月，根据《葫芦岛市国有农场分离教育实施方案》，农场与绥中县人民政府达成协议，在对场内学校资产进行科学评估后，将学校完全移交给绥中地方政府，全场 27 名在职场办教职工和 17 名退休场办教职工划归绥中县教育局，大台小学更名为"沙河镇大台山中心小学"，大台初中更名为"沙河镇大台山初级中学"。至此，农场结束了长达 60 年的企业办学的历史。

2010 年 9 月，原台新小学由于生源急剧减少，仅剩几十名学生，为此，中心小学向大台山果树农场和绥中县教育局申请，得到批准后将台新小学合并到毕屯中心小学，教师分流到毕屯中心小学和矾石小学。2014 年 9 月，矾石小学因同样原因合并到中心小学。至此，通过优化组合，农场场区内现存大台山中心小学和大台山初级中学两所学校。

2008 年学校划归地方政府以后，大台山果树农场虽然对农场区学校不再行使管辖权，但仍对几所学校多有关注与支持，无偿对大台山初级中学和大台山中心小学进行资金扶持。2009 年、2010 年分别为两所学校无偿投入十余万元修建了标准化篮球场。每年的 9 月 10 日教师节，农场都要对中小学教师进行慰问。这些举措无疑对农场教育事业的可持续发展提供了坚实的保障和促进作用。

表 4-2-1　主管教育管理机构

姓　名	到任日期	离任日期	职务
刘忠昌	1973.09	1976.01	教育助理
毕长生	1976.01	1978.08	教育助理
王洪魁	1978.08	—	教育助理
李德祥	2000.10	—	教育助理
毕长友	1993.04	2000.11	主管教育副场长
明忠生	2000.11	2008.02	主管教育副场长

2016 年，国家实行义务教育均衡发展战略。为了改变农村地区薄弱学校的落后面貌，国家财政拨付专项资金对农村学校进行升级改造。大台山初级中学和大台山中心小学相继翻建了校舍，兴建了科学实验室、美术室、音乐舞蹈室、图书阅览室、心理咨询室、卫生保健室、体育活动室、综合实践室、监控室等 10 余个专用教室，为每个专用教室配套购置了专用设备设施，现代化交互式电子白板也普及到每个班级。中心小学还兴建了能容纳近 300 人共同就餐的标准食堂。学校的软硬件建设得到空前改善，农场的学子基本能够享

受到与县城内的学生相同的教育资源。

表 4-2-2　2000 年大台小学（含中心校及 3 个村小）学生基本情况

年级	班级数	学生总数（人）	其中男生（人）
学前班	5	90	47
一年级	5	113	49
二年级	4	99	56
三年级	5	113	57
四年级	4	112	62
五年级	5	135	60
六年级	4	155	70
合计	27	727	354

表 4-2-3　2020 年大台小学（无村小）学生基本情况

年级	班级数	学生总数（人）	其中男生（人）
学前班	3	73	—
一年级	1	49	19
二年级	2	49	26
三年级	2	48	14
四年级	1	38	21
五年级	2	57	26
六年级	2	60	29
合计	10	303	135

表 4-2-4　2000 年大台山初级中学学生基本情况

年级	班级数	学生总数（人）	其中男生（人）
一年级	3	153	81
二年级	3	101	41
三年级	1	58	29
合计	7	312	151

表 4-2-5　2020 年大台山初级中学学生基本情况

年级	班级数	学生总数（人）	其中男生（人）
一年级	2	65	—
二年级	2	61	—
三年级	2	63	—
合计	6	189	—

第二节　幼儿教育

长期以来，农场对幼儿教育非常重视。早在20世纪60年代，农场根据各基层单位的具体情况，分别在基层单位办起了托儿所和幼儿园。

图 4-2-3　农场第二队幼儿园　1979 年摄

改革开放后，随着农场形势的发展，为了让广大女职工积极投身到现代化建设中来，幼儿园的数量急剧增加，基层凡是女职工较多的单位都纷纷办起了不同规模的幼儿园，特别是地毯厂，不仅吸收本单位的幼儿入园，还吸收农场其他单位的幼儿入园。

幼儿园的经费在福利费中支付，每个幼儿还可享受一定数量的入园费，特别是独生子女，还可免费入园。幼儿教师由本单位委派有一定教育能力的女职工担当，其工资与其他职工相同。在幼儿教育中，认真贯彻执行党的教育方针，特别注重幼儿的德智体美等方面的全面发展。

1985年，全场共有幼儿园（包括场办、私立）7所，幼儿教师9名，在园儿童63名。

1986年，全场小学（大台山中心小学、矾石小学、台新小学、鸡架山小学）相继施行学前教育，开设了学前班（包含幼儿园职能及学前教育职能），招收农场域内的各村屯所有5、6周岁幼儿入学。中心小学由于生源多，开设有小、中、大三个学前班，招收学龄前5至7岁儿童100余名入学。农场及基层各单位开办的场办幼儿园相继停办。但场区内各村屯仍有个别私立幼儿园继续开办，大多招收附近的 3 至 5 岁幼儿入园。

此后十余年间，各小学学前教育都能正常开展，为幼儿的启蒙及入学前的准备打下了很好的基础。

2010 年，根据绥中县教育局小幼教科的工作安排，大台山中心小学学前班改制，在中心小学院内单独成立大台山中心幼儿园，由教育局投资 10 余万元，购置了大型幼儿运动设施（滑梯、荡船、玩具等）以及睡床、幼儿桌椅等设备。

2011 年，大台山中心幼儿园被县教育局审核评定为公立二级标准化幼儿园。

2014 年 7 月，由县教育局投资，在大台山中心小学院内翻建了标准的幼儿园舍，占地近 800 平方米。中心小学自行投资 6 万余元，铺设了操场，购置了彩电、电脑等教学设备，在走廊、台阶等处增添了监控、地毯等安全防护设备设施。至 2014 年，中心园有小中大三个教学班，每年招收 5 至 7 岁学龄前儿童 100 名左右。幼儿教师 8 名，包括园长 1 人，副园长 1 人，幼儿教师 6 人，其中本科学历 2 人，专科学历 4 人，中专学历 2 人。根据教育局小幼教科关于"幼儿园去小学化倾向"的办园思想和原则，大台山中心幼儿园不再像以往那样开设语文数学等一年级课程，取而代之的是适合幼儿身心发展的各项活动，采用分区教学的方式，开设有语言活动、数学活动、艺术活动、文体活动等教学活动，使办园方式方法逐步走向科学。

表 4-2-6　2014 年大台山地区幼儿园情况统计

幼儿园名称		大台山中心幼儿园	越曦幼儿园	新世纪幼儿园
创办时间		2010 年 9 月	2012 年 8 月	2012 年 9 月
办园等级		二级	—	—
园长		栗华	张晓娇	柴艳平
教师数		8 人	4 人	3 人
办园规模	建筑面积	308 平方米	160 平方米	120 平方米
	园舍面积	800 平方米	400 平方米	600 平方米
	在园人数	96 人	约 50 人	约 40 人
	班级数	3 个	3 个	2 个
收费标准		150 元/月	220/月	180/月

2017 年 5 月，由于学校办园牵扯精力过大，因此大台山中心小学将中心幼儿园对外承包管理。2019 年 8 月，根据县教育局"公办中心幼儿园不再对外承包"的相关文件精神，学校收回中心幼儿园，恢复自主经营。自行投资 10 余万元重新装修了幼儿园各教室及室外活动区，为各个教室装备了空调，使幼儿的学习活动环境更加和谐安全。

表 4-2-7 2017 年大台山地区幼儿园情况统计

幼儿园名称		大台山中心幼儿园（外包）	越曦幼儿园	新世纪幼儿园
创办时间		2010 年 9 月	2012 年 8 月	2012 年 9 月
办园等级		二级	—	—
园长		杨丽	张晓娇	柴艳平
教师数		6 人	4 人	3 人
办园规模	建筑面积	308 平方米	160 平方米	120 平方米
	园舍面积	800 平方米	400 平方米	600 平方米
	在园人数	约 80 人	约 50 人	约 40 人
	班级数	3 个	3 个	2 个
收费标准		150 元/月	220/月	180/月

2020 年 3 月，国家投入专项资金，升级改造幼儿园的附属设备设施。县教育局根据农场中心幼儿园上报的实际状况，投资数十万元，增添了各种幼儿学具及室内外大、中、小型玩具。2020 年 9 月，翻建了水冲坐便式厕所，设施更加完善。

表 4-2-8 2020 年大台山地区幼儿园情况统计

幼儿园名称		大台山中心幼儿园
创办时间		2010 年 9 月
办园等级		二级
园长		李畅（9 月后 常新继任）
教师（保育员）数		9 人
办园规模	建筑面积	308 平方米
	园舍面积	800 平方米
	在园人数	73 人
	班级数	3 个
收费标准		150 元/月

至 2020 年末，大台山中心幼儿园有幼儿教师 10 人。其中园长 1 人，专职幼儿教师（保育员）9 名。年均招收 3 至 6 周岁幼儿 80 余名。中心幼儿园人员配置及资金管理归中心校统一调度。

多年来，在大台小学开办中心园的同时，毕屯地区有私人开办幼儿园两所，分别是新世纪幼儿园和越曦幼儿园，一般招收 3 至 5 岁幼儿入园。至 2019 年末，两所私立幼儿园由于手续不健全而最终停办。

第三节　初等教育

1948 年绥中解放后，复建第十区岳家沟村温家屯小学，1949 年，学校由于行政村划分的改变，学校归并到三台子村中心小学。

中华人民共和国成立后，农场曾先后成立矾石小学、毕屯中心小学、鸡架山小学、台新小学和郜家沟小学（1978 年并入矾石小学）计 5 所小学校。教师大多是由农场选拔（或招考）的本地优秀的初中（后进修中师）、高中毕业青年任教，称作场办教师，也有一部分是县教育局分配到公办教师。

1983 年以后，分配的正规中师及大专以上学历毕业生逐年增多，学校师资水平大有好转。

2008 年以前，农场辖区各小学在人事安排上由农场统一管理。教师在业务管理上以毕屯小学为中心小学，其余几所村小归中心校管理。

2008 年以后，学校划归地方政府，原场办教师身份随之转变为国家公办教师身份，与原公办教师待遇相同。2010 年 9 月，由于生源减少，台新小学合并到大台山中心小学，2014 年 9 月，矾石小学也归并到大台中心小学。（鸡架山小学早已经于 2003 年分流至叶家乡中心小学）。至此，农场区仅剩一所中心小学，生源多数为场区内各个分场职工子女。

表 4-2-9　农场小学校历年（2008—2020 年）基本情况表

年份	中心小学		矾石小学		台新小学	
	教师总数（人）	班级总数	教师总数（人）	班级总数	教师总数（人）	班级总数
2008	37	11	10	6	8	5
2009	37	11	9	6	8	5
2010	37	11	10	6	8	5
2011	41	11	11	6	—	—
2012	43	11	10	4	—	—
2013	49	11	4	2	—	—
2014	48	11	4	1	—	—
2015	53	11	—	—	—	—
2016	53	11	—	—	—	—
2017	51	11	—	—	—	—
2018	48	11	—	—	—	—
2019	46	11	—	—	—	—
2020	46	11	—	—	—	—

根据辽宁省教育厅规定的课时计划，小学开设课程有语文、数学、英语、科学、品德与生活（低年级）、品德与社会（高年级）、体育、美术、音乐、综合实践、书法、信息技术等课程。根据课改计划，实施素质教育，大力提高课堂教学效率，教学质量稳步提升。

2009 年，学校被绥中县教育局评为教育评估达标校。

2014 年底，学校有学生 386 名，有教师 51 名（全部为公办教师），其中本科学历的有 18 人，专科学历的有 26 人，中师学历有 7 人。

2016 年，国家实行义务教育均衡发展战略，大台小学以此为契机，实现跨越式发展，软硬件设施达到上级规定的标准并通过了市检、省检、国检。

2016 年以后，学校生源基本在 300 人左右，略有逐年递减趋势。截至 2020 年末，学校有学生 303 名，在编教师 46 名，教师中除了 2 人为中专学历外，其余均为大专以上学历。

（一）大台山中心小学（毕屯小学）

图 4-2-4 大台山中心小学 1996 年摄

1949 年夏季，成立毕屯小学，设两个班，共有学生 40 多名。聘请张震东和韩静波为教师，校址在毕屯北高家。1952 年夏，毕屯小学并入三台子小学。1960 年 10 月，重新组建毕屯小学，归属沙河中心小学管理。校址在柏屯，设有五个班，教师 10 名，学生 100 多名。1964 年迁入毕屯原老场部院内（房主为毕氏族中三家人）。1966 年夏，迁入新校舍即现校址，教学用房共 50 间，占地面积 8400 平方米。1972 年毕屯小学划归农场，正式命名为"大台山中心小学"，下辖中心校、矾石小学、台新小学和鸡架山小学。

（二）矾石小学

1948 年春，成立矾石小学，租民房三间，设有两个班，学生 30 多名，聘请张九春和常德阳为教师。1950 年春季由教育部门派教师王兴本为负责人。教室在地主齐湘涛家大院的东西偏房，当年秋季在齐家大门处新建六间土房，两个教室、一个办公室。矾石划归农场后，1978 年 9 月，更名为大台山农场矾石小学，隶属于大台山中心小学。1996 年，

图 4-2-5　矶石小学　1998 年摄

农场投资 48 万元，在前矶石自然屯西新建两层教学楼，总占地面积 3455 平方米，建筑面积为 770 平方米，房屋 23 间。

2008 年以后，生源渐少。2014 年上半年，仅存有一年级 10 余名学生，教师 4 名，其他年级学生都自发到中心小学就读。2014 年 9 月，为合理利用师资，统筹优化教育结构，经报上级主管教育部门批准，将矶石小学归并到大台山中心小学。

表 4-2-10　矶石小学合并前教师名单（2014 年 9 月）

姓名	职务	所任班级	班级人数（人）	备注
柴世明	村小校长	—	—	—
李春伟（女）	班主任	二年级	12	—
张忠礼	科任	—	—	—
明绍政	科任	—	—	—

（三）台新小学

台新小学成立于 1975 年 9 月，原名破台子小学，校址在破台子屯，隶属于大台山中心小学。当时设四个班，五个年级，采取复式教学。1988 年，由农场投资，在破台子、温屯、西大台中心建新校舍，占地面积 3200 平方米，教学用房 18 间。破台子小学迁入新校址，更名为台新小学。

2008 年至 2010 年，每学年开设有一至五年级 5 个教学班，六年级并到中心校就读。生源在 70 人左右。2010 年 3 月，台新小学学生（一至五年级）仅剩 54 人，学生最多的

图 4-2-6　学生春游　2010 年摄

班级仅有 13 人，最少的 4 人。有教师 8 人。此外，台新小学教学用房年久失修，经权威部门勘测认定为 C 级险房，已不适用于教学用房。鉴于此，经报上级主管教育部门批准，2010 年 9 月，台新小学合并到大台山中心小学。

表 4-2-11　台新小学合并前教师名单（2010 年 9 月）

姓名	职务	所任班级	班级人数	备注
栗　华	村小校长	—	—	—
明绍政	班主任	学前班	4	—
常　敏（女）	班主任	一年级	12	—
于国元（女）	班主任	二年级	13	—
胡光丽（女）	班主任	三年级	10	—
秦国贤（女）	班主任	四年级	6	—
王志安	班主任	五年级	13	—
刘绍华	科任	—	—	—

（四）鸡架山小学

1961 年 8 月，成立鸡架山小学，校址设在鸡架西，占地 2400 平方米。当时设有四个年级，学生 14 名，一个教室，采用复式教学。20 世纪 70 年代，随着下乡知青的增多，人口的增长，鸡架山学校逐年壮大，鸡架山、饮马河、新区、六支园几个果树队的学生都要到鸡架山小学读书。1972 年，为满足当地学生的就读需求，鸡架山学校在小学的基础上增设 2 个初中班，俗称"带帽"，学生达到近 300 人。1978 年，鸡架山学校结束小学戴

图 4-2-7　鸡架山小学 1996 年摄

帽，小学也由 5 年制改为 6 年制，各年级均单行班，学生 100 人至 150 人不等。1980 年，农场出资翻新校舍。1988 年，鸡架山小学再次扩建新校舍，占地 4800 平方米，教学用房 18 间。这一时期，鸡架山的小学毕业生升入初中后，通常到叶家乡初级中学就读，也有部分学生到沙河乡初级中学就读。进入 21 世纪 90 年代，随着人口的减少，鸡架山小学的生源也是逐年递减，至 2003 年 9 月，学校仅剩学生 30 余名。由于生源太少，遂分流到叶家乡中心校，鸡架山小学解体。

鸡架山小学合并前教师有：秦国贤（女）王志安、刘少华、栗华。

（五）郜家沟小学

1964 年 9 月，成立郜家沟小学，设有一个班，学生有 20 多名，租用民房为教室。1975 年秋，新建校舍 6 间。负责人先后为刘福仁、王仲志、李志杰、杨淑芬（女）、周凤兰（女）等。

1978 年，郜家沟划入农场后，该校并入矾石小学。

第四节　中等教育

新中国成立后很长一段时间，大台山地区没有中学。直到 1970 年 9 月 1 日，毕屯小学设初中班 2 个，1972 年 9 月，鸡架山亦设初中班 2 个，即实行小学戴帽，中小学设一个管理机构，即学校革命委员会。一个学校分为小学和中学两个部，当时有初中学生 90 多人。

图 4-2-8 大台山中学 1990 年摄

1977 年 7 月，中小学分开，结束了小学戴帽，正式成立大台山初级中学。学校占地 8000 平方米，建新校舍 35 间，教室 10 个，建筑面积约 1050 平方米，有 6 年级至 9 年级。教职员工共有 42 人，其中公立教师 21 人，场办教师 14 人，民办教师 2 人，场办勤杂人员 5 人。教师学历，大专以上 5 人，中师 13 人。1979 年，建立学校党支部，实行党支部领导下的校长负责制，同年恢复了教育工会。

1989 年，大台山中学新建专用教室 10 个，1993 年又新建教室 9 个。至此，中学共有教室 29 个，教师 39 人，学生 300 人。有微机 36 台，设有多媒体教室和物理、化学、生物计 3 个实验室。

2008 年，随着农场教育转制归绥中县地方政府，大台山果树农场初级中学更名为"绥中县沙河镇大台山初级中学"。2008 年初，学校占地 8000 平方米，校舍 35 间，其中学生用教室及各专用教室 18 间，其他为教师用办公室。2012 年 8 月，教育局出资为学校改造危房（原教师办公室）10 间。

2011 年 8 月，学校投资新建了彩钢车棚。2013 年 3 月，省里下发篮球架等体育器材。同年 5 月，由大台山果树农场出资为

图 4-2-9 大台山中学校门 1984 年摄

学校新建了标准篮球场。2014年10月，学校自行投资将所有教室的木质门窗更换为塑钢门窗。2014年12月，装备了省里下发的架子鼓等音乐器材。至2014年底，学校设有物理、化学、生物三个实验室共10间，设备较为齐全；微机室3间，配备教学用电脑36台；多媒体教室1个，配备有省里为学校下发的多媒体设备一套。学校的育人环境得到初步改善。

2016年，借助义务教育均衡发展东风，教育局拨付专项资金，在原地翻建大台山初级中学校舍。增设理化生实验室、心理咨询室、卫生保健室、综合实践室、图书阅览室、党员活动室等多个专用教室，全校六个班级添置了现代化交互式电子白板等教学设备，教育环境大为改观。

学校控辍保学工作常抓不懈，基本没有辍学生。学生中考成绩也较为理想，升学率处于全县同类学校上游水平，其中2019年度升入高中30人，包括考入辽宁省重点高中东戴河高中3人，成绩优异。

至2020年，学校每学年开设有6个教学班（七、八、九年级各两个教学班），生源保持在180名左右。教师31人，其中本科学历24人，专科学历6人，高中学历1人（工人编制），全部为公办教师。随着课堂教学改革的深入发展，学校立足于学校的长远发展，狠抓教学质量，确保开全课程，开足课节。学校严格按照上级教育教学主管部门的要求，开设有语文、数学、英语、思品、地理、历史、生物、物理、化学、体育、音乐、美术、微机、班会、劳技、校本课程、综合实践共17门课程，均配备有专兼职教师。

表 4-2-12 大台山初级中学历年（2008—2020年）教师人数及学生人数统计

年份	教师人数	班级数量	学生人数
2008	37	6	199
2009	35	6	192
2010	34	6	188
2011	34	6	180
2012	32	6	181
2013	34	6	182
2014	34	6	180
2015	32	6	179
2016	31	6	178
2017	30	5	169
2018	32	6	168
2019	32	5	167
2020	31	6	189

表 4-2-13　大台山初级中学历年（2008—2020 年）升入高中情况统计

年份	东戴河实验高中	绥中一高中	利伟高中	利伟实验中学
2008	—	14	14	
2009	—	10	15	1
2010	—	10	14	1
2011	—	5	8	2
2012	—	10	13	1
2013	—	9	12	2
2014	1	10	14	5
2015	1	11	9	4
2016	2	15	13	8
2017	2	9	12	3
2018	2	13	11	8
2019	3	14	13	0
2020	3	7	8	5

第五节　职业教育

新中国成立前，大台山果园的创始者便十分重视职业教育，他们将子女送往绥中县农科职业学校学习果树技术，以便成为果园发展的中坚力量。

图 4-2-10　职工文化补习班在上课　1984 年摄

新中国成立后，为了提高职工的文化水平，1951 年，农场开始扫盲工作，组织全场职工轮流参加识字班，开展业余扫盲活动。教材以识字课本为主，每天晚上集中学习 2 个小时。扫盲工作持续 8 年，直到 1959 年才逐渐停止。

1964 年，农场成立农业中学，主要是对一些没有考取正式初中的高小毕业生进行文化补习，兼学一些农业基础知识。毕业后可继续报考初中，如不能考取，可务农，成为有文化的社会主义新型农民。农业中学于 1967 年停办。

图 4-2-11　职高果树专业第三届毕业生　1984 年摄

改革开放后，农场进行现代化建设，需要大量的专门人才和大批熟练的劳动者。为此，1980 年 8 月，成立了大台山职业学校。共有学生 40 名，有教师 4 名，金殿忠任负责人。学校以招收初中毕业生为主，教学内容重点为学习果树技术，包括果树栽培、果树管理、果树植保、果树育种等。聘请苑福海为果树技术教师，另外设语文、数学、化学等基础课。学制两年，发中等专业毕业证书。

1982 年 8 月，第一批学生毕业后，学校又招收 45 名学生，分两个班，其中一个是果树班，另一个是瓦工班，聘请李林科为瓦工技术教师。当时职业学校共有教师 8 名，占用房屋 12 间。除课堂学习以外，还深入现场进行实习。特别是瓦工班，利用实习的机会承包场内外的建筑任务，不但得到实践，还增加了学校的收入。

表 4-2-14　大台山职业学校教学计划表（1983 年）

	果树班	瓦工班	备注
语文	11	12	
数学	6	12	
化学	6	—	
土壤	2		
果树栽培	6	—	每周课时数单位为节，每节 45 分钟。
果树生理	4		
果树植保	5	—	实习时间临时决定。
果树育种	3		
瓦工	—	6	
抹灰	—	6	
合计	43	36	

1983 年 7 月，农场通过摸底调查，决定为 374 名青年固定工开办文化补习班，开设两个班级，开设科目包括语文、数学、历史三门课程，培训一期时间为半年，至 1984 年初结束。培训地点就设在大台山职业学校果树班。

1984 年 2 月 20 日，大台山农场职业学校更名为职业高级中学。同年，学校增设木工班，聘请王贵珊为木工技术教师。当时职业高中教师增至 11 名，学生 100 多人，共有果树、瓦工及木工 3 个专业。1985 年 3 月，大台山职业高中建立党支部，书记为王学。1989 年 3 月 24 日，大台山职业高中解散。

图 4-2-12　职高瓦工班教师现场示范瓦工技术　1984 年摄

1983 年 7 月，根据国务院指示精神，农场对职工进行文化和技术补习。文化补习班招收对象为 1968 年至 1980 年期间的初中毕业已就业的工人，学习时间为 6 个月。补习分五期，到 1985 年末全部培训结束。全场共有 350 名职工参加文化补习，全部毕业，占应参加补习 430 名的 81%，为此，农场投资 76000 元。

表 4-2-15　在职职工文化补习教学计划表（1983 年）

	甲班	乙班	备注
语文	12 节	12 节	每周 3 节辅导课
数学	12 节	12 节	每周 3 节辅导课
历史	6 节	6 节	—

自 1989 年 3 月大台山职业高中解散后，之后 20 年间，农场未再进行有组织的职业教育活动。

进入 21 世纪以后，农场在开展职工技能培训的同时，多次开展职工技能竞赛活动，达到以赛促训的目的。

2011 年 12 月 20 日，农场工会在全场职工中开展"比经济效益、比安全生产、比技术进步、比产品质量、比诚信经营"，"建功'十二五'当好主力军"创先争优劳动竞赛活动。在劳动竞赛中重点抓果业和农业两个行业。在果业中积极推广技术创新、管理创新，在生产过程中大胆使用新农药、新肥料，大力生产优质果；在农业中实施标准化建设和良种推广，有效促进了粮食稳产增产。围绕自主创新，优化产品结构，种植经济作物，大力发展优质、高效农业，极大地推进了农场社会主义新农村建设。

2020 年 4 月 20 日，举办职工电脑办公应用技能大赛，共有 21 名职工选手参加决赛，比赛内容分为打字录入、文稿排版、电子表格制作 3 个部分。

2020 年 5 月 19 日，举办青年职工公文写作技能大赛，大赛以"绽放青春　张扬文采"为主题，共有 63 名青年职工参加比赛，最后 18 名选手进入决赛，比赛内容是现场写作和基础知识问答的比拼。

2020 年 7 月至 12 月，举行"安康杯"竞赛活动，水电事务处、环卫处、基建办、郶家办事处（精品果园）及商贸公司（百果园）为创建单位。

2017 年以后，农场开始新型职业农民培训工作，为果农带来果树生产新技术。至 2020 年，先后组织培训达 1000 人次，累计组织果树职工外出学习培训 10 余次。

第三章 卫　　生

第一节 概　　况

新中国成立后，人民政府对医疗卫生工作相当重视，对人民疾苦极为关怀。全场干部职工享受公费医疗待遇，其家属也享受半费医疗待遇。1952年初，农场从双辽县荣军农场调来军医姚志新，同年3月，成立卫生所，姚志新任所长。从此农场卫生条件有了很大改善。卫生所认真贯彻中央制定的"面向工农兵，预防为主，团结中西医，卫生工作与群众运动相结合"的工作方针，积极开展爱国卫生运动，取得了显著成绩。卫生所成立后，随着医务人员的增多，医疗技术的显著提高，门诊量逐年增加，在农场广大职工中的威望不断提高。

1960年，卫生所规模扩大，科室增多，新购进两台1500～3000倍的显微镜等先进的医疗器械，使卫生所诊断水平显著提升。

1966年，"文化大革命"开始，农场的卫生工作受到一定影响。

1968年6月，开始实行合作医疗，全场卫生状况好转。

1970年，大台山卫生所更名为大台山医院后，全场大力培训赤脚医生，积极巩固和发展合作医疗。

1978年，中共十一届三中全会后，落实了党的知识分子政策，充分调动了卫生人员的积极性，使农场的卫生工作有了新的转机。

1981年，农场成立了公费医疗管理委员会，使全场干部职工充分享受到了公费医疗待遇，减轻了干部职工的生活负担。到1985年末，农场医院已发展至有工作人员20名，病床25张，年门诊量达2万人次，年均收容住院病人250名左右的规模。

1997年前后，国家实行公费医疗体制改革。农场为了减轻企业社会负担，同时也是执行国家政策，于是取消了公费医疗。此一时期，农场医疗卫生工作分为场办系统和农村系统。场办系统即是大台山职工医院，主要由农场管理，是农场职工医疗和医疗保险定点医院；农村系统即为村卫生所和个体诊所，主要由绥中县卫生局管理。

1998年1月，农场职工医院承包给个人经营，自负盈亏并承担债务。医院职工停薪留职，部分职工分流到各分场开办个体诊所。

2002 年 7 月 1 日，农场职工医院公开对社会进行招标，经场长办公会议决定，聘任申树珍为职工医院院长。2003 年 4 月，农场的卫生防疫工作划归到沙河镇卫生防疫站管理。

2005 年 7 月，大台山社区成立，农场职工医院转为社区医院。

2009 年农场投资 45.3 万元，对农场职工医院进行了改扩建 520 平方米，改原一层平房为两层楼房，极大地改善了农场职工的医疗环境。

农村卫生系统包括村卫生所和个体诊所，村卫生所主要负责各村辖区内的医疗防疫和妇幼保健工作。

至 2020 年，农场卫生机构计有职工医院 1 家，村卫生所 6 家，个体诊所 2 家。从业人员 50 人。其中职工医疗保险定点医院 1 家，新型合作医疗定点门诊 5 家。卫生防疫人员 5 人。妇幼保健人员 5 人。

表 4-3-1　卫生事业 2020 年基本情况统计

单位名称	单位个数（个）	病床（张）	医务人员（人）	服务范围
职工医院	1	70	40	全体干部职工
毕屯村卫生所	4	16	5	毕屯村、台西村
温屯村卫生所	1	4	1	温家屯村
矾石山村卫生所	1	6	2	矾石山村、郜家村
个体诊所	2	8	2	无固定范围
合计	9	104	50	—

第二节　卫生机构

1952 年 1 月，辽西省农业厅由双辽县荣军农场为农场调来医生姚志新，同年 2 月末，由锦州购进一些药品。3 月，成立了卫生所，姚志新任所长，此为农场最早设立的医疗卫生机构。成立之初，卫生所仅有少量药品和一些简单的医疗器械，房屋只有一间，工作人员也只有姚志新一人，身兼医护等多种职务。军医出身的姚志新，以精湛的医疗技术，吃苦耐劳的工作精神和热情周到的服务，使卫生所的威望不断提高，取得了显著的成绩。

1958 年，大台山卫生所在鸡架山设立分所。1960 年农场场部迁至毕屯，原场部位于大台山下旧址一部分，房屋共六间划归卫生所，卫生所得到发展扩大。1970 年大台山卫生所更名为大台山医院。1991 年 11 月，农场机关迁入新建办公大楼，大台山医院迁入农场机关原位于毕屯的旧址。1998 年 1 月，农场职工医院实行承包，医院职工停薪留职，部分职工下到各分场开办个体诊所。2002 年 7 月，农场职工医院公开对社会进行招标，由个体承包经营。2003 年 4 月，大台山镇撤销，合并到沙河镇，农场职工医院迁至原大台镇政府所在地。2005 年，改称为社区职工医院。2007 年，农场范围内有医院一个，社区医院共有医务人员 18 人，病房 6 个，病床 32 张。诊所和卫生所共有 15 处，从业人员 20 余人。

图 4-3-1　大台山果树农场医院　2005 年摄

至 2020 年，农场卫生机构计有职工医院 1 家（大台山烧烫伤医院），病床 70 张，医务人员 40 名，为职工医疗保险定点医院。另有村卫生所 6 家，个体诊所 2 家。

第三节　公费医疗

农场成立之初，按照中央人民政府政务院规定，全场干部职工均享受公费医疗待遇，其家属享受半费医疗待遇。1981 年 8 月 10 日，农场场型扩大，职工人数增加，农场根据实际情况成立公费医疗管理委员会，负责全场公费医疗工作。同时，颁布了《公费医疗管理办法》。管理委员会由于长和任主任，马文山和田旭春为副主任，庞荣、智绍君、史凤歧、王洪奎为委员。下设公费医疗办公室，田旭春兼任办公室主任。场直及基层各单位均成立了公费医疗管理小组，由分管医疗卫生工作的领导任组长，生产负责人、会计、工会主席等为成员，负责本单位的公费医疗的有关事宜。

按照新颁布的《公费医疗管理办法》的规定，国家干部和固定工人享受公费医疗待遇，其家属和临时工享受半费医疗待遇。凡因工负伤均在公费医疗范围之内。因公出差患病的医药费必须有县级以上医疗单位收据方可报销。新区队、饮马河队、六支园队、鸡架东队、鸡架西队及鸡架山小学等单位患者均在鸡架山卫生所就诊，其他单位患者均到农场医院就诊。如需转院，除急诊或特殊情况外应经公费医疗管理委员会批准，持农场医院介绍信到指定医院就医。

图 4-3-2 医师赵玉山在为患者诊断病情
1983 年摄

农场在不挤压正常经费和职工生活福利费的前提下，公费医疗工作开展得比较好，使广大干部、职工的健康得到了保障。这充分体现了社会主义制度的优越性，极大地调动了全场干部职工的生产积极性。据 1985 年底统计，全场享受公费医疗的人数有 1143 人，享受半费医疗的有 1546 人，每年平均核销医药费 5 万元。

由于公费医疗经费逐年增长且严重超支，导致企业负担逐年加重，直至难以承受。1997 年，国家实行公费医疗体制改革。农场党委根据上级有关文件精神，也是为了减轻企业社会负担，经研究决定取消了公费医疗。

第四节　职工医疗保险

2004 年，绥中县成立医疗保险管理中心，制定了《绥中县城镇职工基本医疗保险管理办法》。农场职工作为国有企业职工享受参加城镇职工基本医疗保险待遇。

2008 年，为解决困难企业退休职工就医、因病致贫等问题，出台农场退休职工医疗保险按困难企业三者分担方法缴纳，即退休职工一次性缴纳，剩下比例部分由市财政和市医保逐年负担缴纳，人数约 900 人。

2009 年，农场为 1450 名社区居民办理了医疗保险。同时经葫芦岛市医保中心批准，落实了退休职工医疗保险的优惠政策，由原来连续缴费十年改为一次性缴费，金额大幅度降低，全场 975 名职工参保，退休职工受益很大。

2011 年市政府参照省 48 号文件，为保障困难企业在职职工就医问题，出台政策在职职工也按困难企业三者分担，2011 年 1 月大部分职工因经济困难当时只参加 769 人，12 月底增加到 797 人。

同年，为全场 22 名女职工办理了特殊疾病保险，用工会经费 990 元为基层工会女工主任和全场在职女干部共 33 人办理了特殊疾病保险。

2012年，用工会经费为基层工会妇女主任和全场在职女干部办理了"团体女性安康保险"。

2016年农场移交绥中县管理，当年农场在职职工2356人，退休职工1977人。参加一次性医保退休职工980人，参加三者分担按年缴医保费退休职工人数758人，在职职工参加医保人数661人。

截止到2018年6月，大病医疗保险人数增加到1713人，一次性缴纳人数约890人，共计2603人。

2020年，申请补办职工医疗保险共计691人并完成补办手续，包括签订劳动合同、劳动合同备案、个别职工医保转出、职工医疗保险纳入、收取医疗保险费等工作，共计收缴职工补办医疗保险费332358元。

第五节　新型农村合作医疗

新中国成立前，农场所在地区农村卫生条件很差，没有任何医疗机构，个体行医者更是寥寥无几。一般的常见病只能用一些草药和民间土方进行医治。

新中国成立后，部分村成立了村卫生所，有简单的医疗设备和常用药品。1952年将村卫生所联合组成"联合卫生所"，各村医疗点改为门诊部。1961年，联合卫生所改称各生产大队卫生所。1965年，开始试办合作医疗，每个大队成立一个合作医疗站，每站设有赤脚医生一人。通过不断参加培训，赤脚医生的医术逐渐提高，使多年来缺医少药治病难的问题有所缓解。1970年，正式实行合作医疗制度，大队卫生所全部撤销，建立生产大队合作医疗站。原卫生所人员下放到生产大队当赤脚医生。

1983年，医疗站改为村卫生所。1998年1月，农场职工医院实行承包，医院职工停薪留职，部分职工下到各分场开办个体诊所，使农民看病更加方便。2003年4月，卫生工作划归到沙河镇卫生防疫站，使农村的卫生管理逐步走向正规化，农村卫生条件更加完善。

2005年7月，绥中县被葫芦岛市确定为新型农村合作医疗试点县，农场下属4个农业分场的农业户口人员开始参加绥中县新型农村合作医疗。由此解决了农场内非职工居民看病难，因病致贫的状况。农场内新型合作医疗工作由沙河镇政府负责，场区内设有新型合作医疗定点门诊5个。

2015年以后，农场内大部分农业户口居民均加入新型农村合作医疗，参入率达到98%以上。

2020年11月，完成国家给老百姓的新型农合慢性病等优惠政策业务72人。

第六节　卫生防疫

新中国成立以前，农场所在地区由于卫生条件落后，对传染病难以开展有效的预防和治疗。鼠疫、霍乱、伤寒和天花等传染病曾多次流行，给人民的生命造成极大的危害。发病最多的是霍乱发病急，传播快，来势凶猛，有迅雷不及掩耳之势。妇幼保健更是极其落后，婴儿死亡率较高，有时甚至造成母子双亡的悲剧。小孩出麻疹、出水痘、抽风等病也时有发生。

新中国成立以后，农场对防疫保健工作较为重视，贯彻中央制定的以预防为主的政策，积极开展"除四害、讲卫生、移风易俗"的爱国卫生运动。农村进行"两管"（管水、管粪）"五改"（改水井、改厕所、改畜圈、改环境、改炕灶）运动，由此传染病得到了有效的预防和控制，相继消灭了鼠疫、霍乱、伤寒和天花等传染病。解放初期，大台山卫生所设立兼职防疫人员。20世纪80年代，大台山医院建立防保组，负责全场的卫生防疫工作，具体执行预防接种、传染病报告、疫区处理和开展以除害灭病为中心的爱国卫生运动。

图 4-3-3　医院医护人员热情送小患者出院
1983 年摄

2003年4月，农场卫生防疫工作划归沙河镇卫生防疫站，撤销了大台山医院防保组的卫生防疫工作。同时，在毕屯、温屯、台东、矾石建立4个村级卫生防疫定点门诊，由各个防疫门诊负责各辖区的卫生防疫工作。

2003年春，"非典"疫情在全国发生，尤其是辽宁省首例疑似病例在绥中县发生，形势非常严峻，农场随即成立了"非典"防治领导小组，领导防治"非典"具体工作，农场党委下发《关于在预防非典型肺炎工作中，充分发挥党支部战斗堡垒作用和共产党员先锋模范作用的通知》，要求全体党员干部按当地政府统一部署，积极投身到这一重大任务中来。全场层层签订责任状，农场内各辖区防疫医生负责基层疫情报告，负责对外来、还乡人员的监护和消毒工作。经过全场干部职工和防疫人员的努力，终于完成了防"非典"工作，做到了全场无一例疑似病例，有效维护了全场人民的生命安全。

进入 21 世纪以来，农场内适龄儿童实行国家规定的免疫规划，由场区内的卫生防疫门诊有计划地为各自辖区内的适龄儿童进行疫苗预防接种。儿童计划免疫补偿率达到 95％，有效地控制了儿童各类传染病的发生。

2020 年初，一场突如其来的新冠肺炎疫情蔓延全国。面对疫情威胁，2020 年春节前夕，1 月 21 日晚 9 点，农场连夜开会布置防疫工作。1 月 22 日，农场迅速成立了以农场党委书记、场长邓文岩为总指挥长的疫情联防联控指挥部，指挥部各成员单位全面安排部署疫情排查和防控工作，同时为了压实责任还制定了包保工作台账。

在防疫宣传工作中，农场采用多种宣传形式，包括巡逻喇叭车、纸质宣传单、分场大喇叭、村民告示栏、村民微信群、横幅标语等，对防控要点进行反复式宣传，使广大社区职工都知道防疫要从自身做起。

2020 年 1 月 25 日（农历大年初一），农场在全场范围内停止所有大型人员聚集活动。同时对场区内道路进行管控，设置疫情防控监测点。利用设置路障、条幅、横杆等方式对场区内道路进行半封闭式管理，对所有进出人员进行体温测量和登记造册。对特殊人员保持重点关注，做到不让一人失控。

在做好疫情防控管理的同时，农场大力加强环境卫生整治。1 月 25 日开始，在全场范围内对环境开始大扫除、大消毒。设置"废旧口罩"专用垃圾桶 30 个，安排环卫处专人每天焚烧处理废旧口罩。

在做好辖区内防疫工作的同时，农场出人出力出物，全力支持全国防疫工作。2 月 21 日，辽宁陆军预备役后勤保障旅绥中应急抢险分队 9 名官兵驾驶四辆大卡车，装载 18 万斤大台山苹果和 2 吨 84 消毒液，日夜兼程，送往 1600 公里外的疫情重灾区湖北省咸宁市咸安区。

此外，在抗疫工作中，农场各党支部党员为支持全国抗疫共捐款 44549 元。

在整个抗疫过程中，农场机关及基层干部不顾自身安危，日夜奋战在疫情防控阻击战的第一线，确保了场区内疫情零感染、无扩散。

第七节　妇幼保健

妇女儿童是国家卫生保健的重点，农场历来重视和关心妇女儿童健康问题。

妇女保健包括婚检、孕妇的产前检查、高危孕产妇的监控、生殖健康的宣传、分娩的一系列检查和产后访视。

儿童保健包括新生儿的产后访视、满月体检、疫苗接种、体弱儿的监控、婴幼儿及学龄前儿童健康管理、新筛（新生儿疾病筛查）等等。

农场妇幼保健工作贯彻执行《中华人民共和国母婴保健法》《中华人民共和国母婴保健法实施办法》《辽宁省母婴保健条例》。积极开展孕产期保健、儿童保健，降低孕产妇死亡率、婴儿及5岁以下儿童死亡率，减少出生缺陷的发生。各卫生防疫门诊按照规定建立《孕产妇保健手册》和《儿童保健手册》，进行孕期保健、产后访视、新生儿访视及儿童保健工作，按照规定的程序和项目对婴幼儿进行预防接种。

随着卫生条件的改善及医疗技术的发展，原来的高生育率、高死亡率的传统生育模式已经改变，实现了低生育率和低死亡率的良性循环。

表 4-3-2　国家免疫规划疫苗的免疫程序

年（月）龄	乙肝疫苗	卡介苗	脊灰疫苗	百白破疫苗	白破疫苗	麻疹疫苗
出生时	第1剂	1剂	—	—	—	—
1个月	第2剂	—	—	—	—	—
2个月	—	—	第1剂	—	—	—
3个月	—	—	第2剂	第1剂	—	—
4个月	—	—	第3剂	第2剂	—	—
5个月	—	—	—	第3剂	—	—
6个月	第3剂	—	—	—	—	—
8个月	—	—	—	—	—	第1剂
18~24个月	—	—	—	第4剂*	—	第2剂**
4岁	—	—	第4剂	—	—	—
6岁	—	—	—	—	1剂*	—

注：*加强免疫，**复种。

第八节　环境卫生整治

建场以来的数十年间，农场没有设立专门的环境卫生管理部门，对辖区内的居民生活生产废弃物的清扫、保洁、收集、运输、处置以及利用均缺乏有效监管。居民都是自行处理个人家的生活垃圾。

2010年后，随着人们生活水平的提高，各种不可降解的生活、生产垃圾日渐增多，如水果生产用的反光膜、农药瓶、塑料袋等随意丢弃现象严重，导致居民生活环境被污染，尤其是各村屯河道污染更为严重。为此，农场每年都会在春夏季节组织人力统一清理河道，在毕屯、矾石山村等地实施河道美化绿化工程，但这些临时性措施并不能从根本上解决环境差的问题。

2017年以后，新一任农场领导班子上任，秉持"绿水青山就是金山银山"的理念，按照上级要求大力开展环境整治。2017 年 3 月，国务院办公厅发布《关于转发国家发展改革委、住房城乡建设部生活垃圾分类制度实施方案的通知》。2017 年 5 月，住建部下发《关于开展第一批农村生活垃圾分类和资源化利用示范工作的通知》。一系列环卫政策的出台，给环境卫生管理注入新的活力。

2017 年 9 月，为改善场区内的环境卫生差的状况，全力推进农场环境综合治理，农场动用施工车辆，平整地面，清理了道路沿线各种生活垃圾、农业生产废弃物，重点对河道进行统一治理。

图 4-3-4　农场环境卫生集中整治　2017 年摄

2019 年 1 月，农场成立环卫管理处，建立长效管理机制。

为了进一步改善大台山果树农场环境面貌，促进农场经济社会发展和美丽乡村建设，农场在全场范围内开展环境卫生整治工作。印制了"垃圾分类"宣传单一万份，按户发放并张贴上墙，做到家喻户晓，人人参与，提高职工群众环保认识。农场以分场为单位，购买了垃圾桶 1000 余个，按户免费分发垃圾桶 2 个，并置放村屯角落一部分，实行垃圾分类管理。

同年 10 月，农场在破台山东北小蚂蚁沟修建大型垃圾掩埋场，专门用来处理场区内生产生活垃圾。

在环卫管理处的统一管理下，农场成立垃圾清运队，配备环卫车辆 4 台、环卫工人 10 余人。每个分场设立了一个卫生管理员，两个分场配备一台垃圾清运车，实行垃圾定时清运，做到日产日清，并运至垃圾掩埋场处理。

毕屯河推行"河长制"，河道治理工程继续推进，治理沙道 730 延长米，完成场部段河道 400 米管道铺设。矾石山村美丽乡村建设项目顺利实施，新装路灯 3 公里 40 盏，种植绿化树 1.5 公里 200 株，修建花坛 50 个，修建垃圾池 10 个，公共厕所 1 个，垃圾箱 20

个，建设文化活动广场 2000 平方米，农户院墙统一规整 2000 平方米。

2019 年，各分场主干路及村屯街道陈年垃圾、死角垃圾和流经场区的长滩河（毕屯河）、前朱岭河（矾石河）的垃圾得到全面清理，人居环境得到极大改观。

2020 年，农场掀起新一轮生态环境整治行动。在逐步解决历史遗留的环境整治难问题的基础上，多措并举开展"生态环境保卫战"，探索出了一条"以绿色发展引领乡村振兴"之路，加快了小康社会精神文明建设进程。

在生态环境整治常态化管理中，农场进一步加大整治与监管力度，狠抓果园反光膜、耕地农膜回收工作，有效防控"白色污染"，推进 2 万亩国家级绿色果品生产基地建设，保护好农场的绿水青山。

在环境整治工作中，农场增加投入，加大了环卫设施建设以及采买，先后投资 42000 余元购置了农用三轮车 2 辆，使 7 名环卫工人全部配备环卫车，提高了工作效率。2020 年，逐步增加了对办事处的垃圾清运工作，做到了以户为单位的家庭垃圾清理配套设施，累计投放垃圾桶 1800 余个。还开展了河道以及陈旧垃圾堆清运工作，累计清理河道长度 1000 余延长米，消除陈旧垃圾 4000 余立方米。同时还积极开展建立垃圾池和环卫费收取工作，加强了管理的统一性。

同时，为从根本上解决、长效监管、防止反弹，农场根据网格化管理实际，划分若干责任区并上墙公示，与基层单位签订责任状，把环境卫生整治工作纳入年度绩效。

2020 年 6 月份，举办"关爱自然、刻不容缓——大台山果树农场世界环境日"捡拾垃圾活动，带动和呼吁身边的人一起保护环境，美化家园。

第四章 科学技术

《中共中央关于加快农业发展若干问题的决定》指出："实现农业现代化迫切需要用现代科学技术知识武装我们的农村工作干部和农业技术人员，需要有大批掌握现代农业科学技术的专门家"。为此，农场在长期的生产实践中，始终重视科技工作，多年来，农场的科研工作取得了一定成绩。

第一节 机构设置

长期以来，农场各果村队都设有技术员、植保员负责本单位的技术工作，在果树生产实践中发挥了较大的作用。1974年，为了进一步搞好果树科研工作，成立了四级农科网中的农场试验站。1979年10月，在绥中县科学技术委员会的资助下，将试验站扩建为农场科学研究所。由技师任福林任所长，阎尚田任副所长，蔺锦章、魏化民二位农艺师负责技术工作，另有工人5人，作为试验助手。1998年停办，2007年恢复，2010年停办。

第二节 科技培训

为了解决农场果业及其他工业发展中遇到的技术难题，弥补生产中的技术短板，农场适时开展对职工的科技培训。

1925年，私人果园初创时期，果树技术人员稀缺。恰值绥中农科职业学校增设园艺科，智庆云之子智晋勇、智庆生之子智晋贤、智晋尧及其他对栽培果树感兴趣的青少年相继入学，专攻果树技术。这些人学成之后回到果园工作，后来成为大台山果园的专业技师。

1988年9月，为提高地毯厂产品质量，农场先后派5名同志到沈阳外贸公司、鲁迅美术学院学习绘画、制图工艺。学成后投身地毯生产，使之达到出口标准。

1991年2月10日，受中国农学会委派，农场科研所王庆海赴日本研修果树技术，所需出国学习费用由农场承担。研修结束后即返回农场投身科研所工作。

2017 年 4 月 18 日，农场副场级以上领导 7 人到国家果树育种中心参观学习。

2017 年 10 月 21 日，农场开办新型职业农民培训第一课。来自中国农业科学院果树研究所研究员、博士赵德英围绕农业政策、果树产业、栽培技术等方面开展现代农业科技培训。

图 4-4-1 中国农业科学院专家来农场指导技术 2018 年摄

2018 年 6 月 28 日，中国农业科学院植物保护中心权威专家周宗山、张俊祥、张怀江、王娜四位同志亲临农场指导果树生产与管理。他们就苹果产业发展趋势、现代苹果肥水管理、果树病虫害防治、树体改造技术等内容向农场技术骨干和果农代表进行了系统、全面、深层次的讲解。在果园现场他们讲解关于病虫害防治的相关问题，特别是炭疽叶枯病的防治。

2018 年 12 月 19 日，为贯彻落实"科教兴农、人才强农、新型职业农民固农"的战略要求，农场继续大力开展新型职业农民培训工作，组织 100 余名新型农民前往位于营口鲅鱼圈熊岳的辽宁省农业科学院果树科学研究所进行为期两天的实训学习。

2019 年 2 月 16 日上午，农场部分干部职工放弃周末休息，到高台镇腰古城寨村果园学习水肥一体化技术。

2019 年 3 月 15、16 日，农场 90 名果树职工先后到沈阳农业大学、辽宁草莓科学技术研究院、大连天盛农业集团等单位参观学习。重点学习了苹果矮化密植栽培、保护地大樱桃栽培、草莓保护地栽培、农业机械等方面先进的生产及管理技术。

2020 年 7 月 21 日，葫芦岛市总工会 2020 年"送技能进企业"活动正式启动。来自中国农业科学院果树研究所的周宗山和康国栋两位研究员结合大台山果树农场的地理位置、气候条件以及种植实践等多方面因素精心挑选课题，为学员们讲授了《苹果病虫的绿色防控与农药减施》和《近几年发展较好的苹果品种》，从选种育苗到养护管理，以及如何利用现代化的种植栽培模式与绿色管理模式节约成本提高收入方面做了讲解。现场还增加了提问环节，由两位老师对学员在种植栽培及养护管理过程中遇到的问题一一进行解答。共有150余名果树职工参加了此次培训。

第三节 科学研究

一、科研任务与课题

农场的科研性质是企业办科研，结合农场果树生产的实际情况，以增加经济效益为目的，以促进生产发展和技术服务为主，侧重于推广新的生产工艺与技术，进行一部分条件允许的理论研究与新品种的选育等。

图 4-4-2　技术经验交流　1994 年摄

自 1979 年成立科学研究所以来，先后设试验研究课题共有 24 项：

①高级园艺师太云山，技师任福林共同主持了幼树早期结果，丰产栽培试验。

②技师任福林主持了苹果乔砧密植观察试验。

③农艺师魏化民主持了赤眼蜂饲养和放蜂防治卷叶虫。

④农艺师蔺锦章主持了忌避性植物防虫效果观察试验。

⑤技师任福林主持了果树二年疏剪观察试验。

⑥农艺师蔺锦章主持了果树试验。

⑦农艺师蔺锦章主持了果树行间化学除草药物选择观察。

⑧蔺锦章、周明学、高国秀等共同主持了生长调节剂在生产工艺中的应用：控制树冠枝展，促使幼树提前结果；诱导成年寡产树成花结果。

⑨蔺锦章、王庆海、郭巨文共同主持了果树渗透灌溉试验。

⑩蔺锦章主持了果园工艺改革，作业省力化试验。

⑪蔺锦章、蒋岐共同主持了化学稀花疏果试验。

⑫高国秀、杨继平主持了果园土壤管理、生草剂及草种选择试验。

⑬蔺锦章、智绍君共同主持了开发新能源，保存田间土壤有机质归田肥土的试验。

⑭1989年，朱红玉负责进行全场土壤普查分析，营养诊断。

⑮1994年，由王庆海主持"稀土在果树生产中的推广应用""利用多效唑促进幼树早花早果、大龄树稳产高产"等试验。

⑯胡景源主持苹果新品种生育状况调查。

⑰胡景源主持改进喷药机械提高防治质量。

⑱胡景源主持果园生草覆盖试验。

⑲朱红玉主持苹果矮化无毒苗繁育。

⑳郭杉主持果树用地测土配方施肥试验。

㉑果业管理处主持"角额壁蜂"果树授粉试验。

㉒2011年，郭杉、朱红玉共同主持苹果、梨新品种引进示范与推广试验。

㉓2013年，郭杉、朱红玉共同主持绿色食品苹果标准化生产技术示范与推广试验。

㉔2014年，郭杉、朱红玉共同主持珊莎苹果标准化生产配套技术示范与推广试验。

二、科研成果

数十年来，一代代农场科研人员通过长期的果树生产管理科研攻关和实践，获得了较为丰硕的科研成果，有些科研成果获得市以上科学技术奖，有些实用的技术虽未获奖，但也在果业生产实践中得到大面积推广。

①在新梢旺长期间每隔十天进行叶面药剂喷布，连续二三次，即可使四年生国光树下年结果株率达70％，平均单株结果达4.6斤。这一成果，曾刊载于1983年9月29日《辽宁日报》第二版上，向全省推广。

②在上述同一时期对十七年生寡产成年树进行叶面药剂喷布两次，可使同株产量对照树的18.9斤上升到108斤，净增4.7倍。

③用渗透方法灌溉果树，减少地面蒸发与渗漏，省水、省电、省工、省费用。比渠道灌溉法增产 29.9％，1982 年，春秋两季干旱，渗灌法灌区平均单果重 0.16 公斤，渠道漫灌区 0.1 公斤，对照区仅为 0.08 公斤。这项成果，曾刊载于 1983 年第 10 期《新农业》杂志上，向全省推广。

④2012 年"苹果、梨新品种引进示范与推广"获得葫芦岛市科技进步二等奖。

⑤2014 年，"绿色食品苹果标准化生产技术示范与推广"获得葫芦岛市科技技术二等奖。

⑥2015 年，"珊莎苹果标准化生产配套技术示范与推广"获得葫芦岛市科技技术二等奖。

第四节　技术创新

多年来，农场大力提倡和积极支持科学技术人员及广大职工，积极开展技术革新，推广和开发新技术。

1957 年，农场曾在有关部门的支持和协助下，试验用风力发电，试验场地在大台东队，后因地理条件和技术条件所限，停止试验。1958 年，又在大台东队建立一个大型沼气池，并投入使用，收到良好的效果。

1973 年，机械厂决定生产一台皮带车床，急需一台龙门刨床，但因缺少资金，无力购买，全体职工想办法，攻难关，经过两个多月的奋战，自己设计，利用废料制造了一台行程 3 米的龙门刨床，为制造车床提供了关键设备，节省资金 3 万多元。在镗 300 公斤重的床头箱时，为了方便工作，减少危险，又自己设计了一台土吊车。在长期的生产实践中，机械厂曾有多项技术革新项目，先后制造了加长床身的车床等。砖瓦厂还改进了制坯的自动打板，解决了笨重的体力劳动。油毡纸厂的自动上滑石粉工艺，提高了工效，解决了防尘问题。

图 4-4-3　技师任福林（中）在做技术指导　1983 年摄

为了方便生活，有利于生产，各果树队也经常搞一些小型技术革新，矾南果树分场场部坐落在一个山坡上，水源比较缺乏。1980 年，该队职工在队部西山坡打了一口井，但由于道路崎岖，距离较远，人力担水极为不便，1982 年，该队自行设计，自己动手，利用硬质塑料管和铁管，自己安装自动压力自来水。1983

年6月，自来水试验成功，正式通水。节省了人力物力，方便了职工的生活。

苹果套袋技术是一项提高果品外观质量的配套技术，是无公害绿色果品生产最直接、最有效的技术。2000年以后，农场开始广泛应用苹果套袋技术和SOD新技术，极大地提高了果品质量和经济效益。

2009年，大力推广沼气新技术，矾石农业分场安装十余座沼气池。

2010年以后，为增加果品着色面，农场开始实施为果树铺设反光膜技术。至2020年，此项技术得到大面积推广，提高了果品质量，产值得到提升。

2011年，农场实行苹果标准化生产，大力推广果业生产管理新技术，实行垂柳式剪枝法及高接换头新技术，高接换头宫滕富士30000株，富士、珊莎、乔纳金等3550株，优化了果树品种结构。

2016年推广现代果树生产技术，实行宽行密植栽植模式，树形采用高纺锤形，加大机械化省力生产模式。

其他技术创新：以农家肥为主，化肥为辅，增加地下投入。逐步建立果业生产、禽畜渔养殖、庭院经济、日常生活循环式农业生态模式。

第五章　体　育

第一节　群众体育

1949年建场以前，农场范围内群众性体育活动几乎很少开展，只有村头巷尾有人摆摊对弈下象棋。新中国成立后，农场区内的各个基层单位（队部）以及小学开辟了简陋的室外篮球场，人们可以在休闲时间打篮球消遣。此外，各村屯青少年喜好自发组织起来开展摔跤、掰腕子、踢毽子、撞拐子等民间体育游戏。

20世纪80年代前后，由于年久失修，各基层单位的篮球场设施基本报废。有组织的篮球运动越发减少，其他自娱自乐的体育活动也没有得到大面积推广。

图 4-5-1　职工长跑运动会　2010年摄

进入21世纪，随着人们观念的更新，开始注重身体健康。人们在劳动工作之余，喜好在早晨沿着村屯公路散步或跑步，三五结队，渐成气候。

2008年至2010年前后，随着新农村建设的顺利发展，农场在毕屯分场、矾石分场、大台山旅游风景区等多个基层单位建设了多个大型的开放式休闲广场，广场健身器材齐全，为开展各项群众性健身活动创造了良好的条件。此外，各基层单位纷纷重建较为标准的室外篮球场，有组织的群众篮球运动再次兴起。

2018年，农场投资在矾石山村翻新建设文体活动广场2000平方米。2019年，又在郜家沟重修700平方米休闲广场两处。群众体育运动更加方便。早晨，人们可以在此晨练；晚上，人们可以在此扭秧歌、跳广场舞，以达到强身健体的目的。

第二节　学校体育

新中国成立后的二十几年间，农场相继成立了大台山毕屯（中心）小学、矾石小学、鸡架山小学、台新小学、大台山初级中学。在学校体育活动方面，各学校按照国家体育运动标准，各年级每周2节体育课。在上好专业体育课的同时，积极开展各种体育活动，利用固定时间开展早操、课间操、眼保健操、体活课、冬季长跑等体育活动。此外，学校还利用课余时间，积极组织学生开展各种娱乐性体育活动，包括踢毽子、丢沙包、跑大圈、跳绳等。

进入21世纪，随着学校经济状况的不断好转，学校体育设施不断增加，因此学生的体育运动开展得更加广泛。各中小学每年都要在春秋两季召开田径运动会或趣味运动会，同时选拔校运动队参加绥中县体育局（体委）或教育局举办的运动会，取得较好的成绩。

图 4-5-2　学校春季运动会　2016 年摄

2014 年，国家重新修订了《学生体质健康标准》。此后，按照国家规定，学校除了开展正常的体育活动之外，每天都开辟固定时间，开展学生"阳光体育"大课间活动，保障学生在校 1 小时的体育锻炼。在大课间活动中，学校相继组建有健美操、太极操、腰鼓操、特色韵律操、竹竿舞、抖空竹、羽毛球、乒乓球、篮球、中国象棋、花样跳绳等各种运动队，体育运动形式更加丰富多彩。此外，学校还在初冬季节开展冬季三项体育活动，包括长跑、踢毽子、跳绳活动。

2016 年，随着义务教育均衡发展，场区内中小学体育设施进一步更新完善，篮球场、足球场、羽毛球场、排球场、乒乓球室等场地建设达到上级标准，体育器材数量达到使用要求，学生体育运动更加方便。

2017 年，响应上级号召，中小学在组建篮球队、乒乓球队的基础上，又组建了校园足球队，有专门体育教师指导训练。2018、2019 连续两年，校园足球队都参加了绥中县教育系统中小学足球联赛。

第三节　体育竞赛

2008 年 7 月 30 日，历时两天，农场在场部篮球场举办了"迎奥运、展风采"职工篮球比赛，参赛队伍有七支，即：东片联队、中片联队、北片联队、西片联队、工业联队、机关场直联队、大台山中学联队。

2008 年 8 月 7 日，在矾石小学校举办农场北部场区有史以来第一次篮球赛，庆贺"建村六十周年、归场三十周年"，参加篮球赛的有矾南、矾西和矾石三个分场的代表队。

2009 年 7 月 31 日，为庆祝建国和建场 60 周年，在场部机关大院内举办拔河比赛。

2009 年 8 月 9 日，农场举办"第二届职工象棋赛"，参赛选手 40 余人，毕长征、刘泉山、张志刚分获冠、亚、季军。

2010 年 7 月 1 日，农场举办沿环场公路职工长跑运动会，参赛运动员 160 余名，这是农场历史上规模最大的一次长跑比赛。

2012 年 9 月 21—24 日，在绥中县第十三届全民运动会象棋团体赛中，农场象棋代表队在"县直组"比赛中荣获团体第 3 名。

2017 年 9 月 19 日，在第十五届绥中县全民运动会象棋比赛中，农场代表队荣获团体第一名。

2019 年 8 月，在绥中县全县干部职工篮球赛中，农场篮球代表队在"乡镇组"比赛中荣获季军。

图 4-5-3　农场象棋队参加绥中县全民运动会象棋比赛，并获得第一名　2017 年摄

第四节　体育设施

建场前，农场辖区内没有固定的体育场所，体育设施更是奇缺。

建场后，随着各项建设事业的逐步发展，农场各基层单位及场部大院相继建起了简易的室外篮球场，以供职工劳动之余进行体育锻炼。20 世纪 80 年代中后期，这些篮球场地逐渐报废。

进入 21 世纪，人们更加注重个人健康，体育锻炼成为时尚。2008 年 9 月，矾石分场和毕屯分场分别成立社区文化活动中心，中心除了图书馆外，还配置有各类棋具、羽毛球、乒乓球、篮球等运动设备设施。当地村民空闲时间，三五成群来到活动中心，或下下棋，或打打球，业余生活更加丰富。

2008 年至 2013 年期间，农场投资，相继在毕屯分场、矾石分场、鸡架山分场、大台山旅游风景区等多个基层单位建设了多个大型的开放式广场，广场添置了百姓健身用的联合器械，一应俱全。此外，农场投资，在矾石分场、场部大院重建标准的篮球场地，场区内的篮球运动再次兴起。

2013 年 5 月，农场出资为大台山初级中学和中心小学各兴建了标准篮球场。

2016 年，场区内中小学体育设施进一步更新完善，篮球场、足球场、羽毛球场、排球场、乒乓球室等场地建设达到上级标准，体育器材数量达到使用要求，学生体育运动更加方便。

图 4-5-4　职工篮球赛　2008 年摄

2018 年，在矾石山村翻新建设文体活动广场 2000 平方米。

2019 年，在郜家沟重修 700 平方米休闲广场两处。

这些体育场地及设施的完善，为开展各项群众性体育活动创造了良好的条件。

第六章 历史文化

第一节 文史研究

挖掘历史遗存，整理编纂文史资料，是文史研究工作的重要内容。

在数千年的历史沿革中，随着朝代的兴衰更替，农场地区也由洪荒走向繁盛，许多历史人物在此风云际会，构成了地区厚重的历史文化。从 20 世纪 80 年代开始，为挖掘和整理乡土文化，传承区域文明，绥中县文物管理所相关业务机构、民间组织及地方文史爱好者，考文征献，发掘出大量文史资料及历史遗迹，并对此进行深入研究，成果丰硕。这些历史遗存不仅显示出大台山地区古代先民的勤劳和智慧，也彰显出大台山人民丰厚的历史文化底蕴。

农场丰厚的历史文化培育了一批从事研究的文史爱好者。2008 年，专事文物收藏的矾石山村文化站站长李文喜，在收藏地方文物及史料的过程中，接触到 80 余年前矾石山村村民参加义勇军抗击日寇的历史，进而对这段历史产生了极大的兴趣。通过走访原义勇军老战士和其后人，四处查找相关的历史资料，并进行系统研究、整理，终于厘清了大台山矾石山村乃至整个绥中地区义勇军抗战的历史。2010 年，李文喜与孔大强、陶国慷在矾石山村建立了全国首家乡村级抗日义勇军纪念馆。同年 9 月，在抗日义勇军纪念馆挂牌成立"东北抗日义勇军研究中心"（隶属中国近现代史料学会）。2011 年 9 月整理出版了《义勇风云——义勇军在绥中抗日斗争实录》一书。同年主持修复矾石山村抗日义勇军郑桂林部战时指挥部旧址。在此过程中，抗日义勇军纪念馆馆长李文喜也被吸收为辽宁省历史学会会员并被选为葫芦岛市历史学会副会长、绥中县地方文化研究会会长。陶国慷个人也加入辽宁省作家协会、葫芦岛市历史学会，被选为历史学会副秘书长。农场的文史研究工作同样得到了国家、省、市、县相关文化及宣传部门的高度认可，各级爱国主义教育基地、国防教育基地、绥中县地方文化研究会、东北抗日义勇军研究中心等相继在此挂牌成立。

同一时期，李文喜还通过访问当地村民，考证出土的新石器时期、春秋时期、辽金元明清各个历史时期的古文物，翻阅明清实录等古籍文献，理清了矾石山村的历史发展脉络，在此基础上，创建绥中地区第一家村史馆，使大台山地区的历史更加清晰。

之后几年间，李文喜、陶国慷协同绥中地区一众文史爱好者，通过考证挖掘，编撰了大量文史资料，世系谱牒，通过文字及图片展览的形式再现了农场及绥中地区不同历史时期的社会情态，为地方的文史研究增添了丰富的历史文化内涵。先后主持研究并参与编辑《绥中名人与望族》《大台山果树农场志》《绥中县政协文史资料第十四辑》《绥中县政协文史资料第十五辑》《绥中县政协文史资料第十六辑》《绥中历史文化丛书》《绥中老照片》《图说绥中教育》等。在省市县文史刊物、报纸杂志上发表历史性文章数十篇。

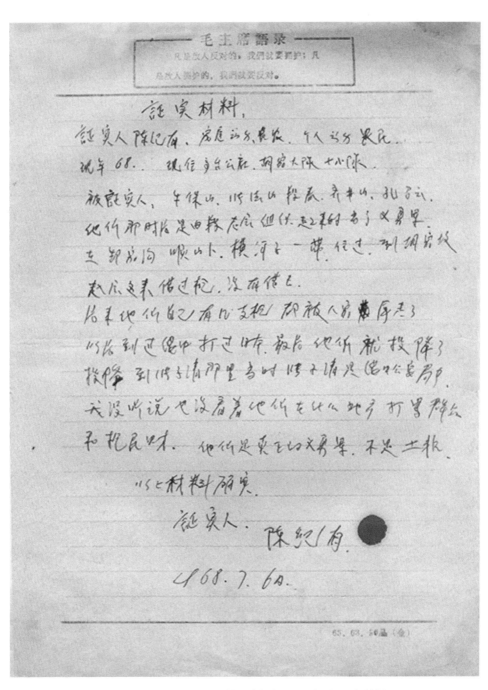

图 4-6-1 1968 年矾石山村民参加抗日义勇军的证实材料

2015 年 11 月 20 日，在大台山南麓原猪场南面李维成承包的果园内，李文喜发现了明代墓志铭 2 块，为"明故骠骑将军刘公墓志铭"，据此考证出明代嘉靖年间，大台山古名为"腊梨山"。嘉靖三十一年（1552 年）四月二十五日，前屯卫备御指挥王相率 400 余人迎战 2 万余蒙古骑兵于腊梨山，王相及部下 300 余人力竭战死。

2016 年 8 月，在时任绥中县文广局局长邓文岩亲自主持工作，农场抗日义勇军纪念馆馆长李文喜、收藏家李君华等文史艺术界人士共同谋划，仅历时 1 个月，完成创建绥中县首家综合性博物馆——"绥中历史文化博物馆"。2019 年 4 月，该博物馆运营 3 年后，迁至新建于大台山旅游风景区内，更名"绥中民俗文化馆"。

2018 年 8 月，农场场长邓文岩委派文化处处长李文喜负责创建"知青馆"。在创建过程中，农场文化产业处深入挖掘档案资料，遍访省内外原农场知青，联系居住在锦州市、葫芦岛市及绥中县附近的老知青们，通过他们收集到大量的文史资料及知青实物。在广大知青前辈的大力支持下，当年 11 月，占地面积 150 平方米的"知青陈列馆"终于在大台山百果园建成。

几年中，李文喜应邀参加锦州渤海大学"锦州东北抗日义勇军研究会"成立暨学术会议、兴城"纪念抗日战争暨世界反法西斯战争胜利 70 周年座谈会"、江苏省连云港市"中国赣榆徐福文化与'一带一路'交汇点建设国际论坛"国际学术会议、辽宁省历史学会第二届（锦州）、第五届（大连）史学学术研讨会、黑龙江哈尔滨与吉林长春"东北抗战遗迹联盟活动主题日"等重要学术研讨会，史学研究更趋深入和高端。2019 年 11 月，李文喜当选为葫芦岛市社会科学界联合会第三届委员会委员。2020 年 11 月，李文喜当选为中华人民共和国国史学会农垦史研究分会第二届理事会理事。

第二节　遗址遗迹

一、古遗址

大台山地区分布多处新石器时期、春秋时期、辽金元时期及明清时期遗址。

（一）大台山新石器遗址群

20 世纪 80 年代，绥中县文物管理所相关业务机构到大台山地区进行考古挖掘。在大台山农场的大台山、破台山、李家沟、老虎洞山等处发现有大量新石器时期古人类活动遗址群，出土了大量陶器和石器等文化遗存。据考古发现，该遗址群面积约一万平方米，文化层厚近 0.5 米，有大量陶器、石器等文化遗存。陶器为夹砂粗陶型，壁较厚，黄褐色，里壁多呈黑色，火候较低。纹饰为压印和刻画，有菱形网纹、之字纹、平行划纹、交叉划纹等。石器有打制石锄、磨制石斧、石刀、石网坠、石磨盘、石墨棒等。

图 4-6-2　破台山新石器遗址

对遗址出土文物进行考证后分析，大台山古人类遗址群介于旱地农业经济文化区与狩猎采集经济文化区之间，是辽西地区较早的一种文化类型。它的特殊地缘关系深受两种文化类型的影响，更具有得天独厚的优势。而这一时期的新石器时代特点更加鲜明，被称为新石器时期的一个典型遗址群。这表明，中原大地正处于传说中的"三皇五帝"时期，大台山地区就已经有人类居住，过着农业兼渔捞的生活。他们已经开始种植粟、黍等旱作农作物作为他们的主要粮食。饲养猪、狗、牛、羊等家畜，农闲时也进行渔猎等活动，以丰富他们的食物来源。

大台山古人类遗址群中的破台山遗址，1983 年被绥中县政府列为县级重点文物保护单位。2001 年被葫芦岛市人民政府列为市级重点文物保护单位。其考证的年代最晚应该距今大约 6000 年，而实际人类活动，可能要比这更早。

（二）康坟山春秋遗址

1992 年，农场辖区后矾石山村村民于国有，在矾石分场康坟山附近挖果树坑时，发现了青铜短剑 2 件，剑柄 2 件及加重器 1 件。后经绥中县文管所工作人员考古挖掘，又发现了铜斧、铜马、铜钱及其他青铜器等文物若干件。其中青铜剑，长约 7 寸*，剑外有鞘

＊　寸为非法定计量单位，1 寸约 3.3 厘米。——编者注

已腐烂。这些出土的文物现均藏于绥中县文物管理所，经文物部门专家考证为春秋中期至春秋晚期文物。

春秋时期，大台山地区属于周封燕地幽州。当时在大台山地区居住的人们已经学会了谷物种植和工具、器具制造，并且已经流通燕刀币货币。

大台山地区在春秋时期处于燕国统治范围。康坟山出土的青铜短剑，虽已部分腐烂缺损，却见证了大台山地区几千年历史的沧桑。充分说明了大台山地区在春秋时期，曾发生过燕国与其他诸侯国及外夷之间的重要战事。其他青铜文物的发现，也可以推断出当时大台山地区及周边地区的居民，已经在生产生活中逐渐掌握了较为先进的冶金技术，并且通过不断征战以及迁徙等机会，与中原地区的经济文化各方面有了较为广泛的沟通交流，促进了大台山地区的民族融合与发展。

（三）高句丽遗址

西晋末年，居住在朝鲜半岛的高句丽逐渐强大，并不断侵占我国辽东地区。唐贞观十九年（636年）唐太宗李世民东征高句丽，把高句丽逐回到朝鲜半岛。本地考古发现，在农场第一果树分场和矾石分场及郜家沟分场等地有大量古高丽人墓葬发现，出土了很多随葬的骨灰坛和生产铁器工具等。另据相传，农场地名"马蹄沟"和"饮马河"均为唐王东征高丽时路过而留下的地名。

图 4-6-3 郜家沟遗址

（四）辽金元遗址

在全国第三次文物普查时，文物普查人员在大台山地区发现多处辽、金、元时期的人类生活遗址，并且出土了大量的辽、金、元时期的生活用陶瓷残片。由此说明大台山地区在辽、金、元少数民族统治时期，为契丹、女真及蒙古各族的统治阶段，曾有多处人类居住屯落，他们分散在大台山地区聚落而居，一代代人在此从事农业生产，日出而作日落而息。

（五）明代堡城

明代洪武二十六年（1393年），在瑞州（今绥中县前卫镇）地建广宁前屯卫，下设左、右、中、前、后5个千户所，5个千户所与卫同置一城。在前屯卫域内地势险要之地设堡城，在农场内腊梨山（今大台山）设腊梨山堡，设正六品百户之职率100余名官兵驻防。腊梨山东六里狮子口为通贼道路，东南十里为广宁前屯卫杏林堡（今绥中县绥中镇）。

明代宣德三年（1428年）在腊梨山东南十里之地杏林堡创建广宁前屯卫中后千户所（今绥中县城）。明代正统七年（1442年），在中后所域内修建辽东镇长城，在腊梨山北修建高台堡城。明代中后期，随着腊梨山附近辽东镇长城、边堡及烽火台等防御设施的完备，腊梨山堡城防御地位逐渐减弱而废弃，今遗址无存。

（六）明代辽东镇长城

明代辽东地区军事防御系统由边墙（长城）、城堡和墩台（烽火台）等军事设施构成，朝廷分别派驻官兵驻守。在农场郜家沟农业分场南面石人山和尖山北麓山腰上，现存500余米长的明代辽东长城（又称边墙）遗迹，残长城高约1.5米，宽约1米，由石块堆砌，大部分墙体已坍塌。据考证这应为辽东边墙支线，在附近相连的山脊上也有断断续续的边墙遗址，呈西南至东北走向，由西南瑞昌堡（今顺山堡）方向经侯山入农场域内，

图4-6-4　郜家沟明代辽东边墙遗迹　2008年摄

再经郜家沟村南、前矾石山屯西，穿后矾石山屯向东北延伸至高台镇境内片石沟屯东去。

（七）明代烽火台

烽火台也称墩台、烟墩、烽燧、烽堠、狼烟台等。明代中后期为防边患，在长城内外、城堡之间的高阜或者丘陵之上修筑烽火台，烽火台之间大约相距十里，星罗棋布，远

近相望,夜间举火,日间放烟,用以传递军情。在每座烽火台派驻台丁5名把守,设台长1人管理。按照明代相关法令规定,边堠举放烽炮,若见敌一、二人至百余人,举放一烽一炮;五百人二烽二炮;千人以上三烽三炮;五千人以上四烽四炮;万人以上五烽五炮。这样就能及时将边塞的敌情在较短时间内传递至军事指挥机关。农场区域内明代烽火台经考证有边台2座,腹里接火台3座,路台1座。

图 4-6-5 大台山烽火台 2007 年摄

1. **大台山烽火台** 大台山烽火台位于大台山顶部,海拔高度159米,整体呈实心圆形,台体以自然山体岩石为基础,由石块筑成,石质以砂岩为主。外侧用较大块的毛石包砌,白灰勾缝,中间用碎石填充而成。现存部分砌石六层,台体直径7.22米,高度3.05米,周长22.67米,占地面积40.96平方米。现大台山烽火台仅存基础,虽然残存部分不高,但由于正矗顶峰,远近眺望仍清晰可见,夕阳西下,在绥中城内即可看到,即清代绥中八景之一的"烟台晚照"。据考证,此台与顺山堡烽火台(台体石块上刻"庚辰岁建"字样)从材质和形制上基本相同,其建筑年代也应同一时期,为明万历八年(1580年)。2012年,农场在大台山开发建设风景区时,对山顶烽火台进行了维修加高,另加青砖13行。

2. **三台子烽火台** 农场毕屯分场南山与沙河镇三台子村交界处尚存一座烽火台,海拔高度60米,因该台台南大路为古代驿路,故称为路台,当地人俗称"大墩台"。三台子烽火台是国内保存比较完好的明代路台之一,其作用是防御边患。1988年被辽宁省人民政府公布为省级文物保护单位。

墩台为砖石结构的实心圆形台,台体为条石基础,条石9层,高2.70米,底部直径为18.70米。条石上为青砖60行包砌至拔檐,中间夹有石钉,用黄土夯实,通高12.50米,台体周长59米。台顶直径18.70米,环周砌有垛口墙,高1.70米,宽0.63米,东、西、南设垛口各1个,东、西、南、

图 4-6-6 三台子烽火台 2007 年摄

北设望孔各2个，东、西、南、北设射孔各1个，东西两侧设吐水嘴各1个。正中砌烽火灶和长方形铺房，周围砌围墙以避风沙，顶部铺房坐东朝西，在其两侧各开一窗，青砖砌筑，是硬山式仿木结构的建筑形制。铺房内部为车棚式券室，其顶部中间起脊，两侧为瓦垅，下为滴水。铺房南北宽4.60米，东西长4.60米，高4.85米。北面开半圆形石券门一，高1.70米，宽1.00米，门拱石及压柱石为预制。门下有两个龙头石磴，台顶东西各有吐水嘴1个。

三台子烽火台较一般烽火台高大，指挥系统齐全，在明代戍边中发挥了重要作用。虽历经400多年的风雨侵蚀，但烽火台外观良好，顶部烽火灶、券门、龙头石磴、垛口、望眼及石流水等设施保持完好。三台子烽火台为研究明代军事防御设施提供了珍贵的历史实物资料。

2015年下半年，辽宁省文物局经国家文物局批准，开始对三台子烽火台进行了一次维修，严格遵照原来的设计，采取以旧补旧的方式，使三台子烽火台再现了往日的雄姿。

3. **破台山烽火台**　农场破台山顶残存一座烽火台，海拔高度168米。此台呈实心圆形，台体以自然山体岩石为基础，整体由石块筑成，石质以砂岩为主，现残存高度1.80米，直径15.14米，占地180平方米，外侧用较大的毛石包砌，白灰勾缝，中间用黄土夯实。台体基本结构和形制清楚，现仅存基础，大部分石块散落在其周围，其他设施无存。

4. **北台子烽火台**　位于矾石农业分场后矾石山屯北山梁上与高台镇片石沟屯交界处，俗称北台子，海拔高度78米。为实心圆形，台体以自然山体岩石为基础，台体用黄土夯实。台体基本结构和形制清楚，直径12.60米，高度3.00米。据当地老年人回忆，过去此处曾有一座残存的烽火台，20世纪70年代，建筑烽火台的石头被周围居民陆续拆迁用来建房子。现仅存基础，台体夯土严重坍塌，呈圆形土沟，其他设施无存。

图4-6-7　北台子烽火台　2008年摄

5. **六支园烽火台**　农场西部的六支园分场与沙河镇小官帽村交界处的一座山上，曾建有一座明代烽火台。1970年以前，残存的根部有5尺多高。根据其砖砌结构分析，似为路台。现已全部拆除，仅可依稀辨其残骸遗迹。

（八）矾石山矿遗址

矾石山村村西有白碴山，又名"明石山"，原山顶有漫山白石，石白如矾。清康熙帝猎虎于此时谓为惊叹，御赐名芳"明石山"，后改为矾石山。1931年"九一八"事变后，日军侵占绥中，盗掠大台山地区矿藏。1944 年春，驻绥日寇开始掠夺矾石山村矿产资源，盗采村西矾石山上的矾石矿和长石矿，并派兵及家属驻扎本村，迫使劳工将矾石山上的矾石采挖一空，用马车运往绥中火车站，通过铁路运往营口，再用货船偷运回日本。1945 年 8 月，日本无条件投降的消息传入村内，村民们自发涌上街头，欢庆抗战胜利。

至此，经过一年半日夜不停地盗挖，昔日"石白如矾"的矾石山早已荡然无存，只留下了伤痕累累的矿坑遗址，向后人诉说日寇的滔天罪行。

表 4-6-1　全国第三次文物普查大台山场区内不可移动文物统计

名称	所处位置	类别	鉴定年代	占地面积	保存状况
大台山烽火台遗址	毕屯村大台山山顶	军事设施遗址	明	40.69 平方米	烽火台顶部已无存，残部保持原貌
大台山遗址	毕屯村大台山东南坡	聚落址	辽金	3000 平方米	裸露遗物稀少，遗址上大面积种植果树破坏了文化层
北台子烽火台遗址	矾石山村北 600 米山坡上	军事设施遗址	明	124.6 平方米	破损严重，仅烽火台中心部分夯土犹存，青砖不可寻
矾石北台子遗址	矾石山村北 600 米山坡上	聚落址	辽金	5000 平方米	遗址北侧地势较高，向南逐渐低缓，现为耕地，遗物不甚丰富
郜家沟村东遗址	郜家沟村东 300 米	聚落址	辽金	10000 平方米	遗址呈东西长、南北窄的长方形，地势南低北高，遗物较为稀少
破台子烽火台遗址	破台子村破台子山顶部	军事设施遗址	明	180 平方米	烽火台外侧石筑墙体坍塌，散落四周，呈自然椭圆形，破坏严重
破台子遗址	破台子村东北 500 米	聚落址	新石器时代	60000 平方米	遗址面积较大，地处向阳坡地，北高南低，地表遗物已不可寻
矾石遗址	矾石山村东南 100 米	聚落址	辽金	6000 平方米	遗址为基本农田保护区，地势由西向东逐渐升高，遗物较少
毕屯遗址	毕屯村东北 400 米的向阳坡上	聚落址	辽金	70000 平方米	遗址面积较大，地势由南向北逐渐升高，地表遗物较丰富，根据器物口沿形状判断，应有大形器物。环绥中县城的公路在遗址中心区通过，对遗址有较大破坏

（九）清末采石场遗址

在今天的破台山顶南麓，仍残留着一处荒废的旧采石场，相传石场东八里之遥的绥中县古城在历次修筑中曾从此处采石。听附近年老的村民讲，解放以前到这里放羊的人们还经常看到采石场的崖面上残嵌着打石用的铁钎。新中国成立后，随着人们到这里不断采石，古老的采石场遭到了严重的破坏，残嵌在石缝中的铁钎也渺无踪迹了。

绥中古城修筑最早可追溯到明代宣德三年（1428 年），《辽东志》记载："宣德三年又于前屯卫城（今前卫镇）东五十里杏林堡增置中后千户所（简称中后所），中后所城周围三里六十九步，高三丈，池深一丈，阔二丈，周围四里，二百步，城门二座。"

清光绪《绥中县乡土志》、民国《绥中县志》记载：乾隆四十三年（1778 年），宁远州知州伊汤安奉旨重修中后所城，改去关厢城，东西俱展十数丈，南展半余里，砌宁澜北门，上修真武庙以避水患。

绥中县古城历经以上多次修建构筑成坚固的防御之地，所用石料多开采于农场破台山旧采石场。

（十）古树木

在温屯分场杨文焕家后院有一棵百年梨树，品种为安梨。树高 12 米，树冠面积达 15 平方米左右，树干直径 0.67 米。其准确年龄无法考证。1945 年，84 岁高龄去世的杨明老人，生前曾对人讲过，他小时候这棵大树就这么高、这么粗。据实地观测，这棵大安梨树大约有 500 年以上的生长史。到 2020 年，仍能正常结果，平均每年可产安梨 75 公斤。

新中国成立前，人们曾把这棵梨树当作"仙树"，说这棵树上住有黄仙，所以，有人在梨树上挂了一块写有"翟感仙威" 4 个字的木牌，祈求风调雨顺，国泰民安。从另一个角度看，这棵老梨树也见证了大台山地区果树栽培的历史源远流长。

图 4-6-8　老梨树　2017 年摄

二、古庙、古钟

（一）古庙

新中国成立以前每个村落均建有一座"大庙"，但庙型较小，庙前均有铁制庙钟一座，庙里供奉土地神及关羽等神像。其中，矾石山屯西关帝庙为农场所在地区最早建造的庙宇。此庙为清代康熙年间修建，占地约二分地，用砖修砌而成。内部画有神像，称为"九圣神祠"。据庙钟记载，此庙修建于清康熙三十年（1691 年），伪满时期经矾石甲长柴桂林又重修一次，"文革"当中被砸毁。其他屯落"大庙"大致建造于民国时期，均在"文革"中被砸毁。

农场其他自然屯中亦建有几座小庙，庙型更小，没有庙钟，里面供奉菩萨和土地神等佛像。

（二）前矾石清代古钟

矾石山屯西关帝庙内铸有铁种一口，钟上铸有矾石山屯古名"明治山屯"和"康熙三十年"字样，同时刻有九个人的名字，有"张天库、朱王氏"等，据推测，可能是当时建庙时的发起人和出资人。1951 年，该庙被拆除，砖石被用来建学校校舍。这口康熙三十年铸就的大铁钟也被砸毁。

（三）后矾石民国古钟

在后矾石山屯东头（李良友家西墙外），曾有一座民国庙宇，占地约 30 平方米，用砖修砌而成。庙前挂有一口铁钟，铁钟上面铸有"风调雨顺 国泰民安"，中间刻有"王耀龙、齐凤鸣、于有、李文如、李文甲、李文焕……"等后矾石山屯先人姓名，最后落款为"民国八年绥邑西街瑞发铧炉金火匠顾香阁造"（铁钟为 1919 年造）。此庙后毁于"文革"中。

第三节　出土文物

一、新石器时期石器及石刻

表 4-6-2　新石器时期石器及石刻

遗址	类别	件数	描述
大台山遗址	石斧	多件	位于原红星分场场部东梁，石器保存完好
	石镰	多件	
	石斧	多件	
	石刀	多件	
破台子遗址	人物刻石	1件	位于破台山东南麓，石器大部分保存完好，有少部分石器已破损。现藏于绥中县文物管理所
	石饼	多件	
	石网坠	多件	
	石磨盘	1件	
	石墨棒	多件	
李家沟遗址	石斧	2件	位于李家沟东南坡。石器保存完好
	有孔石斧	1件	
康坟山遗址	有孔石斧	1件	位于康坟山北面山脚河床处，石器保存完好
孔家沟遗址	石磨盘	1件	位于孔家沟西北老虎洞山脚下，石器保存完好
后矾石北梁遗址	石镰	3件	2件石器保存完好，1件残破

二、陶瓷器

在破台山新石器遗址，发现有大量新石器时期陶器文化遗存。陶器为夹砂粗陶型，壁较厚，黄褐色，内壁呈黑褐色，火候较低。纹饰为压印和刻画，有菱形网纹、之字纹、平行划纹、交叉划纹等。陶器尽管很粗糙，却凝聚着大台山地区先人的劳动智慧，是他们经过几千年的文化积淀，根据生活的需要而制造的。也是本地先人适应环境、创造生活的见证。

在农场郜家沟村村东 300 米辽金时期遗址处，发现有布纹瓦残片、灰陶卷沿陶器口沿、灰陶残片等，遗址西端因取土形成断面，断面层中亦可见灰色陶片残片。经鉴定为辽金时期陶器文物。

在农场毕屯村东北 400 米的一处向阳坡上，除发现有布纹瓦残片、卷沿泥质灰陶器物残片及灰色陶片外，还挖掘出白色釉瓷片等瓷器残片。断代为辽金时期瓷器遗存。

三、青铜器

1992 年，在矶石村康坟山春秋遗址发现了青铜短剑 2 件，剑柄 2 件，加重器 1 件。另发现铜斧、铜马、铜钱及其他青铜器等文物若干件。现均藏于绥中县文物管理所，经文物部门鉴定为春秋时期文物。

（一）青铜短剑

青铜短剑一：此剑呈曲刃短茎式，剑体较长大、厚重，铜质优良。剑锋较长，为 3.5 厘米。节尖和束腰较为突出。叶尾作斜折内收，柱脊中部隆起的脊突较大，柱脊为八角形，两侧为薄片曲刃，残损。前段叶刃长 16 厘米，后段叶刃长 10 厘米，柱脊后段剖面呈椭圆形。剑长 31 厘米，短茎长 4 厘米，最宽处 4.5 厘米。

青铜短剑二：此剑呈曲刃短茎式，剑体长大，剑锋长为 5 厘米。节尖和束腰不甚显

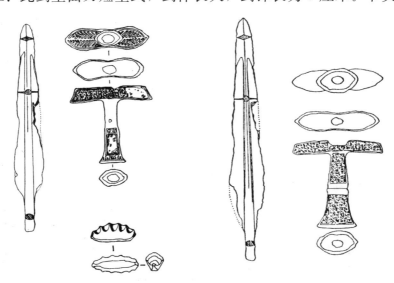

图 4-6-9　大台山出土的青铜器示意图　1992 年绘制

著，叶尾作斜折内收，柱脊隆起的脊突较大，柱脊为八角形，两侧中刃残损，前段叶刃略长于后段叶刃，柱脊后段剖面呈椭圆形。剑长 32 厘米，短茎长 3.5 厘米，最宽处 4.3 厘米。

（二）剑柄

剑柄一：该剑柄为铜铸，呈"T"字形，分别由柄盘、柄筒等组成。柄手空通以纳剑茎，柄筒中部束腰较大，似竹节状，柄筒分为上、下两个部分。柄盘壁上和柄筒上下部饰有勾连雷纹，柄盘略长于柄筒，盘底略平直，两端微显下垂，柄盘平面为无束腰梭形，柄盘长 11.5 厘米，柄筒长 11.9 厘米。

剑柄二：该剑柄系铜铸，呈"T"字形。柄手空通以纳剑茎，柄筒中部束腰不明显，柄筒分为上、下两个部分。柄筒上部无纹饰，柄筒上部中间有一方孔，下部有三角锯齿形鳞纹，柄盘壁上饰有三角锯齿形鳞纹，盘底部加饰人字纹，柄盘略长于柄筒，盘底略平直，两端略下垂，柄盘长 12 厘米，柄筒长 9.5 厘米。

（三）加重器

加重器：为凹槽形，系含铁成分多，是比重大的赤铁矿石磨制，呈四脊五槽式。体型略高略大，脊槽较多，两端稍上翘。长 6.7 厘米，宽 2.4 厘米。

四、碑刻

（一）诰封太淑人许氏墓志铭

20 世纪 80 年代初期，农场职工在破台山南麓、破台子屯东荒坡劳动时发现一座明代墓葬，并出土墓志铭一合二块碑刻，经考证是明代正德元年（1506 年）前屯卫指挥使张玉祖母太淑人许氏（1419—1506 年）的墓志铭盖和底。据墓志铭文得知，墓主人生活年代，本地已称"破台山"，山下南麓有张氏家族墓地。诰封太淑人许氏墓志铭文如下：

诰封太淑人许氏墓志铭。吏部听选监生云中于玺撰文；吏部听选监生东平刘达书丹；吏部听选监生古瑞蔡祯篆额。太淑人姓许氏，讳海通，辽之广宁人。考讳聚，赠承信校尉。妣冯氏，封孺人。淑人天资谨厚，温贞慈惠，为父母钟爱。既笄，择婿通州卫指挥佥事张公全，治家勤俭，妇道克笃，因夫才能，备边于辽，得淑人内助，获功进阶同知，成毕荣旋，不辞辛苦往从。既而夫亡，子纲继之，教以居官之法，子民之道。成化壬辰，动怀乡之念，命子援例註调，后改除前屯卫，遂占籍焉。未几子故，孙玉在襁褓中，抚养备至，幸获成立，有功拜指挥使。弘治乙亥，因孙之贵，加封太淑人。生于永乐己亥年十一月初九日，卒于正德丙寅年正月二十九日，享寿八十有八。子一即纲，配百户吴公女，于成化丙申年先卒。孙男一即玉，任前职，配前都指挥佥事俞公女。孙女一大姐，适是卫百户徐迪。曾孙男凤翔，聘是卫指挥使邓公女。曾孙女二，长寿姐，聘是卫指挥使于公长子鲲；次二姐尚幼。涓卜是年三月十七，葬于城东破台山之先茔。因孙玉请铭其墓，遂铭之曰：惟太淑人，其德贞静，曰嫔名门，相夫以敬；训子抚孙，家声克振，锡命自天，褒宠维新；东山之阳，其阡爵上，体魄孔安，永世蒙福。正德元年、岁次丙寅三月十七日立。

（二）明故骠骑将军刘公墓志铭

新中国成立前，大台山南坡石牌沟（原猪场南）曾存有明代骠骑将军刘公墓地，墓地规格较高，墓地两侧置有石刻群，包括石牌坊、石人、石马、石猪、石羊等。1954年墓地被毁，石像生被移至绥中烈士陵园。石牌坊被拆毁，用于修建绥中六股河大坝。1987年，农场职工马彬承包墓地所在地果园，劳动时首次发现"明骠骑将军刘公墓志铭"刻石，后又埋入原址地下。

2015年12月20日上午11点，当日小雪。抗日义勇军纪念馆馆长李文喜经更夫王景维提供的线索，在李维成承包果园（原马彬果园）内再次发现"明骠骑将军刘公墓志铭"刻石，刻石横64.5厘米，纵49厘米，厚7.5厘米。经查对《明实录》，考证其为明代骠骑将军刘启基的墓志铭，铭文中记载的腊梨山即为今天的大台山。此刻石立于明代嘉靖三十三年（1554年），记载了抗击敌寇、以身殉国的明骠骑将军刘启基的生平事迹。明故骠骑将军刘公墓志铭文如下：

明故骠骑将军刘公墓志铭。公姓刘氏，字汝兆，盖双山其别号也，生于嘉靖己丑年七月初五日，卒于嘉靖壬子年四月十四日，寿二十有三。卜以嘉靖甲寅年三月初六日，葬于杏林堡（今绥中镇）城西腊梨山（今大台山）阳。父梧，具状乞铭。公于之□已父，有弗克辞□。按，公先世直隶徐州七乡人。洪武初年间，有始祖得佑讳□，始迁于南而居焉，世德□传，流派蕃衍。至高祖讳兴儿，以军□军功授总旗；曾祖讳者黑厮，迁授燕山副千户，克忠进武，迁辽治政；延及祖讳钺，功升指挥佥事；父讳梧，克承祖武，自创军功职授焉，居官永乐，自守治卫政，每□赫赫，□惜大显而致仕□焉。公乃以嗣生，六十岁特而有实，见之者皆目之曰伟器□。后承父荫，其清白之操，光大之行，仁厚之典，严明之法，一□□考先师上司，每授之以政，随试掇峰，志高才远，诚非卫□□能限者。本年团练把总，四月十四日灭虏入境，公随提调刘公迎敌于锦川营黄家山。公独当一锋，身先士卒，鏖战终日，敌锋少退。公因暂乎曰：彼众我寡，势诚莫敌，今日之事有死而也。乃鼓气一战，虏伤大半，遂择道而出，公与刘公皆亡于敌事。闻于朝，嘉其忠烈，敕封公都指挥，增荫公者二级焉，□□□公□所谓事君以忠者矣。公娶花氏，阃闺大节而在焉，无嗣。叔讳相，承公荫世。公之盛节，详载于史，余谨志其事，而系之以铭：呜呼贤公，天地之精，质聪而考，性直而真，铭贵格性；克承父武，政声用平，士□用抚，铭□□硕，方大有为；乃遇丑贼，□儿无归，贼烽愈炽，公志愈烈，其躯谁捐；其气莫折，□上□□；当宁人□，贼无□□，□□□身，授增于荫，鸣呼贤公；虽死犹生，史书其事，世传其□，我为公铭，以昭余烈；万世而下，忠□□烈。嘉靖三十三年三月穀旦，同邑庠生张元蕙撰，石工陈有。

图 4-6-10　明代骠骑将军刘公墓志铭　2020 年摄

第四节　地方史志

挖掘、整理和编纂史志资料，是文史工作的重要内容，也是一个国家、一个地方历史得以传承的基础。

1983 年初，中国地方志小组恢复并改名为中国地方志指导小组，进一步推动了全国地方志事业的开展。当时，大台山果树农场根据上级部门的要求，及时成立了地方志编写小组，由常继峰、穆志学二人执笔，抽调刘泉山、柴淑娟等人配合，开始着手编写农场有史以来的第一部地方志——《大台山志》。编写小组本着尊重史实、科学客观公正的原则，上山下岭、走街串巷，查阅档案，访问老人，稽考文献，倾注了大量的汗水和心血。在收集资料的过程中，共召开座谈会 32 次，参加人员及专访人员共 258 人，提供有实用价值的资料 200 多条。很多基层领导以及众多年逾古稀的老人热心方志工

图 4-6-11　第一部场志修志小组成员　1983 年摄

作，积极协助。蔺锦章、路云作、姚志新、周明岐、常桂英、胡景元、张树华、任福林等同志亲自核对数字，翻阅档案，撰写稿件。在编写小组以及全场干部职工的共同努力下，历经两年多的艰苦奋战，终于在 1985 年底完成《大台山志》初稿（油墨铅印本）。1985 年版《大台山志》全志采用了记、述、图、表、册等形式，分上下两册，共 7 编 48 章 166 节，16 万字，详细记述了大台山有史以来的地理、政治、经济、军事、社会、文教、人物等历史。初稿完成后，报送绥中县地方志办公室，但由于各种原因，当时只油印了几本样稿，并未付梓。

2004 年初，在第一部场志成稿 20 年后，农场党委审时度势，将续写场志的工作提上了议事日程。2004 年 3 月，成立了由农场宣传部负责的"场志办公室"。2007 年下半年，场志办公室组建新的场志编写小组，由苑学忠、刘泉山、李文喜、李伟等四人参加，集中精力，续写新的场志。编写小组在原有场志样稿的基础上，将第一次采编的内容重新加以梳理归纳，删繁就简，去伪存真，着重记述 1985 年至 2007 年 20 余年的农场历史，其中对农场企业改革、发展、变化增加了大量篇幅。在农场领导的高度重视、大力支持以及广大职工、离退休人员和社会各界人士的鼎力相助下，编写小组克服重重困难，历经一年多的时间，终于在 2008 年 7 月完成《大台山农场志》定稿，2008 年版《大台山农场志》所述历史上溯 1442 年，下讫 2007 年 12 月，纵横 565 年，全志共 6 编，32 章 150 节，总文字量达到 31 万字。《大台山农场志》于 2008 年 7 月正式出版发行。

2015 年 7 月，按照农场党委部署，成立《大台山农场志（续志）》编写小组，由李文喜、陶国慷负责编纂。续志时间断限为 2008 年 1 月至 2014 年 12 月。2015 年 7 月初，编写人员开始收集各种资料，编排章目。7 月中旬开始撰稿。8 月末，初稿始见雏形，9

月末定稿。2015 年末，完成《续志》稿总纂和文字校对并刊印出版。《续志》共 6 编，37 章 131 节，共 30 万字。

在校纂第三部《场志》的同时，编辑人员还将 1985 年版《大台山志》样稿重新校对编排，在尊重原稿的基础上，除了校改一些错误文字外，还对部分章节顺序进行了合理有序的调整，重新撰写了目录、凡例和后记，由时任农场领导撰写再版前言。2015 年末，第一部《场志（再版）》完成 30 年后，终于付梓出版。

第五节　民间传说

一、"兴"姓的由来

清朝康熙年间，大臣索额图因罪被斩，其家眷四下逃亡。索额图的三个儿子亦在逃亡之列，他们昼伏夜行以防被抓。有一天晚上，兄弟几个藏匿在庄稼地里，商量应该改名换姓，以防止被官府抓到，眼望夜空里的繁星，便一致同意改"星"为姓。

后来他们辗转逃到大台山脚下，落户于毕家屯。星姓族人在毕家屯生活了多年后，发现其族人繁衍没有同村毕姓族人强盛，便合族商议改姓"星"为同音的"兴"，借以希望其家族子孙兴旺昌盛，永世不衰。此后，兴姓有一族支迁到荒地居住，但兴姓人丁兴旺成为事实。

二、康熙猎虎

明朝末年，河北省昌黎县泥井村的李姓人，最早迁到今后矾石之地。后来山东大王庄王天骄携八位妻室及子女的迁入，使该地居住人口逐渐增多，形成了初始的屯落，因时在明朝，屯落便初名为"明治山屯"。

清朝康熙二十一年（1682 年），康熙皇帝东巡拜祭祖陵回程驻中后所（今绥中镇），他在一次行围打猎时，追猎猛虎至矾石山（今白碜子山）附近，正要搭弓射箭，忽被一道迎面而来的白光晃住眼睛，康熙帝大惊失色不知何故，忙遣手下人前去察看缘由。手下人查明后回来禀告说，前面有一座山，山顶部通体白色透明，被阳光照射后反射出耀眼的光芒。康熙帝听后觉得此山神奇，带着行猎人马登上了矾石山，只见该山山顶遍是乳白色的石头，石白如矾。康熙帝有生以来见过无数名山大川，可此山实在稀奇，可谓关外一绝景，随即御赐此山名为"明石山"，山下的村落便也随之称为"明石山村"。后因避讳反清复明之嫌，"明石山村"改名为"礬石山村"，即"矾石山村"。

三、老虎庙

相传很久以前，前矾石山屯仅有几十户人家居住，屯子四周是茂密的森林。在前矾石山屯西南山头西侧有一个老虎洞，洞里住有一只老虎。当时前矾石山屯一位孔姓人，经常在屯西的一座大石碾子上用牛碾米，每次碾完米，他都要把牛放到屯西树林里去吃草。有一次，他发现牛从树林里回来满头大汗，感到疑惑不解。后来他跟随牛来到树林里，发现牛一到树林里便与一头老虎打起架来，牛是与老虎厮打累得满头大汗。看明白后，他回家便打了两把带鞘的尖刀，等牛再次与老虎打架之前便把尖刀套在了牛犄角上。这次牛与老虎打架，几个回合下来牛便用犄角带着的尖刀把老虎刺死。孔姓人回屯里召唤乡亲们把死老虎抬回了家，大伙把老虎剥皮吃了肉，老虎皮被孔姓人晾在了石碾上。

后来，人们就在老虎洞附近修了一座老虎庙，祈求平安。

四、绵羊山

前矾石山屯南坡常姓祖坟周围有一片白矾石，从远处看很像一群静卧的绵羊，因此该山被当地人称为绵羊山。

相传很久以前，在绵羊山西沟有一个泉眼，整日泉水喷涌。这股泉水清澈见底，甘甜凉爽。山上的白矾石每到夜间就变成一群绵羊，从一户段姓人家的庄稼地穿过到沟里的泉眼饮水，饮完水仍返回山坡上静卧，白天仍为一片白矾石。日久天长，段性人家发现地被踩硬，庄稼被踩坏，疑为山里的小动物所踩，便用盆子把泉眼盖住了。几日后，段姓人发现盖泉眼的盆子被踢翻，庄稼仍被踩坏，一怒之下，段姓人用一块很大很重的板石将泉眼盖死。这群白矾石变成的绵羊因在夜间喝不到泉水，全部被渴死。从此这一片白矾石再也不能变成绵羊了，但地名却流传至今。

五、二郎神担山

传说在上古时期，大地一片洪荒。不知从何时起，渤海之滨的绥中地区突然冒出两个海眼，大量海水从海眼喷涌而出，周边原始住民草屋被淹，家园尽毁，遍地哀鸿！

人间的灾苦震动了天神，天神之尊玉皇大帝急忙召集众神商议对策。面对如此怪异的灾害，水神无策，龙王无则。就在众神无奈之时，驻扎在灌江口的"司水"二郎真君挺身而出，表态愿挑来东海之巅的两座神山来压住海眼。众神听后面面相觑，都说东海神山乃万物生灵之原土，是龙神两位太子的化身，因其触犯天条而被贬到凡间化作两座神山。其重超五岳，气冲霄汉。即使神灵也未必能挪得半步啊！

二郎真君为救生灵，力排众议，独自一人来到东海，使出擎天之力，肩挑两座神山，飞跃重洋，来到渤海之滨。将两座神山投掷于本地的东西两个海眼之上，一霎时，海眼被堵，水患消失。

当地人为感念二郎真君的功绩，将本地的两座神山定名为二龙山（即为今大台山东西两座山峰），其山沟称为二龙沟（今二道沟）。时至今日，山顶洞内仍有泉眼一处。大台山南侧向阳山腰处的一块巨石上，留有二郎神担山时的一个脚印，在绥中北部大王庙乡印脚沟留有二郎神担山时留下的另一个脚印。

六、金马驹

远古时期，在大台山脚下，有个小村庄，村子的南面是一条与渤海相连的大河。村里人过着渔猎兼农耕的生活。有一年，海水倒灌，村子的南面变成了一片汪洋，眼看着村庄也要被淹没。人们心惊胆战地生活着，不知什么时候会遭到灭顶之灾。

那些天，村里人每天晚上都能听见小马驹的叫声，一到早上就不叫了，也不知是谁家的。有好事的人晚上出来看，说是有个金马驹在村子里跑，一到早上就跳到河里不见了。有贪财的去捉，可是怎么也捉不到。

有个贪婪的坏蛋听说了金马驹这件事，高兴得不得了，便决定要捉这金马驹。他找了一个当地人给他帮忙，又找了一百根高粱秆。

一切准备停当，这两个人就来到大河边。坏蛋下到河里，那个当地人在岸上，一根高粱秆一根高粱秆递给坏蛋。刚开始还好，越到后来坏蛋的手就越大，递到九十九根的时候，坏蛋的手已经像船那么大了，当地人吓得撒腿就跑。坏蛋因为没拿到第一百根高粱秆，就淹死在了河里，金马驹以后就再没有出现了。

后来人们才知道，这河里有一条装着宝藏的沉船，金马驹是河底的宝藏变的，船下面压了一个泉眼，如果船被移走，那么这个地方将变成汪洋，整个村子就有灭顶之灾。金马驹每天晚上出来，就是巡视周边的环境，免得沉船被海水冲走。从此以后再没人打金马驹的主意了。

因为有金马驹的看护，沉船再也没有飘走，一直压着泉眼，海水也就没有再上涨。千百年过去了，海水慢慢地退去，露出了原来的陆地，人们重新过上了幸福的生活。

20 世纪 80 年代，考古人员在挖掘大台山地区新石器时期遗址的时候，还发现了石网坠等远古时期的渔猎工具，证明了大台山地区确曾是近海地区。

七、要女石

远古时代，二郎神将两座神山担到此地压住海眼后，海水瞬间退去，水患消失，二郎神就回灌江口执行公务去了。可是当地人没高兴几天，就有了新的烦恼。原来他们发现这两座神山极不安分，每时每刻都向上疯长，遮天蔽日的，给人们的生活和出行带来极大的困扰。于是，全村人集体到山下祷告，祈求神山不要再长高。这件事惊动了女娲娘娘。女娲来到此地，弄清了事情的缘由，原来是两个龙太子搞的鬼。于是，她用一块自己炼就的补天石压在了山上。从此，这两座山再也不长了。

时间过去千万年，原来通红的补天石慢慢褪去了颜色，变成一块一人多高的大青石，只是中间的部分还留有红色的印记。远远看去，那红色的印记就像"要女"两个红色的汉字。后来，人们就把这块石头叫作要女石。

八、牤牛岭

在大台山和破台山之间有一条山岭，本地人称之为牤牛岭，传说为杨继业之子杨六郎曾在此地摆"牤牛阵"而大败辽军。杨六郎与萧太后指挥的辽军作战多次失利后，秘密派人收购了一万多头牤牛。其后，他又下令扎了无数穿戴辽兵服装的草人，草人腹中装上饲料，然后引诱牤牛用牛角上所绑之刀挑开草人腹部吃料。如此训练百余日，众牤牛见到穿辽兵服装的人便猛用角挑。杨延昭觉得时机成熟，便下令将牛饿上三天三夜，然后派人去辽营挑战。待辽兵追来，将万牛放出，牤牛冲入敌阵，见人就挑，辽兵死伤无数，宋军大获全胜。此阵得名"牤牛阵"，此地得名"牤牛岭"。

第七章　文化教育活动场所

第一节　辽西抗日义勇军事迹展示馆

大台山是 1931 年郑桂林部义勇军在绥中地区打响抗战第一枪和著名战役"矾山绥中之役"的集结地和出发地。2010 年 5 月，在农场领导倡议下，建立"抗日义勇军纪念馆"。纪念馆成立以来，来自全国各地参观的人数已达百余万人，被省市县等多家新闻媒体采访报道，被誉为"全国第一家抗日义勇军专题纪念馆"。

一、管理机构

抗日义勇军纪念馆于 2010 年 5 月在矾石农业分场成立，设分场领导下的馆长一职，负责纪念馆的日常事务管理。2013 年 3 月正式成立为农场党委领导下的基层单位，设馆长一职，负责全面事务，主要负责抗日义勇军纪念馆日常管理，协助各级政府机关、企事业单位、学校和部队进行爱国主义教育活动。2016 年 12 月，批为辽宁省爱国主义教育示范基地，同时更名为"辽西抗日义勇军事迹展示馆"。

二、发展概况

2009 年 8 月，时任矾石山村文化站站长李文喜与时任矾石山村支部书记孔大强商谈，设想在本村内创建抗日义勇军纪念馆，此提议得到农场党委的大力支持。同年 9 月，孔大强、李文喜邀约大台山小学副校长陶国慷共同筹划设计创建纪念馆。

此后，在近一年的时间里，在农场党委的大力支持下，工作组历尽千辛万苦，在毫无经验的情况下，搜集、考证、创作、整理出这部反映当年义勇军奋起抗日救国的史实，通过实物、展板和文字说明的方式再现了当年义勇军将士金戈铁马、浴血奋战、誓救危亡的生动事迹和感人场面。至 2010 年 5 月，位于矾石分场的"抗日义勇军纪念馆"终于初步建成。虽然规模较小，但仍引起了省内外的史学界及宣传部门的高度重视，省市电视台、

图 4-7-1　矾石山村抗日义勇军纪念馆　2010 年摄

日报社记者纷纷来此采访，影响日渐深远，来此参观访问的人达万人之多。

2012 年春，农场开发"大台山旅游风景区"，并在风景区内重点推出红色旅游项目。鉴于此，党委通过集体讨论，决定将位于矾石分场的抗日义勇军纪念馆搬迁至大台山旅游风景区。

2013 年 5 月，投资近百万元的抗日义勇军纪念馆新场馆在大台山脚下落成并正式对外开放。新场馆建筑占地 330 平方米。

展馆大门朝东，进入展厅，首先映入眼帘的是一座高约 2 米，长约 5 米的大型浮雕，浮雕刻画了抗日义勇军将士在抗战前线奋勇杀敌的场景。展厅四面墙壁悬挂 30 余块东北义勇军抗战的画面写真板，详细介绍了东北义勇军抗战的历史。新馆的展板一改老馆以文字叙述为主的风格，采用了 300 多张珍贵的义勇军抗战时期的相关图片，形成了"图片为主，文字为辅"的展示风格。相对的展板下，摆放有近 20 个标准物品展示柜，定期轮换展出各种历史文物及相关特色馆藏。

展厅中央为 5 个东北义勇军将士研究作战细节的微型景观：在白雪皑皑的密林深山处，5 个义勇军将领围坐在一团篝火旁，认真研究着作战方案，2 个持枪核弹的义勇军哨兵分站在山岗处，严密地注视着周边的环境，在他们的后面，是一个老旧低矮的木板草屋，隐藏在密林之中。

纪念馆展厅外，是占地近 2000 平方米的文化广场，广场上摆放有四十八路义勇军司

图 4-7-2　迁入大台山旅游风景区后的抗日义勇军纪念馆　2013 年摄

令郑桂林的巨型雕塑。

　　新场馆建成以后，吸引了众多游客前来参观。尤其是节假日，每天参观游客多达数百人到此，最多时一天达数千人。来此参观的游客主要来自绥中地区，还有一部分来自广东、北京、黑龙江、沈阳、锦州、葫芦岛等省市地区。同时也引起省内外宣传部门的高度重视，相继有绥中电视台、绥中网、葫芦岛电视台、葫芦岛日报、辽宁电视台、辽宁日报、新华社等相关的宣传机构来此做专题报道。2010 年 9 月 18 日，辽宁电视台《黑土地》栏目播放了关于纪念馆的专题采访；2011 年 1 月 21 日，《辽宁日报》对纪念馆进行专题报道；同年 5 月 19 日，辽宁省电视台《新北方》栏目组记者来纪念馆做专题采访；10 月 10 日，纪念"九一八"事变 80 周年专家研讨会在农场举行；2013 年 3 月 16 日，《辽宁日报》再次对纪念馆进行报道。2015 年 9 月 19 日，《人民日报》以《勿忘"九一八"我辈当奋发》为题，对农场纪念馆开展纪念"九一八"活动进行报道。

　　2011 年 10 月 10 日，隶属于"中国近现代史史料学会"的"东北抗日义勇军研究中心"在抗日义勇军纪念馆挂牌成立。继"中心"挂牌成立后，"葫芦岛市历史学会绥中分会"也落户于此，使得纪念馆场地成为绥中地区文史界朋友进行历史研究的活动中心。

　　2016 年 12 月，纪念馆被辽宁省委宣传部，命名为辽宁省爱国主义教育示范基地，同时更名为"辽西抗日义勇军事迹展示馆"。

　　2019 年 11 月，展示馆改扩建为"葫芦岛市基层党风廉政建设展馆（绥中警示教育基地）"。辽西抗日义勇军事迹展示馆暂时停办，待以后择地另建。

三、爱国主义教育基地建设

鉴于抗日义勇军纪念馆具有强大的爱国主义教育和国防教育功能，同时也具备较强的接待能力，因此，2010 年至 2019 年间，先后有大台山中心小学、绥中县第一高级中学、海军航空航天大学等学校将抗日义勇军纪念馆作为本校的校外爱国主义教育基地（挂牌），驻绥某部队等单位将其作为本单位（或部队）的爱国主义教育和国防教育基地。

2011 年 12 月 8 日，"抗日义勇军纪念馆"被绥中县委宣传部命名为"绥中县爱国主义教育基地"。2013 年 9 月 17 日，被葫芦岛市委宣传部命名为"葫芦岛市爱国主义教育示范基地"。2016 年 12 月被辽宁省委宣传部命名为"辽宁省爱国主义教育示范基地"。省市县爱国主义教育基地落户于此后，农场加大投资力度，规范纪念馆的日常管理，合理规划纪念馆布局，丰富馆藏，规范参观流程，使纪念馆的爱国教育功能更加凸显。

四、抗日义勇军郑桂林部战时指挥部旧址

在加强义勇军纪念馆场馆主体建设的同时，工作组深入挖掘与之相关的史实，及时抢救大台山地区义勇军抗战的遗存。2010 年，在大台山矾石山村域内，发现了郑桂林部义勇军多次攻打侵绥日军的战时指挥部旧址。

这是一个有着约 140 年历史的老旧囤顶平房，原为孔家大院。原有 12 间正房，6 间偏房。经历次拆迁重建，现在仅剩 3 间正房原样保留。经考察发现，八十几年前，因为孔家大院房间多，且正处屯中央，因此郑桂林来到矾石山村宣传抗日时，就住在这里，把这里当作了历次攻打绥中县城的战时指挥部和集结地。

工作组挖掘出这段历史后，立即对这处濒临倒塌的老宅院进行加固维修，恢复原貌。经近半年的抢修、设计，一个原汁原味的战时指挥部呈现在世人面前。

指挥部坐北朝南，院落里左青龙（石磨），右白虎（碾盘），中间是青砖铺路。指挥部正房三间，东屋一间为郑桂林及几位参谋人员的下榻处，墙上悬挂有 20 世纪 30 年代的绥中地图，炕上摆放一个小方桌，桌子上摆放有一盏油灯和一本战时文件。在屋子里还摆放有两张椅子，一口木柜，几把红缨枪靠墙而立，一把大砍刀挂在炕沿边。

西屋一间应为郑桂林警卫的住处，也是摆放着七八十年前的老式笨重家具。

纪念馆主创人员为了方便游客了解那段历史，在力图恢复指挥部原貌的同时，还在屋

图 4-7-3 郑桂林部抗日义勇军战时指挥部旧址 2012 年摄

子四周的泥墙上，精心制作了 18 块反映郑桂林部义勇军在绥中抗战历史的写真展板。

指挥部旧址虽然面积不大，但这种原汁原味的老式建筑风貌及独具抗战气息的场景布置，仍吸引了大批学者、游人来此参观。与大台山南麓的抗日义勇军纪念馆遥相呼应，形成了"一馆一址"的红色旅游主线。

至 2020 年，指挥部旧址运营良好，每年接待外来游客、历史爱好者不计其数，起到了爱国主义教育的作用。

第二节　绥中县新时代文明实践中心

2019 年 4 月，绥中县新时代文明实践中心在大台山风景区落成，4 月 28 日，在大台山红色义勇军广场举行新时代文明实践中心揭牌仪式。葫芦岛市委常委、宣传部部长冬梅，绥中县领导刘占元、郭彩学、李昱生、蔡波等县四套班子领导，东戴河新区领导及乡镇党委书记，县直各部门、驻绥各单位主要负责人，参加了揭牌仪式。县委常委、宣传部部长段然主持了揭牌仪式。

绥中县新时代文明实践中心占地面积 2000 余平方米，中心内设有光辉历程、学习强国、社会责任、文明讲堂等实践基地版块，除图文展示外，还配套触摸屏、室内电子屏、投影灯光等智能互动活动设施，是打造寓志愿服务、文化活动、集中培训、成果展示等多功能于一体的综合平台。

图 4-7-4 绥中县新时代文明实践中心 2019 年摄

建设新时代文明实践中心，是落实习近平新时代中国特色社会主义思想的重要载体，也是打通宣传群众、教育群众、关心群众、服务群众"最后一公里"的重要举措。

按照"有机构、有场所、有队伍、有制度、有策划、有档案"的标准，农场规范建设文明实践中心，并组建了理论宣讲队、道德模范宣讲队等数十人宣讲队伍，常态化开展理论宣讲、文化活动、培训教育、人文关怀等文明实践活动，将"传思想、习理论，传文化、习礼仪，传新风、习美德，传知识、习技能，传情怀、习关爱"落到实处。同时成立绥中县志愿服务总队和分队，分别由县委主要领导任总队长和副总队长，吸纳了爱心志愿者协会、预备役应急抢险分队和大台山志愿服务队等一批社会志愿服务组织参与文明实践，招募志愿者 1800 多人，实现队伍"全覆盖"。

图 4-7-5 新时代红色广场拍摄 MV "我和我的祖国"现场 2019 年摄

绥中县新时代文明实践中心和志愿服务总队聚焦脱贫摘帽、群众需求，设计多样化的志愿服务项目，既有学雷锋活动月、新型职业农民培训等主体志愿服务活动，又有敬老爱幼、教育助学、义务清扫和法律宣传等常态化志愿服务活动。中心成立以来，围绕"不忘初心、牢记使命"为主题开展教育活动，至 2020 年末，中心共吸引 200 余家单位 2.2 万人次前来参观学习，累计开展 200 多场文明实践活动，其中参观学习团体 178 个，组织培训活动 18 次。群众获得感、幸福感、安全感显著提高，该中心正成为绥中县助推脱贫攻坚的新能量，带来了致富精气神和文明新风尚的双赢局面。

2019 年 5 月，又在大台山矾石山村建立绥中县新时代文明实践中心矾石山村实践站。该实践站包含了党员服务站、乡村书屋、文明讲堂等功能。

2020 年，在邰家沟村建立绥中县新时代文明实践中心邰家沟村实践站。

第三节　葫芦岛市基层党风廉政建设展馆

2019 年，为增强全市党员干部、国家工作人员廉洁自律意识，提高拒腐防变和抵御风险的能力，营造以廉为荣、以贪为耻的良好氛围，在葫芦岛市纪委、绥中县委县政府的高度重视和指导下，绥中县纪委、大台山果树农场历时两个月努力奋战，于 11 月完成葫芦岛市基层党风廉政建设展馆暨绥中警示教育基地建设。展馆的落成丰富了葫芦岛市开展廉政教育的形式和载体，为筑牢绥中县以及葫芦岛市党员干部拒腐防变的思想防线开辟了一个全新的教育阵地。

图 4-7-6　葫芦岛市基层党风廉政建设展馆　2019 年摄

基地坐落于大台山风景区，由原辽西抗日义勇军事迹展示馆改扩建，展馆占地 1500 平方米，可同时容纳 180 人参观学习。展馆设置了序厅、综合厅、警示厅、阳光厅、报告厅五个展厅，五个展厅围绕不同的主题，采用现代信息技术手段，运用声光电、多媒体、浮雕、展板、场景模拟等多种表现形式，展现了中共十八大以来，以习近平同志为核心的中共中央全面从严治党的新要求新气象新作为、葫芦岛市开展基层党风廉政建设的新思路新举措新成果。展馆共展出发生在葫芦岛地区的反面典型案例 28 个，介绍了全国和葫芦岛地区的先进人物 18 位。以身边案教育身边人的警示案例和英雄模范、先进典型的光荣事迹，引导广大党员领导干部常修为政之德、常思贪腐之害，常怀律己之心，做到知敬畏，存戒惧，守底线，坚决树牢"四个意识"，坚定"四个自信"，坚决做到"两个维护"。

2019 年 11 月 26 日，葫芦岛市基层党风廉政建设展馆暨绥中县警示教育基地正式启用。开馆当天，葫芦岛市绥中县四个班子及东戴河新区管委会领导及全县正科级领导干部130 余名参加落成大会。绥中县委书记刘占元带领全体党员干部召开了第一次警示教育大会，重温了入党誓词，并在大会上发表题为"以案为鉴、警钟长鸣，推动全县党员干部廉洁自律水平高质量发展"的讲话。

图 4-7-7　党员干部在展馆综合厅参观学习　2019 年摄

基地启用后，绥中县纪委和大台山果树农场充分利用警示教育基地资源，丰富教育手段，完善教育内容，增强教育实效，使绥中县警示教育基地成为绥中县及葫芦岛市党员干部接受廉政教育的重要课堂。

至 2020 年末，基地接待葫芦岛市内各县区各党政机关、各企事业单位干部团体约150 个，共计约 3 万人次。

第四节　知 青 馆

20 世纪 50 年代中期开始，国家组织城市中的年轻人移居到农村，尤其是边远的农村地区建立农场。1955 年毛泽东提出"农村是一个广阔的天地，在那里是可以大有作为的"，成为后来知识青年上山下乡的口号。

图 4-7-8　知青馆　2018 年摄

1962 年 8 月 20 日，第一批知青 156 人来到大台山果树农场，这批知青大多数都是从锦州下乡的应届初中毕业生，他们被农场分配到各生产队参加生产劳动。以后 10 余年间，每年都有数量不等的知识青年来到农场参加工作。至 1978 年，共计约 500 余名外地知识青年分批陆续来到农场，积极投身到火热的生产实践中。为了便于知青管理，农场设知青助理一名，协助农场管理知青工作，知青刘秀芝、范晶先后担任助理一职。农场还在砖厂、台东、台西、鸡架山、新区、饮马河、毕屯等基层单位建立起青年点，下乡知青通过个人申请统一食宿在各基层单位"青年点"（俗称"点内知青"）。此外还有个别"点外知青"，通常都是家离农场较近，或者结婚后不在青年点居住的知青。

1964 年春天，在当时农场党委书记王连山的倡议下，农场决定在第二果树队（今台西分场）修建一个新果园。刚到农场的 200 余名知青接受了这个劳动任务。在当时非常艰苦的条件下，大家仅用一个月时间就用双手栽植了 1 万多株果树，完成了新果园的初期基础建设。

1965 年春天，农场决定再次在第二果树队栽植幼树，集全场之力发动"小树上山歼灭战"，由农场副场长太云山任工程总指挥，生产科长魏化民和果树技师智晋尧任工程具体负责人。200 余名农场下乡知青成为这次战役的中坚力量，仅用半个月时间就用双手栽植了 2 万多株果树。

同年，他们又在全场范围内修建水库，包括台东分场、台西分场、毕屯分场以及农场场部门前的水库等，大大缓解了农场果树管理用水难的问题。

1978 年 10 月，全国知识青年上山下乡工作会议决定停止上山下乡运动，并妥善安置知青的回城和就业问题。至此，10 余年间，知青们扎根农场生产劳动一线，把青春无偿奉献给农场的建设事业，为农场各项事业的发展壮大做出了应有贡献。

从 1962 年首批知青来到大台山果树农场，到 20 世纪 70 年代末大部分知青陆续回城，他们把最美好的青春留在了这里。

农场不忘当年的功臣。2018 年 8 月，为了让当年的知青们有"家"能回，农场在知青们当年奋斗过的地方——大台山"百果园"内复建了占地约 1000 平方米的"知青点"，"知青点"内修建占地面积 150 平方米的"知青陈列馆"。为此，农场派出工作人员奔赴外地，寻找、联系居住在锦州市、葫芦岛市及绥中县附近的老知青们，共收集 200 余件知青实物和影像资料，联系到老知青共 500 余人。

图 4-7-9　农场知青女民兵　1964 年摄

在广大知青前辈们的大力支持下，知青陈列馆于 2018 年 10 月终于建成。馆内陈列了他们当初使用过的物件，恢复了他们生活过的场景。

知青馆建成后，两年多来，农场先后组织知青聚会 4 次，相继接待外地返场知青约 200 余人次。

第五节　民俗文化馆

绥中民俗文化馆创建于 2016 年 8 月，原名"绥中历史文化博物馆"，地处绥中县文化路 46 号，即绥中县交警队西对过 100 米。是由绥中县文化广播影视新闻出版局主办、绥中县地方文化研究会协办的绥中县第一家民办公助博物馆。时任绥中县文广局局长邓文岩亲自主抓，绥中县地方文化研究会长李文喜、收藏家李君华、文史学者王怀平、画家于飞、陶国慷等众多文史艺术界人士共同出谋划策，义务出工出力，历时仅 1 个月，即建成绥中县首家综合性历史文化博物馆。博物馆总占地面积 1500 平方米，展室面积 1200 平方米，共分三层四个展厅六个部分，共展出展品 831 件，涵盖了绥中从新石器时代、夏商周、秦汉、隋唐、辽金、元明清到新中国成立时期的历史文化，其中展出明代钟鼎、碑刻、墓志拓片 70 多件，清末至"文革"时期的地契、房契、族谱和各类证件等 300 多件，清末大书法家李海峰的书法作品及实物资料等 347 件，同时还用大量图片展示了绥中文化史略及航天英雄杨利伟等十大乡贤名人主要事迹。

图 4-7-10　绥中历史文化博物馆　2016 年摄

2017 年 5 月被葫芦岛市社会科学界联合会授予"葫芦岛市社会科学普及基地"，10 月被辽宁省司法厅授予"辽宁省法制文化基地"，2018 年被葫芦岛市委宣传部授予"葫芦岛市爱国主义教育示范基地"。2019 年 4 月，绥中县历史文化博物馆运营 3 年后，异址新建于大台山旅游风景区，更名"绥中民俗文化馆"。

图 4-7-11　绥中民俗文化馆　2019 年摄

绥中民俗文化馆展示内容主要包括地方民俗文献和金石碑刻两大部分。分别收藏有 800 多件绥中民俗文献和 30 多块明清碑刻，另外展示有大台山地区出土的新石器时代石器和陶器残片、汉代青铜器、辽金时期铁器及清末民国时期铁钟等绥中各个历史时期的珍贵实物数十件。这些珍贵的历史实物展示了绥中县地区从 7000 多年前的史前文明发展阶段，传承到近代各个历史时期的不断演变情况。在绵延数千年的历史进程中，汉、蒙、满等各民族在这片广袤的土地上经过共同努力，通过经济、军事、政治、宗教等多渠道和多层面的交流融合，共生共荣，形成了绥中地域范围内独特的民俗文化。

2019 年 11 月，民俗文化馆与辽西抗日义勇军事迹展示馆一并改扩建为"葫芦岛市基层党风廉政建设展馆（绥中警示教育基地）"，民俗文化馆暂时停办。

第六节　矾石山村史馆

2010 年 5 月，在矾石山村兴建抗日义勇军纪念馆的同时，筹建绥中地区第一家村史馆。村史馆占地 30 平方米，展出面积约 50 平方米。

图 4-7-12　矾石山村史馆　2010 年摄

展馆展出版面分新石器时期最早的矾石山人、春秋时期青铜时代的矾石山、辽金元时期矾石地区的多民族文化、明代戍边、康熙帝御赐名芳、土地改革、十年浩劫中的矾石山、改革开放、新农村建设、矾石果树与果业先驱、矾石历史人物、矾石现代闻人、中华人民共和国成立后矾石山村历任领导、矾石山村建置沿革、矾石山村政府公章沿革、矾石山村大事记、矾石山村部分家谱等 24 个部分，以图文结合的形式详细介绍了矾石山村近

5000 年的发展史。此外，着重展出了从单位和民间搜集来的矾石地区的各个时期文物，包括新石器、陶器残片、辽金元时期瓷器残片、明清石碑石刻、地契、旧式农具、"文化大革命"时期各种票证、改革开放初期各式账本等。

展馆以图文说明和实物展示的方式，深入挖掘了矾石地区的历史文化内涵，勾勒出了矾石地区五千年的发展脉络，为农场新农村建设和精神文明建设奠定了坚实的基础。2013年3月停办。

第五编

社　会

第一章 人口与计划生育

第一节 人 口

农场人口主要来自山东、河北、河南、江苏、北京、吉林、黑龙江、内蒙古等省、自治区、直辖市及辽宁省内其他各市县。四个农业分场及台西果树分场职工均由山东、河北迁移定居。中华人民共和国成立前，东大台山、西大台山仅有 41 户人家居住，整个大台山居民不足 300 人。

1949 年，农场成立时，人口仅为 149 人（不含农业人口）。到 1955 年，人口为 424 人；1956 年与前所农场合并后，人口增至 1292 人。1960 年以后，农场大量招工，山东、河北、河南等外流人口涌入农场，加上毕屯、马家两个农业大队转为全民所有制，农场人口猛增至 1161 户、5538 人。1962 年，全国性精简下放，农场成立专职办公室，由副场长太云山负责，动员外流人口返乡，上述两个农业大队亦退出农场，农场总人口减少到 191 户、791 人。1965 年，原叶家公社的小饮马河划归农场；1972 年，原沙河公社的毕屯大队划归农场；截至 1975 年，全场人口为 501 户、2256 人。1976 至 1979 年，又发生大量外地人口蜂拥入场的局面，人口增至 1935 户、7536 人。1980 年以后，农场严格控制人口的盲目流入，人口相对稳定，每年仅有少数婚嫁或投亲者落户。据 1982 年 7 月 1 日零点的第三次全国人口普查手工汇总资料显示，全场居民总户数为 2023 户，总人口为 7589 人。其中，家庭户 2016 户，人口为 7434 人，平均每户人口为 3.5 人；集体户 7 户，人口为 455 人，平均每户人口为 65 人。在总人口中，男性为 3923 人，占总人口的 51.7%；女性为 3666 人，占总人口的 48.3%。男女性别比为 107.3：100 。

2007 年年末，农场常住人口为 3600 户、8404 人，其中，非农业人口 6510 人，农业户口 1894 人。总人口中，汉族人口为 6981 人，占总人口的 83.1%；满族人口 1385 人，占总人口的 16.48%；回族人口 36 人，占总人口的 0.4%。蒙古族 2 人，占总人口的 0.02%。

2014 年年末，大台山果树农场户数达到 3240 户，总人口达到 10495 人。其中常住人口约 8295 人，非农业人口 6601 人，农业人口 1694 人。

2015 年年末，大台山果树农场户数达到 3454 户，总人口达到 11558 人。非农业 2732 户，农业户 722 户。

历经 70 余年的发展，地处城乡接合处的大台山已成为人口聚集比较密集的地区。2020 年年末第七次全国人口普查数据显示，大台山果树农场总人口（含在籍人口和不在籍常住人口）达到 10019 人。

表 5-1-1　农场第三次全国人口普查数据统计（1982 年 7 月 1 日）

单位名称	总户数（户）	人口总数（人）			占总人口数的（%）	
		合计	男	女	男	女
大台东队	74	300	144	156	48.0	52.0
大台西队	86	298	152	146	51.0	49.0
红星队	38	138	64	74	46.4	53.6
向阳队	61	138	67	71	48.6	51.4
红光队	29	101	43	58	42.6	57.4
迎春队	25	90	44	46	48.9	51.1
大生沟	32	112	52	60	46.4	53.6
鸡架东	44	182	94	88	51.6	48.4
鸡架西	38	147	71	76	48.3	51.7
六支园	29	111	52	59	46.8	53.2
饮马河	57	230	123	107	53.5	46.5
矾石队	23	81	37	44	45.7	54.3
矾南队	19	38	16	22	42.1	57.9
矾西队	9	36	13	23	36.1	63.9
新区队	35	112	53	59	47.3	52.7
毕屯大队	211	742	365	377	49.2	50.8
矾石大队	280	1029	494	535	48.0	52.0
鄩家大队	82	347	160	187	46.1	53.9
温屯大队	113	511	269	242	52.6	47.4
西大台大队	78	249	127	122	51.0	49.0
场　部	98	352	187	165	53.1	46.9
卫生院	16	49	28	21	57.1	42.9
粮　库	15	52	28	24	53.8	46.2
供销社	10	36	20	16	55.6	44.4
破台子大队	55	187	100	87	535.0	46.5
砖　厂	157	451	232	219	51.4	48.6
油毡纸厂	14	44	23	21	52.3	47.7
食品厂	10	33	18	15	54.5	45.5
猪　场	27	93	50	43	53.8	46.2
一工程队	32	110	59	51	53.6	46.4
二工程队	40	138	61	77	44.2	55.8

（续）

单位名称	总户数（户）	人口总数（人）			占总人口数的（%）	
		合计	男	女	男	女
中　学	23	83	44	39	53.0	47.0
小　学	15	59	31	28	52.5	47.9
机　站	25	80	45	35	56.3	43.7
修造厂	63	224	112	112	50.0	50.0
长石矿	8	14	14	—	100.0	—
采石场	25	79	42	37	53.2	46.8
地毯厂	20	58	26	32	44.8	55.2
集体户	7	455	363	92	79.8	20.2
总　计	2023	7589	3923	3666	51.7	48.3

表 5-1-2　1978—2007 年部分年度人口统计

年份	总户数	总人口	其　中		备　注
			农业人口	非农业人口	
1978	1083	7531	5078	2453	—
1979	1935	7536	4929	2607	—
1980	1877	7564	6149	1415	—
1981	2068	7596	6104	1592	—
1982	2023	7589	6030	1559	—
1983	2195	7771	6187	1584	—
1984	2214	7770	4606	3164	—
1985	2230	7697	4583	3114	—
—	—	—	—	—	—
2003	2861	7627	4542	3085	—
2004	3604	7786	4637	3149	—
2005	3580	7952	4736	3216	—
2006	3588	8338	1837	6501	—
2007	3600	8404	1894	6510	—

表 5-1-3　2008—2020 年人口状况统计

年份	总人口	户数	年内平均人口	年内出生人口	年内死亡人口
2008	8361	2590	8311	54	32
2009	8325	2601	8275	52	28
2010	8555	3125	8551	51	55
2011	8575	3135	8571	53	57
2012	10534	3240	10530	47	58
2013	10526	3243	10520	49	57
2014	10495	3240	10510	45	76
2015	11558	—	11026	49	77

（续）

年份	总人口	户数	年内平均人口	年内出生人口	年内死亡人口
2016	11553	—	11555	57	62
2017	11549	—	11551	61	—
2018	11532	—	11535	—	—
2019	11601	—	11601	37	—
2020	10019	—	10019	30	—

第二节　劳动就业

大台山果树农场是国有大二型全民所有制农业企业，以果业生产为主导产业，兼具发展其他产业。建国初期，农场职工仅有149人。随着企业的发展壮大，职工人数逐年递增。

农场职工由五部分人员组成。第一部分是建国初期，原为地主果园的长工、短工，如阎尚田、常义、李守本等30余人。这一部分职工于新中国成立前（1948年9月）即在果园工作，人民政府接收果园后转为农场职工，在离岗后享受离休待遇。第二部分是当地招收的农民工，后转为国家固定工。第三部分是外地调入农场人员以及毕业分配来的大中专毕业生。第四部分为20世纪六七十年代下乡知识青年。第五部分为20世纪70年代中期以后"征地入场临时工"，即1972年和1978年划归农场的毕屯、西大台温屯、矾石、邰家沟等5个农业大队，将土地等资源划拨农场后，农场安排的在场内全民所有制单位就业，成为全民所有制单位"长期临时工"人员（即俗称"带地上山"）。到1985年，农场有固定工1301人、征地入场临时工733人、临时工680人、合同工9人、国家干部76人，全场职工总数达2799人。1994年，临时工全部转为合同制全民所有制职工。2007年，全场职工总人数已达3171人。此外，另有离退休人员1102人，年离退休工资总额304.9万元。2014年，在农场各个行业从事生产劳动或者服务的职工人数达到4216人。

2019年，农场共有职工2038人。职工队伍为农场的长远发展建设提供了强大动力。此外，农场辖区内共有各行业从业人员4490人。其中，第一产业3860人；第二产业190人；第三产业440人。以上人员主要从事的行业为：果业（兼农业），为农场主导行业，从业人数约占总就业人口的70%；工业（包括承包给个人的工业企业）；建筑业（工程队）；运输业；服务业（批发零售、住宿餐饮、教育、社会保障和社会福利业、文化体育和娱乐业）。

表 5-1-4　职工构成及工资总额（1949—2020 年）

单位：万元

年　度	职工总数	其中固定工	工资总额（万元）	备注
1949	149	124	实物	供给制
1950	149	124	实物	供给制
1951	174	149	实物	供给制
1952	175	150	实物	供给制
1953	289	225	10.80	—
1954	374	284	13.70	—
1955	397	377	17.40	—
1956	669	494	23.30	—
1957	632	390	20.40	—
1958	202	162	12.70	—
1959	259	229	18.70	—
1960	1788	428	38.70	—
1961	1753	379	29.90	—
1962	431	376	16.60	—
1963	480	408	19.90	—
1964	486	406	22.20	—
1965	500	403	23.40	—
1966	528	464	22.50	—
1967	540	446	26.00	—
1968	549	441	25.00	—
1969	568	436	26.20	—
1970	590	440	29.00	—
1971	642	437	29.60	—
1972	958	449	33.90	下乡 159 人
1973	824	418	49.00	下乡 161 人
1974	794	442	43.60	下乡 148 人
1975	925	410	48.30	下乡 145 人
1976	1425	426	54.50	—
1977	1892	428	72.60	—
1978	2307	882	95.03	—
1979	2347	1039	90.46	—
1980	2322	1025	118.99	—
1981	2482	1045	110.04	—
1982	2498	1207	116.47	—
1983	2667	1196	128.64	—
1984	2809	1249	124.00	—
1985	2799	1197	123.00	—
1986	2815	1202	123.00	—
1987	2784	1262	190.00	—
1988	2923	1381	224.20	—
1989	3134	858	243.00	退职 40 人
1990	3221	1062	218.42	计划外 12 人

（续）

年　度	职工总数	其中固定工	工资总额（万元）	备注
1991	3399	1031	284.00	计划外 10 人
1992	3313	993	314.54	计划外 10 人
1993	3584	951	393.40	计划外 10 人
1994	3041	1807	380.20	全部转正
1995	3236	2369	320.00	—
1996	3236	2369	290.00	—
1997	3107	2306	239.30	—
1998	3107	2306	282.00	—
1999	3205	2358	106.00	当年不再承担职工工资
2000	2792	—	80.00	
2001	2792		84.80	
2002	2742	—	101.40	
2003	2692		57.00	
2004	2622	—	59.76	
2005	2485		69.44	
2006	3156	—	46.50	
2007	3171		72.00	
2008	3176	—	78.00	
2009	3201		112.02	
2010	3023	—	110.29	
2011	3059		179.64	
2012	2950	—	183.17	
2013	2558		238.82	
2014	2398	—	273.89	
2015	2421		246.82	
2016	2356	—	244.26	
2017	2233		289.02	
2018	2137	—	313.63	
2019	2438		375.18	
2020	4693	—	436.59	

表 5-1-5　大台山果树农场历年（2008—2014 年）社会从业人员统计

年份	2008	2009	2010	2011	2012	2013	2014
果（农）业（人）	3046	3098	3098	3098	3023	3030	3030
工业（人）	802	725	702	658	986	255	215
建筑业（人）	202	224	196	328	378	315	275
交通运输及仓储业（人）	188	208	210	140	462	432	316
批发零售业（人）	190	208	257	325	328	180	180
住宿餐饮业（人）	18	19	20	200	210	59	60
租赁和商务服务（人）	—	—	—	—	204	—	—
居民服务业（人）	115	128	111	115	321	40	40
教育（人）	93	94	93	93	—	—	—
社会福利业（人）	36	36	38	113	—	110	100
文化体育和娱乐业（人）	94	85	—	—	—	—	—
合计（人）	4784	4825	4725	5070	5912	4421	4216

表 5-1-6　大台山果树农场历年（2015—2020 年）社会从业人员统计

年份	2015	2016	2017	2018	2019	2020
果（农）业（人）	3302	3907	3907	3910	3860	3530
工业（人）	219	219	219	—	—	—
建筑业（人）	273	276	276	270	190	215
交通运输及仓储业（人）	320	323	323	318	125	
批发零售业（人）	178	180	180	180	152	
住宿餐饮业（人）	62	64	64	62	65	635
租赁和商务服务（人）	—	—	—	—	—	
居民服务业（人）	38	36	36	59	60	
教育（人）	—	—	—			
社会福利业（人）	100	90	90	—	—	—
文化体育和娱乐业（人）	0	0	—			
年末合计（人）	4492	5095	5095	5092	4490	4380

第三节　计划生育

20 世纪 50 年代后期，政府提出"要提倡节制生育"，农场大力宣传节制生育的意义，开展动员工作，但由于群众的重重顾虑，导致工作阻力很大，工作效果甚微。

图 5-1-1　计划生育工作人员在研究工作　1981 年摄

自 1969 年 3 月，周恩来总理强调"要提倡计划生育"后，农场的部分职工提高了认识，采取了各种节制生育的措施。为了更好地开展计划生育工作，使人口的增长适应国民经济的增长，1970 年，国家下达了生育指标，严格要求不得超过指标。1974 年国家提出计划生育在指标范围内实行"晚、稀、少"的原则。在此期间，农场将计划生育工作纳入了党委的议事日程，全场广泛深入地进行了计划生育的宣传教育工作，利用广播、板报、标语等形式宣传计划生育的重大意义及党的有关方针政策。1975 年，政府又进一步指出："一个不少，两个正好，三个多了，一对夫妻只能生育两个孩子"。在此期间，农场党委由一名副书记和政治处的负责人主抓计划生育工作。1977 年初，农场增设计划生育助理员，负责全场的计划生育工作。1978 年，宪法中明确规定："国家提倡和推行计划生育"，故农场成立了计划生育工作领导小组，各单位也普遍建立了计划生育的组织机构，由工会的女工委员和妇女队长负责具体工作。

1979 年 6 月，国家实行"一对夫妻只生一个孩子"的方针政策。同时对有生育能力、自愿只生一个孩子，并采取了有效措施、保证不再生育的夫妇发放"独生子女光荣证"。领证者的独生子女，可以优先入托儿所、幼儿园和小学，入学免缴学杂费。患病者可优先医治或入院，同时每月发优待保健费 5 元，6 个农村大队的社员多给 3 个劳动日，一直发放到子女 14 周岁；农村大队每个独生子女均按成年人分配基本口粮；实行"双包"责任制后，按成年人标准分给承包土地。

1981 年 4 月 22 日，农场下达了《关于违反计划生育政策规定的错误做法必须严肃纠正的紧急通知》的文件，1981 年 10 月 14 日农场又下发了《关于对计划生育工作补充规定的通知》。

图 5-1-2 农场计划生育工作会议 2002 年摄

1983 年，农场认真贯彻十二大精神，把计划生育工作作为两个文明建设的一项重要工作来抓。1984 年，由于实现了上级部门下达的计划生育指标，农场被评为绥中县"计划生育先进单位"。

1986 年 1 月，大台山满族镇政府成立后，农场计划生育工作全部移交给镇政府，相应人员也同时调往镇政府。

2003年4月，大台山满族镇政府撤销，计划生育相关业务移交至绥中县沙河满族镇。

2005年7月，大台山社区成立，社区下设计划生育服务站，负责全场计划生育工作。服务站对社区内及外来常住人口中生育人员进行全面登记掌控，进行档案化管理。认真落实有关计划生育的优惠政策，及时准确地为社区居民办理各种相关手续。同时，还开展妇幼保健工作，热切关心社区范围内广大妇女儿童的身心健康。在此期间，农场人口出生率和自然增长率分别控制在8.25‰和3.9‰以内。

2008年，大台山社区计划生育服务站紧紧围绕"稳定低生育水平，提高出生人口素质"这一中心任务，认真贯彻落实《中共中央国务院关于全面加强人口计生工作统筹解决人口问题的决定》和胡锦涛在中央政治局第二十八次集体学习时的重要讲话精神，充分发挥部门职能，开拓创新、加强基础、优化服务，积极做好人口计生的各项工作。

随着中国社会人口老龄化趋势日益加剧，2014年4月，国家适当改变了计划生育政策，放开了部分符合条件的"一对夫妻两个孩子"的政策，2015年12月27日，全国人大常委会表决通过了人口与计划生育法修正案。

2016年1月1日，新的《人口与计划生育法》正式实施，其第十八条明确规定"国家提倡一对夫妻生育两个子女"。政策还规定，坚持计划生育的基本国策，全面实施一对夫妻可生育两个孩子政策，积极开展应对人口老龄化行动。农场认真执行国家计划生育新规定，大力宣传计划生育二胎政策。至2020年末，选择生育二胎的夫妻逐年增多。

表5-1-7　大台山果树农场历年（2008—2020年）出生人口统计

年份	总人口（人）	户数（户）	年内出生人口（人）
2008	8361	2590	54
2009	8325	2601	52
2010	8555	3125	51
2011	8575	3135	53
2012	10534	3240	47
2013	10526	3243	49
2014	10495	3240	45
2015	11558	—	49
2017	11549	—	61
2018	11532	—	40
2019	11601	—	37
2020	10019	—	30

第二章　居　民

第一节　姓　氏

大台山地区居民姓氏有 160 余种，最早迁入大台山地区的氏族为明末清初由河北省昌黎县泥井村迁入后矾石山的李姓，李姓至今子孙繁衍十余世，分支迁出地有今高台镇二道沟屯、水口南沟屯、绥中镇西关村等地。

随后，在清顺治八年（1651 年）颁布的"辽东招民开垦条例"的鼓励下，关内河北、山东、山西等地各姓氏族人迁入本地，安家落户，开垦荒地。后矾石李姓迁入居住后，由山东大王庄迁来的王姓、由山西洪洞县辗转迁来的于姓等相继落户于后矾石山，初步形成了屯落。同时由山西洪洞县迁来的常姓、牛姓、齐姓等氏族在后矾石山屯南傍河而居，形成了前矾石山屯。与此同时，由山东登州府蓬莱县迁来的毕姓、柏姓、兴姓等姓氏也相继落户于大台山脚下，傍河而居，开荒种地，形成了毕屯和柏屯。从关内迁来的杨姓、金姓、刘姓、费姓等氏族落户形成西大石台屯；从山东迁来的温姓、张姓、陈姓、杨姓等落户形成了温家屯；从山东济南迁来的吴姓、刘姓落户形成了破台子屯；从山东济南府先迁宽邦沙金沟，后迁居此地的郜姓落户矾石山西沟形成郜家沟屯；从河北乐亭县迁来的苑姓落户大台山脚下形成了东大石台屯等。

自从农场所在地区初步形成上述自然村落后，又有很多氏族或逃难迁入，或投亲靠友，或打工扛活，或因工作关系而逐渐落户于此，形成了今天大台山地区人烟兴旺、安居乐业的繁荣景象。

为了便于查阅铭记，兹按韵律编成《大台山姓氏歌》排列如下：

《大台山姓氏歌》

赵钱孙李、周吴郑王、冯陈褚魏、蒋沈韩杨、朱秦尤许、何吕施张

孔曹闫华、金卫陶姜、齐谢邹于、顾孟池黄、栗田刘苏、贺毕袁尚

叶乔巫林、邓太高庞、韦蔡史宁、陆肖邢邝、潘智杜温、律侯谷常

焦董宋骆、应姚靳唐、郓武徐崔、郜丁马程、段纪苑柴、郭裴邵郎

窦边任钟、信罗岳方、付邱尹费、兴胡单向、荆柯佟奘、宗夏查康
芦谭聂詹、石牛龙邝、薛毛包娄、彭咸逯江、晏关苗左、穆桂芝强
勾柳柏贲、耿狄洪粱、郝仲夏蔺、白万欧阳、国樊路岂、银支贾汤

第二节　民　　族

农场少数民族为数不多，仅有满族、回族、蒙古族三个少数民族。满族占全场总人口16.48％，共计1385人。大台山地区的满族源于关内"闯关东"的汉族人。

早年间，当地的满族人会说满语，其服饰、发式、生活习俗均为满族特征，20世纪70年代，农场所在地区还有小部分老年人会说满语，其他绝大多数满族人使用汉语。如今，已无人会满语，但保留了满族人的部分生活习俗。

第三节　民　　俗

一、婚嫁

中华人民共和国成立前，大台山地区婚嫁多带有封建包办性质，迷信色彩浓厚。男女婚姻均由双方父母包办，讲究门当户对。当地婚俗均从满族习俗，有很多规定：不许"指腹为婚"、不许定"娃娃亲"，还有"同姓不婚"的家规。旧俗认为同姓即同祖，同姓婚配是极不光彩、败坏门庭的事。如有人触犯，则由族长召集同族人开会，对其进行游行、鞭打、处死或者赶出本族之地，永不被承认。在婚事的过程中，礼仪十分烦琐，一般的过程是：托人说媒，合婚，相门户，过小礼，下大礼，安嫁妆。结婚时，在举行"拜堂"典礼前后，新娘还要经过"上头""开面"及"坐福"等传统民俗的"洗礼"。"上头"和"开面"多在结婚典礼当天早晨太阳没有出来之前，男家接亲人马还没到来时进行。其过程是：请儿女双全的老妇人把新婚女子的辫发改梳成发鬓，俗称"大卷头"；戴上扇形传统头饰，俗称"上头"；用五彩线将新婚女子脸部的汗毛绞掉，象征"改头换面"，新生活开始。到了男家，经过"射二箭""拜北斗""拜大地""拜祖先"及"跨马鞍""抱宝瓶"仪式后，新娘被搀进洞房，新娘需盘腿上炕、面向炕里"坐福"，又俗称"坐帐""闷性儿"，以此试试新娘的耐性，看看新娘的福分。结婚三天后，新婚夫妻由娘家人接回，称之"接回门"。

新中国成立以后，党和政府大力提倡自由恋爱，婚姻自主，新事新办。1951年国家

颁布婚姻法，彻底禁止了买卖婚姻，男女婚姻受到了法律保护。法律规定男 20 周岁、女 18 周岁可以结婚，父母不得干涉儿女的婚姻。从此，男女婚姻之成，有的是由介绍人根据双方各方面条件反复衡量，认为合适，再与双方磋商。如男女双方没有意见，再将两人找在一起，让其自由谈话，双方同意后，再通知双方父母。有的干脆不用介绍人，只是双方恋爱，即可订婚，俗称"搞对象"。男女双方一般都要经过一段时间的了解和熟悉过程，到法定年龄去政府领取结婚证书，取得法律保护。择良辰吉日结婚，备喜糖、香烟、茶水、瓜子，招待前来贺喜的邻居朋友，宴请亲友来宾。如今婚后三日仍有接"回门"探亲的风俗，但对旧婚的其他陋俗，俱废弃更新，形成了良好的新风尚。在"文化大革命"之前，订婚不收财礼，结婚不备酒席，喜事新办，举行新式婚礼已蔚然成风。

1981 年 1 月 1 日起实行的《中华人民共和国婚姻法》规定结婚年龄男不得早于 22 周岁，女不得早于 20 周岁，晚婚晚育应予鼓励。大力提倡订婚不收聘礼，结婚不铺张浪费。结婚仪式也较为简单。

20 世纪 90 年代以后，随着人们生活条件的好转，大操大办现象有所抬头，如认门、回门、要彩礼、设宴招待亲朋、结婚时收受礼金等。大办酒席吃订婚饭，有的甚至在吃订婚饭之前还要设专宴招待女方父母及亲友，名为"吃小门户饭"。结婚时，女方亲友聚在一起来男方家，称为"新亲"，男方家要大办酒席招待新亲、亲朋好友和邻居街坊，名曰"赴席"。赴席之人还要奉赠礼钱，名曰"上礼"，按名记账，名曰"礼单"。

进入 21 世纪，结婚仪式更是花样翻新，更多的是追求别出心裁，新颖浪漫。结婚现场也多由家庭改至大酒店，聘请专业的婚礼策划人包装策划结婚仪式，由专业的婚礼司仪主持婚礼并有全程录像，用来记录人生浪漫时刻。

二、生育

群众将生小孩举行庆祝的仪式俗称"下奶"。对待生儿育女的问题，新中国成立以后，农场仍沿用传统习惯加以庆贺，女孩到 9 天"下奶"，男孩到 10 天"下奶"。届时亲朋好友要送上大米、白面、鸡蛋之类的礼（补）品及婴儿衣物等表示祝贺，然后由生小孩的家人设酒席招待。

进入 21 世纪以后，由于人们的生活水平逐步提高，庆贺的宴席质量和档次较以前也大为提高，亲朋好友们的祝贺均以现金代替了过去的米面和鸡蛋等礼品。下奶的日期也并非全为传统的"十男九女"说，有的人家在婴儿出生 1 个月时进行庆祝，俗称"满月"。

"满月"后，满族人家习惯让小孩睡悠车。悠车是满族妇女抚育幼儿的工具，婴儿满月开始上悠车，"其制以筛板圈做两头，每头两孔，以长皮条穿孔内，外用彩画，并悬响铃之类，内垫薄板。悬于梁上，离地三四尺。用带缚定小儿，使不得动，哭则乳之，不已，则摇之"。母亲边哄小孩边哼唱曲调悠缓的《悠车曲》，唱词多为即兴所编。《悠车曲》反映了满族妇女对孩子们寄托的期望，是对儿童早期进行的启蒙教育。

三、寿辰

本地旧俗，家里长辈年逾50岁以后，晚辈都要给老人过生日，改善生活。老人每逢66、73、80、84岁，一般都要庆大寿。寿日分别定于正月初六日、正月初三日、正月初八日、正月初四日。随着人们生活水平的明显提高，人们的生命质量得到大大改善，寿命明显增加，因此人们依照传统习俗又增加了90岁和百岁寿辰，分别在正月初九日和正月初十日进行庆祝。

庆寿时日，请亲朋、宴宾客。祝寿者要献寿幛、赠寿联、送酒肉、寿桃、馈赠果品等。欢宴之前，屋正中墙上挂有"寿星"图，主人坐在前边，接受晚辈或同辈（比主人年龄小的）参拜，其余的人都向老人说些吉祥话，然后摆宴共饮。有钱人家还要演戏贺寿。另外，出嫁女儿每逢庆寿都要给父（母）做一件白布衫，视为白头到老之意。如果是庆66岁，还要包68个饺子，天上一个地下一个，其余66个给父（母）吃。

20世纪90年代，以庆寿为名大操大办，收取礼金之风盛行，亲朋好友苦不堪言。

进入21世纪，党和政府本着"提倡勤俭节约，反对铺张浪费"的原则，严禁以祝寿之名大操大办，借机敛财。农场广大机关干部带头执行这一规定，全场职工和农民群众也积极响应号召，祝寿活动已大为减少，即使有，也都限制在亲属之间。

四、丧葬

中华人民共和国成立前，老人丧葬的礼俗非常烦琐，丧葬活动具有迷信色彩。

中华人民共和国成立后，党和政府大力宣传殡葬改革，废除封建迷信活动。农场广大人民群众的觉悟不断提高，封建迷信的陈规陋习已为新的风尚所代替，丧葬活动也不断简化。自从1966年绥中县建造火葬场以后，大力开展既文明又卫生的火葬。死亡者的亲朋好友前往吊唁，大多以钱代礼，也有送花圈、挽联、挽幛的。一般均在亡后3日内将死者送火葬场火化。送葬之日，家属及亲友臂戴黑纱，胸戴白花致哀，通过开追悼会的形式以寄哀思。追悼会待亲友到齐后举行，由死者单位或朋友主持，程序大体有默哀、奏哀乐、致悼词、死者亲属讲话、向遗体告别等。还有一些生前工作成绩显著的亡者或因公死亡者，对其悼念活动比较隆重，由场部或基层单位的领导主持召开追悼会，献花圈，致悼词。死者火化后，将骨灰盒存放于家中，于次日清晨埋葬，但也有少数将骨灰盒存放于殡仪馆。

20 世纪 90 年代以后，农场在丧葬活动中，旧的丧葬习俗有所抬头，废除了的铺张浪费和封建礼仪死灰复燃，在农场广大人民群众中产生了很大负面影响。进入 21 世纪，群众要求用新的礼仪活动缅怀死者、寄托哀思的呼声越来越高。为此，党和政府规定死者必须火化，建立公墓存放骨灰，提倡丧事简办。

以上这些民风民俗虽然在中国大多数地方流传了千百年，而且在连接人与人之间的关系上确实起到了纽带的作用。但是，近些年来，农场所在地区和其他地方一样，"人情消费"也愈演愈烈。日常生活中，出现了借婚宴、复婚、下奶、乔迁、升学、参军、祝寿、开业、丧事（周年）、迁坟、立碑等事宜乱请滥办、相互攀比、铺张敛财等不良风气，影响了广大干部群众正常的生产生活秩序，加重了广大干部群众的经济负担，扭曲了正常的人际关系，败坏了社会风气，甚至滋生了腐败，广大群众反映强烈。

2013 年 6 月，国家出台了《关于严禁党员干部大操大办婚丧喜庆事宜借机敛财的若干规定（试行）》，农场也紧跟形势，于 2014 年 6 月出台了《关于禁止人情随礼的有关规定》。2015 年至 2020 年间，农场又相继出台了若干禁止党员、领导干部大操大办婚丧喜庆事宜借机敛财的相关政策，以创建社会主义新农村为契机，结合党的群众路线教育实践活动，多措并举，重拳整治，狠刹大操大办不正之风。通过一段时间的有效治理，"办事情"的人家滥发请柬、滥送喜信、借操办之机收礼敛财的问题得到有效遏制。"婚事新办、丧事简办、其他事不办"的新风，正逐渐成为农场广大人民群众的自觉行为。

第四节　衣食住行

一、衣着

中华人民共和国成立之前，除少数富裕者之外，农场所在地区广大劳动人民的服饰陈旧不堪，根本谈不上美观漂亮。冬季老年人戴毡帽头，青年人戴家里缝制的帽子，均穿一身家织布做的棉袄棉裤，棉袄是小脖领，棉裤是大裤裆（俗称抿裆裤），扎裤腿，脚穿的是棉乌拉或家做的棉鞋头。夏日则穿短裤光膀子在地里拼命劳动，经受风吹雨淋日晒。女性穿的衣服则更加破烂。

中华人民共和国成立后，农场广大职工和社员群众做了农场的主人，生活大大改善，服饰也发生了很大变化。20 世纪 50 年代，人们开始穿上了质地较好的斜纹布做的衣服。由于农场是国有农垦企业，人们的职业大多以农业生产为主，因此，色调单一（灰蓝为主）耐磨损的劳动装成为职工着装的主流。

20 世纪 60 年代，卡其、灯芯绒布风靡一时。20 世纪 70 年代，人们穿上了的确良、涤卡、毛线等衣裤，但色彩单一，以灰黄为主。

20 世纪 80 年代初，色彩艳丽的毛料、呢绒、尼龙及涤纶等毛及化纤织物开始流行。各种各样的布鞋、胶鞋、水鞋、皮鞋、塑料凉鞋、皮凉鞋、泡沫拖鞋随处可见。妇女穿的中跟皮鞋、半高跟皮鞋、高跟皮鞋更是屡见不鲜。服饰的样式美观大方，朴素合体，有中山服、干部服、军便服、工人服、青年服、夹克衫等。此外，中青年妇女穿裙子的逐渐增多。20 世纪 80 年代中后期，随着改革开放的逐步深入，以年轻人为主，场区群众服装的色彩、款式开始变得多样化，面料、质地也更加丰富，"全场遍地一身蓝"被打破了。青年人开始追求"时髦"，穿起了喇叭裤和牛仔裤。

20 世纪 90 年代，人们的思想得到进一步解放，衣着也更加前卫。蝙蝠衫、吊带衫、文化衫、夹克衫、西装、体型裤、超短裙、长裙开始出现在大街小巷。人们也不再对这些"另类"的服饰说三道四。值得一提的是，20 世纪 90 年代中前期，在流行这些前卫服饰的同时，人们的衣着还曾出现了复古风，军装再次成为人们的挚爱。另外，名牌时装也受到人们喜爱。

进入 21 世纪，人们的穿着不论从质地和花色品种，都发生了巨大的变化，追求个性成为主旋律。农忙时大家穿着普通甚至过时的劳动装，闲暇娱乐时穿上大胆前卫、颇具个性的流行服饰，成为农场人民群众着装的一个特色。

二、饮食

自建场后，农场的生活水平不断提高。20 世纪 80 年代，主食虽仍以高粱米为主，但家家都存有一定数量的大米、白面（细粮）。家庭条件好一点的，除了有农场粮站正常供应之外，还可购买一些议价细粮。玉米面和地瓜仍有食之。节假日婚丧嫁娶聚会款待亲友的菜肴已逐渐丰盛。日常菜肴，有的自产自吃、有的随买随吃，新鲜蔬菜，四季不缺。腌咸菜、积酸菜家家必备，大豆腐、干豆腐、猪肉、鸡蛋、粉条经常食用。

20 世纪 90 代初，随着社会主义市场经济的逐步发展，场区内个体经济更是如雨后竹笋般成长壮大。农场个体商店逐渐增多，商贸市场逐渐成熟。毕屯中央地段临街摊床每天供应蔬菜和禽蛋肉类及海产品，一应俱全，基本满足居民的日常生活需求且新鲜实惠。

进入 21 世纪，毕屯市场超市纷纷建立，各种食用商品名目繁多，而且同一种商品就有多达几十种品牌，低中高价位可供人们自主选择，充分满足了人们的日常需求。然而，在食用商品极大丰富的同时，也出现了一些假冒伪劣的商品，诸如过期食品、造假食品、垃圾小食品、富含添加剂的伪劣食品、打过农药的食品等，这些伪劣食品的出现，也扰乱了市场，干扰了人们的健康生活需求，应予以打击和取缔。

三、住宅

随着人民生活水平的提高，农场广大职工和农民的住房条件发生了显著的变化。20世纪六十七年代，农场区非农户口职工住房为公房，由农场出资建房，并分配给各家各户居住。农业户口住房多为私有房屋。无论是私房还是公房，居民所住房屋多为砖石泥坯结构的囤顶平房。

20 世纪 80 年代中后期，农场实行房产改革，停止供应公房，原居住的公房通过折算后卖给个人。至此，居民房屋全部私有化。随着农场经济的发展和人们生活水平的提高，有条件的家庭开始盖起了"北京平"房。当时的北京平多为砖混檩木结构，前后均有玻璃窗户，每间房屋面积相当于过去的一间半大小，较之过去的老式房屋，显得宽敞明亮，美观大方且坚固耐用。

20 世纪 90 年代所建房屋多把檩木置顶改为大板置顶，使房屋显得更加宽敞整齐。此期间，居民王福良建成农场地区内第一栋民居楼房。

进入 21 世纪，人们的生活水平发生巨大变化。老式的"北京平"也已陈旧。人们开始再次掀起建房热潮。到 2007 年底，全场住房面积达 192736 平方米，6574 间，其中标准"北京平"房屋 4620 间，一般房 1637 间，老旧房仅剩 317 间。

进入 21 世纪，建筑工艺已经大大提高。房屋建筑多改为框架结构，且增设内外保温层。"大板"因其安全系数低而逐渐被淘汰。房屋设计也更具个性和功能性，厨房、客厅、起居室、书房、仓库等一应俱全，更适于人们居住。

2011 年 4 月，农场在上级部门的支持下，开始在全场范围内上马危房改造工程。此项工程历时两年，至 2012 年年末，为全场职工改造危旧房 300 余间（栋）。与此同时，农场与房屋开发商签订合同，在原砖厂院内建起职工家属楼（佳园小区）75600 平方米。2014 年，农场又争取到 50 户危房改造任务指标。这些举措极大地改善了大台山地区居民的居住条件，人们的生活质量得到提高。

2019 年 8 月，大台山"危房改造配套基础设施建设"（危房改造二期配套工程）开始施工，并于当年 10 月底完成。该项目包括道路工程、亮化工程及排水工程等，为改善人居环境起到了重要作用。

至 2020 年末，农场辖区内居民人均收入 11870 元，住房总面积达到 211000 平方米。

表 5-2-1 居民收入及住房情况统计表（2008—2020 年）

年份	人均纯收入（元/年）	年末住房面积（平方米）
2008	4720	181300
2009	8000	183150
2010	8800	205030
2011	12000	205830
2012	15000	206720
2013	15000	209720
2014	15100	209980
2015	11400	210980
2016	11000	210980
2017	11200	210980
2018	11500	211000
2019	10450	211000
2020	11870	211000

四、出行

农场的交通事业有了很大的发展。随着人民生活水平不断提高，自行车数量猛增。1951 年，农场仅 1 台自行车，是农场首批职工之一赵桂芳最早拥有的。至 20 世纪 80 年代，自行车已发展到 2000 多台，人们出行多靠骑自行车，自行车品牌多为永久、凤凰、飞鸽、白山等。

20 世纪 80 年代以后，摩托车（幸福摩托、五菱摩托）逐渐出现在街道上，全场拥有摩托车 100 余台，进入 20 世纪 90 年代后，农场职工家庭基本普及摩托车，全场共有 1000 余台。摩托车的型号也由"五菱"升级为"八零""百号""一二五"等，品牌多为长城、豪爵、本田、金城铃木等。此外，场区内还有 140 余台私人三轮车从事拉脚业务，方便了人们的出行。

进入 21 世纪，绥中至大台山环城公交开通，给当地百姓出行提供了极大方便。此时，私家车也开始走进人们的生活，最早拥有私人轿车的是毕屯村居民张廷瑞。2008 年以后，辖区内私家车逐渐增多，轿车成为人们出行的主要交通工具之一。

2011年6月，为了加强农场地区交通安全管理，营造畅通的交通环境，按照绥中县政府关于取缔城区内营运三轮车专项治理工作的总体部署，农场配合地方政府，认真开展此项工作。截至当年7月，共取缔场区内123台营运三轮车，对车主给予车辆残值费补偿和一次性扶持就业资金60余万元，从而净化了交通环境，人们的出行更加安全。

2011年后，除了私人轿车逐年增多外，方便单人使用的电动摩托车（电动自行车）和适合老年人用的电动小轿车因其无须上牌照、无须加油、造价低廉而逐渐流行，原来的燃油摩托车逐渐被淘汰。此外，现代款式的变速自行车仍被人们所喜爱并接受。

2012至2020年，私家轿车数量逐年猛增。至2020年末，随着家庭可支配年收入的增加，境域内家庭轿车数量达到近400辆，普及率（按户数比）达到15%以上，品牌以吉利、长城、丰田、本田、大众、现代等居多，奥迪、宝马、奔驰等相对较少，8万元到25万元这一价格区间的普通家庭轿车占据主导地位。

第三章　社会保障

2007 年以前，农场是一个政企合一的国营农垦企业，自建场之初即承担了政府职能，建立和兴办了一些与企业生产、再生产没有直接联系的组织机构和设施，背负了产前产后服务和职工生活、福利、社会保障等社会职能，每年支出高达近百万元。具体表现为企业所拥有的医院、中小学校、幼儿园、敬老院、职工食堂、文化娱乐场所等机构和设施，使企业成为"小社会"，企业的管理机构成为"小政府"。多年来，企业办社会的状况已使农场越来越不堪重负，政企不分的现象严重地阻碍了企业深化改革及可持续发展的步伐。为此，根据国家经贸委、财政部等六部委联合下发的《关于进一步推进国有企业分离办社会职能工作的意见》及省市有关文件要求，农场抓紧做好分离企业办社会职能工作，到2007 年底，农场已将场办的中小学校移交给绥中县地方政府。其后几年，医院、敬老院、公路养护、电力等公益型机构以及后勤服务等福利型机构相继与企业的生产经营主体分离，切实减轻了企业办社会的负担。2019 年初，大台山社会事务服务中心成立，场区内的社会服务职能划归社会事务服务中心统一管理。

第一节　敬　老　院

1982 年 8 月 18 日，农场成立大台山敬老院。收养对象多为自理有困难的鳏寡孤独老人以及生活困难的老兵。

大台山敬老院坐落在大台山脚下台西分场域内。占地 3300 平方米，建筑面积 300 平方米。院内老人居室有多人间、双人间、单人间。建院以来，敬老院始终以"老人为本"为服务宗旨，以"奉若父母，情同亲生"为服务理念，让入住这里的老年人真正体会到老有所养、老有所医、老有所为、老有所学、老有所乐，让敬老院真正成为老年人的"福

图 5-3-1　敬老院的老人们　1983 年摄

地"。到 2010 年初，敬老院有 6 名老人，管理人员 1 名，毕桂发为院长。

2010 年 1 月 28 日，大台山敬老院移交给绥中县沙河镇人民政府管理，原农场敬老院的 6 名老人也全部移送沙河镇敬老院赡养，其中 3 名五保老人各种费用由民政局负担，另外 3 名老人所需费用由自己负担。

2017 年后，农场域内先后建有私人敬老院 4 所，其中较大的敬老院是双老来福老年公寓，位于大台山风景区，院长马环。2020 年末收留赡养约 40 位老人。

第二节　优抚与安置

自建场以来，农场历届党委始终对烈军属、现役军人家属以及复员退伍军人实行优抚政策。每逢传统、重大节日，农场主要领导及有关部门，都要到烈军属及现役军人家属、复员退伍军人家拜年慰问，以表达农场干部职工对子弟兵及其家人的关怀。农场对烈军属在工作上和生活上处处关心，对复员退伍军人的工作安置问题也极为重视。农场本着从哪里来到哪里去、妥善安置的原则，根据实际情况给予其适当安排。农场在政治上的热情关怀，在生活上的体贴照顾，使大多数退伍军人能够安心农场工作，从而担负起农场经济建设的重任。

2020 年，农场辖区内共有复员退役军人 187 人。这些在国防建设中卓有贡献的退伍军人，如今在新的岗位上，继续发扬人民军队的优良作风和光荣传统，在各条战线上发挥着重要作用，其中很多人成为各级劳动模范和先进生产者，有的还走上了领导岗位。

第三节　社会救济

新中国成立以来，农场把扶贫帮困工作列入整体工作中去，常抓不懈。成立了以场长为组长的组织机构，办公室设在工会，对因灾因病及其他特殊原因造成生活困难的职工，专门拨发资金以解燃眉之急。

一、最低生活保障

2000 年，为了妥善解决农场辖区内城镇居民中贫困人口的生活困难问题，切实保障群众的基本生活权益，根据国家关于建立城镇居民最低生活保障的有关规定，农场开始实行城镇居民最低生活保障制度。

2000年12月5日，农场出台《绥中县大台山镇人民政府 葫芦岛市大台山果树农场关于城镇居民生活保障工作实施方案》。方案规定，凡是大台山镇所属城镇户口、农业户口（四个农业分场除外）的居民，其家庭成员月收入低于城镇最低保障标准的，均列入保障范围。

保障对象包括：①无生活来源、无劳动能力、无任何依靠的"三无"人员；②失业人员、无业人员、残疾人员家庭，其家庭月收入低于最低保障标准的居民；③在岗人员、下岗人员、离退休人员，在领取工资或最低工资、基本生活费、离退休金后，其家庭月收入仍低于生活保障标准的居民；④其他家庭成员月人均收入低于最低生活保障标准的居民。

农场对每户低保救助对象开展入户调查、核查、资料审核、开展民主评议以及向外公示工作，并接受居民的监督。

2000年至2008年期间，农场共争取低保资金2000余万元，使生活困难家庭得到了最低生活保障。

2009年至2013年，辖区内低保户最高达到724户，农场共争取低保资金2500万元，平均每户每年约7000余元。

2014年12月低保年审，农场共有享受低保生活保障对象694户，保障人口1573人，月发放保障金385070元。全年共计停发、取消低保对象40户，新增8户，变更低保金额21人次，体现了动态管理下的应保尽保。同时实施医疗救助，为1573名低保保障对象全部办理居民基本医疗保险，累计救助特困家庭50余户，救助资金20余万元。

至2020年初，农场进行了低保换证工作，共计201户、325人。2020年10月，经绥中县脱贫办核查审议，大台山果树农场22户50人退出最低生活保障贫困户名单。

二、特困人员供养

农场特困人员（五保户）救助供养工作严格按照《葫芦岛市特困人员救助供养实施细则》的规定开展，保证高效便民、公开、公平、公正。

农场社会事务服务中心每年对辖区内特困（五保户）人员进行调查摸排，对无劳动能力，无生活保障，无法定赡养、抚养、扶养义务人的特困人员进行全面统计认定，向葫芦岛市民政局申请救助供养。

图 5-3-2 农场领导慰问百岁老人张张氏 2017年摄

农场对特困人员救助供养的形式主要采取分散供养和集中供养两种形式。对具备生活自理能力的，一般是居家分散供养，为其提供住房保障；对丧失生活自理能力的，农场安排其到沙河镇敬老院或农场内私人敬老院统一集中供养。供养过程中，农场社会事务服务中心负责进行跟踪服务，为其提供基本生活条件（吃穿用及大病医疗）。特困人员死亡的，为其一次性发放 6 个月救助供养金，用于其基本殡葬服务减免项目以外的必要费用支出。至 2020 年，农场辖区内五保户共计 13 人，每人每月补助 559 元，做到了人人老有所养、老有所依。

三、医疗救助

为防止因病致贫、返贫，农场加大医疗救助力度，对患病的困难职工及时给予帮助。重点开展光明康复行动及妇女两癌医疗救助。

2009 年，农场开展了光明康复活动，对 32 名白内障患者进行体检，为其中 16 名患者做了免费手术，人均节省医疗费 5500 元。全年先后帮扶重大疾病患者 14 户。

2010 年，积极开展医疗救助活动，组织 73 名白内障患者分两次去沈阳医院免费检查治疗，手术治疗 24 人，其中双眼手术治疗 4 人。全年，救助重大疾病患者 28 人。

2011 年 6 月，葫芦岛市工会组织眼科专家到绥中何氏眼科医院免费为农场 6 名职工群众实施白内障手术治疗。同年，向市工会申请重大疾病救助 30 人，救助重大疾病患者 19 人。

2012 年三八妇女节，农场组织单亲困难女职工到市医院进行了免费体检 5 人。通过市工会女工部向省总工会上报妇科两癌患者 3 人，申请妇科两癌医疗救助，每个患者得到救助金 5000 元。向市总女工委上报单亲困难女工和困难女职工 16 人，争取救助金 8000 元。全年对困难职工重大疾病实施医疗救助 49 人次，救助患者 27 人。

2013 年，救助职工重大疾病患者 22 人。

2016 年，救助职工重大疾病患者 12 人。

四、教育救助

1992 年，农场组织团员向希望工程捐款 1155.89 元。

2009 年，农场帮扶子女就学困难家庭 9 户。在中小学进行了家庭经济困难学生的调查，及时上报信息，还开展了希望工程爱心储蓄活动，捐息救助贫困学生，共计储蓄存款

99180 元。

2010 年，开展困难职工救助活动，争取金秋助学资金 2.4 万元，救助 18 名困难大学生走进大学校门。

2011 年，向市工会争取助学资金 5 万元，对 35 名考上大专以上高等院校的大学生给予经济上的资助。同年，农场团委开展为贫困学生捐款活动，现场捐款 1106.50 元，为 35 名特困学生交齐了上学费用。

2012 年，继续开展扶贫送温暖活动，对寒门学子实行困难救助，14 名本科以上学生救助资金 2.8 万元。每人发给助学金 2000 元。

2014 年，为 80 名贫困学生申请 10 万元的助学金。

2015 年，对在档困难职工家庭高考学子进行调查审核，向市工会申请上报符合助学条件的 9 人，争取助学资金 27000 元，每人发给助学金 3000 元。

2016 年至 2020 年，对低保户本科生每人每年补助 2000 元，低保户大专生每人每年补助 1500 元，低保户中专生每人每年补助 1000 元。

2020 年 10 月，农场志愿服务队到绥中县加碑岩黄木杖子村羊岩子小学开展助学

图 5-3-3　救助大台山中学困难学生　2020 年摄

活动。为小学唯一的教师——吴艳兰和 5 名学生送去了水杯、水壶、保温饭盒、牛奶等慰问品，并资助了 1 名在读贫困学生。12 月 4 日上午，农场志愿服务队到大台山中学和沙河镇中心小学开展"爱心助学"活动，为贫困家庭孩子送去了书包、文具、笔记本、水杯等学习和生活用品，代表志愿队 53 名志愿者送去助学金 6000 元。

五、临时救助

1983 年，毕屯分场李永宝家发生火灾，4 间住房及家中衣物粮食尽被烧毁。灾后第二天，农场有关部门及时上门对其救助，支援物资和款项，仅用 10 天时间就助其重建房屋 4 间，受灾人员恢复了正常生活。

1995 年，农场工会为贫困职工发放救济款 3200 元。

2000 年至 2008 年，农场每年都安排场内基层副职以上干部 50 人帮扶 50 户特困户职

工，帮扶活动有计划地实施，取得了预期效果，使一部分特困职工步入了脱贫致富的行列。

2009年，开展困难职工救助活动，救助困难职工222户，发放救助金4万元，大米5000斤；牵头开展了"党员干部走进千家万户"活动，先后帮扶住房困难家庭10户、基本生活困难家庭9户。

2010年，开展困难职工救助活动，救助困难职工80户，发放救助金4.1万元；对全场职工因洪水遭灾的危房险房进行了摸底调查，上报市工会131户，争取资金5万元，对25户危漏房屋给予了补助。

2011年，救助生活特困4户，救助住房火灾3户，救助职工非正常死亡2户，用工会经费支付救助金5400元。另外救助单亲困难女职工2人，救助住房火灾1户，救助生活特困职工7户，申请救助金4万元。

2012年，开展以"心系职工情，温暖进万家"为主题的扶贫送温暖活动。争取上级资金5000元走访慰问水灾户；帮扶生活困难职工家庭130户；共发放慰问、救助金64100元。救助特困职工家庭7户，救助金累计85730元。

同年5月，创办了"大台山果树农场工会服务帮扶站"。向市总工会争取资金5000元，为帮扶站购买了大米、被褥、劳动服等帮扶、救助物资，对26户困难职工家庭实施物资救助。"达维"水灾发生后，场工会及时对职工住房遭灾情况进行走访调查，资助职工翻建和修建水灾险房37户，发放资助金5万元。

2013年，在元旦春节期间开展了"送温暖"活动。帮扶生活困难职工家庭190户。发给慰问、救助金累计78000元。

2014年，农场在职党员干部积极参加爱心捐款活动，53名党员干部与53个贫困家庭结成对子，入户达150余次。7月，农场在职党员再次向社区特困职工捐款8870元，社区支部利用善款购买各类物资，包括大米、豆油2000余斤，全部发放给困难居民。春节期间，毕屯分场为60户困难户每户发放大米1袋，5个特困户每户另发放猪肉5斤。农场为毕建林等4名火灾户争取救助金1万元。至当年底，农场给贫困户下发了民政部门下拨的玉米种子600余斤，分别发给贫困户32户，为特困户购买玉米种子100余斤，化肥1000余斤。农场想方设法为村民协调贷款，保证了村民生产生活的正常进行。

2016年，春节期间帮扶困难职工家庭185户，发给慰问救助金合计70580元。

2017年3月，农场为困难户毕德和补缴1992至2016年的养老保险金9万余元，困难救助6万元，共计15万余元；为困难户江海艳补缴2006至2016年养老保险7万余元。

2020年，到绥中救助站领取物资，走访慰问农场22户贫困户。

六、危房改造

农场重视民生建设，为了解决职工住房问题，改变一部分职工居住的危、旧房屋低矮、阴暗、透风、漏雨的状况，2011 年 3 月 9 日，农场向上级领导部门申请危、旧房改造扶持资金并得到批准。4 月 7 日，农场成立 2011 年职工危房改造建设领导小组，领导小组下设指挥部，指挥部办公室设在大台山社区。5 月 9 日，农场根据省农垦局《关于全面启动国有农场危房改造建设项目的通知》（辽垦规财字〔2011〕21 号）和市农委《关于转发指导农垦职工危房改造工作规范性文件的通知》（葫农发〔2011〕28 号）等文件精神，结合实际情况，制定了《大台山果树农场 2011 年职工危房改造建设实施方案》，正式开始了 2011 年农场职工危房改造建设工作。

图 5-3-4　危房改造后的职工住宅　2012 年摄

2011 年危房改造工作的补助对象为具有大台山户口的居民，主要指 2010 年 12 月 31 日之前在农场劳资处登记在册的职工。补助以户为单位，按照一户一改一补贴的原则进行开展。

危房改造工作的优惠政策根据上级文件规定，按照每户 50 平方米的标准进行补贴，其中国家每户补贴 0.65 万元，省政府每户补贴 1 万元，市、县配套补助每户 1 万元。

危房改造工作的实施按照启动准备、项目报审、施工建设及检查验收的步骤进行。具体操作按照个人申请、分场评议、农场危房改造建设指挥部审查、农场领导小组审批、竣工验收、资金拨付的程序进行。

2011年，农场争取上级补贴资金1142.75万元，对场区653户职工危房进行了改造，其中翻建514户，增加建筑面积15663.91平方米，无房新建139户、435.5间，新增宅基地面积18106.5平方米。

2012年5月7日，农场成立2012年职工危房改造工作领导小组，领导小组下设指挥部，指挥部办公室设在大台山社区。5月25日，制定了《大台山果树农场2012年危房改造工作实施方案》，方案规定补助对象为具有大台山户口的居民，主要指2011年12月31日以前在农场劳资处登记在册的职工。补助工作仍以户为单位，按照一户一改一补贴的原则进行。

危房改造工作的优惠政策根据上级文件规定，按照每户50平方米的标准进行补贴，其中国家每户补贴0.75万元，省政府每户补贴1万元，市、县配套补助每户1万元。

2012年，农场争取上级补贴资金2880万元，对场区300户职工危房进行改造。

2014年，依据辽宁省保障性安居工程领导小组《关于下达2014年城镇保障性安居工程工作任务的通知》（辽保居发〔2014〕1号）文件精神，农场又争取到50户危房改造任务指标。

2019年1月，农场申报"大台山危房改造配套基础设施建设"（中央预算内投资，危房改造二期配套工程）项目，获得上级审批。7月8日进行招标。8月16日，大台山"危房改造配套基础设施建设"开工典礼在大台山果树农场举行。该项目总投资2145万元，涉及6个自然屯，共290条村路，包含道路工程、亮化工程及排水工程等。工程于2019年10月底完成。

七、精准扶贫

2013年11月，习近平总书记首次作出了"实事求是、因地制宜、分类指导、精准扶贫"的重要指示。2014年1月，国家出台精准扶贫工作模式的顶层设计，精准扶贫工作开始全面展开。但由于农场一直对生活困难家庭实行最低生活保障制度，即实行"低保户"动态管理，因此，2019年以前，农场并未纳入"建档立卡、精准扶贫"范畴。

2019年，大台山果树农场正式纳入精准扶贫范围。按照县委县政府的统一部署，农场立即成立了脱贫攻坚工作领导小组。在绥中县扶贫办的指导下，农场成立9个小组，对农场辖区48户贫困户进行入户走访，对符合建档立卡标准的贫困户进行摸底，共计上报贫困户23户。2019年11月，县扶贫办来农场核查贫困户，经过挨家挨户核查，一一筛选，最终确定建档立卡贫困户共22户50人，其中温屯办事处19户42人、矾石办事处3户8人。

图 5-3-5　农场领导考察精准扶贫户　2019 年摄

农场自纳入精准扶贫以来，认真选派干部对建档立卡贫困户进行一对一帮扶。党委帮扶领导坚持做到"五个一"，即每周用一天的时间入户帮扶、每月宣讲一次扶贫政策、每月做一件实事、每月打扫一次卫生、每月组织一次部门帮扶会议，确保问题清零销号。

为了让建档立卡贫困户尽快脱贫，农场采取"5 定措施"。进行项目扶贫、就业扶贫，全面推进扶贫帮扶到户，确保没有劳动能力的贫困人员应保尽保，有劳动能力的贫困人员应扶尽扶。同时，农场通过建立水果保鲜库、百果园采摘区和大台山旅游开发区等项目增加集体收入，在确保扶贫资金发挥最大效益的同时，达到增加贫困人口就业的目的。

2020 年是脱贫攻坚收官之年。农场建档立卡贫困户原有 22 户 50 人，年内死亡 3 人，至 2020 年末有建档立卡户 21 户 47 人。年初，农场到贫困户家走访。3 月末，民政事务处对还不是低保的贫困户人口进行低保兜底，全部纳入低保，实现脱贫。至 2020 年 3 月末，有 2 户 5 人已脱贫。4 月初，对 5 个 C 级房进行维修，2 个 D 级房进行新建，2 个无房户进行新建，让贫困户住进了新房。4 月末，有 17 户 40 人已脱贫。5 月，为贫困户粉刷门窗，送去建档立卡贫困户补助款 1244 元。至 5 月末又有 3 户 5 人脱贫。6 月初，扶贫项目水果保鲜库项目开始投标，争取县里扶贫资金 144.4 万元，农场在此基础上再投资 200 万元，至 8 月，建成 1000 吨的水果保鲜库一座，通过验收投入使用，为贫困户脱贫提供了资金保障。

2020 年 6 月，农场把建档立卡贫困人员纳入农场工资管理体系，每月按时发放扶贫公益岗工资及产业分红。

2020 年 10 月，经绥中脱贫办核查审议，大台山果树农场建档立卡户 21 户 47 人实现稳定脱贫。

第四节　基本养老保险

大台山果树农场职工基本养老保险收缴工作从 1992 年开始实行。缴纳的养老保险金由农场统筹 20%，个人缴纳 3%。

1999 年，农场遭遇特大旱灾，造成果树大面积死亡。受灾害影响，有部分职工弃树不管。至 2000 年，共有 480 人不再缴纳个人负担的养老保险费（至 2001 年，仍有 260 余人未缴纳养老保险费）。为此，农场出台《关于承包果树职工缴纳养老保险费的补充规定》，规定 2000 年弃树的职工，养老保险费由职工个人全额负担，不缴纳养老保险费的职工，自动与农场解除劳动合同。此外，1999 年未缴纳养老保险费的职工，2000 年可以补交。其他因故中断缴纳保险费的职工，提出申请并足额补交齐全后，可以继续参加养老保险。

2006 年 8 月，经葫芦岛市人民政府认定农场为特困企业，缴费参照灵活就业人员标准缴纳，即企业统筹 12%，个人 8%。因农场实际情况，企业应缴纳的养老保险金部分和职工个人缴纳的部分，全部由职工个人年底一次性缴纳，每年产生的滞纳金市政府予以减免。

同月，农场出台《关于解决职工子女参加养老保险的实施意见》，《意见》规定，农场职工子女和配偶，男 18 周岁以上 45 周岁以下、女 18 周岁以上 35 周岁以下的，均可自愿参保。从事有固定收入的自由职业者参保，个人按照市职工社平工资为基数的 20% 比例缴纳养老保险费；以国有企业职工身份参加基本养老保险的，个人按照工资收入的 28% 比例缴纳养老保险费。

2011 年 4 月，农场再次被认定为特困企业，继续按灵活就业人员标准缴纳养老保险费。

2012 年以后，农场经济有所缓解，职工养老保险一直正常缴纳。

2015 年，因受市场经济环境影响，农场经济发展再度陷入停滞，处于亏损状态，入不敷出。农场养老保险处于欠缴状态，为此，葫芦岛市社保局暂缓收缴农场 2015 年的养老统筹部分，待农场经济缓解再补交。

2016 年，农场在册职工 2356 人，正常参保 1717 人（个人全额负担缴纳养老保险费），其中 639 人因经济困难未正常参保。

2017 年后，农场经济好转，职工基本养老保险费足额上缴。

至 2020 年，农场规范管理职工基本养老保险工作：

完成整理农场职工养老保险手册录制工作，共计整理录制养老保险手册3151本；

完成办理2019年农场99名退休职工退休手续，包括退休认定、待遇核算、待遇拨付、退休证办理发放等工作；

完成农场退休人员社会化移交工作，移交事项包括退休人员的丧葬费、离退休人员待遇调整、军转干部待遇调整、退休人员取暖补贴等；

签订国有企业退休人员社会化管理服务移交协议书，整理填报农场2020年之前2548名退休人员社会化管理服务基本信息；

移交人事档案规范化整理和数字化工作，对2019年农场退休99名职工档案进行规范化整理、电子版扫描、信息化录入等工作，共计整理档案99本2170页，完成纸质档案及数值化成果审核，将审核通过档案全部移交到市劳动保障服务中心档案科；

完成办理农场老工伤职工待遇发放，共计发放老工伤待遇费29796元；

完成收缴全场职工上半年养老保险费工作，根据社保局2020年养老保险收缴政策，制定出台农场2020年上半年职工养老保险收缴实施方案，核对缴费基数、核算缴纳金额，共计收缴职工养老保险1399人，收缴养老保险费2307632.12元；

调整农场在职职工个人养老保险缴费基数，调整职工1368人，调整后总基数为2203376元；

完成调整农场退休职工2265人退休待遇调资及发放工作，共计上调工资总计304047.41元；

全年补办职工社会保障卡76张并全部发放；

按月办理职工养老保险、医疗保险增减及核定工作，足额缴纳养老保险、医疗保险费用；

完成养老保险账户差异核对，对市劳动局账户科审核出的农场养老保险账户有差异职工共计132人进行账户差异调整。

审核办理农场2020年退休职工及在职干部前期退休手续，2020年全场退休职工共86人，完成退休人员档案审核工作。

第五节　新型农村社会养老保险

2009年，根据中共十七大和十七届三中全会精神，全国开始试行新型农村社会养老保险，简称"新农保"。新农保，是相对于以前开展的农村养老保险而言，过去的老农保主要是农民自己缴费，实际上是自我储蓄的模式，而新农保最大的特点是采取个人缴费、集体补助和政府补贴相结合的模式，有三个筹资渠道。

凡是具有农业户籍，年满 16 周岁（不含在校学生），未参加城镇职工基本养老保险的农村居民，均可自愿参加新农保。参加新农保的农村居民要按规定缴纳养老保险费。个人缴费标准为年缴纳 100 元、200 元、300 元、400 元、500 元五个缴费档次，参保人每年可自主选择一个档次缴费。新农保实施后，参保人年满 60 周岁，未享受城镇职工基本养老保险待遇且农村有户籍的老年人，经县农保经办机构审批后，可以按月领取养老金，支付终身，但其符合参保条件的子女应当参保缴费。

2011 年 7 月，绥中县成立社会养老保险局，开始在全县范围内开展新农保工作。同年，农场认真落实新农保政策，给农场内 411 位 60 周岁以上老人办理了新农保，每人每月享受 55 元的养老金，年总额达 27 万余元。

2014 年底，农场内参保人数 451 人，年总额达 29 万余元。

2017 年，农场内农户参保人数 197 人。

2020 年 4 月 26 日，农场劳动保障服务处成立，主要承接新型农村社会养老保险、就业以及新型农村合作医疗等业务。至 2020 年 11 月，农场范围内参保人员达到 1970 余人（每月新参保险人数与终止保险人数不等）。完善老农保总人数 214 人，已完成退保 205 人，合并 6 人，新老农保衔接顺利完成。

第四章 职工生活

第一节 职工工资

工资是农场职工劳动报酬的基本形式。1949年以来，农场的职工工资曾先后采取过多种形式向职工发放。

1949年2月建场初期，农场职工人数149人。当时实行的是供给制，职工的生活标准为每人每天1斤半粗粮，由管理人员统一领取、统一保管、统一使用。伙食的主、副食安排均由这1斤半粗粮换取。农场还会给每个职工统一发放一套华服（列宁式棉上衣、制服式裤子），一顶朱德式帽子，此外，再无其他报酬。

1949年7月1日，开始实行工分制，以分定粮，每分为7.5公斤高粱。全体职工按技术水平高低和入场时间长短评定工分。标准为每月最少者13.5分，可得高粱101.25公斤，最高者18分，合高粱135公斤。

1951年继续实行工分制，但由原来的以分定粮改为以分定钱，每分合人民币0.192元。当时职工每月最少者78分，合人民币14.976元；最多者210分，合人民币40.32元（当时物价水平比较低，以干豆腐为例，每公斤仅0.16元）。

1954年开始实行工资制，按照苏联的经验，分为8级工资级别，最低的为1级，农场最高的为5级。

1957年，农场学习平安农场经验，对工资采取"抽肥补瘦"的政策，即实行劳动计件工资形式，根据职工完成生产任务的实际情况，按照一定比例计算单位工资，工资高的"肥"者要抽出少部分补给工资低的"瘦"者。这种办法一直延续使用至1963年结束。

1964年，农场按照上级指示，实行了浮动工资办法。职工每月开80%的基本工资，其余20%作为浮动工资，按劳动成果计分付酬。

1965年，作业工资按90%发放，年终结算。同时，实行三定一奖，即定产、定利润、定工资总额，适当奖励。在分红奖励上采取"五一四"分配办法，即场分五，生产队分一，工人分四。工人所得奖金不超过两个月平均工资。1966年该办法取消。

1978年，中共十一届三中全会以后，农场逐步落实了生产责任制，调整工资方案。方案规定，1971 年底之前参加工作的一级工、1966 年底之前参加工作的二级工，经民主评议，分别上调一级工资。其余职工按总人数的 40％上调一级工资（增加 5 至 7 元）。此外，对 1971 年底以前参加工作、标准工资低于 36 元的，增加到 36 元；1966 年底以前参加工作、标准工资低于 41 元的，增加到 41 元（但每月增加额不得超过 5 元）。在工资形式上，采取以计时工资为主，也有少量的计件工资。职工工资收入有较大增加。据统计，当时全场职工人数为 2307 人，年度工资总额为 95.03 万元，每人年平均工资为 411.92 元。

1984 年 2 月，实行职工家庭联产承包经济责任制，对果树进行第一轮承包，分配形式为定额工资加超产奖。

至 1985 年，职工总数 2799 人（固定工 1197 人，合同工 81 人，临时工 1521 人），年度工资总额（含奖金）123 万元，固定工每人年平均工资约为 550 元。

1987 年职工人数为 2784 人，年度工资总额为 190 万元，每人年平均工资为 682.47 元。

1990 年，职工人数为 3083 人，年度工资总额为 218.42 万元。每人年平均工资为 708.48 元。

上列数据表明，职工年工资水平逐年增加，1990 年与 1978 年相比，每人年平均工资绝对数增加了 297.06 元，增长 71.99％。这还不包括平均每年 260 万元奖金及超产兑现部分，加上这一因素，以 1990 年为例，人均收入达 1551.80 元，与 1978 年相比增长 276.7％。扣除物价上涨的因素，职工的工资仍有较大的增长。

1999 年，农场出台了"定死年度承包基数 20 年不变"的果树承包政策，对果树进行第二轮承包，职工以交付"占树费"的形式每年向农场缴纳定额款项，由职工自身掌握产、供、销各个生产经营环节，有完全的自主权。从此，农场不再承担一线果树职工工资的发放，只负责机关干部职工及各分场管理人员的工资。

此后近十年间，由于农场经济效益下滑，干部职工工资未见增长。

2010 年 10 月 1 日，农场对以前的干部工资制度进行改革，实行干部职务等级工资暂行办法（含机关工勤人员）。职务级别确定为九个职别：正场级、常务副场级、副场级、助理级、机关正处级、机关副处级（基层正职）、机关科员（基层副职）、办事员、机关工勤人员。工资从 1100 元至 2600 元不等。

2011 年 9 月 1 日，农场对当时支付工资的干部员工、拟退人员和享受生活待遇人员增加工资。具体是在现行的工资额基础上，按 2000 年的档案工资等级作为起点，每人增加八级工资，同时增加工龄工资，标准为每人每年 2 元；享受生活费待遇人员每人每月在原基础上增加 100 元生活费。

2012 年 12 月 1 日，为了进一步促进干部员工的工作积极性，保障生活水平需求，经农场场长办公会议研究决定，为农场当时支付工资的干部、拟退人员和享受生活费待遇人员增加工资。具体是在现行工资额基础上，按 2011 年的档案工资等级作为起点，每人增加十级工资（特一级后特二十级开始算级差），在原工龄的基础上每人每月增加工龄工资 2 元（计 2012 年一年工龄）；享受生活费待遇人员每人每月在原基础上增加 100 元生活费；同时为农场支付工资的干部员工和拟退人员每人发放取暖费 2000 元。

2013 年 10 月 1 日，经场长办公会研究决定给全场干部员工、拟退人员和享受生活费用人员增加工资。具体是在现行工资额的基础上，工龄工资再按每年 6 元计算增加；同时按农场委发〔2010〕6 号文件确定的九个职级为标准，增加职级工资；享受生活费待遇人员每人每月在原基础上增加 100 元生活费。

至 2020 年，农场干部职工工资按科员、副处、正处、助理、副场、场长六级工资制执行，从 2400 元到 4200 元不等，一级差额 300 元。普通工人通过承包果树获取收入，无工资，待退休后，领取职工基本养老金，根据缴费年限，退休养老金一般在 2000 元以上。

表 5-4-1　国有单位从业人员及劳动报酬统计（2008—2020 年）

年份	在岗职工	离开本单位仍保留劳动关系的职工	内部退养职工	在岗职工劳动报酬（万元总计）	离开本单位仍保留劳动关系的职工生活费（万元）
2008	1940	1580	12	1260	6
2009	1982	1493	11	1540	9
2010	1607	1418	5	114	17
2011	1701	1358	4	380	15
2012	1646	1304	—	615	—
2013	2558	—	—	2279	—
2014	2398	—	—	2300	—
2015	2445	—	—	2580	—
2016	2356	—	—	2400	—
2017	2233	—	—	2316	—
2018	2160	—	—	2562	—
2019	2086	—	—	2632	—
2020	2065	—	—	2981	—

第二节　职工福利待遇

一、劳保

1987 年以前，根据《中华人民共和国宪法》关于"改善劳动条件，加强劳动保护"

的规定，为保护全场职工在生产过程中的安全、健康，促进农场生产的高速发展，农场按照 1963 年 9 月 18 日国家劳动部颁布的《国营企业职工个人防护用品发放标准》的规定，对喷药、剪枝、电工、采石、机械、建筑、制砖、油毡、驭手、更夫等工种按期发放劳动保护用品。这些劳动保护用品包括防护服、棉衣、棉鞋、棉帽、棉手套、线手套、皮手套、布手套、毛巾、肥皂、眼镜、水壶、手电、口罩、雨衣、绝缘鞋、围裙、套袖、防尘鞋等。对一些特殊工种发放保健费。全场每年平均支出劳动保护用品费 3.2 万余元。

1988 年，实行场长负责制以后，工农业均采取承包责任制，各种劳动保护用品分流细化到承包项目中去，由各基层单位企业自主管理，农场不再统管。

2019 年 1 月，农场成立大台山社会事务服务中心，下设劳动保障处。8 月，撤销劳动保障处。2020 年 5 月，增设劳动保障服务处。劳动保障服务处成立后，立即与县社保局和沙河镇进行相关工作沟通和交流。6 月初与沙河镇劳动保障服务所完成工作交接。经过与县社保局信息技术部沟通，6 月底完成了工作系统的安装。同月，处室派出 2 名科员到县劳动局相关处室进行为期 6 个月的业务学习。之后顺利完成建档立卡贫困户信息收集、特慢性病医疗申请、领取待遇通知发放以及城乡居民基本养老保险参保和死亡注销记录表登记等工作。

2020 年 12 月，经过农场和县医保局沟通协调，劳动保障服务处开展了城乡居民基本医疗保险的收缴、信息录入以及审核工作。截至 2020 年末，收缴人数达 1700 余人，收缴金额 50 余万元。

二、福利

20 世纪 90 年代初期，农场连续 3 个春节为职工补贴发放大米、白面各一袋。

1991 年 10 月，农场投资 30 万元，与绥中液化气总公司合作，建立液化气站，由农场出资每年购入 200 吨液化气以出厂价供应全场居民户使用。农场对全体职工采取补贴的方式，全年每个职工发放 6 张石油液化气券。2004 年，液化气站解散，此项福利取消。

1995 年，农场改革果树承包管理体制，实行收取果树占用费承包责任制，取消职工工资，大米白面等年节职工福利待遇也相继取消。

此后十余年间，由于农场经济效益不佳，干部职工均无福利待遇。

2012 年，农场各项工作向好发展，社会效益和经济效益有所提高。为促进干部职工工作积极性，保障人们的生活需求，经农场场长办公会研究决定，从 2012 年起，为在职干部职工发放取暖费，每年每人 2000 元。

2014年7月，全国总工会下发了《关于加强基层工会经费收支管理的通知》。规定基层工会逢年过节可以向全体员工发放少量节日慰问品。

2016年至2020年期间，农场加大改革力度，大力发展实体经济，经济效益逐年提升。机关及基层的干部职工除工资外，每年享有一定的福利待遇，春节、端午节、中秋节等节日，农场工会都会为机关干部职工发放月饼、猪肉、元宵、豆油、酒、饮料等。农场工会还统计了工作人员的出生日期，每到工作人员的生日，都会为其订购生日蛋糕，让干部职工充分体会到农场对员工的关心关爱。

此外，农场还积极组织全场女职工每年进行免费体检，主要是两癌筛查，为女职工的身体健康保驾护航。

三、子女安置

职工子女得到妥善安置。积极安置待业青年就业，是关心职工生活，解除职工后顾之忧的重要举措。建场以来，农场高度重视职工子女安置工作，采取了多种形式、多种渠道，为数以千计职工待业子女进行就业安置。就业安置的范围主要包括场内固定职工子女，需年满18周岁且有劳动能力。在此项工作中，农场基本做到当年新增、当年安置，使职工家庭参加工作的人数增加，赡养人口减少，经济负担减轻，生活有所改善。

四、退休养老

退休职工生活做到老有所养。随着退休职工人数的逐年增加，农场加强对退休职工的领导和管理，以维护退休职工的切身利益。改革开放后，农场在这方面做了大量工作，农场劳资科（处）设有离退休职工管理专职人员，对离退休人员的管理，逐步走上正规化、制度化。做到了农场退休管理工作有人抓，能开展经常性活动。1986年3月，农场开始对退休费统筹。统筹的项目是离退休费、生活补助费、副食品和粮食补贴、丧葬费，1987年7月又增加抚恤费。由于退休职工多，负担重，全场每年须从营业外支出中列支30余万元，使职工的退休费有了保障。1992年，农场为全体职工办理了养老保险，从此，农场职工只要缴纳养老保险费，达到退休年龄后，即可享受基本养老保险待遇，按月领取退休养老金。至2020年，根据缴费金额及年限，每人每月退休养老金约2000～3000元不等。

农场关心退休职工的生活，对生病的退休职工进行探望，对生活困难的退休职工给予定期或临时性补助，对死亡的退休职工家属及时进行安慰，对亡故的职工，按照国家标准一次性给予安葬费。

第三节　粮食供应

20世纪50年代初期，农场的粮食均由基层各单位自主采购、供应，由负责后勤工作的管理员具体安排，统一购买后发放给职工。

1953年开始，粮食实行统购统销体制。中共中央于1953年10月出台《关于实行粮食的计划收购与计划供应的决议》，政务院于同年11月发布《关于实行粮食计划收购和计划供应的命令》，12月起，全国范围实行了粮食的计划收购和计划供应，简称统购统销。不久，食用油脂也实行了统购统销。1955年国务院发布了《市镇粮食定量供应暂行办法》和《农村粮食统购统销暂行办法》，使粮食统购统销逐渐形成制度。1955年8月25日，国务院全体会议第17次会议通过了《市镇粮食定量供应凭证印制暂行办法》，紧接着国家粮食部向全国发布这一暂行办法，很快各种粮食票证便全面进入社会。

农场设立专职干部管理粮食供应，同时组建粮食供应站，负责全场的职工及家属的粮食供应及粮食加工管理。农场第一任粮管员为杨振宇，1964年，杨振宇退休后，由孟昭有接任粮食专职干部。

1975年，随着农场的不断发展，特别是1976年至1980年，人口急剧增加，总人口由1972的2106人增加到4217人，在数量上增加一倍，粮食供应工作也日益繁杂和繁重。为此，1981年2月，粮站正式编为二级核算单位，站址在机械厂南院，占地9000平方米，房屋面积1600平方米，职工16人，苑福生为副主任。同年7月，粮站成立党支部，张绍卿为第一任党支部书记。粮站每月供应粮食总量15.6万斤。粮食供应标准及范围见下表。

表 5-4-2　粮食供应标准及范围（1981年）

定量（公斤）	工　种　范　围
13.5	非农业职工家属、十岁以上小学生及临时工
14	农业户口职工家属及自动退职的临时工
15	脑力劳动者及现金员以上干部、医生、退休和常年病休人员
16	广播员、话务员、营业员、信贷员、放映员、更夫

（续）

定量（公斤）	工 种 范 围
17	保管员、护林员、炊事员、管理员、立法员、兽医、基层赤脚医生
18	小车司机、看泵工、食品加工员、地毯工、针织工、送水工
19	饲养员、薄铁工、女机械工、油毡职工、酒曲工、制坯工、砖瓦工
20	汽车拖拉机驾驶员、装卸工、大车驭手、粮谷加工和男机械工、建筑工
22	锻工、翻砂工、造酒工、采石工、采矿工、砖瓦工、装坯出窑工
备注	小孩1岁4.5公斤、2岁5.5公斤、3岁7公斤、5～8岁递增1公斤

1985年取消粮食统购，实行合同定购，粮食实行征购改为合同定购，城镇居民口粮仍实行计划供应。

1993年2月，国务院发布《关于加快粮食流通体制改革的通知》，提出要在国家宏观调控下，放开价格、放开经营。要求增强粮食企业活力，减轻国家财政负担。通知的核心是粮食价格放开，总的原则是：统一政策，分散决策，分类指导，逐步推进。要积极稳妥地放开粮食价格和经营，对粮食定购采取保留数量，价格随行就市。

1995年6月国务院发布《关于粮食部门深化改革实行两条线运行的通知》，要求国有粮食部门的企业要实行政策性业务和商业性经营分开。实行两条线运行的原则是：统一领导，两线运行，明确职责，分别核算，稳定市场，搞活经营。农场粮站按照上级统一部署，在职工供应量之外，议价销售粮油商品。

图 5-4-1　粮站内加工设备　1985 年摄

1997年1月末，粮站解体。账目交与计财处；粮食关系交给保卫处；房屋财产交给台南果树分场。

2001 年 4 月，国家粮食局发出通知，取消《市镇居民粮食供应转移证明》。自此，《粮食供应证》也随之废止。

第四节　职工生活质量

中华人民共和国成立之后，农场广大职工和社员群众在政治上得到了解放，在经济上翻了身，在生活上逐步得到了改善。特别是中共十一届三中全会以来，职工和社员的生活水平不断提高，在吃穿住行方面，都有了明显的改善。

1984 年以前，农场广大职工和社员群众由于经济收入不断增加，在社会安定、市场繁荣的大好形势下，有条件进一步建设家庭，改善生活。一般生活水平的家庭，大部分都有沙发、立柜、写字台、餐桌等家具。家庭日用品除自行车、缝纫机、手表、钟以外，电力吹风机、收音机、电视机、电唱机、收录机、电风扇、洗衣机、照相机、组合音箱、组合柜等中高档商品也逐渐增多，家庭设施日益向现代化发展。

1984 年，农场实行家庭联产承包责任制，职工收入大幅度提高。1988 年至 1990 年，农

图 5-4-2　幸福的职工家庭　1983 年摄

场共为承包果树职工兑现超产款 778.7 万元、奖金 100 万元。人均所得在 8000 元以上。

收入的提高带来了职工家庭生活水平的变化，1984 至 2007 年间，全场职工私人购进彩色电视机 1200 余台，各式摩托车 560 余台，安装程控电话 1800 余部，购置手机 2000 余部。

人们的消费观念正在日益改变。20 世纪 80 年代的"四大件"即自行车、手表、缝纫机、座钟，除前两种还有小部分存在外，后两种几乎很难再见到。取而代之的是摩托车、各种金银首饰、家庭影院、彩色电视机、冰箱、组合音响、手机、电脑等高级家具及日用品，其中各种金银首饰、手机已相当普及。

1998 年以前，全场职工按月领取工资，按月到粮站领粮，一切生活日用品可到就近商店购买，炊事或取暖用燃料均由绥中县煤炭公司按季度供应，果树队的大部分职工是利用树枝茅草等解决生活用柴，无须花钱买煤。

1993 年以后，平价煤炭供应停止，1996 年粮站停止粮食供应，粮食完全走向市

场化。

表 5-4-3 职工每月日常生活用品指数调查（1983年度）

单位：元

品　名	数量	单位	单价	金额
肥　皂	1	块	0.22	0.22
香　皂	1	块	0.60	0.60
牙　膏	1	只	0.42	0.42
牙　刷	1	只	0.15	0.15
理　发	1	次	0.30	0.30
煤	80斤	—	—	1.20
电　费	10度	—	—	1.00
文娱费	每月	平均	—	0.40
邮　票	—	—	—	0.16
房　租	0.5	间	—	0.80
小　计	—	—	—	4.24

表 5-4-4 衣着支付调查（1983年度）

单位：元

项　目	计量单位	使用年限	单价	年平均	月平均
凉　帽	顶	1	1.20	0.60	0.050
秋　衣	件	3	6.00	2.00	0.160
秋　裤	件	3	5.40	1.80	0.150
汗　衫	件	2	6.00	3.00	0.250
背　心	件	1	1.80	1.80	0.150
短　裤	件	1	1.02	1.02	0.085
长　裤	条	1	6.40	6.40	0.630
棉　袄	件	3	9.00	3.00	0.250
棉　裤	件	3	8.00	2.66	0.220
绒线衣	件	5	8.00	1.60	0.140
绒线裤	件	5	6.60	1.32	0.120
棉手套	副	3	3.00	1.00	0.096
蒲　扇	把	2	0.36	0.18	0.015
炕　席	领	5	10.00	2.00	0.160
凉　席	领	3	1.30	0.65	0.060
棉　被	双	10	19.00	1.90	0.160
被　头	副	4	3.00	0.75	0.060
褥　子	条	8	10.80	1.35	0.110
褥　单	条	4	3.60	0.90	0.750
枕　头	个	8	4.06	0.51	0.040
枕　巾	条	1	1.20	1.60	0.130

（续）

项　目	计量单位	使用年限	单价	年平均	月平均
凉　鞋	双	2	3.00	1.50	0.120
夹　鞋	双	2	4.00	2.10	0.170
夹皮鞋	双	3	12.00	4.00	0.330
棉皮鞋	双	5	24.00	4.80	0.400
袜　子	双	1	1.20	1.20	0.100
雨　衣	件	3	3.60	1.20	0.100
合　计	—	—	—	—	—

表 5-4-5　职工每月日常饮食用品指数调查（1983 年度）

品　名	数　量	单　位	单价（元）	金额（元）
高粱米	9.00	公斤	0.230	2.070
大　米	1.50	公斤	0.350	0.530
白　面	3.50	公斤	0.370	1.300
粘　米	0.50	公斤	0.160	0.160
籼　米	1.00	公斤	0.320	0.320
月计划	15.50	公斤	—	—
计划油	0.25	公斤	1.660	0.415
盐	0.50	斤	0.185	0.185
味　精	1.00	袋	0.760	0.380
酱　油	1.00	斤	0.100	0.200
醋	0.25	公斤	0.260	0.065
猪　肉	1.00	公斤	1.200	2.400
鸡　蛋	0.25	公斤	2.400	1.200
牛羊肉	0.25	公斤	2.400	0.600
糖	0.25	公斤	1.720	0.430
鱼	0.25	公斤	2.000	0.500
豆腐块	10.00	块	0.100	1.000
干豆腐	0.25	公斤	1.200	0.300
花生仁	0.25	公斤	1.600	0.400
调　料	酌量	—	—	0.100
青　菜	时价	—	—	0.800
其　他	时价	—	—	—
小计	—	—	—	8.375

　　时至 2007 年，随着农场经济的逐步发展，人均收入大幅提高，可用于支配生活支出的费用明显增多。手有余钱心不慌，人们的生活信心较以往明显增强，生活水平也得到了明显的改善。此一时期，物价指数同时也在水涨船高，虽然如此，仍挡不住人们消费的热情。购买合身衣物、时令食品不再是逢年过节才有的专利。

　　下表是 2007 场内普通居民三口之家衣着指数调查。

表 5-4-6 职工家庭衣着支付调查（2007 年度）

单位：元

名　称	数　量	单　价	年平均支付	月平均支付
毛　巾	6 条	2.00	12.00	1.00
衬衣、衬裤	12 件	15.00	180.00	15.00
衬　衫	6 件	40.00	240.00	20.00
背　心	6 件	4.00	24.00	2.00
短　裤	10 件	5.00	50.00	4.20
长　裤	6 条	80.00	480.00	40.00
羽绒服	3 件	350.00	350.00	29.20
上　衣	9 件	50.00	450.00	37.50
凉　鞋	3 双	100.00	150.00	12.50
皮　鞋	2 年 6 双	150.00	450.00	37.50
袜　子	10 双	2.00	20.00	1.67
雨衣（伞）	3 年 1 件（把）	20.00	20.00	1.67
床上用品	3 年 1 套	300.00	300.00	25.00

　　2013 年以后，随着国家经济发展进入快车道，农场辖区内人民生活水平日益提高，人们的食品支出总额占个人消费支出总额的比重持续降低，以三口之家每月生活费支出情况为例，2007 年与 2018 年生活平均指数对比调查如下：

表 5-4-7 职工家庭（三口之家）每月生活平均指数对比调查

类别	品名	2007 年月均指数		2018 年月均指数	
		数量单位	金　额（元）	数量单位	金　额（元）
主粮	大　米	50.0 斤	70.00	30.00 斤	75
	白　面	15.0 斤	20.00	15.00 斤	40
	杂　粮	15.0 斤	20.00	5.00 斤	15
油盐酱醋	植物油	5.0 斤	30.00	5.00 斤	60
	食　盐	1.0 斤	1.50	1.00 斤	2
	酱　油	1.0 斤	1.50	1.00 斤	3
	醋	0.5 斤	0.50	0.50 斤	2
	味　精	0.1 斤	2.50	0.10 斤	3
	调　料	—	6.00	—	10
副食品	猪　肉	4.0 斤	52.00	8.00 斤	200
	鸡　蛋	2.0 斤	5.00	6.00 斤	25
	牛羊肉	1.0 斤	12.00	5.00 斤	200
	鸡	2.0 斤	15.00	4.00 斤	80
	糖	1.0 斤	2.50	1.00 斤	3
	海产品	2.0 斤	10.00	5.00 斤	100
	豆腐块	10.0 块	10.00	10.00 块	20
	干豆腐	3.0 斤	9.00	3.00 斤	15
	花生仁	0.5 斤	2.50	1.00 斤	3
	青　菜	30.0 斤	60.00	50.00 斤	200
	其他	—	50.00	—	200

（续）

类别	品名	2007 年月均指数		2018 年月均指数	
		数量单位	金 额（元）	数量单位	金 额（元）
生活日用	肥 皂	1 块	3.00	1 块	5
	香 皂	1 块	6.00	2 块	15
	牙 膏	1 支	10.00	1 支	20
	牙 刷	折旧	5.00	1 把	10
	电 费	30.0 度	15.00	70.00 度	50
	水 费	—	—	—	20
	文娱费	月平均	20.00	月平均	50
	电话费	—	50.00	—	50
	交通（油）	20.0 升	50.00	50.00 升	300
	洗 浴	月九次	45.00	—	100
	理 发	1 次	10.00	1 次	15
	洗衣粉	1 袋	4.00	—	—
	洗衣液	—	—	1 桶	30
	煤	167.0 斤	60.00	—	—
	天然气	20.0 斤	30.00	约 5.00 立方米	20
	楼房取暖	—	—	23 元/平方米	2300/年
	物业管理	—	—	—	800/年
	化妆用品	—	200.00	2 套	1000/年
	网费	—	—	—	500/年
	其他	—	—	—	5000/年

从上表可以看出，农场辖区内人民的生活水平较 10 年前有了很大的提高，支出的项目也较十年前有了很大改变，这说明人们的生活方式有了变化，更加趋向现代化。人们的饮食费用占比逐年降低，至 2020 年，恩格尔系数在 40％以下，人们生活基本达到小康水平。

第五节　小城镇建设

中华人民共和国成立之前，农场居民区房屋建设非常简陋，仅有几间土房供长工居住。

中华人民共和国成立之后，党和政府对农场的建设极为重视。多年来，在农场党政组织的领导下，场区民居建设速度加快。鸡架山、六支园、新区、大台东队、大生沟等地，都陆续修建了家属房，成为职工居住区。民居比较集中的毕屯，在 20 世纪 50 年代初期，仅有居民百十户，现已达近 3000 户。全民所有制职工和集体所有制农业大队社员群众，随着生活水平的不断提高，居住条件也得到了相应改善。在农场的统一规划安排下，仅1985年，全场就建造新房165间，旧房翻新155间。1986年至2007年底，全场共翻建新建房屋1331户，合计13.7万平方米。2007年底，全场共有住宅面积17.9万平方米，人均面积23.84平方米。

2003年3月，农场成立了小城镇建设办公室，统管城镇建设，在专项资金的管理上进行了重大改革。办公室改变了过去在资金补助上"撒辣椒面"的做法，实行项目管理，按照"统筹考虑，突出重点，注重实效"的原则，利用有限资金，精心组织、科学规划，集中建设几个重点项目，重点扩修场区道路，整治了村容村貌。

图5-4-3 大台佳园小区 2012年摄

为落实农场"十二五"规划具体要求，着力改善场内职工和村民住房条件，提高住房质量，农场于2010年9月成立小城镇建设招商引资开发办公室。开发办成立后，经过多方听取辖区内各方人士意见和建议并进行缜密的调查研究，制定出台了《葫芦岛市大台山果树农场整体开发计划书》《大台山果树农场商住小区可行性报告》《葫芦岛市大台山果树农场招商公告》等一系列文件。开发办以招商引资的方式，启动开发第一期工程即葫芦岛市大台山果树农场"佳园小区"职工住宅楼建设项目，地址选在原大台山砖厂、建筑材料厂厂区内，占地面积约5万平方米。2011年3月，农场开发办与房地产开发商洽谈达成协议，签订了《"佳园小区"联合开发协议书》，项目开始动工。

2012年9月，"佳园小区"6栋楼主体砌筑基本完成。2013年上半年，小区附属配套设施也已就绪，居民开始自行装修并入住。

为加快以场部和"佳园小区"为中心的小城镇建设，2011—2012年间，农场自行投资 120 余万元，实施了葫芦岛市大台山果树农场"佳园小区"的硬化、美化、绿化、亮化规划工程。工程共计铺设水泥路面 9400 平方米，彩砖地面 2600 平方米；加固、截潜河道 230 延长米；复修景观桥栏 40 米；安装太阳能路灯 30 盏、彩色灯管 30 延长米；宣传展示图板、标语、电子屏 8 幅（处）；整修休闲广场 5800 平方米，附有"东方之星"雕塑一座、"怡然亭""映波亭"凉亭二座、"三羊开泰"等景点 8 处，加设体育健身器材 8 套。

图 5-4-4　大台山苹果小镇山门　2018 年摄

2018 年，农场启动"大台山苹果特色小镇"项目开发计划。至 2020 年末，农场中心地带逐渐发展成为以绿色果业为主线，集养老、休闲、度假、畜牧业、特色农业、文化旅游产业为一体的"苹果特色小镇"，形成一个文化产业园区。

第六节　社会主义新农村建设

2005 年 10 月，中共中央第十六届五中全会通过《十一五规划纲要建议》，首次提出建设社会主义新农村。这是中共十六大以来中共中央为解决农业、农村、农民问题而作出的重大战略部署。

2008 年，农场将社会主义新农村建设提上日程，选择矾石分场作为农场新农村建设试点村，加紧投入建设。

矾石分场，地处农、非户口混居的矾石山村，区域内含三个分场，一村两制，人员复杂，如何改变落后的面貌，是农场亟须解决的一个重要课题。为此，农场围绕新农村建设，制定了《矾石分场新农村建设五年规划》，按照《规划》，农场为矾石分场划拨资金，围绕"三农建设"发展战略，逐步构建起富裕文明、和谐平安的矾石新农村。

在生产发展上，农场进一步完善了荒山承包到户的政策；建立了苹果苗木基地；为农民免费提供树苗、免费培训，协调生产资金贷款，帮助农果产品销售。发展草莓、生姜、辣椒等特色产业，拓宽了农民增收渠道。2008年，农场还投资60万元对田间作业路、电力、水利等基础设施进行建设，在次生林地和荒山区域建设了3个生态立体畜牧养殖小区。

在社会公共事业上，农场切实做好贫困群众的基本生活保障、特困户生活救助等工作。每年春节为老龄人口发放生活补助费2万余元。几年间，农场争取资金4万余元，为多个五保户修缮房屋，资助一家残疾人困难户建设家庭养猪场，使新农村建设真正为民谋利。

在美化环境上，矾石分场大力整治村容村貌，建立垃圾集中处理设施，投资5万余元修筑村路、挡水墙、便民桥、排水沟等，改善了交通状况。

图 5-4-5　毕屯河道清理　2018年摄

在村风文明上，矾石分场建立了村民文化活动中心、书报阅览室。利用广播、板报开展学习宣传活动，开展新型农民培训活动。为加强精神文明建设，制订《村民公约》，成立村人民调解委员会、设立老年巡逻队，引导、督促群众争当文明村民。

2009—2011年，进一步加大投资力度，建设了占地2000平方米的村民文化活动广场，内置凉亭、石凳石桌、健身器械、篮球架；建起占地300平方米办公楼一座；改造完善文化活动中心；建设档案室、农民书屋、抗日义勇军纪念馆等。

至2012年，矾石山村从基础设施到村容村貌、村风民俗、文明建设、经济发展，各个方面均得到改观，农场社会主义新农村建设试点村也被葫芦岛市农委确立为"葫芦岛市社会主义新农村建设示范村"。

除了矾石山村进行社会主义新农村建设之外，农场又在毕屯场区中心以及台西分场投入新农村建设。2010年1月，农场被辽宁省农垦局命名为"省农垦系统新农村示范场"。至2013年末，结合"新型农场示范点"，以场部为中心的"佳园小区"小镇建设完成，投资120万元的硬化、美化、绿化、亮化工程相继竣工。至2013年，大台山风景区基础设施改造建设完成，并投入运营。

第七节　美丽乡村建设

中共十八大报告明确提出："要努力建设美丽中国，实现中华民族永续发展。"2013年出台中央一号文件，依据"美丽中国"的理念第一次提出要建设"美丽乡村"的奋斗目标，新农村建设以"美丽乡村建设"的提法首次在国家层面明确提出。习近平总书记强调："中国要强，农业必须强。中国要富，农民必须富。中国要美，农村必须美。建设美丽中国，必须建设好'美丽乡村'"。

2016年，农场响应国家号召，开始启动美丽乡村建设规划。

一、台西村美丽乡村建设

台西村（即二队）位于大台山旅游风景区，其村容村貌的好坏直接影响风景区的声誉。因此，2017年，农场抓住美丽乡村建设契机，直接将首个美丽乡村示范点建设项目定在台西村，加大投入加快建设。经过数月的奋战，台西分场美丽乡村建设初见成效，街道美化工程顺利实施，重新修建垃圾池和合理放置垃圾箱，组建垃圾清运队解决了东部场区居民垃圾排放的老大难问题。同时完成了硬化水泥路面4.3公里。改造完成的台西村环境优美，与大台山旅游风景区相得益彰。

二、矾石山村美丽乡村建设

2018年，农场启动矾石山村美丽乡村建设项目。在建设过程中，农场牢固树立"绿水青山就是金山银山"的理念，按照上级要求大力开展环境整治。矾石山村美丽乡村建设项目包括：新装路灯3公里40盏、种植绿化树1.5公里200株、修建花坛50个、修建垃圾池10个、公共厕所1个、垃圾箱20个、建设文化活动广场2000平方米、农户院墙统一规整2000平方米，创建了矾石山村新时代文明实践站。

三、邰家沟孝道文化村建设

2019 年，大台山果树农场启动邰家沟村美丽乡村建设项目。农场进行详细规划，制定建设方案，做好前期招投标工作后，2020 年，邰家沟村美丽乡村建设项目开始实施。在加大基础设施投入力度、整治乡村环境的同时，建立乡村治理长效机制，用孝道文化装扮美丽乡村，赋予美丽乡村项目建设更高的文化内涵。至 2020 年末，邰家村美丽乡村基础设施建设完成。工程包括修建长 7 米、高 7 米的山门一座；修建 700 平方米休闲广场 2 处；新建 200 平方米新时代文明实践中心邰家站（孝道文化大讲堂）1 座；修凉亭 1 座，安装石桌 3 张；建篮球场 1 处，添置联合体育器材 16 套；清理通村河床，构筑河道两侧垛口墙 2000 延长米；绘制孝道文化墙 2850 余平方米；路面硬化 1.8 公里，修便民桥 2 座；栽植风景树 29 株、柳树 138 株，修花坛 4 个；修建公共厕所 2 处。工程总投资 180 万元。

图 5-4-6　邰家沟孝道文化村　2020 年摄

邰家沟位于农场西北部，是农场最早建立果园的地方，拥有百年的种植果树历史。这里山清水秀、民风淳朴，村民一直以勤劳务实、正直守信、恪守孝道而著称。农场以邰家沟为示范点，大力弘扬中华民族优秀传统文化，进一步营造孝老爱亲的社会氛围，激发群众内生动力，全力打造"辽西孝道文化第一村"。

为了加强组织领导，确保孝道文化村创建工作有序、顺利开展，农场制定了《创建孝道文化村工作实施方案》，成立了工作领导小组和孝德评选委员会、孝道文化宣讲团、职工志愿服务队等工作机构，力争从细节入手，积极发动、层层联动、广泛宣传，确保创建工作有序进行。

郜家沟"孝道文化村"创建工作主要内容可以用"一立二讲三建四孝"来概括：一立，是指在村广场立孝道碑，作为孝道文化村的标志建筑；二讲，是指大力开展讲孝道、讲忠诚活动，让孝道文化和爱国主义教育深入人心；三建，是指建孝道文化墙、建孝道文化广场、建孝德宣讲室，成为职工居民学习孝道文化的场所；四孝，是指通过学孝、倡孝、行孝、评孝为抓手，发动职工群众广泛参与。

农场孝道文化村创建工作由场工会负责牵头，农场相关部门配合。场工会结合"践行孝道·工会在行动"主题实践活动，大力开展孝道文化村创建，依托孝道典故宣讲、孝道职工家庭评选、模范事迹宣传、孝道讲堂学习等方式，不断扩大孝道文化的影响力。在具体实施过程中，场工会将孝道文化植入实践活动，具体开展《弟子规》学习活动，举办弘扬孝道文化专场晚会，开展重阳节敬老活动，设立孝道文化广场，建设孝道文化景观带（展示阵地）和孝道文化活动室（活动场所），从而将郜家沟成熟经验在农场全面推广，全力助推乡村文明建设。

乡村文明建设不仅仅在于创建初期的投入，还在于建立长效机制，形成一整套有效的管理制度，最终达到有效治理。农场要求，孝道文化村创建以"产业美、环境美、乡风美"为目标，高起点规划、高标准建设、高成效治理，把村庄建设与山水、人文环境相互融合，把郜家沟建成环境优美宜居、村容景致独特、乡风文明和谐的魅力田园乡村，同时在全场大力宣扬孝道文化，营造声势，凝聚共识，从"小孝"的敬老爱老爱单位做起，进而实现"大孝"的爱党爱国。

第六编

人　物

中国农垦农场志

第一章　人物传记

第一节　历史人物

一、郑桂林

郑桂林（1889—1933 年），原名郑国兴，字香庭。祖籍辽宁建昌县杨树湾子乡郑家沟屯。1889 年 12 月 15 日生于吉林省双阳县二道湾子村。1909 年春考入吉林省初级师范学堂（后改为吉林省立第一师范学校）就读。1911 年春毕业后在吉林省双阳县林家屯私立小学堂教书。1913 年春考入北京私立朝阳大学经济系学习。1916 年秋毕业，到"吉林审判厅"任录士。1917 年冬投笔从戎，参加东省铁路护路军（后改编为奉军陆军第七旅）。1919 年被任命为牡丹江设治局秘书，兼管"牡丹江华街发起办事处"。1921 年 4 月与张骏坊等人一起创办了牡丹江第一所小学

图 6-1-1　郑桂林

——宁安县第五区第二国民小学校，郑桂林亲任校董。1922 年，郑桂林调任吉林绥芬河驻军李振堂部军法处陆军检查官。1928 年 10 月，考入东北讲武堂第九期步兵科。1930 年 4 月毕业，分配到东北军第 6 旅第 8 团任上尉副官。1931 年 4 月被提升为第 13 旅第 637 团作战参谋、少校副官等职。

"九一八"事变后，东北军执行蒋介石命令退进关内。郑桂林怀着报国为民的雄心壮志毅然辞去官职，联合同志，去北平东北民众抗日救国会（简称"救国会"）请战。救国会派他到黑龙江某地组建第 17 路义勇军。出于战略考虑，郑桂林没有去黑龙江，而是决定到辽西一带组建抗日武装。

1931 年 11 月 2 日，郑桂林在海阳镇会同石兰田、李卓英等 40 余名携械的东北军军官潜出关外，至绥中和兴城组建抗日队伍，迈出抗日救国的第一步。他自报名号"郑天狗"。11 月中旬，郑桂林到锦州。他的抗日义举，得到当时在锦州主持辽宁省政务的黄显声将

军的大力支持，当即任命他为东北民众自卫军第 4 路军（耿继周部）副指挥。郑桂林受任后，立即到绥中、兴城、凌南（今建昌）一带抗日前沿宣传抗日，组建抗日武装第 4 路义勇军第 12 支队，郑桂林任司令。

1932 年 1 月初，郑桂林将 12 支队交给参谋长金殿春指挥，自己率 100 多名骨干到绥中北部山区，组建新的抗日武装。1 月 5 日，日军侵占绥中后，郑桂林到绥中城西 15 里之矾石山村召集群众开会，动员群众参加义勇军。1 月 10 日，郑桂林率部从大台山矾石山村出发，首攻绥中，毙伤侵绥日军 19 人，打响了绥中地区民众抗日的第一枪。

1932 年 2 月，救国会将郑桂林部统编为"东北抗日救国义勇军第 48 路"，郑桂林被任命为东北民众义勇军第四路军副指挥兼第 48 路军司令。

从 1932 年 2 月至 1933 年 4 月，郑桂林之 48 路义勇军在绥中地区转战，较著名之战役有范山（矾山，今矾石山村）绥中之役；梨树沟门之役；据守四方台；鏖战永安堡；鲍庄子之役；激战条石沟；红庙子之役；总攻兴绥之役等，历经百战之多，共歼敌数千，击落敌机 9 架，毁敌坦克 10 辆，缴获辎重甚多，赢得了国人的称赞，受到张学良及救国会多次嘉奖。上海《申报》赞郑部"扰敌后方颇收奇功""使日军受到莫大威胁"。共产党《红色中华报》报道"郑桂林部抗日义勇军……对日艰苦奋斗卓有英雄战绩"。

1933 年初，蒋介石下令解散北平东北民众抗日救国会，召第 48 路抗日义勇军进关。3 月，郑桂林被迫率部 12000 余人退至关内，以图再起。途中英勇地投入了闻名全国的长城保卫战，连续作战多次。尤其是 3 月 30 日在石门寨一带与日伪步骑炮联合兵种 3000 多人展开肉搏战，尤为激烈。据 4 月 26 日《新天津报》载："东北救国军，仍有万余人连日在边城一带〔战斗〕颇为骁勇。"

之后，郑部被国民党骑兵第二军军长何柱国改编为暂编第 1 师，郑桂林任师长。6 月 11 日，何应钦令郑部移驻天津马厂整编，以"裁弱留强"为名，把一个师缩编为 1 个旅辖 3 个团和 1 个教导队，余者一律遣散。

当时有人编造谣言，诬蔑义勇军。郑桂林极为愤怒，除在报上发表《郑桂林启事》予以驳斥外，又于 7 月 15 日在天津招待新闻记者，发表长篇演说。他说："我对外抗战，决不畏死；对内捍卫祖国，尽我天职。"7 月 20 日晚，郑桂林毅然组织马厂起义。先令特务连暗中离开驻地。随后，郑借口追剿"哗军"，率全军开出马厂，去张家口参加了吉鸿昌领导的民众抗日同盟军，任第 4 军第 4 师师长。后又同吉鸿昌、方振武、汤玉麟联合组成抗日讨贼军，继续抗日。

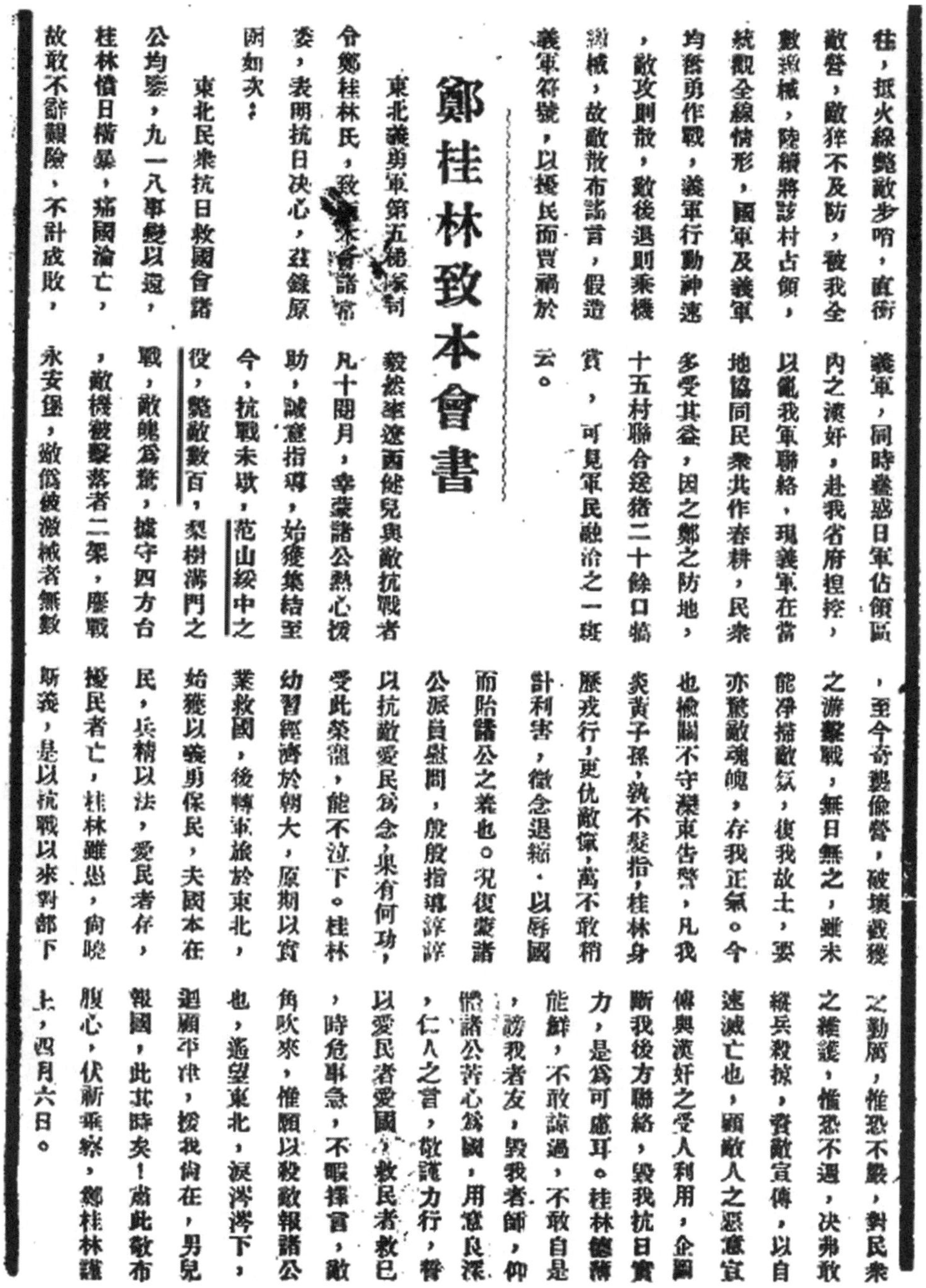
……佳，抵火線斃敵步哨，直衝敵營，敵猝不及防，被我全數繳械，陸續將該村占領，統觀全線情形，國軍及義軍均奮勇作戰，義軍行動神速，敵攻則散，敵後退則乘機繳械，故敵散布謠言，假造義軍符號，以擾民而嫁禍於義軍，同時蠱惑日軍佔領區內之漢奸，赴我省府揑控，以亂我軍聯絡，現義軍在當地協同民衆共作春耕，民衆多受其益，因之鄭之防地，十五村聯合送豬二十餘口犒賞，可見軍民融洽之一斑云。

鄭桂林致本會書

東北義勇軍第五梯隊司令鄭桂林氏，致本會諸常委，表明抗日決心，茲錄原函如次：

東北民衆抗日救國會諸公均鑒，九一八事變以還，桂林憤日橫暴，痛國淪亡，故敢不辭艱險，不計成敗，毅然率遼西健兒與敵抗戰者凡十閱月，幸蒙諸公熱心援助，誠意指導，始獲集結至今，抗戰未歇，范山綏中之役，斃敵數百，梨樹溝門之戰，敵魄爲驚，據守四方台，敵機被擊落者二架，歷戰永安堡，敵偽被繳械者無數，至今奇襲偷營，破壞截獲之游擊戰，無日無之，雖未能淨掃敵氛，復我故土，要亦驚敵魂魄，存我正氣。今也榆關不守，灤東告警，凡我炎黃子孫，孰不髮指，桂林身歷戎行，更仇敵愾，萬不敢稍計利害，微念退縮，以辱國而貽諸公之羞也。況復蒙諸公派員慰問，殷殷指導，諄諄以抗敵愛民爲念，渠有何功，受此榮寵，能不泣下。桂林幼習經濟於朝大，原期以實業救國，後轉軍旅於東北，始獲以義勇保民，夫國本在民，兵精以法，愛民者存，擾民者亡，桂林雖愚，尙曉斯義，是以抗戰以來對部下之勤厲，惟恐不嚴，對民衆之維護，惟恐不周，決弗敢縱兵殺掠，資敵宣傳，以自速滅亡也，顧敵人之惡意宣傳與漢奸之受人利用，企圖斷我後方聯絡，毀我抗日實力，是爲可慮耳。桂林德薄能鮮，不敢諱過，不敢自是，誘我者友，毀我者師，仰體諸公苦心爲國，用意良深，仁人之言，敬謹力行，誓以愛民者愛國，救民者救巳，時危事急，不暇擇言，敵角吹來，惟願以殺敵報諸公也，遙望東北，涙涔涔下，迴顧平津，援我尙在，男兒報國，此其時矣！肅此敬布腹心，伏祈垂察，鄭桂林謹上，四月六日。

图 6-1-2 史料书影 1933 年 4 月 20 日第四十二期《救国旬刊》刊载——郑桂林至本会（东北民众抗日救国会）书，其中提及“范（矾）山绥中之役 毙敌数百”

9 月，察绥抗日讨贼军在日伪军和国民党军队夹击下失败。11 月 9 日，吉鸿昌回天津。11 月 12 日，郑桂林秘密去天津找吉鸿昌共商重整旗鼓大计，不料在天津法租界被国民党宪兵第 3 团蒋孝先的特务秘密逮捕。11 月 18 日，国民党当局以“反蒋”“图谋不轨”等罪名，将郑桂林秘密杀害于北平天桥附近琉璃厂。郑桂林就义时，年仅 45 岁。

1988 年 1 月，郑桂林被中华人民共和国民政部追认为“革命烈士”。

二、段会林

段会林（1902—?），号段老会，绰号段大麻子，前矾石山村人。

1932 年 1 月 5 日，绥中被日寇侵占后，原东北军官郑桂林到矾石山村宣传抗日。段会林被感动，于是带领联庄会（为防止匪患，段会林组织几十人成立的地方伙会，段会林任会长，拥有枪支 10 多支）全体成员投入郑桂林领导的第四十八路东北抗日义勇军张耀东旅。段会林被任命为正团长，副团长为赵飞，其弟段春林为营长，初在郜家沟、顺山堡、横河子和狼洞子一带活动。此后，在一年多的时间里，段会林跟随郑桂林，率部多次攻打驻绥日军。

1933 年初，蒋介石下令郑桂林领导的第 48 路抗日义勇军退至关内。段会林所在团由副团长赵飞带领一部分部队撤入关内。段会林留在了绥中，带领余部继续抗日。后病逝家中。

三、毕大飞

毕大飞（1914—1991 年），原名毕普林，1914 年出生在毕屯村的一个农民家庭。1930 年毕家屯初级小学（四年）毕业。1931 年"九一八"事变后，毕大飞有感于日本侵略者践踏东北土地，遂怀着满腔爱国热情参加东北军，在张学良部独立第 7 旅 621 团 2 营 4 连当勤务兵。因为有些文化基础，毕大飞参军后被选送到卫队统带部（兵力相当于一个师）自办的军士队学习，更激发了爱国主义情绪。

图 6-1-3 毕大飞

毕大飞在军士队学习期间，刻苦磨炼军事技能，1933 年 3 月，被分配到 105 师第 3 旅第 9 团 2 营 4 连担任班长。因为表现突出，不久就被提拔为该营迫击炮连的少尉排长。毕大飞到迫击炮排后，从以前对炮兵一点也不熟悉到逐渐了解，成为步、炮兼通的东北军青年军官。

1935 年，张学良到陕西就任西北"剿总"副司令，1935 年 12 月，105 师各旅调到西安附近地区。1936 年，张学良的堂弟张学文（又名张幼卿）担任 105 师第 3 旅第 9 团上校团长。毕大飞也成为张学良堂弟的下属。

1936 年，105 师第 3 旅第 9 团驻在临潼，负责华清池周围的警戒，这也是临近西安市区的为数不多的东北军作战部队。这支部队军纪严明，军营里经常回荡爱国歌曲，官兵们半数以上是东北人，打回老家去的呼声很高。

1936 年 12 月 12 日，毕大飞一生都难以忘记的"临潼捉蒋"行动正式开始。张学良、杨虎城将军发动"兵谏"，逼蒋介石抗日。按照事先的部署，担任"捉蒋"主力的是张学良的两个卫队营，毕大飞所在的 105 师第 3 旅第 9 团则承担消灭蒋介石的卫队的任务。由于蒋介石带来的卫队和部分宪兵刚来西安不久，枪声一响，他们不知道发生了什么事情，慌乱中来不及抵抗就束手就擒了。西安事变发生后，毕大飞支持张学良、杨虎城两将军提出的抗日救国八项主张，向迫击炮排士兵传达了西安事变发生的背景和意义，全排士兵抗日情绪高涨，受到很大的振奋。

1937 年春，东北军整编陆续东调，毕大飞历任连长、司务长、代理少校团副等职。当时 105 师进行精编，由 3 旅 9 团制改为 2 旅 4 团制，需要裁减一部分下级军官，这些编余军官可以留在陕西地方部队继续任职。毕大飞在陕西驻军 2 年多，对三秦大地有了一定感情，遂决定留在陕西。1939 年，毕大飞到陕西王曲的国民党军官训练班受训，毕业后升任陕西保安司令部补充团上尉连长。1940 年调任陕西省行政第八专署保安司令部少校团副兼军警稽查处副主任及军训队队长。1942 年调任华潼师管区上尉连长。1943 年，在国民党 37 师司令部任上尉参谋 3 个月，同年 6 月到华阴县国民兵团担任督练员。1944 年任长武县岐山兵团少校团副。1945 年 7 月，在陕西省宝鸡县国民兵团硖石乡任少尉队副，后调到宝鸡镇任镇队副，后改为自卫大队队副。抗战时期，毕大飞身在陕西，虽然没能到前线抗日杀敌，但他在任内积极动员民众从军，还组织陕西几个县的青年壮丁进行备战训练，他还通过阅读报纸和听广播等形式，关注自己所在的老部队 105 师在前线杀敌的消息。

1962 年，年近五旬的毕大飞返回原籍，在绥中县毕屯大队第一生产小队务农，参加生产劳动。1983 年毕大飞在毕屯大队任值班员。

1991 年毕大飞病逝，终年 78 岁。

四、郎中歧

郎中歧（1914—2008 年），郎博泉之子，又名郎孝凡，原籍沈阳市大东关，1914 年生于沈阳市北关区榆树胡同。1921 年随父迁到绥中县居住，1929 年毕业于绥中县立初级中学。之后郎中歧曾到北平、河间、宝鸡等地，1950 年回到部家沟居住。

1956 年任矾石山果树队技术员。1968 年任部家果树队技术员。

郎中歧一生酷爱读书，直至晚年仍手不释卷。

2008 年，郎中歧病逝，享年 95 岁。

图 6-1-4　郎中歧

五、穆栢林

穆栢林（1917—1986年），祖籍明水乡盘龙沟村，1917年10月28日出生于网户乡河东村外祖父汪姓家中。1949年至1951年任职绥中利民果园指导员，为大台山果树农场首任党组织领导。

图 6-1-5　穆栢林

穆栢林出身于贫苦家庭，父亲穆景阳是一名银匠。1945年8月15日本投降后，穆栢林到绥中解放区参加了革命队伍。

穆栢林参军后，被编入冀察热辽军区第18军分区第18野战旅，后任8纵70团3营8连某班班长，随部队先后参加了保卫四平和辽沈战役。1947年在朝阳寺战斗中英勇负伤，右足部、两小腿部及左手部被炸伤，后被评定为三等乙级残疾。

1948年底，穆栢林被分配到赤峰荣军学校学习。1949年6月被辽西省荣誉军人管理处委派到绥中利民果园任指导员。绥中县解放后，妻子周玉芝调至热河省公安厅工作，1951年调转到绥中县民主妇女联合会工作。

穆栢林被委派到新成立的全民所有制的绥中利民果园任指导员时，利民果园还未建立党的组织，实行中国共产党领导下的经理负责制。穆栢林在上级党组织领导下，积极发展党员，为果园党组织发展奠定了一定基础。1950年1月，组织成立中国新民主主义青年团绥中利民果园支部委员会，并兼任团支部书记。团组织的建立有力提高了青年职工的创业积极性，为农场初创时期的发展和人才的培养做出了积极贡献。

1951年春，绥中县政府在城南打雀庄子新建绥中县利民窑业公司，6月穆栢林调任该公司经理。1952年，绥中县利民窑业公司改名绥中县制砖厂，穆栢林任制砖厂厂长。1958年，绥中县开始大办钢铁，组织人员开采叶家坟铅锌矿，实行军队建制管理，铅锌矿（营）设两个连，穆栢林任二连连长。1959年调任绥中县沙河人民公社交通管理站站长。1962年2月，绥中县成立养路段，下设三个工区，穆栢林调任沙河工区主任，负责叶家乡、沙河乡和绥中镇三个道班工作。"文革"初期因被诬陷而撤职，1969年经过组织调查澄清事实，恢复工作，调到绥中县"三办"办公室工作，负责五七大军、上山下乡及复原转业军人安置等工作。1972年调任绥中县养路段建桥工程队副队长。1978年调任九江河桥梁工程指挥部副主任。

1986年4月21日，穆栢林病逝，享年70岁。

六、曹克英

曹克英（1920—2008年），河北省乐亭人，中国戏剧家协会会员，著名戏剧家。

图 6-1-6 曹克英

曹克英自幼受戏曲熏陶，热爱文艺。拜评剧老艺人张恒贵为师，1940年，曹克英"生"行出徒，开始独立演出，开始了流浪艺人生涯，舞台功力日臻成熟。

1946年8月，曹克英在齐齐哈尔加入国营东北人民剧院，任剧院评剧队队长兼演员。1948年，曹克英调任哈尔滨评剧院编辑部副主任，开始投身戏曲编剧。

沈阳解放后，曹克英随一些文艺界人士进驻沈阳，接管了大观茶社，成立了"唐山评剧院"，任编导科长。1949年，根据赵树理同名小说改编成评剧《小二黑结婚》，演出后引起了强烈反响。此后，又以东北农村反对封建婚姻的故事，编成评剧《小女婿》，引起了轰动。

此后，曹克英接连编写出版了《一贯害人道》《枪毙辛占侯》《枪毙万玉梅》《鸭绿江怒潮》《保家卫国》《粮耗子》《胭脂判》《连环计》《救火英雄明绍成》《女货郎》《迎新春》《女秀才》等。并与徐固若合作编写了《杜鹃山》《战地之歌》等。他还整理改编了成兆才的《杨三姐告状》，演出后曾轰动一时。

1953年，曹克英作为戏剧界代表，参加了中国文学艺术工作者第二次代表大会，在怀仁堂荣幸地受到毛泽东、刘少奇、朱德、周恩来等中央领导人的接见。

1955年，曹克英在中南海紫光阁参加了周恩来召集和主持的"昆剧《十五贯》座谈会"，聆听了周恩来对戏曲改革工作的指示。

1956年5月，在辽宁省政协一届二次会议上，曹克英增补为省政协委员。

1958年，36岁的曹克英正值评剧创作的黄金年龄，却与辽沈文艺界人士30余人被下放到大台山果树农场（当时称辽宁省绥中果树农场），在这里度过了4年的时光。

和曹克英一起来到大台山农场的，有当时辽宁省文联剧团编剧徐立、辽宁省画报社画家景号（路坦）、辽宁省歌剧院指挥李兆环、三弦演奏家岳峰、指挥家许直、话剧演员潘崇瑞、蒙古族男高音演员蒙纪群等人。他们下放到大台山后，在农场党委的支持下，与农场热爱文艺的青年一起组织业余剧团，自编自演了许多文艺节目。曹克英成了剧团的骨干，他编剧的小话剧《分家》，小歌剧《狂人梦》《苦尽甘来》，评剧《老少换妻》和二人转《工农挂钩》都成为业余剧团的主要演出节目，曹克英还亲自导演了《分家》《狂人梦》《苦尽甘来》《老少唤起》《工农挂钩》和小评剧《养鸡姑娘》。这些剧目充分结合了大台山的地方特色，如二人转《工农挂钩》描写大台山果实累累，欢迎锦州市农机厂的同志来果园参观。可以说这些剧目都是大台山农场宝贵的文化财富。

以曹克英为骨干的业余剧团不仅在农场范围内很活跃，还曾多次到绥中县城及锦州市会演，得到市县领导的好评和观众的热烈欢迎。

1963年，在大台山果树农场生活了四年多，曹克英返回原来的工作单位沈阳评剧院，担任艺术室主任。

1977年，曹克英参加了全国第四次文代会，受到邓小平、李先念、胡耀邦等中央领导的接见并与之合影。年逾五旬的曹克英焕发了新的艺术青春，还被选为辽宁省文联委员、辽宁省第五届政协委员、沈阳市戏剧家协会理事等。

20世纪80年代，曹克英退休后仍发挥余热，担任中国戏曲志辽宁省编委会编委，对辽宁地方剧种的发展沿革进行了研究和整理。

2008年3月17日，曹克英在沈阳逝世，终年89岁。

七、栗宝善

栗宝善（1921—1977年），山西省黎城县人，1964年任绥中县委第一书记。

图6-1-7　栗宝善

1921年10月，栗宝善生于山西省黎城县四区行曹村的一个贫苦农民家庭。7岁上学，十几岁就参加革命工作，帮党组织传递情报。1938年2月，17岁的栗宝善就加入中国共产党，并被选为行曹村村党支部书记、农会主席。适值全面抗战爆发，栗宝善领导当地群众开展生产自救和支前运动，还组织民兵开展军事训练。响堂铺战斗中，栗宝善带领担架队抢救伤员，受到八路军一二九师首长刘伯承、邓小平的表扬。

栗宝善历任山西省黎城县第一、第四区民政助理、农业助理；河南省汲县二区副区长、汲县县委秘书、组织部副部长，河南辉县县委副书记等职。

1964年10月，栗宝善调任中共绥中县委第一书记。当时，绥中县是个贫穷落后的农业县。到任后，栗宝善立即深入高台堡公社胡家坟、明水公社姚家沟等处蹲点，蹲点期间住在群众家里，了解农民的疾苦和农村工作中存在的问题，总结出了一些切实可行的发展农业生产的经验。他致力于发展农业，在全县的山区、丘陵、平原等不同地区搞 10 个农业生产试点，并抽调 100 名干部进点工作。栗宝善身体力行，在胡家坟和群众一起劳动。当年，胡家大队修建高标准水平梯田 930 亩，全年搞立体积肥 3000 立方米，全大队 70％的农田实现了水利化。

至 1966 年，绥中的农业生产得到了迅速发展，六股河灌溉工程竣工，小庄子右岸 4 公里护堤坝建成，增加了抵御自然灾害的能力。

栗宝善甘为人民公仆，对自己的要求十分严格，衣食住行都非常俭朴，从不利用自己职位为亲属谋私利。"文革"中，栗宝善遭到迫害，到位于部家沟的"五七干校"劳动改造。1976 年，栗宝善得到平反，被任命为义县革命委员会副主任，但因病情严重而未能到任。

1977 年 12 月 23 日，栗宝善在锦州医学院附属医院逝世，享年 57 岁。

八、兴福财

兴福财（1924—1997 年），毕屯村人。是名震辽西的大力士，他能肩扛 400 斤货物，更能抱起 800 余斤马匹行走如常。

兴福财 1924 年 10 月 20 日生于毕家屯，从小就给地主家放羊，长大后便挑起货挑，买卖日用杂物，做起了走街串巷的货郎。兴福财力气非凡，饭量也非常惊人，正常中等饭碗他一顿能吃 12 碗饭。

图 6-1-8　兴福财

新中国成立后，兴福财把几亩山地卖给了"绥中利民果园"，加入了毕家屯农业生产合作社，参加生产劳动。由于其老实肯干，力大无比，干活时总是干在前头，不久便当上毕家屯大队第 4 生产小队队长。

1958 年，兴福财带领生产队员参加修建绥中县"八一水库"，由于其力大能干，别人担土一次挑一挑，他每次担土都是两肩同时挑，一次能挑两挑土，而且速度还不慢于别人。水库修建完工后，绥中县人民委员会对于他的突出表现进行了特别嘉奖。后来，毕家屯大队领导发现他在生产劳动中表现出众，把他提升为大队林果队队长。可是他一贯劳动带头，敢为人先，更希望战斗在生产一线，主动辞去了林果队队长之职，回到劳动生产第一线，仍任第 4 生产小队队长。

1983 年，生产队解体后，兴福财不再担任村里职务，由于自己曾经有过走街串巷的货郎经验，便在毕家屯村开了当地第一家私营商店，仍旧每天勤勤恳恳地劳作，边下地劳动，边经营着商店，直到 70 多岁才把商店交给子女，回家安心养老。

1997 年 4 月 3 日，兴福财因病逝世，时年 74 岁。

九、费成章

费成章（1926—2007年），1926年生于西大石台屯。费成章幼读私塾，少年时随父亲迁居到吉林市。1948年11月参加革命，始终在吉林省粮食局工作，曾任吉林省粮食局调运处副处长、处长。最后任吉林省粮食厅副厅长，1985年离休，2007年因病去世，享年82岁。

十、毕德堂

毕德堂（1932—2013年），副主任工程师，中国电子学会会员。1932年10月，生于毕屯村一个普通的农民家庭，幼年时发奋读书，1953年绥中县高中毕业，同年9月考入哈尔滨工业大学。1954年9月，转入北京外国语学院参加留苏预备生学习。1955年9月出国留学，到苏联列宁格勒加里宁工业大学学习。经过五年的刻苦学习，取得优异的成绩，于1960年学成回国，分配到国家电子工业部南京第14研究所，从事雷达研究工作，先后担任该所项目组长、该所派驻北京协作队负责人等职，其间加入中国共产党。

图 6-1-9　毕德堂

1972年5月，毕德堂调往兰字811部队参与三线建设，担任三结合办公室主任。中电集团第三十九所成立之初，条件艰苦，百废待兴。毕德堂作为三结合办公室主任，带头下基层工作，与职工一起，一砖一瓦，在红河谷旁建起了一片片教研楼、厂房、宿舍，见证了三十九所建立的全部过程。该所第一个型号项目立项时，毕德堂受聘为集团高级工程师，首任项目负责人，带领科研团队，日夜奋斗在科研一线，顺利攻克技术难关，确保任务顺利完成，为三十九所的发展做出卓越贡献。

在长期的科研工作中，毕德堂做了大量的艰苦工作，领导和参加了多个重要的科研项目。1976年获得部级科技二等奖；1986年获得宝鸡市少数民族先进工作者称号。

1992年退休后，他依旧担任俄文翻译，1989年至2002年先后十多次参与国防单位技术引进和边贸谈判工作，为三十九所的科研事业贡献力量。子女后代受其影响，也大多进入科研院所工作，一家三代十多人薪火相传。

2013年3月27日，毕德堂同志因病去世，享年81岁。

十一、毕长庚

毕长庚（1930—1998年），毕屯村人，出身于书香门第。自其曾祖父毕恩凤（号恩玉堂）家业中兴，创办家塾"南学房"。时至清末，官府在毕屯设立三台子公立小学堂之分所，委任其祖父毕庆林为校董。毕庆林为绥邑城西地方乡绅，交游甚广，清末民初曾任绥中县境4大区治中的第2区前卫区官，离任后在前卫经商，开设报馆。

图 6-1-10 毕长庚

伪满时期，毕屯分所改为三台子国民初级学校毕屯分校，委其祖父毕庆林为校董，后改为其父毕德文为校董。1939年，少年毕长庚便在家院的毕屯分校读书。1943年入绥中县公立上帝庙国民优级学校读书。1945年9月，国民优级（高小）毕业后，正值中共绥中县政府郎秀峰区长来大台山宣传征兵，毕长庚便应征入伍，参加了由50人组成的绥中县公安队，队长为赵云龙，毕长庚任勤务员，这是中共抗战胜利后在绥中组织的第一支地方武装力量。

1945年10月，中共绥中县公安队扩编为500人的公安大队，潘凯为大队长。11月8日，国民党军队出山海关进抵绥中，县公安大队为了掩护绥中县党政军机关工作人员撤退，激战至兴城县望海火车站时，包括毕长庚在内部队仅剩下70人左右。1945年11月18日，绥中县公安大队撤到朝阳地区时改编为县支队。1946年2月下旬，绥中县支队随着县党政机关由朝阳返回绥中，在宽帮等地，开展锄奸反霸、清算复仇、减租减息斗争。1948年9月28日，绥中县支队配合解放军冀热辽部队独立第4、6、8师攻克绥中县城，全歼国民党军队第60师第2团。不久，毕长庚所属县支队全部编入解放军野战军某部骑兵连，毕长庚在一次战斗中英勇作战，腿部受伤骨折，被授予三等功。伤愈后离开骑兵连被编入地方部队，在解放战争中先后在部队中任文书、连长、师部财务科长等职。

抗美援朝时期，毕长庚随部队炮2师进入朝鲜战场，由于其在后勤工作中作出突出贡献，被再次授予三等功，并被提升为团参谋长职务。1960年转业后，被安排到河南省郑州市建筑公司工作，后历任开封市空气分流厂科长，开封市仪器仪表厂党委书记，开封市钢铁厂厂长、书记。

1990年，毕长庚离休，1998年因病逝世，享年69岁。

第二节　创业先驱

一、毕春林

毕春林（1878—1939年），字渭桥，绰号毕矬子。1878年生，沙河村人（今沙河东村人）。幼时念过6年私塾。学刻字，学成后在街头摆摊刻字，即"出高桌"。几年后有些积蓄，便与锦州傅俊生等人合伙创办"泰和山房"石印局，毕渭桥出任"泰和山房"石印局执事（即经理）。生活条件宽裕后，毕渭桥想赡养继祖父，其父不允，毕渭桥给父下跪哀求，其父感其孝心而从之。毕渭桥性格耿直，能言善辩，经常免费替朋友写状子，而且每状必赢，人称"刀笔邪神"。

民国初年，毕渭桥买下东大石台山（即今大台山），开始在山上栽植各种树木，有松树、杏树、栗子树等。他采取雨季造林的方法，于仲夏之际，在工头毕宝凤（毕屯人）带领下，十多个工人冒着大雨左手拿扎枪扎坑，右手从布兜里掏出松子扔入坑里。由于经验少，栽植树木较密，数年后人从其间行走都很难。为了浇灌果树，还在山上打了一眼水井。

1923年，夏秋季节，毕渭桥与时任上帝庙小学校长的头台子人智庆云、智庆生（上帝庙小学教员）、智庆恩（参议员）、塔山人白凌阁（商会会长）、赵玉珊（商会会长）、刘经阁（参议员）、李子岐（商人）、张显庭（地主）、高会歧（校长）、王静函（绅士）等人合股集资在大台山建立绥中县第一个果园"大台山果林公司"。智庆云任经理，毕渭桥任副经理，长住工人5名。果林占地2000余亩，山前栽植苹果树500株，山后栽植梨树10000株，另外栽植杏树9000株，桃树9000株，柞树、松树各万余株。早期主要是栽植果树丁子，请来高甸子骆师傅采用劈接法进行嫁接，后来还栽植一些枣树和葡萄树。

1929年，因资金周转困难，毕渭桥便把大台山果园的股份转让给另一股东智庆云，专心经营"泰和山房"石印局及后开办的沙河砖窑。但由于不懂烧砖技术等原因，沙河砖窑只经营五六年就倒闭了。

日本侵略者占领绥中后，毕渭桥只在家里书写匾额，然后拿到泰和山房去篆刻。

1935年初，被人诬陷私通土匪而将其逮捕入狱，经家人到处周旋、游说被放出狱。经此变故，"泰和山房"石印局举步维艰，濒临倒闭。1935年11月，毕渭桥等人无奈将"泰和山房"石印局股份出售给另一股东地方绅士李善堂。此后"泰和山房"更名为"泰和隆"。

毕渭桥回沙河家中，因患脑中风至半身不遂。1939年病情加重辞世。终年62岁。

二、智庆云

智庆云（1883—1940 年），字蔚卿、矞卿，1883 年生于沙河镇头台子村一个家境较好的农民家庭里。8 岁开始在私人学堂读书，16 岁和 18 岁两次考秀才落榜。1904 年考入奉天（今沈阳）官立奉天高级师范学堂。1909 年毕业，在中后所（今绥中县城）教书。1916 年，智庆云由于文化程度较高，教学水平和教学质量甚佳，由奉天总督兼省长张作霖签发"第二十五号教员许可状"，许可其为高等小学校副教员职称，随之被绥中县教育公所任命为上帝庙小学校长。

1923 年，绥中成立农务会，县长梁禹襄委任智庆云兼任农务会管理员。此后，智庆云将上帝庙小学附近土地改为苗圃，为绥中地区的果业发展奠定了基础。

1923 年初秋，他联络了亲朋好友，富豪士绅和知名人士，以集资入股的办法在东大台山屯创办果园。由绥中苗圃挖取杏树苗和梨树苗栽植于此，同时，还在果园栽植了 500 株从熊岳购买的苹果苗。绥中地区首创的果园初具雏形，入股人员公推智庆云为经理，故被群众称为"大经理"，副经理为毕渭桥。

1925 年夏，由于大台山果园的果树成活率高，长势良好，于是，智庆云决心进一步扩建果园，另辟新区。初秋，他与公主岭满铁农事试验场讲习毕业生、绥中县农科职业学校校长王果忱共同勘察了鸡架山的地理环境，认为是创办果园的理想之地。于是又建立了鸡架山果园，所采取的方法仍然是集资入股，按股分成。大台山果园由其二弟智庆生继任经理，鸡架山果园由王果忱担任经理，智庆云为这两个果园的总经理。

1931 年，"九一八"事变后，智庆云辞去小学校长职务，专心经营果园，这两个果园不断发展壮大。

果树见效后，引起绥中各界人士的关注，一些经济实力较强的富豪士绅纷纷成立果园，绥中地区的果树事业得到空前发展。

1940 年秋，智庆云因操劳过度，患重病身亡，终年 58 岁。

三、智庆生

智庆生（1885—1959 年），号佐亭，1885 年生，沙河镇头台子人，智庆云之二弟，8 岁随兄入私人小学堂读书。1901 年，17 岁的智庆生去吉林省洮安县经商。1917 年，返回绥中县，因他文化较高，又爱好体育运动，被聘为绥中县上帝庙小学体育教师。1920 年，被委任为县参议室参议员，智庆生积极支持其兄创办果园，并倡导集资入股。1925年，智庆生辞去上帝庙小学体育教师职务，接替其兄任大台山果园经理，专心经营果园。他积极倡导农科职业学校增设果树技术专业班，增设之始，首先遣其二子晋贤、晋尧及侄晋勇入校学习，专攻果树技术，同时其本人也逐渐掌握了果树技术。

20世纪20年代末，大台山东侧先后创立了多家果园。1931年，智庆生所管理的果园，取名为"启华农园"。果园的规模不断扩大，经济效益逐步提高，在众多果园中始终居于前列，群众尊称其为"二经理"。

1948年秋，绥中县解放后，果园曾一度陷入混乱。1949年，人民政府接收果园时，智庆生积极响应政府号召，将自己果园全部卖给国家。

大台山农场成立后，智庆生因年老体弱没有参加农场工作。1959年，智庆生病故，终年75岁。

四、郭惟一

郭惟一（1890—1956年），1890年生于绥中县小庄子屯。郭惟一青年时弃农学医，在通辽市十三站行医8年。伪满初期回到绥中县，在绥中县南门外开设大生药房，为绥中县较早的西药房。1939年，郭惟一在部家西沟栽植果树1500株，创办"郭家果园"。1941年，携幼子迁往部家沟居住。此间，郭惟一一边经营果园一边行医济世，遇有穷困患者还经常免费医治，因此乡邻皆以善人称之。新中国成立后，"郭家果园"划入"绥中利民果园"。

图6-1-11　郭惟一

1956年，郭惟一因病去世，终年67岁。

五、郎景瑞

郎景瑞（1890—1929年），号博泉，部家沟人。1890年生，祖籍沈阳市北关区榆树胡同。民国初年毕业于奉天法政专门学校。1921年，被任命为绥中县县署第二科科长，掌管县内收捐和土地登记等事务。1924年，在日本同学近板真一郎的帮助下，从日本国购进500余株苹果树苗（这是绥中地区首次从国外进口果树苗木），栽植在部家南沟，创办"郎家果园"。

1929年，郎博泉因病入昌黎县立医院手术治疗，术后病情恶化医治无效逝世。1936

年（伪满康德三年），"郎家果园"被日本侵略者强占，果树增至 1200 株。新中国成立后，"郎家果园"划入"绥中利民果园"。

六、智庆恩

智庆恩（1890—1954 年），字辅忱。1890 年，生于头台子屯。系智庆云之三弟，念私塾 8 年，民国初年，任二区（塔山屯）区长。他积极响应长兄智庆云创办大台山果园并参与入股，为果园的早期股东之一。新中国成立前夕迁居北京，其果园被划归国有，并入"绥中利民果园"。1954 年，因患脑血栓病逝于北京，终年 65 岁。

七、李文贵

李文贵（1906—1987 年），字兴业，矾石山村人，祖籍绥中县高甸子乡狼洞子村。早年在绥中县城西门里路北居住。1918 年，毕业于绥中县县立高等小学校，毕业后学成木匠手艺。

1932 年春，李文贵在东大石台山南麓与陈子范及骆子峰等人合伙栽植果树，建立果园，其中骆子峰栽树地点后人称"骆峰沟"，在今台东分场域内。1939 年，李文贵在矾石山南沟栽植果树 1800 株，创办"矾石山果园"。

图 6-1-12　李文贵

1954 年，李文贵加入郜家沟新光农业初级合作社，任技术员。1955 年，在东风大社创办果树技术学习班（即夜校），亲自教授果树技术。同年底，李文贵创办的果园并入矾石山村果树队。1958 年，他带领村民新栽植了 5000 多株苹果树。

1987 年 7 月 10 日，李文贵因病去世，终年 82 岁。

八、王果忱

王果忱（生卒不详），字树藩。毕业于公主岭满铁农事试验场。1925 年任绥中县农会管理员。同年 2 月，绥中成立农科职业学校，王果忱兼任农科职业学校校长。王果忱初任校长，将学校苗圃从上帝庙小学校园改至城西头台子关帝庙，新扩地 12 亩，启用新法培育各种苗木。同时，研究苗木的施肥和防病虫害等专业技术，设蚕桑实验苗圃，为乡间培养了大量实业人才。

1925 年夏，王果忱与智庆云在鸡架山栽植果树，创建"蔚昌农林公司"。据《绥中县志》载："占地计 2800 亩，集股经营，智庆云为总经理，王果忱为副经理。有长住工人 10 名，车 1 辆，牛 10 头。栽有苹果 8000 株，桃 3000 株，梨 5000 株，杏 4000 株，李子 500 株，柞树 5000 株，松树 10000 株，葡萄 100 株，每年支出约 2800 余元，预计七年后除历年支出外可得纯利 5000 余元，十年后得利愈佳。"

之后不久，又在前卫北跳石沟东购地 2000 亩，与他人合伙创办永安山蚕场。

九、智晋铭

智晋铭（1904—1989 年），又名上成，1904 年 10 月 18 日，生于头台子屯。1915 年，入头台子初级小学读书。1939 年，在绥中县车站"信发和"院内领财东创办"福德厚"梨窖，智晋铭任经理。1940 年到张家口，任"中央饭店"经理。

图 6-1-13　智晋铭

1948 年回到绥中经营位于大台山的个人果园。1949 年 2 月 26 日，其名下 18 亩果园被绥中县政府收归国有，划入绥中利民果园，1954 年后，在马家大队第四生产队参加生产劳动。1989 年 1 月 19 日病逝，享年 86 岁。

第三节　领军人物

一、吴庆海

吴庆海（1914—1989 年），1949 年 2 月农场初创时负责接收私人果园工作的元老之一。

1914 年 5 月 29 日，吴庆海出生在河北省迁西县南团汀吴庄。1937 年抗日战争爆发后，吴氏八门子弟纷纷投笔从戎，为国捐躯的就有 9 人。年轻的吴庆海受家族影响，当然也想投身革命。于是在 1940 年参加工作，任南团汀庄民政兼组织委员，1944 年又改任村粮食委员。

图 6-1-14　吴庆海

1947 年 5 月，吴庆海到东北参加革命。是时，绥中县政府接收绥中县瓮泉山果园（今范家乡百年梨园），吴庆海被委任为果园经理。

1948 年绥中解放后，于 1949 年 2 月，绥中县政府对全县十二个私有果园进行接收，吴庆海参加了接收果园工作。在此之前，他将家里产业全部交给当地政府并迁到工作岗位居住，专心负责大台山及鸡架山的果园接收工作，并任经理一职。在接收果园工作中，吴庆海日夜奔忙，埋头苦干，终于按照上级要求如期顺利完成接收工作。

1951 年 10 月，大台山果园由辽西省接管，命名为"辽西省农业厅第四果园"，辽西省农业厅派李文升任第四果园园长，吴庆海调任第四果园鸡架山分园园长。1952 年 9 月，到辽宁省干校学习，至 1953 年 5 月，回到鸡架山分园继续工作。

1955 年 3 月后，吴庆海先后调任时杖子区（今秋子沟乡）农业站副站长，马尾沟林牧社技术主任，秋子沟、王家店、明水、高甸子等乡农业站技术员。"文化大革命"期间被下放到居住地明水乡四间房生产大队参加劳动。1974 年光荣离职。1989 年 5 月 8 日病逝，时年 76 岁。

二、太云山

太云山（1915—1993 年），中共党员，高级农艺师。1915 年 3 月 1 日，出生于锦西县塔山屯（今葫芦岛市连山区塔山乡塔山村）。

1924 年 2 月，太云山入锦西县第七区大红旗营子屯私塾读书；1925 年 2 月，入锦西县第七区区立塔山初级小学校一年级读书；1929 年 1 月，入锦县（今锦州凌海市）生生果园（今锦州市南山果树农场）私立耕余学院（著名爱国实业家李善祥创建）小学部高级小学学习。1930 年 7 月，入锦县生生果园私立耕余学院工读部，即果树园艺专科

图 6-1-15　太云山

（初中）学习果树技术。1933 年春，学院工读部毕业，任小学部实习教员。后因耕读学院院长李善祥被土匪绑架，放归后脱离锦县南下，学院因此停办。同年 7 月，入锦县庙沟的生生果园作实习生。1935 年 7 月，任生生果园技术员，从事果树技术工作。1941 年 12 月，任生生果园作业区主任，技术名称为技师。1947 年 7 月，任生生果园园务主任。

1949 年 1 月，东北三省解放，太云山被党派往"冀察热辽"联合大学行政学院学习三个月。结业后被派往辽西省第一果园（生生果园划归辽西省政府经营后改称）担任技术股长、技术科副科长职务，技术名称为技佐。1949 年 11 月，任辽西省立第一果园副技术科长。

1950 年 5 月，调到位于锦县六区的辽西省第三果园（韩家沟）工作。6 月，任辽西省农业厅第三果园技佐，10 月，任辽西省农业厅第三果园代理园长等职务。

1952 年初调第四果园（今大台山农场）工作。12 月，任辽西省农业厅第四果园园长。在担任辽西省第四果园园长期间，因组织恢复果树生产和提高产量等方面贡献突出，1954 年，被辽西省人民政府授予"先进工作者"称号。1955 年 3 月 21 日，任辽宁省绥中果树

农场（即大台山农场）场长。

1966 年 7 月，太云山遭到迫害。1969 年 5 月之后在农场从事技术工作。1975 年 5 月，任大台山果树农场科研办公室（科研所）副主任（副所长）职务。

1978 年 1 月，按照党的知识分子政策，太云山被安排为农场革委会副主任，后改任为副场长。

太云山倡导和组织了农场科研所的创建。在果树技术创新研究中，他扎根生产实践，勇于探索革新，取得较好的科研成就。20 世纪 50 年代，他学习全国各地的先进技术经验及国外一些技术理论，对果树生产技术大胆改进。他在果树修剪技术中有其独到之处，由重剪转为轻剪，以合理的密度轻剪著称于省内外。他主张修剪工作必须在肥水供应配合的前提下，才能发挥作用。他对幼树整形一贯主张三主枝错落、半圆形适度轻剪。通过合理轻剪，大小年幅度显著降低，幼树可以提前结果。在田间管理上，他主张以绿肥代替饼肥和改良土壤等，取得了非常显著的效果。

1978 年，太云山被选为"锦州市果树学会"副理事长，1980 年 7 月 1 日加入中国共产党。太云山一生谦虚谨慎，威望很高，曾被选为绥中县第三届人大代表、锦州市第八届人大常委会委员及果树行业技术职称评委会副主任。

1993 年 5 月 16 日，太云山因患帕金森病医治无效逝世，享年 79 岁。

三、朱志彬

朱志彬（1918—1968 年），又名朱维堂。1918 年出生，江苏省东台县姜盈乡南腰舍村人。从小在家务农，给人放牛，尝尽人间坎坷，常常羡慕别人家的孩子能读书。

1937 年 3 月，时年 19 岁的朱志彬被抓了壮丁。之后就在国民党保安 4 团（后改为 89 军 33 师 7 旅 49 团）1 营 3 连当挑夫 2 年多。

1945 年 9 月，朱志彬和另外几个国民党军士兵一起投奔解放军，任淮安县新四军 3 师 7 旅 20 团 3 营机炮连机枪班战士。

图 6-1-16　朱志彬

1945 年 9 月下旬，朱志彬随着部队开赴东北。因朱志彬作战表现勇敢，被提升为副班长，后历任东北民主联军 6 纵队 16 师 47 团 3 营机炮连 2 排班长、副排长、排长、副连长。后又改任 2 营机炮连连长。1946 年 9 月，朱志彬光荣地加入中国共产党。

1948 年 1 月，朱志彬在战斗中右下肢被炮弹炸伤，左眼失明，被安排到齐齐哈尔市陆军第一医院养伤。

1953 年 11 月，朱志彬调任辽西省农业厅第四果园第五生产队（前所牛羊沟）队长。1954 年 8 月，任辽宁省绥中大台山果树农场第五生产队队长。1956 年 4 月，任辽宁省绥中县果树农场第三生产队党支部书记。1957 年夏，调任大台山果树农场鸡架山队党支部书记。1958 年 10 月担任荒地幸福人民公社大台作业区主任，1959 年 10 月任大台山农场党总支副书记、场长。

1968 年 9 月 24 日，朱志彬因病逝世，终年 50 岁。

四、刘文歧

刘文歧（1929—2010 年），1929 年 2 月 14 日，生于三江省（今黑龙江省）方正县会发恒区会发恒村冯玉井子 48 方。14 岁开始给地主家里做零工。

1946 年初，参加革命工作。

1948 年夏季，刘文歧任盘山县哈巴台区委副书记，同年底升为区委书记。1950 年初，调任盘山县胡家镇二区委书记。1951 年，任盘山县直机关党总支书记。1952 年 11 月，调任辽西省直属盘山农场第一分场场长。1954 年春，任盘山农场灌溉管理处处长。1957 年春，调任唐家农场党委书记。1958 年春，任盘锦农垦局生产工作部部长。

图 6-1-17　刘文歧

1961 年 12 月 28 日，调任绥中县前所果树农场场长。1962 年 4 月，任前所果树农场党委第一副书记，并主持工作。1964 年夏季，刘文歧先后被调到铁岭种畜场、大连市第二农场、锦州市南山农场工作。1966 年 8 月，调回前所农场任党委副书记（正县团级）。

1972 年 4 月 15 日，刘文歧调任大台山果树农场"革委会"主任。当时大台山农场每年亏损一两万元，群众生活很艰苦，企业要扭亏为盈。经过领导班子研究，一致同意刘文歧提出的方案。首先，把职工户口从农业户变为非农业户，稳定职工情绪，调动职工的积极性；其次，改变场型不连片的现状，把毕屯、西大台、破台子三个集体农业队扩入农场范围，使农场果区连片，有利于发展生产；第三，发展农场工业，形成以工促果的经济模式。

1972 年夏季，农场在毕屯村召开群众大会，宣传农场扩大场型的好处。会上，刘文歧对种植农作物与栽植果树产生的经济效益进行比较，使群众明确栽植果树的意义。至此，群众栽植果树热情空前高涨。

1973 年 2 月，刘文歧任农场党委书记后，进一步加强果业建设力度，场型扩大后，虽然有了栽果树的土地，可购入果树苗需要大量资金，为此，刘文歧决定发展场办工业，在创办机械化制砖厂时，由于购入制砖设备价格昂贵，他决定由大台山机械厂自己生产。机械厂缺乏大型设备，经联系在鞍山市机床厂廉价购得大型龙门刨一台，又请到技术师傅董占申设计机床。同时，从场内抽调专人去山海关学习绘图等技术。经过几个月的苦干，刘文歧带领农场职工白手起家，从无到有，先后建起了砖厂、蜡厂、炸药厂和油毡纸厂等工厂，同时发展了修配厂等老工厂。农场工业的振兴给果树的发展打下了坚实的经济基础，先后购进了大量的优质树苗，嫁接了新红星等一批新优品种苹果树。创建了向阳、迎春、红星等果树队。

刘文歧为了起用人才，积极为蔺锦章等一批知识分子平反，使大批专业技术人才为大台山农场的发展积极献计献策，从此，农场果业有了大发展。从 1971 年的 6.8 万株，上升到 1977 年的 19.5 万株，5 年内增长了 2.87 倍，为果业腾飞奠定了基础。

1976 年，唐山发生大地震，农场积极响应国家号召支援灾区，把本应发往伊春的油毡纸改送唐山地震灾区，成为灾区得到的第一批援助物资。农场为灾区人民奉献了一分力量，因此受到了上级的嘉奖。

1977 年，刘文歧调任锦州北山种畜场党委书记。1989 年离休。

2010 年 8 月 30 日，刘文歧去世，享年 82 岁。

五、李保安

李保安（1944—2012 年），1944 年 4 月 1 日生于绥中县李家堡乡新堡子村王家峪屯。高级政工师、经济师。原锦州市大台山果树农场党委书记兼场长、县人大副主任。葫芦岛市作家协会会员，中共绥中县第四次党代会代表，锦西市第一届人大代表。

1962 年初中毕业后，17 岁的李保安参加工作，二十余年间，历任李家堡公社新堡子大队团支部书记、李家堡公社新堡子大队党支部书记、李家堡公社副主任、李家堡公社党委书记、锦州农学院党委副书记副院

图 6-1-18　李保安

长、锦州市科委副主任、锦州市农业干校负责人、辽宁金城原种场党委副书记等职。

1986 年 3 月，李保安调任锦州市大台山果树农场党委书记。是时，大台山果树农场历经几年的改革，经济发展正处于上升期，但地区文化事业相对滞后。李保安到任后，在处理农场经济事务的同时，狠抓农场的文化建设，为农场的经济建设和精神文明建设双丰收做出了积极贡献。1988 年 11 月在农场第二届青年歌手大奖赛上，酷爱文学的党委书记李保安

即兴创作长诗一首《如今大台不一般》，以表达他对大台农场事业发展前景的乐观与向往。

1991年春节前，李保安到重庆市参加农业部召开的全国性农垦会议，恰值电影《百团大战》剧组成员在此地下榻。有一次，与会的各地领导与剧组演员联欢，李保安看到如此热闹的场面，诗兴大发，即席创作七律一首《红楼盼日》："巴渝天气使人愁，嘉陵江雾锁行舟。山城昼夜烟雨裏，骄阳何日照红楼。"东北诗人吟罢，满座皆惊，纷纷称其为"文人企业家"。

在李保安的主抓下，大台农场的文化建设得到彻底改观，精神文明建设有了飞跃式发展。1989年，农场的下属单位地毯厂被中共锦州市委命名为"先进党支部"，他个人被锦州市农牧局评为"农垦系统先进工作者"。1990年12月，大台山果树农场被中共锦西市委市政府命名为"市文明单位"。1991年12月，农场被锦西市政府评为"市级先进企业"，他个人被中共锦西市委评为"优秀党务工作者"。善于"以文治场"的李保安也先后在1987年农场第九次党员代表大会和1991年农场第十次党员代表大会上，连续成功当选农场党委书记。

1992年8月，李保安调任锦西市前所果树农场书记兼场长。

1993年7月，李保安调任绥中县人大助理调研员，1995年1月，调任绥中县人大副主任。2003年，任绥中县人大调研员，退居二线。

退休后的李保安还是闲不着，本就酷爱文学的他开始把自己的大量时间投入到诗文创作中去，以老骥伏枥的精神开始了他全新的诗意人生。至2012年，他创作的古体诗达400余首，对联、楹联100多福，故事、传说、相声剧本等文学作品也有数十万字。著有诗集《诗意人生》（2005年中国文联出版社出版），《葫芦岛演义》（副主编）。

2012年9月8日，李保安因病医治无效去世，享年69岁。

六、李德森

李德森（1952—1998年），1952年10月，生于绥中县沙河镇三台子村。他因家贫母病，16岁时，放弃了小学学业，在生产队放羊。一年后，队长见其老实肯干，做事又非常认真，便任其为三台子大队第五生产小队保管员。李德森做保管工作一丝不苟，家里再穷也不贪占公家一分一毫。

1969年12月，李德森应征入伍。1972年1月，在部队加入中国共产党。1975年3月，从部队复员后被分配到大台山砖厂当保管员，7月

图6-1-19 李德森

调到鸡架山队任党支部副书记。1976年初，到绥中县委党校学习，一年学习期满后，1977年4月，回到农场任向阳队党支部书记，主持分场全面工作。

1983年1月，他被任命为农场党委办公室主任，1984年8月，被任命为农场党委副书记。在此期间，为了提高自身素质，李德森严格要求自己，自觉参加文化理论学习。1985年8月被选送到锦州市委党校大专班党务与行政管理专业带职学习深造2年。

1987年7月从锦州市委党校大专毕业回场后，经锦州市委组织部考核，于同年10月被任命为大台山果树农场场长，代表农场与锦州市农牧业局签订为期3年的领导班子集体经济承包合同，从此，农场实行场长负责制。1990年7月，锦州军分区任命李德森兼任农场武装部第一部长。1992年8月，兼任农场党委书记。

李德森担任农场领导后，开拓进取，锐意改革，对果树管理采取"十统一"的管理办法，实行家庭农场联产承包责任制，承包期初为6年，后改为20年。果树承包后，农场出现了持续发展的好形势。同时，他又大力发展场办工业，制定项目奖励机制，先后创办了大修厂、石粉厂和加油站等工业企业，使石粉厂实现了深加工，尤其是投资120万元对地毯厂进行改造扩建，使地毯厂形成了能独立加工成品地毯，直接出口创收外汇的大型企业。由于各项工业的不断发展，利润大幅度增加，逐渐形成了农场以工养果的经济模式，促进了果业的发展，形成了多种产业共同发展的经济格局。农场后来又加入了中央农垦局农业总公司，注入资金百万元，实行入股分红，增加了农场的经济收入。为了改善农场机关的办公环境，1991年，投资70多万元兴建了农场办公楼，使农场的办公环境焕然一新。

在李德森的带领下，农场的经济实力有了突破性进展。1990年，全场实现工农业总产值1800万元，比1987年提高了179%，完成利润130万元，是1987年的14倍。给国家上缴税金91万元，是1987年的4.8倍。农场连续6年被评为市级文明单位，被市委、市政府命名为"文明单位标兵"，成为辽宁省农垦系统的先进单位，由中型企业晋升为大型企业。他个人先后被评为全国劳动模范、省优秀企业家、省劳动模范、市特等劳动模范及市精神文明先进工作者。

1995年4月，李德森调任绥中县委副书记。1997年3月，任绥中县政府副县长，代理县长。1998年1月，当选为绥中县第十二届人民政府县长。担任县长后，李德森呕心沥血，忘我工作。他狠抓招商引资工作，使361油田等重点项目在绥中落户，为绥中县的经济发展带来了巨大的潜力和后劲。

由于常年处于超负荷工作状态，李德森身体健康每况愈下，积劳成疾。1998年6月7日下午5点15分，李德森因心脏病突发逝世，年仅46岁。6月10日，绥中县委、县政府在绥中县殡仪馆为李德森举行了隆重的遗体告别仪式。省、市、县和农场各级领导及绥中县各界群众、农场干部职工参加了遗体告别仪式，挥泪向"人民的好县长"依依惜别。6月13日，葬于大台山东麓长山子地域。

李德森逝世后，葫芦岛市委、市政府发出了《关于向李德森同志学习的决定》通知，在全市开展向李德森学习的活动，并授予李德森"模范共产党员"和"人民的好县长"荣誉称号。

葫芦岛市委、市政府《关于向李德森同志学习的决定》通知全文如下：

中共绥中县委副书记、绥中县人民政府县长李德森同志，因积劳成疾，导致心脏病突发，于1998年6月7日不幸逝世。

李德森同志1952年10月出生于绥中县沙河站乡，1969年12月参加工作，1972年1月入党。他参加工作以来，无论是作为普通一兵，还是担任领导干部，都始终牢记党的宗旨，以求真务实的精神，扎实苦干的作风和突出的业绩赢得了人们的钦佩和赞誉。特别是到绥中县委、县政府工作后，他以"豁出命干一场"的献身精神奋力拼搏，开拓进取，以忘我的工作热情投入到全县改革开放和经济建设中，为绥中的改革与发展做出了重要贡献，群众称他为"人民的好县长。"

李德森同志热爱党的事业，具有强烈的政治责任感和历史使命感。任绥中县代县长、县长期间，他以邓小平理论为指导，紧紧围绕全县"强县富民"的总体发展思路，尽心竭力，不辞劳苦，真抓实干，死而后已；他坚持实事求是的原则，作风深入，工作扎实，不做表面文章，注重实际效益；他时刻牵挂群众的安危冷暖，真心真意地为群众办事，艰苦奋斗，不谋私利，始终保持同人民群众的血肉联系；他坚持原则，顾全大局，作风民主，襟怀坦荡，为广大党员干部树立了光辉的榜样。

李德森同志是全市广大共产党员和各级领导干部的优秀代表，是改革开放时期勤政为民，埋头苦干，开拓进取，廉洁奉公的先进典型。表彰李德森同志，总结、宣传他的先进事迹，对于教育全市广大党员干部和人民群众树立讲学习、讲政治、讲正气的良好风气，对于动员全市人民解放思想，振奋精神，奋发图强，努力实现"两个确保"和跨世纪的奋斗目标都具有重要的意义。为此，市委决定授予李德森同志"模范共产党员"荣誉称号，市委、市政府决定授予李德森同志"人民的好县长"荣誉称号，在全市开展向李德森同志学习的活动。

学习他埋头苦干，求真务实的高尚品格。像他那样，深入实际，调查研究，不计名利，集中精力干实事。

学习他开拓进取，勇于奉献的拼搏精神。像他那样，自觉把党和人民的利益放在首位，在改革开放和发展社会主义市场经济的实践中，解放思想，顽强拼搏，"兴一方经济，富一方百姓"。

学习他热爱人民，服务人民的满腔热忱。像他那样廉洁奉公，勤政为民，老老实实，甘当人民公仆。

学习他维护团结，敢抓敢管的坚强党性。像他那样认真贯彻民主集中制原则，勇于开展批评与自我批评，自觉维护班子的团结和统一。

学习他注重实际，学以致用的优良学风。像他那样认真学习马列主义、毛泽东思想和邓小平理论，树立正确的世界观、人生观和价值观，密切联系实际，积极研究新情况，解决新问题，创造性地开展工作。

市委、市政府号召，全市广大党员干部特别是领导干部，要以李德森同志为榜样，在邓小平理论和中共十五大精神指引下，发扬伟大的抗洪精神和"团结奋进、开拓务实、从高从严、勇创一流"的葫芦岛精神，更加积极勤奋地工作，带领全市人民为实现"两个确保"和跨世纪宏伟目标，把我市建设成为繁荣、富庶、文明、美丽的现代化沿海开放城市做出新的贡献。

第四节　行业精英

一、智晋永

智晋永（1912—1976年），绥中县最早的果园"大台山果林公司"创始人之一智庆恩长子，1912年8月19日生于头台子屯。1920年入头台子私立初等小学读书，1922年入上帝庙县立小学读书，1924年入县立高等小学校读书。1926年至1928年入位于头台子庙的绥中县立农科职业学校读书，专攻果树技术专业。1930在鸡架山"蔚昌农园"任技师。

图6-1-20　智晋永

1948年9月绥中解放，同年11月，绥中县政府派来以王九章为队长的工作队进驻果园。1949年2月，绥中县以"智家果园"等多处新中国成立前私有果园为基础，成立了"绥中利民果园"，智晋永在第二果园（鸡架山）任技术员。1952年调入在第一分园（大台山）任技术员，因智晋永果树技术精湛，被人们称为"大技师"，其间为果园培养了大批果树技术人员，为大台山果园的发展起到了承前启后的作用，后来又任马家大队果树技师，并且经常为绥中县其他果园指导果树技术，为绥中解放初期的果树事业发展贡献了自己的力量。

1976年，智晋永因患脑血栓去世，享年65岁。

二、苑长祥

苑长祥（1914—2008年），东大石台屯（台西分场）人，父亲苑清曾在绥中县城染房做账房先生。苑长祥年幼时即在家中耕种田地，年长些后在大台山以打草、卖草为生，换得资金后便购置土地和牛羊，逐渐积攒下百余亩地的家业。

新中国成立前，苑长祥把土地分给后来的异姓家族耕种。由此，获得了乡亲的信赖，在新中国成立前被推举为东大石台屯牌长，其兄苑长安为甲长。新中国成立后，苑长祥先后任东大石台屯初级社主任、生产队队长及冯万乡副乡长等职。

图 6-1-21　苑长祥

1949年热河省发生严重水灾，苑长祥和区政府领导一起赴热河灾区救灾，历时近一年方才返回家中。

1949年，国家号召农民多种棉麻等特产农作物来支援国家建设，但屯里农民担心粮食不够吃，因此响应号召的很少。1950年，苑长祥为了做好老乡们的思想工作，就带头种了2亩棉花，当年秋拾了300斤头等籽棉。按当时物价折算，相当于7石高粱，足足顶得上相同土地10年的收成。老乡们的顾虑终于打消了。1951年，在苑长祥的指导下，全屯种棉花达到100亩，洋麻50亩，花生200亩，老乡们用特产换钱，再买来足够的粮食，再也不愁一年粮食不到头了。苑长祥不但自己响应国家号召，还给老乡们指出了发家致富的道路，为当时支援国家建设做出了突出贡献。

1951年12月，由于苑长祥在劳动中表现突出，被辽西省人民政府评选为"劳动模范"，获奖励战马一匹，1975年退职在家休养。

2008年，苑长祥病逝，享年94岁。

三、智晋尧

智晋尧（1922—1986年），"大台山果林公司"创始人之一智庆生次子，农场职工尊称其为"二技师"。

1922年智晋尧出生于沙河镇马家村头台子屯一富裕家庭。1932年入绥中县立国民初级小学校读书，1938 年毕业于绥中县立上帝庙国民优级（高小）学校。同年，入绥中县立农科职业学校读书，专攻果树技术专业。后在其家族果园任技师。

图 6-1-22　智晋尧

1948 年 9 月绥中解放，绥中政府接收私人果园成立绥中利民果园。瓮泉山果园为利民果园的第三果园。9 月 15 日，智晋尧经人介绍到瓮泉山果园参加工作，任果园技师。

1952 年智晋尧将自家果园通过国家赎买的方式交给农场，即辽西省农业厅第四果园。智晋尧继续在果园任技术人员，为丙级技师（九级技术员）工资，仅次于农场高级农艺师太云山。其后历任农场一队、二队、乱石山子及鸡架山等队队长。1964 年 12 月，调到农场生产科工作。"文化大革命"期间被停止了一切职务。"文革"结束后，曾任鸡架山、大生沟及侯山等队植保员和技术员。

由于智晋尧的果树技术水平很高，为农场的果树事业发展做出了很大贡献，多次被锦州市、绥中县及农场评为先进工作者和先进干部等荣誉称号，并获得物质奖励。

1986 年，智晋尧因多年患有高血压、脑血栓等病逝世，享年 65 岁。

四、蔺锦章

蔺锦章（1924—2006 年），又名尉锦，高级农艺师。祖籍河北宁河县，1924 年 3 月 7 日，出生于辽宁省锦县五里营子屯。

1949 年 3 月，北平解放后，蔺锦章进入沈阳农学院农艺系学习。1950 年 10 月，抗美援朝开始后，沈阳农学院迁到哈尔滨并入东北农学院，蔺锦章在园艺系学习。1952 年 10 月，全国院系调整，原沈阳农学院师生又迁回沈阳，蔺锦章在该院园艺系学习。

图 6-1-23　蔺锦章

1953 年 8 月，毕业分配到辽西省第四果园（即大台山农场前身）任见习技术员，1956 年夏，转为正式技术员。1969 年，被错划为"反革命分子"在鸡架山队劳动改造。1973 年 9 月，平反后，调到农场生产组、四化办公室做测绘工作。1977 年冬，调到农场果树研究所任技术员。

1979 年，在蔺锦章主持下对农场存在的"适龄幼树不结果"和"成年大树寡产"问题，用植物生长调节剂进行整治处理试验，使幼树提前结果早期投入生产，诱导成年寡产树尽快大量开花结果，经过反复的不懈努力，仅用三年时间就取得明显效果。该试验可使苹果幼树结果株率达到 70％以上，单株产量平均 2.3 公斤，成年寡产树平均单株产量由

9.4 公斤提高到 54 公斤，净增产 4.7 倍。1982 年，他的《植物生长调节剂在苹果生产工艺中的应用》论文，在辽宁省果树学会第四次学术年会上被评为优秀论文，于 1983 年被省里评为先进科研项目，获得了省农业科技成果二等奖。

蔺锦章还先后主持了田间机械化、渗透灌溉法以及用太阳能转换有机肥等方面的研究课题。其中果树渗透灌溉法荣获锦州市科技进步四等奖，该方法灌溉果树可省水 60％，节电 45％，增产 30％～40％，该技术在当时居省内同类技术领先地位，受到省、市、农牧渔业部和水利、农机等农业工程部门的重视，并向全国果园广为宣传和推广。他主持的农村太阳能住宅建设试验，经过多年的居住试验证明，每年可节煤 1 吨多，而且冬暖夏凉，居住舒适，又能减少空气污染和家务劳动，还可以替换出大量的柴草秸秆还田，用以提高土壤肥力，由此产生极大的经济效益和社会效益。

蔺锦章工作成绩突出，曾多次受到省、市和农场的表彰。1984 年，被辽宁省人民政府授予省劳动模范称号，还曾先后获得科技成果奖三次，市级以上荣誉奖状五次，优秀论文三次。他曾在《中国果树》《农机情报资料》《辽宁果树》《新农业》等国内十余家刊物和两家报纸上登载过学术文章，在国内同行业中具有一定的影响力。

1987 年 11 月，蔺锦章退休。1987 年 12 月，光荣地加入了中国共产党，实现了 30 多年的愿望。

2006 年 12 月 20 日，蔺锦章因病谢世，享年 83 岁。

五、毕宪林

毕宪林（1925—2016 年），毕屯人，家中世代务农，幼年给大台山韩家果园放羊，年长后在果园中参加生产劳动。1945 年 2 月，毕宪林被迫去大连"勤劳俸士"，修地道、下水管子，干了 7 个多月，受尽折磨。之后为救母亲，毕宪林几次被抓，听说要和解放军开战丁几次逃跑，直到 1948 年 8 月，锦州解放，毕宪林才回到家中务农。

图 6-1-24　毕宪林

绥中解放后，大台山果园被政府收购成立国有果园。1949 年 2 月，毕宪林经人介绍参加了大台山农场果园建设工作，当饲养员，主要负责喂马、赶大马车，拉运各种物质。由于他干活没日没夜，总是埋头苦干，被当时果园工人称为"毕傻子"。

有一次，农场派他赴凌源带领马车队去买草料，来回路过王宝河大河时，适逢汛期河水上涨。为了保证按时完成农场交代任务，他带领车队硬是来回蹚过齐腰深的河水，圆满地完成了此项任务。由于他在劳动中的"傻"干，获得了农场干部职工的一致好评。1956年2月，被辽宁省农林水利局评为先进生产者。1983年4月，被锦州市农村工作部评为五好家庭，多次获得农场授予的先进模范称号。

1984年毕宪林退职在家休养，2016年11月19日病逝，享年92岁。

六、任福林

任福林（1927—1997年），中级农艺师，1927年8月15日，出生于绥中县塔山镇塔山屯，省劳动模范。

任福林少时父亡，因家贫，其兄弟4人均未读过书。8岁开始以给人放猪，给地主扛小活为生。

1943年，他到本村地主白凌阁家果园做工，开始接触果树管理技术，后任果园技师。白家果园地处东大台山（即今台西分场），果园俗称"白小地"。

图 6-1-25　任福林

1948年9月，绥中县解放，11月，县政府接收果园，任福林被留用。1949年2月，白家果园划入"利民果园"，他被分配到"利民果园"大台队任技工组长。1950年11月，他加入中国共产党。

他针对老龄梨树做更新试验，收到良好效果。1953年，他在辽西省召开的劳模会上介绍了这一经验，受到与会代表、专家的好评。同年，获得省农垦系统劳动模范光荣称号。1954年，他调任鸡架山队工作，历任技工组长、工会主席、党支部书记。1956年，被评为辽宁省劳动模范和锦州市劳动模范。1956年至1958年，为解决国光果树结果部位上移造成光杆严重的问题，在鸡架山进行国光苹果树多年生枝短剪的试验，使国光多年生基部隐芽萌发长出短枝，形成果枝组且易形成花芽。1958年，做苹果早期落叶病最佳喷药试验，取得了良好效果。1959年，对国光、黄元帅结果初期树长梢摘心试验，促使萌发出的短梢当年形成花芽，新梢成花率提高40%。同年，首次在农场使用波尔多液防治苹果轮纹病，治愈率80%。1962年、1966年两次被评为辽宁省劳动模范。

1976年3月，任福林调任农场果树研究所副所长，1978年1月，任所长。在科研工作中，他一心扑在果树技术指导上，亲自制定果树修剪方案，开办技术辅导学习班，同职工一起参加生产，经常骑自行车往返几十里，到西部场区进行现场指导。1986年3月至1987年5月，他负责全场富士苹果引进开发工作，引进富士新品种30余个，高接换头2万余株，位居全国农垦系统第二位。1986年，与王庆海等三人进行苹果芽接新工艺试验并成功，实现了技术创新。1987年9月15日，被辽宁省农业厅农垦局、锦州市农牧业局予以肯定，颁发《技术鉴定证书》。

1984年，中央一号文件下达后，农场实行果树第一轮承包，任福林带领工作队，到西部场区五个果树队落实承包责任制。他在时间紧、任务重、经验少的情况下，精确估产，充分做职工的思想工作，首批顺利完成果树承包工作。

1985年6月，他办理了离休手续后仍表示："我虽然已到离休年龄，但根据我的身体情况，还有能力为党和人民工作，发挥我的一技之长，抓紧时间为党和人民、为大台山农场的果树事业，培养更多的技术人才，把自己的技术毫无保留地传下去，奉献给大台山人民。"

为此，他舍弃高薪聘请，离休不离岗，全身心地投入到农场事业的建设中，直至1989年末，他才因病离岗休养。

1997年6月4日，任福林因患癌病医治无效辞世，享年71岁。

七、宋有山

宋有山（1928—2008年），又名宋友山，绥中县塔山镇人。是大台山农场的第一代垦荒人之一，辽西省劳动模范。

图6-1-26 宋有山

1928年12月11日，宋有山出生于塔山镇西王村小钟鼓一贫农家庭。十来岁就给地主家打零工，后来挑着担子走街串巷卖鱼虾、碗盆等，做些小买卖谋生。1949年1月来到大台山农场（原辽西省第四果园），成为农场首批参加工作的工人。因工作勤恳，得到领导及百姓认可，所以先后担任第四果园一队队长，基建队队长，猪场、修造厂（后更名为锦州市大台机械厂）、食品厂等单位厂长职务。1959年12月28日光荣加入了党组织。

建场初期，百业待兴，宋有山和农场的几位创始人一起努力工作，在爱国农业生产运动中积极响应政府号召，互助合作，开荒种树，使用新的耕作方法，改良农业生产技术。因工作出色，1953年被评为辽西省劳动模范，出席了当时辽西省政府的表彰大会，获得"五三"劳动奖章。1954年2月获得了辽西省政府颁发的劳模奖状。1958年7月获得了绥中县人民委员会、绥中县工会联合会颁发的奖状。

1963年，宋有山在任大台山猪场厂长期间，带领工人养猪、酿酒，夜以继日，加班加点，大大增加了农场的经济收入。在畜牧业生产中成绩显著，1963年12月被锦州市人民政府评为"市劳动模范"。

此后，调大台山机械厂工作，先后担任主任、厂长等职务，积极参与机械厂的创建与发展建设。当时机械厂的车床、钻床、刨床、翻砂车间、铸造车间等生产的机械设备和零件远近闻名，其间他四处奔走，外出学习、考察，使车床销量大大增加。在农业学大寨、工业学大庆的工作中，为机械厂的发展壮大立下了汗马功劳。1982年，宋有山被锦州市人民政府评为"社会主义精神文明建设先进个人"称号，出席了锦州市劳模表彰大会。

1982年，宋有山任大台山食品厂厂长期间，带领工人学习生产加工面包糕点技术。生产冰棍，后来又创建食品厂商店，从经销食品到后来经销采购的生活日用品、生产用品、学习用品、五金百货、饲料等多种经营模式，从采购货品到销售，他总是亲力亲为，身兼数职，集中精力干实事，从不计个人名利得失，为企业增收发挥了重要作用。1983年1月被农场评为"先进生产者"。1983年3月获得锦州市国营农场局颁发的奖状。1984年2月获得锦州市人民政府"先进个人"证书。1985年12月，在精神文明建设中被评为"五好家庭"。1987年7月，在"两先一优"活动中，被评为"优秀共产党员"，是大家公认的"热心肠"，在群众中威望甚高。

1988年，宋有山离休。

2008年8月11日，宋有山因病去世，享年81岁。

八、仲宝忠

仲宝忠（1928—2011年），河南省襄城县人。1948年2月参军入伍，历任班长、副排长、排长。参加过淮海战役、广西剿匪和抗美援朝战争。

1955年，仲宝忠转业，分配到绥中县供销社推销科工作。此后相继任前所水果采购站经理、绥中百货批发商店经理、猴山水库材料组组长、荒地供销社主任。

图 6-1-27　仲宝忠

1976年，大台山果树农场筹建炸药厂，经农场和县组织部磋商，调仲宝忠来大台农场炸药厂工作，任炸药厂书记。炸药厂是个危险单位，也是重要单位。仲宝忠始终保持着强烈的责任心，在工作中总是身先士卒，爱厂如家。一年365天，在厂吃住得有300天以上。有一次，外地单位来了一位买炸药的，找领导找不到，就问到一位面戴口罩、身穿工作服、正在仓库前捡拾硝铵块的年近五旬的工人，没想到这人正是炸药厂书记仲宝忠。在他的带领下，经过一年的苦干，炸药厂为农场盈利 21.5 万元，为农场经济的发展做出了重要贡献。仲宝忠加强生产管理的同时，尤为重视安全管理，在他任炸药厂支部书记的 5 年时间里，炸药厂从未发生过人身伤亡事故，为农场建设和发展做出了积极贡献。

1981 年，仲宝忠调大台农场供销科工作，先后任供销科副科长、科长。1987 年 11 月离休。

2011 年 7 月 22 日，仲宝忠因病去世，享年 84 岁。

九、赵玉山

赵玉山（1928—2000 年），又名赵玉珊、赵毓俊，内科主治医师，原任大台山果树农场医院副院长（副县级）。1928 年 3 月，出生于山东省泰安县六区范家镇。1935 年 2 月，入泰安县范家镇第四区区立范镇小学读书，1938 年 7 月，辍学回家，随父务农。

图 6-1-28 赵玉山

1948 年 9 月，在济南市趵突泉街考入山东省立医学院学习，10 月参加革命，转入华东军区白求恩医学院学习。1951 年 3 月，华东军区白求恩医学院本科毕业后，转入东北军区第三陆军医院（延吉）实习，是月转入志愿军第三兵团卫生科任实习医生，参加朝鲜战争。1952 年 4 月 28 日，因其在工作中认真负责，使用针灸医治病患来节省药品，在防疫工作中亲自下手改造厨房，主动给战士作健康检查，被授予"副连级军职"。1952 年 5 月，在朝鲜战场志愿军第三兵团卫生科卫生所工作，因在工作当中积极热心，细心为病人诊治，10 月荣立三等功一次。同时加入新民主主义青年团，先后任组长、副支书等职。1954 年 9 月，转入志愿军第三兵团司令部门诊部工作，"五次战役"中担任收容任务，在反细菌战中负责汽车队卫生防疫工作。1955 年 6 月朝鲜战争结束后，先后在解放军第三兵团司令部门诊部、旅大警备司令部门诊部任军医。1956 年 8 月 25 日，被授予军医中尉军衔。1955 年至 1957 年在职西医学习中医，在疾病的诊断和治疗中开始采取中西医结合的综合疗法。

1958 年 6 月，被下放到大台山果树农场鸡架山队。1959 年 6 月，在乱山子卫生所任医生。1961 年 1 月，在大台山果树农场卫生所工作。1962 年 5 月，调入沙河人民公社李金大队卫生所工作。1979 年 2 月 14 日，经中共旅大警备区委员会审查，恢复赵玉山行政十九级干部待遇，改办转业地方，在大台山农场卫生院任副院长至 1982 年 12 月。1983 年 3 月晋升为内科主治医师。

赵玉山在医疗技术上精益求精，不断摸索新的治疗技术和治疗方法，擅长治疗大叶性肺炎、囊虫病、慢性肝炎、肾结石等疑难杂症，尤其是在医疗实践中摸索出来的穴位封闭治疗面神经瘫更有独到疗效。由于在工作中运用中西医结合方法治疗疾病，解决了很多医疗工作中的实际问题，又能够完成教学工作，辅导的赤脚医生有5名考取农村医师，2名考取西医师，成为农场医院的主要技术骨干和中坚力量，先后多次被评为"先进工作者"，还被绥中县评为"卫生战线积极分子"称号。

1985年6月离休后，赵玉山在毕屯分场开设诊所继续行医，为职工群众解除病痛，发挥了老一代医务工作者的余热。由于其不顾年迈，经常整天坐诊治病，积劳成疾，导致心脏疾病逐渐加重。

2000年10月26日，赵玉山因突发心肌梗死，经抢救无效病逝，享年73岁。

十、胡景元

胡景元（1936—2018年），1936年11月12日生于锦县天桥乡中山卜村。辽宁省熊岳农业专科学校毕业，大专文凭。历任大台山果树农场生产科技术员、科研所支部书记、所长。高级农艺师。中共党员。锦州市园艺学会理事。

图6-1-29　胡景元

1952年至1955年，先后在锦县农业技术训练班、锦州果树技术训练班学习果业管理技术。1955年1月参加工作，分配到大台山果树农场当技术工人。1960年3月，由农场考入辽宁省熊岳农业专科学校继续深造。

1963年于熊岳农业专科学校果树专业毕业后，胡景元回到大台山果树农场生产科任技术员，负责全场的果树技术管理与植物保护工作。当时对农场果业生产威胁较大的病虫害主要有红蜘蛛、食心虫、腐烂病、炭疽病等，几乎每年都有较大的损失。面对这一难题，胡景元首先组织起了以各分场（生产队）为基点的全场果树病虫测报系统，培养了一支专业的病虫害测报队伍。定期召开会议进行病虫害的分析研究，及时向全厂职工发出病虫害预报，指导果农进行科学的综合防治。在胡景元以及基层病虫害测报队伍的共同努力下，基本消灭了白小食心虫及桃小食心虫，东小食心虫被害率也由16％下降到0.18％，卷叶虫、炭疽病几乎绝迹，红蜘蛛也得到有效控制。这些对降低生产成本、减少水果损失、增加经济效益起到了至关重要的作用，为农场的果业发展做出了积极贡献。

1972年，农场对全场的果业发展进行整体规划。胡景元参加了建园规划设计。为扩大果树栽植面积以形成规模，规划组首先对全场地形、土壤等进行勘测，然后本着长远发展的考虑，统筹安排，对山、水、林、田、路进行综合治理。其次，考虑到果园管理机械化的要求，在不违背果树生长规律的前提下，适当改变栽植形式，因地制宜改变原来的株行距，不仅增加了栽植株数，而且还便于机械化作业。再次，按当地的土地资源情况有比例的发展绿肥作物，对不能栽树的荒山、沟壑，同时营造乔木、灌木混交林，营造防风林，依此改变果园小气候，减少了自然灾害的侵袭。至1978年，全场新栽植果树18万株，为农场的后续发展打下了坚实基础。

1982年3月，胡景元调任大台山果树农场生产科科长。1983年在对"1605"和"氯制剂"禁产禁用后，由于农药缺失，急需遴选新农药。胡景元通过4年的实验，选出了"敌杀死""速灭杀丁""克螨特""灭扫利""瑞毒霉"等十几种新型高效低毒的农药，在新老农药交替阶段起到了很好的缓解作用。

1987年，胡景元调任大台山果树农场科研所所长、支部书记。在其主持农场果树科研工作期间内，全场果树更新品种15000余株。并对新品种在场区的越冬情况进行了实地调查，将新品种在农场地区冻害数据材料上报中央、省、市，为新品种的引进和北移提供了科学的参考依据。

1982年11月，胡景元由国务院科学技术干部局授予农艺师职称。1982年6月成为锦州市园艺（果树）学会会员，1987年12月任园艺学会理事。1996年12月，胡景元退休。

2018年1月5日因病去世，享年83岁。

第二章　人物简介

第一节　社会精英

一、魏化民

魏化民，1922年4月9日生于河北省元氏县方塚村。

1949年6月，魏化民毕业于国立河南大学农学院园艺系，由苏州文教部保送入苏南无锡公学，参加革命。同年8月，分配苏州农村工作团工作（供给制）。11月，恰值东北招聘团到关内招聘技术人员，魏化民征得领导同意，随东北招聘团到沈阳东北农业部，被分配到辽西省农林厅工作，任技术推广科技术员。

图 6-2-1　魏化民

1950年开原县成立果树技术指导站，急需专家指导。11月，魏化民被派到开原县果树技术指导站工作，任技术员。

1951年11月，魏化民调任辽西省第四果园（大台山果树农场前身）业务股技术员。此后30余年间，魏化民把他的学识全部奉献给了大台山果树农场，先后曾担任农场第一生产队队长、头台子苗圃负责人、农场生产科技师、各基层单位植保、农场科研所技师、农艺师。其间，主持了"赤眼蜂饲养和放蜂防治卷叶虫"实验并取得成功；参与了"幼树早期结果、丰产栽培试验""苹果乔砧密植观察试验""忌避性植物防虫效果观察试验"等。

20世纪80年代，年近花甲的魏化民仍承担着全场的植保工作，以他的经验学识带动全场果树职工进行果树的科学管理。他经常深入田间地头进行调查研究，及时掌握病虫害发生发展的规律，准确进行防治。经他的指导，果树管理打药次数少，苹果质量高，经济效益大，为大台山果树农场果树栽培与管理技术的发展以及农场经济的全面腾飞做出了应有的贡献。

二、周道非

周道非，原名周荫文，1926年6月，出生在大台山脚下的东大石台屯。1948年8月，入东北大学社会科学院政治经济系学习，同年 10 月加入新民主主义青年团，后转为共青团。

1949 年 10 月毕业后，周道非留校任东北大学社会科学院教育干事。1950 年 4 月，调任新华书店东北总分店编审部助理编辑。同年 10 月，又调任东北总工会《工人之家》杂志社编委兼编辑组组长。1952 年任《学文化》杂志社编委兼编辑组组长。1953 年 7 月，加入中国共产党。1956 年《学文化》杂志更名为《中国工人》，仍任杂志社编委兼编辑组组长。1960 年光荣地出席全国文教群英会。1961 年调任《工人日报》社宣教部副主任（副处级）。

图 6-2-2　周道非

1966 年，《工人日报》被迫停刊。周道非到河南信阳"五七"干校劳动，后调入中国社会科学院《思想战线》编辑部和《红旗》杂志社任编辑。1978 年，《工人日报》复刊后，又先后任政治理论部、国内政治部主任。1982 年任《文摘报》副总编辑。1983 年，调任国家纪委"中国职工思想政治工作研究会"副秘书长兼《思想政治工作研究》杂志社总编辑（副局级）。

1986 年离休后，周道非仍从事思想政治工作，先后担任《新时期思想政治工作研究》丛书编委会副主任、"企业文化建设研究会"顾问、《企业文明》杂志社顾问等职。

三、张福东

张福东，1928 年 10 月 22 日出生于山东省临沂市莒南县桑庄区圈子村。因国仇家恨，参加革命工作后，张福东一心想为父母报仇，努力学习战斗本领，不怕困难，不惧生死，所以进步很快，与敌战斗中表现更是勇敢。

1944 年 2 月 12 日，张福东被分配山东省军区教导团。4 月，给教育长罗荣桓当勤务兵。

1945 年 12 月一次战斗中，5 班正班长掉队，副班长张福东带领战士胜利完成了攻打碉堡的战斗任务，表现英勇，他被吸收为中共党员并被提升为正班长、排长。

图 6-2-3　张福东

1946 年 4 月，张福东被调到独立团任某班班长，其间，独立团连续战斗，张福东战斗英勇，立大功两次。

1948 年 4 月，张福东参加了打隆化的战斗，激战 3 昼夜解放隆化。

辽沈战役打响后,1948年8月28日,独立团奉调到锦西执行防御战斗任务即塔山阻击战。次日,国民党军队开始疯狂进攻,至9月1日,独立团2营被打散,张福东战斗中腰部负重伤昏迷被俘。国民党军队战败撤退,张福东因伤重被留下。一两天后,解放军大部队进驻锦西,将张福东送到热河省大学医院休养近4个月。

1949年2月,张福东身体康复后,回到锦州荣军管理处,经管理处分配到绥中县民政科,县里又将其分配至大台山果树农场。

此后,张福东一生都扎根在大台山果树农场,70余年参加生产劳动,无怨无悔,无欲无求,大多数人都不知其事迹,只有腰部直径约3厘米的枪伤伴随其终生。

四、毕墨林

毕墨林,1931年1月14日生于毕屯村。先后就读于三台子初级小学、上帝庙高级小学及绥中中学。1952年9月,在阜新师范学校任政治教师。1954年3月,调辽西中等学校干训班任政治辅导员,同年9月,调任大连师范专科学校政治辅导员、科员。1959年8月,调辽宁师范学院任劳动科副科长、科长,后任辽宁师范大学生物系党总支部副书记、书记。1991年退职休养。妻子门秀英曾任辽宁师范大学物理系办公室主任。

图 6-2-4 毕墨林

毕墨林工作中积极肯干,曾多次被评为先进工作者及辽宁省优秀共产党员等荣誉。1979年,开始主持生物系的工作以来,积极拥护和认真贯彻执行党的路线、方针、政策,为开创该系的新局面做出了很大的贡献,该系先后5次被评为该校和大连市的先进单位。

五、景启民

景启民,1931年生于沈阳。

1951年7月,作为新中国成立后"东北鲁艺"(鲁迅美术学院的东北鲁迅美术学院时期)美术系第一批毕业生,景启民被分配到东北画报社工作,立即投身连环画创作,在《抗美援朝画报》《东北画报》《农民画报》上发表了大量作品,屡获大奖。

1957年,景启民被下放到绥中县大台山果树农场参加劳动。

一天,农场党委书记杨清亮找到他,让他画一张全农场的地图。他实地测量,完成了任务。

1959年3月，辽宁省农业厅要筹办建国十年——辽宁农业展览会，需要大量的美工。当时正在大台山果树农场改造的景启民被借调到省农业展览馆负责设计农业展览会的展览大厅，近200多名美工的工作均由景启民负责设计，再安排他们实施。这是建国十年来规模最大的一次农业成果展览。历时7个月，展览获得了巨大的成功。

图6-2-5 景启民

不久，景启民由大台山果树农场正式调回原单位辽宁美术出版社。他十分珍惜这来之不易的工作机会，创作的激情再一次迸发出来，先后有大量的美术作品问世，其中包括最具代表性的连环画《回民支队》《黄英姑》等多套作品。

20世纪80年代，随着连环画市场的萎缩和年龄的增长，景启民开始尝试写意人物国画的创作。几年中，他从西北沿着古丝绸之路西行，悉心考察古代各民族的艺术精华，这使他的绘画境界达到了巅峰，创作的国画作品两次获得国际水墨画大奖，多次出国举办个人画展。

六、杨连生

杨连生，1934年8月10日生于邰家村。

1955年初组织成立新光初级社，任会计。同年底合作化时，杨连生任邰家沟合作社主任。1956年初小社并大社，任矾石山大队第三小队（邰家）队长。

1956年2月参军，在十三站（锦县）第40军119师通信营军事教导连学习无线电通讯业务，并从事通讯工作。1971年10月任吉林省军区独立师1团3营教导员。

图6-2-6 杨连生

1978年10月，杨连生转业到抚顺市郊区劳动局任副局长。1979年2月任抚顺市工商行政管理局副局长。1986年8月抚顺市郊区工商局局长。1987年4月任抚顺市工商局总支书记。1988年9月任抚顺市工商局机关党委专职副书记兼总支书记。1989年11月任抚顺市工商局机关党委副书记（正处级）。

杨连生在部队期间，于1961年7月授予少尉军衔，1961年12月授予中尉军衔，1978年10月转业时为上尉军衔，正营职。曾多次受到连、团、师的嘉奖，1961年被评为五好干部，1963年在沈阳军区锦州步兵学校被评为五好学员。转业到地方机关工作后，1979年被抚顺市工商局评为市工商系统先进工作者，1980年被区机关党委评为优秀共产党员和先进工作者。杨连生在工作之余还不断学习文化，取得大连市工商系统函授大专文凭。1987年杨连生被抚顺市工商行政管理学会选为第二届常务理事。

七、时现

时现，女，1962年10月出生于辽宁绥中县宽邦镇宽邦村。教授，会计学专业硕士生导师，南京审计学院党委常委、副院长，亚洲发展银行专家顾问。江苏省第十届妇女代表大会代表，中国共产党江苏省第十一次代表大会代表，南京市鼓楼区第十六届人民代表大会代表。

图 6-2-7　时现

1976年，时现因母亲调入大台山果树农场台新小学任教而随全家迁往大台山，先后在西大台屯、破台子屯及毕家屯居住。时现也随家转入大台山中学读书，在此期间，时现成绩始终名列前茅。1981年，时现考入武汉建材学院。1985年大学毕业后，时现分配到中国人民大学任教，1989年调入南京审计学院任教。1993年1月，时现获中国人民大学经济学硕士学位，2003年9月，她又获南京大学企业管理学博士学位。自2001年起，先后任南京审计学院系主任助理、副主任、主任。2005年起，时现担任南京审计学院国际审计学院院长；2006年任南京审计学院党委常委；2008年11月任南京审计学院党委常委、副院长。

1997年，时现被国家人事部、审计署评为全国先进工作者。1998年被江苏省教育厅评为江苏省优秀青年知识分子。2000年被评为江苏省"青蓝工程"跨世纪学科带头人培养人选。2002年被评为江苏省"333工程"第三层次培养人选。

时现担任社会兼职有：国家内部审计师协会（11A）学术研究与基金托管委员会理事、中国内部审计协会副秘书长、中国内部审计协会准则委员会副主任、中国内部审计协会内部审计发展研究中心副主任、江苏省内部审计协会副会长等。2008年，时现被国家会计学会聘为"中国会计学会审计专业第七届委员会委员"，被中国建设工程造价管理协会聘为"中国建设工程造价管理委员专家委员"。同年被亚洲发展银行聘为专家顾问。

时现的著作主要有：《现代企业内部治理审计研究》（中国石化出版社出版），《建设项目审计》（参编教材，北京大学出版社），《建筑装饰工程造价审计》（参编著作，中国建材工业出版社），《建筑装饰工程预决算审计》（参编著作，人民交通出版社）等。

八、孟庆艳

孟庆艳，女，1963年1月生于台西分场。辽宁大学马克思主义学院教授，博士生导师。

1987 年 7 月毕业于辽宁大学哲学系获哲学学士学位，留校任教。1993 年 7 月毕业于辽宁大学哲学系获哲学硕士学位。2006 年 7 月毕业于吉林大学哲学社会学院获哲学博士学位。

在 2003 年 3 月至 2006 年 8 月间，孟庆艳任马列德育教研部党总支副书记（主持工作）。

图 6-2-8　孟庆艳

2006 年 8 月 1 日，辽宁大学马克思主义学院正式成立。孟庆艳任马克思主义学院总支副书记兼副院长。主讲本科课程"马克思主义基本原理概论""马克思主义哲学原理"和研究生课程"马克思主义原理专题"等课程。她主讲的"马克思主义基本原理概论"录像课被评为辽宁省教育厅"精彩一课"一等奖。她主讲的"马克思主义史"研究生专业课获辽宁省研究生精品课。

在科研工作中，她先后主持了省级科研项目 10 多项，在《哲学动态》《马克思主义与现实》等杂志上发表论文近 30 篇，出版著作《文化符号与人的创造本性》和《马克思主义整体性研究》。

孟庆艳曾获辽宁省教育厅思想政治理论课学术带头人；辽宁省大学生思想政治教育中青年骨干教师；沈阳高校优秀教师；辽宁大学巾帼建业先进个人；辽宁大学优秀共产党员等称号。

第二节　科技人物

一、张子彬

张子彬，1937 年 10 月 8 日生于绥中县沙河站乡张湖村孟家洼子屯。葫芦岛市果树学会理事，高级农艺师。

1958 年 9 月，张子彬考入锦州市农业学校。1960 年 8 月毕业后，留校参加工作，在农业学校实习农场任助理技术员。1962 年 8 月，在锦州市农业干训班工作，任干事。1965 年 8 月，张子彬被分配到大台山果树农场工作，先后在农场各基层单位任果树技术员、技术副队长、技术队长。1975 年加入中国共产党。

图 6-2-9　张子彬

1984 年 7 月，张子彬调任大台山果树农场主管果树副场长。在其任主管果树副场长期间，农场 18 个果树分场，对 32.4 万株果树的管理，逐步实现规范化、科学化、标准化，使果树生产逐年实现稳产丰产。1987 年前，水果产量只有几百万斤，到 1995 年，全场水果产量实现 1576 万斤。1988 年开始，全场大面积推广果树授粉工作，极大提高了坐果率。

张子彬在果树更新换代方面也做了大量工作。1989 年，开始由国内引进苹果新品种，包括富士、乔纳金、王林、津轻等优良品种。通过高接换头由春季枝接，改为秋季多头芽接，达到更新换头与结果两不误的目的。

1993 年又由日本引进苹果新品种：散沙、北海道 9 号、黑系乔纳金等 7 个品种。同年 9 月，因在苹果综合丰产技术项目中为第 16 名完成者，被农业部授予全国农牧渔业丰收奖二等奖。

此外，经过多年的观察筛选，繁育出大批矮化无毒苗木。这些新培育出的苗木，除了供应农场自栽 10 余万株外，还向周边乡村提供了大量的苹果新品种苗木。

1985 年 12 月，由农牧渔业部授予"农业科学技术推广工作者"荣誉证书。1989 年 2 月，在 1988 年锦州市果树标准园竞赛中获得锦州市农牧业局颁发的技术指导奖。1990 年 3 月，在农垦系统山楂基地建设中成绩优异，被辽宁省农牧业厅农垦局评委先进个人。1990 年 12 月，由其主持的乔纳金、王林、津轻等苹果新品种引进消化技术获得辽宁省农牧业厅农垦局科技进步二等奖。1991 年 5 月，在果树品种更新及新技术应用工作中成绩突出，被中国农垦苹果品种更新协作组评为先进个人。1996 年 7 月，由辽宁省人事厅审批，评为高级农艺师。

二、姚凤山

姚凤山，1938 年 1 月 28 日生于兴城市双树乡小南庄。高级工程师。

1955 年考入沈阳农学院附设农业机械化学校，1959 年 9 月于农业机械化专业毕业后，即由学校分配到大台山果树农场参加工作。

刚刚参加工作的姚凤山先是在大台山农场生产科做机务工作，主要负责培养拖拉机、柴油机等农业机械使用人材和农机修造人才。这批人才后来成为农场农机专业的主要力量，也是农场工业发展的奠基力量。

图 6-2-10　姚凤山

1961 年，大台山果树农场为了发展工业，以期为农场果业发展积累资金，决定委派姚凤山组建机械厂负责技术工作。在农场大力支持下，姚凤山和其他工作人员一起，夜以继日，加班加点，克服重重困难，终于建成了大台山果树农场第一个工业单位——大台山修造厂（后更名为机械厂）。姚凤山任机械厂副厂长、工程师。

此后，20余年间，姚凤山为了农场的工业发展，做了大量技术工作，使机械厂成为农场工业发展的基础单位。在他的主持带领下，1961年至1964年间，机械厂加工制造出脱谷机、脱粒机等设备。1965年至1975年，生产出C625普通车床，制造了Y35滚齿轮机，制造出年产能达1000万块红砖的砖厂机械设备，生产出35型制坯机，以及年产10万捆油毡纸的机械设备。1976年至1985年，姚凤山负责设计并主持施工，相继生产制造出CT6150车床，CQ6150车床，BGW-80冰糕机，T616镗床等工业设备设施。

1985年，姚凤山由机械厂调大台山果树农场工业科任工程师，主要负责对大理石、花岗岩矿开采石板加工的技术考察，以及啤酒生产、饮料生产的技术考察。

1986年7月，姚凤山调任大台山果树农场建筑工程公司工程师，负责建筑安装技术，先后在北京东方红炼油厂、北京前进化工厂等地施工。

就这样，大台山果树农场的工业在姚凤山毕生精力的投入下，终于开花结果，逐渐发展壮大，为农场解决就业1300多人，为农场创利润年均50余万元。

1980年，姚凤山由锦州市农牧业局授予"助理工程师"称号。1982年由锦州市政府授予"机械工程师"职称。1988年9月，被锦州市农牧业局职称改革工作领导小组聘为工程系列专业技术职务任职条件评审委员会委员。1989年由锦州市人民政府评为高级工程师。

三、银长满

银长满，1963年7月生于曹庄镇大河口村，高级农艺师。1984年7月辽宁省熊岳农业学校中专毕业后，分配到锦州市大台山果树农场参加工作，工作期间在沈阳农业大学果树专业进修取得大专学历。历任农场下属果树队技术员，农场生产科技术员，迎春队副队长，农场项目办科员，农场信息处副处长，红光分场场长、党支部书记，农场项目办副主任、主任，农场场长助理。

图6-2-11　银长满

2017年2月，银长满任农场副场长，先后主管果业管理处、农业处、办公室、人力资源处、国有资产管理处等。

不管身居何职，银长满始终不忘从事果树技术推广与研究。1986年以前，农场果树的生产纯靠天然坐果，坐果率较低。1987年，银长满参与果树人工授粉试验取得成功，提高坐果率 65%。此项技术于 1988 年在全场得到推广，并获农场三等功。

1988 年，银长满参与市苹果标准园建设，任技术指导，产量提升 113%。

1990 年，银长满参与省农垦局山楂基地建设，任技术指导，获山楂基地建设先进个人。

1992 年，主持参与研究 PP333 对果树施用效果的影响，探索出 PP333 对果树生长、结果的影响及适宜用量。

银长满还参与多项课题研究。2008 年参与"苹果园革新改造技术集成与推广"项目研究，获市科技进步一等奖；2009 年参与"果树生物有机肥研制及其施用效应研究"项目研究与推广，获省科技进步二等奖；2010 年参与"苹果轮纹病无公害防控技术推广"项目研究，获全国农牧渔业丰收奖二等奖。2010 年"五味子优质高效栽培技术研究与开发"项目研究获市科技进步二等奖；2011 年"果树优化配方施肥技术研究与示范"项目研究与实施获省科研成果奖。

此外，有多篇论文发表在《中国果树》《北方果树》《农家之友》《特种经济动植物》《果树实用技术与信息》《新农业》等期刊上。

2011 年，银长满被评定为高级农艺师。

四、郭杉

郭杉，1966 年 7 月生于锦西市虹螺岘镇，高级农艺师。1972 年随家返回绥中县。1986 年 7 月，绥中一高中毕业后，考入辽宁省熊岳农业高等专科学校果树专业，大专学历。1989 年 8 月分配大台山果树农场工作。历任大台山果树农场生产处科员、台南分场副场长、向阳分场副场长、红星分场场长兼党支部书记，2008 年 5 月任农场科研所所长，2010 年 9 月任农场项目办主任，2017 年 2 月任农场总工办主任。

图 6-2-12　郭杉

30 多年来，始终从事果树技术推广与研究，主持参与完成课题研究 20 余项。包括 2011 年 2 月，参与的课题《苹果、梨新品种引进示范与推广》获葫芦岛市政府科技进步二等奖；2013 年 2 月参与的《绿色食品苹果标准化生产技术示范与推广》获葫芦岛市政府科技进步二等奖；2014 年 1 月参与的《梨省力密植栽培模式及技术引进与推广》获葫芦岛市政府科技进步一等奖；2014 年 2 月主持的《珊莎苹果标准化生产配套技术示范与推广》获葫芦岛市政府科技进步二等奖。所撰写的多篇论文发表在《果树实用技术与信息》《北方果树》等省级期刊。

2002 年，在葫芦岛市地方特色果品生产中获技术指导奖；2014 年，在辽宁省名特优果品展销活动中获技术指导奖；2016 年被葫芦岛市委市政府授予市劳动模范称号。

五、朱红玉

朱红玉，女，1965 年 11 月生于绥中县西平乡小桥屯，高级农艺师。政协葫芦岛市第二、三届委员会委员，政协绥中县第八、九、十三届委员会委员，绥中县第十三届人民代表大会代表，葫芦岛市委党校第十五期中青年干部培训班学员。

图 6-2-13　朱红玉

1989 年毕业于熊岳农业高等专科学校果树专业，分配大台山果树农场工作。历任大台山果树农场科研所科员，科研所副所长，生产处副处长，科研所所长，果业管理处处长，场长助理，党委副书记、纪委书记，其间参加成人自考吉林农业大学农学专业，获得本科学历。

研究方向为果树新品种引进与推广及高效栽培技术，如果园生草覆盖、新品种物候期及生长特性调查、土壤和果树叶片主要营养成分测定等，先后主持或参与完成了"苹果、梨新品种引进示范与推广""果园生草覆盖及旱地果园节水栽培技术示范与推广"等省市级课题项目 10 余项，获葫芦岛市政府科学技术一等奖 2 个，二等奖 5 个。《苹果品种弘前富士在辽宁绥中表现好》《减轻果园化学农药危害的几项措施》等多篇专业论文在《北方果树》《果树实用技术与信息》刊物上发表。

2001 年，在全省农垦系统"九五"期间造林绿化工作中被评为先进个人。在 2002 年葫芦岛市地方特色果品生产中，获技术指导奖，在果蚕业技术推广中，被评为先进个人。在 2009 年、2014 年辽宁省名特优果品展销活动中，获技术指导奖。2011 年被辽宁省统计局评委第六次全国人口普查先进个人。

第三节　模范人物

一、毕德有

毕德有，1928 年生于大台山毕屯。辽西省劳动模范。

毕德有家兄弟五人，大哥毕德山，早年参加革命，在解放长春的战役中负伤，后在满

洲里病逝。三弟毕德华（又名德厚），17 岁入伍参加抗美援朝战争，在入朝第一次战役中中弹牺牲，遗体葬于朝鲜。

1948 年 9 月绥中解放后，毕德有又返回鸡架山果园继续从事果树生产工作，待遇是原区小队排级干部待遇。1950 年，由穆栢林介绍，毕德有光荣加入中国共产党。

图 6-2-14　毕德有

其后，由于其在解放战争中有过支援前线的军功，加之在果园生产中，劳动积极，技术过硬，为建场初期鸡架山果园的发展壮大做出了重要贡献，因此，在 1950 年、1952 年、1953 年、1954 年连续 4 年获得辽西省人民政府颁发的劳动模范称号。

1956 年，毕德有作为果园代表被派往兴城、大连、熊岳、山东等地学习果树生产技术，成为地区少有的果树管理技术骨干。

1972 年，为了支援部队农场建设，毕德有被借调到绥中机场 37293 部队果园，专门负责场站果园的技术管理。1984 年正式将关系转入部队。

1986 年 6 月，毕德有从中国人民解放军绥中场站（机场果园）退休。

二、肖殿海

肖殿海，1949 年生于绥中县沙河镇大饮马河，辽宁省劳动模范获得者。

1968 年，19 岁的肖殿海参加工作，在叶家乡叶大大队饮马河生产队劳动。1970 年，到建昌县搞三线建设，任连队事务长。1971 年，在叶家中心校任民办教师。1974 年 3 月调大台山果树农场，先后任大台山果树农场毕屯大队一队队长，毕屯大队党支部副书记、书记，大台山农场食品厂厂长、书记，大台山地毯厂厂长、书记。

图 6-2-15　肖殿海

1991 年 1 月，任职大台山果树农场副场长、党委委员。在任职农场副场长期间，带领广大干部职工积极投身"质量、品种、效益年"活动，因成绩突出，被评为该项活动的锦西市先进个人。

1995 年 5 月，肖殿海升任大台山果树农场书记（场长），正值农场经济发展面临诸多不利因素的关键时期。是时，家庭联产承包责任制已连续实行 10 多年，尽管在一定程度上解放了生产力，但也积聚了一些无法解决的弊端。最为突出的问题就是"赔钱户"逐年增多，亏损部分在农场挂账越来越多，有的已成为"呆账"。无形中，农场增加了陈年欠账的沉重负担。改革制度弊端，尽快落实新的一轮承包是当务之急。为此，肖殿海带领机关干部深入基层调查研究，广泛征求职工意见，仅用半个月时间，就形成了新的承包办法——收取果树占用费承包责任制，即取消职工工资，每年向承包户收取一定数额的果树占用费的承包办法。从而，将职工的责、权、利与农场紧紧地捆绑在一起，增强了职工共担风险的意识，调动了职工的生产积极性。由于措施得力，当年，农场果业取得了丰厚的经济效益。年底结算，农场应得的 360 万占树费全部收回，还回收职工欠款 24 万余元，果农也普遍增收，生活水平大大提高。

此后几年间，肖殿海带领全场职工，肯抓企业经营管理，使农场经济基础更加稳固，在农场基础设施建设、人民生活水平提高等方面均做出了一定贡献。

1997 年 6 月，肖殿海被辽宁省人民委员会命名为优秀党员。

1998 年 8 月，肖殿海调任葫芦岛市农业科技示范区管委会主任，党组书记。2006 年 12 月，调任葫芦岛市农业局正处级调研员。

2009 年，肖殿海退休。

三、邓文岩

邓文岩，1964 年 11 月生于绥中县绥中镇，本科学历，辽宁省五一劳动奖章获得者，葫芦岛市劳动模范。

1980 年 5 月参加工作，历任绥中县养路段公司经理，县交通局工程股股长，县运输管理所党委书记、所长，县运输管理局党委书记、局长，县文化广播影视新闻出版局党委书记、局长，大台山果树农场兼前所果树农场党委书记、场长。

图 6-2-16　邓文岩

2010 年 7 月，邓文岩任绥中县运管局党委书记兼局长。在任职运管局局长期间，邓文岩注重调查研究，提出"城乡客运一体化、农村校车公交化"新思路。采取"滚动发车、循环运营"的灵活方式，打造新农村公交的特色运输方式。2011 年，顺利完成取缔城区内运营三轮车的工作，优化了县内交通环境。之后，为了发展公交体系，分别在滨海经济开发区和县城区成立 2 家公交公司，于当年 3 月成立首家出租车管理公司——绥中县运联出租车有限公司，500 台出租车相继公开投放运营。至 2014 年，全县 25 个乡镇新开通公交线路 83 条，总投放车辆 84 台，辐射自然村屯 1700 多个，线路总长 500 余公里，自然屯通车覆盖率达到 95％以上，直接惠民 38 万人。2014 年当年完成客运量 330 万人，旅客周转量 18090 万人公里，货运量 4903 万吨，货运周转量 1283569

吨公里。绥中县道路运输事业发展迅猛。

2014 年 8 月，邓文岩调任县文化广播影视新闻出版局党委书记、局长。任职期间，邓文岩积极推动文化下乡，推广县域内乡村书屋建设，2015 年 12 月，倾力打造了"绥中县首届文化产品展览会"，2016 年 1 月主持出版《绥中老照片》，2016 年 8 月，历时 2 个月，主持建设完成葫芦岛市一县一馆项目"绥中县历史文化博物馆"。这一系列举措为绥中地方文化产业的发展奠定了坚实的基础。

2016 年 10 月，邓文岩调任葫芦岛市大台山果树农场党委书记、场长。是时，农场经营情况不佳，亟须凝聚人心，提振经济。

邓文岩上任后，通过召开职工代表会、老干部座谈会，集思广益，盘点优势和"家底"，抓重点、找亮点，确立了"果业立场、产业强场、旅游富场、文化兴场"的总体思路，制订了转型发展的"五区兴五业、一带连六场"的产业布局总体规划。与此同时，他大力推进农垦改革，按照"垦区集团化、农场企业化"的总体要求，制定了《大台山果树农场农垦改革具体工作实施方案》，圆满完成了国有农场办社会职能改革任务。为了落实规划方案，作为农场党政一把手，邓文岩不管事务多么繁忙，总是身先士卒，扎根一线，与同志们同甘苦。此外，他还招贤纳士，为农场的发展注入青春活力，使农场经济建设和社会各项事业呈现出良好发展势头，场容场貌焕然一新，干部职工的工作热情空前高涨。

大台山农场是以果业立场的企业，果业兴则农场兴。邓文岩将先进的企业发展理念引入农场管理。他注重品牌化营销，组织设计农场果品商标、包装箱，加强品牌宣传力度，农场果品品牌知名度空前提升。他带领党委班子一干人起早贪黑，建设"台西湖旅游风景区"，打造辽西地区集农事体验、休闲娱乐、养生养老于一体的最具特色的苹果小镇，于风景区内打造独具特色的"百果园"。2018 年国庆节期间，在百果园成功举办"绥中县大台山首届苹果文化采摘节"，中央电视台等媒体给予连续报道。2019 年国庆节期间再次举办"绥中县首届农民丰收节"，通过文艺汇演及农产品展销活动为祖国 70 华诞献礼，使农场的知名度空前提升。

在抓果业农业发展的同时，邓文岩力主农场第三产业的跨越式发展。他积极争取，协调各方，使绥中县建材市场搬迁项目落户农场，该市场占地 3.2 万平方米，可容纳商户 120 家，直接和间接带动就业 1000 余人。项目的实施，不仅解决了绥中县城内老建材市场的环境污染问题，同时也为大台山的持续发展提供了经济动力，盘活了农场的发展势头。

绿水青山就是金山银山。邓文岩秉持这一理念，持续推进生态文明建设，大力开展环境整治。整治河套，设立垃圾填埋场，成立垃圾清运队，开展美丽乡村建设等一系列项目的实施，让大台山果树农场真正变成了"绿水青山"。为解决果树灌溉问题，他大力兴修水利，对全场范围内20余座方塘进行扩容清淤，新修建方塘7座，基本解决了果农的后顾之忧。

要想富先修路。2019、2020两年，邓文岩积极争取国家建设专项资金，先后上马"危房改造配套工程"和"一事一议农村公路建设项目"，顺利完成场区内公路新改建工作，实现了村村通到户户通的转变。

抓物质文明建设的同时，邓文岩十分重视精神文明建设。2019年4月，绥中县新时代文明实践中心在大台山风景区正式挂牌成立，同年11月，葫芦岛市基层党风廉政建设展馆暨绥中县警示教育基地在大台山风景区成立并正式启用。

通过几年的不懈努力，邓文岩将农场带入了可持续高质量发展的正确轨道，真正做到了为官一任，造福一方。

四、刘洪刚

图6-2-17 刘洪刚

刘洪刚，1977年生于绥中县前卫镇古塔村，辽宁省青年联合会委员、绥中县政协常委，现任大台山果树农场行政办公室主任，兼任中国人民解放军辽宁陆军预备役后勤保障旅预备役少校军官。

2008年，他发起成立绥中县第一家社会公益组织——绥中爱心志愿者协会。10年里，他召集志愿者捐资助学、扶贫助困，向社会捐赠款物达200多万元，受益人群超过10000人。其个人志愿服务时间超过5000小时，用于公益事业支出10余万元。为此，先后荣获"中国优秀青年志愿者""弘扬雷锋文化先进个人""葫芦岛市劳动模范""葫芦岛好人""绥中县十佳优秀青年"和"优秀预备役军官"等殊荣。

2017年8月，刘洪刚来到大台山果树农场任旅游开发办主任。在北京旅游推介会、辽宁农垦联盟成立大会以及台西湖旅游发展公司成立等工作中，他结合自身媒体工作者的特长，尽一切努力提高农场曝光度和知名度。截至2020年10月，共积攒高清影像数据文件达1200G，为农场未来开展宣传，提供有力的保障。

2019年4月，刘洪刚改任行政办公室主任。2020年4月，当选工会委员会委员，被任命为宣传教育部部长。到农场工作的3年里，刘洪刚兢兢业业、勇于创新，完成了各项工作，连续2年荣获"先进工作者"荣誉。

作为资深志愿者，他来农场工作后，把志愿服务与农场工作相结合，先后和志愿者资助贫困学生 2 名，贫困户 6 户，协调社会各界向农场弱势群体捐助款物累计价值 10 余万元。

2019 年 5 月，刘洪刚被辽宁省陆军预备役后勤保障旅授予"优秀指挥军官"称号。

2020 年 2 月 21 日，新冠肺炎疫情防控期间，他派出 9 名预备役官兵开着 4 辆大卡车，装载绥中县委县政府捐赠的 18 万斤大台山苹果和 2 吨 84 消毒液，日夜兼程，送往 1600 公里外的疫情重灾区湖北省咸宁市咸安区，为支持全国抗疫贡献了力量。

第三章 人物名录

第一节 先进模范人物

表 6-3-1 先进模范人物名录

姓　名	性　别	荣誉称号	授奖机关	授奖时间
李德森	男	劳动模范	国务院、全国总工会	1994.04
毕德有	男	劳动模范	辽西省人民政府	1950.12
苑长祥	男	劳动模范	辽西省人民政府	1951.12
毕德有	男	劳动模范	辽西省人民政府	1952.12
毕德有	男	劳动模范	辽西省人民政府	1953.12
任福林	男	劳动模范	辽西省人民政府	1953.12
宋有山	男	劳动模范	辽西省人民政府	1954.02
毕德有	男	劳动模范	辽西省人民政府	1954.12
太云山	男	农业先进工作者	辽西省人民政府	1954
毕宪林	男	先进生产者	辽宁省农林水利局	1956.02
任福林	男	劳动模范	辽宁省人民政府	1956
任福林	男	劳动模范	辽宁省人民政府	1962
任福林	男	劳动模范	辽宁省人民政府	1966
蔺锦章	男	劳动模范	辽宁省人民政府	1984.12
张子彬	男	先进个人	辽宁省农垦局	1990.03
张子彬	男	科技进步二等奖	辽宁省农垦局	1990.12
李德森	男	劳动模范	辽宁省人民政府	1992
李德森	男	优秀青年企业家	辽宁团省委	1993.04
李德森	男	先进工作者	辽宁省人民政府	1993.06
张子彬	男	全国农牧渔业丰收奖二等奖	农业部	1993.09
肖殿海	男	优秀共产党员	辽宁省人民委员会	1997.06
毕晓丽	女	农业普查先进个人	辽宁省农业普查办公室	1997.07
肖殿海	男	先进生产者	辽宁省农垦局	1998.06
肖殿海	男	先进生产者	辽宁省农垦局	1999.06
封玉龙	男	劳动模范	辽宁省人民政府	1999.06
朱红玉	女	造林绿化工作先进个人	辽宁省农垦局	2001.02

（续）

姓　名	性　别	荣 誉 称 号	授 奖 机 关	授奖时间
张　涛	男	职工自营经济先进个人	辽宁省农林水工会	2002.12
朱红玉	女	第六次全国人口普查先进个人	辽宁省统计局	2011.09
刘亚文	女	档案规范化管理突出贡献个人	辽宁省档案局	2017.12
李文喜	男	传承红色基因主题教育实践活动先进个人	辽宁省全民国防教育协会	2019.03
邓文岩	男	五一劳动奖章	辽宁省总工会	2019.04
刘洪刚	男	优秀指挥军官	辽宁陆军预备役后勤保障旅	2019.05
刘志生	男	劳动模范	锦州市人民政府	1963.12
陈海山	男	劳动模范	锦州市革命委员会	1980.06
陈德生	男	劳动模范	锦州市人民政府	1982
肖殿海	男	先进工作者	锦 西 市 委	1986.06
李保安	男	优秀党务工作者	锦 西 市 委	1991.06
李德森	男	优秀场长	锦 西 市 政 府	1992.02
罗金铎	男	“新风杯”竞赛先进个人	锦西市委、市政府	1992.03
孙忠昌	男	优秀教师	锦 西 市 政 府	1992.09
李德森	男	特等劳动模范	锦西市政府	1994.04
罗金铎	男	精神文明先进个人	锦西市委、市政府	1995.03
李德森	男	先进法人代表	葫芦岛市委、市政府	1995.01
肖殿海	男	优秀科技实业家	葫芦岛市委、市政府	1995.06
尤志忠	男	优秀共产党员	葫芦岛市委	1995.06
周明歧	男	优秀共产党员	葫芦岛市委	1996.06
狄士秋	男	优秀共产党员	葫芦岛市委	1996.06
肖殿海	男	劳动模范	葫芦岛市人民政府	1998.04
周明歧	男	优秀共产党员	葫芦岛市委组织部	1999.05
封玉龙	男	劳动模范	葫芦岛市人民政府	1999.06
杨明毅	男	劳动模范	葫芦岛市人民政府	1999.06
杨明毅	男	优秀党务工作者	葫芦岛市委	1999.06
毕德迎	男	优秀共产党员	葫芦岛市委	2001.05
李玉建	男	优秀共产党员	葫芦岛市委	2001.06
毕长东	男	劳动模范	葫芦岛市人民政府	2002.04
毕德皖	男	优秀党务工作者	葫芦岛市委	2003.06
李玉建	男	优秀共产党员	葫芦岛市委	2003.06
马俊山	男	优秀共产党员	葫芦岛市委	2006.06
毕德皖	男	优秀党务工作者	葫芦岛市委	2006.06
王长芹	女	劳动模范	葫芦岛市人民政府	2007.04
苑学忠	男	优秀党务工作者	葫芦岛市委	2009.07

（续）

姓　名	性　别	荣　誉　称　号	授　奖　机　关	授奖时间
孔大强	男	优秀共产党员	葫芦岛市委	2009.07
柳宝平	男	优秀党务工作者	葫芦岛市委	2011.07
张　峰	男	优秀共产党员	葫芦岛市委	2011.07
张　峰	男	创先争优优秀共产党员	葫芦岛市委	2012.06
苑小平	女	创先争优优秀党务工作者	葫芦岛市委	2012.06
毕德迎	男	劳动模范	葫芦岛市人民政府	2013.05
毕德皖	男	劳动模范	葫芦岛市委市政府	2016.05
郭　杉	男	劳动模范	葫芦岛市委市政府	2016.05
安志华	男	五一劳动奖章	葫芦岛市总工会	2018.04
张　强	男	五一劳动奖章	葫芦岛市总工会	2020.12

第二节　历届县级以上党代会代表

表 6-3-2　历届县级以上党代会代表名录

姓名	性别	届次	时间
封玉龙	男	辽宁省第九次党代会代表	2001.03
赵福山	男	中共葫芦岛市第一次党代会	1995.04
毕德迎	男	中共葫芦岛市第四次党代会	2011.05
杨清亮	男	中共绥中县第三届一次代表大会	1961.12.05
刘廷祯	男	中共绥中县第三届一次代表大会	1961.12.05
毕长金	男	中共绥中县第三届一次代表大会	1961.12.05
刘志升	男	中共绥中县第三届一次代表大会	1961.12.05
王连山	男	中共绥中县第四届一次代表大会	1965.08.07
朱志彬	男	中共绥中县第四届一次代表大会	1965.08.07
任福林	男	中共绥中县第四届一次代表大会	1965.08.07
郑国义	男	中共绥中县第六届一次代表大会	1979.01.16
牛国兰	女	中共绥中县第六届一次代表大会	1979.01.16
周道中	男	中共绥中县第六届一次代表大会	1979.01.16
罗士恩	男	中共绥中县第六届一次代表大会	1979.01.16
赵兴政	男	中共绥中县第六届一次代表大会	1979.01.16
毕纯林	男	中共绥中县第六届一次代表大会	1979.01.16
张义林	男	中共绥中县第六届一次代表大会	1979.01.16

第三节　历届县级以上人代会代表

表 6-3-3　历届县级以上人代会代表名录

姓名	性别	届次	时间	备注
太云山	男	锦州市第八届人民代表大会常委会	1981	委员
于波	男	绥中县第一届各界人民代表大会	1949.10.09	代表
太云山	男	绥中县第三届人民代表大会	1959	代表
庞荣	男	绥中县第三届人民代表大会 第二次会议	1959.12.15—1959.12.18	代表
庞荣	男	绥中县第四届人民代表大会 第一次会议	1961.03.13—1961.03.15	代表
庞荣	男	绥中县第四届人民代表大会 第二次会议	1961.12.25—1961.12.29	代表
庞荣	男	绥中县第五届人民代表大会 第一次会议	1963.06.06—1963.06.09	代表
赵爱党	男	绥中县第七届人民代表大会 第二次会议	1981.06.24	代表
谢凤英	女	绥中县第七届人民代表大会 第二次会议	1981.06.24	代表
陈海山	男	绥中县第七届人民代表大会 第二次会议	1981.06.24	代表
太云山	男	绥中县第七届人民代表大会 第二次会议	1981.06.24	代表
陈德生	男	绥中县第九届人民代表大会	1987.04—1990.02	代表
李德林	男	绥中县第十一届人民代表大会	1993.02—1998.01	代表
迟秀君	女	绥中县第十一届人民代表大会	1993.02—1998.01	代表
刘中昌	男	绥中县第十一届人民代表大会	1993.02—1998.01	代表
刘广安	男	绥中县第十一届人民代表大会	1993.02—1998.01	代表
朱红玉	女	绥中县第十三届人民代表大会	2003.01—2008	代表
毕德迎	男	绥中县第十四届人民代表大会	2008—2013	代表
毕德迎	男	绥中县第十五届人民代表大会	2013—2017.12	代表
毕长东	男	绥中县第十六届人民代表大会	2017.12—2022	代表

第四节　历届县级以上政协委员

表 6-3-4　历届县级以上政协委员名录

姓名	性别	届次	时间	界别	备注
朱红玉	女	政协葫芦岛市第二届委员会	2000.01—2005.01	科学技术	委员
朱红玉	女	政协葫芦岛市第三届委员会	2005.01—2010.01	农林	委员
太云山	男	政协绥中县第一届委员会	1960.12—1963.05	科学技术	委员
太云山	男	政协绥中县第二届委员会	1963.05—1965.11	科学技术	委员
太云山	男	政协绥中县第三届委员会	1965.11—1966.05	科学技术	委员
赵玉山	男	政协绥中县第五届委员会	1984.06—1986.04	医药卫生	委员

（续）

姓名	性别	届次	时间	界别	备注
杨学仁	男	政协绥中县第六届委员会	1987.04—1990.02	农业	委员
杨学仁	男	政协绥中县第七届委员会	1990.02—1993.02	农业	委员
柏清林	男	政协绥中县第七届委员会	1990.02—1993.02	文化体育	委员
朱红玉	女	政协绥中县第八届委员会	1993.02—1998.01	科学技术	委员
杨学仁	男	政协绥中县第八届委员会	1993.02—1998.01	科学技术	委员
柏清林	男	政协绥中县第八届委员会	1993.02—1998.01	文化体育	委员
朱红玉	女	政协绥中县第九届委员会	1998.01—2003.01	科学技术	委员
牛 曼	女	政协绥中县第十一届委员会	2008.01—2010.07	文化体育	委员
刘洪刚	男	政协绥中县第十三届委员会	2017—2022	社会法制保障	常委
朱红玉	女	政协绥中县第十三届委员会	2017—2022	农林	委员
李文喜	男	政协绥中县第十三届委员会	2017—2022	文化旅游新闻	委员
杨 明	男	政协绥中县第十三届委员会	2017—2022	农村经济	委员
杨秀伟	女	政协绥中县第十三届委员会	2017—2022	民营经济	委员

第五节 政工人员

表 6-3-5 政工人员名录

姓名	性别	学历	职称
毕德迎	男	大专	政工师
明中生	男	大专	政工师
罗金铎	男	大专	政工师
王自斌	男	大专	政工师
张树栋	男	中专	政工师
毕德皖	男	大专	政工师
张桂芬	女	大专	政工师
毕长仁	男	大专	政工师
邱振芳	男	中专	政工师
刘孝福	女	初中	政工师
陆云作	男	中专	政工师
赵兴政	男	中专	政工师
徐铁汉	男	中专	政工师
柴淑娟	女	大专	政工师
沈永顺	男	大专	政工师

（续）

姓　名	性别	学历	职称
毕长东	男	大专	政工师
刘春福	男	中专	政工师
杨国彬	男	中专	政工师
王旭东	男	大专	政工师
王　新	男	大专	政工师
苑小平	女	本科	政工师
李　伟	女	本科	政工师
侯冠群	女	本科	政工师

第六节　技术人员

表 6-3-6　技术人员名录

姓　名	性别	学历	职称
太云山	男	大专	高级农艺师
蔺锦章	男	大专	高级农艺师
胡景源	男	大专	高级农艺师
张子彬	男	中专	高级农艺师
姚凤山	男	中专	高级工程师
银长满	男	大专	高级农艺师
郭　杉	男	大专	高级农艺师
朱红玉	女	大本	高级农艺师
魏化民	男	大专	农艺师
任福林	男	高小	农艺师
杨学仁	男	中专	农艺师
郜崇喜	男	中专	农艺师
庞　荣	男	初中	农艺师
李德森	男	大专	农艺师
陆振邦	男	中专	农艺师
杨景才	男	高小	农艺师
李守本	男	中专	农艺师

（续）

姓　名	性别	学历	职称
王福春	男	中专	农艺师
王　学	男	中专	农艺师
许　鹏	男	大专	农艺师
王　新	男	大专	会计师
杨树久	男	中专	会计师
田旭春	男	初中	会计师
应海琴	女	初中	会计师
王岐鸣	男	高中	会计师
赵玉山	男	大学	内科主治医师
刘鹏举	男	初中	西医师
石明华	女	初中	西医师
孙玉芬	女	初中	西医师
尚玉芬	女	初中	助产师
韦学甫	男	中专	护士长
高传良	男	中专	兽医师
陆云作	男	中专	兽医师

第七节　新中国成立前参加工作人员

表6-3-7　新中国成立前参加工作人员名录

序号	姓名	性别	生卒年	参加工作时间	备注
1	史凤歧	男	1928—2010	1944.08	离休
2	韦学甫	男	1923—1997	1946.07	离休
3	曹文仲	男	1930—2006	1947.04	离休
4	张树华	男	1925—1992	1947.05	离休
5	于长河	男	1930—2020	1947.11	离休
6	仲宝忠	男	1928—2011	1948.02	离休
7	李永贵	男	1913—1989	1948.10	离休
8	赵玉山	男	1928—2000	1948.08	离休
9	常　义	男	1920—2011	1948.10	离休
10	张绍清	男	1925—1997	1948.10	离休
11	孟昭富	男	1926—2008	1948.10	离休
12	任福林	男	1927—1997	1948.10	离休
13	高光烈	男	1925—	1948.11	离休
14	太云山	男	1915—1993	1949.01	离休
15	张久忠	男	1922—2011	1949.02	离休

（续）

序号	姓名	性别	生卒年	参加工作时间	备注
16	柴森林	男	1925—2001	1949.02	离休
17	李守本	男	1927—2009	1949.02	离休
18	智绍君	男	1928—1987	1949.02	离休
19	马文山	男	1928—2013	1949.02	离休
20	张焕清	男	1930—2013	1949.02	离休
21	杨景才	男	1931—2013	1949.02	离休
22	闫尚田	男	1931—2020	1949.02	离休
23	魏化民	男	1922—	1949.06	离休
24	冯保禄	男	1917—2002	1948.10	工人
25	张佐清	男	1919—1997	1948.10	工人
26	智晋尧	男	1922—1986	1948.10	工人
27	王永贵	男	1922—2011	1948.10	工人
28	肖玉儒	男	1923—2003	1948.10	工人
29	王德福	男	1926—2019	1948.12	工人
30	毕金凤	男	1922—2002	1949.02	工人
31	孙焕礼	男	1925—2006	1949.02	工人
32	孙焕义	男	1925—2018	1949.02	工人
33	毕宪林	男	1926—2016	1949.02	工人
34	周洪山	男	1928—1994	1949.02	工人
35	乔勇安	男	1928—2001	1949.02	工人
36	宋有山	男	1928—2008	1949.02	工人
37	冯德友	男	1933—2018	1949.02	工人
38	张福东	男	1928—	1942.02	参离
39	李　忠	男	1930—2019	1945.02	参离
40	李乃华	男	1927—	1948.11	参离

第八节　参加东北抗日义勇军人员

表 6-3-8　参加东北抗日义勇军人员名录

序号	姓　名	部队番号	职　务	住　址	备　注
1	段会林	第 48 路 15 旅	团长	前矾石山屯	号"段大麻子"
2	马长太	第 48 路 15 旅段团	团参谋长	高台镇泉井台屯	携带一支三八式步枪加入
3	段春林	第 48 路 15 旅段团	营长	前矾石山屯	段会林弟
4	詹业岐	第 48 路 15 旅段团	军医官	高台镇泉井台屯	杨宇霆卫兵，杨被杀后返乡
5	齐凤玉	第 48 路 15 旅段团	连长	前矾石山屯	字景山，曾枪毙贪污军饷士兵 2 名
6	毕长□	第 48 路	连长	毕家屯	毕德洪长子，毕长富长兄

（续）

序号	姓 名	部队番号	职 务	住 址	备 注
7	牛宝山	第48路15旅段团	战士	前矾石山屯	被俘后离开部队
8	段永清	第48路15旅段团	战士	前矾石山屯	段会林之子
9	毕纯□	第48路	战士	毕家屯	毕纯凤长兄
10	张德山	第48路15旅段团	战士	前矾石山屯	—
11	王德山	第48路15旅段团	战士	前矾石山屯	—
12	王德福	第48路15旅段团	战士	前矾石山屯	—
13	孔昭云	第48路15旅段团	战士	前矾石山屯	号"孔留"
14	孔□□	第48路15旅段团	战士	前矾石山屯	—
15	梁德顺	第48路15旅段团	战士	后矾石山屯	—
16	于 和	第48路15旅段团	战士	后矾石山屯	—
17	赵国庆	第48路15旅段团	战士	郜家沟屯	—
18	杨文林	第48路15旅段团	战士	郜家沟屯	—
19	杨文清	第48路15旅段团	战士	郜家沟屯	—
20	陈万有	第48路15旅段团	战士	郜家沟屯	—
21	齐□阳	第48路15旅段团	战士	郜家沟屯	—
22	郜连山	第48路15旅段团	战士	郜家沟屯	—
23	大瞎糠	第48路15旅段团	战士	高台镇二道沟屯	姓孟
24	孟大区	第48路15旅段团	战士	高台镇二道沟屯	—

第九节　部队军官

表6-3-9　部队军官名录

序号	姓 名	性别	职 务	级别	军衔	所 在 部 队
001	毕长庚	男	参谋长	副团职	中校	第四野战军炮兵第二师某团
002	王子臣	男	工程师	副团职	中校	驻锦山5553军工厂
003	李怀林	男	大队长	副团职	中校	兴城市边防大队
004	毕亚丁	男	大队长	副团职	中校	葫芦岛市消防支队龙港区消防大队
005	李 宁	男	政委	副团职	中校	绥中县边防大队
006	郜占新	男	股长	正营职	中校	空军93062部队机营股
007	李 丽	女	工程师	技术9级	少校	广西武警水电部队第一总队机关
008	邱振芳	男	干事	正营职	上尉	空军航空兵第25师75团政治处
009	王子文	男	副主任	正营职	上尉	解放军某部坦克团政治处
010	杨连生	男	教导员	正营职	上尉	吉林省军区独立师一团三营
011	毕佳金	女	秘书	副营职	上尉	武警云南省森林总队司令部
012	曹 博	男	连长	正连职	上尉	16军装甲4师防空营1连
013	马志华	男	书记	正连职	—	陆军81248部队某团政治处

（续）

序号	姓　名	性别	职　务	级别	军衔	所　在　部　队
014	张树华	男	连长	正连职	中尉	第四野战军四十军 120 师某炮兵连
015	毕杨	男	连长	正连职	中尉	海军 92407 部队某部
016	沈永顺	男	参谋	副连职	中尉	46 军 136 师 408 团政治处
017	史凤歧	男	助理员	副连职	中尉	锦州军分区绥中县人民武装部
018	郑天成	男	干事	副连职	中尉	24 军 197 师 591 团政治处
019	曹文仲	男	指导员	副连职	中尉	西南军区第二步兵学校四连
020	毕长仁	男	教员	副连职	中尉	福州军区后勤部第 17 分部教导队
021	赵玉山	男	军医	副连职	中尉	解放军第三兵团司令部门诊部
022	赵福山	男	司务长	副连职	中尉	54590 部队农场
023	王旭田	男	参谋	副连职	中尉	54582 部队工兵防化科
024	陈国器	男	文书	正排职	少尉	64 军 190 师 570 团 3 营
025	毕桂德	男	学员	正排职	少尉	广东军区中南速成中学
026	马志国	男	排长	正排职	少尉	46 军 136 师 408 团 82 无后坐力炮连
027	兴福魁	男	排长	正排职	少尉	沈阳军区防空部队 202 团 8 连
028	董有江	男	排长	正排职	少尉	46 军 136 师 408 团 1 营 3 连
029	仲宝忠	男	学员	副排职	少尉	东北军区炮兵部队文化大队
030	常福山	男	主任	副排职	少尉	东北防司通信 101 团后勤处油料科

第十节　耄耋老人

表 6-3-10　耄耋老人名录

序号	姓名	性别	年龄（虚岁）	住址	备注
1	张张氏	女	105 岁亡（1916—2020）	岳家沟	张维祥妻
2	刘清晨	男	103 岁亡（1907—2009）	破台子	—
3	孟广山	男	101 岁亡（1894—1994）	破台子	—
4	毕德福	男	99 岁亡（1917—2016）	台　东	—
5	单永泉	男	99 岁亡（1904—2002）	岳家沟	—
6	毕俊林	男	99 岁亡（1906—2004）	毕　屯	—
7	郜连山	男	99 岁亡（1910—2008）	郜家沟	—
8	何桂珍	女	99 岁亡（1922—2020）	毕屯西村	毕长云妻
9	常文贵	男	98 岁亡（1884—1981）	前矾石	—
10	李张氏	女	98 岁亡（1905—2002）	台　西	李启园妻
11	顾春福	男	98 岁亡（1907—2004）	台　西	—
12	陈万秋	女	98 岁亡（1916—2013）	后矾石山	齐忠阳妻
13	李　成	男	98 岁亡（1917—2014）	后矾石山	—
14	于　波	男	98 岁亡（1920—2017）	台西村	—
15	段文山	男	97 岁亡（1900—1996）	郜家沟	—

（续）

序号	姓名	性别	年龄（虚岁）	住址	备注
16	马 生	男	97 岁亡（1903—1999）	后矾石山	—
17	毕凤宝	男	97 岁亡（1911—2007）	毕 屯	—
18	单刘氏	女	98 岁亡（1917—2014）	岳家沟	单永顺妻
19	翟俊英	女	94 岁亡（1924—2017）	岳家沟	杨景福妻
20	张常氏	女	96 岁亡（1892—1987）	前矾石山	张维礼妻
21	李 顺	男	96 岁亡（1902—1997）	后矾石山	—
22	张庆义	男	96 岁亡（1912—2007）	前矾石山	—
23	刘常氏	女	96 岁亡（1915—2010）	破台子	刘福义妻
24	谢 敏	女	97 岁亡（1916—2012）	前矾石山	孔宪武妻
25	齐凤兰	女	96 岁亡（1919—2014）	郜家沟	郜连合妻
26	王希贵	女	94 岁亡（1922—2015）	西大台	罗世恩妻
27	费印德	男	96 岁亡（1922—2017）	西大台	—
28	马桂英	女	96 岁亡（1923—2018）	台西村	苑春林妻
29	王维琴	女	96 岁亡（1925—2020）	前矾石山	王文山妻
30	杨孟氏	女	95 岁亡（1900—1994）	郜家沟	杨文福妻
31	费喜林	男	95 岁亡（1908—2002）	西大台	—
32	郎中奇	男	95 岁亡（1914—2008）	郜家沟	—
33	张庆恩	男	95 岁亡（1916—2010）	前矾石山	—
34	高桂珍	女	95 岁亡（1924—2018）	毕屯东村	万中山妻
35	柴桂兴	男	95 岁亡（1925—2019）	前矾石山	—
36	杨丘氏	女	94 岁亡（1865—1958）	郜家沟	杨继奎妻
37	高淑清	女	94 岁亡（1900—1993）	前矾石山	张吉妻
38	李 安	男	94 岁亡（1900—1993）	后矾石山	—
39	赵桂荣	女	94 岁亡（1910—2003）	西大台	费世和妻
40	叶润田	男	94 岁亡（1912—2005）	饮马河	—
41	苑长祥	男	94 岁亡（1915—2008）	东大石台屯	—
42	王维林	男	94 岁亡（1917—2010）	岳家沟	—
43	张福吉	男	94 岁亡（1921—2014）	郜家沟	—
44	于恩忠	男	94 岁亡（1926—2019）	前矾石山	—
45	马 荣	男	93 岁亡（1859—1951）	前矾石山	—
46	张宝珍	女	93 岁亡（1901—2003）	前矾石山	陈祥妻
47	杨秀荣	女	93 岁亡（1905—1997）	前矾石山	常江妻
48	孟刘氏	女	93 岁亡（1905—1997）	破台子	孟广山妻
49	于恩芝	女	93 岁亡（1914—2006）	前矾石山	常殿元妻
50	常德本	男	93 岁亡（1922—2014）	前矾石山	—
51	毕德珍	男	93 岁亡（1923—2015）	毕屯东村	—

（续）

序号	姓名	性别	年龄（虚岁）	住址	备注
52	王桂芝	女	93 岁亡（1924—2016）	毕屯西村	刘中海妻
53	赵香云	女	93 岁亡（1925—2017）	前矾石山	齐有阳妻
54	岳 横	男	92 岁亡（1915—2006）	岳家沟	—
55	单永顺	男	92 岁亡（1915—2006）	岳家沟	—
56	兴福生	男	92 岁亡（1916—2007）	毕 屯	—
57	杨宝珍	女	92 岁亡（1917—2008）	郜家沟	李云妻
58	常 义	男	92 岁亡（1920—2011）	台西村	—
59	毕长春	男	92 岁亡（1922—2013）	台西村	—
60	毕文林	男	92 岁亡（1923—2014）	毕屯东村	—
61	齐永阳	男	92 岁亡（1923—2014）	郜家沟	—
62	金福荣	女	92 岁亡（1924—2015）	前矾石山	张庆恩妻
63	毕宪林	男	92 岁亡（1925—2016）	毕 屯	—
64	常殿山	男	92 岁亡（1926—2017）	前矾石山	—
65	常福山	男	92 岁亡（1928—2019）	前矾石山	—
66	齐树阳	男	92 岁亡（1928—2019）	郜家沟	—
67	刘国友	男	92 岁亡（1929—2020）	矾石山村	—
68	纪李氏	女	91 岁亡（1871—1961）	郜家沟	纪海母
69	陈伊氏	女	91 岁亡（1877—1967）	郜家沟	陈庆妻
70	杨文山	男	91 岁亡（1898—1988）	郜家沟	—
71	郜连芳	女	91 岁亡（1909—1999）	郜家沟	纪海妻
72	张亚秋	女	91 岁亡（1912—2002）	前矾石山	孟广雨妻
73	周术芹	女	91 岁亡（1923—2013）	破台子	朱庆荣妻
74	陶 祥	男	91 岁亡（1928—2018）	鸡架山	—
75	毕桂梅	女	91 岁亡（1928—2018）	前矾石山	张玉臣妻
76	常 生	男	91 岁亡（1929—2019）	前矾石山	—
77	段有奎	男	90 岁亡（1892—1981）	郜家沟	—
78	毕龙凤	男	90 岁亡（1894—1983）	毕 屯	—
79	秦子阳	男	90 岁亡（1908—1997）	饮马河	—
80	李启园	男	90 岁亡（1909—1998）	台 西	—
81	田维琴	女	90 岁亡（1915—2004）	前矾石山	常德恩妻
82	刘玉恩	男	90 岁亡（1919—2008）	前矾石山	—
83	刘淑梅	女	90 岁亡（1923—2012）	毕屯东村	毕德周妻
84	施景茹	女	90 岁亡（1924—2013）	毕屯东村	张久忠妻
85	王淑华	女	90 岁亡（1926—2015）	前矾石山	刘玉田妻
86	李桂琴	女	90 岁亡（1931—2020）	前矾石山	柴绍余妻
87	王维琴	女	96 岁存（1925—）	矾石山村	王文山妻

（续）

序号	姓名	性别	年龄（虚岁）	住址	备注
88	高光烈	男	96 岁存（1925—）	毕屯东村	—
89	张淑珍	女	94 岁存（1927—）	毕屯东村	毕德珍妻
90	岳永泉	男	94 岁存（1927—）	温家屯村	—
91	李乃华	男	94 岁存（1927—）	毕屯东村	—
92	江凤兰	女	94 岁存（1927—）	毕屯东村	毕清林妻
93	杨淑琴	女	94 岁存（1927—）	毕屯西村	柏永义妻
94	毕德有	男	94 岁存（1927—）	毕屯东村	—
95	王淑芬	女	93 岁存（1928—）	毕屯东村	田旭春妻
96	程桂华	女	93 岁存（1928—）	郜家村	郜连合妻
97	毕彩金	女	93 岁存（1928—）	台西村	苑长文妻
98	杨春山	男	93 岁存（1928—）	郜家沟村	—
99	常桂芝	女	93 岁存（1928—）	矾石山村	柴绍云妻
100	张福东	男	93 岁存（1928—）	鸡架山村	—
101	朱凤珍	女	92 岁存（1929—）	毕屯	李贺妻
102	兴福奎	男	92 岁存（1929—）	毕屯	—
103	胡俊和	男	92 岁存（1929—）	台西村	—
104	杨秀文	女	91 岁存（1930—）	破台子	吴相林妻
105	常贵	男	91 岁存（1930—）	鸡架山村	—

第十一节　大学生名录

表 6-3-11　大学生名录

序号	姓　名	性别	学历	毕业院校	毕业时间
（一）2000 年以前 大专学历以上毕业生					
01	郎博泉	男	专科	奉天法政专门学校	1914
02	周道非	男	专科	东 北 大 学	1949
03	赵玉山	男	专科	华东白求恩医学院	1951
04	蔺锦章	男	本科	沈阳农学院	1953
05	毕久林	男	专科	长春地质学院	1954
06	毕长贵	男	本科	长春地质学院	1956
07	费印忠	男	专科	大连医学院	1957
08	费树传	男	专科	唐山地质学院	1957
09	毕德学	男	本科	辽宁大学	1960

（续）

序号	姓　名	性别	学历	毕　业　院　校	毕业时间
10	毕德堂	男	留学生	苏联列宁格勒加里宁工业大学	1960
11	毕长友	男	专科	北京邮电大学	1964 肄业
12	赵海林	男	专科	阜新市电力专科学校	1983
13	范正富	男	专科	锦州师范专科学校	1987
14	刘永宽	男	本科	辽宁师范大学	1988
15	董仲离	女	专科	重庆建筑工程学院	1988
16	王　新	男	专科	阜新矿业学院	1989
17	张宝珠	女	本科	辽宁大学	1990
18	陆　骞	男	本科	沈阳体育学院	1991
19	马立新	男	本科	沈阳师范学院	1991
20	毕文辉	男	本科	南京军事学院	1992
21	张秀丽	女	专科	承德高等石油专科学校	1992
22	孔宪锋	男	专科	锦州师范学院	1993
23	孔令权	男	专科	哈尔滨冶金学院	1993
24	于红艳	女	专科	青岛化工学院	1994
25	毕文伟	男	本科	沈阳建筑工程学院	1994
26	栗印兰	女	硕士	湖南省医学院	1995
27	张春艳	女	本科	鞍山师范学院	1996
28	常洪生	男	专科	长春水利电力专科学校	1996
29	杨乃文	女	本科	黑山师范学院	1997
30	张春碧	女	本科	沈阳师范学院	1998
31	温占军	男	专科	锦州育才学院	1998
32	明　辉	女	专科	沈阳农业大学	1998
33	杨国新	男	本科	吉林省工业大学	1998
34	费朋飞	男	本科	沈阳工业大学	1999
35	费连祥	男	专科	锦州师范学院	1999
36	王　艳	女	本科	沈阳工业学院	1999
37	张东胜	男	专科	盘锦专业技术学校	1999
（二）2000 年以后研究生学历毕业生					
38	杨东芳	女	硕士	四川成都大学	2001
39	柏彦生	男	硕士	中国政法大学	2002
40	时　现	女	博士	南京大学	2003
41	张　卓	女	硕士	南京河海大学	2005
42	毕　超	女	硕士	辽宁化工大学	2005
43	周　莹	女	硕士	辽宁大学	2005
44	张洪伟	男	硕士	大连理工大学	2006
45	孟庆艳	女	博士	吉林大学	2006

（续）

序号	姓　名	性别	学历	毕 业 院 校	毕业时间
46	王　爽	女	硕士	东北师范大学	2007
47	王　哲	男	硕士	中国人民大学	2012
48	刘亚男	女	硕士	沈阳师范大学	2012
49	常文天	女	硕士	中国石油大学	2014
50	于　涛	男	硕士	北京理工大学	2014
51	柏　晔	女	硕士	辽宁师范大学	2015
52	姚　欢	女	硕士	沈阳师范大学法学院	2016
53	毕佳宁	女	硕士	辽宁大学	2016
54	张　瑜	女	硕士	辽宁大学	2016
55	陈　曦	女	硕士	辽宁大学	2018
56	孟雪（毕屯）	女	硕士	中国科学院大学	2019
57	孟雪（台东）	女	博士	北京大学	2020
58	孔　悦	女	硕士	辽宁师范大学	在读
59	杨　柳	女	硕士	中国医科大学	在读
60	王思录	女	硕士	大连工业大学	在读
61	王　梦	女	硕士	辽宁大学	在读

第十二节　下乡知青名录

表 6-3-12　下乡知青名录

序号	姓名	性别	出生时间	毕业时间	毕业院校或 文化程度	从何处下乡	下乡单位	下乡时间
1	王书琴	女	—	1962	初中	锦州	毕屯	1962.08.20
2	李　颖	女	1949.02	1968	朝阳高中	沙河三台子	毕屯（学校）	1968
3	陆玉荣	女	1946.07	1968	绥中高中	秋子沟乡	毕屯（初中）	1968.09.23
4	李淑兰	女	1946.12	1966	锦州一高中	绥中县前所公社	毕屯（学校）	1968.10.07
5	金志茹	女	1949.12	1966	锦州石油中学	锦州古塔区	毕屯一队	1968.10.07
6	白尚武	男	—	1968	锦州石油中学	锦州古塔区	毕屯一队	1968.10.07
7	陈广顺	男	1949	1968	锦州石油中学	锦州古塔区	毕屯一队	1968.10.07
8	陈广玉	男	1949	1968	锦州石油中学	锦州古塔区	毕屯一队	1968.10.07
9	鄂桂琴	女	—	1968	锦州石油中学	锦州古塔区	毕屯一队	1968.10.07
10	苏淑敏	女	1949	1968	锦州石油中学	锦州古塔区	毕屯一队	1968.10.07
11	李荣华	男	1949	1968	初中	锦州	毕屯一队	1968.10.07
12	张孝平	女	1949.12	1968	锦州石油中学	锦州古塔区	毕屯一队	1968.10.07
13	赵玉杰	女	1949	1968	锦州石油中学	锦州古塔区	毕屯二队	1968.10.07
14	纪凤芝	女	1949	1968	锦州石油中学	锦州古塔区	毕屯二队	1968.10.07

（续）

序号	姓名	性别	出生时间	毕业时间	毕业院校或文化程度	从何处下乡	下乡单位	下乡时间
15	张兰芝	女	—	1968	锦州石油中学	锦州古塔区	毕屯二队	1968.10.07
16	田素珍	女	1949	1968	锦州石油中学	锦州古塔区	毕屯二队	1968.10.07
17	刘学维	男	1949	1968	锦州石油中学	锦州古塔区	毕屯二队	1968.10.07
18	王维忠	男	1949	1968	锦州石油中学	锦州古塔区	毕屯二队	1968.10.07
19	赵崑	男	1949	1968	锦州石油中学	锦州古塔区	毕屯大队	1968.10.07
20	龙树义	男	1949	1968	锦州石油中学	锦州古塔区	毕屯二队	1968.10.07
21	穆丽荣	女	1950	1968	锦州石油中学	锦州古塔区	毕屯二队	1968.10.07
22	张希孔	男	1949.06	1966	锦州石油中学	锦州古塔区	毕屯二队	1968.10.07
23	牟莲	女	1946	1968	锦州一高中	锦州市凌河区	毕屯四队	1968.10.07
24	李素兰	女	1946	1968	锦州一高中	锦州市凌河区	毕屯四队	1968.10.07
25	张正义	男	1945.05	1968	锦州一高中	锦州市凌河区	毕屯四队	1968.10.07
26	陈春林	男	1945	1968	锦州一高中	锦州市凌河区	毕屯四队	1968.10.07
27	杨古田	男	1946	1968	锦州一高中	锦州市凌河区	毕屯四队	1968.10.07
28	赵淑芝	女	1952.10	1968	锦凌一中	锦州市凌河区	毕屯四队	1969.01
29	郭凤梅	女	1954.04	1972	吉林	吉林永合县三源浦	毕屯大队	1973.03.18
30	张晓杰	女	—		初中	—	毕屯大队	
31	杨新春	男	1949	1968	初中	绥中黄家公社	采石场	1968
32	姜玉奎	男	1954.11	1970	冯万中学	绥中反帝街	采石场	1969.03
33	曹继敏	女	1956	1976	沙河中学	绥中兴无街	采石场	1969.04
34	李俊华	女	1959.01	1977	塔山中学	绥中反修街	采石场	1969.04
35	王江瑞	男	1957	1977	九年	绥中西大街	采石场	1969.04
36	王杰	男	1955	1975	九年	绥中养路段	采石场	1969.04
37	王胜	男	1957	1977	九年	部队转业	采石场	1969.04
38	王月兰	女	1953	1974	九年	绥中养路段	采石场	1969.04
39	王月如	女	1959	1978	九年	部队转业	采石场	1969.04
40	张泽华	男	1958	1976	绥中四中	绥中内东村	采石场	1969.04
41	曹士英	男	1953.03	1970	绥中一中	绥中兴无街	采石场	1970
42	张立华	女	1957.05	1974	绥中四中	绥中反帝街	采石场	1974
43	曹士文	男		1977	初中	绥中兴无街	采石场	1976
44	蒋立成	男	1960.09	1977	大台山中学	沈阳铁西区	采石场	1977
45	吕少元	男	—	—	初中	—	采石场	1979
46	李孟起	男	1946	1968	绥中高中	沙河三台子	场直	1968.09.23
47	刘秀芝	女	1952.07	1968	锦州六中	锦州古塔区	场直	1968.10
48	刘玲	女	1953.03	1970	前所初中	锦州市文正街	场直	1970.08
49	许丽亚	女	1953.08	1971	叶家中学	绥中反修街	场直	1971
50	张乃茹	女	—	1972	初中	锦州市凌河区	场直	1972.12.21
51	骆立军	男	1955.09	1972	锦州一中	锦州市凌河区	场直	1972.12.21
52	范晶	女	—	1974	初中	绥中县反修街	场直	1974.08.13

（续）

序号	姓名	性别	出生时间	毕业时间	毕业院校或文化程度	从何处下乡	下乡单位	下乡时间
53	王一凡	男	1958.05	1976	锦县新庄中学	绥中反修街	场直	1977.07
54	侯连凤	女	1945.01	1962	锦州五中	锦州市凌河区	大生沟	1962.08.20
55	刘洁	女	1947.08	1968	初中	大台 农场	大生沟	1962.08.20
56	孙凤阁	女	1944	1962	初中	锦州畜牧农场	大生沟	1962.08.20
57	冯宝全	男	1948.09	1968	锦州铁中	锦州市凌河区	大生沟	1968.10
58	刘杰	女	1947.08	1966	锦州中学	锦州市古塔区	大生沟	1968.10.06
59	袁友善	男	1948.11	1966	锦州二中	锦州市古塔区	大生沟	1968.10.08
60	王成义	男	1952.01	1971	锦州铁中	锦州新制街	大生沟	1972.09
61	李保华	男	1952.02	1971	锦铁一中	锦州新制街	大生沟	1972.09.05
62	陈铁英	女	—	1972	初中	锦州	大生沟	1972
63	李国志	男	—	1972	初中	锦州	大生沟	1972
64	张福贵	男	—	1972	初中	锦州	大生沟	1972
65	高志明	男	—	1972	初中	锦州	大生沟	1972
66	袁敏	女	—	1972	初中	锦州	大生沟	1972
67	刘秀英	女	—	1972	初中	锦州	大生沟	1972
68	张台安	男	—	1972	初中	锦州	大生沟	1972
69	谢志艳	女	1957	1977	兴城刘台中学	兴城东辛庄	大生沟	1977
70	谢志敏	女	1960	1977	兴城五七中学	兴城东辛庄	大生沟	1977.09
71	史丽华	女	1954	1975	兴城南大中学	兴城南大乡	大生沟	1977.04
72	史国臣	男	1956	1976	兴城南大中学	兴城南大乡	大生沟	1977.04
73	夏春玲	女	1949.04	1968	初中	锦州市古塔区	大生沟（学校）	1968
74	张福厚	男	1947	1961	锦州宝安一校	锦州市古塔区	台西	1963.05.16
75	赵世杰	男	1946	1960	小学六年	锦州古塔区	台西	1963.05.16
76	高增跃	男	1945	—	初中	锦州市古塔区	台西	1963.05.16
77	周九仲	男	1942	1962	锦州凌河一中	锦州市古塔区	台西	1963.05.16
78	王贵山	男	1947	1963	新民一中	新民县南街（转）	台西	1968.09
79	王焕成	男	1946	1963	初中	锦州市古塔区	台西	1963.05.16
80	王树元	男	1944	1963	初中	锦州市古塔区	台西	1963.05.16
81	毛树奎	男	1941	1963	初中	锦州市古塔区	台西	1963.05.16
82	许志生	男	1943	1963	高中	锦州市古塔区	台西	1963.05.16
83	黄振彬	女	1941	1962	高中	锦州古塔区	台西	1963.05.16
84	刘春恒	男	1946	1962	锦州四中	锦州古塔区	台西	1963.05.16
85	刘武忠	男	1946.06	1962	锦州四中	锦州市古塔区	台西	1963.05.16
86	王文志	男	—	—	—	—	台西	1963.11.30
87	于桂芝	女	1947	1963	初中	锦州市古塔区	台西	1963.11.30
88	王树山	男	1946	1963	锦州中学	锦州市古塔区	台西	1963.11.30
89	王敬轩	女	1945	1962	初中	锦州市	台西	1963.11.30
90	尹桂兰	女	1946	1963	高小	锦州古塔区	台西	1963.11.30

（续）

序号	姓名	性别	出生时间	毕业时间	毕业院校或 文化程度	从何处下乡	下乡单位	下乡时间
91	于贺新	男	1946	1963	初中	锦州古塔区	台西	1963.11.30
92	李树兴	男	1945	1963	初中	锦州古塔区	台西	1963.11.30
93	腾素华	女	—	1963	初中	兴城韩家沟	台西	1963.11.30
94	刘桂兰	女	1947.02	1962	绥中二初中	绥中西关	台西	1965.04.29
95	田香云	女	1948.12	1961	绥中铁小	绥中反修街	台西	1965.04.29
96	赵志杰	男	—	1968	绥中二中	大台山	台西	1968.08.28
97	毕文琴	女	—	1968	绥中二中	大台山	台西	1968.08.28
98	毕文霞	女	—	1968	绥中二中	大台山	台西	1968.08.28
99	赵淑杰	女	—	1968	绥中二中	大台山	台西	1968.08.28
100	王太和	男	—	1968	绥中二中	大台山	台西	1968.08.28
101	贾玉俭	男	1958.03	1974	绥中一中	绥中反修街	台西	1969.03
102	苑学臣	男	1952	1970	绥中三中	大台二队	台西	1969.04
103	苑玉明	男	1952		绥中三中	绥中镇	台西	1972.12.21
104	苑学贵	男	1955.04	1971	沙河中学	大台山农场	台西	1971.12
105	杨丽君	女	1956.08	1970	大台毕屯学校	锦州凌河区	台西	1972
106	王桂英	女	1953.10	1972	锦州五中	锦州凌河区	台西	1972.12.21
107	赵影	女	—	1972	绥中一中	绥中镇	台西	1972.12
108	刘绪强	男	—	1972	绥中一中	绥中镇	台西	1972.12
109	高洪锦	男	1955.09	1972	锦州二中	锦州凌河区	台西	1972.12
110	邢铁英	男	1954.01	1972	初中	锦州市凌河区	台西	1972.12
111	苑宝珍	女	1954.05	1972	锦州11中	锦州市凌河区	台西	1972.12
112	苑金玲	女	1954.05	1972	初中	锦州市古塔区	台西	1972.12
113	赵宇霞	女	1954.10	1972	锦州11中	锦州市凌河区	台西	1972.12.21
114	孙保安	男	1955.01	1972	锦州五中	锦州市凌河区	台西	1972.12.21
115	左淑芹	女	1954.04	1972	锦州一中	锦州凌河区	台西	1972.12.21
116	杨文志	男	1955.09	1975	初中	绥中县红卫街	台西	1974.07.24
117	张唯芹	女	1956.04	1974	绥中二中	绥中反帝街	台西	1974.12.24
118	宋志杰	男	1958.01	1975	沙河中学	绥中反修街	台西	1975
119	张丽华	女	1956.01	1973	锦州17中学	锦州市凌河区	台西	1975.02
120	金淑琴	女	1954.09	1972	社会青年	锦州市古塔区	台西	1975.05.31
121	岳忠	女	1956.11	1975	初中	绥中县兴无街	台西	1975.06.09
122	张永德	男	1954.05	1972	初中	锦州市古塔区	台西	1975.06.26
123	李满利	男	1956.04	1975	初中	绥中	台西	1975.08.15
124	任淑清	女	1959.08	1975	鞍山51中	鞍山市立山区	台西	1975.09.20
125	窦立杰	女	1955.07	1975	绥中四中	绥中县红卫街	台西	1976.02.10
126	典玉杰	女	1955.07	1975	绥中四中	绥中红卫街	台西	1976.02
127	邸英杰	男	1955.05	1975	绥中四中	绥中县兴无街	台西	1976.04.26
128	张秋菊	女	1954.12	1971	初中	大台山修造厂	台西	1976.04

（续）

序号	姓名	性别	出生时间	毕业时间	毕业院校或文化程度	从何处下乡	下乡单位	下乡时间
129	朱玉贤	女	1957.03	1976	大台山中学	绥中县房产	台西	1976.07.23
130	骆云霞	女	1958.05	1976	绥中三中	绥中县兴无街	台西	1976.07.25
131	邸金文	男	1957.11	1976	绥中四中	绥中县红卫街	台西	1976.07.26
132	黄翠华	女	1959.06	1977	锦州十一中	锦州凌河区	台西	1977.08.30
133	郝云凤	女	1957.01	1975	绥中三中	绥中	台西	1977.08
134	邸善文	男	—	—	—	—	台西	1979
135	骆玉栗	男	—	—	—	—	台西	1979
136	刘素芬	女	1947.06	1964	绥中一中	绥中南门街	矾石	1964.08
137	洪凤玲	女	1948.01	1968	锦州八中	锦州市古塔区	矾石	1968
138	张文兰	女	—	1968	初中	大台山矾石	矾石	1968
139	张淑英	女	1949.12	1968	锦州二中	锦州市古塔区	矾石	1968.10
140	王维芬	女	1946.07	1960	高台水口学校	河南郑州	矾石	1969.01
141	霍锦英	女	1954.12	1972	高台中学 九年	锦州市银行	矾石	1972.01
142	赵 宵	男	1949	1966	锦州实验中学	锦州市凌河区	矾石	1968.08.04
143	朱桂山	男	1950	1966	锦州实验中学	锦州市凌河区	矾石	1968.08.04
144	祝士辉	男	1949	1966	锦州实验中学	锦州市凌河区	矾石	1968.08.04
145	郎曼茹	女	—	1966	锦州实验中学	锦州市古塔区	矾石	1968.08.04
146	李会兰	女	—	1966	锦州实验中学	锦州市古塔区	矾石	1968.08.04
147	刘玉民	男	1949	1966	锦州实验中学	锦州市古塔区	矾石	1968.08.04
148	刘忠海	男	1948.09	1966	锦州实验中学	锦州市古塔区	矾石	1968.08.04
149	马瑞芝	女	—	1966	锦州实验中学	锦州市古塔区	矾石	1968.08.04
150	穆金华	女	1949	1966	锦州实验中学	锦州市古塔区	矾石	1968.08.04
151	唐秀芳	女	—	1966	锦州实验中学	锦州市古塔区	矾石	1968.08.04
152	汪德崇	男	1949	1966	锦州实验中学	锦州市凌河区	矾石	1968.08.04
153	王小峰	男	1950	1966	锦州实验中学	锦州市凌河区	矾石	1968.08.04
154	王仁彬	男	1949	1966	锦州实验中学	锦州市古塔区	矾石	1968.08.04
155	肖福州	男	—	—	锦州社会青年	锦州市古塔区	矾石	1968.08.04
156	张 敏	女	1948	1966	锦州实验中学	锦州市古塔区	矾石	1968.08.04
157	张淑环	女	1949	1966	锦州实验中学	锦州市古塔区	矾石	1968.08.04
158	白永金	男	1947	—	锦州社会青年	锦州市古塔区	矾石	1968.08.04
159	郭起连	男	1949	1966	锦州实验中学	锦州市古塔区	矾石	1968.08.04
160	郭玉芹	女	1949	1966	锦州实验中学	锦州市	矾石	1968.08.04
161	张立武	男	1954.12	1972	锦州一中	锦州凌河区	矾石	1972.12.21
162	刘恩莉	女	1950.11	1968	锦州实验中学	锦州古塔区	邰家	1968.11.10
163	樊 辉	女	1951	1968	锦州实验中学	锦州古塔区	邰家	1968.11.10
164	周桂兰	女	1951	1968	锦州实验中学	锦州古塔区	邰家	1968.11.10
165	张士志	男	1951	1968	锦州实验中学	锦州凌河区	邰家	1968.11.10
166	丁 林	男	1952	1968	锦州实验中学	锦州凌河区	邰家	1968.11.10

（续）

序号	姓名	性别	出生时间	毕业时间	毕业院校或文化程度	从何处下乡	下乡单位	下乡时间
167	刘小可	男	1952	1968	锦州实验中学	锦州古塔区	郜家	1968.11.10
168	李学营	女	1951	1968	锦州实验中学	锦州凌河区	郜家	1968.11.10
169	王文斌	男	1952	1968	锦州实验中学	锦州古塔区	郜家	1968.11.10
170	陈晚莹	女	1952	1968	锦州实验中学	锦州古塔区	郜家	1968.11.10
171	沈亚军	女	1951	1968	锦州实验中学	锦州凌河区	郜家	1968.11.10
172	李宝纯	男	1953	1971	锦州实验中学	锦州凌河区	郜家	1971.12.25
173	李凤珠	女	1953	1971	锦州实验中学	锦州凌河区	郜家	1971.12.25
174	李景华	男	1952	1971	锦州实验中学	锦州凌河区	郜家	1971.12.25
175	李寿坤	男	1950	1971	锦州实验中学	锦州凌河区	郜家	1971.12.25
176	孙焕礼	男	1953	1971	锦州实验中学	锦州凌河区	郜家	1971.12.25
177	王琦	女	1954	1971	锦州实验中学	锦州凌河区	郜家	1971.12.25
178	王文影	男	1953	1971	锦州实验中学	锦州凌河区	郜家	1971.12.25
179	王艳凤	女	1952	1971	锦州实验中学	锦州凌河区	郜家	1971.12.25
180	肖静珍	女	1952	1971	锦州实验中学	锦州凌河区	郜家	1971.12.25
181	张久霞	女	1954	1971	锦州实验中学	锦州凌河区	郜家	1971.12.25
182	刘树怀	男	1952.01	1971	锦州实验中学	锦州凌河区	郜家	1971.12.25
183	郑朝秀	女	1953	1971	锦州实验中学	锦州凌河区	郜家	1971.12.25
184	苑秀力	男	1953.01	1972	高台水口学校	大台山农场	郜家沟	1972
185	苑亚杰	女	1954.01	1973	矾石学校	大台山农场	郜家沟	1973
186	周群一	男	1955.11	1972	绥中三中	绥中县	郜家	1973.10
187	刘淑芹	女	1954	1972	绥中三中	绥中县	郜家	1973.10
188	潘桂兰	女	1954	1972	绥中三中	绥中县	郜家	1973.10
189	闫肃	男	1954	1972	绥中三中	绥中县	郜家	1973.10
190	程子华	男	—	1974	初中	锦州皮毛厂	郜家	1974
191	刘才力	男	—	1974	初中	锦州皮毛厂	郜家	1974
192	苑亚坤	女	1957.07	1974	矾石学校	大台山农场	郜家沟	1979
193	刘氏	女	1959.01	1976	大台山中学	大台山农场	红星队	1976.08
194	刘志良	男	1950.03	1966	锦州二中	锦州古塔区	机电站	1968.10.08
195	朱亚斌	男	1954.11	1972	锦州十六中	锦州市古塔区	机电站	1973.02
196	刘伟明	男	1955.01	1974	沙河中学	锦州古塔区	机电站	1974.08
197	毕长绥	男	1955.03	1974	沙河中学	绥中兴无街	机电站	1974.08
198	陈德才	男	1958.12	1976	锦化一中	锦西化工	机电站	1976.07
199	刘广安	男	1946.03	1963	锦州石油中学	锦州市古塔区	鸡架山	1962.08.20
200	连洪权	男	1943	1962	锦州石油中学	锦州凌河区	鸡架山	1962.08.20
201	王福贵	男	1945	1962	锦州石油中学	锦州凌河区	鸡架山	1962.08.20
202	苏洪涛	男	1945.01	1962	锦州中学	锦州市古塔区	鸡架山	1962.08.20
203	王希福	男	1945	1962	锦州五中	锦州市凌河区	鸡架山	1962.08.20
204	孙树梅	女	1946.05	1962	锦凌中学	锦州古塔区	鸡架山	1962.08.20

（续）

序号	姓名	性别	出生时间	毕业时间	毕业院校或文化程度	从何处下乡	下乡单位	下乡时间
205	邬忠志	男	1944	1962.08	锦州锦凌中学	锦州市古塔区	鸡架山	1962.08.20
206	张有恒	男	1945	1962	锦州石油中学	锦州古塔区	鸡架山	1962.08.20
207	姚淑艳	女	1945	1962	锦州一中	锦州市古塔区	鸡架山	1962.08.20
208	张凤荣	女	1943	1962	锦州五中	锦州市凌河区	鸡架山	1962.08.20
209	张广荣	男	1945.09	1962	锦州五中	锦州市凌河区	鸡架山	1962.08.20
210	张桂云	女	1945	1962	锦凌中学	锦州市凌河区	鸡架山	1962.08.20
211	张桂珍	女	1946	1962	锦州一中	锦州市古塔区	鸡架山	1962.08.20
212	张淑会	女	1943	1962	锦州中学	锦州市凌河区	鸡架山	1962.08.20
213	赵子春	男	1945	1962	锦凌中学	锦州市	鸡架山	1962.08.20
214	王桂复	女	1945	1962	锦州五中	锦州市凌河区	鸡架山	1962.08.20
215	王桂新	女	1945	1962	锦州一中	锦州市古塔区	鸡架山	1962.08.20
216	李恩惠	男	1945	1962	锦州五中	锦州市古塔区	鸡架山	1962.08.20
217	徐广兰	女	1943	1962	锦州五中	锦州关屯	鸡架山	1962.08.20
218	丁桂珍	女	1945	1962	初中	锦州市	鸡架山	1962.08.20
219	谢国良	男	1944	1962	锦州五中	锦州市凌河区	鸡架山	1962.08.20
220	田玉昆	男	1945	1962	锦州五中	锦州市凌河区	鸡架山	1962.08.20
221	万冰杰	女	1946	1962	锦凌中学	锦州市古塔区	鸡架山	1962.08.20
222	潘福仁	男	1945.11	1962	锦州五中	锦州市凌河区	鸡架山	1962.08.20
223	裴寿喜	女	1944.01	1962	锦州五中	锦州市凌河区	鸡架山	1962.08.20
224	李效然	女	1946.02	1962	锦凌中学	锦州市	鸡架山	1962.08.20
225	李秀华	女	1945	1962	锦州一中	锦州市古塔区	鸡架山	1962.08.20
226	刘海昌	男	1945	1962	锦州五中	锦州市凌河区	鸡架山	1962.08.20
227	关玉艳	女	1946	1962	锦州五中	锦州市凌河区	鸡架山	1962.08.20
228	池秀莲	女	1946	1962	锦州锦凌中学	锦州市凌河区	鸡架山	1962.08.20
229	迟秀君	女	1945	1962	锦州锦凌中学	锦州市凌河区	鸡架山	1962.08.20
230	张永久	男	1945	1962	锦州五中	锦州市凌河区	鸡架山	1962.08.20
231	李桂华	女	—	1962	锦州五中	锦州凌河区	鸡架山	1962.08.20
232	李铁汉	男	—	1962	锦凌中学	锦州古塔区	鸡架山	1962.08.20
233	王宝珍	女	—	1962	锦州五中	锦州凌河区	鸡架山	1962.08.20
234	高志彬	男	1945.04	1962	锦州中学	锦州凌河区	鸡架山	1962.08.20
235	佟金利	男	1948.01	1963	锦凌中学	锦州市	鸡架山	1963.05.16
236	程锦荣	女	—	1963	初中	锦州市	鸡架山	1963.05.16
237	李桂荣	女	—	1963	初中	锦州市	鸡架山	1963.05.16
238	王晓萍	女	1946	1962	锦州五中	锦州市凌河区	鸡架山	1963.05.16
239	张朝举	男	1943.07	1961	锦凌中学	锦州市古塔区	鸡架山	1963.05.16
240	王桂芹	女	1945	1962	初中	锦州市古塔区	鸡架山	1963.05.16
241	冬 化	男	—	1963	初中	锦州市	鸡架山	1963.05.16
242	贾淑云	女	1947.12	1962	锦州石油中学	锦州市古塔区	鸡架山	1963.05.16

（续）

序号	姓名	性别	出生时间	毕业时间	毕业院校或 文化程度	从何处下乡	下乡单位	下乡时间
243	李凤英	女	1947.01	1962	锦州石油中学	锦州市古塔区	鸡架山	1963.05.16
244	宋文禄	男	1944	1963	锦州石油中学	锦州市古塔区	鸡架山	1963.05.16
245	徐德会	男	1941	1962	锦州石油中学	锦州市古塔区	鸡架山	1963.05.16
246	张宝连	男	1946	1962	锦州石油中学	锦州市古塔区	鸡架山	1963.05.16
247	张忠海	男	1944	1963	锦州石油中学	锦州市古塔区	鸡架山	1963.05.16
248	刘秋敏	女	1945	1963	锦州石油中学	锦州市古塔区	鸡架山	1963.05.16
249	宁永芬	女	1944.08	1963	锦州石油中学	锦州市古塔区	鸡架山	1963.05.16
250	李恩青	男	1946	1963	锦州石油中学	锦州市古塔区	鸡架山	1963.05.16
251	李忠先	男	—	1963	锦州石油中学	锦州市古塔区	鸡架山	1963.05.16
252	吕景文	男	1943.06	1963	锦州石油中学	锦州市古塔区	鸡架山	1963.05.16
253	赵素兰	女	1947.01	1962	锦凌中学	锦州市本乐街	鸡架山	1963.05.16
254	李喜元	男	1942	1963	高中	锦州市太和区	鸡架山	1963.05.16
255	何良纯	男	—	1962	初中	锦州市	鸡架山	1963.11.30
256	蒋奇	男	1944.11	1962	锦州机械中专	锦州市古塔区	鸡架山	1963.11.30
257	郭凤兰	女	—	1962	初中	锦州市	鸡架山	1963.11.30
258	谢素云	女	1946	1962	初中	锦州市凌河区	鸡架山	1963.11.30
259	应海芹	女	1944	1962	初中	锦州市	鸡架山	1963.11.30
260	钟金荣	女	1945	1962	初中	锦州市	鸡架山	1963.11.30
261	杨树跃	男	1951.06	1968	绥中绥中	绥中反修街	鸡架山	1968
262	冷玉书	女	1949.11	1966	锦州市二初中	锦州市红卫区西街	鸡架山	1968.01
263	王军	男	1947.09	1965	锦铁一中	锦州市文化街	鸡架山	1968.01
264	侯连英	女	1949.12	1968	锦州中学	锦州凌河区	鸡架山	1968.10
265	崔春玲	女	1949.04	1968	锦州二中	锦州市凌河区	鸡架山	1968.10.08
266	张路加	男	1949.12	1966	锦州二中	锦州市古塔区	鸡架山	1968.10.08
267	颜秉信	男	1949.08	1968	锦州二中	锦州市凌河区	鸡架山	1968.10.08
268	张石	男	—	1968	锦州二中	锦州凌河区	鸡架山	1968
269	杜桂芬	女	—	1968	锦州二中	锦州凌河区	鸡架山	1968
270	张碌佳	男	—	1968	锦州二中	锦州凌河区	鸡架山	1968
271	吴桂珍	女	—	1968	锦州二中	锦州凌河区	鸡架山	1968
272	张小敏	女	—	1968	锦州二中	锦州凌河区	鸡架山	1968
273	张亚琴	女	—	1968	锦州二中	锦州凌河区	鸡架山	1968
274	郑秀华	女	—	1968	锦州二中	锦州凌河区	鸡架山	1968
275	李含英	女	—	1968	锦州二中	锦州凌河区	鸡架山	1968
276	刘杰	男	—	1968	锦州二中	锦州凌河区	鸡架山	1968
277	郭建华	男	—	1968	锦州二中	锦州凌河区	鸡架山	1968
278	白桂云	女	—	1968	初中	锦州	鸡架山	1968
279	尹淑民	女	1954	1968	绥中二中	绥中县	鸡架山	1968.12.04
280	赵景立	男	—	1972	锦州五中	锦州凌河区	鸡架山	1972

（续）

序号	姓名	性别	出生时间	毕业时间	毕业院校或文化程度	从何处下乡	下乡单位	下乡时间
281	董凤兰	女	1955.02	1972	锦州一中	锦州凌河区安和街	鸡架山	1972
282	蒋乃仁	男	1952.12	1972	初中	锦州安和街	鸡架山	1972
283	兴玉杰	女	1955.07	1975	绥中四中	绥中红卫街	鸡架山	1972
284	张树芳	男	1952.01	1968	初中	锦州劳保街	鸡架山	1972
285	朱玉莲	女	1955.12	1974	锦县 初中	锦县王家窝铺	鸡架山	1972
286	吴丽军	女	1955.03	1972	锦州一中	锦州市铁南街	鸡架山	1972.12.21
287	徐国华	男	1953.01.02	1972	锦州一中	锦州市铁中街	鸡架山	1972.12.21
288	杨丽娟	女	1954.04	1972	锦州中学	锦州市凌河区	鸡架山	1972.12.21
289	任桂敏	女	1954.12	1972	锦州一中	锦州凌河区	鸡架山	1972.12.21
290	郭宝林	男	1954.02	1972	锦州一中	锦州市凌河区	鸡架山	1972.12.21
291	那铁英	男	1954.10	1972	社会青年	锦州凌河区	鸡架山	1972.12
292	李效君	女	1954.01.09	1972	锦州一中	锦州市凌河区	鸡架山	1972.12
293	李敬英	女	1954.07	1972	锦州一中	锦州市凌河区	鸡架山	1972.12
294	张亚茹	女	—	1972	锦州五中	锦州凌河区	鸡架山	1972
295	王晓丽	女	—	1972	锦州五中	锦州凌河区	鸡架山	1972
296	邓景怡	男	—	1972	锦州五中	锦州凌河区	鸡架山	1972
297	丁 义	男	—	1972	锦州五中	锦州凌河区	鸡架山	1972
298	田宝玉	男	—	1972	锦州五中	锦州凌河区	鸡架山	1972
299	绪季芳	女	—	1972	锦州五中	锦州凌河区	鸡架山	1972
300	谢志军	男	—	1972	锦州五中	锦州凌河区	鸡架山	1972
301	李宗凤	女	—	1972	锦州五中	锦州凌河区	鸡架山	1972
302	梁 群	男	—	1972	锦州五中	锦州凌河区	鸡架山	1972
303	卢庆纯	男	—	1972	锦州五中	锦州凌河区	鸡架山	1972
304	胡长顺	男	—	1972	锦州五中	锦州凌河区	鸡架山	1972
305	陈秀梅	女	—	1972	锦州五中	锦州凌河区	鸡架山	1972
306	褚乃津		—	1972	锦州五中	锦州凌河区	鸡架山	1972
307	任占东	男	—	1972	锦州一中	锦州	鸡架山	1973.04
308	解曼林	女	1955.02	1975	初中	锦州市古塔区	鸡架山	1975.04.25
309	孙士华	男	1957.12	1975	绥中三中	绥中县兴无街	鸡架山	1975.05.25
310	杨国安	男	1957.04	1976	初中	绥中兴无	鸡架山	1976.07.15
311	张永平	男	1957.09	1976	叶家中学	锦州北镇	鸡架山	1976.07
312	任娅军	女	1959.07	1976	大台中学	本溪平山区	鸡架山	1977.07.20
313	杜 宇	男	1956.10	1972	沙河学校	沙河镇	鸡架山	1979
314	常立秋	男	1955.01	1975	初中	绥中	鸡架山	1979.03
315	李福余	男	—	—	—	—	鸡架山	
316	张林申	男	—	—	—	—	鸡架山	1972
317	赵士芬	男	—	—	—	—	鸡架山	1963.05.16
318	张兰香	女	—	—	—	—	鸡架山	1972

（续）

序号	姓名	性别	出生时间	毕业时间	毕业院校或 文化程度	从何处下乡	下乡单位	下乡时间
319	任淑兰	女	1952.05	1968	绥中二中	大台山	鸡架山小学	1968.08.28
320	王月英	女	1952.05	1970	绥中三中	鸡架山	鸡架山（学校）	1968
321	冯桂芝	女	1954.03	1973	锦州　初中	锦州市古塔区	鸡架山（学校）	1975.04.25
322	孙玉明	男	1950.02	1968	初中	锦州市凌河区	基建队	1968
323	费连奎	男	1957.06	1976	大台中学	沙河镇马家村	基建队	1970.07
324	田景龙	男	1954.06	1972	锦铁二中	锦州市凌河区	基建队	1972.12.21
325	武志杰	男	1956	1972	初中	绥中粮食总站	粮库	1966.01
326	武志新	男	1953	1970	初中	绥中粮食总站	粮库	1966.01
327	辛正宝	男	1948.01	1968	高小	绥中镇	粮站	1968
328	张永安	男	—	1974	叶家乡中学	场直	粮站	1977.12.10
329	田秀玉	女	1944	1962	锦州锦凌中学	锦州市凌河区	六支园	1962.08.20
330	崔宝山	男	1954.05	1972	锦州五中	锦州市凌河区	六支园	1972.12.21
331	张佩荣	女	1954	1972	锦州五中	锦州市古塔区	六支园	1972.12.21
332	宋继云	女	1955.02	1972	锦州五中	锦州市凌河区	六支园	1972.12.21
333	董桂芹	女	1954.08	1972	锦州五中	锦州市凌河区	六支园	1972.12.21
334	张艳敏	女	1955.05	1972	锦州五中	锦州市凌河区	六支园	1972.12.21
335	张艳秋	女	1954	1972	锦州五中	锦州市凌河区	六支园	1972.12.21
336	殷德福	男	1953.11	1972	锦州五中	锦州市凌河区	六支园	1972.12.21
337	王锦峰	男	1954	—	锦州五中	锦州	六支园	1972.12.21
338	何国安	男	1955	1972	锦州五中	锦州凌河区	六支园	1972.12.21
339	阮志成	男	1954.06	1972	锦州五中	锦州革新东街	六支园	1972.12.21
340	邢庆平	男	1954	1972	锦州五中	锦州凌河区	六支园	1972.12.21
341	赵文杰	男	1954.12	1972	锦州五中	锦州市凌河区	六支园	1972.12.21
342	张炳侠	男	1954	1972	锦州五中	锦州市凌河区	六支园	1972.12.21
343	周德义	男	1954.06	1972	锦州五中	锦州市凌河区	六支园	1972.12.21
344	李秀梅	女	1954	1972	锦州五中	锦州凌河区	六支园	1972.12.21
345	刘晓平	女	1955.07	1972	锦州五中	锦州市凌河区	六支园	1972.12.21
346	刘宜秋	女	1954	1972	锦州五中	锦州市凌河区	六支园	1972.12.21
347	王晓丽	女	1954.07	1972	锦州二中	锦州市凌河区	六支园	1972.12.21
348	赵　静	女	1954.03	1972	锦州五中	锦州市凌河区	六支园	1972.12.21
349	张立新	女	1954	1972	锦州五中	锦州凌河区	六支园	1972.12.21
350	周桂文	女	1954.08	1972	锦州五中	锦州市凌河区	六支园	1972.12.21
351	许悦康	男	1955	1972	锦州五中	锦州市凌河区	六支园	1973.04
352	兰宝雨	男	1954	1974	初中	绥中水暖器材厂	器材厂	1974
353	张树民	男	1950	1970	初中	绥中县绥中镇	兽医站	1968.01
354	李永成	男	1956.04	1975	锦州八中	锦州市凌河区	绥中反帝街	1975.04.22
355	王文全	男	1951	1970	初中	山海关蔬菜服务场	温屯大队	1970
356	赵久茹	女	1950.12	1968	锦州五中	锦州市凌河区	西大台	1969.01

（续）

序号	姓名	性别	出生时间	毕业时间	毕业院校或文化程度	从何处下乡	下乡单位	下乡时间
357	苑学勤	女	1944.02	1962	绥中一中	绥中城内东街	西大台	1964.09.04
358	申爱民	男	1950	—	社会青年	锦州市凌河区	西大台	1968.12.04
359	王志杰	男	—	—	社会青年	锦州市凌河区	西大台	1968.12.04
360	贾春林	男	1948	—	社会青年	锦州市古塔区	西大台	1968.12.04
361	李素芹	女	—	—	社会青年	锦州市古塔区	西大台	1968.12.04
362	牛永新	男	1953	—	社会青年	锦州市古塔区	西大台	1968.12.04
363	彭兴	男	1950	—	社会青年	锦州市凌河区	西大台	1968.12.04
364	张书	女	1951	1968	初中	锦州市古塔区	西大台	1968.12.04
365	郑伟	男	1949	—	锦州市七中	锦州市凌河区	西大台	1968.12.04
366	秦丽华	女	1951.08	1968	锦州市七中	锦州市凌河区	西大台	1968.12.04
367	姜玉茹	女	1959.04	1977	大台山中学	绥中反帝街	向阳队	1969.03
368	张士弟	男	1954.03	1972	初中	绥中反帝街	新区	1975.08.20
369	冯桂荣	女	1954.12	1975	初中	绥中反帝街	新区	1975.05.13
370	闫东昌	男	1954.07	1972	初中	绥中反帝街	新区	1972.12.21
371	王学勇	男	—	1972	锦州一中	锦州	新区	1973.01
372	李宝华	男	1952.02	1972	初中	绥中反帝街	新区	1971.12.25
373	程日光	男	—	—	初中	—	新区	
374	张菊秋	女	—	—	初中	—	新区	1979
375	闫东娟	女	—	—	初中	—	新区	1979
376	程荣生	男	—	—	初中	—	新区	
377	张树栋	男	1949.02	1968	绥中二中	大台山	新区	1968.08.28
378	王树亭	男	1950.09	1968	绥中一中	大台山农场	修造厂	1968
379	张绍杰	男	1950.03	1968	锦州中学	锦州中学	修造厂	1968.11
380	夏春杰	女	1956	1972	初中	绥中力车厂	修造厂	1972
381	李玉甫	男	1954.08	1972	初中	铁东街	修造厂	1975
382	张宗佐	男	1955	1975	初中	绥中县反帝街	修造厂	1975.07
383	张秋敏	女	1956.12	1975	塔山中学	沈阳矿山机器厂	修造厂	1975.07
384	许晓峰	男	1958.01	1975	绥中一中	绥中反修街	修造厂	1975.07
385	王月光	男	1958	1976	锦州一中	锦州凌河区	修造厂	1976.07
386	刘海涛	男	1957.10	1976	大台山中学	绥中反帝街	修造厂	1976.08
387	刘科	男	1958.10	1977	沙河中学	绥中镇	修造厂	1979
388	祝兴国	男	1956.10	1975	兴城刘台中学	兴城刘台子	修造厂	1979
389	祝兴利	女	1959.01	1976	兴城刘台中学	兴城刘台子	修造厂	1979
390	祝兴贤	女	1954.07	1974	兴城刘台中学	兴城刘台子	修造厂	1980
391	徐学伟	男	1951.03	1967	锦州凌河一中	锦州凌河区	修造厂	1968.10.08
392	齐香云	女	1949.11	1966	锦州二中	锦州古塔区	修造厂	1968.10.08
393	朱志民	男	1952.01	1970	绥中一中	绥中县反修街	修造厂	1975.06.26
394	贾占林	男	—	—	初中	—	修造厂	

（续）

序号	姓名	性别	出生时间	毕业时间	毕业院校或 文化程度	从何处下乡	下乡单位	下乡时间
395	李玉山	男	1958.11	1968	锦州 28 中	锦县新庄公社	修造厂	1977.06.02
396	许丽华	女	1956.09	1972	叶家中学	绥中反修街	油毡纸场	1972
397	余惠荣	女	1949.12	1966	锦州实验中学	锦西化工	油毡纸场	1968.12
398	王桂琴	女	—	1962	中专	锦州古塔区	台东	1962.08.20
399	王凤芝	女	1946	1963	初中	锦州市凌河区	台东	1963.05.16
400	臧桂芹	女	1945	1963	初中	锦州凌河区	台东	1963.05.16
401	董会萍	女	—	1963	初中	锦州铁北	台东	1963.05.16
402	杨维德	男	1946	1963	锦州五中	锦州市凌河区	台东	1963.05.16
403	陈吉祥	男	1945	1963	锦凌中学	锦州市凌河区	台东	1963.05.16
404	金吉臣	男	1947	1963	初中	锦州市凌河区	台东	1963.05.16
405	代会云	女	1945.09	1962	锦凌中学	锦州古塔区	台东	1963.05.16
406	吴奎云	女	1945	1963	初中	锦州市凌河区	台东	1963.05.16
407	魏玉杰	女	1946	1963	锦州安富小学	锦州市凌河区	台东	1963.05.16
408	项凌德	男	1943	1963	锦州中学	锦州市古塔区	台东	1963.05.16
409	刘亚先	男	1945	1963	锦州石油中学	锦州市古塔区	台东	1963.05.16
410	张宇光	男	1944	1962	锦州石油中学	锦州古塔区	台东	1963.05.16
411	韩德利	男	1944.10	1963	锦州中学	锦州市凌河区	台东	1963.05.16
412	关洪文	男	1944	1963	锦州中学	锦州市凌河区区	台东	1963.05.16
413	彭桂臣	男	1947	1963	锦州中学	锦州市古塔区	台东	1963.05.16
414	刘元和	男	1945.12	1962	锦州商业学校	锦州市古塔区	台东	1963.05.16
415	王 林	男	—	1963	锦州中学	锦州市古塔区	台东	1963.05.16
416	金佩有	男	1945	1963	初中	锦州凌河区	台东	1963.11.30
417	毕德山	男	1943.03	1965	高中	绥中高中	台东	1965.08
418	高玉芬	女	—	1968	绥中二中	大台山	台东	1968.08.28
419	张小周	男	1954.10	1969	锦州初中	大台山农场	台东	1969.12
420	韩秀芝	女	1953	1972	锦州 18 中	锦州凌河区	台东	1972.12
421	张小云	男	1956.02	1974	大台山中学	锦州民政局	台东	1974
422	王凤明	男	1958.03	1974	绥中二中	绥中县红卫街	台东	1974.08
423	张小志	男	1957.08	1975	大台山中学	锦州民政局	台东	1975
424	刘兰明	女	1956.01	1975	绥中一中	绥中县兴无街	台东	1975.12
425	高国珠	女	1956.06	1975	绥中二中	绥中县红卫街	台东	1975.08
426	郭春柔	女	1955.11	1975	绥中一中	绥中兴无街	台东	1975.08
427	邢桂芬	女	1954.10	1969	兴城大寨中学	绥中毕屯	台东	1975.09
428	贾 卓	女	1957.06	1976	锦州八中	锦州市凌河区	台东	1976
429	张淑华	女		1976	初中	锦州	台东	1976
430	范 胜	男	1958.02	1976	大台中学	绥中县反修街	台东	1976.08
431	高 敏	女	1958.05	1976	大台中学	绥中县反修街	台东	1976.08
432	魏永涛	男	1957.04	1976	绥中一中	绥中县反修街	台东	1976.12

（续）

序号	姓名	性别	出生时间	毕业时间	毕业院校或文化程度	从何处下乡	下乡单位	下乡时间
433	刘廷江	男	1957.07	1976	绥中一中	绥中县兴无街	台东	1976.07
434	毛俊英	女	1957.03	1976	绥中三中	绥中红卫街	台东	1976.07
435	金　卫	男	1958	1977	初中	锦州	台东	1977
436	庞海林	男	1955	1977	初中	锦州	台东	1977
437	张艳君	女	1958.05	1977	初中	锦州	台东	1977
438	蒋立伟	男	1959.03	1978	大台中学	沈阳和平区	台东	1978.08
439	杨丽雅	女	1960.02	1976	大台山中学	锦州凌河区	台东	1979
440	刘　晔	女	1957.05	1975	大台山中学	大台山农场	台东	1979
441	孔　敏	女	—	1975	绥中三中	绥中	台东	1979
442	高国秀	女	1951.04	1968	绥中二中	绥中县红卫街	台东	1968.10.04
443	毕海林	男	—	—	初中		台东	1968.10.07
444	陈铁力	男	—	—	初中	—	台东	
445	李洪利	男	—	—	初中		台东	1979
446	马　静	女	—	—	初中	—	台东	1979
447	吴桂秋	女	1949.07	1966	锦州二中	锦州市古塔区	台东	1968.10.08
448	夏春青	女	1953.05	1972	绥中二中	毕屯大队（转）	台东	1970
449	郭春霞	女	1956.11	1975	绥中一中	绥中县兴无街	台东	1975.08.13
450	董雅辉	女	1957.04	1975	绥中一中	绥中县兴无街	台东	1975.08.15
451	王俊英	女	1957.03	1976	绥中三中	绥中县红卫街	台东	1976.07.25
452	王春华	女	1957.08	1976	绥中三中	绥中县反帝街	台东	1976.07.25
453	杜清莲	女	1957.03	1975	绥中三中	绥中红卫街	台东	1977.07.26
454	高永明	男	—	1962	初中	锦州市凌河区	饮马河	1963.05.16
455	邓铁成	女	1951.08	1968	初中	铁岭腰子公社	饮马河	1968.10
456	张树芬	女	—	1968	初中	锦州市凌河区	饮马河	1968.11.16
457	李玉林	男	—	1972	初中	锦州市铁东街	饮马河	1972
458	李宝珠	女	—	1972	锦州五中	锦州凌河区	饮马河	1972
459	李志贤	女	1954.04	1972	锦州一中	锦州市凌河区	饮马河	1972.12.21
460	杜百君	女	1954.03	1972	锦州一中	锦州凌河区	饮马河	1972.12.21
461	张健新	男	1954.10	1972	锦铁二中	锦州铁东街	饮马河	1972.12.21
462	张国臣	男	1955.07	1974	锦州五中	锦州市古塔区	饮马河	1974
463	郑玉甫	男	1954.03	1975	锦铁一中	锦州市古塔区	饮马河	1974.12.24
464	李洪庆	男	1948.07	1966	初中	锦州市古塔区	饮马河	1975.04.24
465	程国华	男	1957.07	1975	绥中三中	绥中县反帝街	饮马河	1975.05.13
466	高继光	南	1956.05	1975	初中	绥中县反帝街	饮马河	1975.07
467	陈荣付	男	1961.03	1977	叶家中学	绥中反帝街	饮马河	1977
468	陈荣生	男	1963.02	1978	叶家中学	绥中反帝街	饮马河	1978.07
469	张淑琴	女	1946.09	1960.09	锦州铁中	锦州凌河区	砖厂	1963.11
470	李秀萍	女	1952	1968	绥中一中	绥中反修街	砖厂	1968

（续）

序号	姓名	性别	出生时间	毕业时间	毕业院校或文化程度	从何处下乡	下乡单位	下乡时间
471	于德新	男	1951.08	1968	初中	锦州铁新街	砖厂	1968.12
472	田普民	男	1946.03	1966	锦州二高中	锦州古塔区	砖厂	1968.08
473	李平艳	女	1951.10	1968	锦州20中	锦州女儿河	砖厂	1968.09
474	孟桂如	女	1950.12	1968	绥中二中	绥中兴无街	砖厂	1968.09
475	刘磊	女	1951.02	1967	沈阳94中	大台山农场	砖厂	1968.09
476	李秀芝	女	1946.10	1959	绥中反修小学	沙河公社周村	砖厂	1969.01
477	韩秀林	男	1952.01	1969	绥中二完小	绥中西关街	砖厂	1969.01
478	潘桂琴	女	1949.11	1968	绥中一中	绥中南门街	砖厂	1969.01
479	高飞	男	1956	1975	初中	绥中新华书店	砖厂	1969.04
480	李秀春	女	1957	1975	初中	绥中房产	砖厂	1969.04
481	马胜才	男	1956	1975	初中	绥中房产管理所	砖厂	1969.04
482	马胜臣	男	1954	1974	初中	绥中房产管理所	砖厂	1969.04
483	马胜军	男	1950	1968	初中	绥中房产管理所	砖厂	1969.04
484	马胜敏	女	1953.03	1970	绥中三中	绥中房产管理所	砖厂	1969.04
485	王兴武	男	1954.02	1970	锦铁三中	锦州凌河区	砖厂	1969.04
486	李玉清	女	1953.08	1970	初中	沙河三台子	砖厂	1970.02
487	王志忠	男	1949.01	1963	高小	绥中红卫街	砖厂	1971.12
488	肖峰	女	1952.09	1972	叶家中学	绥中反修街	砖厂	1972.01
489	隋文会	男	1953.11	1972	绥中二中	绥中兴无街	砖厂	1972.12
490	周宝平	男	1952.01	1971	锦州五中	锦州凌河区	砖厂	1972.07
491	梁涛	男	1955.08	1972	绥中三中	绥中红卫街	砖厂	1973.01
492	郭杰	女	1954.11	1974	绥中一中	绥中反修街	砖厂	1974.08
493	尹锋	男	1956.12	1975	阜新铁中	阜新铁路分局	砖厂	1975.08
494	刘明辉	女	1957	1976	九年	绥中反修街	砖厂	1977.11
495	王树平	男	—	1973	九年	绥中	砖厂	1977.12
496	纪旭	男	1959	1977	锦化二中	锦西化工街	砖厂	1977.09
497	寇凤珍	女	1957.01	1977	锦化二中	锦西化工街	砖厂	1977.09
498	杨敏	女	1950.05	1966	北京157中学	1966年下乡到塔山	砖厂	1977.10.02
499	田春云	女	1948.03	1965	绥中铁小	绥中反修街	砖厂	1965.04.29
500	王维生	男	1949.09	1962	绥中和平小学	绥中反修街	砖厂	1965.04.29
501	李树航	男	1952.07	1968	锦州二中	锦州古塔区	砖厂	1968.10.02
502	李秀婉	女	1950.04	1968	锦州7中	锦州古塔区	砖厂	1968.10.02
503	王玉华	女	1950.01	1968	绥中二中	绥中反修街	砖厂	1968.10.02
504	张唯一	男	1948.01	1968	锦州二高	锦州古塔区	砖厂	1968.10.02
505	刘国忠	男	1950.05	1968	锦州二中	锦州市凌河区	砖厂	1968.11.15
506	牟洁	女	—	1972	锦州五中	锦州凌河区	砖厂	1968
507	王兴权	男	—	1970	初中	锦州铁路工程队	砖厂	1969.04

（续）

序号	姓名	性别	出生时间	毕业时间	毕业院校或文化程度	从何处下乡	下乡单位	下乡时间
508	金德元	男	1954.11	1972	锦州八中	锦州市凌河区	砖厂	1972.12.21
509	龙宝铁	男	1954.03	1972	锦州十一中	锦州市凌河区	砖厂	1972.12.21
510	马翔云	女	1954.11	1972	锦州十一中	锦州市凌河区	砖厂	1972.12.21
511	牛广福	男	1954.10	1972	锦州十一中	锦州市凌河区	砖厂	1972.12.21
512	滕文英	女	1954.07	1972	锦州一中	锦州红卫区	砖厂	1972.12.21
513	谢云芝	女	1954.09	1972	锦州十一中	锦州凌河区	砖厂	1972.12.21
514	鲍成志	男	1953.11	1972	锦州十一中	锦州市凌河区	砖厂	1972.12.21
515	杨春梅	女	1954.10	1972	锦州一中	锦州市凌河区	砖厂	1972.12.21
516	张丽华	女	1954.03	1972	锦州二中	锦州市凌河区	砖厂	1972.12.21
517	张士茹	女	1954.08	1972	锦州二中	锦州市凌河区	砖厂	1972.12.21
518	张书杰	女	1955.08	1972	锦州一中	锦州市古塔区	砖厂	1972.12.21
519	王玉芬	女	1951.12	1968	初中	黑龙江省	砖厂	1972.06.04
520	岳淑琴	女	1954.06	1972	绥中一中	绥中县反修街	砖厂	1975.04.16
521	刘春晔	女	1956.11	1975	大台山中学	绥中大台山	砖厂	1975.07.25
522	张孝敏	女	1956.07	1975	锦州石油中学	锦州市古塔区	砖厂	1975.08.09
523	林 铁	男	1956.01	1975	绥中一中	绥中反帝街	砖厂	1976.05.26
524	苑凤玲	女	—	—	初中	—	砖厂	1977
525	李凤玉	男	—	—	初中	—	砖厂	1977.12.25
526	李英杰	男	—	—	初中	—	砖厂	1979
527	王树贤	男	1955.06	1974	初中	绥中	砖厂	1977.12.11
528	张菊霞	女	1958.05	1973	塔山中学	绥中兴无街	大台专业区	1973
529	朱文博	男	1957.08	1975	绥中二中	绥中高台	炸药厂	1975.08
530	赵学明	男	—	—	初中	—	—	1972
531	赵素春	男		1962	初中	锦州	—	1962

附　　录

文献辑存

一、1949 年度果园经营状况调查书——绥中县政府建设科

（一）1949 年度鸡架山蔚昌果园经营状况调查书

大鸡架山蔚昌果园经营沿革

蔚昌果园于 1926（应为 1923 年）年，经智裔卿（智庆云）邀集友好数人，报领此荒山，合资培养果树，地势向阳，群山环绕，土质瘠薄，均系砂土。培养数年，经济力困难，乃又重新召集股本及旧股东加本，继续经营，并无收益。及至见果时，创办人经理智裔卿，疲劳过度，日久成疾，于 1940 年故去。乃又公举高会岐为经理，继续经营。五年之后，稍见起色，又兼同时果树资材充实，技术指导有方，果树业者非常热心，后因果实出荷量太重，又加事务繁忙，精神衰弱，故高经理自愿而退，又聘请沈永然继续经营本园果树。至成年，发育颇佳，致好之原因，全赖肥料充足，技术运营得法，药剂散布适期所致，本园技师工人等工作情绪可嘉，非其他果园可比。例如上次开会时，技师工人皆云工作加强，达成以上预想收获。本园工人共二十五人，对于剪枝早已开始，土粪亦大量准备，药剂尚存一年之需。本园一切条件均佳，可称辽西模范果园之一。况今后对于药剂、技术问题迎刃而解，定有后望。果树乃永年之作物，如不加合理经营，树势一弱，恐数年亦难能复原矣。

附表 1　蔚昌果园建筑物登记表

种别	间数	种别	间数
事务室	3	羊圈	2
工人宿舍	5	看果房	4
果房	3	牛圈	3
骡棚	1	仓库	3
粉房	1	猪舍	4

附表 2　大鸡架山蔚昌果园工人登记表

区别	村别	姓名	年龄	职别	成分
城厢区	城后村	沈永然	33	经理	贫农
九区	三台子村	李守本	33	司计	贫农
九区	三台子村	赵桂芳	34	管事	贫农
九区	三台子村	李连荣	43	外交	贫农
九区	横河村	赵承祥	43	工人	贫农
九区	三台子村	王守明	35	粉匠	中农
九区	头台子村	智晋勇	38	技师	中农
十区	顺山堡	张佐清	30	助理	贫农
九区	周家村	周洪林	24	助理	贫农
九区	三台子村	赵桂荣	23	助理	贫农
九区	冯万村	江学海	23	技师助手	贫农
十区	顺山堡	张渭清	23	技师助手	贫农
十区	刘把屯	常继文	32	车夫	贫农
十三区	新庙村	董德奎	23	跟车	贫农
九区	三台子村	穆德成	25	工头	贫农
十区	顺山堡	张绍清	25	二头	贫农
九区	叶大屯	冯保禄	34	随帮的	贫农
九区	毕屯村	毕德有	22	随帮的	贫农
九区	岳家沟村	马文山	23	随帮的	贫农
九区	毕屯村	叶润明	20	随帮的	贫农
九区	杨家沟村	闫尚田	17	随帮的	贫农
九区	杨家沟村	闫尚栢	26	随帮的	贫农
九区	万家屯村	江中海	17	随帮的	贫农
九区	万家屯村	冯德顺	17	放羊	贫农
一区	小栗屯村	沈永发	24	煮饭	贫农

以上总计工人 25 名，并于春月期间（3—5 月）添随时工 10 名，秋月期间（9—11 月）添随时工 20 名。

1948 年劳金之分配：经理、技师，一年各给高粱 8 石，于年底尚有 40％的纯益金提成。打头的年给 6 石 5 斗，随帮的年给 5 石 5 斗，车夫 6 石 5 斗，放羊的 2 石 1 斗是也。

附表3 大鸡架山蔚昌果园股东姓名及家庭成分调查表

姓名	加入股本（股）	成分	姓名	加入股本（股）	成分
侯维五	90.0	—	张国荣	1	富农
智庆恩	227.0	—	冯裕民	3	—
智任氏	108.5	—	赵玉珊	50	—
智弼忱	49.5	—	陈镜一	80	—
智晋全	49.0	—	赵庸	80	—
毕聿修	20.0	—	杨树芝	50	—
高会岐	64.0	—	吴殿举	50	—
张子伶	60.0	—	夏瑞廷	—	—
王树藩	40.0	—	赵铖	50	—
李永华	90.0	地主	寇槐廷	20	—
王金祥	46.0	—	刘化龙	15	—
张俭平	51.0	—	刘佐龙	15	—
智晋铭	10.0	富农	刘从龙	15	—
王荣久	10.0	—	刘现龙	15	—
李连全	10.0	—	刘俊龙	15	—
田绍先	10.0	—	刘齐氏	38	—
张世彬	35.0	—	毕桂荣	50	—
杨慎之	6.0	—	合计	1504	—

附表4 大鸡架山蔚昌果园家畜数量登记表

种别	头数	摘要
绵羊	16	—
牛	3	—
母猪	1	—
种猪	1	—
中猪	6	—
仔猪	18	—
肥猪	1	—
骡	2	内有一匹骡子系九区公有
驴	1	—

附表5 蔚昌果园工金支出表

姓名	品名	支出数量	姓名	品名	支出数量
张佐清	高粱	3石9斗9升	冯保禄	高粱	6斗
张绍青	高粱	7斗3升	穆德成	高粱	1石9斗3升

（续）

姓名	品名	支出数量	姓名	品名	支出数量
周洪林	高粱	3石2斗	常继文	高粱	6斗5升
江学海	高粱	1石	史仲三	高粱	3石1斗5升

另有智晋襄欠果园高粱3石5斗2升（1937年度欠果款变高粱）

附表6　蔚昌果园现存之药剂及农具数量登记表

种别	数量	种别	数量
小型喷雾器	3台	水桶	5付
中型喷雾器	4台	水扁担	4个
胶皮管	4条	挑筐	2付
剪子	5把	大秤	1个
剪定锯	6把	小秤	1个
砒酸铅	6箱	二秤	1个
大豆石灰	5.5箱	大扁担	2个
硫黄水	14.5桶	小扁担	7个
王铜	10包	大缸	1口
大锅	2口	中缸	4口
二大锅	1口	小缸	3口
大镐	2把	石磨	1个
二大镐	3把	碾子	1个
片镐	11把	绳子	500斤
铁锹	13把	篓子	300个
条桌	2个	土车子	1台
办公桌	1个	挂钟	1台
凳子	4个	—	—
饭桌子	1个	—	—
白面	7袋	外欠账	7500万（司令部欠果款）
食具	25套		
豆油	310斤	存敌币	4亿元

附表7　蔚昌果园欠外之粮账表

姓名	品名	数量	摘要
智甫忱	大高粱	29石4斗5升	—
智甫忱	小高粱	20石4斗1升	—
智甫忱	合豆	7斗	—
智甫忱	白玉米	11石9斗9升	—
智甫忱	元玉米	12石7斗	—
永和长	合豆	7石	—
永和长	白玉米	5石	—

（续）

姓名	品名	数量	摘要
永和长	高粱	6石7斗5升	—
王守明	小米	2石1斗	—
王守明	青豆	1石2斗	—
王守明	合豆	9斗	—
李连荣	元玉米	2石2斗5升	车款变粮
李连荣	高粱	5石3斗5升	工资
侯维五	高粱	7斗	—
侯维五	白玉米	8斗5升	—
刘化龙	白玉米	1石2斗5升	—
刘华龙	元玉米	1石	—
张剑平	元玉米	1石5斗	—
毕桂荣	元玉米	7斗	—
吴殿举	元玉米	7斗5升	—
寇槐廷	元玉米	7斗	—
寇柳成	高粱	2石	—
赵桂芳	高粱	2石5斗	—
沈永然	高粱	3石9斗8升	—
赵长祥	高粱	2石1斗8升	—
沈永发	高粱	4石7斗2升	—
田绍光	玉米	3斗5升	—

附表8　大鸡架山蔚昌果园果树本数调查表

种类	品名	生年	本数（株）	面积（亩）	1948年度产量（斤）
苹果	红玉	1923	700	50	46267
苹果	维锦	1923	1500	120	62676
苹果	国光	1923	550	40	47774
苹果	祝	1923	60	4	2000
苹果	其他	1923	40	3	940
苹果	维锦	1924	2000	160	
苹果	国光	1924	1000	80	
栗子	栗子	1923	100	10	
梨	白梨	1920	1100	—	
梨	花梨	1920	400	—	
梨	安梨	1920	500	—	
梨	其他	1920	300	—	
合计	—	—	8250	687	159657

（二）大台山王静函果园

本园经营状况：园主在七区网户屯村住，于1942年买马瑞峰的（果园），彼时树势衰弱过甚，管理不当，又无技师之剪定，后经王静函手大量施肥，聘请技师连年整理，撒布药剂，故于1946年稍见起色，后又受敌伪蒋军之困苦，所以园主与大台山屯毕德福作三年契约之规定，一切经营由毕德福负责，收获按本主四成、经营者六成提之，但药剂由园主负责，于1948年2月6日起始实行。

工作人员及其他，毕德福一人外，其家庭全部亦参加工作。该园现已剪枝约全园三分之二矣。

器具及建筑物：喷雾器一台，房子三间，畜舍二间。

附表9 大台山王静函果树本数登记

种类	品名	生年	本数（棵）	面积（亩）	备考
苹果	维锦	20	450	25	
苹果	红玉	20	80	8	
苹果	国光	20	20	2	生产量微末，去年亦皆损失
苹果	红绞	20	50	5	
合计	—	—	600	40	

（三）大台山东兴果园

大台山东兴果园沿革：查本园经营主管人赵雨生者，该人对于工人支配及运营得法，学品兼优，皆蒙一般人士之好评。本园经营亦是合资，共计1525股，地主、富农约占三分之二以上，资本操纵主义。至于此园地势不平，土质瘠薄，均系金黄沙砾土。树龄二十年生，正在果期中，果树本数共2330本，面积200亩。经营之心坚决，不管果实丰收与否，资材、药剂、肥料必须准备。例如，此次果树调查时，本园早存小麻子粕5000斤，王铜药剂17箱，除虫菊7箱，砒酸铅5箱，硫黄水1桶，约值现价9945万之多。由此观之，本园对于物资一、二年之内不成问题，本经理于五年前因业务劳心过度，疲劳成疾，又加经济力不足，在思想上存着某些顾虑，如怀疑能否自由经营，想不知如何处理，故于1949年1月上旬病故，临终时尚遗言其子秉其父业，坚持经营，务须努力。关于工作情形，稍有采取观望态度，但工作正在进行中。于1948年农历十月十五日，立出租契约书，内容简略如下：

因经济力不足，故招租外人经营，又兼近年产量不佳，实难维持。现经股东合议，邀请技师担负山上一切责任，别行招股培养或出租等，不致弃荒。今有毕翰林、孙相文、赵青山、高俊峰及韩寅东五人，计五股，议妥接租此山，培养各项果树。收量半数归于园主股东，外归租户，三年期满另行计议。

以上本园简略。

附表10　大台山东兴果园本数调查

种数	品名	生年	本数	面积（亩）	备考
苹果	维锦	20	400	35	苹果本数为1260本
	国光	20	260	24	
	红玉	20	300	25	
	其他	4	300	25	
梨	白梨	20	800	70	梨之本数为980本
	安梨	20	30	3	
	花梨	20	50	4	
	八梨	12	20	2	
	八梨	5	80	6	
杏	大杏	20	10	1	—
栗子	栗子	20	80	5	—
合计	—	—	2330	200	—

1948年产量：共收入流通券9315000元，变购高粱六斗之外，无他收入。

附表11　大台山东兴果园股东姓名登记

区　别	村　别	姓　名	加入股本（股）
城厢区	韩家洼子	韩雨言	218
城厢区	韩家洼子	赵禹生	233
城厢区	香坊	杨佑之	70
城厢区	香坊	马绥坡	200
城厢区	香坊	马玉春	50
城厢区	香坊	马玉连	50
十二区	韩家林	韩显廷	78
十三区	潘家村	韩寅东	114
十三区	潘家村	韩瑞林	55
十三区	潘家村	韩太平	30
城厢区	—	赵承贤	86
城厢区	—	韩玉儒	54
城厢区	—	赵素清	10
兴城县	方恩卜	赵　然	118
城厢区	西门里	李文贵	10
安　东	—	丛子安	45
城厢区	香坊	明世武	24
城厢区	城内头道胡同	明星阁	25
城厢区	南门里	路敬之	19
城厢区	—	赵福合	5

（续）

区　别	村　别	姓　名	加入股本（股）
城厢区	香坊	杨慕南	12
城厢区	南门里	路用之	3
城厢区	东门里	阎赵氏	5
城厢区	天生堂	刘明阁	10
城厢区	城后	李哲文	1
合计	—	25	1525

附表 12　大台山东兴果园物资数量登记

品别	数量	品别	数量	备考
工铜	17 箱	舍具	58 份	—
除虫菊	7 箱	碾子	1 台	—
砒酸铅	5 箱	磨	1 台	—
硫黄水	1 缸	水缸	大小 4 口	—
喷雾器	中型 2 台	工人宿舍	5 间	—
剪定铗	4 把	仓库	5 间	—
手锯	3 把	畜舍	4 间	—
锹	6 把	车（花轮）	1 台	—
镐	4 把	麻子	5000 斤	早存量
大镐	1 把	土粪	100 车	每车重以 1200 斤计
条镐	2 把	豆粕	150 板	五人份共同购入，现物存各人家中
水桶	1 付	—	—	—

附表 13　大台山东兴果园工人调查

职名	姓名	备考
技师	韩寅东	兼经理
助手	赵承孝	兼会计
助手	韩静云	—
助手	韩晋文	—
工人	6 名	—
合计	10 名	—

本园经营无着，工资开销方面预定每股出玉米三升，共计玉米五石，以作经营等常用。技师、助手等于秋后尚有花红之提成。

（四）大台山白凌阁果园

附表 14　大台山白凌阁果园工人调查

职名	姓名	职名	姓名
经理人	白泉海	工人	任贵林
技师	任福林	放羊	任宝林

附表 15　大台山白凌阁果园果树本数登记

种类	品名	生年	本数	面积（亩）	备考
苹果	倭锦	20	200	14	—
	红玉	20	160	11	—
	国光	7	300	22	—
	红玉	7	20	2	—
	维锦	7	25	3	—
	元帅	7	40	5	—
	海棠	7	20	2	—
桃	粉白桃	3	60		桃树在苹果地间作
	水蜜桃	3	30		
梨	花梨	4	60	6	—
	安梨	4	20	2	—
	大杏	20	45	5	—
	大杏	10	50	5	—
	大杏	3	11	2	—
合计	—	—	1041	79	

附表 16　大台山白凌阁果园家屋牲畜登记

种别	间数	备考
工人宿舍	3	—
正房	5	于 1946 年夏季焚坏
畜舍	3	—
车棚	1	—
绵羊	30	—

附表 17　大台山白凌阁果园现存物资数量登记

种别	数量	种别	数量
剪定铗	2 把	大豆石灰	30 箱
喷雾器	1 台	砒酸铅	20 包
水桶	1 付	石碱	15 块
食具	3 人份	王铜	1 箱
硫黄水	1 桶		

（五）大台山李子岐果园

附表 18　大台山李子岐果园果树本数登记

种类	品名	生年	本数	面积（亩）
苹果	倭锦	20	250	22
	红玉	20	240	21
	国光	20	20	2

（续）

种类	品名	生年	本数	面积（亩）
梨	白梨	14	30	4
	花梨	14	20	3
	其他	14	30	4
桃	水蜜桃	—	15	1
	粉白桃	—	55	4
合计	—	—	660	61

附表 19　大台山李子岐果园家屋间数登记

种别	间数	备考
工人宿舍	3	现有工人李凤林管理，园主于城内头道胡同住
仓库	2	—
畜舍	2	—

（六）阎家沟福林农园

附表 20　阎家沟福林农园果树本数登记

种类	品名	生年	本数	面积（亩）	备考
苹果	维锦	15	180	—	
	红玉	15	30	—	1946 年度苹果产量 5000 斤
	国光	15	40	—	
	倭锦	3	300	—	
梨	白梨	15	140	—	
	花梨	15	50	—	
	安梨	15	10	—	产量 2000 斤
	白梨	3	200	—	
	花梨	3	200	—	
合计	—	—	1150	约 50	—

附表 21　福林农园物资数量登记

种别	数量	种别	数量
喷雾器	2 台	硫黄水	150 斤
锹	3 把	房子	4 间
镐	5 把	畜舍	4 间
缸	3 口	—	—

附表 22　福林农园股东姓名及成分调查

区别	村别	姓名	加入股本	成分
九区	头台子	智弼忱	1	中农

（续）

区别	村别	姓名	加入股本	成分
城厢	唐庄子	徐凌阁	1.5	上中农
城厢	东大街	吴殿举	1.0	地主
城厢	柳河沟	刘连甲	0.5	中农
城厢	柳河沟	刘志栋	0.5	—
		齐通侯	1.0	—
城厢	城内东	尹之润	1.0	地主
城厢	唐庄子	王振武	1.0	地主
城厢	—	李子岐	0.5	—
合计	—		8.0	—
经理人刘连甲代技师				

（七）大台山李大拙果园

附表 23　大台山李大拙果园果树本数登记

种类	品名	生年	本数	面积（亩）	备考
苹果	红绞	20	90	6.0	
	倭锦	20	60	4.0	
	红魁	20	10	1.0	园主现居北平，本园最高产量6000斤
杏	大杏	15	4	0.5	
枣	大枣	10	30	1.5	
合计	—	—	194	13.0	

（八）大台山李相臣果园

附表 24　大台山李相臣果树本数登记

种类	品名	生年	本数	面积（亩）	备考
苹果	维锦	20	10	—	
	红魁	20	2	—	
	红绞	20	7	—	本主于城厢区头道岭子居住，最高产量可达1200斤
杏	大杏	15	4	—	
合计	—	—	23	2	

（九）九区二台子村马家河子屯马序五果园

本园今年预想产量约 2300 斤，果树隙地间作物为落花生、大豆、栗子等。

附表 25 马序五果园登记

种类	品别	生年	本数	面积（亩）	备考
苹果	祝	10	186	—	10 年生共计 486 本，每本能产果约 8 斤，共产量 3888 斤
	旭	10	104	—	
	国光	10	196	—	
	倭锦	3	145	—	—
	金冠	5	200	—	—
	元帅	—	100	—	—
	鸡冠	—	50	—	—
	红玉	—	50	—	—
	其他	—	24	—	—
梨	白梨	—	100	10	预计产量 500 斤
	洋梨	—	50	5	
桃	上海水密	—	100	—	共计本数 700 本，本年预想产量 7000 斤
	粉白桃	—	100	—	
	白桃	—	150	—	
	红嘴	—	150	—	
	早白桃	—	160	—	
	其他	—	40	—	
合计	—	—		约 80	—

（十）大台山刘秀山果园

附表 26 大台山刘秀山果园果树本数登记

种类	品名	生年	本数	面积（亩）	备考
苹果	维锦	20	70	4.5	园主现居城内，最高产量达 3000 斤
	红玉	20	10	1.0	
杏	大杏	15	25	2.5	
合计	—	—	105	8.0	

（十一）侯维五果园

侯维五果园（今侯山）经营状况，现只一人管理，名为常意，树势发育旺盛，树形稍加整理即可。本园向阳，四面多山，水源便利，土质肥沃，惟园主经营力欠佳，如着手经营，定能成效。本年最高产量约八万斤，并有正房五间，畜仓三间。

附表 27　侯维五果园果树栽培数量登记

种别	品别	面积（亩）	本数	生年
梨	白梨	20	300	15
	安梨	10	150	15
	花梨	13	200	15
	白梨	26	400	7
	安梨	20	300	7
	花梨	13	200	7
苹果	倭锦	20	300	5
合计	—	122	1850	—

（十二）大台山智晋铭果园

本业主于九区头台子居住，成分富农，本园最高产量约 1500 斤。

附表 28　大台山智晋铭果树本数登记

种类	品名	生年	本数	面积（亩）
苹果	倭锦	20	16	—
	红绞	20	4	—
	红魁	20	3	—
杏	大杏	15	6	—
合计	—	—	29	2

（十三）关东果林公司

查本园园主卢瑞忱，合资经营，规模宏大，以前尽官僚资本家所操纵，自己并无经验，而从事关于大面积之栽培，栽培之果树尚未见成绩，而建屋招人，只注意于外观，不计内容之充实与否，又加技术之幼稚，故多失败。后于 1944 年，聘请技师，连年整理树形，撒布药剂，于 1946 年，果树方有起色。而现今又感肥料不足，加之沙性土壤，地方消耗过重，希望政府方面，大量施肥才好，产量最高可达拾贰万斤，地势倾斜，北靠大山，排水良好，实果树栽培理想之地。面积约 60 亩，一九四九年归大安堡农会经营，生产果实约四万斤（仅苹果），梨产量皆无，原因隔年结果。本年梨树花芽分化良好，定能丰收。

附表 29　关东果林公司果树本数登记

种类	品别	生年	本数
苹果	维锦	26	1300
	红玉	26	700

（续）

种类	品别	生年	本数
苹果	国光	26	100
	红绞	26	300
	国光	5	200
	倭锦	5	400
梨	白梨	26	120
	花梨	26	100
	安梨	26	180
	白梨	8	500
	花梨	8	200
杏	杏	26	200
樱桃	樱桃	26	18
	葡萄	8	28
	李子	12	15
合计	—	—	4361

附表 30　关东果林公司物资数量登记

种别	数量	种别	数量
房子	7 间	畜舍	3 间
碾子	1 台	大缸	4 口

（十四）大台山赵玉珊果园

本主于秦皇岛居住，自己经营，本园最高产量苹果产 12000 斤，梨年产量 10000 斤，其他 4000 斤。

附表 31　大台山赵玉珊果树本数登记

种类	品名	生年	本数	面积（亩）
苹果	倭锦	20	160	14
	红玉	20	50	4
	国光	20	10	1
杏	大杏	15	80	5
梨	白梨	18	170	10
	花梨	18	35	2.5
	安梨	18	35	2.5
	其他梨	18	100	10
枣	大枣	8	100	10
合计	—	—	740	59

二、辽宁省绥中果树农场整顿生产委员会通知（绥农委字第1号文件）

1955年2月1日

《关于辽宁省绥中大台山果树农场，辽宁省绥中前所果树农场，兴城柳壕果树育苗场所属前所生产队合并为辽宁省绥中果树农场的通知》

主送：各生产队、场部办公室、各组。

抄送：辽宁省农业国营农场管理局、中共绥中县委、绥中人民政府、辽宁省锦州果树农场、辽宁省兴城果树农场。

农场一九五五年一月二十日第六〇号农字第六号通知内称，根据省委第一次国营农场工作会议精神，为了加强对国营农场的领导，进一步贯彻花钱少，收效快，收获大，不与民争的经营方针，对现有国营农场必须进行适当的整顿合并，以便于集中管理和加强省对机械农场的领导，并要求进一步作到精简机构，减少开支和对生产有利，充分发挥生产潜力作用。

辽宁省绥中县大台山果树农场，辽宁省绥中县前所果树农场两个单位与兴城柳壕果树育苗场所属前所生产队合并为辽宁省绥中果树农场，场部设在绥中大台山果树农场原址，根据这个决定，在绝对不影响生产的条件下，采取先建后撤的方法。公布辽宁省绥中果树农场的成立。为便于各项工作的进行，除前所育苗生产队迅速按照新的执行和隶属关系安排工作和生产外，原绥中大台山，前所两个场的生产队均要照常进行与安排生产工作，队与队之间不予改变，但各队的隶属关系均属于辽宁省绥中果树农场。

为切实搞好顺利进行合并整顿工作，省厅已派工作组协助进行整顿与当前生产队工作事宜，在合并过程中必须做到与生产队密切配合，并为了防止上下脱节，工作中断，绥中果树农场整顿委员会待新的领导关系就绪后再予变更。在合并整顿中，对职工要做好深入的思想动员，明确认识合并整顿对发展生产提高工作改进领导的重要意义，以免思想乱混，加强纪律教育，提倡贯彻到底，反对工作松懈和其他失职现象，尤其注意防止贪污浪费和破坏国家财产现象发生。

遵照农场的通知，我两场合并前的各项准备工作，已基本结束。从二月一日成立，农场整顿生产委员会，以太云山为主任委员，赵振山、佟庆学、赵祥泰为副主任委员，关旭、范九州、石磊、赵树春、魏化民为委员，其任务就是具体领导两个场的合并与生产工作，各委员的具体分工如下：

太云山：领导掌握委员会的全面工作；

佟庆学、赵振山：负责政治与行政工作；

范九州、石磊：负责财务行政工作；

赵树春、魏化民：负责果树、畜牧及基建等生产工作。

三、锦州市人民政府　锦政函（1985）9号

《关于同意设立绥中县王凤台、大台山镇的通知》

绥中县人民政府：

根据省人民政府辽政〔85〕48号批复，同意你县设立王凤台、大台山镇，分别以前所果树农场和大台山农场的范围为行政区域，实行镇管村的体制。

在建镇过程中，要注意以下几点：

（一）组织专门班子抓紧建镇的筹备工作，尽快召开人民代表大会，把镇人民政府建立起来。

（二）在镇的行政区域内，分别建立居民委员会、村民委员会。

（三）农场要彻底实行政企分开，集中力量抓好生产和科研，不再承担地方政府的工作。

锦州市人民政府办公室

一九八五年五月六日印发

四、绥中县人民政府文件　绥政发（1985）74号

《关于大台山镇改建大台山满族镇的报告》

锦州市人民政府：

原市属大台山果树农场，业经省、市政府批准成立大台山镇。鉴于该镇是满族聚居地区，全镇七千七百七十一口人中，少数民族人口三千二百九十三人，其中三千二百五十六人是满族，少数民族人口占总人口的百分之四十二点三八。经研究同意将大台山镇改建为大台山满族镇，以利于加强民族工作，搞好当地的开发和建设。特此呈请，望予批准。

一九八五年六月十日

抄送：锦州市民族事务委员会、锦州市民政局

五、锦州市大台山果树农场职工家庭联产承包经济责任制方案

根据国家对农垦工作的指示和省农垦工作会议精神，结合大台山果树农场几年承包的经验教训，本着有利于企业的改革与整顿，有利于向专业化、社会化发展，有利于发展生产和提高经济效益，在坚持社会主义方向，坚持全民所有制性质，正确处理好国家、企业、个人三者关系前提下，使农场职工既是生产者又是家庭农场的经营者。彻底克服平均主义，切实体现按劳分配的原则，调动广大职工生产积极性，促进生产发展，增加职工收入，尽快走向发家致富的道路。

农场决定于一九八四年起，在果树队普遍推行"职工家庭联产承包经济责任制"。创造条件，积极兴办家庭农场。

一

职工家庭联产承包，是国营农场内的职工以家庭为主的一种经营形式，实行职工家庭联产承包必须坚持"三个不变""三个为主""六个统一"。即：坚持企业全民所有制的性质不变；坚持职工的身份不变；坚持职工一切福利待遇不变。"三个为主"，即：在承包对象上以固定工人为主；在承包内容上以专业为主；在承包形式上以家庭为主，积极办家庭农场。"六统一"，即：统一生产财务计划；统一安排产品派购任务；统一执行主要生产技术措施；统一筹集和安排计划供应的主要生产资料；统一安排使用水利设施；统一进行开发性生产和大中型水利建设。

承包年限：结果树承包为十年不变，幼树承包为六年不变。水果产量一包二年不变，每两年调整一次，果树行间可耕种面积地随树走，承包年限与果树相同，粮油产量也要一次包死，二年不变，大田承包期可定十至十五年，产量一次包死。

二

依据农场规模较大，范围广，人员多的特点，不便于实行场部直接对职工家庭个人承包的情况下，在具体承包办法上，以场部、各生产队、职工家庭个人三级承包的形式，即场部向各生产队承包，各队向职工家庭承包，具体做法如下：

（一）场部向生产队承包

即场部将各项有关指标，根据几年承包的实际情况，分别下达到各生产队，各生产队

将接受场部下达的各项指标，结合本队实际情况，全部落实到职工家庭，必须保证场部下达的各项任务如数完成。

1. **产量**　主要是以一九八〇年至一九八三年四年总产的平均数为基数，根据外地经验和原统一经营损失浪费较大，故在四年平均产量的基础上，提高百分之十二，具体到各队则依据树龄、树势、结果状况等条件的不同，采取不同比例，予以适当调整。对树龄较大，发育状况又不甚太好的树，提高百分之五上下；那些树在壮年或正趋向壮年的结果树，可提高到百分之十五至二十；对原未结果，或开始结果的树，按实际情况增加比例下达任务。所增加的产量指标，为了防止畸轻畸重，果树产量二年调整一次。

2. **产值**　下达各队的产值，主要水果总产（综合产量）乘以单价（综合单价）为各队的水果产值。单价以各队一九八三年水果实际销售的单价为依据，考虑到一九八三年议价果售价偏高，因此一九八四年承包的产值比一九八三年下降百分之五。

3. **费用**　场下达各队的费用，以各队一九八三年实际支出的费用，包括工资、各项生产费、副业支出以及场部提取的各种负担确定各队费用。

4. **利润和补差**　各队的利润和补差，即产量、总产值减去总费用和场部各项提取，有剩余者即是利润，不足者，场部予以补差。

（二）生产队向职工家庭联产承包办法

生产队必须将由场部接收来的承包指标，如数的、具体的承包落实到每个职工家庭个人。其具体做法是：

1. **各队的果树（结果树、幼树）除了留下百分之五至十的机动树以外，（承担同样负担）全部承包给职工家庭个人**　为了体现以国家职工（带地上山）为主的精神，国家正式职工，可按每个职工平均数的百分之百，队内的长期临时工和家属工，可分得正式职工的百分之八十。在具体分法步骤上。要对全队果树逐株平产，以产定值，按值落人。留下的机动树，承包结束后，也要包给职工个人。

2. **生产队要将场部下达的各项负担，分别承包落实到户**　即：

①管理费。按年总费用的百分之四提起。

②农业税和特产税。按国家规定。

③福利费。按本队工资总额的百分之十三点五上缴。

④折旧费：按历年办法，有什么提什么。

⑤利息：按超用金额部分，由承包者负担。

⑥利润：承包的产值，减去作业工资和各项生产费及各项提留费，有剩余者为利润，

不足者予以补差。

三

几个具体问题：

1. **关于干部配备和干部报酬问题**　根据农场生产队规模较大，每个队保留三名干部，书记、队长、财会各一人。其他干部和职工同样承包果树，对民兵连长、治保主任、妇女、青年团、工会干部可采取补贴办法，每人每年补助三十至五十元。三名干部，原则上不承包果树，其工资和费用由本队承担。如超额完成本队各项承包指标，可予以五十至一百元奖励。如干部个人愿意承包果树，采取和职工同样承包的办法，每年给以一百元至一百五十元补贴。

2. **关于水果派购任务**　每年国家下达的派购任务和缴场部任务，按各队秋苹果的总产比例均摊，生产队对职工户可以按产量或产值合理负担。

3. **关于水果销售**　按承包产值的百分之八十五，由供销科统一销售，其余百分之十五和超产部分，由承包个人自行出售。

4. **关于工资问题**　实行职工家庭联产承包后，不再按月开支。为了保证职工生活，每年借九个月工资。每月预借个人原工资的百分之八十，年终一次结清。生产费用除场统一购买物资外，由承包户向银行自行贷款。

5. **果树、土地、山林、水面全民所有**　职工家庭承包后，只有经营管理权，决不允许私自转让、出租、出卖、营建私房等非生产性的建筑。如有违者，依据情节轻重，进行罚款或取消承包权。

6. **果树、大田管理必须按场统一制定的作业要求和技术进行**　如有掠夺、虐待、毁掉果树，又不按生产要求执行者，视其情节，按果树历年累计成本费进行经济惩罚。后果严重者，取消其承包权利，并不负责安排工作。

7. **间种问题**　在不影响果树生长发育的前提下，允许承包户在果树行间种植低矮或油料作物，但果树施肥圈内，决不允许种植作物。如完成队粮、油等包产指标，其超产部分归己处理。

8. **费用问题**　在承包果树面积期间，需补植幼树，经场部调查批准，按成活率计算，由场部负担苗木费。苹果、桃、杏树，分别在八年和四年之前，由场部付给合理的抚育费。

9. **灾害责任问题**　在承包期间，遭受人力不可抗拒的自然火害，造成粮、果严重减产，又严重影响职工正常生活，经场、队两级调查核定，可降低生产指标和利润指标，但虫灾危害，造成减产降信，由承包个人负责。

10. **生产队固定资产使用问题**　生产队现有的机械、车马、多余房产、小农工具等固定资产，可按保本保值或合理作价处理，作价需经场财务科批准。车辆也可承包给个人几年不变，但要保证车辆完好状态。

11. **退休职工问题** 承包果树、大田的职工，已到退休年龄，经上级批准，又完成当年承包指标和作业项目，经生产队验收其承包的生产资料状况，方可废除承包合同，从翌年一月份起享受退休待遇。如愿继续承包者，可再办理承包合同。

12. **联营承包问题** 在普遍推行职工家庭承包的同时，要积极提倡联产承包，几家联营，为办好职工家庭农场制造条件，以利向专业化发展。但承包各项指标，必须落实到户。

13. **生产合同签订问题** 生产队和承包户之间，必须签订好各项承包合同，一式两份，以便双方信守和年终结算。

14. **果树承包问题** 承包到户的果树，尽可能做到成片划分，专业承包。避免以整划零，星罗棋布。承包的果树六至十年不变，在承包期满再调整时，本着小动大不动的原则进行调整。

15. **场内不愿承包者问题** 生产队固定职工、长期临时工、家属工不愿承包者，志愿自谋职业，经办理手续与单位签订合同，停薪留职，按期缴纳管理费用，否则按自动离职或除名处理。

16. **认真宣传中共中央一号文件和省农垦工作会议精神抓生产** 结合农场建场以来，经营管理上的经验教训，讲清加强完善生产责任，办好职工家庭农场的必要性、迫切性。依靠群众及各级干部，即要抓好当前生产，又要尽快落实承包任务。对于有意破坏承包者，要给予打击。

锦州市大台山果树农场

一九八四年二月二十日

集体荣誉

附表 32

单位名称	荣誉称号	授奖部门	时间
农场第三队	先进农垦工作单位	辽宁省革委会	1979.03
大台西队	农业学大寨先进单位	辽宁省革委会	1979.09
大台西队	农业生产先进集体	锦州市革委会	1980.02
大台山建筑工程公司安装队	农垦系统先进单位	辽宁省农牧业厅农垦局 辽宁省农垦农工商联合企业总公司	1988.03
地毯厂	先进党支部	锦州市委	1989.06
大台山果树农场	文明单位	锦西市委、市政府	1990.12
大台山果树农场	先进企业	锦西市政府	1991.12
地毯厂	先进党支部	锦西市委	1991.06
大台山果树农场	先进集体	辽宁省人民政府	1993.02
大台山果树农场	先进集体	锦西市政府	1994.04
大台汽车大修厂	农垦系统"明星企业"	辽宁省农垦局	1994.05
大台包装器材厂	农垦系统"明星企业"	辽宁省农垦局	1994.05
大台山地毯厂	农垦系统"明星企业"	辽宁省农垦局	1994.05
大台山果树农场	先进企业	葫芦岛市农牧业局	1995.01
大台山果树农场	文明单位标兵	葫芦岛市委、市政府	1995.03
地毯厂	先进党支部	葫芦岛市委	1995.06
大台山果树农场	文明单位	辽宁省委、省政府	1996.03
汽车大修厂	先进党支部	葫芦岛市委组织部	1997.07
台南分场	先进党支部	葫芦岛市委组织部	1999.06
向阳分场	先进党支部	葫芦岛市委组织部	2001.06

（续）

单位名称	荣誉称号	授奖部门	时间
迎春分场	先进党支部	葫芦岛市委组织部	2003.06
农场机关党支部	先进党支部	葫芦岛市委组织部	2006.06
矾石分场党支部	"共产党员工程"活动 先进党支部	葫芦岛市国资委党委	2008.06
大台山果树农场	2007—2008年度辽宁省 农垦系统先进单位	辽宁省农垦局	2009.02
矾石分场党支部	优秀党支部	葫芦岛市国资委党委	2009.07
大台山果树农场	新农村建设示范农场	辽宁省农垦局	2010.01
矾石分场	现代农业示范基地	葫芦岛市政府	2010.02
矾石分场	新农村建设市级示范村	葫芦岛市政府	2010.04
大台山社区党总支部	先进基层党支部	葫芦岛市委	2011.07
大台山果树农场	葫芦岛市工会第四次代表大会 模范职工之家	葫芦岛市总工会	2011.09
大台山果树农场	辽宁省现代农垦示范农场	辽宁省农垦局	2012.12
大台山果树农场党委	创先争优先进基层党组织	葫芦岛市委	2012.06
大台山果树农场	2011—2012年度辽宁省农垦 工作先进单位	辽宁省农垦局	2013.02
大台山果树农场	乔纳金苹果在第三届辽宁省优质果品 评选活动中评选为金奖	辽宁省果树学会	2016.11
大台山果树农场	富士苹果在第三届辽宁省优质果品评选 活动中评选为银奖	辽宁省果树学会	2016.11
大台山果树农场	企业科技事业档案工作规范化管理 等级评估AA级单位称号	辽宁省档案局	2017.12
大台山果树农场	传承红色基因主题教育实践活动先进单位	辽宁省全民国防教育协会	2019.03

农场之最

最早的果园是智庆云和毕春林等人在大台山创办的"大台山果林公司"（1923 年）。

最早由国外（日本）进口苹果苗木的是郎景瑞（1924 年）。

最大的果树在鸡架山的直脖沟，树高 6 米、树冠直径 7.6 米。

最高产量的苹果树在鸡架山的直脖沟，连续六年收果 1570 斤。

最大最老的梨树是温屯杨文焕家的安梨树，树高约 18 米，树干直径 1.42 米，周长达到 4.45 米。树龄达 300 年以上（2020 年测量）。

最早出口果品是在 1956 年，农场的苹果采用木箱包装，向苏联出口 120 吨。

最早的工业企业是 1960 年夏成立的修配厂，1972 年发展成为机械厂。

最早通电是在 1962 年 12 月 20 日，正式通电至大台东队及场部。结束农场无电的历史。

农场第一位省级劳模是 1950 年获得辽西省劳动模范的毕德有。

农场第一位国家级劳动模范是李德森，1994 年获得国务院全国总工会授予的全国劳动模范称号。

最早的大学生是周道非，1949 年 10 月东北大学社会科学院政治经济系毕业。

最早的留学生是毕德堂，1955 年至 1960 年留学苏联列宁格勒加里宁工业大学。

最早的汽车是由农场购进的南京产"跃进"130 汽车（俗称"南京嘎斯"）（1964 年）。

最早的机械设备是农场从外地购进的用于抽水灌溉的一台柴油机（1957 年）。

最早开办私人商店（毕屯小卖店）的是兴福财（1983 年）。

最早建筑民居楼房的是王福良（1991 年）。

农场第一台电视机是 1976 年 10 月由农场场部购置的一台 14 英寸的电子管黑白电视机，接收天线塔高 30 米。

最早由私人购入电视机的是姚胜利（1979 年）。

最早安装私人电话的是王福良（1983 年）。

最早使用手机（摩托罗拉翻盖 169）的是李德森（1992 年）。

最早入党的人是张佐清、常义、冯宝禄。

最早入团的人是孙海峰、娄德星、温庆瑞。

最大的设备是 1972 年机械厂成立后添置的龙门刨，长 5 米，宽 2 米，重 28 吨。

最大力气的人是兴福财，年轻时能抱起 400 多公斤的大白马，从生产队部抱到河边行走 200 多米。

保留时间最长的标语是"向科学文化大进军"，书写于 1958 年，保留至 1998 年。

最早开设网吧的是李扬（2006 年）。

最早的柏油公路是"二矾线"，2006 年 7 月 21 日建成通车。

最长寿的老人是岳家沟的张张氏（女），2020 年以 105 岁高龄去世。

最早的商贸市场是 2018 年引进绥中建材综合市场落户大台山场区。当年 12 月 20 日投入使用。

参考文献

[1] 毕恭 . 辽东志［O］. 沈阳：辽沈书社（影印《辽海丛书》），1985.

[2] 李辅 . 全辽志［O］. 沈阳：辽沈书社影印《辽海丛书》本，1985.

[3] 东北文史丛书编辑委员会 . 奉天通志［M］. 沈阳：辽海出版社，1983.

[4] 冯昌奕《宁远州志》［O］. 沈阳：辽沈书社影印《辽海丛书》本，1985.

[5] 《绥中县志》（1929 年修）［O］.

[6] 绥中县地方志编纂委员会 . 绥中县志［M］. 沈阳：辽宁人民出版社，1988.

[7] 政协绥中县委员会 . 绥中政协五十年［M］. 北京：中国文史出版社，2010.

[8] 绥中宣传部 . 绥中历史文化丛书·丹桂飘香［M］. 北京：人民文学出版社，2016.

[9] 唐洪森 . 国共争战大东北［M］. 北京：科学普及出版社，1999.

[10]《绥中县乡土志》［O］.

[11] 李文喜，陶国慷 . 义勇风云·义勇军在绥中抗日斗争实录［M］. 香港：环球出版社，2011.

[12]《救国旬刊》［J］.1933.

[13] 辽宁省果树科学研究所 . 辽宁苹果品种志［M］. 沈阳：辽宁人民出版社，1980.

中国农垦农场志

辽宁大台山果树农场志
LIAONING DATAISHAN GUOSHU NONGCHANGZHI

后记

　　葫芦岛市大台山果树农场历来重视历史资料收集、档案整理保存以及农场志书编写工作。分别在 1983 年、2007 年、2015 年编修三部内部留存的《大台山农场志》，使农场的历史资料完整、传承有序。

　　2020 年，农业农村部农垦局下发关于修编农垦农场志的通知，大台山果树农场有幸被列入首批中国农垦系统农场志编纂农场名单之一。接此任务，农场立即开始着手修志工作。

　　2020 年 7 月，成立农场志编纂领导小组，场长邓文岩亲自挂帅，下设场志编纂办公室，挑选精干人员组成编辑部。8 月，对旧场志进行筛选，同时整理 2015 年至 2019 年史料档案，为新场志编纂提供基础史料，并参加全国农垦农场志编纂培训会，明确了本次志书的编写体例。9 月，编排章目，开始撰稿。其间，农场机关各处室、各基层单位大力配合，主动提供档案资料。与此同时，编写人员加班加点，查阅文献，收集数据，访问耆老。因过去资料收集较好，且有旧志基础，至 12 月末，初稿始见雏形。2021 年 2 月，数易其稿，完成志稿的总纂和文字校对。经过近一年的艰苦奋战，2021 年 4 月，经上级部门审批再次修改校对后，终于杀青，付梓出版，书名《葫芦岛市大台山果树农场志》。

　　《辽宁大台山果树农场志》为通志，时

间断限为 1923 年至 2020 年末。坚持略古详今的原则，以新中国成立后的农场史实为主要记述内容。

本志以文为主，图表为辅。彩页用图 128 幅，正文附图 220 余幅，力求"以图补文，以照证史"。在章节安排上，参照《中国农垦农场志编纂培训班技术手册》的编纂要求和行文规范，结合农场的工作实际，重新编排体例。在文史记述过程中，力求客观，述而不论。在各章节内容选择上，除了地理编与原场志一脉相承外，其他各编均经过深入挖掘，纠偏创新，避免了重复。

本志为通志，由于跨越年限久远，一些重要史实，由于当事人、见证人的稀少，或因改革过程中有关单位撤销，相关资料散佚等原因，终难究其实迹。因此，在编纂过程中，编写人员仅能从有关文件、文章、统计报表或报刊中搜寻相关的蛛丝马迹，粗略记之，以避空白。待后来者再续场志时，能够对农场某一时期的历史资料有所发现，进行补续。

志书"一字之褒，宠逾华衮之赠；片言之贬，辱过市朝之挞"。编写人员本着历史唯物主义的态度，在记述农场历史人物、事件时，力求"客观"，不虚美，不隐恶，力求做到言出有据。虽如此，鉴于编者才能有限，时间匆忙，付梓之稿仍难免存在疏漏。如资料溯源未及、遗珠漏玉，行文失于缜密，挂一漏万等，当不在少数，拜请读者本着"尽信书，不若无书"的态度，睿智取舍。

本部志书得到农业农村部农垦局、中国农垦经济发展中心、辽宁省农业农村厅、葫芦岛市农业农村局、绥中县档案馆及社会各界人士的大力支持，因篇幅有限，不能一一提及，在此一并致谢。

编 者

2021 年 4 月

中国农垦农场志丛